全国高等农林院校“十二五”规划建设教材

城镇经济学

（第 2 版）

刘溢海　牛银栓　主编

中国农业大学出版社
·北京·

内容简介

城镇经济学是研究城镇产生、发展、城乡融合的整个发展过程中的经济关系及其规律的一门应用性经济学科。《城镇经济学》一书，以对城镇概念的重新界定为逻辑起点，用17章的篇幅，第一次比较系统地介绍了城镇经济学的基本原理、基本方法、基本规律及城镇发展政策。本书伴着21世纪统筹城乡发展的春风，饱含着编者们的一片深情，既注重理论性，又重视实践性，既适合高等院校经济类、管理类专业的学生用作教材，又适合从事实际管理工作的人员用作参考书。

图书在版编目(CIP)数据

城镇经济学/刘溢海，牛银栓主编. —北京：中国农业大学出版社，2012.2
ISBN 978-7-5655-0456-3

Ⅰ.①城… Ⅱ.①刘…②牛… Ⅲ.①城镇经济-研究-中国 Ⅳ.①F299.2

中国版本图书馆CIP数据核字(2011)第251926号

书　　名 城镇经济学
Chengzhen Jingjixue
作　　者 刘溢海　牛银栓　主编

策划编辑 魏秀云　　**责任编辑** 洪重光
封面设计 郑　川　　**责任校对** 王晓凤　陈　莹
出版发行 中国农业大学出版社
社　　址 北京市海淀区圆明园西路2号　　**邮政编码** 100193
电　　话 发行部 010-62818525，8625　　读者服务部 010-62732336
编辑部 010-62732617，2618　　出 版 部 010-62733440
网　　址 http://www.cau.edu.cn/caup　　**e-mail** cbsszs@cau.edu.cn
经　　销 新华书店
印　　刷 北京时代华都印刷有限公司
版　　次 2012年2月第2版　2012年2月第1次印刷
规　　格 787×980　16开本　31.25印张　576千字
印　　数 1～3 000
定　　价 45.00元

全国高等农林院校“十二五”规划建设教材
编审指导委员会(经管类)

第 2 版编委会

主　编　刘溢海　牛银栓

副主编　马培衢　王晓燕　马　涛　高　文

编　委　刘溢海（河南科技大学）

牛银栓（河南科技大学）

马培衢（河南科技大学）

赵黎霞（河南科技大学）

马　涛（三门峡职业技术学院）

高　文（河南科技大学）

王凤科（河南科技大学）

王晓燕（河南科技大学）

魏志魁（河南科技大学）

姚晓萍（山西农业大学）

第 1 版编委会

策　　划　王敬林　段新宽

主　　编　刘溢海　牛银栓

副 主 编　孙安卿　申斯　王亚红

编　　委　（按姓氏笔画为序）

王凤科（河南科技大学）
王亚红（河南农业职业学院）
王宪君（栾川县畜牧局）
王晓燕（河南科技大学）
王敬林（新安县人民政府）
牛银栓（河南科技大学）
史明灿（河南农业职业学院）
申　斯（信阳农业高等专科学校）
孙安卿（偃师市市委）
许　芳（河南农业职业学院）
刘溢海（河南科技大学）
段新宽（栾川县金山矿业有限公司）
蔡　志（信阳农业高等专科学校）
魏志魁（河南科技大学）
魏灿辉（新安县粮食局）

第 2 版说明

城镇联结着乡村和城市，在国家的区域经济发展网络中处于纽带地位。城镇经济既不同于农村经济，也不同于城市经济，具有双重属性，在国民经济中扮演着独特的角色，在城乡一体化发展的条件下，其作用尤为重要。正因为如此，人们对这一并不很成熟的领域表现出极大的兴趣，展开了广泛的研究。

本书第 1 版对城镇经济的基本原理、基本方法和基本规律进行了较系统的分析和解读，出版后受到社会各界的广泛欢迎。近年来，随着我国城镇化进程的加快和城乡一体化战略的实施，城镇经济的功能、定位、要素内涵和相关数据信息发生了较大的变化，特别是城镇发展政策已经成为城镇经济理论必不可少的组成部分。因此，为了更深入、系统、全面地研究城镇经济的内在规律和运行机制，以指导人们的实践活动；同时为了适应 21 世纪对城镇经济管理专业人才培养的需要，我们精心组织了一批在教学一线的骨干教师和对城镇经济问题颇有研究的管理人员，在吸收借鉴最新相关研究成果的基础上，对第 1 版的内容结构进行更新、完善和拓展，历时一年的辛勤编撰，完成新版付梓。

本书以中国特色社会主义理论和科学发展观重要思想为指导，从我国城镇经济的实际出发，吸收经济理论研究的最新成果，汲取乡镇经济学的精华，以总论和分论两个板块的内容，构建了较完整的城镇经济学体系。具体来讲，本书有以下几个方面的特点：

1. 注重知识的全面系统性。本书全面系统地反映了当今我国城镇经济的基本原理、基本内容和基本方法，知识面宽，涵盖面广，形成了一个完整的脉络体系。

2. 关注知识的创新性。本书尽可能将国际、国内，最新、最重要的理论成果渗透到教材中，对城镇界定、城镇现代物流、城镇信息资源利用、城镇环境保护与城镇发展政策等问题的探讨，都充分体现了这一指导思想。

3. 重视理论与实践的统一性。本书力求结合我国城镇经济建设的实践活动来诠释城镇经济学的内容，力戒空谈，保证教材的实用性。

因而，本书既可作为高等院校经济类、管理类的教材用书，也可作为经济管理工作者了解、研究我国城镇经济的参考用书。

本书以河南科技大学为主编单位，并由山西农业大学、三门峡职业技术学院等单位的同志共同完成。中国农业大学出版社给予了大力支持。在此对完成本书的所有同仁和对本书出版给予帮助的单位和同志，表示衷心感谢！

本书分工及各章执笔人员是：刘溢海第 1 章；王凤科第 2 章、第 3 章；牛银栓第 4 章；高文第 5 章、第 13 章；魏志魁第 6 章、第 15 章；马培衢第 7 章、第 17 章；赵黎霞第 8 章、第 9 章；马涛第 10 章；姚晓萍第 11 章、第 12 章；王晓燕第 14 章、第 16 章。本书由刘溢海拟定大纲，刘溢海、马培衢共同确定大纲，刘溢海负责统编定稿，王晓燕、马涛、高文也参与了这项工作。

由于时间紧迫，编者水平所限，不妥之处在所难免。敬请专家、读者不吝赐教。

刘溢海　牛银栓

2011 年 10 月 16 日于牡丹花城洛阳

第 1 版序

从人类历史的发展进程来说，城市化是一个必然的进步趋势，是工业文明的结果和支撑。我国在全面建设小康社会和现代化建设中，也要经历一个由农业人口变城市人口的过程。然而，我国有自身的特殊性，称之为中国特色城镇化。仔细推敲，这里多出一个“镇”字，就是不仅有城市化的一般个性，而且多出一个重要内容。这个“镇”字大有文章可做。

中国是一个人口大国，经济发展程度低又很不平衡，农村人口占大多数。这就决定了我们既要适应时代的潮流，又不能照搬美、日、英等西方发达国家的城市化道路。因为它们付出了生态严重破坏、资源过度利用、城市生活质量严重下降的沉重代价。而中国土地资源少，耕地更少，城市用地与耕地、水资源之间的矛盾突出，我们的基本制度是社会主义制度。中国国情和国外的教训决定了我们应走一条以人为本，全面、协调、可持续的城市化发展道路，建设节约型城镇。

正如党的十六大报告所指出的，中国特色城镇化道路要坚持大、中、小城市和小城镇协调发展，其布局是大城市要有一定的数量和规模，中等城市唱主角，小城镇星罗棋布。

在社会主义市场经济条件下，小城镇是介于城市和乡村之间，以实现城乡之间有机联系而形成的一个完整又相对独立的区域。它既是城市之“尾”，又是乡村之“首”。所以，城镇也可以说是城市在乡村的延伸，乡村中城市的雏形，是“新农村”的主体。

城镇经济介于城市经济和农村经济之间，它既有城市经济的属性，又具有农村经济的属性。它的特点是：①城镇经济是一个多层次的网状经济体系。作为城镇经济的载体——城镇，上通城市，下联农村，是周围地区农村进行商品交换的场所，也是联系城乡商品经济的枢纽点。因此，它是一个既有纵向联系，又有横向联系而职能上又相互补充的网络结构体系。②城镇经济与城市经济不同，它对周围农村的依赖性很大。我国城镇的形成和发展，是同农村经济和社会的发展变化紧密联系在一起的。农业的兴衰直接影响着城镇经济的繁荣与发展。十一届三中全会以来，乡镇企业的崛起和农村商品经济的发展带动了城镇的兴起。③城镇经济在很大程度上体现了当地自然资源、社会经济资源的特点。城镇经济是城镇区域内一切经济活动和经济关系的总和。我国各个省区，由于外部差异和内部条件的不同，便形成了不同地区城镇经济的特点。而这些不同地区的城镇经济又在很大程度上体现了当地各种资源的特点。④城镇经济是一个历史的发展的概念，它没有固定的模式，具有多样化的特征。

以河南科技大学刘溢海、牛银栓两位先生为主撰写的《城镇经济学》，结合我国国情，参照发达国家社会的发展历史，提出切合我国实际的城镇概念，以此为逻辑起点，第一次比较系统、全面地提出城镇经济的基本原理、基本框架、基本内容，在汲取了国内外有关城镇（市）经济研究的最新理论成果的基础上，及时地总结我国城镇化的实践经验，是一本有创意的区域经济类专著，凸显中国特色城镇化的征候。

正如该书所言，城镇经济是“以城镇经济作为研究对象的一门比较系统而完整的区域性经济学科。它是以城乡接合点的镇以及与镇有联系的周围乡村所形成的区域作为研究对象，以城镇经济建设的方针政策、理论实践和城镇经济发展趋势及其规律性为主要研究内容的一门区域性经济学。”

对于有志于我国城镇经济管理的高等院校经济类、管理类学生，它不失为一本好教材；对于从事经济管理的理论和实践工作者，也不失为一本好参考书。

我愿向诸位推荐并祝贺该书的出版，是为序。

2005 年 7 月 18 日

第 1 版前言

城镇在国家的社会区域结构中处于纽带地位。它一头连着乡村，一头连着城市；城镇经济在国民经济中，扮演着独特的角色，它既不同于农村经济，也不同于城市经济，具有双重属性。正因为如此，人们开始关注并探究这一并不完全熟知的领域。

正是为了深入、系统、全面地研究城镇经济的内在规律和运行机制，以指导人们的实践活动；也同时为了适应新世纪对城镇经济管理专业人才培养的需要，我们精心组织了一批在教学一线的骨干教师和在地方工作并对城镇经济问题颇有研究的管理人员，竭尽全力，历经一年，终成拙作。

本书既可作为高等院校经济类、管理类的教材用书，也可作为经济管理工作者了解、研究我国城镇经济的参考用书。

本书以邓小平理论和“三个代表”重要思想为指导，从我国城镇经济的实际出发，吸收经济理论研究的最新成果，汲取乡镇经济学的精华，以总论和分论两个板块为内容，构建了比较完整的城镇经济学体系。具体来讲，本书有以下几个方面的特点：

1. 注重知识的全面系统性。本书全面系统地反映了当今我国城镇经济的基本原理、基本内容和基本方法，知识面宽，涵盖面广，形成了一个完整的脉络体系。

2. 关注知识的创新性。本书尽可能将国际、国内，最新、最重要的理论成果渗透到教材中，对城镇的界定、城镇现代物流的探讨、城镇信息资源的利用、城镇环境的保护与发展等，都充分体现了这一指导思想。

3. 重视理论与实践的统一性。本书力求结合我国城镇经济建设的实践活动来诠释城镇经济学的内容，力戒空谈，保证了教材的实用性。

本书以河南科技大学为主编单位，并由信阳农业高等专科学校、河南农业职业学院、新安县人民政府、偃师市市委、栾川钼业公司等单位的同志共同完成。中国农业大学出版社、栾川县畜牧局给予大力支持。在此对完成本书的所有同仁和给予本书出版以帮助的单位和同志，表示衷心感谢。

本书分工及各章执笔人员是：刘溢海，第一章、第二章；王凤科，第三章、第十六章；牛银栓，第四章、第五章第一、二、三节；孙安卿，第五章第四节；魏志魁，第六章、

第十五章;蔡志,第七章第一节;史明灿,第七章第二、三、四节;申斯,第八章、第十三章;王敬林、许芳,第九章第一、二、三、四节;王亚红,第十章、第十二章;王晓燕,第十一章、第十四章。本书由刘溢海、牛银栓、王敬林、孙安卿、段新宽共同策划,刘溢海拟定大纲,刘溢海、牛银栓、王凤科、王晓燕共同确定大纲。刘溢海、牛银栓负责统编定稿,王凤科、王晓燕也参与了这项工作。

由于时间紧迫,编者水平所限,不妥之处在所难免。敬请专家、读者不吝赐教。

刘溢海　牛银栓

2005 年 6 月 13 日于九朝古都洛阳

目 录

第 1 章 绪论…………………………………………………………………… 1
1.1 城镇概述 ……………………………………………………………… 1
1.2 城镇经济的特点、地位和作用 ………………………………………… 20
1.3 城镇化及其发展趋势…………………………………………………… 29
1.4 城镇经济学的研究对象和内容………………………………………… 32
第 2 章 城镇经济结构 ………………………………………………………… 36
2.1 城镇经济结构的组成…………………………………………………… 36
2.2 城镇经济形式和经营形式……………………………………………… 40
2.3 城镇产业结构分类……………………………………………………… 47
2.4 城镇流通结构…………………………………………………………… 58
第 3 章 城镇经济发展战略 …………………………………………………… 67
3.1 经济增长与经济发展…………………………………………………… 67
3.2 城镇经济增长理论……………………………………………………… 74
3.3 城镇经济发展战略的选择……………………………………………… 81
3.4 城镇经济发展战略的制定……………………………………………… 86
3.5 城镇总体规划中的经济论证…………………………………………… 93
第 4 章 城镇经济管理 ………………………………………………………… 99
4.1 城镇经济管理的必要性和任务………………………………………… 99
4.2 城镇经济管理的基本职能 …………………………………………… 105
4.3 城镇经济管理的手段与方法 ………………………………………… 111
4.4 城镇经济管理领导工作 ……………………………………………… 114
4.5 经济效益 ……………………………………………………………… 116
第 5 章 城镇资源经济………………………………………………………… 126
5.1 城镇资源概述 ………………………………………………………… 126
5.2 城镇自然资源利用 …………………………………………………… 134
5.3 城镇社会经济资源利用 ……………………………………………… 142
5.4 城镇信息资源利用和管理 …………………………………………… 148

第 6 章 城镇人口经济 …… 160
6.1 城镇人口的特征与构成 …… 160
6.2 城镇人口就业 …… 169
6.3 城镇建设与农村剩余劳动力转移 …… 176
6.4 城镇的流动人口 …… 182
6.5 城镇人口发展预测 …… 188
第 7 章 城镇土地经济 …… 191
7.1 土地的特性及权属关系 …… 191
7.2 地租理论与土地区位选择 …… 197
7.3 城镇土地使用制度与土地市场 …… 204
7.4 城镇土地分级与地价评估 …… 210
7.5 城镇土地利用与城镇规划 …… 216
第 8 章 城镇环境经济 …… 219
8.1 城镇环境概述 …… 219
8.2 城镇环境污染 …… 221
8.3 城镇生态系统 …… 225
8.4 城镇环境保护 …… 227
8.5 城镇环境经济分析 …… 232
8.6 城镇环境保护和发展模式 …… 237
第 9 章 城镇农业经济 …… 241
9.1 城镇农业概述 …… 241
9.2 城镇农业产业结构 …… 243
9.3 城镇农业生产社会化服务体系 …… 248
9.4 城镇农业产业化经营 …… 251
第 10 章 城镇工业经济 …… 263
10.1 城镇工业经济的产生与发展 …… 263
10.2 城镇工业的特点及类型 …… 271
10.3 城镇工业发展的重点 …… 276
第 11 章 城镇商业经济 …… 286
11.1 城镇商品流通 …… 286
11.2 城镇市场 …… 294
11.3 城镇现代物流 …… 302

第 12 章 城镇服务经济 …… 310
12.1 我国城镇服务经济概述 …… 310
12.2 城镇服务经济的发展及其管理 …… 320
12.3 城镇服务体系的建立与完善 …… 326
第 13 章 城镇对外经济 …… 332
13.1 对外经济概述 …… 332
13.2 外向型城镇企业的组建与发展 …… 340
13.3 城镇企业开展对外贸易的内容与形式 …… 344
13.4 城镇企业国际化经营 …… 348
第 14 章 城镇财政与金融 …… 355
14.1 城镇财政 …… 355
14.2 城镇金融 …… 368
14.3 城镇信贷 …… 373
第 15 章 城镇消费经济 …… 383
15.1 消费在城镇经济中的地位及作用 …… 383
15.2 城镇消费水平 …… 387
15.3 城镇消费结构 …… 390
15.4 城镇社会公共消费 …… 395
15.5 城镇消费效果 …… 399
15.6 城镇消费引导 …… 403
第 16 章 城镇规划与管理 …… 410
16.1 城镇规划概述 …… 410
16.2 城镇规划文件与总体布局 …… 416
16.3 城镇规划的主要内容 …… 423
16.4 城镇规划管理 …… 434
第 17 章 城镇发展政策 …… 440
17.1 城镇发展政策概述 …… 440
17.2 城镇发展政策目标 …… 448
17.3 城镇发展政策手段与实施 …… 455
17.4 城镇政策评价 …… 473
参考文献 …… 482

第1章 绪 论

21世纪对世界影响最大的有两件事：一是美国高科技产业，二是中国的城市化。

——斯蒂格利茨

（诺贝尔经济学奖得主、美国经济学家）

城镇，在这个特定年代的中国，已经不是一个孤立的话题，而是牵一发动全身的“核心话题”。中华民族数千年来未能解决的问题和目前所遭遇的无数问题，可能都要在有限的城镇土地上寻找到答案。无论是一个省、一个区域还是一个国家，其综合实力和竞争力，都取决于其城镇的综合实力和竞争力。城镇是城镇经济学研究的起点与基础。本章旨在对城镇的概念进行科学的界定，进而对城镇经济的地位和作用以及城镇经济学的性质和内容予以论述。

1.1 城镇概述

城镇——城市之“尾”、乡村之“首”，是介于城市和乡村之间，以实现城乡之间有机联系而形成的一个完整又相对独立的区域。“小城镇，大战略”①。要想真正认识和了解城镇，就需要从历史的视角来把握它，而这必然涉及两个重要的相关联的概念：城市和乡村。

1.1.1 乡村

1.1.1.1 乡村的含义

乡村是与城市相对应的地区，是农民从事生产和生活的区域。乡村是社会分工和商品经济发展到一定阶段，工业和农业、城市和乡村分离的产物。它是在特定

①“小城镇，大战略”是我国著名社会学家、社会活动家费孝通先生提出来的一句口号，它充分体现了小城镇在我国社会经济发展过程中起着至关重要的作用。

地域内的经济、社会和环境的总和。乡村不仅是经济活动的空间，也是社会活动的社区，还是具有特定自然景观的环境。

1.1.1.2 乡村的特点

从我国乡村现实看，与城市比，它具有以下特点：

①农民主要从事第一产业，即农业、林业、畜牧业、渔业等生产活动，农闲也从事第二、第三产业。

②在农村产业结构中，农业具有重要地位，其他产业均以农业为基础，或依附于农业或与农业有着密切的联系。

③大部分地区农村物质生产技术落后，生产力水平和劳动生产率较低，经济活动比较简单，商品经济不发达，自给性生产占有一定比重。

④农村交通不便，信息不灵，物质文化设施较差，居民的物质文化生活水平较低。

⑤居住和劳动比较分散，乡村的生产和生活都分散在广阔的地域。

⑥农村人口的交往范围比较狭窄，他们的家庭观念、血缘观念和小生产观念较为浓厚。

1.1.1.3 乡村的发展阶段

乡村是一个发展和变化着的地区，随着社会生产力的进步，它不断地从低级阶段向高级阶段发展。从世界范围看，乡村发展的历史可以划分为五个阶段：原始村落阶段、古代乡村阶段、近代乡村阶段、现代乡村阶段、未来乡村阶段。

1. 原始村落

原始社会初期，人类靠采集和渔猎为生，逐水草、依山林、避洞穴而居。到了中期，原始农业逐渐形成，原始人学会了栽种作物和饲养牲畜。原始农业的出现和发展，是人类发展史上的一个重大进步。它不仅使人类生活有了比较可靠的食物保障，而且为原始人的定居生活创造了条件。一些土地肥沃、雨量充沛的河流流域，既是原始人从事农业生产的地方，也是他们居住的地方。原始人选择地势高亢、依山傍水，适宜居住的地点，盖起木棚草房，形成一个个半永久性的聚居点——原始村落。我国黄河流域中部浐河东岸黄土台地上的半坡遗址，就是6 000年前新石器时代一处原始村落遗址。原始村落还不是本质意义上的乡村，它是没有城市和乡村区别的天然统一体，是乡村发展的前奏与序幕。

2. 古代乡村

原始社会末期，随着金属工具的制造和使用，手工业从农业中逐渐分离出来。由于手工业和农业的分工，推动了商品交换和商业的发展，引起了城乡分离。手工业和农业的分离是城乡分离的起点。在广阔的地域上出现了手工业集中、商品交换频繁的聚集点——早期的城市。恩格斯指出:第一次社会大分工是城市和乡村的分离。从事农牧业生产和农民居住的地域与手工业和商业集中的城市相对应,产生了本质意义上的乡村。古代乡村这一阶段从原始社会末期起,经历了奴隶社会、封建社会,直到资本主义产业革命之前的一个漫长和缓慢的发展时期。

3.近代乡村

古代乡村阶段虽然已经出现了城乡分离,但是,在整个古代乡村时期,农业和手工业没有完全分离,商品生产发展水平还很低,因而城乡分离还是有限的。在中世纪,乡村在经济上统治城市。资本主义产业革命后,机器代替了手工工具,机器大工业取代了工场手工业。资本主义生产方式撕断了农业和手工业的原始的家庭纽带,完成了农业和手工业的最后分离,导致了城乡的彻底分离和对立。马克思曾经精辟地指出:现代的历史是乡村城市化,而不像在古代那样,是城市乡村化。资本、技术、交换和人口在城市高度集中,资本主义国家先后进入城市化发展的时期。乡村则由于单纯从事农业生产,人口和劳动力流入城市,处于与外界隔绝和未开发的落后状态。城市高度繁荣,乡村极度凋敝,城市剥削乡村,进入了城乡尖锐对立的发展阶段。

4.现代乡村

西方发达国家的生产方式一方面“撕断”了农业和工场手工业的原始的家庭纽带;同时也为一种新的更高级的综合,即农业和工业在它们对立发展的形式的基础上的联合,创造了物质前提。所谓工业与农业进行新的更高级的综合的“物质前提”,具体地说,就是工业现代化、农业现代化、科学技术现代化和城乡居民物质文化生活方式现代化。第二次世界大战后,特别是最近几年间,发达国家社会生产力在新的技术革命的推动下有了巨大进步,引起了工业变革。现代工业趋向多样化、专业化和小型化,使工业布局由集中趋向分散,工业向乡村转移成为必要和可能,发展中国家消灭了城乡对立的经济关系后,把工业分散到乡村,加速了乡村工业化、乡村农业现代化、科学技术现代化和生活方式现代化,城乡差别缩小,乡村开始进入现代化发展阶段。

5.未来乡村

农业与工业的重新结合,在农业和工业结合的基础上,必然出现城乡“融合”和一体化发展,城乡本质差别消灭。这就是未来的乡村。

世界各国乡村发展经历的阶段大致是相同的。但是,由于各国的历史、社会制度、经济及自然条件的差异,乡村的发展进程是很不平衡的。在同一时期,存在着不同发展阶段的国家,在同一国家存在着不同发展阶段的乡村。我国是一个发展中国家，目前，我国乡村发展的总的趋势是处在由近代乡村向现代乡村转变的历史进程中。少数市场经济发达地区的乡村，农工商结合，工业产值超过农业产值，农民主要从事工业，收入的主要来源也由农业转向第二、第三产业，已进入了现代乡村发展阶段。多数乡村是农业稳定增长，乡镇工业、商业、运输业、建筑业、服务业开始起步，市场经济迅速发展，正处在由近代乡村向现代乡村转变的过程中。少数边缘地区的乡村，农业落后，也没有工业，商品交换不发达，交通闭塞，生活贫困，还停留在落后的乡村发展阶段。

1.1.2 城市

城市，在地球上星罗棋布，是现代世界各国创造文明和集聚财富最主要的地域。作为一种客观存在，城市已有五千多年的历史，它给人类带来了不尽的繁荣和梦想，也带来了许多问题和困惑。但是，关于城市的本质和特征的识别与描述，理论界迄今仍众说纷纭、各抒已见，未有定论。

1.1.2.1 城市定义的多种论述

国内外的学者，从经济、社会、地理、历史、生态、政治、军事等不同的角度，对城市下过各种各样的定义，其数不下三十余种。

美国一位社会学家认为，城市是有相当大的面积和相当高的人口密度的一个地域共同体，其中住有各种非农业的专门人员。法国的一位地理学家对城市的看法则别出心裁，他说城市既是一个景观，一片经济空间，一种人口密度；也是一个生活中心或劳动中心；更具体点说，也可能是一种气氛，一种特征或者一个灵魂。英国经济学家 K·J·巴顿认为城市是一个坐落在有限空间地区内的各种经济市场——住房、劳动力、土地、运输等相互交织在一起的网状系统。《韦氏大字典》(第3版)中所指的城市是一个团体的人构成一个在政治上有组织的共同体……一个比较有永久性和高度有组织的中心，包括有各种技能的一个人口集团，在粮食的生产方面缺少自足，而通常主要地依赖着制造工业和商业以满足其居民的需要。

此外，关于城市的定义还有："城市是人群的生态系统"、"城市是物质生产的分配空间"、"城市是独特的历史进程"等，以至于美国著名学者孟福德(L. Munford)在其编纂的《国际社会科学百科全书》中，干脆说城市的定义尚在争论之中。

马克思主义的经典著作对城市问题也作了精辟的论述，马克思认为城市本身表明了人口、生产、工具、资本、享乐和需求的集中；而在乡村所看到的却是完全相反的情况：孤立和分散。列宁认为城市是经济、政治和人民精神生活的中心，是前进的主要动力。

我国对于城市本质和特征的权威的提法，已写入了《中共中央关于经济体制改革的决定》之中，即“城市是我国经济、政治、科学技术、文化教育的中心，是现代工业和工人阶级集中的地方，在社会主义现代化建设中起主导作用。”

我们认为，关于城市的定义可以综述为：城市是国家经济、政治、科学技术和文化教育的中心，是现代工业与第三产业集中的地方，在国民经济和社会发展中起主导作用。

城市的兴起和成长，是人类社会的巨大进步。把它作为历史的范畴去考察就可以看出，城市是生产力发展、社会分工细化和生产关系变革的结果，是社会经济发展到一定历史阶段的必然产物。

城市作为一种和乡村对立的社会与物质形态，似乎众所周知，但要准确地把两者区分开来，尤其是从世界范围来看，却又并非易事。因此，有必要对城市的界定、城市的特征及其构成进行研究，以便对城市从感性认识过渡为理性认识。

1.1.2.2 城市的界定

在人类社会早期，没有城、乡之说。人类社会最早的产业是采集业和狩猎业，主要是采集果实和打猎。随着人类的进化和社会的演变，采集业逐渐演变成为种植业（即农业），狩猎业逐渐演变成为畜牧业。由于种植业和畜牧业的出现，人类的原始群体开始演变成为游牧部落和农耕部落（定居部落）。定居产生了聚落，聚落不是城市，也不是乡镇，但它奠定了城市和乡镇的雏形。这就是人类的第一次社会大分工在人类居住史上带来的巨大变化。

随着社会的发展，在农业和畜牧业中逐步产生了手工业，这就是所谓的第二次大分工，即手工业和农业的分工。而手工业是工业的雏形，因此，第二次大分工实际孕育着现代工业，同时也孕育着交换元素的产生。手工业有手工业的作坊，而作坊也孕育着工厂等其他东西的诞生。

在手工业、农业和畜牧业的基础上，第三次社会大分工产生了商业。商业意味着交换，因而产生了“市”。这个市和我们平时谈到的城市的“市”，是完全两个不同的概念。“市”的出现比“城”要早得多，它是因商品交换而产生的，它是完全“市场化的东西”。“城”的出现比“市”要晚很多。在中国，“城”最早产生于4 000年前的夏朝。“城”原本是保护和防御上的概念。随着商品交换的不断发展，财富日益积聚，人们为了保护积聚起来的财富，便开始筑城，从军事上进行防御。在早期，“城”的规模比较小，如“三里之城，七里之郭”等。随着“城”的不断发展，“城”逐渐成为人们生活和交换的重要场所，社会属性和政治属性逐步显现，“城”渐渐地和“市”演变融为一体，城市的经济属性和功能就十分突出了，这就是城市的演变过程。

对城市的定义之所以争议较大，是因为划分城市的标准不同。社会学家沃尔恩（L. Wirth），把人口数量、人口密度和人口异质性当做城市的3个主要标志。人口学家马可耶(M. Macura)通过在塞尔维亚的研究,认为"从人口学的观点,应该以聚居地人口的多少和人口的结构为标准划分城市与乡村,而人口密度因度量上的困难,不宜作为一个准则"。因此,他建议城乡分类可以最低的人口数和最低的非农业人口比例为准则,而史特华(C. T. Stewart)则认为,可以居民中非农业就业比例进行"最简单、最粗略的城乡分类"。但是,如果要进行精确的分类,则应以市场和购物设施、服务和工业活动为准则,并辅以就业比例和很难反映的其他因素,如城市中的文化、社交、娱乐设施及组织形态等。目前,国际上亦无统一口径,概括起来,对城市的界定主要有以下 4 种标准:

1. 人口规模的标准

即以人口的集聚程度和数量为标准,当某个居民点的人口达到某种规模时,就定为城市,其余为乡村。由于世界各国依其国家大小、人口多寡而对设市标准的规定不同,因此关于城市人口规模的下限相差悬殊见表 1-1,最少的只有 200 人,最多的高达 60 000 人,后者是前者的 300 倍! 为便于各国对比研究,联合国区域开发中心规定,"市"(city)的人口数量最低标准为 20 000 人。世界上大多数国家设市标准定为 2 000～20 000 人的范围。

表 1-1　各国设市人口标准最低限额　　人

人口低限	国　家	人口低限	国　家
200	丹麦、瑞典、冰岛	5 000	印度、伊朗、奥地利
500	南非、巴布亚新几内亚	10 000	马来西亚、瑞士
1 000	加拿大、新西兰	20 000	挪威、芬兰
2 000	法国、捷克、古巴	30 000	日本
2 500	美国、墨西哥	50 000	朝鲜
3 000	荷兰、南斯拉夫	60 000	中国

2. 人口密度的标准

即以单位地域空间内聚居人口的密度高低来划分城市,它往往与在空间上连续的建成区联系在一起,因而比之规模标准更能体现城市的色彩。

该标准多为经济发达国家所采用,因为它们城乡之间在生活水平和市政设施方面的差别通常不大,以至于难以直观地区分城市与乡村。人口密度标准因国情不同也存在反差,如美国规定只有达到 400 人/千米^2 的地区方为城市;而日本定为 4 000 人/千米^2 以上;澳大利亚则是 190 人/千米^2 的标准。

3. 行政区划的标准

即以政府的规定或立法宣布的结果作为划分城市的标准,它为世界上各国所广泛采用。与之类似的是以某一区域的历史、政治或行政地位作为是否设市的依据，如不少国家规定某级政府、或相当于某级政府的机构所在地可以设市，边境要塞、历史文化集中地亦可设市。

以行政区划作为标准容易扩大城市的实际规模、混淆城乡之间的现实差别。特别是我国 1983 年实行以市带县的行政体制以后，很多城市管辖范围急剧膨胀。如重庆市，市区人口 230 多万，此外还带了川东地区的 12 个县，总人口高达1 500 多万，这显然与城市的实际规模相去甚远。

4. 职业构成的标准

即将人口职业的构成，尤其是从事非农业生产的人口比例作为划分城市的标准。如苏联规定，在一定规模的人口聚居地，凡非农业人口占总聚居人口的比重为 70%以上者才可设市。

1.1.2.3 我国设市及镇的标准

城市是指经国务院批准设立的市。县城是指县人民政府所在地。建制镇是指经省、自治区、直辖市人民政府设立的建制镇。

我国的设市及镇的标准是 1993 年 5 月由民政部提出后，国务院批准的①，主要内容如下：

1. 设立地级市的标准

市区从事非农产业的人口 25 万人以上，其中市政府驻地具有非农业户口的从事非农产业的人口 20 万人以上；工农业总产值 30 亿元以上，其中工业产值占 80%以上；国内生产总值在 25 亿元以上；第三产业发达，产值超过第一产业，在国内生产总值中的比例达 35%以上；地方本级预算内财政收入 2 亿元以上，已成为若干市县范围内中心城市的县级市，方可升格为地级市。

2. 设立县级市的标准

除自治州辖市外，所谓“地级市”、“县级市”都属省辖市。在省辖市中按《中华人民共和国宪法》规定只有设区的市和不设区的市之别，没有“地级市”和“县级市”之分。地级市和县级市的称谓在文件中正式使用是 20 世纪 80 年代前期才出现的。主要源于市领导县体制大范围推行后对省辖市进行分类管理的需要。1983 年 5 月 18 日国家劳动人事部、民政部在《关于地市机构改革的几个主要问题的请示报告》中首次使用“地级市”和“县级市”，同年在国务院有关行政区划批复中正式使用地级市和县级市。此后，地级市和县级市之别广泛体现在机构编制、干部配置及工资待遇、经济和行政管理权限以及司法制度等各个方面。

---

①国务院批转民政部关于调整设市标准报告的通知(国发[1993]38 号 1993 年 5 月 17 日)。

县级市是指行政地位相当于县，包括省辖县级市和自治州辖县级市。县级市不设市辖区，从直接行政领导关系看，县级市一般由地区、地级市代管，自治州辖市则由自治州领导。改革开放以前，县级市一般是从县域范围内分出一个或几个乡镇设市而来，也就是常说的"切块设市"。那时，我国县级市发展缓慢，一定时期内比地级市还少，如1975年全国有地级市96个，而县级市只有86个。改革开放以后，加快了设市速度，改革了设市模式，特别是1983年以后撤县设市越来越多。到1998年底全国共有437个县级市，比改革开放前的1977年增加了347个，其中80%是撤县设市而来。

截止到2010年底，全国共有县级行政区划单位2 856个（其中市辖区853个，县级市370个，县1 461个，自治县117个，旗49个，自治旗3个，特区2个，林区1个）。随着经济发展和城市化水平的提高，撤县建市已成为我国行政管理体制改革的一个必然趋势。然而，由于我国疆域辽阔、经济发展不平衡，各县的差别很大，故撤县建市的标准需分类处理，详见表1-2。

表1-2　设立县级市的主要标准

分项	单位	一类	二类	三类
人口密度	人/千米^2	400	100～400	<100
县政府所在镇从事非农产业的人口数量	万人	12	>10	>8
全县总人口中从事非农产业的人口比例	%	30	>30	>20
全县乡镇以上工业产值在工农业总产值中的比例	%	80	>70	>60
第三产业产值在国内生产总值中的比例	%	20	>20	>20
城区自来水普及率	%	65	>60	>55
城区道路铺装率	%	60	>55	>50

此外，有些地方建市时标准可适当放宽，如自治区人民政府或地区行政公署驻地；乡镇以上工业产值超过40亿元，国内生产总值不低于25亿元（1990年不变价），经济发达、布局合理的县；沿海、沿江、沿边境重要的港口和贸易口岸；以及具有政治、军事、外交等特殊需要的地方。具备上述条件的地方设市时，非农业人口不低于6万人；少数经济发达，已成为该地区经济中心的镇，也可撤镇建市，其非农业人口不低于10万人。

3. 设立建制镇的标准

我国设镇的标准经历了几次较大的变化。按1984年民政部公布的调整后的设镇标准为：凡县政府所在地一般均可设镇；总人口在2万人左右的乡，其乡政府驻地非农业人口占全乡人口比重的10%以上，即非农业人口最低限度为2 000人可设镇；对非农业人口不足2 000人，确有必要的小型工矿区、小港口、风景旅游区、边境商埠口岸等地亦可设镇；少数民族地区、人口稀少的边远地区和山区，条件可适当放宽。截至2010年我国共有乡级行政区划单位40 906个(其中区公所2个，镇19 410个，乡13 475，民族乡1 096个，街道6 923个)。

4. 镇与乡、县与县级市的区别

乡和镇是同级行政单位。主要区别在于规模的不同，包括总人口、非农业人口街区规模、其他经济社会指标等。大致来说镇规模大，人口多，非农业人口比率高、工商业发达。现有标准：总人口在2万人以下、乡政府所在地非农人口在0.2万人以上，或总人口在2万人以上、乡政府所在地非农人口占全乡人口10%以上，则乡改为镇。镇是一个最基本的经济区域，也是一个综合的经济单元。乡、镇虽然都是我国农村的现行体制下的行政区划单位，但镇除了有乡的基本特征外，它更是一个经济区域内工商业的中心，商品生产的集散地和商品交换的场所，是政治、经济、文化的中心区。2011年6月16日民政部发布的《2010年社会服务发展统计报告》中显示，经国务院批准，截至2010年底，全国共有省级行政区划单位34个(其中直辖市4个，省23个，自治区5个，特别行政区2个)，地级行政区划单位333个(其中地级市283个，地区17个，自治州30个，盟3个)，县级行政区划单位2 856个(其中市辖区853个，县级市370个，县1 461个，自治县117个，旗49个，自治旗3个，特区2个，林区1个)，乡级行政区划单位40 906个(其中区公所2个，镇19 410个，乡13 475个，民族乡1 096个，街道6 923个)①。可以说，为适应城镇化、国家区域发展战略和综合配套改革试点要求，调整了部分大中城市行政区划，进一步优化了中小城市格局，解决了地方行政区划格局的突出问题，我国设市城市数量有所增加。为稳步推进城镇化，2010年3月十一届全国人大常委会第十三次会议提出，除积极研究完善设立县级市的标准，把达到一定规模和标准的县(镇)适度改设为市之外，还包括另外两个方面：一是提高城镇综合承载能力，通过加强政府资金引导，多渠道筹集资金，推进重点城镇交通、供排水、污水和垃圾处理等基础设施以及医院、学校等公共设施建设；二是把解决符合条件的农业转移人口逐步在城镇就业和落户作为推进城镇化的重要任务，放宽中小城市和城镇户籍限制。把人口、经济、财政、税收以及城市建设达到一定规模和标准的县(镇)，适度改设为市②。

---

①http://www.sznews.com/rollnews/2011-06/16/content_3732018593.htm。

②中广网。http://news.china.com/zh_cn/domestic/945/20100301/15832715.html。

1.1.2.4 城市的特征

城市不是众多的人和物在地域空间上的简单叠加，而是一个以人为主体、以自然环境为依托、以经济活动为基础、社会联系极为紧密的有机整体。它有着自身的成长机制和运行规律，更有区别于乡村的鲜明特征，主要是以下3个方面。

1.密集性——物质与精神的密集

即人、物质、空间与活动的高度密集。马克思在《资本论》中早已指出：密集是城市最本质的特征。城市的密集性具体体现为：

(1)人的密集　2010年1月15日美国福布斯杂志公布全球人口最稠密城市排行榜，深圳以17 150人/千米^{2}的人口密度，仅次于孟买、加尔各答、卡拉奇、拉各斯，列于第五位，并成为名副其实的大中华地区"最拥挤"城市。印度金融娱乐中心孟买每千米^{2}人口多达29 650人排名全球第一。在我国这样一个人口众多、而相对耕地不足的大国，城镇建设用地便显得十分宝贵，这在客观上造成了城市人口密集性比其他国家更为突出。2007年中国大城市的人口密度已是非常之高：上海浦西人口密度为3.7万人/千米^2，北京和广州城区的人口密度分别为1.4万人/千米^{2}和1.3万人/千米^2，而目前世界人口最多的城市东京只有1.3万人/千米^2，其余城市如纽约、伦敦、巴黎和香港的人口密度最多也只有8 500人/千米^2。2010年北京市的面积是16 400千米^2，每千米^{2}的人口密度是1 195人。但是分地区看，人口分布极不平衡，核心区人口密度达到每千米^2 23 407人。但有关数据表明，目前中国的大城市发展水平依然不高：100万人口以上城市的集中度，低于世界平均水平5个百分点，比美国低28个百分点，比德国低30个百分点①。

(2)物质和资本的密集　城市里建筑物鳞次栉比、道路桥梁密如蛛网、各种物流昼夜奔腾不息。城市是国家物质财富主要的创造者和聚集地。根据中国科学院《中国城市发展报告》2007年公布的数据，目前我国三大主要城市广州、上海、北京的GDP占全国的份额分别是1.8%、4.6%、2.5%，而纽约、东京、伦敦、首尔的GDP分别占全国的24%、26%、22%和26%。由此可见，中国大城市的发展规模和发达国家城市之间依然存在巨大差异，中国大城市依然有进一步发展的空间。②

(3)文化的密集　城市里几乎集中了所有的大专院校和多数科研院所，国家主要的行政管理、文化设施（如图书馆、博物馆、展览馆）、体育设施（如体育场、体育馆）和大中型医疗机构等。这就使城市承担了创造和传播人类精神文明的神圣使

①时卫干：想象中的20个5 000万人超级巨无霸城市。南风窗，2007(1)。

②时卫干：想象中的20个5 000万人超级巨无霸城市。南风窗，2007(1)。

命，城市文化亦成为社会文化的主体。

2. 高效性——高效率与高效益

城市的另一个显著特征是其高效性，它表现在以下两个方面：

(1)高效率　城市和乡村相比，由于有完善的市政设施、便捷的通讯手段、发达的交通工具和高智力的管理阶层，因此有着很高的运转效率。在现代化、信息化的社会里，城市的高效率更具有无可比拟的优势，它是推动城市不断发展的强大"引擎"。

(2)高效益　城市基本上脱离了对土地的依赖，较少受自然气候等因素的干扰，再加上众多的熟练工人、雄厚的资金投入和先进的科学技术，因而较之农村能取得更高的经济效益和社会效益。以上海市为例，2004 年上海市以其占全国 1.13% 的人口、土地，却创造出占全国 4.38%的国内生产总值、3.84%的国民收入和 5.53%的工业总产值。而同年，我国的河南与湖南，人均国内生产总值分别只有上海的 16%和 17%。

3. 多元性——多功能与多类型

城市的第三个重要特征是其多元性，它包含着两层意思：

(1)多功能　城市功能，指的是城市在国家或地区的政治、经济、文化生活中所承担的任务和作用，是城市生命力之所系。一个城市功能的多寡强弱，直接决定了它在社会经济生活中的盛衰存亡。城市功能一般包括以下内容：①作为一个经济实体，城市内部的经济活动必然具备生产、分配、交换、消费四个环节；②作为一个社会实体，城市是人们进行政治、社会等活动的中心，要为居民提供一个安定的社会环境；③作为一个文化实体，城市必须提供教育、科研、文体娱乐等多种服务；④作为一个物质实体，城市还要提供方便于工作、居住、游憩和交通的综合设施。以上功能，是任何城市所必须具备的，不可偏废与缺少。从这个意义上说，所有城市都是多功能的，只不过各种功能的强弱之间存在差异而已。

(2)多类型　在承认城市多功能的同时，也应该看到，由于各个城市处于不同的自然状况和社会进程当中，必然受着地理位置、气候条件、矿藏资源、山水环境、经济实力、人文历史和行政区域等诸多因素的影响。因而内部功能发展就不可能千篇一律，必然有某种或某几种功能更强、成长更快，从而居于主导地位；其余功能则处于辅助地位。这样，那些主导功能就决定了城市的特色，使千百座城市呈现出若干种类型。

美国地理学家哈里斯在其《美国城市的职能分类》一文中将城市分为以下几类：工业城市、混合城市、批发商业城市、运输业城市、矿业城市、大学城市、游览疗养城市。日本城市经济学家小笠原义胜把城市分为工业城市、商业城市、矿山城市、水产业城市、交通运输城市和其他产业城市。其他的分类方法还有很多，相互之间大同小异。

需要指出的是，城市的类型是一个历史概念，而非固定模式，它将随城市主导功能的变化而改变。如我国最大的城市上海，新中国成立后一直是全国最重要的工业基地；而改革开放以来，上海已经成为远东地区的商业、贸易和金融中心之一，跻身于国际大都市之列。2009 年 3 月 25 日国务院常务会议审议并原则通过了关于推进上海加快发展现代服务业和先进制造业、建设国际金融中心和国际航运中心的意见。会议提出，到 2020 年，将上海基本建成与我国经济实力和人民币国际地位相适当的国际金融中心、具有全球航运资源配置能力的国际航运中心。

1.1.3 城镇

在国民经济的地区总体结构中，农村和城市是一个从经济高度分散的乡村到高度集中的特大城市的不同发展水平的区域组成的经济社会链。在这个链条上，城镇是联结乡村和城市的纽带。农村网络与城市网络的结合，组成“城—镇—乡”区域网络的有序结构。在区域网络中，城市集中了社会的物质和精神财富，是区域内的经济、政治、科技和文化中心，是经济社会前进的动力，乡村是基础，它拥有最广大的地域、资源和人口，城镇则兼有城乡两个方面的特点：一头连着城市，一头连着乡村，是城乡沟通联系，城乡经济相互过渡和转化的枢纽点和接合部。“城—镇—乡”网络是具有中国特色的区域经济发展网络。

1.1.3.1 城镇的含义

在古代，“城”的词义是旧时代都邑四周用作防御的城墙；镇的原意是军事要塞。“镇”这个字左边是“金”字旁，“金”字旁代表的是武器，镇在建设之初，本身是一个军事戍所。镇的出现，在中国历史上最早是在北魏时期，随着时间的推移、朝代的变迁，慢慢地它就和乡村的集市积聚到一起，逐渐演变成现在意义上的“镇”。宋代以后县以下小工商业中心亦称为镇，延续至今。

此外，县建制以下与市场经济发展有关的地域单元还有集，通常是集镇或集市连称。集与镇的区别是：集以经商为主，定期进行交易；镇以坐商为主，常年进行交易，都有一些固定的作坊铺面，从事手工业生产和商业活动。

今天城镇是介于城市和乡村之间，以实现城乡之间有机联系而形成的一个完整又相对独立的区域。它既是城市之“尾”，又是乡村之“首”，所以，城镇也可以说是城市在乡村的延伸，乡村中城市的雏形。

在我国，由于地域、社会经济发展的差异较大，城镇的存在形态也表现出多样化，如县级镇、建制镇以及集镇等形态。按照我国《城市规划法》的法定释义，县级镇一般是指县级机关所在地，是全县政治、经济、文化的中心；而建制镇是指国家按行政建制设立的镇，不包括县城关镇；集镇则是建制镇的基础，是指乡人民政府所在地和经县级人民政府确认由集市发展而成的作为农村一定区域经济、文化和生活服务中心的非建制镇。城镇作为城镇体系结构中的一个特定的地域概念，目前国内还没有明确的定义。各类研究人员在讨论城镇时都侧重于自身的角度，导致城镇概念上的多义性和模糊性。当前，比较流行的有以下几种倾向：

①现代汉语词典对城镇的解释是：城镇就是指城市和集镇。

②认为城镇属城市性质，指县级镇和建制镇，不应包括集镇。

③认为建制镇的主体是实行镇管村，它们基本上是由传统的集镇发展而来的，因此与集镇并无明显的界限，所以城镇应包括集镇，而不应包括县级镇。

④认为城镇是设立行政建制的镇，不包括县级镇和集镇。

⑤认为城镇是一种区别于城市和村庄的早已客观存在的聚落，关键是如何选取发展的重点，无须做人为划分。

显然，理论界对城镇一词的理解有多种观点，我们认为：城镇是人口集聚与服务业发展的空间载体，是一定区域经济、政治、科技、文化、教育的中心。城镇是一种界于城市经济圈和农村经济圈之间的一个中间经济圈，既具有城市的属性，又具有农村的属性，具体是指县级镇及以下的镇，在范围上包括县级镇、建制镇和集镇。

根据 2006 年国家统计局《关于统计上划分城乡的暂行规定》最新规定①，城镇是指在我国市镇建制和行政区划的基础上，经本规定划定的区域。城镇包括城区和镇区。其中，城区是指在市辖区和不设区的市中，经本规定划定的区域。

——城区包括：①街道办事处所辖的居民委员会地域；②城市公共设施、居住设施等连接到的其他居民委员会地域和村民委员会地域。镇区是指在城区以外的镇和其他区域中，经本规定划定的区域。

——镇区包括：①镇所辖的居民委员会地域；②镇的公共设施、居住设施等连接到的村民委员会地域；③常住人口在 3 000 人以上独立的工矿区、开发区、科研单位、大专院校、农场、林场等特殊区域。

——乡村是指本规定划定的城镇以外的其他区域。

1.1.3.2 城镇的特征

城镇的基本特征主要有以下几点：

①http://www.stats.gov.cn/tjbz/t20061018_402369828.htm。

1. 地理区位上的优势特征

城镇一般占据了比较优越的地理区位。从交通上看，分布在铁路沿线的多；从地理上看，主要分布在省内县及地(市)边缘的多，比如位于省际边缘或处在省地县的交叉点上；从分布范围看，主要分布于县城以上城市 10 千米内，或者毗邻大型厂矿企业。

城镇所具备的区位优势特征，使它在地理上处于城市与农村、工商业与农业的接口上，相对农村，它交通发达，要素集中；相对城市，它地价和劳动力成本低廉，发展的可塑性和政策执行的灵活性较大，归纳概括起来它有“三器”：

其一，它既是“接收器”，又是“放大器”。它把从大中城市传播出来的信息、技术接收下来，或自己吸收，壮大经济实力；或向周边扩散，推动区域内经济发展。同时，它又是周围地区各种物质、资源和集散中心，既可以有效地消化农村的部分产品、资源，又可以作为中介把它们输送到大城市，这样，它使农村和大中小城市形成一个有机的整体，从而有利于城乡一体化协调发展。

其二，它是“减压器”。它既可以有效地截流向大城市涌进的农村剩余人口，又可以吸引大城市疏散出来的各种人才和剩余劳动人员，对减轻农村人口压力和大城市膨胀压力都有好处。

其三，它是“离合器”。中小城市尤其是小城镇都是周边乡村、小城镇的经济中心和调节中心，直接控制和影响着周围地区的经济发展。可以说，中小城市功能越强，周边地区的经济就越活跃。

2. 就业居住上的“两栖化”特征

城镇人口以农民为主，呈现出就业居住“两栖化”特征，即“就业在城市、户籍在农村；劳力在城市，家属在农村；赚钱在城市、保障在农村”的“不完全的城镇化”的特征。据 2011 年 4 月召开的上海市人口和计划生育工作会议获悉，2010 年末，上海全市常住人口为 2 220.83 万人，其中户籍人口 1 412.32 万人；来沪半年以上的流动人口 829.82 万人，占常住总人口比重为 37.37%。上海人口构成日益多元化和国际化，旅游人口、商务人口①、通勤人口不断增加。深圳常住人口中，约有 798 万人是非户籍人口，占常住总人口的 77%；所有两栖人口在农村均有责任田，其中自己耕种的占 62%，请人代耕的 38%。“两栖”就业和居住适应了农民传统的农本心理，也是受自身素质和转移资本限制的产物，在现阶段有一定的合理性和必然性。

---

①http://sh.eastday.com/qtmt/20110406/u1a870814.html 上海常住人口 2 220 万，流动人口比重占37.37%。

3. 市场发展上的梯度推进特征

城镇市场目前存在3种:即普通市场、集散市场和专业市场。普通市场的基本成分是零售商业,集散市场以集市贸易为骨干,专业市场是集散市场发展的高级形式。

发展小城镇是推进社会主义市场经济发展的需要。小城镇具有聚合辐射功能,在一定范围内能将各种生产要素聚集起来,将生产与消费结合起来,发展具有一定规模的专业化商品生产和流通,建立各具特色的产品市场和要素市场。小城镇作为农村的区域中心,是提供各种服务和信息的基地,发挥着纽带作用,有效地把小生产与大市场联结起来,将城市与农村联结起来,把封闭和分散的农村市场纳入以城市为中心的统一开放的市场体系中。

4. 产业结构调整上的易于转换特征

其表现为:一是产业规模不大;二是产业分化趋于合理;三是输出性产业加快,并形成生产中心。总之,城镇由消费中心向生产、消费中心转换,有比较明确的产业发展思路。

5. 集体经济发展上的多元化特征

以集体经济为起点,民营经济发展加快,国家、集体、个人一齐上。据有关调查资料统计表明:江西对8个镇区的调查,2004年集体和民营企业的个数比为3∶5,产值比为5∶2,上缴税收比为5∶1。由于政策因素和集体企业与镇级财政的高度相关,小城镇对集体企业倾注了极大的努力,因为有镇级政府的强大支持,集体企业一般起步较早,规模较大。

6. 集聚资金上的以地聚财特征

其主要表现为,通过土地有偿使用集聚资金,以农民投入为主带动其他投入。

1.1.3.3 城镇的功能

从城镇的功能分析,它除具备一般社区的生产、消费、流通等基本功能外,还具有以下社会经济功能:

1. 集聚功能

城镇属于农村范畴,它在腹地农村中,形成"凸"形优势,形成"磁场",产生向心力而不断集聚各种要素。一是集聚人口,其中包括集聚生活人口、集聚生产人口;二是集聚产业;三是集聚科技人才;四是集聚资金,主要包括集聚地方财政和集体资金、集聚企业投入、集聚农民投入、集聚上级部门投入、集聚外部企业或外商投入等5个层次;五是集聚信息。集聚功能的效果取决于城镇业已形成并扩大的各种规模大小。据有关资料表明:在目前情况下,镇区在5万人左右,才能正常发挥集聚功能,5万人以下属发展型,5万人以上仍处于集聚功能增强的过程中。此外,集聚功能的发挥还决定于制度效率和组织效率，一般来说，具有一套灵活的经济体制和强有力的政策，最能促进功能的发挥。

2.集散功能

即以城镇一定数量的消费规模、潜在的商业利润为吸引力，或以城镇地方特色的产品加工水平为凝聚力，或以城镇较强的经销水平为向心力，使腹地农村中或广阔领域中的一类或多类工农产品不断向城镇集中，经过城镇内部精加工或包装等形成特色产品和优势产品，不断向更大的市场扩散，全面实现商品的价值和使用价值。

3.接纳功能

一般来说，城镇能够接纳来自周围能量级高的城市和广阔市场中的同类项区域的能量。在接纳城市能量时，或通过发展城市大工业的配套产业和辅助产业，或参与城市分工，分担部分生产能力，全面实现产业、设备、资金、技术的接纳；在接纳市场同类项的能量时，一般采取协作方式，实行技术等要素的渗透，完成接纳过程。接纳外部能量多少，不但取决于城镇各层次的努力程度，也取决于经济基础。经济基础好，努力程度高，接纳的数量就多，质量就高，成本就低，效果就好。

4.辐射功能

一般情况下，城镇向腹地实行经济辐射具有以下几种形式：一是赋予性辐射，即资金的无偿供给，用于缓解农村中的简单再生产和扩大再生产过程中资金不足的矛盾，如以工补农，对农业进行反哺等。二是协作性辐射，即采取联营等方式，实行科技服务，提高农村产业技术升级。三是吸收性辐射，即吸收腹地中的农村剩余劳动力进入城镇从事第二、第三产业，减轻农村剩余劳动力的压力。四是带动性辐射，即城镇以公司＋农户或总厂＋分厂形式，将生产空间扩大到腹地农村，带动农村家庭工业和家庭农业的发展，目前这种辐射形式较为普遍。五是信号性辐射，一般是腹地农村中的农业和家庭农业通过对城镇的产品供需信号，作出反应预测，不断调整生产方向和生产计划，使生产成果能不断适应市场日益变化的需要。

5.引导消费功能

城镇在消费层次上处于城市与农村之间的中间层次，其消费行为受城市的影响很大，即在吃、穿、用、住等方面与城市更为接近，又由于城镇在生存空间上同农村更为接近，消费信号对农村渗透频率较高。同时，由于城镇一部分人口来自腹地农村，其消费行为对其来自的农村影响最大。因此，合理的城镇生活消费量和消费结构对改善农村的消费结构和提高整体生活质量具有深远意义。

6. 培育功能

无论是有一技之长的农民还是普通农民进入城镇就业，在取得报酬的基础上，学到了技术，增长了见识。有利于再就业的适应能力。因此，城镇又成了培训农村人才的基地。同时，由于农民进入城镇，接受了城镇的现代生产方式和生活方式，有利于农民各种传统观念的更新，“既挣了票子，又换了脑子”，因此，城镇又是更新农民传统观念的熔炉。

从对城镇的基本特征及其功能的分析，我们可以看出，大城市带动不了小城市，养活不了那么多乡下人，其根本出路就是发展农村自己的城镇。

中共十六届三中全会提出了全面、协调、可持续发展的科学发展观，统筹城乡发展被放在了“五个统筹”的首要位置，成为科学发展观的集中体现。中央还明确提出了小城镇作为新时期现代化建设的一项战略任务，既是统筹城乡协调发展、缩小城乡差距、致富农民的重要途径，也是从根本上解决“三农”问题，实现建设小康社会目标的必然选择。

城镇是城乡共融的对接平台。城镇的发展加强了城乡之间的联系，开启了城乡交融的大门。具体体现在：城镇是城乡信息交流和共享的平台，信息匮乏已经成为制约经济社会发展的瓶颈，对农村的制约尤为突出，在广大农村地区，信息化建设和农产品市场信息体系建设滞后，农民无法全面及时地得到市场信息，必然影响农业产业结构的调整节奏和农产品的销售，城镇是一定区域内的政治、经济、文化中心，具有一定的区位优势和资源优势，基础设施相对较好，协作能力相对较强，信息相对灵敏，人才比较集中，是促进城乡信息交流的最好平台；城镇是城乡市场对接的平台，我国买方市场已经形成，城市大量工业品积压，农村商品供应品种少，选择余地不大，同时随着城市生活水平和生活质量的提高，城市对绿色食品、优质农产品的需求增大，城镇成为城乡互通有无、完成市场对接的平台；城镇是城乡人才流动的平台，当前我国人力资源的结构性问题突出，一方面城市具有较高文化素质的人才相对过剩，另一方面农村急需大量高素质人才，同时又滞留了大量富余劳动力，城镇可以发挥在城乡人力资源的双向流动中的纽带作用，通过劳动力市场的建立和就业信息服务工作的开展，引导城乡人才有序合理流动。小城镇是深入农村腹地，传播城市文明和辐射农村经济的桥头堡。城镇向处于广阔农村腹地的农民传播了城市的思想观念、技术信息、管理经验、生活方式等，成为广大农民接触现代城市文明的媒介。

1.1.3.4 城镇的构成

从系统论的角度看，城镇同城市一样是一个典型的、复杂的大系统（图1-1），它包含着微观和宏观的、静态和动态的、内部的和外部的、时间和空间的、物质的和精神的多种组成因素。这些因素相互关联、相互作用，构成了城市系统的整体性。

- 自然系统（城镇地理学、城镇环境学的研究领域）
  - 自然条件——地形、地貌、水文、地质、气象
  - 自然资源——水源、土地、矿藏、能源、农田、森林
  - 自然环境——环境条件、污染状况、稀释能力
- 经济系统（城镇经济学的研究领域）
  - 生产部门——农业、工业、建筑业
  - 流通部门——交通运输、商业、贸易、金融
  - 服务部门——房地产、咨询、餐饮、饭店、其他服务
- 社会系统（城镇人口学、城镇社会学的研究领域）
  - 人口构成——性别、年龄、民族、文化、就业、宗教、婚姻等
  - 社会组织——党政机关、社会团体、企业、学校、街道等
  - 社会治安——公安、检察、法院、司法等
- 建设系统（城镇规划学、土木工程学、建筑学的研究领域）
  - 主体设施——非为本市服务的工厂、学校、政府机关等
  - 附属设施——住宅、商店、中小学、医院、文体设施等
  - 基础设施——给水、排水、邮电、园林绿化、环境卫生等

|←第一层次→|←第二层次→|←第三层次→|

图 1-1　城镇系统结构关系示意图

1. 城镇是一个复合的、宏观的大系统

如果说，一架喷气式飞机的构成参数以千计，而一般宇宙飞船的构成参数以万计，那么一座城镇的构成参数足以以百万计。在城镇这个复合的、宏观的大系统中，各功能子系统处于不同的层次：第一层次包括自然、经济和建设系统等子系统，而经济子系统又包括生产、流通、服务部门等 3 个第二层次的子系统；在生产部门子系统中又可分为农业、工业、建筑建材业等 3 个第三层次的子系统；工业还可分为冶金、机械、纺织、电子、食品等若干更低层次的子系统。随着科学技术的不断进步，社会分工在不断深化、细化，城镇系统也变得越来越庞大、越来越复杂。

2. 城镇是一个动态的、开放的大系统

城镇与其周围的农村和其他城镇，经常不断地进行着物资、人员、文化、技术、资金、信息的交流，形成了动态的、开放的特性。城镇只有在这种输入与输出中，才能吐故纳新、趋利避害，才具有旺盛的生命力。现代城镇的突出特点之一就是开

放，唯有开放，城镇才可充分发挥农村政治、经济、文化中心的作用；而孤立和封闭，只能导致停滞和衰亡。

从全局来看，城镇与地区、国家是点和面的关系。所以，城镇这个大系统，又作为一个单元参加到地区和国家更大的系统中去。因此，在研究和解决城市问题时，决不可就城镇论城镇，而必须以系统论的观点，统筹考察城镇和乡村、城镇和区域、城镇和国家的关系，使城镇系统的宏观性和整体性得到更广泛的体现、进入更良好的状态。

1.1.3.5 城镇的性质

城镇是一定区域内的中心，由于各城镇所处地位与担负的任务不同，因而所具有的职能也有所不同。

城镇性质是指城镇在国家或地区政治、经济、社会和文化生活中所处的地位与所起的作用。对于城镇性质，我们可以从两个方面去认识。一方面是城镇在国民经济的职能方面，另一方面是从城镇形成与发展的基本因素中去认识，就是指一个城镇形成与发展的主导因素的特点。

一个城镇是由复杂的物质要素所组成，其中，有些要素的存在和发展对城镇的形成和发展起着直接的决定作用。这些要素通常被称为城镇形成和发展的基本因素。同一要素并非在每一个城镇一定是基本因素，必须视城镇所处的地位和具体情况而定。由此可见，构成城镇的基本因素是多种多样的，城镇的主导基本因素，则因城镇而异。总之，城镇性质就是由城镇形成与发展的主导基本因素的特点所决定的，由该因素的基本部门的主要职能所体现。

1.1.3.6 城镇的分类

城镇的分类方法主要有两种，即按城镇性质和按行政建制分类。

1. 按城镇性质分类

城镇按其性质分类是城镇规划中对城镇进行分类的一种很重要的方法。因为城镇性质对城镇人口的构成、用地组织、规划布局、生活服务设施的内容与标准、基础设施等诸多方面，都有很大的影响。

根据我国目前的实际情况，从城镇的性质分类看，大致可以分为三大类：

(1)行政、经济、文化中心　这类城镇一般具有综合性的职能。例如县城，它是一个县的政治、经济、文化中心，设有县人民政府和有关管理机构。

(2)以某种经济职能为主的城镇　这类城镇一般是以工业生产为主，往往是国家或地区主要工业的生产基地，某些城镇以交通上的重要地位为特点。这类城镇可以细分为如下。

工业城镇：工业城镇作为主要的工业生产基地，在区域经济中占有重要的地位。由于不同性质的工业在规划上有不同的要求，这类城镇又可按工业构成情况分为综合性工业城镇（即由多种工业组成的工业城镇，如株洲、常州等所属城镇）、单一性工业城镇（如森林工业城镇伊春等）和大城市周围的工业卫星城镇（如上海的金山、重庆的北碚所属城镇）等3种类型。

矿业城镇：在这类城镇中，矿区的分布对城镇布局有着决定性的影响。随着采矿业的发展，也会建立某些矿产品加工工业，如煤矿城镇义马、镍矿城镇栾川，等等。

交通枢纽城镇：这类城镇是随着交通运输的发展而发展起来的。按交通运输条件的不同，交通枢纽城镇又可分为铁路枢纽城镇（如京广与陇海两条铁路干线的交会点——洛阳周边的县城，陇海与宝成两条铁路线的交会点——宝鸡所属城镇）和港口城镇（海港城市湛江和连云港、内河港口城市镇江等所属城镇）。

（3）以某种特殊职能为主的城镇　这类城镇虽与一般城镇有共性，但因其具有某种特殊的职能，因此规划异于一般城镇而具有独特之处。这类城镇按其具有的特殊职能可分为：

革命历史纪念性城镇，这类城镇的特殊意义在于它们在某一革命历史时期或历史事件中的作用，如革命圣地延安、茨坪（井冈山）所属城镇。

边防城镇和军事重镇，这类城镇在军事上、国防上有着特殊的意义，如黑河、旅顺等所属城镇。

风景游览城镇，这类城镇的宝贵资源是自然风景，规划的指导思想、城镇布局、各项设施的安排都应以风景游览为核心，如桂林、杭州、苏州等所属城镇。

2. 按行政建制分类

城镇按其行政建制进行分类，是按照《中华人民共和国城市规划法》第三条中“本法所称城市，是指国家按行政建制设的直辖市、市、镇”的要求划分的。详见前面城市部分我国设市及镇的标准。

1.2　城镇经济的特点、地位和作用

城镇经济不同于城镇，它不是一个行政的概念而是一种区域性经济，它是以研究城镇区域内的商品经济活动为对象的。与工业经济、农业经济不同，城镇经济不是部门经济，它所研究的除了工、农、商、运、建、服等部门经济以外，还包括地方政府及经济管理部门的经济活动。因此，可以概括地说，城镇经济是农村商品经济发

展到一定阶段，社会劳动分工发展的产物。它是城镇范围内一切生产、交换、分配、消费等经济活动和经济关系的总和。

1.2.1 城镇经济的特点

1.2.1.1 城镇经济是一个多层次的网状经济体系

城镇上通城市，下联农村，是周围地区农村进行商品交换的场所，也是联系城乡市场经济的枢纽点。因此，它是一个既有纵向联系，又有横向联系而职能上又相互补充的网络结构体系。

我国城镇的纵向联系，一方面表现在政治活动和行政管理方面，如各级党政领导机关及其职能机构都分别设在各个层次的城镇中；另一方面也表现在经济活动方面，如各级经济管理部门、经济调节部门、流通部门、交通、邮电、电力等服务性生产管理部门也都在不同层次的城镇建立了对经济进行有效控制、调节和服务的运行系统。目前部分城市生产企业与城镇企业形成的专业化协作关系，进一步深化了这种纵向的联系。

城镇的横向联系，表现在城镇与城镇之间的政府部门、经济管理部门、城镇与城镇的农民间所发生的信息传递、经济技术协作、商品流通、社会文化生活等方面的交往活动。这种交往活动在流通领域表现得较为突出。如：各种层次城镇中的农贸市场等商业摊点，随着农村商品经济的发展，近几年已突破行政区划的限制而逐渐发展起来。它对于沟通各城镇间的经济，繁荣市场，服务农民与农业，起到了一定的作用。

我国城镇之间这种纵向与横向联系，形成了城镇经济的整体网络。在这一整体网络中，每一个城镇都作为一个子系统在政治、经济、文化等方面对周围的农村施加影响。而城镇的整体结构在沟通城乡经济，加强交流与联合，疏通城乡商品流通渠道，活跃城乡商品贸易，传递各种信息等方面都起到了非常重要的作用。

1.2.1.2 城镇经济与城市经济不同，它对于周围农村的依赖性很大

我国城镇的形成和发展，是同农村经济和社会的发展变化紧密联系在一起的。农业的兴衰直接影响着城镇经济的繁荣与发展。十一届三中全会以来，乡镇企业的崛起和农村商品经济的发展，带动了城镇的兴起。

与城市经济不同，我国城镇经济绝大多数部门和设施，主要都是为周围地区的农村服务的。城镇管理部门的主要职能也离不开农业。无论是建制镇、集镇或区镇都是从事农业生产活动和非农业生产活动人口的共居区。其中有50%左右的人口从事农业生产活动。在从事第二次产业的人口中也还有相当数量的人口是忙时务农，闲时务工，离土不离乡的农民。

城镇经济中的主要支柱产业——乡镇企业，无论是劳力、资金抑或是其他生产要素，都表现为对周围农村较大的依赖性。那些离土不离乡的农民，是城镇工业劳动力的主要来源。2009 年我国进城农民工已达 1.45 亿。对于以农副产品为原料的加工企业，它们在原料的需要方面，表现为对农村更大的依赖性。城镇经济与周围农村的这种相互依存关系，还表现在流通领域，城镇直接把城市的农用工业品和生活用品，通过流通领域，销售供应到农民手中，然后又从农民手中将各种农副产品集中和收购上来，送往城市。城镇通过这一过程，使自身得到繁荣与发展。如果离开了农村这一广阔的市场和生产基地，城镇便无法生存。我国各个时期的发展历史充分证明：只有农村经济与城镇经济同步发展，城镇经济的作用才能充分发挥出来。

当然，城镇经济在某些方面也与城市经济有相似之处，但是从目前的情况看，我国各种层次的城镇，尚未脱出旧式农村的外壳。

1.2.1.3 城镇经济在很大程度上体现了当地自然资源、社会经济资源的特点

城镇经济是城镇区域内一切经济活动和经济关系的总和。我国各个省区，由于外部差异和内部条件的不同，便形成了不同地区城镇经济的特点。而这些不同地区的城镇经济又在很大程度上体现了当地各种资源的特点。如我国东南沿海地区，人多地少，但这一地区商品经济发展较早，经济发达，城镇密集，市场发育较好。由于教育相对发达，劳动力素质也高，因此这些地区的城镇经济活动多体现了发展有一定水平和竞争力强的出口产品和外向加工型经济的特点。在新技术和新产业方面，这些地区多利用当地的人才及科技资源优势，走科研开发、发展高技术产品的道路并与内地在资金、人才、技术等方面进行横向联合，有力地促进了国民经济和当地城镇经济的同步发展。我国中西部地区具有良好的农牧业生产条件和各种丰富的矿产资源，但由于教育较之东南沿海地区相对落后，农民的商品经济观念淡薄，尽管劳力资源富足，却素质较差。同时这些地区的工业基础及市场条件均不如东南沿海地区，因此中西部地区的城镇经济活动，大多体现了围绕农牧业办工业和发展资源开发型以及引进吸收型企业的特点。其中许多地区的城镇经济活动还处在只服务于本地区市场的阶段。

1.2.1.4 城镇经济体制是一个历史的发展的概念，它没有固定的模式

城镇经济体制是指城镇经济关系及在其基础上形成的经营管理制度。它包括经济关系和经营管理制度两个方面。我国的城镇经济体制是在城市和农村的社会主义改造的基础上形成的，目前我国大多数的城镇经济体制以合作制、股份制和股份合作制为主。但不论是何种经济体制，与过去不同的是，它们都是根据发展当地市场经济的需要，按照市场经济的规律并根据不同地区的自然条件、生产力发展水

平以及经营管理水平而建立起来的。我国在20世纪五六十年代在城镇经济体制中实行的也是合作经济。但那种单一的合作经济的体制，多以集体劳动为特征，经营管理实行高度集中，因此它限制了劳动者积极性的发挥，经济的发展也缺乏活力。党的十一届三中全会以后，我国城镇实行的合作经济、股份制经济与股份合作制经济，主要是商品生产者之间的经济关系。这种经济关系产生的前提是双方经济利益的满足。无论是何种性质，它们都是按照市场经济生产和商品交换的规律而建立起来的。

从上述内容不难看出，城镇经济体制是一个历史的、动态的过程。不同的时期、不同的地区，甚至是同一个地区不同的单位，经济体制不应该，也不可能是一个模式。我国在新中国成立后相当长的一个历史时期，由于违背了经济发展的特点，采取“一刀切”的经济体制，使我国的国民经济长期处于缓慢发展的状态。城镇经济的生产力也和我国广大的农村一样，遭到了破坏，这个教训值得我们永远汲取。

可见城镇经济体制的任何一种形式，总是处在不断的变动之中。关键的问题是必须根据当时当地的各种经济关系、生产力水平及经营管理水平，及时进行调整，形成与之相适应的经济体制。

1.2.2 城镇经济的地位和作用

1.2.2.1 城镇经济是国民经济的重要组成部分

1. 城镇经济综合发展是国民经济全面增长的关键

国民经济通常可以分为部门经济和区域经济，区域经济是国民经济的一个缩影。彼此联系着的区域经济的总和，构成国民经济的总体。城镇经济是国民经济中的基层区域经济。但是城镇经济又是综合的，国民经济的所有部门，在城镇经济中几乎都能找到。所以，可以把它看做缩小了的国民经济，或者说是城镇国民经济。

城镇经济是国民经济的重要组成部分，城镇经济的综合发展是国民经济全面增长的关键。农业是城镇经济的主要部门之一。农业是人类衣食之源、生存之本，是工业的重要原料来源，是生态环境的卫士。发展国民经济必须以农业为基础，不仅反映了经济规律的要求，也反映了自然规律的要求。随着工业和其他产业的发展，农业产值在国民经济中占的比重虽然会逐步下降，但是，农业的基础作用不会改变。

城镇工业是国民经济的重要组成部分。从企业结构看，乡镇工业主要是中小企业，与国有大中型企业一起形成了我国大中小结合的较为合理的工业企业结构。从产业结构看，乡镇工业以农副产品加工、资源开发、劳动密集型、轻型加工企业为主，城郊乡镇工业相当一部分是为国有大工业加工配套的，与国有企业形成了互为市场、相互依存、相互补充的关系。实践证明，我国乡镇企业创造了许多辉煌，多年来一直是农村经济和县域经济的重要支撑力量，为我们这个农业大国解决好农业、农村、农民问题，促进经济体制改革、国民经济和社会发展，推进中国特色农村工业化、城镇化、现代化，探索出了一条成功之路。以上是从静态上分析城镇经济在国民经济增长中的地位和作用，从历史的角度动态地分析这一点，就可以看得更加清楚。

党的十一届三中全会以后，随着农村经济体制的改革，城镇生产力的发展，整个农村出现了令人鼓舞的变化。1978 年社队企业总产值只相当于当年农业总产值的 37% 左右。到 1987 年，乡镇企业产值首次超过了农业总产值，标志着中国农村经济已经进入了一个新的历史时期。到 2008 年，乡镇企业增加值已占农村社会增加值的 71.21%，成为支撑农村经济最坚实的支柱，在增强我国综合国力方面具有不可替代的作用。2008 年全国乡镇企业增加值 84 127 亿元，占国内生产总值的 27.98%；出口商品交货值 35 092 亿元；实缴国家税金 8 765 亿元。乡镇企业的发展大大提高了我国经济的总体实力。2008 年乡镇工业增加值达 58 805 亿元，占全国工业增加值的 45.5%。①

"30 年来，我国亿万农民创造的乡镇企业异军突起，全国乡镇企业增加值从 1978 年的 209 亿元增加到 2007 年的 69 620 亿元，增长了 332 倍，已占到农村社会增加值的 68.68%，占国内生产总值的 28.52%。贡献了中国 GDP 增长的近 1/3，转移了 1/3 农民就业，30 年增加值增长 332 倍。"②乡镇企业的发展冲破了我国城市搞工业、农村搞农业的二元经济格局，使我国走出了一条城市工业与农村工业相互依托、相互融合、相互促进的有中国特色的工业化道路，加快了我国工业化的进程。

2. 城镇经济的发展为市场经济提供了稳定增长的市场

在我国，城、镇、乡市场构成社会主义统一市场。城镇市场是社会主义统一市场中的一个最大的市场。

城镇经济为各级市场提供吃和穿等基本的生活资料。在社会消费基金中，生活消费支出占 60%以上。这部分消费基金的实现与城镇农业联系在一起，一部分由城镇农业直接提供，另一部分则由以农产品为原料的食品工业和轻工业提供。城镇经济不仅为市场提供吃穿等基本生活资料，也提供城镇日用工业品和第三产

①中国依靠自己的力量解决了 13 亿人口的吃饭问题. http://www.cfiin.com/zt/60year/4.htm。

②我国乡镇企业 30 年增加值增长 332 倍。www.stockstar.com 2008-8-19 10:56:18 金融时报。

业产品，满足城乡人民的多种需要。

城镇经济为工业提供原料和初级产品。我国工业原料资源的40%，其中轻工业原料的70%，纺织工业原料的90%，食品工业原料几乎全部都来自农业。除农产品原料外，城镇经济还为工业提供矿产品原料和初级产品，如矿石、能源、木材、水泥、纸浆和辅助材料等。随着城镇经济的发展，由城镇经济提供的工业性原料和初级产品的比重还会有较大的增长。

城镇也是工业品和工业原材料的重要市场。城镇中的社会商品销售额占社会商品零售总额的60%以上，这些商品主要是日用工业品和农业生产资料，随着城镇农业的现代化和城镇工业、建筑业、交通运输业等产业的兴起，城镇购买的钢材、汽车、机器设备和电力等重工业产品也会越来越多。

城镇经济也是对外贸易的一支重要力量。农产品的出口在我国外贸中历年都占有一定的比例，现在，城镇工业更是成为一支新的出口创汇的生力军。2007年乡镇企业出口商品交货值30 200亿元，占全国出口总额的34%①。

城镇经济发展，还扩大了城镇内部市场。一方面，城镇外部市场的发达，大批劳动力转移到农业以外的产业，从事专业商品生产，使城镇经济内部生产和交换方式发生革命性的变革。九亿农民搞饭吃，农产品不可能大量剩余，城镇内部交换的商品非常有限。城镇非农产业的发展，扩大了城镇内部交换的品种。另一方面，大批农业人口转移到非农产业，对商业产生积极的影响。他们所需要的粮食、副食品、蔬菜等，都逐渐通过市场获得，自己不再生产。在传统的城镇经济范畴里，这些产品都是自给产品，既不列入农业的商品生产，也很少交换。现在不同了，这部分产品在城镇内部已转化为商品。乡镇企业愈发展，转移的人数愈多，以这种形式转化为商品的农产品就愈多、愈稳定。

3.城镇经济的发展是实现全面建设小康社会的重要途径

全面建设小康社会，重点和难点在农村。在我国，城镇经济的兴起不是偶然的。第一，发展城镇经济是促进农村剩余劳动力转移，实现农村资源合理配置的必然途径。我国原本农业人口多，人均资源少。随着改革后农业劳动生产率的提高，农村剩余劳动力成为大问题。这就需要发展城镇经济，创造非农业发展的良好环境，推动农村产业结构的改革和实现农村劳动力的战略转移。第二，发展城镇经济是中国城市化道路的现实选择。在我国完全有必要，也有可能，依靠农民，依靠乡镇企业，发展城镇经济，以加快我国城市化的进度，同时，有利于逐步消除城乡二元结构，缩小城乡差别。第三，发展城镇经济是扩大国民经济内需和启动市场的重要

①李力：我国乡镇企业进入新一轮发展时期.经济日报，2008-6-18. www.stockstar.com 2008-6-18。

途径。城镇经济的发展会推动基础设施的投资,会推动住房业和建筑业的发展,会带动各类二、三产业的发展,以及提高人均消费水平等。第四,城镇经济发展有利于增加农民收入和提高农民政治、经济、文化等各方面福利水平。

1.2.2.2 发展城镇经济是建设具有中国特色的社会主义的内容之一

1. 城镇经济发展建立了农村发展的新模式

建设有中国特色的社会主义内容十分丰富,发展城镇经济是建设有中国特色的社会主义的内容之一。发展问题是当代世界所面临的历史性任务之一,而农村发展又是发展问题中的主题。这是因为摆脱农村长期贫困落后的面貌,是摆在一切不发达国家面前的共同问题。

自从城乡分离后,乡村一直处在不利的发展条件中。发达国家的农村的发展一般经过了这样一些阶段:首先是资本主义产业革命,城市工业有了发展,农村劳动力流入城市,进入工业就业,使社会成为工业社会。农村因生产要素过度流出,处于破产和凋敝阶段。工业的进一步发展,农业利用工业社会提供的机器、技术,取代劳动力和土地不足。农业大量使用机械和化肥,进行品种改良,出现了资本主义大农业,但是农村仍然处于城市的附庸和被剥削的地位,这是第二个阶段。第三个阶段是农村工业化阶段。国民收入提高,要求食品优质化,提高农产品质量,出现了科学农业。农业生产向工业延伸,工业进一步向农业扩张,农业与工业接近,农业走向工业化和工厂化。第四个阶段是农村工业化和城市化。大城市人口饱和,大工业对市场反应不灵,小工业、中小工厂开始向有空间潜力和劳动力潜力的农村地域发展。农村出现了工业,出现了大量的兼业农民。农村的收入和生活方式大体接近城市,农村城市化了。这是发达国家农村发展的道路或模式。

中国是发展中国家,有自己特殊的国情,农村发展不能照搬西方模式。我国的基本国情有两点:一是底子薄,二是人口多、耕地少。底子薄决定了国家不可能拿出更多的资金来建工厂、建城市。人口多、耕地少,决定了剩余劳动力多,转移的绝对数量大。这两点结合在一起,就决定了我国的发展战略应该放在农村,从我国的国情出发,在农村有计划地发展城镇工业,吸收农业剩余劳动力,同时,根据商品生产发展的需要,在农村适当的地点,逐步建设和发展集镇,容纳农村转移的劳动力,使这些集镇成为农村一定区域内 政治、经济、文化和信息中心。农村集镇发展,使农村的分散与相对集中结合起来。分散,有利发挥乡村农业和资源的优势;集中,有利于发展工业和进行交换,提高农村经济的社会化水平。这样,农村通过建设自己的工业和集镇,提高收入水平,变革生活方式,就可以促进农村社会经济和文化发展,创立了一个符合中国国情,具有中国特色的农村发展模式。这一发展模式的特点:一是农民没有破产,而是愉快地转移,在转移中富裕;二是农民没有背井离乡，而是“离土不离乡”，“进厂不进城”，建设集镇，繁荣乡村；三是城乡互助，共同发展；四是农民文化素质普遍提高，农村物质文明和精神文明建设同步发展。

城镇经济发展较快的江浙地区以及广东、福建、山东等沿海地区的一些农村，集镇星罗棋布，道路宽阔平坦，基础设施齐全，住房整齐漂亮，交通、商业、服务方便，市场繁荣，文化生活丰富多彩。从农业中转移出来的劳动力，“离土不离乡”，进厂没进城，在集镇从事第二、第三产业。农民收入水平稳定，安居乐业。这些地区的农村开始摆脱落后、愚昧，显示出了社会主义农村的一派欣欣向荣的景象。尽管目前这样的农村在中国还不普遍，但它预示着中国农村的未来，证明中国式农村发展具有广阔的前景和生命力。

2. 城镇经济发展开辟了中国特殊的工业化道路

工业化是一个国家工业发展的程度，是由落后的农业国变为先进的工业国的过程。工业化的标志一般包括现代工业产值在工农业产值中比重占主要地位；社会劳动力主要在工业部门就业；国民经济的主要部门特别是农业部门用机器装备，采用工业生产的方法；工业产品的品种、数量和质量能够满足社会生产和人民生活的需要；工业部门比较齐全，分布合理，发展协调，城乡居民收入接近，差别缩小。因此，工业化是各国经济现代化的必由之路。一个国家的经济现代化，首先在于工业化，在于建立起发达的现代工业体系。已经实现工业化的发达国家，走了一条依靠城市实现工业化的道路。它们首先利用农业为工业积累，开发城市产业，实现城市工业化，然后依托城市，工业逐步向农业和农村渗透和转移，使农业和农村工业化，从而达到全社会的工业化。

中国是一个落后的农业国，新中国成立前，几乎没有现代工业。新中国成立后，就明确地提出了实现工业化的目标。新中国成立 50 多年来我国工业发展的速度是不慢的，工业化的成绩是巨大的，但是如果从国民经济总体发展来看，工业化中却存在着严重的不可忽视的问题。一是工业产值增长得快，农业劳动力转移得较慢；二是单个城市规模扩大甚至膨胀，但城市人口的比重提高很小；三是城乡差别不是缩小，有些地区甚至扩大了；四是工业品仍显匮乏，不能满足工农业生产和人民生活需要；五是工业布局不合理，发展不协调。我国工业化中出现这种偏差和不协调现象，与一系列的历史因素和人口结构有关。但重要的原因是工业化道路的选择问题。实践证明，在我们这样一个拥有九亿农民，商品经济落后的国家里，把九亿农民排除在工业化之外，仅仅依靠城市推进工业化，既缺乏外在的条件，又缺乏内在的动力，工业化的路子越走越窄。

显然，选择一条既能发挥城市的优势，又能把九亿农民吸引到工业化中去的道路，是我国工业化成败的关键。

城镇工业的发展，使我国工业化有了新的内容和新的推动力，成为吸引九亿农民参加到工业化和现代化历史过程中去的现实途径。20世纪80年代，乡镇企业异军突起，成为我国工业生产力的重要组成部分和工业化的重要内容，推动我国工业化进程的生力军。第一，乡镇企业发展加快了我国工业化的步伐，工业产值迅速增加；第二，乡镇企业加快了农业劳动力转移的步伐，使工业化和农业劳动力转移一致起来；第三，乡镇企业增加了工业品，使工业品供应日益丰富；第四，乡镇企业改变了工业布局，使工业在城乡之间合理分布；第五，乡镇企业促进了农业发展，使农业生产力迅速提高；第六，乡镇企业增加了农民收入，缩小了城乡差别。综上所述，乡镇企业发展，开辟了一条具有中国特色的工业化道路。

我国工业的构成是城市工业、城镇工业和乡村工业。它们在国家工业化进程中所处的地位和发挥的作用不同。城市工业具有产值大、高度集中，技术设备先进，部门齐全，有现代化管理的经验等特点，是我国工业生产的主要部分，是工业化的主力军和前进的基地。城镇工业面广量大，相对集中，行业比较齐全，又是城市扩散工业的前沿阵地，它已经成为国家工业化的一支重要力量，而且作用还在加强。乡村工业分散在广大乡村，其中一部分是农村合作工业，大量的是家庭工业和联合体办的工业。它由农民直接举办，与农业紧密结合，为农业服务。农村工业发展中不断向乡镇集中，壮大乡镇工业。乡村工业也是一支不可忽视的力量。城市工业、城镇工业和乡村工业作为一个整体，相互联系、相互依赖，也相互转化。城市工业与城镇工业相互转化，城市工业与乡村工业，以城镇工业为中介，也相互转化。因此，中国特殊的工业化道路将是以城市工业为依托，以乡村工业为基础，以城镇工业为纽带，构成的城—镇—乡三连环的工业体系。这条道路可以依托城市强大的工业力量，可以把九亿农民吸引到工业化中来，可以在广阔的空间和尽可能短的时间内，建立起千千万万个工业企业，加快我国工业化的步伐。

3.城镇经济发展促进城乡一体化

城镇经济发展，冲破了城乡分割、工农分割的二元结构，奠定了城乡一体化发展的基础。所谓城乡一体化，就是以城市为中心，以城镇为纽带，以乡村为基础，城乡融合，互利互惠，相互促进，共同繁荣。我国城乡关系正在发生历史性变化。城市乡村结合的形式日趋多样化，城乡之间多种形式的联合与合作，已渗入到生产、流通、分配、消费各个领域，国有、集体和民营各个经营层次，城乡一体化发展已初见端倪。

第一，是城乡产业布局变化。传统的城乡产业布局的特点是农村—农业，城市—工业。而城镇经济发展，则是将以往仅在城市兴办的许多产业不断延伸到农村，适宜于农村发展的城市产业陆续转向农村，若干新兴产业将在农村兴办。城市的工业技术、人才优势同农村资源和劳动力优势结合起来，形成新的生产力。从发展看，将有更多的加工工业、原料工业、采掘业、建筑建材业、交通运输业和商业服务业分布在广大的农村，从而实现我国生产力在城乡之间的合理布局。

第二，城乡交换方式变化。工农分割的分工模式和产业布局，把城乡交换方式固定在“工业品下城，农产品进城”的单一形式上。城镇经济发展，改变了城乡交换方式，工业下乡，农产品进城仍在继续发展，城镇工业品和第三产业提供的服务，也进入了城市市场。农民从进城出售工农业产品，到搞建筑，兴办第三产业，规模、人数、范围日趋扩大。据估计，目前在城镇从事各种产业的农民有 8 000 万人。日益发展的城乡集市贸易和城镇，已成为城乡交流的重要场所和互相联系的纽带。目前，全国城乡集市贸易网点达 61 200 多个。

第三，城乡分配水平变化。一个不争的事实是目前城乡差距同过去相比有所拉大，但随着城乡经济融合，城乡差别和工农差别终归要得以解决。

最后，城乡生活消费方式也在变化。城镇收入水平提高，城镇消费水平也提高了，过去为城市独享的物质和文化生活，现在城镇也能享受，乡村物质和文化生活消费水平正在发生变化。

我国城乡关系的历史性变化，标志着我国在改变城乡分割，推进城乡结合，实行城乡一体化发展方面迈出了重要的一步。

1.3 城镇化及其发展趋势

城镇是社会前进的主要基地，在国民经济中居主导地位。其发展进程表现为农村人口向城镇的转移流动和集聚的过程，以及城市的经济关系和生活方式广泛地渗透到农村的一种持续发展的过程，即城镇化过程。随着城市化程度的提高，城镇在社会经济发展中的作用会不断增大。

1.3.1 城镇化的内涵

城市化是与工业化、社会分工直接相关的社会经济转型现象，是世界各国工业化进程中必然经历的历史阶段。同时，城镇化是一个动态的概念，随着经济社会的发展，其内涵也在不断地发生变化，但其本质功能是聚集和扩散；其根本含义是指大量农业人口向非农产业和城市或城镇转移。一般而言，城市化是指工业化过程中社会生产力的发展引起的地域空间上城镇数量增加和城镇规模扩大的社会发展历史过程。从实质上讲，城镇化是农村人口转化为城镇人口，第二、第三产业不断向城镇聚集，引起城镇数量增加、规模扩大的历史过程。

从各国发展情况看，城镇化具有明显的阶段性与差异性。城镇化发展过程大体可分为3个不同阶段：第一是初期阶段，城镇化水平在30%以下，城镇发展比较缓慢；第二是加速阶段，城镇化水平在30%～70%之间，城镇高速发展；第三是后期阶段，城镇化水平超过70%，城镇进入稳定发展期。

与发达国家相比，发展中国家城镇化起步较晚，但发展速度较快。据联合国预测，从1950年至2030年，发达国家的城市人口将由4.46亿增加到10.15亿，而发展中国家城市人口则将由3.04亿激增到40.2亿，发展中国家城镇化速度远远超过发达国家。

城市化程度也是一个国家经济发达程度，特别是工业化水平高低的一个重要标志。国际上通常以城市化水平衡量一个国家或地区的经济社会发展水平。城镇化不仅是城镇人口数量和用地规模扩大的过程，同时，也包含了经济社会的结构、功能的转变。城市化作为一个社会经济的转型过程，包括人口流动、地域景观、经济领域、社会文化等诸多内涵。实现城乡一体化和城乡文明的相互渗透，是城镇化发展的目标。反映城镇化水平高低的一个重要指标为城镇化率，即一个地区常住于城镇的人口占该地区总人口的比例。

1.3.2 城镇发展趋势

作为经济发展的必然结果和社会形态向高层次发展的客观表现，城镇发展趋势不仅表现为城镇人口增长、城镇区域扩张、生产要素在城镇集聚、城镇自身功能不断完善，还表现为社会经济生活方式由乡村型向城镇型转变。

1.3.2.1 城镇将成为经济社会活动中心

大工业、新技术、泛市场的不断兴起导致了商品制造方式的本质变化及其地域空间的全面拓展，更成为社会资源集聚的强劲吸引力和城市发展的强大推进器。工业生产的集中促进了城市前所未有的发展，城市人口不断增多、城市规模逐渐扩大、城市经济日益繁荣，城市作为经济社会发展主要驱动力的作用日趋凸显。虽然很多国家奉行“控制城市人口规模”的政策，但随着农村地域向城镇地域的转化以及非农产业的发展，大量农村人口向城镇迁移产生城镇人口的机械增长，加之城镇自身人口的自然增长，城镇人口数量还是总体上呈现不断增加态势，城市逐渐取代乡村成为社会生产中心与经济生活中心。

1.3.2.2 大城市集群将是城镇化高级阶段的主体形态

城市群的概念是戈特曼于20世纪50年代正式提出的。城市群首先在美国以大都市区的形式出现，并是美国“全国所有地区的主要发展模式”和社会生活的主体空间。大城市聚集效应明显优于一般城市，城市规模大，聚集效应高。各国城镇化进程中，大城市超前增长现象十分明显。世界城市发展经验表明，大城市的资源集聚功能强于一般城市，发展速度快于一般城市。大城市的超前发展，促进了城市集群的形成，标志着城市化进入新的发展阶段。时下，我国的城市群发展正呈蓬勃鼎兴之势，全国已形成了 10 个地区生产总值过万亿元的大型城市群。

1.3.2.3 人力资源规模流动

城镇化表现为人口由农村向城市转移的过程，人口自由迁移或者劳动力自由流动，是城市化发展的人本基础。世界各国实践表明，劳动力自由流动加速了城镇化中期阶段的发展，同时也彰显出城镇化巨大的集成带动效应。如英国在工业革命早期，人口流动受到法律和交通条件限制，法律允许居民在收获季节暂时流动，但限制长期流动，当时城镇化发展就相当缓慢。随着工业化的推进，大工厂对外来劳动力的需求越来越大，政府也多次修改法律，放宽对人口迁移的限制，形成了人力资源的规模流动。

1.3.2.4 产业结构升级推动城镇品质提升

产业结构变化必然影响城镇化的进程。世界城市与产业发展规律表明，产业结构从第一产业为主渐次过渡到以第二产业和第三产业为主，第二、第三产业在整个国民经济构成中的比例越高，城镇化水平就越高。随着产业结构逐步调整与升级，城镇化由粗放低速走向提质增速阶段，产业结构的演变成为驱动城镇化发展的内生活力。

美国五大湖区产业结构的调整与升级过程，向我们展示了产业结构演变下的城镇化发展规律。19 世纪的上半叶之前，美国五大湖工业区产业结构以第一产业为主，城镇化进展缓慢。1865 年南北战争之后，五大湖工业区成为重工业完整的区域，工业重型化促进了人口增长，赋予了城镇化活力。20 世纪 90 年代以后，产业结构由工业型升级为服务型，中心城市制造业外迁，很多大都市区成功地由制造业中心转变为管理咨询、商务、法律、贸易、旅游等服务业中心，如底特律为汽车业研发中心，芝加哥为会展中心等。

1.3.2.5 新锐文化繁衍成为城镇发展的永续动力

一座城市没有文化，形同于人没有灵魂。在世界城镇化过程中，许多国家城市的发展，是与其文化的传承与创新分不开的。文化的繁荣常常表现在城市文化产业、创意、活动等文化载体上。19 世纪，在欧美的大都会如伦敦、巴黎和纽约，现代意义的大学、博物馆、歌剧院和音乐厅渐渐出现并发达起来，为城市内涵与精神的扩展提供了物质载体。至今，这些文化设施与条件仍然是对欧美城市文化魅力的延展。文化引领城市向前,创新个性化的文明范式、先进城市文化繁衍推动着城市长久、健康、持续发展,并散发着永续魅力和旺盛生机。

1.4 城镇经济学的研究对象和内容

1.4.1 城镇经济学的研究对象和学科性质

城镇经济学是以城镇经济作为研究对象的一门比较系统完整的区域性经济学科。它是以城乡接合点的镇以及与镇有联系的周围乡村所形成的区域作为研究对象,以城镇经济建设的方针政策、理论实践和城镇经济发展趋势及其规律性为主要研究内容的一门区域性经济学。

城镇经济学所研究的城镇既然是一个区域性的概念,那么这里所说的"城镇就不是一般的行政概念,而是指与镇有内在联系的经济区域,这个区域一般以农业生产为基础,它是区域性生产的依托,同时兼顾工业生产以及商业等多种经济形式。

城镇经济学是经济学的一个分支,它是由社会科学、自然科学相互渗透综合而成的。它具有多功能、多层次、全面性、综合性的特点,它是研究城镇中生产关系和生产力发展运动的规律,专门研究城镇区域中各种经济问题的经济学。

从生产力方面看,城镇经济应当揭示现有城镇生产力的内容、性质、特点与数量状况,分析城镇生产力的内部结构及其功能,阐明城镇经济发展水平和发展趋势,为合理组织和充分利用现有生产力,开发新的生产潜力寻求方法和途径。

从生产关系方面看,城镇经济学应研究城镇中的经济结构、经营规模、管理体制、管理制度、工农业产品交换、农副产品价格等,为选择适合本国和当地情况的城镇经济体制提供科学依据。学习城镇经济学的目的在于揭示城镇经济活动的规律性,即如何按客观规律要求来合理组织生产力,不断地完善生产关系,适时地调整经济结构,促进城镇经济的发展。

总之,城镇经济学是一门独立的经济学科。它的特殊研究对象决定了城镇经济学是区域经济学,是理论经济学,也是应用经济学。

1.4.2 城镇经济学的内容与结构

城镇经济学不同于一般的经济学。所以本书的内容与结构要根据这一编写目的来确定,并与其他课程有必要的、明确的界定和分工。

城镇经济学的任务是运用马列主义、毛泽东思想、邓小平理论和“三个代表”重要思想的基本原理，科学地总结我国城镇建设的历史经验，探讨具有中国特色的城镇经济发展道路和模式，为城镇经济发展提供理论依据和指导方法。城镇经济学的这个基本任务，具体体现在《城镇经济学》的内容和结构中。

总论：包括第1章绪论至第5章城镇资源经济和第16章、第17章城镇规划与管理、城镇发展政策

绪论　主要介绍城镇和城镇经济的基本概念和范畴，城镇经济在国民经济中的地位和作用，指出城镇经济学的研究对象、性质、内容、结构及方法。

城镇经济结构　主要介绍城镇经济结构的组成、内涵，并重点介绍产业结构和城镇所有制结构。

城镇经济发展战略　重点介绍了经济增长和经济发展的基本内涵，分析城镇经济的增长机制，明确城镇经济发展战略。

城镇经济管理　从宏观和微观两个方面研究城镇经济管理，强调城镇经济管理的一般原理、必要性、手段和方法。

城镇资源经济　主要介绍城镇自然资源、社会资源和信息资源的特点和利用。

城镇规划与管理　介绍城镇建设规划的基本任务、指导思想和原则，以及城镇规划的制定、实施和基础设施的建设。

城镇发展政策　主要介绍城镇发展政策的性质、特征、目标、战略和手段，以及城镇政策评价的程序和方法。

分论：包括第6章城镇人口经济至第15章城镇消费经济

分论用10章的篇幅研究城镇经济的运动规律，即生产、分配、交换和消费的过程，并从构成经济的要素入手，具体地分析了人、财、物、产、供、销、贸、工、农等各自的特点和规律。

本教材共17章，构成城镇经济学的一个完整体系。学习和掌握城镇经济学体系，能够帮助我们认识城镇经济建设的基本规律，总揽城镇经济全局，综合、协调和稳定发展城镇经济，以促进小康社会的全面建设。

1.4.3　城镇经济学与其他学科的关系

城镇经济学是一门独立的经济学科。因为它的研究对象是城镇这一区域的经济活动和经济关系的总体，因此它是区域经济学而不是部门经济学。城镇经济学与下列经济学科有一定的联系。

1.4.3.1　城镇经济学与经济学的关系

城镇经济学与经济学是个别与一般的关系，经济学探讨的是经济现象的一般规律,而城镇经济学则是在特定的区域——城镇这一环境下进行研究的。经济学是城镇经济学的基础,城镇经济学是经济学的补充和完善。

1.4.3.2 城镇经济学与城镇企业宏观管理学的关系

近年来随着乡镇及乡镇企业的发展,我国经济科学工作者为了探讨城镇区域内的经济运行规律并建立宏观控制及调节的机制,建立了宏观管理学。乡镇企业宏观管理学以乡镇企业为客体,研究乡镇企业经济运行的合理性以及为达到这一目标对企业进行宏观控制和宏观调节的措施。城镇经济学则以城镇为主体,从本质上揭示城镇经济活动和经济关系的规律以及发展趋势,它为宏观管理学的研究奠定了理论基础。

1.4.3.3 城镇经济学与小城镇科学的关系

小城镇科学也是近几年才建立起来的一门新的社会科学,它主要研究小城镇的形成历史、性质及功能。在揭示小城镇的一般发展规律中为小城镇的建设指出方向。小城镇的发生发展规律的研究为城镇经济学的研究提供了一定的理论基础。比如小城镇科学在研究城市的产生时代提出工业的发展和商业的繁荣是形成城市的共同社会经济条件,这些观点对于研究城镇同样是适用的。当然城镇经济学对城镇区域内各种经济活动和经济关系的研究,也将丰富小城镇科学的内容。

1.4.3.4 城镇经济学与部门经济学的关系

工业、农业、商业、乡镇企业等部门经济学,均从自身的角度出发,从生产关系和生产力相互作用中,研究经济活动和经济关系的运行规律。它们不可能对城镇区域内的综合经济情况进行分析研究。但部门经济学可以丰富乡镇经济学综合研究的内容,使城镇经济中的第一、二、三次产业的经济运行,建立在可靠的理论基础之上。因此可以说部门经济学与城镇经济学是相互促进、相辅相成的。

1.4.4 城镇经济学的研究方法

唯物辩证法,是我们分析和认识问题的基本方法。除此之外,还应正确运用以下一些具体的研究方法。

1.4.4.1 系统分析法

系统分析是社会科学、自然科学研究的基本方法。按照系统观念可将城镇经济视为一个系统,分析其组成要素、结构、功能以及相互关系,以便协调各项管理活动,提高整体功能,获得整体效益。系统分析具体包括了集合性分析、目的性分析和环境适应性分析。城镇经济本身就构成了一个复杂的大系统,运用系统分析方法,有助于我们从整体性和全局性观念出发,处理好城镇经济内部以及与外界各部门、各层次、各项工作之间的联系性和相关性,促使其协调配合、高效运转。

1.4.4.2 案例调查法

案例调查法是通过选择成功或失败的典型案例，加以分析对比，总结成功的经验与失败的教训，使之上升到理论，用以指导管理活动的实践。案例的获取需要从大量典型的管理实践活动中加以总结和抽象，这就要求我们必须进行大量的社会调查和科学试验。一方面可以调查选取实际经济活动中的案例进行分析研究；另一方面也可以通过大量试验，选择典型试验案例进行分析研究。实践证明，通过案例的调查、分析和研究，使理论与实践有效结合，从而可以提高研究者分析问题和处理问题的能力。在实践性、应用性较强的城镇经济学研究和教学过程中，采用这一研究方法，效果尤为明显。

1.4.4.3 比较研究法

毛泽东同志曾指出："有比较才能有鉴别。"比较研究法是指对彼此有某种联系的事物加以比较、对照，从而确定它们之间的相同点和差异点，以认识差异、探求规律的一种研究方法。在经济理论的研究中，运用比较研究法，通过对不同国家、不同地区、不同部门、不同类型及不同时期经济管理活动进行比较分析，就能发现它们之间的共同点和差异点，经过总结概括并反复验证，可以总结出带有规律性的管理经验，并抽象出管理的一般原理。这一方法运用范围较广，在认识经济活动的规律时需要进行比较研究，而在运用经济规律时也需要进行比较研究。由于中国城镇经济现状具有地区性、阶段性的差异，在城镇经济研究过程中，采用比较研究法更具有特殊重要的作用。

1.4.4.4 定性定量法

任何事物都是质与量的统一体。它们的发展变化过程，也就是量变与质变相互转化的过程。城镇经济活动及其成果，既有质的规定性，也有量的规定性，因此研究城镇经济也必须采用定性分析与定量分析相结合的方法。通过定性分析，有助于我们探求城镇企业经济管理活动的规律，推进城镇深化改革，明确城镇发展的方向、战略，确定城镇内部及其与外部环境之间的协调关系。通过定量分析，对制定城镇的发展战略目标，确定城镇的发展规模、速度及产业结构，分析考察城镇的经济效益和社会效益等均具有重要的作用。可见，定性分析与定量分析方法必须有机结合、合理运用，两者是缺一不可的。

第 2 章　城镇经济结构

权力永远不能超出社会的经济结构以及由经济结构所制约的社会的文化发展。

——马克思

城镇经济结构直接关系到城镇经济乃至整个国民经济的健康发展，深入研究它的结构关系和演变规律是城镇经济学中的一个重要课题。解决和突破城乡二元结构矛盾的根本出路应是在发展农村经济的基础上走农村城市化道路，实现城乡良性互动，逐步减少农村人口，转移农村剩余劳动力，增加城镇人口，转变生产增长方式，提高劳动生产率，优化第一产业结构，促进第二、第三产业的发展，从而提高农村整体的经济效益和社会效益。本章旨在通过科学的分类，对城镇经济结构进行解析。

2.1　城镇经济结构的组成

城镇建设在促进了人类社会的发展的同时，对自然生态的影响也日渐凸显。从人与自然的关系的角度，城镇的发展演变可分为三个阶段：第一阶段是 17 世纪以前的自然形成型城镇阶段。那时人们对自然充满敬畏感，城镇是在自然因素决定下，由人类自然聚集形成。第二阶段是人类中心型城镇阶段，时间大概在 17 世纪至 20 世纪 70 年代以前。随着人类征服自然能力的提高，人的因素对城镇的存在和演化所起的作用越来越大，城镇的建设改造，均以满足人类的需求为核心。第三阶段是生态型城镇阶段。20 世纪 70 年代以来，城镇数量的剧增和规模的迅速扩大，城镇功能异化现象日益凸显，即本应为人类带来便利和幸福的城镇，反而因污染及生态的失衡损害了生存质量。从自然形成到以人为中心，再到以人与自然的和谐发展为本，是城镇发展理念的三次重大飞跃。越来越多的人意识到城镇建设应使人、生物和非生物成为一种和谐、均衡的系统，三者的协调发展才会带来整体的兴旺和繁荣。

2.1.1　城镇经济结构的内涵与意义

2.1.1.1　城镇经济结构的内涵

城镇经济结构是指城镇经济中的各种所有制、各种产业、各个部门、各个行业的构成以及比例关系。

城镇是一个多层次、多因素组成的系统，城镇经济只是城镇这个系统中的一个子系统。它可划分为若干个部门（如生产部门、流通部门、服务部门等），每个部门又可再细分为各个行业（如工业、农业、商业等）……如此层层分解，直至最基本的微观经济活动主体——企业。在这个分解的过程中，依据不同的角度，可以考察出城镇经济系统中诸多要素的组合状态及其相互关系，这就是城镇的经济结构。

城镇经济结构本身，亦是一个错综复杂、十分庞大的综合体系，对它的认识必须首先进行科学的分类。只有在科学分类的基础上，再进行层层解析，才能正确把握城镇经济结构的内在联系与运行规律，明确优化城镇经济结构的目的与方向。考察城镇经济结构的组成，可以从许多角度进行。依据马克思主义的观点，人类一切经济活动体现为生产力与生产关系两个方面。因此，城镇经济结构也就可以分为城镇的生产关系结构和城镇的生产力结构这两大类，在其下分别存在着若干层次的结构。

2.1.1.2　研究城镇经济结构的意义

1. 城镇经济结构决定城镇经济效益的形成

城镇经济效益是由城镇各个经济子系统效益的汇合，但并非它们的简单加总。而是决定于这些子系统之间相互牵制与促进的关系，这些关系是否顺畅合理，直接影响到城镇总体经济效益的好坏。

2. 城镇经济结构制约城镇经济功能的发挥

城镇的经济功能，是城镇其他功能存在与发展的基础。而经济功能的发挥，客观上取决于经济活动的强弱疏密，取决于经济活动中城镇各项资源的配置关系。这种配置关系，正是城镇经济结构的重要组成部分。

3. 城镇经济结构影响城镇空间结构的布局

城镇空间结构是城镇要素在空间范围内的分布和组合状态，是城镇经济结构、社会结构的空间投影，是城镇社会经济存在和发展的空间形式。城镇经济的各个部门、各个行业，对于城镇土地与劳动力的需求各不相同，这就影响到城镇空间结构的布局。合理的城镇布局，能缩短人流、物流、信息流、资金流的流动空间和时间，方便它们的流动，提高城镇效益；能合理地利用城镇的土地和自然条件，建立合理、便捷的交通联系；能避免城镇各物质实体或要素相互干扰。因此，城镇经济结构的任何重大调整，都会在城镇规划中有直观的体现；反过来，检验城镇规划是否成功，也可以城镇经济结构的合理程度为参照系之一。

2.1.2　城镇生产力结构的组成

属于城镇生产力结构的主要有以下4类：

2.1.2.1　城镇的产业结构

产业结构是城镇经济结构中最重要的结构关系，在本章2.3节将专门讨论这个问题。

2.1.2.2　城镇的产品结构

按照产品的用途和凝结在其中的劳动价值，可以把一切产品划分为初级产品、中间产品和最终产品。一般来说，初级产品（如棉花）和中间产品（如布匹）的附加价值较低，从中获取的利润也较少；而最终产品（如服装）的附加价值较高，从中牟利也最丰厚。农产品、矿产品等原材料是国民经济的命脉所系，但由于价格关系，却又大多是微利的产品。因此，对于那些资源型的城镇来说，如何从以生产简单、笨重、粗放的初级与中间产品的生产为主，转化为尽量生产高附加值、高效益的最终产品，发展"高、精、尖"、"新、优、特"产业，是城镇经济结构调整的一大问题。

2.1.2.3　城镇的技术结构

它反映的是城镇主导产业部门科学技术水平的高低：从技术装备角度，可以分为人力手工、半机械化、机械化、半自动化、自动化等5个层级；从技术手段角度，也可以分为原始技术、初级技术、中间技术、先进技术、尖端技术等5个层级。在我国，经济发达的沿海城镇和少数内地城镇的技术层级较高，而其他城镇则技术层级低下，其落差可达十几年甚至几十年。

一个城镇的技术结构状况，可以用以下4类指标衡量：

①在各不同层级的技术上所使用的劳动力人数占总劳动力人数的比重及它们的相互关系；

②在各不同层级的技术所生产出的产品价值占总产品价值的比重及它们的相互关系；

③在各不同层级的技术上所消耗的物质资源量占总物质资源量的比重及它们的相互关系；

④技术进步因素在经济增长的诸贡献因素中所占的份额及其发展趋势。

越是经济发达的国家，劳动和资金因素对经济增长的贡献越是相应减少；而技术进步因素对经济增长的贡献越是不断增大。据统计，欧美工业发达国家的经济增长中，技术进步的贡献率已由20世纪初的5%～20%增加到目前的50%～

70%,有的国家达到80%以上。

2.1.2.4 城镇的经济组织结构

经济组织结构一般是指生产与经营性企业的经济规模结构,它是企业内生产力诸要素,即劳动力、固定资产和资源的集中程度的综合反映。对于企业规模划分国际上存在多种方法。例如,西方国家普遍采用企业的人数作为标准,分成1~10人、11~50人、51~100人、101~500人、501~5 000人、5 000人以上等不同级别;有的也采用营业收入、固定资产等作为标准。在我国,对于手工劳动为主的行业,一般按职工人数划分;对于机械化、自动化水平较高的行业,一般按工业生产能力划分(如钢铁厂按年产钢铁量、棉纺厂按纱锭量划分);对于不宜按上述方法划分的行业,通常用固定资产原值作为标准。2001年我国新修改的《大中小型工业企业划分标准》中规定:大型企业标准定为年销售收入和资产总额均在5亿元以上,其中,特大型企业标准定为年销售收入和资产总额均在50亿元及以上;中型企业标准为年销售收入和资产总额在5 000万元以上;其余均为小型企业。各城镇内总是大、中、小型企业并存,尤其是沿海发达地区,它们各具优势,也各有不足。大中型企业产量多、技术高,容易达到规模效益,能解决国民经济中的重大问题,是城镇国民经济的骨干和主力军;但相应投资大、建设周期长、市场应变度低、吸收劳动力少。小型企业虽然技术上较落后、污染较难治理,但"船小掉头快、身轻跳得高",具有经营灵活、吸收劳动力多的特点,便于就地取材、就地销售,是城镇国民经济的重要组成部分,并发挥着越来越重要的作用。

企业的最佳规模,与其要素密集度有密切关系。对于技术与资金密集型的行业,因其规模效益的阈值很高,当以大型企业为优,如汽车、电子、钢铁行业;对于劳动密集型的行业,由于对市场的依赖度很大,当以中小型企业为好,如制衣、玩具行业。因此,片面强调"集团化"或"分散化"都非良策,而需因行业制宜,该分则分,该并则并。

2.1.3 城镇生产关系结构的组成

城镇生产关系结构,主要有以下两类。

2.1.3.1 城镇的经济形式和经营形式

经济形式和经营形式是否合理,会影响到整个生产关系对生产力的适应程度,影响到城镇经济能否健康发展。

经济形式从根本上说,可以分为私有制、公有制和混合所有制3种最基本的形式,但其表现形式却可以多种多样。我国要建立的是社会主义市场经济制度,这就决定了我国城镇经济在当前乃至今后相当长一段历史时期内的所有制结构是私有制、公有制和混合所有制并存的格局。这些问题将在本章 2.2 节展开论述。

2.1.3.2 城镇的投资结构

投资是一种政治经济行为，取决于经济体制、经济政策和经济环境，从本质上看，属于生产关系的范畴，反映出资源在经济主体之间的分配关系。

城镇的投资结构是指固定资产投资在城镇经济各部门和各地区之间、不同的技术结构和投资方式之间以及各自内部的相互联系和比例关系。它包括：

1. 投资来源

即固定资产投资的资金供应渠道。我国城镇目前的投资来源主要有：国家投资、自筹投资、银行贷款、境外借贷、外商直接投资等 5 种形式。

2. 投资方向

即一定时期内固定资产投资的重点及其在各部门、各地区之间的分配比例。它决定着城镇国民经济各部门、各地区固定资产扩大再生产的发展速度，决定产业结构和生产力布局的调整与改善。在城镇投资规模既定的条件下，投资方向愈合理，投资经济效果也愈好。

2.2 城镇经济形式和经营形式

2.2.1 城镇经济形式

城镇的生产关系是通过一定的具体的经济形式表现出来的。所谓经济形式，就是在一定发展阶段内生产关系的表现形式，它的核心是生产资料所有制，具体是指建立在一定生产资料所有制基础上的劳动者与生产资料相结合的具体方式。城镇经济形式不存在固定模式。我国各地生产力发展很不平衡，城镇经济存在很大差别，这就决定了劳动者与生产资料结合的具体形式不会相同，因而必然存在多种经济形式。我国城镇经济的多种经济形式，既包括不同性质的经济形式，如国有经济、合作经济、民营经济和中外合作合资经济，也包括每种生产关系内部所采取的具体形式。发展城镇经济，就要在社会主义原则下，发展适合城镇生产力要求的多种经济形式。

2.2.1.1 合作经济

城镇合作经济是生产资料公共占有，自愿互利，在国家宏观指导下，主要生产过程和经营活动民主管理、自负盈亏，以按劳分配为主的公有制经济形式。在城镇多种经济形式中，合作经济形式占主要地位，是城镇经济形式的主体。

城镇合作经济是在农业、手工业和个体工商业合作化的基础上，经过长期发展成长起来的一种经济形式。但是我国目前的城镇合作经济与过去的集体所有制经济有很大的不同，在很多方面突破了原来集体经济的框框，具有许多新的特点：①突破了全部生产资料集体占有的框框，除土地等主要生产资料集体所有外，允许农民个人占有一部分生产资料，并实行所有权同经营权适当分离，土地允许农民承包，长期经营；②突破了统一经营，合伙劳动的框框，实行多层次经营，有些集体经营为主，有些则家庭经营为主，分散与独立劳动；③突破了统一核算，统一分配的框框，实现包干分配、联产计酬，坚持按劳分配为主，同时也可以按股分红；④突破了联合范围和内容上的框框，除了劳动联合外，还可以生产资料、资金、技术联合，联合可以不改变联合者的财产所有权；⑤突破了单一地域性的合作经济组织的框框，除了地域性合作经济组织外，还有跨地区和专业性合作经济组织，如城镇工业、商业、服务业、交通运输业、建筑业、金融等合作经济组织；⑥突破了不同层次的集体经济组织之间行政隶属关系的框框，建立了平等、互利、协作和等价交换的关系。因此，目前城镇合作经济继承和保留了原来集体经济的积极成果，保持了集体经济的特征和优越性，克服了它的缺点，弥补和完善了它的不足之处，是一种基本适应现阶段城镇生产力发展的新型的合作经济。

城镇合作经济类型仍然处在一个不断发展、不断重新组合的过程中。如果按照合作的内容与经营方式的差别，可以把城镇合作经济分为地域性合作经济、专业性合作经济、服务性合作经济和新经济联合体。

1. 地域性合作经济

地域性合作经济是以土地为主要生产资料进行联合的土地经营合作经济，因为它带有明显的地域性，所以通常叫地域性合作经济。地域性合作经济一般是以原有生产队或联队、自然村为范围，把耕地、草场、水面和其他土地联合起来结成的一个经济实体即地域性合作经济组织。地域性合作经济在合作经济体系中的地位十分重要，它是土地集体所有制的代表，是粮食、棉花和其他经济作物的主要生产者。它又是专业性合作经济组织的基础，村办企业本身就是地域性合作经济的一部分，离土农民一般和地域性合作经济保持联系，是地域性合作经济的所有者。今后随着各种合作经济类型的发展，地域性合作经济也会发展变化，但是它在合作经济体系中仍然居于主导地位，在土地统一经营和服务方面有不可取代的作用。

2. 专业性合作经济

专业性合作经济是按照专业生产组成的合作经济。它是在地域性合作经济母体上发展起来的，有的至今还未完全脱离地域性合作经济，但它联合的范围不受地域的限制。这种合作经济主要是乡镇企业，如城镇工业、建筑业、建材业、采矿业，运输业，也有种植业和养殖业。专业性合作经济的主要特征是从事专业生产。它能吸收大量农业剩余劳动力就业，对乡镇商品化、专业化、社会化有重要意义。它劳动生产率高，是农民致富的重要力量，城镇经济的重要支柱。随着城镇专业分工的发展，专业性合作经济将会发展成为城镇的主要经济形式。

3. 服务性合作经济

服务性合作经济是从事服务业领域的合作经济。这种合作经济包括供销合作社、信用合作社、合作商业以及新办起来的产前产后的服务性合作经济组织。流通领域的合作是服务性合作经济的主要组成部分。因此，服务性合作经济担负着为城镇商品生产提供各种服务的重要任务，是推动城镇商品经济发展的重要力量。随着市场经济的发展，服务性合作经济还会有较大的发展。

4. 新经济联合体

新经济联合体是在城镇商品经济发展中形成的一种合作经济。新经济联合体是在家庭经营的基础上，农户根据经济发展的需要，以发展生产和经济为目标，以自愿互利为原则，组成的有一定经营规模、场所、人员，有相对稳定经营项目，有会计核算制度和分配制度的经济组织。这样的合作经济的一大特点是形式多样，既有集体与集体、农户与农户的联合；又有个人、集体、国家之间的联合，既有地区内部各单位之间的联合，又有跨地区的联合；既有生产领域的联合，又有服务领域的联合；既有专业性联合，又有综合性联合。新经济联合体是城镇合作经济体系的一种新的重要的形式。

2.2.1.2 国有经济

在城镇经济中，国有经济只占极小部分。国有经济主要是国有农、林、牧、渔场，原（良）种场、种畜场、种蜂场、种禽场、蚕桑茶果药园艺特产场和农业技术推广站、植保植检站、畜牧兽医站以及一部分工商业企业。它与城镇合作经济构成城镇生产关系的基础。在城镇国有经济中，国有农、林、牧、渔、场占主要部分。它是由国家投资、在国有土地上建立起来的农业国有企业。国有经济的生产资料归国家所有，在国家宏观指导下，独立核算，自负盈亏，职工实行按劳分配制度。国有农场已由单一经营农业，发展成为农工商综合经营的国有经济。在农村改革的影响下，国有农场也进行了经济体制改革，在国有农场中，兴办家庭农场，实现了国有农场与家庭农场双层经营。

新中国成立以来，城镇国有的各种场、站为农业科研成果的研究、应用及农业技术人员的教育培训等做出了贡献，也是未来我国农牧渔业发展的重要力量。城镇尤其是城关镇还有国有工商业，有些国有工商业虽然不属于城镇领导，但它们在城镇立足，力量比较雄厚，技术水平较高，营业额较大，对城镇经济影响也是很大的，是城镇建设的一支不可忽视的力量。

2.2.1.3 民营经济

具体包括个体经济和私营经济。

1. 个体经济

个体经济是一种古老的经济形式。个体经济是以生产资料个人所有和个人劳动或家庭劳动为基础的经济形式。从事个体经济的是个体农民、手工业者和商人，由合作经济中分离出来的少数农户、自营专业户以及城镇待业人员。我国城镇个体劳动者不但沟通了城乡经济交流，而且促进了农村从自然经济向商品经济的转化。个体经济的生产经营范围已由过去单纯的小手工业、小商业，扩展到小型工业、采矿业、交通运输业、旅游业以及咨询服务等行业。生产规模和产品质量也在不断扩大和提高，一些个体户的产品已进入国际市场。个体经济开始真正成为城镇经济形式中的一支重要力量。

2. 私营经济

私营经济也叫私人经济、独资经济。私营经济是以私人占有生产资料，雇用工人、职员从事生产和经营的经济形式。城镇经济中的私营经济，主要是由个体经济和自营专业大户发展起来的。这些个体户和专业户的生产发展到一定的程度，突破个体经济的规模，不能再完全依靠个人或家庭成员的劳动进行生产。目前私营经济已发展到相当的水平。

2.2.1.4 中外合作和合资经济

在对外开放中，我国引进外资和外国资本在国内投资，产生了中外合作和合资经济形式。合作经营外资以契约方式，合资经营外资则以认股方式进行投资。当前，中外合作和合资经济遍及城镇农业、林业、牧业、渔业和城镇企业各个领域。中外合作和合资企业的存在，有利于筹集和积累资金，引进先进技术和培养工程技术人员，有利于开发产品，发展对外贸易，也有利于扩大就业。

2.2.2 城镇经营形式

经营形式是指在一定的生产力水平和一定的经济形式下，为实现经营目标而采取的各种运行和管理的具体形式，诸如劳动的组织形式，劳动者与生产资料的结合形式，生产要素的协调和外部因素的适应等。它涉及生产经营过程中的人、财、物，产、供、销，责、权、利的各个方面。

为准确地理解经营形式的含义，我们应当区别经济形式和经营形式这两个不同的范畴。它们的不同在于：经济形式是生产关系的具体体现，侧重于从生产资料所有制形式方面来反映一定的经济关系，而经营形式侧重于反映生产要素的组织与运用。但是,它们二者又是紧密联系的,一定的经济形式在其经济活动过程中的各种要求,总是通过适当的经营形式来实现的,一定的经营形式必然体现出一定的社会经济关系。不过,经济形式和经营形式的联系并不是一种一一对应关系,这种关系是它们的本质区别而确定的,即同一种经济形式可以有不同的经营形式,而不同的经济形式又可以有相同的经营形式。

2.2.2.1 合伙制企业

随着城镇中民营经济的发展,出现了合伙制企业。

合伙制企业是两个或两个以上的企业主共同出资,为了利润而共同经营,归若干企业主共同所有的企业。这是一种资本联合的企业组织。

合伙制企业与个人业主制相比,扩大了资本来源和信用能力,扩大了企业的规模,集合了合伙人的经验,提高了企业竞争力。

合伙制的弱点是合伙人承担了企业的无限责任以及连带责任,具有较大风险;合伙人之间在产权转让和经营决策上,容易产生意见分歧,而合伙制需要合伙人的共同意见才能决定。所以合伙制企业容易变动。

2.2.2.2 股份制企业

股份制企业是较能适应市场经济的一种现代企业组织形式,在我国城镇中也得到发展。

股份制企业的特点是:①企业的资产属于为企业提供股本资金的股东所有,股东不受所有制或地区的限制。股东为企业提供的入股资金折合成等额的股份。股东入股后有权分取企业利润。股权可以转让,但不得退股。②企业的经营决策权属于全体股东或股东代表大会及由其选举产生的董事会。股东会实行一股一票和少数服从多数的原则。③董事会聘请经理(或厂长),负责企业的日常经营管理工作。④企业税后利润的分配,实行按股分红的原则。⑤企业的亏损和债务也按入股多少承担经济责任,但这是有限责任,即最多不超过其所提供的股本。

股份制企业具有较多的优越性:①它有利于为企业发展筹集到大量的股本资金,因为它的股东不受所有制和地区的限制,而且实行按股分红,能刺激人们入股,同时又实行有限责任制,能消除入股者的顾虑。②它把资本分割成股,可以使投资者根据自己资金的多少而成为股东。③它的经营决策大权掌握在股东手中,同时一股一票和少数服从多数使其易于决策。④它聘任职业经理和经营人员,能够实行科学管理。⑤股份制企业是独立的企业法人,在权益上受到更好的法律保护。⑥它使企业的存在与发展不受任何股东个人情况变化的影响,具有稳定性。

2.2.2.3 股份合作制企业

从20世纪80年代中期开始,股份合作制企业在我国农村中得到发展。虽然在理论界和实际工作中对股份合作制尚没有完全一致的看法，但农民采用多种多样的股份合作制形式兴办经济实体，是改革中的新事物，要积极扶持，正确引导，逐步完善。

股份合作制是既具有合作制属性，又具有股份制属性的混合制企业。这种企业大多是在原集体经济的合作组织中，引进股份制的因素而形成的。也有一些是新成立的股份合作制，或在原股份企业中增加了合作制的因素。它们的具体做法差别较大，但凡股份合作制企业一般应具有以下特点：①股份合作制的财产所有权也属于为其提供股本资金的股东所有，其股权属于作为股东的社员，也可以属于合作组织的集体股权。但股东一般要受地区和职业身份的限制，通常是原合作组织的成员。②股份合作制企业的股东可以申请退股，但股权不转让给非股东。③股份合作制企业的最高决策权属于股东大会及其选举产生的理事会。但股东大会的表决权既不完全按照一人一票制，也不完全按照一股一票制，往往采取按人、按股双重标准(具体标准通常由企业自定)。④股份合作制在税后利润的分配上，强调必须提留规定比例的公积金、公益金，然后再根据按股分红和按劳分配或按社员同企业的交易额相结合的原则分配。

股份合作制的优点在于它能兼有合作制和股份制的优点，体现着劳动的联合和资本的联合双重性质。由于农民既是劳动者，又是资本所有者，所以这种双重联合性质的企业，受到农民的欢迎。既能调动农民通过合作联合劳动的积极性，又能调动农民作为个人所有者投入资本的积极性。

目前，股份合作制的具体模式很多，大体上有：①在原集体所有的乡镇企业在产权改革时，把集体资产折价作为集体股(或部分将股金分红权分给原职工)，再吸收职工个人股金、建成股份合作制企业。②在原地区性的合作经济组织基础上组建。也是将原有集体财产折价入股，主要构成集体股，同时再吸收村民个人股，成为股份合作制企业。③在专业性合作经济组织中，增加股份成分。④土地股份合作制。由农户将家庭承包户的土地使用权作价折股加入，土地由合作组织经营，其收益部分按土地股分配(按收益百分比，或按事先协商的固定租金)。这样，既坚持了农民的土地承包权，又有利于形成规模经营和农业劳动力的分流与转移。⑤在供销合作社改革中，掺入股份制。此外，还有多种多样的办法，需要在创新实践的基础上不断完善。

2.2.2.4 公司制

1. 公司制的含义

公司制是现代企业组织形式，是以赢利为目的，由两个或两个以上的出资者以一定的形式共同出资组成的法人企业。

2.公司制的特征

公司是一个法人组织体，在独立的法人财产的基础上营运。传统企业，不论是单个业主制企业还是合伙企业，都是在业主的个人(自然人)财产的基础上营运的，这决定了传统企业规模不可能很大。在公司中，股东投入的股本组合在一起，形成具有独立生命的法人财产，为公司的大规模经营奠定了基础。而且，公司股东只在其资本金的范围内对公司债务负有限责任，这就大大降低了个别股东的风险。而且公司较为稳定，个别股东发生股权转移或其他变动都不会影响企业的营运。

公司是由一个公司治理结构来统治和管理的。所谓公司治理结构，是指由所有者、董事会和高级执行人员即高级经理人员三方组成的一种组织结构。在这种结构中，上述三方之间形成一定的制衡关系。通过这一结构，所有者将自己的资产交由公司董事会托管；公司董事会是公司的最高决策机构，拥有对高级经理人员的聘用、奖惩及解雇权；高级经理人员受雇于董事会，组成在董事会领导下的执行机构，在董事会的授权范围内经营企业。

3.实行公司制的作用

(1)有利于企业所有权与经营权的分离　公司制以法人财产权为中介实行了资产终极所有权与企业经营管理权的分离，拓宽了经营人才的选择领域，强化了经理人员的决策地位和管理职能，从而克服了出资者个人知识能力对企业效益和企业发展的限制。

(2)有利于科学决策　公司制特有的法人团体机构及其权力的相互制约，有利于用集体的科学决策取代家庭等个人的经验主义决策，促进企业管理阶层职能分工，为企业管理的现代化提供了组织保证。

(3)有利于资本聚散　公司股东有限责任的规定减少了投资风险，保障了投资者的利益，是刺激投资的有效杠杆。公司法人制度是社会资本灵活聚散的有效机制，它把成千上万分散的资本聚集成为一个公司法人资本，使现代化的大规模生产、大规模经营成为可能。同时，如果必要它也能够将大资本分散成若干相对较小的独立资本。

(4)有利于发展资本市场　公司股权的分割与买卖促进企业产权市场的发展，对企业经营效益形成经常性的外部压力，从而活跃了资本市场，也促进了社会资本总体效率的提高。

(5)有利于优化产业结构　公司制度下虚拟资本与现实资本既相联系又相分离的运动，提高了产业结构与产业组织调整的灵活性，避免了通过政府进行产业结构调整所可能带来的效率损失，减少了调整可能引起的社会震荡，提高了经济增长的质量。虚拟资本运动成为现实资本运动的“润滑剂”，既能减少摩擦，又能加快运转速度，对于经常伴随重大结构的现代生产力发展，具有特别重要的意义。

4. 公司制企业的类型

按所有制划分有公有制的企业公司（包括国有的、集体的）、非公有制的企业公司（包括民营的和外资的）以及各种混合形式。

按企业财产组织形式划分，主要是有限责任公司和股份有限公司。两者的主要区别是：前者全部资本不划分为等额的股份、不发行股票、一般规模相对较小、股东通常是一人一票；而后者全部资本要划分为等额的股份，可以发行股票，股票可以上市，实行一股一票，规模通常较大。公司的具体组织应按《中华人民共和国公司法》执行。

2.3　城镇产业结构分类

2.3.1　产业结构的分类

所谓"产业结构"，是指各产业部门之间及其各产业部门的组成与比例关系。从现代经济的发展来看，产业部门已经突破了物质生产领域，涵盖了全部国民经济活动的方方面面。因此，产业结构也就成为一个国家和地区，或者一个城镇的经济结构中最基本、最具代表性的结构关系。

关于产业结构的分类，可以从不同的角度进行，常见的分类方法有以下几种：

2.3.1.1　按生产部门划分

即按传统的经济理论，将国民经济划分为五大产业部门：农业、工业、建筑业、运输邮电业、商业饮食业。由于它只考虑了物质生产和流通领域，没有考虑科学文化等精神文明领域，而后者对于整个经济和社会发展的作用正在日趋增长，因此这种分类方法带有一定的局限性。

2.3.1.2　按产品的使用划分

即按产品的用途，将全部物质产业部门分成两大类：生产初级产品和中间产品的产业划作上游产业，而生产最终产品的产业则划作下游产业。二者之间并无严格区分，只是针对不同的经济活动而言。一般来说，上游产业的"前向联系度"较高，而下游产业的"后向联系度"较高。

2.3.1.3　按生产要素划分

即根据各生产要素在不同产业部门中密集的程度和不同的比例，把它们分成三大类：劳动密集型产业、资金密集型产业和技术密集型产业。可以发现，产业结构呈现如下演变规律:由以劳动密集型产业为主,转化为以资金密集型产业为主,再发展到以技术密集型产业为主。我国南方城镇产业结构的变化就充分呈现出这种历史递进规律,这一规律的基础是不同社会资源累积的顺序与速度、规模的差异,以及由技术进步带来的各种社会资源的有序替代。

2.3.1.4 按三次产业划分

即将所有产业部门划分为第一产业、第二产业、第三产业共三大类。这是当前国际上最通用、也最全面的划分产业结构的权威方法。比之前 3 种划分方式,其优点在于它不仅涵盖了人类物质文明的生产与流通领域,也囊括了人类精神文明的创造与传播领域,涉及经济与社会发展的各个层面;且概念明晰、界定严格,不会发生混淆和模糊。其具体内容详见 2.3.2 节。

2.3.2 三次产业的划分

2.3.2.1 三次产业的提出

三次产业这一概念的首创者,当推新西兰经济学家费希尔教授(A. G. B. Frisher)。他在 1935 年出版的《进步与安全的冲突》一书中指出,人类的生产活动可划分成 3 个阶段:初级阶段,主要以农业和畜牧业为主;第二阶段,以工业大规模地迅速发展作为标志;第三阶段,大约从 20 世纪初开始,出现了大量的服务性行业并逐渐占据经济活动的主要部分。同生产活动的这 3 个发展阶段相适应,他认为可以将产业结构划分成 3 个层次:第一产业、第二产业和第三产业。

其后,1940 年英国经济统计学家克拉克(Colin Grant Clark)在《经济发展的条件》这本著作中,进一步阐述了三次产业的内容及其结构变动趋势。他提出,第一产业以农业为主;第二产业是制造业;其他的经济活动则统统归入第三产业。由于各次产业间存在着收入差异,促使劳动力依序从低级向高级产业转移,从而形成了经济发展中的三个台阶。这一发现完善了古典经济学家威廉·配第的著名论断,因而被称为“配第-克拉克定理”。自此,西方国家普遍采用三次产业的分类方法,并逐渐被发展中国家所接受,而成为国际上广泛流行的划分方式。

2.3.2.2 联合国的分类标准

联合国国际劳工组织根据这一理论,于 1971 年颁布过《全部经济活动的国际标准分类索引》(Indexes to the International Standard Industrial Classification of All Economic Activities),简称“标准产业分类”(SIC),它把全部经济活动分成如下 10 大类:

1. 农业、狩猎业、林业和渔业;
2. 矿业和采石业;

3. 制造业；

4. 电力、煤气和供水业；

5. 建筑业；

6. 批发与零售业、餐馆与旅店业；

7. 运输业、仓储业和邮电业；

8. 金融业、不动产业、保险业及商业性服务业；

9. 社会团体、社会及个人的服务；

10. 不能分类的其他活动。

以上 10 类中，1～2 类属于第一产业，3～5 类属于第二产业，6～10 类属于第三产业。

2.3.2.3　我国的分类标准

国家统计局 1985 年对三次产业的划分作了专门的规定，即：

1. 第一产业为农业(包括林业、牧业、渔业等)；

2. 第二产业为工业(包括采掘业、制造业、自来水、电力、蒸汽、热水、煤气业)和建筑业；

3. 第三产业为除上述各业以外的其他产业，它又包括 4 个层次：

第一层次为流通部门：包括交通运输业、邮电通讯业、商业饮食业、物资供销和仓储业；

第二层次为生产和生活服务的部门：包括金融业、保险业、地质普查业、房地产业、公用事业、居民服务业、旅游业、咨询信息服务业和各类技术服务业等。

第三层次为为提高科学文化水平和居民素质服务的部门：包括教育、文化、广播电视事业，科学研究事业，卫生、体育和社会福利事业等；

第四层次为为社会公共需要服务的部门：包括国家机关、政党机关、社会团体，以及军队和警察部门等。

20 世纪 90 年代，第三产业内部这 4 个层次产业的比例关系是：发达国家为 25∶10∶30∶35；亚洲“四小龙”为 30∶15∶35∶20；印度和中国大体为 35∶25∶25∶15。第一、二层次为流通类，第三、四层次为服务类，发达国家是服务类比重大于流通类，亚洲“四小龙”是二者大体相当，而中国和印度则相反，是流通类比重大于服务类，说明发展中国家第三产业内部的新兴产业相对弱小。

2.3.3　城镇产业结构的特征

城镇经济结构是与城市经济结构相区别的全社会经济结构大系统的一个分系统。它一方面具有类似国民经济结构的整体性、层次性、相关性和动态性特征，另一方面具有区别于城市经济结构等其他区域经济结构的特征。

2.3.3.1 城镇产业结构的整体性

构成城镇产业结构的各个产业紧密地结合在一起，形成一个有机的整体，发挥整体功能的作用。在这个整体上，各部分（产业、部门、行业）的作用虽不同，但所起作用却不是孤立的，需要协调配合，才能充分发挥整体功能。因此，在实践中要考虑城镇经济结构的整体性，照顾到各个产业而不偏废，使城镇经济持续稳定发展，在此基础上谋求城镇经济的腾飞。

2.3.3.2 城镇产业结构的层次性

城镇产业结构是一个多层次、多形式的复杂系统。一般来说，分为 3 个层次：

第一是种植业层次。主要包括粮食作物、经济作物、饲料作物、绿肥作物等各种农作物的生产。它是城镇产业结构中的基础层次。在种植业结构的内部，要坚决贯彻"决不放松粮食生产，积极发展多种经营"的方针，要在粮食生产稳步增长的基础上，逐步扩大多种经济作物的比重，以改变种植业内部结构的不合理状况。

第二是农业经济结构的层次，即包括农、林、牧、副、渔的结构层次。这个层次是在种植业结构层次上的横向扩展。是一种主体的、综合发展的城镇产业结构。调整城镇产业结构，即由单一的种植业结构向多业的农业经济结构转变，必须坚持一切从实际出发，发挥本地优势，宜粮则粮，宜林则林，宜牧则牧，宜渔则渔，在农林牧副渔各业内部也有个结构问题。各业的比重，都要在有利于环境保护和生态平衡、充分满足市场需要、最能发挥本地资源优势、提高经济效益的原则下作出妥善安排。

第三是城镇经济结构层次。这个层次主要包括"农、林、牧、副、渔，工、商、运、建、服"各业，包括城镇经济的各种产业以及产前、产中、产后的服务。因而它是城镇产业结构中的高层次。农村改革的实践表明，城镇经济的产业结构由封闭型的单一产业结构向开放型的多业商品经济结构转变，要在以农业的稳步增长为基础和前提下，逐步增大工、商、运、建、服各业的比重；反过来，城镇第二、第三产业的协调发展，也促使城镇产业结构的进一步合理化，成为城镇经济新高潮的推动力量。

2.3.3.3 城镇产业结构的相关性

三大产业紧密结合，使城镇产业结构成为一个有机的整体，发挥整体功能作用。在这个整体中，各部分之间是相互联系、相互制约的。无论是产业之间，还是产业内部的部门之间，基本行业之间都是密切相关的。这主要表现在两个方面：一是各种有限的资源在各产业、各部门、各行业之间的分配关系；二是各产业之间相互提供产品的连带关系。在资源的分配方面，对城镇产业来说主要是土地和资本的分配。城镇劳动力在数量上十分充足，在质量上，一些技术人员都有一定的专业性。各产业部门之间对此没有太大的竞争关系;在对土地的利用方面,竞争关系体现为第一产业的农用地与第二、第三产业的建设用地之间的消长关系,更突出地表现在第一次产业的农业生产结构中,尽管农、林、牧、渔各业用地一般都是因地制宜,但各业之间仍然存在着对土地的竞争,而在种植结构中,各类作物对有限资源的竞争则集中体现在耕地的利用结构上。

在城镇产业结构中,各产业部门对资金的竞争是相当激烈而普遍的,因为在城镇经济中大都存在资本短缺现象,要发展或抑制某些产业,主要都通过资本进行控制。

以上是城镇产业结构的相关性中的第一个方面——资源分配的竞争关系。城镇产业结构相关性的第二个方面则是各产业部门之间以相互提供产品为主的连带关系。例如三次产业之间,第一次产业为第二次产业提供原料,第二次产业为第一次产业提供生产资料;为第三次产业提供服务设施,第三次产业为第一、第二产业提供服务。在农业生产结构中,种植业为畜牧业提供饲料,畜牧业为种植业提供肥料。各产业部门之间相互提供产品及服务的关系,可以用投入产出法通过投入产出表进行分析研究。

这里需要指出的是,城镇产业是一个开放的系统,任何产业部门的发展都不能完全依赖于区域内其他产业部门,必须要与区域外的某些产业部门发生一定的连带关系。有的城镇有自己的主导产业,即在当地具有一定优势,对其他产业的发展有较大带动作用的产业,有的城镇则是因城市产业的辐射而带动其第二、第三产业。

2.3.3.4 城镇产业结构的动态性

在影响城镇产业结构的诸因素中,有些是固定不变的,如历史传统等,多数因素如生产力水平、资源状况、社会需要等在一定时期内是相对稳定的,因此城镇产业结构具有相对稳定性。但是,这些影响因素的稳定都是一定时期内的相对稳定,生产力水平、消费水平和习惯都是不断变化的,因此城镇产业结构也具有动态性。城镇产业结构变化总的趋势是与整个社会的经济结构变化相类似的,第一次产业所占比重逐渐减小,第二、第三产业所占比重逐渐增加。城镇产业首先是因为农村第二次、第三次产业的发展而发展起来的,而城镇产业结构的变化,又主要是第二、第三产业的发展。当然,各次产业内部的结构也是变化的。正因为城镇产业结构具有动态性,我们提出要及时地对城镇产业结构进行调整,促使城镇产业结构向合理化方向发展。

2.3.3.5 城镇产业结构的特殊性

城镇产业结构是以第一次产业(农业)为基础产业,以第二次产业和第三次产业为支柱产业,第二次产业和第三次产业占有较大比重,是主要产业部门。在第二次产业中，有的是利用附近出产的原料进行农副产品加工；有的是手工纺织、编织、服装缝纫等手工业，离城市较近地区依靠城市工业的扩散，制造生产零部件；有的地区有自己的特殊资源，进行小煤矿开采、淘金及烧制石灰水泥等专门生产。第三次产业中，一般以商业和饮食服务业为主，有一些金融、交通运输、邮电通讯、行政管理、文教卫生、体育等活动，而很少有外交、艺术、科研等活动。

合理的产业结构是经济协调迅速发展的前提。影响产业结构的诸因素是不断变化的，经济发展对产业结构的要求也是变化的，而产业结构的发展变化往往是滞后的，这就使得产业结构经常处于不合理状态。因此，我们要分析影响城镇产业结构的因素，对城镇产业结构进行调整，使其向合理化的方向发展。

2.3.4 影响城镇产业结构的因素

影响城镇产业结构的因素很多，有的自然起作用，有的人为控制，综合起来共同影响着城镇经济结构。主要有以下因素：

2.3.4.1 社会生产方式

首先从生产力方面来看，由生产力发展引起的社会分工决定着各产业、部门、行业之间的产业结构。随着生产力水平的不断提高，社会分工越来越细，新部门、新行业不断出现。对于城镇来说，也是这样。随着生产力的发展，社会经济的繁荣，新的乡镇不断涌现。原来的城镇产业结构中，主要以手工业和简单的商业、饮食业为主。随着生产力水平的提高，市场经济的发展，加工制造业、建材建筑业、交通运输业等第二、第三次产业都发展起来，有的城镇建立了专业市场，如温州的纽扣市场、吉林省农安县万金塔的羽绒市场都是全国闻名的专业市场。在目前城镇产业结构中，金融、保险、信息、科技推广、经济技术咨询等业务活动正在展开。这都是生产力发展所要求的。再从生产关系方面来看，生产关系只有与社会生产力状况相适应，才能促进社会生产力的发展和社会经济的繁荣，进而影响着产业结构的变化。近 20 年来，由于农村的经济改革调整了生产关系，在所有制方面实行以公有制、私有制、混合所有制多种经济形式并存，适应多层次的生产力状况，使城镇产业结构中的第二、第三产业得以发展和繁荣；农村实行家庭联产承包制后，使农业生产结构由单一的种植业为主变为农、林、牧、渔综合发展，使种植结构由单一种植粮食作物变为粮食作物、经济作物与饲料作物全面发展。

2.3.4.2 资源状况

资源包括自然资源和经济资源，是经济发展的重要基础条件，对城镇产业结构的形式和变化起着重要作用。首先，城镇第一次产业受到自然资源的直接影响。例如，橡胶生产只能在南方的一些地区进行，采矿业也只能在有矿藏的地区发展，农区、牧区、林区都有着不同的自然资源。劳动力、资金等经济资源对第一次产业的影响则不如自然资源的影响显著。城镇第二次产业的发展受资源的影响很大。首先要依靠第一次产业提供原材料，因而间接地受自然资源的影响，当然有些工业也可以从外地引进原材料。其次是劳动力、资金、技术设备等经济资源的影响。劳动力资源状况有数量和质量两个方面。从劳动力的数量方面来看，在地广人稀、劳动力不足的地区，只有农业劳动生产率提高后，才能节省出一部分劳动力从事第二次产业。有的地区人口多，劳动力充足，为第二次产业的发展提供了条件。但目前我国农村教育落后，农村劳动力素质较低，制约着城镇第二次产业的发展。新行业的涌现和科技的发展，对劳动力质量的要求越来越高，这样就需要对劳动者进行文化补习和职业技术培训，引进专业技术人才。资金和技术设备对城镇第二次产业有着重要影响，在资金短缺的情况下，只能上那些投资少、见效快的项目，而那些投资大、回收期长的项目则受到限制。城镇的第三次产业也主要是受资金和劳动力资源的制约。

2.3.4.3 社会需要

任何生产都要考虑社会需要，我国是将满足需要作为终极目的。因此，社会需要对城镇产业结构有着直接影响，城镇产业各产业部门的发展与否，即哪一产业部门需要发展，哪一产业部门不需要发展，哪种产业部门发展得快些，哪种产业部门发展得慢些，都取决于需要程度。某种产品的社会需要量大，则该产品的生产就相应得到大发展；反之则发展慢或不发展。

这里的需要，既包括本城镇内的需要也包括外销（含出口）的需要。在市场经济社会里，一个地区的各项生产不能仅满足本地区的需要，要发挥地区优势，发展出口和销往外地的产品生产。同时也不能完全依靠自给，本区需要的某些产品，如果由外地购进渠道有保证且价格低廉，则本地可减少生产。城镇产业结构要根据市场的需要进行调整，同时也要考虑地区之间的竞争。

人们的需要也是有结构的，即消费结构也不是固定不变的，它是随着生产的发展和人们生活水平的提高而变化的，因此城镇产业结构也必然要随之变化。

2.3.4.4 地理环境

城镇产业结构的形成与发展也受地理环境的影响。沿海和内陆、交通干线和交通闭塞地区，靠近城镇和远离城镇，其城镇产业结构都不相同。前者都不能保持封闭的内部平衡结构体系，而要把外部的生产、销售、市场条件纳入本城镇产业结构的决定条件之中，形成一个开放型的产业结构。

2.3.4.5 历史传统

城镇产业的发展有其历史继承性，它总是在过去的基础上发展的。同样，城镇产业结构也是在过去结构基础上演变而来的。历史传统一方面影响着人们的消费习惯,即需求结构;另一方面有些地方有生产某项产品的传统。随着改革的进行,政策放宽以后,有些乡镇的传统产品(编织、家具、砖瓦、刺绣等)恢复发展很快。而有些地方过去有经商习惯,改革后也得以恢复和发展。这些传统经营项目得到恢复以后,都带动着其他产业的发展。

2.3.4.6 人为因素

人为因素包括宏观政策和微观决策两个方面。政策对产业结构的影响,主要在于政策是否反映实际情况,是否符合宏观规律,即政策是否正确。正确的政策符合产业结构发展的要求,能促使各个产业协调发展,并能更好地发挥产业结构的整体功能作用,不正确的政策则会给产业结构带来不良影响。以前我们的政策有过失误,强调以粮为纲、以钢为纲,为生产而生产,不考虑产业结构的合理化,造成了产业结构的畸形发展;改革后,我国开始对产业结构进行调整,国务院又制定了产业政策纲要,这对国民经济结构的合理化起着积极的作用。城镇产业结构是整个国民经济结构的有机组成部分,其发展要受到国家产业政策和国民经济结构的影响和制约,产业政策的实施,要通过投资政策、价格政策、税收政策、技术政策等来进行。微观政策对经济结构影响不大,但要看决策者的总体素质。有的城镇微观决策者素质普遍较低,对市场预测不准确或对优势认识不够,不能选择适宜的经营项目,这样就可能阻碍城镇产业向结构合理发展。

总之,城镇产业结构的形成和发展,其影响因素是多方面的,各因素所起的作用也是不同的。各地区都有自己的起主导作用的因素,各因素在各产业中的作用也是不同的。上述因素对城镇产业结构的影响,只能进行定性的分析,根据不同的影响因素,可以大体确定城镇产业结构的发展阶段和类型。如作定量分析,可将上述因素归结为社会需求结构和资源供给结构两个方面。社会需求结构可从中间需求和最终需求的比例、个人消费结构、消费和投资比例及投资结构等方面进行分析、资源供给结构可从劳动力和资金拥有状况及其相对价格、生产体系、自然资源拥有状况及各种资源引进能力等方面进行分析。

2.3.5 城镇产业结构合理化的途径

所谓城镇产业结构合理化,就是要充分利用城镇资源,并将其在各产业部门之间合理分配,使各产业部门协调发展,并取得最佳社会经济效益,更好地满足社会需要。城镇产业结构合理化的途径是通过对各影响因素进行分析和人为控制,对城镇产业结构进行调整,使其向合理化方向发展。具体有以下几点:

2.3.5.1 确定产业结构的调整方向

要使城镇产业结构合理化，首先要根据城镇的资源状况、社会需求结构、产业结构演变规律、国家产业政策确定城镇产业结构的调整方向。资源状况和需求结构是影响产业结构的重要直接因素，在调整城镇产业结构时必须首先考虑。产业结构的成长发展是有规律的。我们调整城镇产业结构，寻求合理化的途径，就是要推动其合乎规律地演进。随着生产力的发展，一方面人均收入水平不断提高，消费结构随之变化，对产业结构的演进提出客观的要求；另一方面社会分工越来越细，产业结构由单一转向多元，由简单趋向复杂，不断地满足人们经常变换结构的需求。从城镇产业结构的演变过程看，首先是手工业，从单一的农业中分离出来，并出现简单的商业、服务业，随着商品经济的发展，工业、建筑业、商业，交通运输业、服务业都发展起来。

产业政策是政府为使国家产业结构达到最佳状态而制定的需要实施的政策。城镇产业结构的调整不是孤立进行的，是和国家整个经济结构的调整相联系的，因此，确定城镇产业结构调整方向，必须要考虑国家的产业政策。确定城镇产业结构的调整方向，就是要明确城镇各产业所处的地位和所起的作用，即哪些是基础产业，哪些是支柱产业，进而巩固基础产业，大力发展支柱产业，以促进其他产业的发展。各城镇情况不同，所以应该选准自己的支柱产业。

2.3.5.2 投资结构合理化

投资是经济运行过程的一个重要调节手段，投资结构直接影响着社会经济结构，产业结构的合理化在很大程度上取决于投资结构的合理化。投资包括国家投资、地方投资、企业投资。其中国家投资决策是否正确，对整个国家的经济结构起着决定作用，而城镇产业结构的合理化主要取决于地方投资决策，即地方投资结构合理化。投资结构合理化，首先要明确城镇产业结构调整方向，弄清哪些产业应该加强，哪些产业应该巩固，哪些产业先发展，哪些产业后发展，区别对待，使各产业投资比重及投资增长率趋于合理。优先发展的产业，优先投资；需要加强的产业多投资。投资结构合理化还要考虑各产业应如何发展。任何产业的发展都有两个途径：一是增加生产要素投入，扩大基本建设投资，有计划地新建一大批企业，可以形成新的产业部门。这一途径的特点是投资大，属于外延型扩大再生产，开发新产业部门，一般以此途径为主。二是通过现有生产要素的更新和重新组合，使更新改造投资在固定资产投资总额中占主要比重，有目的地对现有企业进行更新改造、关闭、转产、合并和联合，可以形成新的产业部门。这一途径的特点是投资少、收效快、企业动荡较大，属于内涵型扩大再生产。原有产业的发展一般以此途径为主，对特定产业要实现投资结构合理化，就要使基本建设投资与更新改造投资之间保持合理的比例。一般城镇的技术水平较低，而且资金有限，所以产业的发展应以第二种途径为主，以促进城镇产业结构合理化。

2.3.5.3 依靠科技进步

国民经济能否高速持续发展，关键在于科学技术进步与否。城镇产业结构合理化同样依靠科技进步。调整城镇产业结构，开发新产业部门，发展原有产业部门，建立新企业和改造老企业应该采用先进的科学技术，不能沿用落后技术。因为合理的产业结构要有较高的经济效益，要提高经济效益就必须采用先进的科学技术，提高劳动生产率、节约物化劳动，即节约能源，降低原材料消耗。在城镇产业结构调整中采用先进的科学技术，有两个很大的限制因素，即资金和人才。购置先进的技术设备需要较多的资金；采用先进技术，要有较高水平的技术人员和管理人员，要求职工有较高素质，而一般城镇资金和人才普遍短缺。在这种情况下，要控制企业发展的数量，尤其要控制技术落后、浪费能源和原材料的企业上马，要集中资金，购置先进设备、招募人才、对职工进行技术培训。只有这样才有利于原有产业部门的发展和新产业部门的建立，有利于城镇产业的合理化。

2.3.5.4 促使企业转变产品结构

在资金普遍短缺的情况下，调整城镇产业结构，必须以内涵型发展战略为主，也就是扩大更新改造投资在固定资产投资中的比重，这就要求企业(生产单位)微观行为给予配合。产业结构合理化，从宏观上看是产业的改组、生产要素的更新和重新组合，从微观上看则是企业产品结构的转换，需要企业有一种创新行为，突破企业系统内具有一定惰性的旧的稳态结构。要促使企业转变产品结构，就要在宏观上形成一种促使生产要素流动和产业改组的调节机制。首先要发挥市场机制的作用，解除体制和制度方面的种种限制，组织生产要素特别是生产性固定资产设备的交易和租赁市场，为设备的转让、出租提供条件。其次，在产业政策和行业规划基础上进行产业改组，引导和推动大部分行业、企业自愿结合，走专业化合作和自愿联合的道路，促进企业发展多样化经营，增强企业转产的能力。再次，打破地区封锁，按专业化和比较成本的原则促进跨地区的资产调整，对于某些因素布点不合理、长期亏损的企业可用招标方式进行搬迁、转产或破产清理。第四，建立和完善市场体系，开展竞争，使企业适应市场的需要，具有自我发展和更新能力。最后，充分发挥经济杠杆的调节作用，对那些符合国家产业政策产品的生产，在贷款利率、价格、税收等方面给予优惠，否则予以限制。

2.3.6 调整城镇产业结构中需处理好的几个问题

调整城镇产业结构，使其沿着合理化的方向发展，必须处理好以下几个问题。

2.3.6.1　处理好农业与工业的关系

要以农业为基础，以工业为支柱。农业是城镇经济发展的基础和依托。随着整个国民经济和农村经济的发展，农业的比重将逐步下降，但农业的国民经济基础地位不会改变，而且要对农业提出更高的要求：①随着人口增长、人民生活水平提高和居民消费结构变化，要求农业提供消费品的数量更多、质量更高；②工业的发展要求农业提供更多的原材料；③工业品要扩大农村市场，要求农业更快地发展。城镇工业是城镇经济发展支柱。工业是城镇经济中的主要产业，农产品原料需要就地加工增值，流通中的商品主要是工业品，只有城镇工业发展了，才能带动其他产业发展，才能促使城镇经济发展。农业和工业有着密切的关系，而且在城镇经济中都占据重要地位，所以在调整城镇经济结构中要注意处理好农业与城镇工业的关系。

2.3.6.2　发挥地区优势，合理调整生产布局

资源状况、地理环境都是影响城镇产业结构的因素，不同地区都有各自的优势，在城镇产业结构调整中，各地区要发挥优势，合理调整生产布局。

2.3.6.3　处理好城乡关系

要城乡结合，互相促进，共同发展。按照社会化大生产的要求，逐步建立城乡连通的生产、流通、科技、金融、信息和交通邮电等网络，形成城乡经济综合发展的新格局。发挥城乡各自优势，使工农业互相促进、协调发展，打破城乡分割的局面，完善城乡流通体制。农村要为城市提供更多更好的农副产品，为城市工业提供广阔的市场，城镇工业为城市工业扩散提供方便，为城市工业进行配套服务；城市要发挥技术、经济优势，为农村转送技术，帮助农村开发智力、培养人才，支援农村各项事业的发展，对农村起带头作用。特别要注意发挥小城镇作为城乡结合的桥梁和纽带作用，以利于第二次、第三次产业的更快发展。城镇可以满足第二次、第三次产业发展要相对集中的要求，在一定程度上为其发展提供必要条件。如仓储、交通、通讯等基础设施，固定的交换场所，供水、供电条件，提供科技和管理人才，以及经济信息、生产、生活等各种服务。

2.3.6.4　培养人才、提高劳动力素质

农村劳动者素质普遍较低，技术人才和管理人才奇缺。这给城镇产业结构的调整带来很大困难。劳动者是生产力三个实体性因素之一，各产业的发展、新产业的开发，对劳动者素质提出越来越高的要求。因此，在城镇产业结构调整中，要多渠道、多层次地培养人才，提高劳动者的素质。

2.3.6.5　实现生态效益、社会效益、经济效益的统一

合理的产业结构，不仅要有利于提高近期、局部的经济效益，而且要有利于提

高长远的经济效益，还要有利于提高生态效益和社会效益。各产业的发展都要注意保护生态环境，尤其城镇工业要尽量避免环境污染；在城镇产业结构调整中，要尽可能地解决一些社会问题，要有利于全社会的发展，如最大限度地满足人们生活需要，解决劳动力就业问题，以求得更大的社会效益。

2.3.6.6 加强宏观控制

在市场经济中，由于价值规律和市场机制的作用，生产要具有向经济效益最大的产业和部门流动的趋势，从而使各种资源新组合，引起产业结构趋向优化。这种演进过程是漫长的，同时又有很大的局限性和盲目性。因此，我们在城镇产业结构调整中，加强宏观控制，使产业结构合乎规律地顺利地转换。加强宏观控制，就是根据国家产业政策，从城镇的实际情况出发，制定具体政策，干预资源的分配，诱导商品生产者和经营者将其活动纳入一定的轨道，使产品产业结构的合理化成为经济运行的内在机制，变自发调整为自觉调整，使合理化进程加快。产业政策主要是通过投资政策直接影响，决定资源的分配来实现。此外，还要通过制定一系列必要的财政税收政策、金融政策、国民收入分配和再分配政策，引导城镇资金的流向，保证产业政策的贯彻，使城镇产业结构的调整顺利进行。

2.4 城镇流通结构

2.4.1 流通结构的主体与客体

城镇的生产和生活，每时每刻都离不开“流”和“通”，城镇内部与外界之间、内部的人与人之间、人与物之间、物与物之间，总在进行着频繁的交换与流通活动。一旦停止、阻塞，城镇就无法维持正常的生存，更谈不上发展。因为，城镇最基本的功能，就是组织商品的生产与交换，就是承担流通的功能，城镇的辐射力也从流通中派生。

2.4.1.1 流通结构的主体

流通主体，指的是从事经济活动的单位和个人，按其经济功能，可分为5类：

①生产资料的生产部门——工厂企业等；

②消费资料的生产部门——工厂企业等；

③劳务供给部门——旅馆、剧场、医院等；

④流通中介部门——银行、商店、邮电、运输等；

⑤消费部门——作为商品和劳务的消费者团体或个人。

2.4.1.2　流通结构的客体

流通客体,指的是参与流通过程的对象,也即在主体与主体之间发生交换关系的物质实体或非物质实体。根据它的形态特征,同样可以分成 5 类:

①商流——即经济活动中有关商品所有权、支配权的转移活动,即商品与货币所有权的变换,如商品展销、批发、零售等;

②物流——即经济活动中有关商品实体的空间移动。不一定发生所有权的转换,如商品的贮藏、装卸、运输等;

③人流——指劳动力在劳动力市场上的流动,不包括非经济目的的人员流动;

④资金流——即经济活动中资本的转移,如银行储蓄、借贷、汇兑,股票等有价证券的买卖等;

⑤信息流——即经济活动中信息的产生、扩散,情报的收集、传递,技术的转让、服务等。

在城镇产业结构中,流通结构显得尤为重要。我国以前实行产品经济是靠调拨来进行产品的分配,流通渠道单一化;而市场经济则是靠市场来进行商品的交换,流通渠道日趋多元化,各种市场逐步建立和完善,如资金市场、技术市场、劳务市场、信息市场等。这些市场构成了市场经济赖以运行的基础,参与流通、扩大开放。因此,本节我们将着重研究我国城镇的商品流通、资金流通和技术流通的结构。

2.4.2　流通的中介——市场

所谓市场经济,简单地说,就是主要依靠市场来进行资源配置的一种经济运作方式,其关键要素是市场。

市场有广义和狭义之分:

狭义的市场是指有形市场,即商品交换的场所。在这种市场上,商品价格是公开标明的,买卖双方在固定的场所进行交易。百货商店、集镇等都属此类市场。

广义的市场包括有形市场和无形市场。无形市场是指没有固定的交易场所,靠广告、中间商以及其他交易形式,寻找货源或买主,沟通买卖双方,促进成交。某些技术市场、房地产市场、人才市场等都属此类市场。

2.4.2.1　市场的主要类型

市场类型,也叫市场结构。它所反映的是竞争程度不同的市场状态,所涉及的因素包括企业的规模及规模的分布、进入障碍和进入条件、产品差异、厂商成本结构和政府管制的程度。一般说来,市场的结构影响着企业在市场上的行为和市场运行的成效;反过来,后者也会影响市场的结构。市场结构可分为四种主要的类型：

1. 完全竞争市场

它必须同时具备以下条件：有数量极多的小规模买者和卖者；产品是同质的、无差异的，且买方对卖方没有特定的选择；各种生产资源可以自由进入或退出该行业；买方和卖方完全掌握着产品和价格的信息。这种市场只是一种理论上的抽象，现实生活中难以存在，只有城镇中的农副产品集镇贸易有些类似这种市场。

2. 完全垄断市场

其前提条件是：卖方只有一个，而买方则有多个；新厂商的进入由于各种限制而不再可能；没有相近的替代品。这种市场常常存在于城镇的公用事业部门，如供电、供水、公共交通部门等。

3. 不完全竞争市场

其特征是：卖者数目很多，彼此互相竞争；进入和退出该行业比较容易；产品之间存在差异；交易双方能得到比较充分的信息。城镇中大量的商品市场属于此类，如一般日用工业品、家用电器市场等。

4. 寡头垄断市场

在这样的市场中，只有少数的卖主，且相互间存在一定的默契，每个企业都能了解其他企业的行为，并且还必须考虑自己的行为将会引起其他企业做出什么样的反应。如汽车、钢铁、石油行业就是这类市场。

2.4.2.2 市场运行的主要规则

正如道路的通畅需要有一定的交通规则一样，市场的运行也需要有一定的规则。市场规则是有关机构(政府、立法机构、行业协会等)按照市场运行的客观要求制定的或沿袭下来的由法律、法规、制度所规定的行为准则。它们是参与市场活动的各方必须共同遵守的。

市场规则可分为两大类：体制性规则和运行性规则。前者主要包含在一些承认和维护财产所有权的法律制度之中，保证市场运行主体的财产所有权及其收益不受侵犯。后者则寓于政府制定的关于市场活动的法规和条例之中，包括进入市场的各主体的行为规范以及处理各主体之间相互关系的准则。这些规范和准则明确了市场上什么是不可以做的，要求任何市场主体只能在不损害公众利益的前提下追求和实现自身的利益。

具体地说，市场规则大致包括下列内容：

(1)市场进入规则　市场的进入需遵循一定的法规和具备相应的条件，例如，对企业有注册资本数量的要求，技术和规模标准的要求，控制污染标准和卫生标准的要求等。

(2)市场竞争规则　这是保证各市场主体能够在平等的基础上充分竞争的行为准则。市场主体之间的平等竞争,意味着它们机会均等地按照统一的市场价格取得生产要素和出售商品,能够公平地承担各种税负。为了实现平等竞争,政府有必要制定和实施一系列有关市场竞争的规则,用以防止市场垄断和不正当竞争,排除超经济的行政权力的不当干涉,消除对市场的分割和封锁以及对部分市场主体的歧视性待遇等。

(3)市场交易规则　这是关于市场交易行为的规范和准则。例如,交易必须公开,除涉及商业秘密以外,一般的交易活动都要在市场上公开进行;交易必须公平,一切交易都必须在自愿、等价、互惠的基础上进行,严禁欺行霸市和强买强卖的行为。

2.4.2.3　我国城镇市场体系亟待发育和完善

长期以来,我国城镇功能比较单一,强调工业的发展而忽视城镇市场的建立,极"左"的思潮甚至视商品如异端,把市场当做资本主义的尾巴而割除。造成许多城镇"有镇无市"、"有路无街",给人民生活带来了诸多的不便。

当今,市场经济体制的确立使我国城镇的市场有了飞速的发展,尤其在南方,从一般的商品市场到股票市场、期货市场、金融市场、技术市场、劳动市场等应有尽有。据城镇整体来看与市场经济的客观需要还有较大的差距,亟待进一步发育和完善。从某种意义上说,市场经济就是法制经济,市场运行必须以法律为准则,纳入标准化、规范化的轨道,使一切非法行为无立锥之地。当前,我国城镇中之所以普遍存在假冒伪劣产品在市场上大肆泛滥、屡禁不止,成为新的"公害"的现象,其根本原因就在于市场的法制化管理工作还极为薄弱。随着立法与执法力度的加大,这一现象最终将得以治理。

2.4.3　商品流通结构

2.4.3.1　商品流通组织形式

在现代商业中,商品流通的基本组织形式有以下 3 种:

1. 自营商业组织

自营商业组织也称经销商,是最广泛、最普遍的流通当事人。从资金支付的性质来看,经销商既要支付商品购买资金,又要垫付买卖经营资金,承担了经营的全部风险。它们使商业资本独立地进行活动,最符合商业固有的本性。

2. 委托代理组织

委托代理组织又称代理商,其特征是只垫付商品买卖经营资金,不支付商品购买资金,从而不取得商品的所有权,只能按照委托方规定的价格及其他条件将商品出售，从中取得一定的报酬。它们对买卖的盈亏不负责任，从而不承担经营风险。

3. 交易服务组织

商品经济不断发展，流通规模越来越大，对交易条件的要求也越来越高，不仅要求有合适的场合，而且要有完善的流通手段，以及这些流通手段的操作者和管理者，于是交易服务组织也就应运而生。它们是独立的经济当事人，其经济收入既不来自商品的购销差价，也不来自代理买卖的手续费，而是来自流通手段的租赁价格和劳务费。

交易服务组织主要有两种：一是商品生产者、贩卖者和消费者等经济当事人集中进行批量交易的批发市场，当然也不排斥少量的零售交易（如浙江义乌市和河北白沟市的小商品批发市场）；二是大工商企业集中进行大批量期货交易的贸易中心。

2.4.3.2 商品流通环节

由于商品的生产和需求范围不同，以及商店本身的经营特点存在差异，导致商品流通的环节也多种多样，如：

①生产者→消费者；

②生产者→ 零售商→ 消费者；

③生产者→批发商→零售商→消费者；

④生产者→中间商→批发商→零售商→消费者。

前两种形式的流通环节最少、销售渠道最短，比较适合自产自销的手工艺品以及日用消费品；后两种形式流通环节较多、销售渠道较长，有的要经过多次多级的批发转手，比较适合大批量生产而小量销售、或小批量生产而大量销售的产品。一般来说，适当减少流通环节，可以提高商品的流通速度、降低流通费用，有利于消费者。因此，那种利用紧俏商品的市场需求度高而层层倒卖、层层加价、以牟取暴利的做法，是必须坚决取缔的。

2.4.3.3 特殊的商业形式

现代商业活动中，出现了一些与传统商业概念有所不同的特殊商业形式，如：

1. 租赁

租赁(lease)即由出租人以收取租金为条件，约定期限将一项财产交给承租人使用的行为。租用期间，财产使用权转移给承租人，而所有权仍归出租人。现代租赁起源于美国，它的经营对象主要是资本设备，如飞机、轮船、大型计算机等。租赁实际上是企业用来筹措巨额设备资金的一种手段，以取代向银行借款。它对于承租人而言，可以迅速、及时地获得必要的技术设备，而无须一次性大量投资；对于出租人而言，既有利于开拓资金营运途径，又比向外贷款安全可靠，是一种国际流行的商业形式。

2.期货交易

相对于实物与金钱当场结清的现货交易来说，期货交易(futures trading)的客体是一张标准合同，即期货合约。它是成交在先、交割在后的商业形式，表现为市场主体的权利让渡和交换客体的实际易位在时间上的分离。它包括两种目的的交易：一是投机性的，买卖双方都根据自己对商品价格变动的预期来进行交易，以求获得差价上的利润；二是保值性的，即商品的生产者或实际拥有者，为了避免因价格变动而遭受损失的风险，而在期货市场上进行买卖。

3.商业信托

商业信托是指接受他人信任与委托，经营代办购销业务的一种经济行为。中国早在汉代，就有为他人说合牲畜交易的“驵会”(zang kuai)，如《史记·货殖列传》中所言：“节驵会。”而现代商业信托起源于英国，其中比较常见的除了信托商店，还有经纪人（亦称“掮客”)，他们只是在商业活动中居间介绍、收取佣金、不直接插手交易。

2.4.4 资金流通结构

2.4.4.1 资金流通体制

计划经济中的资金流通，是以财政为主体的资金纵向分配制。财政是国家资金分配的主渠道，实行“统收统支”，银行是财政的附属机构，实行“统存统贷”。社会主义市场经济体制的确立和改革的深化，打破了财政信贷计划型的资金分配制度；建立了金融主导型的资金纵向管理、横向融通，多种信用形式并存的资金市场流通体制。

1.财政资金流通体制

财政资金由预算内和预算外资金两部分组成。国家预算是财政分配体系的主导环节，是国家集中分配财政资金的主要手段。有关城镇财政体制，将在第14章中专门论述。

2.信贷资金流通体制

我国已建立了以中央银行为领导，国有商业银行为主体，多种金融机构并存的金融体制。现行的金融机构主要包括：中央银行——中国人民银行；国有商业银行——中国工商银行、中国农业银行、中国银行、中国人民建设银行、中国投资银行、交通银行、地方银行以及其他非银行金融机构。

根据我国现行的《信贷资金管理试行办法》，信贷资金管理实行“统一计划、划分资金、实贷实存、相互融通”的原则。

统一计划，就是各专业银行的人民币信贷资金，必须全部纳入国家综合信贷计划，由人民银行总行综合平衡，并核定各专业银行信贷资金计划和向人民银行的借款计划。

划分资金，就是各专业银行的自有资金和其他各种信贷资金，经人民银行总行核定给各专业银行后，作为其营运资金，自主经营，独立核算。

实贷实存，就是人民银行对专业银行的资金往来，改变计划指标层层下批的管理办法，实行上贷下存的方式。

相互融通，就是允许资金横向调剂，搞活资金。一个地区的资金融通，主要依靠该地区各银行之间的相互拆借。拆借中用于拆出的资金只限于交足准备金、留足5%的备付金、归还人民银行到期贷款之后的闲置资金；拆入的资金只能用于弥补票据清算、联行汇差头寸不足和先后收支等临时性资金周转的需要；严禁用拆入资金发放固定资产贷款、搞固定资产投资、购买有价证券、炒卖房地产及向企业参股等。

2.4.4.2 资金流通方式

我国财政资金流通方式是，各单位的资金收付、财政资金的下拨、预算收入的上缴均要通过银行内部联行往来划拨，在企业单位相应的账户中转账结算。而银行现行的结算方式主要有7种：

①银行汇票——它是汇款人将款项交存当地银行，由银行签发给汇款人持往异地办理转账结算或支取现金的票据；

②商业汇票——它是收款人或付款人（或承兑申请人）签发，由承兑人承兑，并于到期日向收款人或被背书人支付款项的票据；

③银行本票——即申请人将款项交存银行，由银行签发给其凭证，以办理转账结算或支取现金的票据；

④支票——即银行的存款人签发给收款人办理结算或委托开户银行将款项支付给收款人的票据；

⑤汇兑——是汇款人委托银行将款项汇给外地收款人的结算方式；

⑥委托收款——是收款人委托银行向付款人收取款项的结算方式；

⑦异地托收承付——它是根据经济合同由收款单位发货后委托银行向异地付款单位收取款项，由付款单位向银行承认付款的结算方式。

2.4.5 技术流通结构

2.4.5.1 技术商品特性

技术成为商品并非空穴来风，技术作为一种知识形态的商品，通过市场交换进行传播，是在社会分工和商品经济发展的基础上，伴随着大工业生产和近代科学的产生而产生、兴起的。在社会主义市场经济中，技术进入流通乃是商品经济发展以及社会经济和科学技术相协调发展的客观要求。但是，和其他实物商品相比，技术商品又有其特殊性：

1. 衍生性

技术商品的使用价值，在使用中经过某些适应性的改变之后，可以不断地衍生：一是经过横向流通，扩大了使用价值的范围和领域；二是经过纵向渗透，继续开发一系列相关产品，乃至新产品，从而获得更多的间接经济效益；三是将现有技术加以系统地组合，可以使其使用价值大大地提高。

2. 共享性

技术商品在经各方使用者的共享之后并不会使使用价值的数量减少，每一个共享者所占的份额和一个人独享时完全一样，且地位是完全平等的。

3. 增殖性

技术商品的使用，不是将其价值大小相等地转移到新产品中去，而是抽象劳动的潜在价值进一步释放和制造的过程。技术商品在现实生产的使用过程中，产生着一种远远超过其价值量的扩张能力，从而为新产品、系列产品带来超额利润。

2.4.5.2 技术商品流通

由于技术商品的特殊性，在实际流通活动中，技术商品往往同它的载体一起得到交换，即技术商品的流通形式包括实物形态和知识形态两方面。当前在技术市场上经营的技术商品流通形式主要有以下几种：

1. 技术开发

技术开发是指生产企业根据经济发展和生产实际的需要，利用定向基础研究和应用研究的科技成果，通过委托和合作进行新技术、新产品、新工艺开发，解决技术成果在生产中应用的一系列技术难题，使技术与生产直接结合的一种技术流通形式。

2. 技术转让

技术转让是指通过签订技术转让合同，技术商品所有者将其具有一定技术水平和实用价值的科技成果的使用权出让给他人。这是技术商品流通的主要形式，是加速我国科技成果转化为生产力的主要途径。它包括专利权转让、专利申请转让、专利实施权转让、非专利技术转让。

3. 技术服务

技术服务是指掌握技术的一方，利用自己的技术知识、技术经验、技术信息及其他技术条件，为解决委托人提出的特定技术问题提供服务的技术流通形式。它包括技术辅助服务和技术中介服务两大类。

4. 技术咨询

技术咨询是科技部门为经济建设服务的一种技术经济信息的加工活动，也是技术流通的特殊形式。具体地说是根据委托者的要求，由技术经济问题研究专家对特定的技术、经济问题或项目，为委托方提供科学的咨询报告，供决策者参考。

5. 技术入股经营

技术入股经营是指技术商品的所有者以技术为股份，同生产企业联合办厂，合作生产经营的技术流通和交易活动。这类企业的性质多为股份制的联营企业；我国在对外技术贸易中为吸引和利用国外的技术与资金，开始兴建中外合资合作企业，如外方以资金和经营管理技术作为投资的契约式合营企业以及外方以资金和生产技术入股的股权式企业。它们不仅对提高我国企业的生产技术水平和经营管理水平起到了很好的促进作用，而且对国内技术市场起到了积极的推动作用，带动国内技术商品流通活动向技术入股、联合经营的方向发展。

第 3 章　城镇经济发展战略

小城镇发展模式中，农村的发展从内部来看，应是发展工业；从外部来看，应是发展小城镇。中国发展的方向在农村，农民问题、农村问题、农业问题的出路归根到底还是要靠加快小城镇建设，使它的辐射和带动作用更好地发挥出来。

——费孝通

（中国社会学和人类学的奠基人之一）

当今时代，世界上很多的国家都在审视以往的行程，谋划自己的发展战略，而不同的发展战略又是以不同的发展理论为支点的；城镇经济的发展战略也同样需要不同的经济发展理论作支撑。本章旨在分析经济增长与经济发展的基础上，探讨城镇经济的发展理论，提出城镇经济发展战略的可能选择。

3.1　经济增长与经济发展

经济增长与经济发展是社会进步的直接动因。研究城镇经济发展战略就必须了解经济增长与经济发展的一般规律。

3.1.1　经济增长

可以说自从有了经济学，“增长”就已成为人类关注的永恒话题。不断研究与探索经济增长规律，有助于提高生产力，进而推动社会发展。

所谓经济增长，简单地说就是一个国家或地区为其人民提供产品和劳务的生产能力的扩大。具体表现在数量上，通常是国内生产总值（或国民收入）与人均国内生产总值（或人均国民收入）的增加。由于生产能力的增长主要取决于一个国家或地区的人力资源、自然资源和资本积累的数量与质量、技术水平的高低，因此经济增长也包含着决定生产能力诸因素的扩大和改进。对上述在长期内决定经济增长的因素与条件进行系统研究的理论，统称为经济增长论。

3.1.1.1 经济增长理论的历史渊源

从历史渊源上说，经济增长的思想早已体现在18世纪和19世纪西方古典经济学家的著作中。

亚当·斯密1776年出版的《国民财富的性质和原因的研究》，就是一本关注经济增长的名著。他认为，只要有适合的市场规模和一定量的资本积累，通过劳动分工提高劳动生产率和利润率，增加资本积累，经济增长就能自行持续下去。随着运输和通讯技术的改进，又可开辟新的市场和扩大对外贸易，加强经济增长的势头。直到最后，增长会由于自然资源的匮乏而告停止。

19世纪90年代，英国经济学家马歇尔(Alfred Marshall)在早期的生产费用论和边际学派理论的基础上，建立了剑桥学派，成为新古典经济学的重要组成部分。新古典学派把人口变动作为已知的，把技术进步假定为独立的变量，认为资本主义经济可以通过利息率的变动来调节储蓄和投资，以进行资本投资；技术进步可以暂时引起某一特定劳动集团失业，但最后仍然会增加劳动需求；通过价格机制和工资的变动会实现经济增长并趋于充分就业。

引人瞩目的还有“技术创新”学说的创始人熊彼得(J. A. Schumpeter，1883—1895)，在他看来，技术创新是推动资本主义前进的力量，不断地进行技术创新是资本主义经济增长的过程。熊彼特在1912年德文版《经济发展理论》一书中首次使用了“创新理论”，按照他的观点，创新就是“建立一种新的生产函数”，即实现生产要素和生产条件的一种从没有过的新组合，并引入生产体系。[①] 创新的概念一般包含5个方面的内容：①采用一种新产品，即制造一种消费者还不熟悉的产品，或一种与过去产品有质的区别的新产品；②采用一种新的生产方法，即采用一种该产业部门从未使用过的方法进行生产；③开辟一个新的市场，即开辟有关国家或某一特定产业部门以前尚未进入的市场，不管这个市场以前是否存在；④获得新的供应源，即获得原材料或半成品的新的供应来源，不管这种来源是已经存在的，还是首次被创造出来的；⑤实现企业的新组织形式，即形成新的产业组织形态。熊彼特的创新概念包括的范围很广，涉及技术性变化的创新和非技术性变化的创新，是经济领域的概念。

3.1.1.2 两种对立观点的经济增长论

第二次世界大战之后，围绕着经济增长过程中出现的一系列技术、社会、环境和文化道德等问题，经济增长论开始有了不同的声音，并逐渐走向两个极端，成为对立的两种观点：经济增长悲观论和经济增长乐观论。

---

①[美] J·A·熊彼特. 经济发展理论. 北京：商务印书馆. 1990：73-74。

经济增长悲观论的典型发言出现在 1968 年 4 月。当时来自 10 个国家的学者和社会活动家 30 人，集中在意大利罗马，成立了著名的“罗马俱乐部”，来研究诸如富庶中的贫困、环境的退化、就业无保障、通货膨胀、青年异性化等世界性难题。以美国经济学家麦多斯（D. H. Meadows）为首撰写的《增长的极限》一书在 1972 年发表后，引起了强烈的反响。在书中，他们宣称：如果目前世界人口、工业化、污染、粮食生产和资源消耗的增长势头继续不变的话，在一百年内的某一时间里，地球上的增长将达到极限，其结果很可能是在人口和工业生产能力两方面遭到非常突然和不可控制的衰落。这种悲观的经济增长观点得到了更广泛的社会认同，也引起了人们对生存环境的担忧。

与此相反，美国的未来学家卡恩（H. Kahn）等则是经济增长乐观论的坚定拥护者，他们认为：人类的科学技术发展还有许多新领域有待开拓、其中蕴涵的生产与创造潜力几乎是无限的。因此，根据某一历史时期的经济与社会问题得出增长将停止的结论，是片面的。事实上，从 20 世纪 70 年代以来兴起的世界范围内的新技术革命，正在取得一个又一个突破性成果，加上制度的变革和完善，经济增长不但不会停滞，反而会间歇性地加速发展，永无止境。

3.1.2　经济发展

在对经济增长前景是悲观还是乐观的争论之外，更多的经济学家把目光投向了与经济增长密切相关、但又内涵更为丰富的另一个热点——“发展”，并赋予它以全新的含义。

3.1.2.1　发展与增长的区别

发展，总是伴随着增长，没有增长的发展是不可能的；但是，增长并不一定代表发展，没有发展的增长是不可取的。发展和增长，存在着许多重大的区别：

1. 从性质上看

增长是一个数量概念，发展是一个质量概念。经济增长意味着更多的产出，经济发展则同时意味着更多的产出和技术与制度的变革，产出的增加正是通过技术与制度的变革而获得的。

2. 从范围上看

发展的内涵更为深刻，体现了社会的变革与进步。增长是仅指经济总量的持续增加和经济结构的变化；而发展则不仅涉及经济领域，它还是一个国家人民的观念和社会习俗的变革，这一变革使得该国人民具有能力持续地和累积地增加该国的实际总产值。

3. 从原因上看

增长是由于投入量的增加所导致或是生产效率提高的结果；而发展不但具有这些因素，还包括了产品构成的变化和生产过程中各种投入量所作贡献的相对变化等情况。

4. 从时间上看

增长是一个静态的结果；而发展是一个动态的过程，具有连续的和渐进的特征。

由此可见，增长和发展这两个原本可以相通的概念，在经济学上开始具有不同的含义。

党的十七大报告强调，要加快转变经济发展方式。党的十七届五中全会进一步把加快转变经济发展方式作为“十二五”时期我国经济社会发展的主线，并指出加快转变经济发展方式是我国经济社会领域的一场深刻变革，必须贯穿经济社会发展的全过程和各领域，提高发展的全面性、协调性、可持续性。而在过去一个时期，我国曾着重讲转变经济增长方式。1995 年制定“九五”计划时，中央首次提出要从根本上转变经济增长方式。2005 年中共中央关于制定“十一五”规划的建议，再次强调转变经济增长方式。党的十七大报告既讲转变经济发展方式，也提及转变增长方式，特别指出我国“粗放型增长方式尚未根本改变”。显然，由粗放型经济增长方式转变为集约型经济增长方式的任务还须继续落实。

人们讲经济增长，主要是从生产力发展的角度而言的。转变经济增长方式，概括地说就是要使生产力发展由高投入、高消耗、高污染、低产出、低质量、低效益转向低投入、低消耗、低污染、高产出、高质量、高效益。经济发展以及经济发展方式转变，则包括更丰富的经济社会内容，需要从生产力发展和社会发展相统一的角度来认识和把握。如果仍然主要从生产力的角度来研究和论述经济发展方式转变，显然是不够全面和科学的。当然，转变经济发展方式包括生产力发展途径与方式的转变，如经济结构调整、产业结构优化升级、科技进步、管理创新、发展高新技术产业和战略性新兴产业、提高劳动者素质、实现可持续发展等。这些内容非常重要，但只重视这些内容是不够的。转变经济发展方式还包括社会发展和社会经济关系发展的内容，比如教育的发展与普及、社会保障体系建设、居民医疗保健以及防止和消除两极分化、重视人的全面发展、走共同富裕道路等。可以说，加快转变经济发展方式就是要走科学发展道路，更加注重以人为本，更加注重全面协调可持续发展，更加注重统筹兼顾，更加注重保障和改善民生，促进社会公平正义。

3.1.2.2　经济发展的相关理论

1.经济发展理论的演变

第二次世界大战结束以后，与世界许多国家和地区谋求战后重建、恢复和发展的要求相适应，各种研究发展的理论便应运而生。概括地说，就战后社会经济发展理论的基本线索而言，大体上是经历一个从“经济增长论”到“增长极限论”，再到“综合发展观”、到“可持续发展论”，以及相伴而行的“以人为中心的发展观”等历史演进过程。

“经济增长论”的观点在发展理论中出现最早，在经济发展的起初阶段，对许多国家产生了很大影响。但当时一般学术界还没有把“发展”与“增长”两个概念区别开来。多数学者实际上认为“发展＝增长”。这种发展理论指导下的发展战略是以国内生产总值的增长为目标的。随着时间的推移，人们对增长与发展的相互关系的认识日益加深。20世纪60年代以后，关于发展离不开增长、但“增长不等于发展”的见解，在愈来愈大的范围内取得了共识。国际学术界几乎普遍认为，不能把发展简单归结为经济增长，而应当把发展与增长两个概念加以区别。

发展理论的另一理念就是罗马俱乐部的“增长极限论”。作者为人们勾画了一幅极限到来时的可怕情景：由于粮食不足造成的饥饿和死亡，地球上不可再生的资源消耗殆尽，环境急剧恶化。导致罗马俱乐部对世界发展持比较悲观态度的一个重要原因，是他们忽视了人类把握自己命运的能动作用以及科学技术进步所能发生的积极影响。

发展问题的日益突出，一种新的发展观——“综合发展观”应运而生。佩鲁的《新发展观》一书可以视为综合发展观的代表作。这种发展观认为发展应当是整体的、综合的。他注重人与人、人与环境、人与组织的关系，强调发展是包括经济增长、政治民主、社会转型、文化变迁、自然协调、生态平衡等方面的综合。

“可持续发展”是发展观念的一个重要进展，也是人类文明进入新历史时期的重要标志之一。这种发展观的一个重要特点，是研究了人们的代际关系，这是此前的发展论中较少或根本没有系统论述过的。

最新提出的以人为中心的发展观更加符合当前时代的需要，符合构建和谐社会的要求。关于人在发展中的地位问题，是诸多发展论者时常触及的，但在当代发展研究中真正把以人为中心提到发展观高度的，始于1995年3月在哥本哈根召开的世界发展首脑会议。

从上述中可以看出，关于发展的各种理论和观念，都不仅与某一特定阶段的历史条件相联系，而且也与不同地区、不同国家的特殊背景相联系。从“经济增长论”到“增长极限论”，再由“综合发展论”到“可持续发展论”，以及“以人为中心的发展观”等，大体上反映了人们所走过的历史发展进程，反映了人们在不同条件下对于影响发展的诸多因素及其相互关系的认识程度；发展的观念，一般总是在不断进步的，但是不同的发展论断在历史演进中的关系，并不是一个简单的肯定和否定的关系，而是在历史间断性、前进性的同时，也存在着连续性、互补性。相互吸收，辩证扬弃，是发展理论在发展中的一个重要特征。

2. 对我国经济发展的认识

对我国发展历程的反思和对现实实践发展需要的理解，是我们牢固树立科学发展观的重要基础。

我国经济发展道路上出现过飞跃发展的年代，也出现过曲折颠簸、乃至严重受挫的时候。成功与失败、发展与停滞、正面经验与反面经验，都发生在同一历史过程中，都是与社会主义国家的历史行程相伴而生的现象。

邓小平同志指出，发展是硬道理，贫穷不是社会主义，发展太慢也不是社会主义，发展是解决一切问题的基础。邓小平同志如此强调“发展战略”的研究，强调为21世纪前50年奠定良好的“持续发展”的基础，强调改革对“持续发展”的意义，绝不是偶然的。其中凝聚着他对我国社会主义发展历史经验的深思熟虑，对世界各国经验的考察，对时代特点的把握和对发展趋势、发展前景的科学预见。为了更快更好地发展，就必须解决前进中制约发展的各种问题。实践中诸多难题的破解，有赖于战略布局的调整和相应的一系列方针政策的贯彻和落实。而党的十六届三中全会关于以人为本科学发展观的提出则从发展的根本理念上提供了重要思想理论基础。

以人为本的科学发展观，立足于当代中国的实际，同时又借鉴了世界文明发展的积极成果，对于已有的发展理论中的许多有价值的思想都采取有分析的吸纳态度。这一点，从本文的前述关于发展观的历史演进概述中可以看出。发展学家M·A·西纳索在给佩鲁《新发展观》一书中所写的序言中也说，什么是发展呢？“发展，既指发展的活动，又意味着结果的状态”。增长与发展的关系又如何呢？“增长是规模的一项指标，它是从发展中获得自身意义的，这种发展，虽然同增长保持着差异，但又围绕着它，并在增长取得进展时显示出自己的效益”。这就是说，没有结果的“发展”活动是无意义的。而发展，虽然不能等同于增长，两者有“差异”，但发展又必须围绕着增长，而不是避开或抛弃增长，并且只有在增长取得进展时才能显示出效益，即达到有结果地发展。由此看来，发展与增长的差别性，使我们不能把两者混同，两者的同一性又使我们不能把它们决然割裂开来。同样的道理，我们今天讲全面发展，不等于不要经济增长，因为经济增长是其他发展的基础。讲协调发展，也不等于平均发展，以经济建设为中心仍是科学发展观的重要内容。由此可见，对已有的发展理论中积极成果的借鉴和吸纳，是以人为本科学发展观的又一特征。

科学发展观的一个重要特点，是把“以人为本”纳入了发展观范畴，并且把它置于很重要的地位。“以人为本”是科学发展观的本质和核心，也是一个基本原则。坚持以人为本，就是要把人民的利益作为一切工作的出发点和落脚点。作为科学发展观的本质和基本原则，相对于“全面”、“协调”、“可持续”、“五统筹”等等而言，有着统揽的意义，它从本质上提示了这一科学发展观的鲜明特征。

把以人为本作为科学发展观的重要原则和基本要求，这无论在提法上和含义上均有新意。在经济全球化进程不断加速的今天，在新技术革命日新月异的现时代，许多涉及全人类共同面对的课题日趋增多，各地区、各国之间的交往已非往昔可比，在这种条件下，“以人为本”原则与时代发展潮流相一致。确认“以人为本”，将使我们在国际交往中受益，立于非常主动的地位。另一方面，信息社会的到来，新经济的涌现，新的历史条件大大凸显了人的主体地位，凸显了人的精神、智慧、素质等在经济和社会发展中的直接的越来越巨大的推动意义。在这种情况下，把以人为本引入科学发展观范畴，无疑具有重大而深远的意义。以人为本的科学发展观，是发展理论的重大进展，是具有时代特征的理论成果。

3. 经济发展阶段划分的方法

国际上对于一个国家或地区经济发展阶段的划分，有许多不同的理论，但基本观点都是通过工业化的测度来评价经济的总体发展程度。我国经济学界亦大都采用国际上通用的方法，以便与国际接轨。其中主要的有以下五种：

(1)霍夫曼定理　德国经济学家霍夫曼(W. G. Hoffman)在其《工业化的阶段和类型》一书中指出，“衡量经济发展的标准不是产值的绝对水平，也不是人均产值，也不是资本存量的增长，而是经济中制造业部门的若干产业的增长率之间的关系”，它可以用“霍夫曼系数”H来表示(式中“资本品”指生产中作为资本投入的那部分产品)：

$$H=\frac{\text{消费品工业的净产值}}{\text{资本品工业的净产值}}$$

当$4<H<6$时，则处于工业化第一阶段；当$1.5<H<3.5$时，则处于工业化第二阶段；当$0.5<H<1.5$时，则处于工业化第三阶段；当$0<H<0.5$时，则处于工业化第四阶段。

(2)工业发展阶段论　联合国工业发展组织划分工业发展阶段的标准，是工业净产值占国民收入的比重：在农业经济阶段，该比重小于20%；在工业初兴阶段，该比重为20%～40%；在工业加速阶段，该比重大于40%。

(3)产业成长阶段论　该理论根据第一、第二、第三产业占国民生产总值的比例和人均国民生产总值的高低，将经济发展阶段划分为农业化、工业化、后工业化三大时期。其中工业化时期又分为前、中、后 3 个阶段：

- 社会经济发展
  - 农业化社会：第一产业占 GNP 比重高于第二、第三产业
  - 工业化社会：第二产业占 GNP 比重高于第三、第一产业
    - 工业化前期：轻纺工业为主
    - 工业化中期：重化工业为主
      - 重化工业前期
      - 重化工业后期
    - 工业化后期：机电仪一体化为主
  - 后工业化社会：第三产业占 GNP 比重高于第二、第一产业

图 3-1　社会经济发展阶段图

(4)产业结构演化论　该理论根据产业结构演进的特点，将经济发展阶段划分为 5 个时期：传统结构阶段——以农业为主体；二元结构阶段——手工操作的农业技术和比较先进的半机械化、机械化、自动化的工业技术并存；复合结构阶段——工业技术装备普遍扩散到各产业；先进技术主导结构阶段——以当代高技术崛起为特征；高度化结构阶段——以完善的高技术体系为标志。

(5)罗斯托的"起飞论"　美国经济学家罗斯托(W. W. Robstown)，在他 1960 年出版的《经济成长的阶段》一书中提出，经济成长的基础是布登布洛克式的动力——人类非经济动机和欲望所造成。他把经济发展分为 6 个阶段，即传统社会阶段；为起飞创造前提条件阶段；起飞阶段；向成熟推进阶段；高额群众消费阶段；追求生活质量阶段。

其中，关键的起飞阶段必须具备 3 个必要条件：第一，是生产投资率从 5%或不足 5%提高到超过国民收入的 10%；第二，选定一个或几个主导部门，提高它的前向连锁度或后向连锁度；第三，必须有一个能够利用经济扩张的政治、社会结构，即能够进行更多的储蓄，通过主导部门的扩大，产生外部经济效益，并导致经济起飞的制度。

3.2　城镇经济增长理论

3.2.1　城镇经济增长机制的基础理论

城镇经济的增长和国民经济一样，总是表现为实物的增长、价值的增长、人口

的增长这 3 个方面。经济增长的过程就是经济要素在地区之间、部门之间乃至经济单位之间流动与积累的过程。其变化也都反映为投资与收入的相对变化，即经济增长实质上是投资和收入的函数，投资直接推动了增长的开始，而收入则间接影响着增长的要求，二者相辅相成，决定了城镇经济增长的方向与速度。

在市场经济条件下，任何经济活动都可以归结为需求与供给关系的运动。因此，对于城镇经济增长的机制，也可以从需求与供给这两方面予以考察。

3.2.1.1　需求指向理论

需求指向理论（the demand-orientated model）是指城镇经济增长的动力，来自于外部市场对城镇产品的需求。由于这种需求，促使城镇基础产业部门（或称输出产业部门）的建立发展，从而带动非基础产业部门（或称地方产业部门）也得到相应的发展。对此，投资乘数原理（investment multiplier theorem）有十分清晰的说明。

“乘数”概念最早由英国经济学家卡恩（K. E. Kahn）在 1931 年提出；凯恩斯（J. M. Keynes）在《货币、利息与就业通论》中进一步发挥而形成乘数原理。以 ΔI、ΔY 分别代表投资增加量和该投资增加量带来的收入增加量，以 ΔS、ΔC 分别代表该收入增加量引起的储蓄增加量和消费增加量，K 代表投资乘数，则有：

$$\Delta Y = K \cdot \Delta I$$

即

$$K = \Delta Y / \Delta I$$

若令 $\Delta C/\Delta Y = C$，$\Delta S/\Delta Y = S$，则为

$$K = \frac{1}{1-C} = \frac{1}{S} \qquad (C+S=1)$$

式中，C 为边际消费倾向，即消费增量与收入增量的比率；S 为边际储蓄倾向，即储蓄增量与收入增量的比率。

设厂商增加投资（或政府增加开支）100 万元，则意味着对产品的需求增加，这将使产品制造者的收入增加 100 万元；假设边际消费倾向 $C=90\%$，则增加的收入中将有 90 万元用于个人消费，使生产这些消费品人们的收入也增加 90 万元；收入增加 90 万元的人们又以 81 万元（$90\times 90\%$）购买消费品，使生产这些消费品的人们收入又增加 81 万元；这些人再以 72.9 万元（$81\times 90\%$）投入消费……如此消费下去，直到最初增加的这笔投资连续带动的消费、生产和收入的增加量逐轮减少、最后趋近于零为止。这样逐轮增加的收入合计为：

$$\Delta Y = \Delta I \times (1 + C + C^2 + C^3 + \cdots + C^{n-1})$$

因为 $C<1$，则当 $n\to\infty$ 时，$C^n\to 0$，故：

$$\Delta Y=\Delta I\times\frac{1}{1-C}=100\times\frac{1}{1-0.9}=1\ 000(\text{万元})$$

这意味着投资增加 100 万元可引起国民收入增加 1 000 万元，这就是投资的乘数效果。在这里乘数为 $K=\frac{1}{1-C}=\frac{1}{1-0.9}=10$。若 $K=4$，则投资增加 100 万元可令国民收入增加 400 万元。

当然在实际生活中，还会有许多使乘数效应缩小的“漏出因素”，因此这种方法只有理论上抽象的意义。

3.2.1.2 供给基础理论

供给基础理论(the supply-base model)认为，城镇经济增长取决于城镇内部的供给情况。若供给基础好，就可将资金、劳动力和技术等生产要素吸引到城镇中来，从而促进经济的增长。

缪尔德尔(G. Myrdal)提出的“循环累积因果原则”是这一理论的代表。他认为，城镇经济增长，实际上是扩散效应与回波效应共同作用的结果。所谓扩散效应(spread effects)，是指城镇某个或某些产业部门的发展，会影响和扩散到相关产业乃至毗邻地区去，引起它们的经济增长；而回波效应(backwash effects)则指城镇的快速增长，又会吸引资金、劳动力和生产资源继续涌入，因而减少了周边地区的发展潜力。

在城镇经济中，供给的基础包含 3 方面的内容：一是城镇产业的物质与技术基础；二是专业化协作程度；三是投资环境，尤其是城镇的基础设施水平。

3.2.2 城镇经济增长途径的理论及现实分析

要想获得城镇经济的增长，即产出的增加，无非通过两条途径获得：第一，增加生产要素的投入；第二，提高生产要素的使用效率。

3.2.2.1 哈罗德-多马模型分析

对于城镇而言，作为生产要素之一的土地，其数量是十分有限的，且在短时期内固定不变，因此人们往往不计土地要素的投入对经济增长的影响。劳动力资源如果不考虑外部市场，那么它在短时期内也是一个恒量；只有资本要素，即与资本运动有关的投资、储蓄、消费等行为，会直接决定城镇经济的发展、变化。

在此，我们可以用发展经济学中著名的“哈罗德-多马模型”来阐述这个道理。

英国的哈罗德(R. F. Harrod)与美国的多马(E. D. Domar)分别于 20 世纪 40 年代提出了关于经济增长的一种理论模型，其表达式为：

$$g=\frac{S}{k}$$

式中，g 为国民收入增长率，S 为国民储蓄率，k 为资本产出率，即每增加一个单位的产出所需追加的投资量，又称资本效率系数。这里 g 并不是指现实的增长率，它只代表当 S 和 k 为给定时，要实现稳定的均衡增长所要求的增长率，例如，当 $S=15\%$，$k=3$ 时，则 $g=15\%\div3=5\%$。

哈罗德-多马模型告诉我们：国民收入的增长，与储蓄率成正比，与资本产出率成反比。可见，若想获得经济的持续增长，要么提高积累水平，增加储蓄；要么降低资本产出率，即降低资本有机构成。

3.2.2.2 中国乡镇企业现状分析

就中国国情而言，一方面经济落后、资金紧缺，靠提高储蓄率来发展经济的基础较差，但已出现增长的趋势；另一方面人口众多、人力资源极为丰富，因此大力发展劳动密集型产业，降低资本产出率，不但可以使经济得到持续发展，而且可以吸纳更多的劳动者，减轻日益沉重的就业压力。在这方面，我国乡镇企业尤其是私营企业有更大的优势，它们为中国经济发展注入了新的活力。

从2010年1—4月全国乡镇企业经济运行情况分析看，全国乡镇企业在中共中央、国务院和各地政府积极经济政策的引导和调控下，继续保持稳定发展，主要经济指标增长情况均好于2009年同期水平，其中，企业出口情况良好，接单量和大单量均高于上年同期水平。2010年1—4月全国乡镇企业完成增加值29 750亿元，同比增长10.34%。

1. 乡镇企业经济运行基本情况

(1)主要经济指标增长快速，增长情况好于上年同期水平　2010年1—4月全国乡镇企业累计实现增加值29 750亿元，同比增长10.34%，增幅比上年同期上升1.93个百分点，其中工业增加值21 655亿元，同比增长10.07%，增幅上升1.72个百分点；完成营业收入122 480亿元，同比增长10.14%，增幅上升1.73个百分点；实现利润7 475亿元，同比增长6.56%，增幅回落4.96个百分点；上缴税金2 770亿元，同比增长10.21%，增幅回落3.65个百分点；出口交货值10 395亿元，同比上升9.68%；支付劳动者报酬5 850亿元，同比增长10.90%，上升4.67个百分点；累计完成工业总产值91 180亿元，实现工业销售产值88 070亿元，产品销售率为96.6%，产销衔接情况良好。主要经济指标完成情况见表3-1：

表 3-1　2010 年 1—4 月乡镇企业主要指标情况表

指标	绝对值(亿元)	同比增长(%)	增幅增减百分点
乡镇企业增加值	29 750	10.34	1.93
其中:工业增加值	21 655	10.07	1.72
其中:规模以上工业增加值	116 070	11.16	1.70
工业总产值	91 180	10.10	2.66
工业销售产值	88 070	10.15	3.41
乡镇企业营业收入	122 480	10.14	1.73
利润总额	7 475	10.21	3.65
上缴税金	3 135	9.74	3.73
出口产品交货值	10 395	9.68	—
劳动者报酬	5 850	10.90	4.67

(2)规模以上乡镇工业企业发展快速　2010 年 1—4 月乡镇规模以上工业企业实现增加值 10 670 亿元,同比增长 11.16%,比全国乡镇企业平均增长高 0.82 个百分点。东部地区规模以上乡镇企业发展势头强劲,当年一季度江苏规模乡镇工业同比增长超过 30%,营业收入和完成利税也同比增长 32.1%和 44%。规模工业增长迅速,保障了 2010 年乡镇企业顺利实现年初发展目标。

(3)第三产业比重提高,农民就业增收渠道拓宽　2010 年以来,乡镇第三产业继续保持了较快的发展势头,截至 4 月末,第三产业完成增加值约 6 695 亿元,占乡镇企业增加值的比例为 22.5%。乡镇第三产业的持续增长动力,主要来源于各地休闲农业的快速发展,尤其是东部、中部人口稠密地区的农村休闲旅游发展非常旺盛,并带动交通运输业、餐饮住宿业等快速增长,增加了农民就业渠道和现金收入。

(4)出口恢复性增长,企业接单量增加　2010 年 1—4 月,全国乡镇企业实现出口交货值 10 395 亿元,比上年同期增长 1 125 亿元,增速达到 9.68%。江苏省第一季度实现出口交货值 2 009.8 亿元,同比增长 24.1%,比 2009 年同期提升 27.5 个百分点。2010 年春季广交会成交额比上年同期增长 11%,较上年秋交会成交额也增长 3 个百分点左右,这表明出口情况正持续好转,受此影响,乡镇企业尤其是东部沿海地区的乡镇企业出口转暖,接单量增加。

2.遇到的主要问题和困难

(1)能源和原材料价格上涨,造成部分乡镇企业生产前景不确定性增加　2010

年,由于全球经济情况总体好转,石油、煤炭等基础性能源产品价格回涨幅度大幅提升,造成大部分企业生产成本上升。工业大宗原料——铁矿石也面临价格大幅上涨,使得下游企业生产成本纷纷上涨。此外,部分行业原材料价格突然大幅提升,如蚕丝、中药材等价格同比上涨超过 70%,形成价格倒挂,使产成品价格低于原材料价格,严重挤压企业利润。部分企业通过减少原材料采购量来控制产量,以防止原材料后期价格回落对企业造成二次伤害。

(2)土地要素紧张,制约乡镇企业发展 近年来乡镇企业、中小企业规模不断壮大,新生企业数量迅速增长,企业用地紧张越来越成为制约其发展的瓶颈问题,一方面用地成本提高,加剧中小规模乡镇企业经营风险,另一方面土地园区化利用水平不高,产业发展分散,园区化程度低,不利于企业规模扩张和产业升级,不利于政府统一建立优惠扶持政策。

(3)气候原因对部分乡镇企业生产造成负面影响 2010 年春季南方旱情严重、北方冷春早夏,加之东南部地区提前进入暴雨频发季节,这些对乡镇企业正常生产造成一定影响,尤其是受气候影响,一些农产品产量下降,价格提高,造成部分农产品加工企业流动资金紧张,原材料准备不足,对企业长期稳定发展产生不利影响。

3.2.3 城镇经济增长的预测

经济增长的预测,是世界各国经济学家和政府官员们十分重视而又普遍感到棘手的难题,尤其是宏观的、长期的预测,其精度尚存在较大误差,城镇经济亦不例外。在此,我们就短期、长期两类预测需求,分别介绍一种在经济界公认比较成熟的方法。

1. 短期预测——"投入产出分析"法

美国经济学家列昂节夫(W. Leontief)在 20 世纪 30 年代初利用美国国情普查资料,编制了 1919 年和 1929 年的投入产出表,正式提出了"投入产出法"(input-output method)。

所谓投入,是指各部门的经济活动所需消耗的物质资料和劳动力;所谓产出,是指各部门生产成果的产出形式和去向。每个部门为了进行生产,都需要以其他部门的某些产品作为投入,同时又把自身的总产出一部分作为其他部门的投入形式,从而形成了城镇产业之间产出和投入的相互流动。其中,用作输出城镇镇域外居民消费、生产投资等部分的产品为最终需求,而须从城镇镇域外输入的劳动力、资本等生产要素则为原始投入。在投入产出表中,各部门的总投入和总产出相等,城镇的总投入和总产出也相等。

利用投入产出分析可以预测一个工厂、企业、部门、一个城镇或一个国家在短期内的经济增长。短期内国民经济系统的生产技术水平、管理水平、产品结构、价格等因素不会发生急剧的变化，因此投入产出直接消耗系数可以认为是稳定的。在这种情况下，可以从最终产品出发预测总产品，也可以从总产品出发预测最终产品。通常采用的数学模型形式为

$$\boldsymbol{Y}=(\boldsymbol{I}-\boldsymbol{A})\boldsymbol{X}$$

式中，$\boldsymbol{X}$ 是总产品列向量；$\boldsymbol{Y}$ 是最终产品列向量；$\boldsymbol{A}$ 是直接消耗系数矩阵；$\boldsymbol{I}$ 是单位矩阵。应该说明的是，应用投入产出分析法预测经济增长，需要收集和整理大量的统计数据，工作量较大，不具备一定条件的城镇，难以使用这种方法。

2. 长期预测——“索洛增长方程”法

研究经济增长的外部表现、内在动因以及增长的类型和发展趋势，并用简洁直观的数学模型来表达增长的机制和影响因素，是西方现代计量经济学的一项重要课题。许多经济学家穷其毕生精力去研究经济生活错综复杂的表象下所隐含的逻辑关系，可谓学派林立、众说纷纭。这其中，由美国经济学家道格拉斯（P. H. Douglas）利用统计学家柯布（C. W Cobb）的资料推导出的“柯布-道格拉斯生产函数”是该类模型中的佼佼者，其表达式为

$$Q=A_tK^{\alpha}L^{\beta}$$

式中，Q 为经济总量；A_t 为随时间变化的规模参数；K 为资金总量；L 为劳动总量；α 为资金弹性系数；β 为劳动弹性系数。

公式的含义是：经济规模取决于为此投入的资金、劳动及其相互替代的水平。

在此基础上，美国著名经济学家索洛（R. M. Solow）又做出了一系列开拓性工作。他进一步简化了“柯布—道格拉斯生产函数”，并首次引入了技术进步概念，提出了“线性增长方程”（又称“索洛增长方程”）。其表达式为：

$$y=a+\alpha k+\beta I$$

式中，y 为经济增长率；a 为技术进步速度；k 为资金增长率；I 为劳动增长率；α 为资金弹性系数；β 为劳动弹性系数。

公式说明，经济的增长体现为资金、劳动与技术 3 个要素的增长（或进步）；而资金、劳动与技术对经济增长的贡献水平，又存在着如下线性关系：

$$E_A+E_k+E_l=1$$

式中，$E_A=a/y$，为技术贡献率；$E_k=\alpha k/y$，为资金贡献率；$E_l=\beta I/y$，为劳动贡献

率。并且，根据大量的统计资料表明，资金弹性系数与劳动弹性系数在一个时段内，总是表现为常数，可以近似地认为 $\alpha+\beta=1$。

只要我们知道资金产出弹性和劳动产出弹性这两个常量（可以从历史数据中推导而出，一般来说，发达国家的 $\alpha=0.3\sim0.5$，$\beta=0.7\sim0.5$；而我国的 $\alpha=0.2\sim0.4$，$\beta=0.8\sim0.6$）；同时知道资本增长率（资本量 K 可以用固定资产原值加定额流动资金年平均余额表示）和劳动增长率（劳动量 L 可以用劳动者人数并经受教育年限的技术处理后表示）；另外技术进步速度 a 可根据历史发展趋势予以测算与评估得出，如是则不难计算出经济增长率 y 值。

运用索洛增长方程的关键是 α、β 的取值，它们在短期内是恒量，但在长期内却会随着技术进步而成为变量，因此较准确地评估 α、β 的变动幅度，是预测城镇经济增长的重要一环。

3.3　城镇经济发展战略的选择

3.3.1　城镇经济发展战略的提出

经济发展战略是发展经济学理论的延伸和具体化，这一概念始见于 1958 年美国耶鲁大学出版的赫尔希曼（A. O. Hirschman）的《经济发展战略》一书；接着联合国先后制定了 20 世纪 60 年代、70 年代和 80 年代 3 个“国际发展战略”，从此经济发展战略风靡全世界。

城镇经济是国家和地区经济的主体之一，因此城镇经济发展战略也是国家和地区经济发展战略的重要组成部分。越来越多的城镇，把制定经济发展战略列为经济发展规划中的首要任务，以此为基础，制定城镇的社会发展战略、建设发展战略、环境发展战略和科技发展战略。

3.3.2　有代表性的经济发展战略

本节将把国际上曾经流行的、有代表性的发展战略进行比较，以资借鉴和参考。

3.3.2.1　工业赶超战略与满足基本需要战略

1. 工业赶超战略

首先，从需求角度看，工业应该加速发展。19 世纪德国统计学家恩格尔（C. L. E. Engel）在研究英、法、德、比等国有关统计数据的基础上指出：随着家庭收入水平的提高，用于购买食品的支出在整个生活支出中所占的比重趋于下降，这一规律被称为“恩格尔定律”。它表明，在经济发展过程中，随着人均收入水平的提高，对农产品需求的增长趋于下降；反之，对工业产品的需求则不断增长。并且发达国家的消费示范作用，使得发展中国家往往在收入水平较低时就出现了非必需商品和劳务需求的较快增长。

其次，配第-克拉克定理和库兹涅茨产业结构理论，将经济增长描述为农业的相对下降和工业、服务业的相对上升。因此，人们将工业部门的增长等同于发展，认为要缩小与发达国家的差距，工业应该加速发展。

再次，工业是技术创新的主要部门和技术扩散的主要渠道，要想提高整个经济的技术装备水平、促进产业内部联系与产业间交换的发展，形成专业化生产，获得规模经济、外部经济等多种效益，都应使工业加速发展。

工业赶超战略思想的代表之一，是法国经济学家 G・德贝赫尼斯 1964 年提出来的“工业化工业”模式，即重点发展重工业，产生工业化效应，带动其他工业和全社会经济的发展。这一思想为许多发展中国家所接受，如印度、拉美经济委员会等都认为，迅速实现工业化是促进经济发展的根本手段。

这些战略思想的实施，一方面，在许多发展中国家建立起了现代工业，出现了一批新兴工业化国家和地区，提高了它们在世界工业中的份额，即由 1975 年的 11%升至 1990 年的 22%左右；另一方面，也出现了现代工业与传统产业并存、二元结构加剧、经济效益普遍低下、贫富差距进一步拉大的诸多“有增长无发展”现象，暴露出了片面强调重工业和突击实现工业化的局限性，是一种较旧的传统发展观。

2.满足基本需要战略

从 20 世纪 60 年代末 70 年代初开始，一种变通的发展观——满足基本需要战略被提了出来。这一战略是以人的发展为中心，以满足社会全体成员的基本需要为优先目标，强调加强农业发展和建立合适的、与农业及地方经济紧密结合的工业。

1976 年在日内瓦召开的国际劳工大会，向世界各国倡议：采取建立在满足基本需要之上的发展方式，争取到 20 世纪末之前使最低阶层居民的生活提高到一定水平。大会对基本需要作了如下定义：基本需要是一个社会为其最贫穷的阶层所确定的最低生活水平。它意味着保证一个家庭为满足个人消费所需最低限度的需要，包括食品、住房、衣服；提供基本的公共服务，如可饮用的水、卫生保健、教育、交通；每个具有劳动能力和劳动欲望的人都能获得报酬适宜的工作；此外还包括满足那些更具体的规定性的需要，如充满人情味、使人愉快的环境，人民群众参与国家有关个人利益和自由的决策。

满足基本需要战略，主要包括以下内容：第一，增加生产，扩大就业，改善分配，提高最低阶层的收入；第二，增加对农业和城镇非正规部门的投资，充分利用本地资源，大力发展中小工业，消除经济增长的障碍；第三，向社会所有成员提供基本消费服务和必要的社会基础设施；第四，努力采用节约资本和具有较高劳动系数的适宜技术，充分利用劳动力资源；第五，发展对外贸易，增强出口能力，减少对外部援助的依赖；第六，建立相应的制度和机构，使公众积极参与经济社会发展进程，并确立本地区和国家持续地实施满足基本需要的战略。

3.3.2.2 平衡发展战略与不平衡发展战略

1. 平衡发展战略

在发展经济学中，一些经济学家主张，发展中国家应走平衡发展之路：一方面各产业应同时协调发展、共同增长；另一方面各部门的增长是由对该部门产品需求的收入弹性所决定的，弹性大于 1 的部门在国民生产总值中的比重将逐渐上升，弹性小于 1 的部门则比重逐渐下降。有关平衡增长思想，主要有以下论点：

第一，贫困恶性循环论。印度的辛格（H. W. Singer）和美国的纳克斯（R. Nurkes）认为，发展中国家面临着贫困恶性循环，它表现在供给与需求两方面。在供给上表现为储蓄与投资之间恶性循环，即低收入→低储蓄→低投资→资本形成不足→低劳动生产率→低收入；而在需求上也表现为收入与需求之间恶性循环，即低收入→低购买力→有效需求不足→市场狭小→投资引诱不足→资本形成不足→低劳动生产率→低收入。要打破这种恶性循环，就必须在各个产业部门同时投资，促使它们同时增长，从而全面扩大市场，提高需求弹性，增强投资预期。

第二，大力推动论。罗森斯坦-罗丹（P. N. Rosenstein-Rodan）认为，发展中国家要克服发展中的恶性循环，一笔最低分量的投资虽然不是取得成功的充分条件，但应该是它的必要条件，这就是大力推动理论。罗丹指出，投资之所以不能一点一点地投放，而是应该整合在一起一次性投放，这是由于投入、加工和产出的不可分性，要求一个相当高的适度规模，达到这个规模才会产生规模经济效益和外部经济效益，从而可以降低成本。重要的是，投资必须克服这种“不可分性”，即对所有工业部门进行全面投资，使各工业部门同时发展，互相依存，互为市场，打破发展的瓶颈，实现经济持续增长。

总的来说，平衡发展论强调了市场需求，但忽视了发展中国家普遍资金短缺、技术力量不足、基础设施落后的问题。因此均衡地投资于各部门、各地区，只能是杯水车薪，难以奏效。

2. 不平衡发展战略

和平衡发展战略相反，另一些经济学家主张不平衡的发展战略，如赫尔希曼在

《经济发展战略》一书中提出：从经济发展的历史经验来看，各国的成长过程是不平衡的；在一段时期内，各部门的增长率也是不一致的。他进一步指出：外部经济效益本质上是由于某种生产的互补性质所引起的，因此投资本身具有助长进一步投资的性质，这就是“引致投资”(induced investment)；不平衡发展给予引致投资决策有充分活动的自由，从而经济地利用稀缺的资源。不平衡发展战略的代表性观点主要有以下几种：

第一，增长极理论。该理论在1950年由法国经济学家弗朗索瓦·佩鲁提出之后，便受到广泛关注。他认为：增长并非同时出现在所有的地方，它以不同的强度出现于一些增长点或增长极上，然后通过不同的渠道向外扩散，并对整个经济产生不同的最终影响。也就是说，某些工业部门或企业作为一种力场的极或动态性部门，使得增长冲动向其腹地辐射并由此引起整个地区发展。其关键是选择有发展潜力的城镇或地区作为突破口，密集投资，使之具有快速增长能力和扩散能力。按照增长极理论，工业从分散走向集中也就成为进一步发展的必然，否则，整个区域增长将陷入“低度均衡陷阱”之中。

在这里增长极表现为两种机制：部门增长极和城镇增长极。部门增长极是指具有很高产业连锁度的那些推动型产业，它们的扩张必然借助于产业间的投入—产出关系矩阵引起其他相关产业的扩张，导致经济的成倍增长，这就是部门增长极的扩散效应和乘数效应；城镇增长极则通过极化效应和扩散效应的交替作用来促进区域的经济增长。在城镇成长初期，生产要素向城镇集中，表现为极化效应为主；而在城镇成长后期，经济要素加大了向周边地区渗透的力度，则表现为扩散效应为主。增长极的贡献，在这一阶段体现得越来越明显。

第二，发展轴理论。它是由波兰的区域与城镇规划专家萨伦巴(Zaremba)教授等首先提出的，其内容为：城镇作为一定经济区域的中心，是发展的重点。但这些“点”是通过区域的基础设施而串联起来的，基础设施通常呈线状布局，如交通干线、动力供应线、水源供应线等。因此，连接起各个发展重点的线状地带就成为发展的优先地带，被称为“发展轴”。

要想成为发展轴，必须满足3个条件：一是依托现有的或正在形成的重要基础设施干线，特别是铁路、河道、高速公路等交通干线；二是这条线上原有的城镇与工业基础较好，有发展潜质；三是自然资源、经济资源较丰富，能基本满足快速增长的需要。例如，我国长江三角洲地区的沪宁铁路与长江沿线，就是一条十分活跃的发展轴。

第三，梯度理论。在经济地理学上，“梯度”被用来表示地区间经济发展水平的差距，以及由低水平地区向高水平地区过渡的空间变化历程。每个国家和地区都

处在一定的经济发展梯度上，每出现一种新技术、新产品、新行业都会随着时间的推移，像接力赛跑一样，由处在高梯度上的地区向低梯度地区，一级一级地传下去。

根据梯度理论，一个落后城镇要实现经济起飞，必须循阶梯而上，不可超越。它首先应该重点发展它占有较大优势的初级产业、简单劳动密集型产业与本地资源密集型产业，积蓄力量，尽快接过那些从高梯度地区淘汰、外溢出来的产业，如钢铁、纺织、食品等衰退部门；而高梯度地区，则集中力量发展先进的新兴部门，如电子、新材料、新能源等。

3.3.2.3 进口替代战略与出口导向战略

1.进口替代战略

所谓进口替代，是一种内向型的工业化道路，即以本国生产的工业制成品来满足国内需求、取代进口货，以此逐步实现工业化。它一般包括3个发展阶段：初期是消费品的替代；中期是中间品的替代；最终是资本品的替代。美国经济学家钱纳里(H. B. Chenery)提出了衡量进口替代水平的方法，即采用进口系数增加值与期末工业生产总值之积同工业生产总值增加值之比来衡量进口替代系数。设：T为增长贡献系数，P为工业生产总值，M为进口值，m为进口系数，则有：

$$m=\frac{M}{P}$$

$$\Delta m=m_1-m_0, \qquad \Delta P=P_1-P_0$$

那么

$$T=\Delta m \cdot P_1/\Delta P$$

如再设G为工业增长率，I为进口系数增加值，则有：$G=\Delta P/P_0$，$I=\Delta m$，那么上式可变为

$$T=-\Delta m(1+G)/G=-\frac{1+G}{G}I$$

采用同样的方法也可以对进口替代对各个部门增长的贡献进行衡量。设T_i为i部门增长贡献系数，P_i为i部门产值，M_i为进口的i产品价值，m为进口的i产品价值占i部门产值的比重，G_i为i部门增长率，I_i为i部门进口系数增加值，则有：

$$m_i=\frac{M_i}{P_i},$$

$$\Delta m_i=m_{i1}-m_{i0}, \qquad \Delta P_i=P_{i1}-P_{i0}, \qquad G_i=\Delta P_i/P_{i0}, I_i=\Delta m_i$$

那么 $T_i=-\Delta m_i \cdot P_{i1}/\Delta P_i$ 或者 $T_i=-\Delta m_i(1+G_i)/G_i=-\frac{1+G}{G_i}I_i$

H·钱纳里将工业增长看做经济增长和发展的引擎,并且将其分解为下列3个主要部分:由于工业产品最终使用(包括出口和最终消费)的增加而导致的工业增长;由于用本国产品替代进口产品而导致的工业增长;由于中间产品需求的增加而导致的工业增长。按照这一分解,进口替代成为经济增长的主要源泉之一。钱纳里根据十多个国家的资料进行了定量分析,结果表明,在这些国家20世纪50年代的工业增长中,22%归因于最终需求的增长,28%归因于中间需求的增长,50%归因于进口替代。日本20世纪50年代的增长中也有40%归因于进口替代,国外需求的贡献仅为10%。

进口替代战略在战后许多发展中国家得到实施,它突破了传统的静态比较优势理论对发展中国家的束缚,对于经济的发展和工业化的普及,起到了广泛的推动作用。但同时它也有一些副作用:一是导致技术上的封闭与落后;二是加剧收入分配的不平等;三是维持臃肿的官僚行政体制。

2. 出口导向战略

所谓出口导向,是一种外向型的工业化道路,即优先发展出口产业,通过扩大出口来增加资金积累、扩大市场和实现规模经济,从而带动整个经济的增长。其理论基础是古典经济学的比较利益论、新古典经济学的资源禀赋论。

美国经济学家萨缪尔森(P. A. Samuelson)提出了"生产要素价格均等化定理",他认为:如果各国根据生产要素相对丰裕程度来实行生产专业化,通过国际贸易,将使得各国生产要素的价格趋于均等化,使资源在世界范围内得到更有效的利用。因此,出口导向无疑成为发展中国家值得采用的促进经济增长的战略选择。

出口导向发展战略一般也可划分为3个层次:第一层次,主要是利用农业资源和矿产资源的优势,出口初级产品;第二层次,主要是发展劳动密集型产业,出口初级加工产品和一般消费品;第三层次,则主要是发展资金密集型和技术密集型产业,出口深加工产品和高档耐用、高附加值产品。

出口导向战略在亚太新兴工业化国家和地区,获得了显著成果。亚洲"四小龙"的经济增长率,在1965—1990年间达到8.8%的高速度。这在很大程度上有赖于外向型经济的发展和国际贸易的推动。

3.4 城镇经济发展战略的制定

城镇经济发展战略的制定要依据一定的原则,参照科学的指标体系,处理好相关的重大关系问题。

3.4.1 制定发展战略的基本原则

发展战略的选择，取决于处于发展中国家城镇的独特情况，单纯地评价这些发展战略谁是谁非、孰优孰劣，是没有意义的。因此，要制定一个城镇的经济发展战略，最重要的是在准确把握镇情的基础上，确立发展的原则，以此为指导，贯彻于战略方向与战略目标之中。这些原则，依据城镇本身的特点，既有个性的一面，也有共性的一面。城镇经济发展战略制定中所应共同遵守的基本原则是：可持续发展原则、以人为本原则、区域协调原则、城乡一体化原则。

1. 可持续发展原则

环境和发展，构成了当今人类社会的两大主题。1987 年，由挪威首相布伦特兰夫人(G. H. Brundtland)任主席的联合国世界环境与发展委员会，在国际上率先提出了“可持续发展”(sustainable development)的概念，该委员会为此下的定义是：“既满足当代人的需要，又不对后代人满足其需要的能力构成危害的发展。”它已被接受成为 20 世纪 90 年代环境主义(environmentalism)的指导原则，并导致 1992 年 6 月联合国环境与发展大会在巴西里约热内卢召开，这次大会有 183 个国家和 102 位政府首脑参加，通过了《里约热内卢环境与发展宣言》、《21 世纪议程》、《关于森林问题的原则声明》等重要文件，并签署了联合国《气候变化框架公约》、《生物多样性公约》，充分体现了当今人类社会可持续发展的新思想，反映了关于环境与发展领域合作的全球共识和最高级别的政治承诺。会议要求各国制定和组织实施相应的可持续发展战略、计划和政策，迎接人类社会面临的共同挑战。

1994 年 3 月，中国政府批准了《中国 21 世纪议程》，它将成为中国制订国民经济和社会发展中长期计划的一个指导性文件。对于城镇经济发展而言，各个方面都与此文件密切相关：人口、教育、居住、工业、交通、通信、能源、资源、环境等。因此，城镇经济发展战略的制定，就必须在《中国 21 世纪议程》的指导下，把环境与经济发展统筹考虑、综合决策。

2. 以人为本原则

城镇，跟随城市之后，已成为人类主要的居住区之一，集中了人类活动较多的部分。大多数城镇发展的道路和城市的发展道路相比，城镇的“可居住度”比城市高。大城市在相当大的程度上背离了人类“家园”的概念，变得越来越冷漠、拥挤和失去控制，其居住条件不断恶化。

应该说，经济发展与城镇发展，都只是手段，而绝非目的；一切发展的根本宗旨，都是为了人，人是发展主体——这就是“以人为本”的思想。遗憾的是，在现实生活中，一些城镇的管理者们却是以经济增长为本，只要有利于城镇经济财富的积累、有利于产值的提高，则无论对人的影响、对环境的影响如何，皆可为之。结果在收入水平增长的同时，却让人们为此付出了高昂的成本：引进一些有污染的企业发展经济，进而污染环境；人口不断膨胀，居住条件恶化；文化设施稀少，休憩场所不足；犯罪率上升，安全感下降……即经济增长是以牺牲社会发展为代价的。

这种状况的根本扭转，在于牢固树立以人为本的思想，树立经济增长与社会发展相适应的思想。唯有如此，城镇的发展才有希望。具体地说，就是要把经济发展过程中，单纯以经济指标来衡量优劣、判断是非、决定取舍的传统发展观念，改变为以人的适应性、人的满意度以及人的发展可能，来评价经济发展方案的可行性。因此，在制定城镇经济发展战略时，必须做到科学决策、民主决策。

3. 区域协调原则

现代经济的发展、尤其是市场经济体制的建立，打破了计划经济片面追求自成体系、过分强调自给自足的传统模式；客观上要求建立跨地区、跨国度的统一大市场，实现生产要素（即劳动力、资金和技术）的大流动，在流动中达到资源的最优配置。

不仅如此，社会化大生产越发达，专业化分工就越细致，生产协作也越重要。这种协作，已不再只是在企业与企业之间微观经济单元的联系，而是更多地在企业集团与企业集团、城镇与城镇这种中观和宏观经济单元之间发生着。而且，作为城镇经济发展支撑体系的基础设施，本身就有一些属于宏观区域性的范畴，如公共基础设施，为数个城镇所共享，从建设到管理，如果不能很好地协调运作，必然发生流通阻塞、运行不畅，影响区域的整体发展。

所以，制定城镇经济发展战略，必须强调"区域协调"(gegional integration)，即跳出城镇看城镇，把着眼点放在城镇所处的区域大环境上，从宏观角度考虑城镇的发展，使城镇获得足够的外部支持。否则，单纯依靠城镇一己之力去解决城镇发展中的区域问题，是难以奏效的。

4. 城乡一体化原则

中国作为一个传统的农业大国和人口大国，城镇问题从来就不仅仅是"城镇的问题"，它也是农村问题、农民问题。据国家体改委的有关资料显示，在中国目前9亿农民当中，有近2.7亿的剩余劳动力，除已在乡镇企业就业的1亿人之外，仍有1.7亿人处于隐形失业状态，这个数字几乎相当于我国上千个城镇的非农人口总和。它意味着我国城镇化的道路还十分的漫长！

而城镇发展的普遍规律是：当城镇化水平达到一定程度后，城乡一体化趋势便逐渐加强，即随着工业化的迅速扩散，特别是乡镇企业的异军突起使得小城镇的发展大大加速。这样，以小城镇为主体、多重网络交织、多向辐射交流的城镇格局，就打破了以往以孤立的中心城市为主体、城市单向辐射的城乡二元结构;城乡之间的交叉、渗透愈来愈频繁与密切,城乡差距在逐步缩小、城市形态在逐渐模糊;越是城镇化水平高的地区,越不再有传统意义上完整而单纯的城市。

城乡一体化是中国城镇发展的方向,那么制定城镇经济发展战略,就不能违背客观规律,忽视和排斥农村与城镇的天然联系。事实上,城镇本身就包含其四周农村的含义。那种只强调城镇对农村的辐射力,而看不到农村对城镇的支撑力的思想,是极为有害的。

农村对城镇的支撑力主要体现在以下方面:第一,农村是城镇生态环境的依托,污染的治理必须得到农村的配合。第二,农村是城镇资源的母体,城镇一切生产、生活活动,离不开农村的供给。第三,农村是城镇发展潜在的补充,今日之农村很可能是明日之城镇;农村人口的非农化,既是城镇发展的动力,也是一个沉重的压力。所以,制定城镇经济发展战略应该站在城乡一体化的高度考虑问题,使城镇的发展和农村的发展互相衔接、互为因果,达到共同发展的目的。

3.4.2 城镇发展战略制定中重大关系的处理

城镇经济是国家经济的主体之一,在全面建设小康社会过程中担负着重要的任务。因此,制定城镇经济发展战略,必须把实现从计划经济体制向市场经济体制转变和从粗放经济增长向集约经济增长转变作为指导思想,处理好几个影响城镇发展全局的重大关系。其中主要是:速度与效益的关系,外延与内涵的关系,生产与建设的关系。

1. 速度与效益的关系

现代经济发展的历史经验表明,一个城镇的经济发展大都包括数量扩张、结构变动和水平提高这样 3 个相互依存、相互制约的基本内容。它们之间的关系实际上就是速度、比例和效益之间的关系。

我国多年来实际推行的是速度型、数量型、粗放型发展战略。这种传统的发展战略和传统的经济体制交融在一起,一方面对速度与数量的片面追求使传统体制难以转轨;另一方面经济体制中的扩张冲动又反过来使战略目标决策上的偏差难以扭转。这样就使得它们所起的消极作用呈现“叠加”和“累积”状态,由此孕育着产业结构的失衡和经济周期的波动。

速度与效益,是矛盾的统一体,速度主要表现为数量的增多与规模的扩大;而效益则主要反映在素质的改善和结构的优化。以速度为导向,必然重数量、轻质量;重投入、轻产出;甚至为了高速度而不计成本、牺牲效益,在低水平上重复,最终导致资源的浪费和经济的波动。以效益为导向,则主要依靠技术的进步和效率的提高来实现经济的稳定、持续、协调发展；从短期看，它的速度并不最高，但从长远看，则是避免了大起大落的最佳增长。

由于我国沿海地区发展非常快，致使中西部地区赶超压力非常大，因此有些城镇在经济发展中选择了速度型的发展战略，以求短期突进、跳跃发展，结果是速度忽快忽慢、经济忽冷忽热，而效益却一再下降。

2. 外延与内涵的关系

经济增长是生产的商品与劳务在价值上的增加，它可以通过两种途径获得：一是投入的生产要素累加所致；二是生产要素的结构改善和效率提高所致。前者称为"外延扩张"，而后者则叫做"内涵提升"。反映在生产经营方式上，即是"粗放型"与"集约型"之区别。

集约经营与粗放经营，原是农业经济的概念。马克思曾提出：在经济学上，所谓耕作集约化，无非是指资本集中在同一土地上，而不是分散在若干毗连的土地上。在现代大工业生产中，集约经营就是依靠科学技术和先进的管理手段，合理配置资源，不断提高生产要素的综合利用效果；而粗放经营，则依靠连续投入大量的人力、物力、财力，盲目上新项目，在低水平上简单重复，以求得经济总量的增长，但单位投入的产出比却相对很低。以城镇的农业经济发展为例，国际上有关专家分析，20 世纪 50—80 年代世界农业发展的这 30 年中科技对提高土地生产率的贡献为 80%，对劳动生产率的贡献为 73%。今后全世界农产品增加量的 83%将靠科技来实现。这主要依靠：加大对农业科技的投入，增加发展的后劲；加快农村教育的步伐，提高农村人口的素质；深化农业科技体制改革，建立农业科技创新体系。

3. 生产与建设的关系

扩大城镇生产与建设的关系，是"骨与肉"的关系。然而长期以来，把城镇建设简单地视同于生活消费，不创造价值，因而在"先生产、后生活、先治坡、后治窝"的思想指导下，忽略城镇的各项设施建设、尤其是市政基础设施建设，使城镇面貌的改善跟不上经济发展的速度，为经济的进一步腾飞埋下了很大的隐患。反映在投资上，是过度向生产倾斜，而使城镇的基础设施建设欠账累累，最终制约着城镇经济健康快速地发展。

总之，制定城镇经济发展战略，应该贯彻中央提出的"两个转变"，以效益求发展，依靠科技进步兴镇，同时要花大力气抓基础设施建设，使城镇经济走上良性循环和持续发展的道路。

3.4.3 发展战略中主要指标的拟定

经济发展战略的目标与方向，最终都会通过量化的指标来予以体现。因此，科学地拟定主要的发展指标,便成了城镇经济工作的一项重要任务。

3.4.3.1 总量指标

城镇经济中的总量指标,是指反映经济发展全貌的、有代表性的、体现出总体经济实力的指标群。它包括:

(1)人口总量 人是城镇的主体,人口指标主要有:城镇总人口(含户籍人口、流动人口)、城镇非农人口、城镇农业人口、劳动力总量。

(2)实物总量 即城镇各业生产的产品或实物的总量,主要有:农业产品总量、工业产品总量、建筑业完成总量、住宅建设量、基础设施建设量和供给量。

(3)价值总量 是城镇经济诸指标中最通用、最直观反映发展状况的指标群,它们是一年中城镇各业创造的新价值的总和,主要有以下指标。

国民生产总值(GNP)——指一个国家或城镇的国民在一定时期内生产的最终产品及劳务的市场价值总和。在内容上,它包括3部分:物质生产部门的净产值、固定资产折旧、非物质生产部门的纯收入。在数量上,它也分为3部分:第一产业增加值、第二产业增加值、第三产业增加值。

国内生产总值(GDP)——指一国领土范围内,本国国民和外国居民在一定时期内生产的最终产品和劳务的市场价值总和。它的内容与GNP一样,只是统计对象有别:GNP以国民为对象,GDP以国土为对象,二者换算关系为:

$$\text{GDP}=\text{GNP}-\text{本国在国外收入}+\text{外国在本国收入}$$

国民收入(NI)——是一定时期内物质生产部门新创造的价值,即各物质生产部门净产值之和,反映该时期内物质生产部门所消耗的全部活劳动。

总产值——即物质生产部门在一定时期内生产的全部产品的总价值。

净产值——即物质生产部门在一定时期内新创造的价值。它是总产值扣除已消耗掉的生产资料价值后的剩余部分,各部门净产值的总和为国民收入。

增加值——即物质生产部门或非物质生产部门在一定时期内创造的可用于社会最终消耗的物质产品和服务价值的总和。增加值扣除折旧即为净产值。各部门增加值的总和即为GNP或GDP。

3.4.3.2 结构指标

城镇经济中的结构指标是指反映经济系统内部的构成、资源配置状况及要素相互关系的指标群。它能衡量经济发展的阶段、经济的成熟度和其变动趋势,主要包括:

(1)产业结构 如前所述,可以依据不同划分标准来反映产业结构,它包括两类:一类是产值结构,一类是劳动力结构。

(2)生产结构　即生产部门的价值和产品构成，如农业总产值中农、林、牧、渔业的构成，工业总产值中轻、重工业的构成等。

(3)投资结构　即全社会固定资产的投资构成，按性质分为：生产性建设投资与非生产性建设投资；或按用途分为：基本建设投资、更新改造投资、房地产投资、其他投资。

(4)贸易结构　即对外贸易总额占GNP的比重，以及进口与出口总额的差额等。

(5)要素结构　即资金、劳动、技术这三要素对经济增长的贡献份额。

3.4.3.3　效益指标

城镇经济中的效益指标，是指反映城镇经济总体效益的指标群以及反映部门经济效益的指标群。它包括：

(1)总体效益　如人均GDP(或GNP)、人均NI；地均GDP(或GNP)、地均NI等。

(2)部门效益　如农业经济的人均产量、地均产量；工业经济的全员劳动生产率(即人均创产值)资金产值率、资金利税率、净产值率、产值利税率等。

3.4.3.4　速度指标

城镇经济中的速度指标，是直观反映经济增长快慢的指标群。它包括：

(1)平均增长率　其计算公式为：

$$r=\left[\sqrt[n]{\frac{Y_n}{Y_0}}-1\right]\times 100\%$$

(2)环比增长率　其计算公式为：

$$r=\frac{Y_n}{Y_{n-1}}\times 100\%$$

式中，r 为增长率；Y_0 为基年指标；Y_n 为第 n 年指标；n 为考察年数。

3.4.4　城镇总体发展战略案例简介

现选择××镇发展战略研究课题组编写的《××镇十二五发展战略》研究作为案例，进行扼要介绍。

××镇经济社会发展的总体战略是：提高整体素质，扩大经济总量；重塑城镇功能，强化各种服务；扩大内外开放，加快国际接轨；实行制度创新，发挥后发效应。

1.战略目标

到2015年，××镇基本建成省域内经济、金融、贸易中心之一；经济开发新区基本建成具有国内一流水平的外向型、多功能、现代化的新区。为实现成为新崛起的国内经济中心城镇的战略目标，努力达到以下要求：

①基本形成一定的经济规模和综合实力，国内生产总值达到××亿元，户籍人口控制在××万，人均国民生产总值达到××万元。

②基本形成具有国内一流水平的现代化城镇格局，形成新开发区为中心、多层次、组团式的城镇空间布局，并与周边地区各城镇共同构成城镇群。

③基本形成省内外经济上广泛联系的全方位开放格局。

④基本形成符合国际惯例的市场经济运行机制，建成能沟通省内外资金流、商品流、技术流、人才流和信息流的现代市场体系。

⑤基本形成具有一定精神文明的社会风貌和人与自然高度和谐的生态环境，实现经济效益、社会效益和环境效益在可持续发展基础上的协调统一。

2. 功能定位

根据国内经济中心城镇在功能上的共性要求，并充分反映时代特征、中国特色和地方特点，××镇的基本功能定位为4个方面：

①集散功能——使××镇在区域内成为资金循环的吞吐中心，资金周转的调度中心，大宗商品的交易中心。

②生产功能——要使××镇充分利用原有乡镇企业发达的工业基础，从数量扩张转向质量的提高，强化技术创新和产品开发的功能，提高高附加值、高技术含量产品的制造功能。

③管理功能——要使××镇作为一批全国大公司、大企业集团总部所在地或其事务中心。

④服务功能——××镇要为省内外各类要素自由流动和优化配置提供必需的服务，主要有交通运输、通讯信息、中介咨询、会务展示、娱乐休闲等方面的服务。

3. 战略措施

××镇总体发展战略的核心举措是转移、跨越、接轨和创新：①极化、扩散与创新相结合的转移战略；②高起点、跳跃式发展的跨越战略；③对内对外全方位开放的接轨战略；④增强生机与活力的制度创新战略。

从总体看，××镇的发展战略角度新、起点高、内容广，是有魄力的，值得认真学习和借鉴。

3.5 城镇总体规划中的经济论证

要想准确把握城镇运行的脉搏，就必须深入研究城镇经济的规律性东西，并利用这些规律去预测城镇发展的未来。这个工作就是城镇总体规划中的经济论证。

3.5.1 人口、土地、资金三要素的论证

城镇经济千头万绪，经济论证从何入手呢？应从城镇最基本的3个组织要素与生产要素做起，即人口、用地、经济实力与投资结构及其相互关系。只要理顺这三者的纵向发展与横向关联之要理，就能洞察城镇经济生活内在机制之奥秘，许多复杂问题便可迎刃而解。

传统的城镇规划中，对人口发展的预测，是建立在严格城镇户籍管理、限制人口自由流动基础之上的，其理论与方法已不适应市场经济的新形势。市场体制的确立，使生产要素得以按市场规律重新配置，劳动力得以随经济势差合理流动，这就造成城镇人口构成的日趋多样：不仅有具有户籍的本地在册人口，也有周边区域边务农边从事服务的农民和短暂停留的纯粹流动人口，更有一大批虽无户籍、却长期工作和大量的农村剩余劳动力将或早或迟地涌向城镇寻求工作机会。尽管打工者暂时还不是城镇的“合法”居民，但他们作为一支日益壮大的廉价劳动大军，不仅为城镇经济发展做出了巨大贡献，同时也对城镇各项设施有着实际的使用和潜在的需求，而决不容被忽视。因此，对于他们的现实构成和发展趋势进行深入研究，便成为经济论证的首要任务。

随着城镇国有土地使用制度的变革，土地这一敏感的生产要素也终于合法地进入有偿使用和转让的轨道。这使得城镇财产归政府独家所有、城镇建设由政府独力投资、城镇规划也是政府独自决策的旧格局被打破；各种利益集团随着投资主体的多元化而对城镇土地的使用与配置有了更大的发言权；经济效益和市场导向开始在城镇规划中显示其魔力；那种按统一的国家用地标准计算与划分土地的均衡状态，让位于体制转轨时期的非均衡状态。这些都使城镇土地构成大大复杂化，也是经济论证中所不能回避的内容。

作为发展中国家，资金永远是最稀缺的资源，也是制约城镇发展的最主要因素。过去在城镇总体规划阶段，对于城镇建设资金的需求和投资结构分析甚少，因而规划目标容易好高骛远、流于空泛。在经济论证中引进对资金需求的预测，不仅可使城镇发展的合理规模得以度量，也使城镇规划的可操作性得以增强。

3.5.2 建立“城镇总体发展预测模型”

3.5.2.1 模型的理论依据

如前所述，预测城镇经济增长的较好方法之一是“索洛增长方程”。

将“索洛增长方程”引入城镇总体规划的经济论证当中，就可以把城镇的经济

发展与城镇的人口规模、投资规模和随时间改变的技术水平联系起来。但在具体应用中，由于国民经济总量及其要素组合关系极为复杂庞大，不易度量和操作，因此须作必要的技术处理——即以工业生产为研究对象，根据工业生产与国民经济之比例关系，来推知经济活动中的要素投入。其理由在于：首先，工业生产在城镇经济中所占比重，在目前和今后相当长一段时期内仍居重要地位，能代表一个城镇的经济发展水平；其次，较之其他产业，工业生产的规律性强，内部经济关系较为明确、易于识别；第三，在统计资料中，工业生产的历史数据最为完整和翔实，便于进行相关经济分析。

因此，“城镇总体发展预测模型”是以工业生产的“线性增长方程”为基础，构造出城镇经济中在劳动力、土地、资金和技术水平等生产要素上的组合关系，并推测其发展趋势，从而预知城镇的总体发展规模，为城镇总体规划提供量化依据。

3.5.2.2 模型的结构关系

我们在科研和生产实践中建立的“城镇总体发展预测模型”共分5个模块，即一个主模型——经济总量模型和4个子模型——工业增长模型、人口增长模型、资金需求模型和用地需求模型。所有模型的结构关系如下：

1. 经济总量模型

根据基年GNP和计划部门预测的发展月速度（GNP年增率），可推算规划期末的GNP总量；结合城镇产业结构的调整目标（三次产业的比重变化），可推算出三次产业的发展速度以及工业增长率（图3-2）。

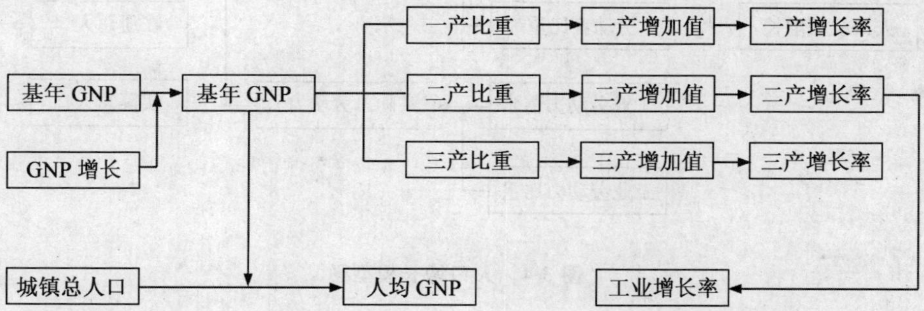

图3-2 经济总量模型图

2. 工业增长模型

将工业增长率和工业生产中要素成分的调整目标（资金、劳动与技术的贡献率），输入工业线性增长方程，推算出规划期末的工业劳力需求量和工业资金需求量（图3-3）。

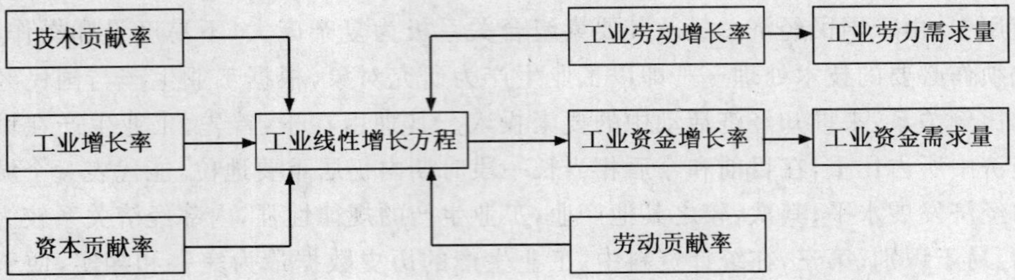

图 3-3　工业增长模型图

3. 人口增长模型

根据城镇有户籍者的自然增长与机械增长，推算出规划期末的在册总人口与在册总劳力；根据工业劳力需求量及其占就业者比重的变化，推算出规划期末的劳动力需求总量（实际总劳动力）；实际总劳动力与在册总劳动力之差，即为需引进的外来打工者（引进人口）；引进人口与在册人口之和即为实际总人口；若实际总劳动力小于在册总劳动力，说明该镇可向外输出劳动力（图 3-4）。

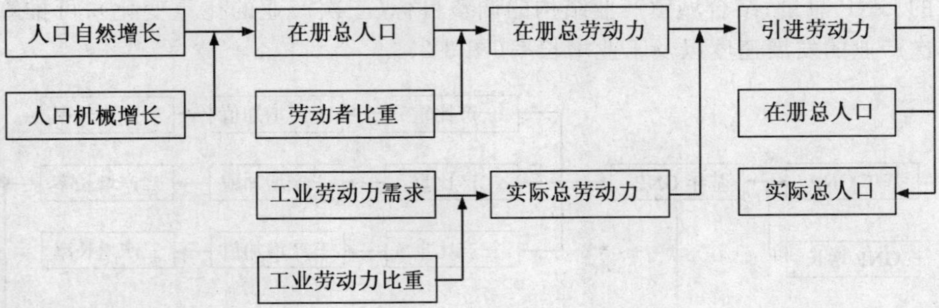

图 3-4　人口增长模型图

4. 资金需求模型

根据工业资金需求量得出工业固定资产投资量，结合其占社会固定资产投资比重，可推算出规划期末的社会固定资产投资总量；根据 GNP 总量和社会积累率的变化，可推算出规划期末的城镇自我积累总额。以上二者差额为正，说明需引进资金；为负，则可输出资金（图 3-5）。

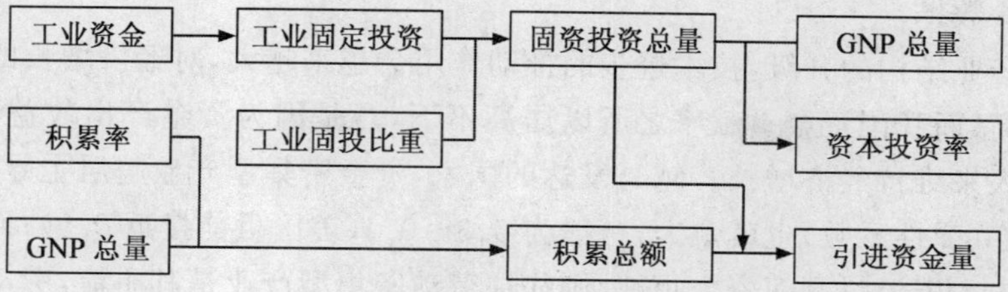

图 3-5　资金需求模型图

5. 用地需求模型

城镇用地规模与人口规模和产业结构密切相关，因此可根据城镇人口数量和人均建设用地指标推算出规划期末的城镇建设总用地；但对引进劳力的占地需作必要的处理。因为他们的用地数量不完全等同于在册人口，某些用地需求较小，应以折合系数反映于此(图 3-6)。

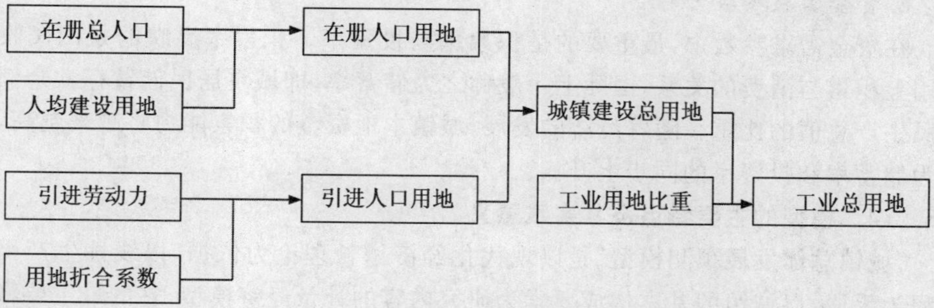

图 3-6　用地需求模型

3.5.2.3　模型的主要参数

“城镇总体发展预测模型”共有 46 个变量，分为两部分，一是模型的参数，有 20 个变量；二是模型的预测值，有 26 个变量。参数确定得当与否，关系到模型精度的高低。

因此，各项参数都需谨慎取舍：首先是历史和现状数据进行汇集与鉴别；然后组织有关专家对此深入分析，提出参数取值的范围和依据，并依据国内外有可行性的地区在不同发展阶段的实绩进行比较和修正；最后通过计算机的运算，调整其中不符合逻辑的个别数据，从而得出较为合理的参数体系。现就主要参数说明如下：

1. 经济增长参数

资金、劳动和技术的贡献率，以及资金和劳动的弹性系数，是经济增长模型中最关键的参数。

随着产业结构的升级，技术进步的推动作用会越来越大，对经济增长的贡献率也越来越高；而我国资金贡献率之所以居高不下，乃是因为资金产出效益低、长期靠高额投入来维持经济增长。越是发达的国家，资金密集型产业越居主导地位，资金的替代率（弹性系数）也就愈大，一般为0.3～0.4（美国目前接近0.5）；而发展中国家由于人力资源过剩而资金短缺，则往往劳动密集型产业是其主流，劳动的替代率（弹性系数）相应很高，大多在0.7～0.8。

2. 人口增长参数

计划生育作为我国的基本国策，将使人口总量的自然增长与机械增长都不难预测，需要考虑的是劳动力比重与劳动力素质这两个因素。

随着人口老龄化的到来，劳动力占总人口的比重将呈稳步下降趋势。劳动力素质的优劣直接影响到劳动生产率的高低，并与受教育年限呈正相关。素质指数越高，则人力数量可相应降低。

3. 资金需求参数

在资金需求参数中，最重要的是积累率与投资率。积累率反映的是国民收入使用上积累与消费的关系，国际上一般称之为储蓄率，即城乡居民储蓄存款余额占国民生产总值的比重。随着经济的发展，城镇本地资金的积累能力将越来越高，表现为储蓄率和投资率的同步上升。

3.5.2.4 模型的主要特点及其实践意义

“城镇总体发展预测模型”是以现代化经济增长理论为依据，以线性生产函数方程为手段，以城镇的基本构成要素为研究内容的计量经济模型，它的最主要特点在于：

①把经济计划与城镇规划在量化基础上统一起来，使计划制订部门和规划编制部门有了沟通的桥梁和对话的中介，改变了过去计划与规划各行其是的“两层皮”现象。

②把城镇规模的发展预测从定性分析拓展到了定量研究，预测的准确度得以提高，规划的科学性得以增强。

实践证明，模型的建立及其预测的结果，从理论到操作都是可行的，对于城镇规划、城镇建设和政府决策部门具有重要的参考价值，故得到较高评价；它虽有待进一步完善，仍不啻为城镇规划与城镇经济两个学科领域互相交叉渗透的一种创新之举。

第4章　城镇经济管理

当代，产业已经相当精细，高级生产要素如科学、技术、人力资本等发挥的作用更大。应当特别重视高级生产要素的培育，及时提升产业结构。其实即使是高级生产要素起的作用更大，各国、各地区的高级生产要素依然具有自己的比较优势①。

——迈克尔·波特

（哈佛商学院终身教授、“竞争战略之父”）

随着城镇经济发展速度加快、规模扩大、域外经济联系活动日趋频繁、产业及部门结构日益复杂，以及城乡经济社会一体化的发展，城镇经济管理的重要性日益突出。本章对城镇经济管理的任务、职能与方法手段进行讨论，以期对城镇经济管理内容形成全面的理解。

4.1　城镇经济管理的必要性和任务

经济管理是经济运行的生命线。城镇处在农村向城市转换的中间状态，是一种以非农人口和非农产业为主体组成的社区。与城市相比，城镇在地域、人口、经济、文化、环境等方面密切联系着农村，对农村起着组织和引导作用。城镇经济管理贯穿于城镇经济的各个方面和发展的全过程。它是城镇经济商品化、专业化和社会化发展的客观需要，也是发展城镇经济的重要手段。

4.1.1　城镇经济管理的必要性

城镇经济管理是对城镇经济活动有目的、有计划地组织、指导、协调、监督和服务。城镇经济管理包括对城镇区域经济的管理和对城镇企业的管理，也叫宏观管理和微观管理。

---

①李义平：亚当·斯密的“分工”和“比较优势”，摘自《经济学百年》。http://finance.sina.com.cn/roll/20070119/00021165127.shtml。

马克思指出：凡是直接生产过程具有社会结合过程的形态，而不是表现为独立生产者的孤立劳动的地方，都必然会产生监督劳动和指挥劳动，不过它具有二重性。城镇经济既是人与自然的物质交换活动，也是人与人之间结成的一定的生产关系。所以，城镇经济管理具有自然属性和社会属性的二重性。随着城镇经济日益采用先进技术，日益专业化和社会化，劳动者和劳动资料的社会结合方式日益发展，属于自然属性的管理活动日益具有重要意义。同时，在社会主义制度下，管理表现为协调劳动者之间的共同的物质利益关系，提高劳动者的积极性和创造性。因此，坚持城镇经济管理的必要性具体表现在：

1. 城镇经济是建立在分工基础上的专业化和社会化生产，城镇经济管理是城镇生产专业化和社会化发展的客观要求

在城镇区域各个生产和经营部门，再生产的各个环节，以及各个企业和农户之间，存在着相互依赖，相互制约，相互促进的密切联系。对这样一个复杂的经济系统，任何一方面的单独管理，都不能发挥整体的功能和效益，要保证城镇经济协调发展，就需要通过城镇这个中心，对城镇区域的经济实行科学的管理，从总体上进行组织、指导、监督和服务。

2. 城镇经济管理是市场经济发展的客观需要

市场经济需要不断完善市场机制，提高城镇商品生产的组织程度和管理水平，使商品生产有一个好的环境。这样的任务单靠个别企业分散地各自为战的方式进行是困难的；靠现在低水平的信息指导生产，也常常是“马后炮”。因此，必须建立起健全的宏观指导、控制和调节的机制，把企业引向市场，帮助企业在市场经济浪潮中学会游泳，提高城镇商品生产的组织化程度。

3. 城镇经济管理是多样化的社会生产关系发展的需要

经济管理的目的是实现所有者的经济利益，巩固和发展建立起来的所有制关系。城镇生产关系是以公有制为基础的生产关系。公有制的内容要通过管理来具体实现，如生产中的劳动者的地位，交换中的平等关系，分配中的经济利益，消费水平增长的实现，都要通过具体的制度、原则、政策和措施加以调节和保证，并通过具体活动来实现。同时，城镇经济是多样化的生产关系，多种经济形式和经营方式长期存在，协调这些不同的经济形式和经营方式之间的关系，也需要加强对它们的管理、监督，以使它们得到健康发展。

4. 城镇经济管理是经济效益、社会效益和环境效益统一发展的客观需求

城镇经济发展是受社会、经济、技术和环境多种因素影响的，经济效益、社会效益和环境效益相统一发展是城镇经济发展的一个客观规律。但是，要使这些因素共同发挥作用，就需要进行管理，使这些因素合理结合，以促进城镇经济发展，建设

社会主义物质文明、精神文明、政治文明。

4.1.2 城镇经济管理的基本特点

由于城镇是介于城市和乡村之间的一类社会区域，其经济活动具有城乡双重属性和特点。由此导致其管理亦具有十分明显的双重性和过渡性特征。

①管理内容上比城市少得多，比乡村又多得多，并且具有日益城镇化的趋势；

②管理的复杂程度上远比城市要低，但比乡村要高，且有日益复杂化的趋势；

③管理方法和手段比城市更重于经验、行政、人治，比起乡村则重于现代化技术、经济、法制手段的使用，且有着不断经济化、法制化、现代化的趋势；

④管理体制既受制于中心城市的影响，又受着农村经济特点的制约，建立合理化的经济管理体制牵涉面广，难度更大。

4.1.3 城镇经济管理的基本任务及其内容

4.1.3.1 基本任务及其主要层次

城镇经济管理的基本任务，就是根据客观经济规律的要求，贯彻执行党和国家有关发展城镇经济的路线、方针和政策，通过对城镇经济活动进行规划、决策、组织、指挥、协调和监督，科学地组织生产力，合理调整和完善生产关系，正确处理城镇经济发展中的各种关系和矛盾，提高城镇经济效益和劳动生产率，促进城镇经济的发展，促进人民生活水平的提高，实现城镇经济和人民生活的现代化。

从生产关系的角度看，城镇经济的管理层次包括对城镇中镇(乡)、村、组三级经济管理，其次是对个体和私有经济的管理，当然还包括对城镇中国有经济、外资经济、股份制经济等的管理。

从生产力构成来看，城镇经济又是由多种产业部门构成的经济综合体。因此，城镇经济管理首先是对城镇所有产业部门的管理；其次，城镇企业是城镇经济的细胞形态，是城镇生产、流通和建设的主要的和直接的承担者。因此，对城镇经济管理，又包括对城镇企业的管理在内。

4.1.3.2 具体任务及其内容

1.加强城镇生产与经营的宏观协调与管理，引导产业结构合理化，实现城镇经济的专业化、社会化、商品化

这是城镇经济管理的主要任务，其基本内容包括：

(1)在深入调查当地自然资源条件、经济技术发展状况和市场发展情况的基础上，科学地制定本地经济发展的规划，确定重点发展商品和技术改造项目；规划新企业的布局，因地制宜，以倾斜性的政策引导本地产业结构合理化发展；对城镇企

业和农业生产的发展方向、规模、速度从宏观上指导、控制和调节，特别要防止城镇企业盲目上马、不合理布局、重复建设、盲目扩大生产规模等问题的发生。

(2)积极协调与工农业生产有关的部门和单位与生产部门的关系，组织好生产经营的产前、产中、产后服务工作，加速资金、信息的流转和传递，生产资料的调剂和组织，产品销售、贮藏、运输的组织等，并逐步建立相应的服务体系，不断推进生产经营的专业化、社会化进程。

(3)协调各生产经营单位之间的关系，努力为各个生产经营单位之间的协作联营"牵线搭桥"，积极为各个生产经营单位发展横向联合"招财引凤"；积极推进生产与科研、城市与城镇、农、工、商、建、服的协作与联合，组织各生产经营系列的"一条龙"体系。

(4)搞好承包经营责任制，引导生产经营单位深化内部改革，帮助企业建立和完善内部经济责任制，组织经营者和生产者的专业培训，提高企业发展的素质，促使企业真正转变为具有自我改造和自我发展能力，自主经营、自负盈亏的商品生产者和经营者，并以适当的形式推进企业所有制关系的变革。

(5)监督各生产经营单位坚持社会主义生产经营方向，保证完成国家规定的生产任务，防止和处理企业领导人以权谋私等问题；解决企业间的各种纠纷，保证经济合同的履行。

(6)采取适当的措施和形式，做好"以工补农"和"以工建农"的工作，在大力发展工业的同时，不断完善农业生产条件，提高农业生产技术水平和集约经营水平，保证工农业生产的同步发展。

(7)搞好城镇蔬菜、副食品基地的建设，保证城镇居民蔬菜、副食品供应。

2. 搞好城镇市场的调控与管理，建立完善的城镇市场体系和良好的市场秩序

城镇市场调控与管理的对象包括城镇国有商业、物资、粮食、农机、药材、外贸、银行等部门，以及供销、信用部门和其他集体、个体商业单位的经营活动、集市贸易，和设在城镇上的各种商品交换活动的服务机构、设施、场所等，其基本内容有：

(1)根据城镇生产发展，人民群众生活的需要和本城镇在周围地区市场交流网络中的地位和作用，制订出商品流通、资金流通、劳务流通计划，以保证本城镇和周围地区以及外输城市生产发展的需要，制订各类市场及其管理部门的发展计划，合理规划批发、供应、零售、收购网点，以适应经济社会发展和人民生活消费的需要。

(2)梳理各种流通渠道，协调各流通部门的关系，积极开发和组织生产资料、消费资料、技术、信息、资金、劳务等各类市场。在当地某些主要输出产品和当地紧俏的生产资料和消费资料严重短缺时，应充分动员各种流通手段和渠道，发挥国有和集体商业、金融部门的主渠道作用，大力组织购销活动，以平稳市场，保证经济正常

运行。

(3)积极鼓励和支持农民进镇和外地客商来镇经商，并定期和不定期地组织城乡物资交流大会以及各种类型和形式的产品展销会、订货会、洽谈会等。

(4)监督各部门各单位贯彻执行有关市场管理的法规和条令，根据政策规定，发放工商企业和个体工商户的营业许可证、组织物价、商品质量、服务质量、饮食卫生、税收等检查，坚决打击哄抬物价、贩卖假货和违禁商品、走私贩私等不法行为；同时认真查处执法单位的违法行为，努力建设正常的市场交易秩序。

3. 搞好城镇财政金融管理，建立完善的城镇经济运行体系

(1)建立城镇财政，统一管理城镇企业利润上缴、税收提留、管理费收入和上级财政拨款及其使用，以利于提高资金使用效益和集体经济实力。

(2)根据生产发展情况和人民群众收入水平，合理增加财政收入，并坚持开源节流的原则，严格控制财政开支，确定各部门投资比例时要本着优先发展生产的原则进行。

(3)建立基建基金，严格基本建设决策秩序和制度，坚持规划论证在先，决策在后的基本原则，提高投资效益。

(4)建立教育、科技开发、社会福利、人才开发奖励基金，为本地经济繁荣和社会进步服务。

(5)积极筹集资金，扩大信贷资金来源，合理分配农贷资金，加强对农贷资金和城镇企业信贷、合作信用组织的监督和管理，促使城镇经济的良性循环和协调发展。

4. 搞好城镇人才管理

积极培养、合理组织、大胆使用和管理各级各类人才，搞好人才管理，形成尊重知识、尊重人才的社会环境和人尽其才的机制，为城镇经济发展奠定最坚实的基础和注入勃勃生机。主要内容有：

(1)根据客观要求和现实条件，积极发展教育、科技、文化事业，特别应当注意引导群众办学积极性，加强职业教育和岗位培训，为城镇建设和发展培养合格人才。同时要采取多种措施，改善教学、科研条件，提高教研人员水平和教研质量，创造一个尊重知识、尊重人才的社会环境。

(2)合理组织和使用人才，尽可能做到人尽其才。组织部门和人事部门要积极为人才合理流动创造条件，并通过各种渠道，采取多种形式，大力引进急需人才，并为他们创造良好的工作和生活条件。现实的竞争是人才的竞争，哪些地方尊重知识、尊重人才，大胆启用和合理使用各类人才，那些地方的发展就会充满活力和希望。

(3)根据经济社会发展需要,组织有关方面的科技人员(包括自然科学和社会科学两方面的科技人员)对重要的发展项目进行技术攻关和可行性研究,组织厂矿、农村知识青年开展科研活动、技术革新活动和探求致富门路等活动。

(4)组织专家、学者成立职称评审委员会,开展经常性的职称评审活动,特别要注意搞好没有规定学历而自学成才人员的职称评定工作,定期和不定期地组织科技成果评定会、展览会。表彰做出成绩的人员,发现和鼓励人才的成长。

4.1.4 城镇经济管理的基本原则

原则是人们根据事物发展的客观规律所确定的行动规则和准绳,根据我国城镇经济发展的现实情况,其管理应遵循如下基本原则。

4.1.4.1 规律性原则

即充分认识客观经济规律,按客观经济规律办事,综合利用客观经济规律。

城镇经济活动受制于多种规律的制约,首先是自然生态规律。自然生态规律是指自然界中各种生物群落同它周围环境之间所形成的一种相对稳定的物质循环和能量交换的必然的有机联系。当这种联系处在相对稳定状态时就叫生态平衡,此时生物繁殖能力最强,生产力最高,生物量最大;如果这种联系受到破坏,就会引起生态结构和生态功能的失调,物质循环和能量交换受阻,从而危及生物的生长和繁殖,给人类的生产活动甚至人类自身的生存造成危害。而人对自然资源的不合理开采,对生产和生活中向环境排放的废弃物质缺乏科学的处理和治理,违背客观规律所进行的工农业大规模工程建设等,往往是这种失衡的原因。认识和利用客观的自然生态规律进行经济活动,是人们改善与环境的关系,实现生产与生态良性循环的前提。其次是经济规律。从生产力方面看,有如农业是国民经济基础的规律、按比例发展规律、社会生产专业化协作和联合规律、产业组合规律、规模经济规律、布局经济规律等;从生产关系上看,有如价值规律、按劳分配规律等。三是综合性的规律如生产关系一定要适合生产力性质规律和管理规律等。上述这些组成一个经济规律体系,共同影响着城镇经济的发展。

此外还有上层建筑的规律、行为规律等社会规律起着作用。

不仅如此,自然的、经济的、社会的规律不论在农业、工业还是其他各业上,都会同时发生作用。在进行经济管理时必须充分注意这一点,综合利用各种规律的作用及其相互关系。

4.1.4.2 效益原则

即经济管理应以生态效益为基础,社会效益为最高准则,以经济效益为中心,并妥善处理三者的矛盾,实现经济效益、社会效益和生态效益的统一。

人们一切经济活动的真正目的，就在于不断提高经济效益，发展社会生产，以获取尽可能大的利益，即为利益最大化原则。城镇经济管理的基本要求是在促进企业提高经济效益的同时协调它与社会效益和生态效益的关系，使之协调发展。

4.1.4.3　统一性原则

在提高经济效益的原则下，正确处理国家、集体、个人三者利益关系和长远利益与眼前利益，整体利益与局部利益的关系，以及集体与集体、个人与个人、局部与局部利益之间的各种矛盾关系。处理的基本原则是统筹兼顾，加强协调和监督，建立合理的利益体系和平衡机制。

4.1.4.4　民主集中制原则

包括将民主管理与法制管理相结合，专业管理与群众管理相结合，真正把民主看做社会主义经济管理的核心方法和社会主义政治的根本目的。建立起适应社会主义商品经济发展要求的，充满生机和活力的城镇经济管理体制。

4.2　城镇经济管理的基本职能

城镇经济管理的基本职能包括：对经济发展的规划和决策，对经济运行中各种关系的协调与监督，对经济活动的组织领导与服务。

4.2.1　规划与决策

4.2.1.1　城镇经济发展规划的特点及其制定

城镇经济发展规划，是城镇经济发展的指南，是整个城镇经济活动步调一致，同心协力朝着既定目标努力的基础。没有科学的规划，就像在没有路标的原野上行军一样，盲目行进，互相扯皮，难以达到预期目标。制定科学的发展规划，不仅能起到动员群众，鼓舞群众，同心协力推进经济发展的作用，而且是实现城镇经济管理效能的决定性因素和根本保证。这是因为，从现代管理学的观点来看，管理效能＝目标方向×工作效率，而工作效率又取决于目标方向的确定。

要制定科学的城镇经济发展规划，首先要对城镇的内外部经济形势和发展条件进行正确的分析，对其发展进行科学预测，确定规划的基本依据。其次在客观依据基础上提出战略目标，并对其进行科学论证。第三是对战略目标的实现，确定战略步骤和战略重点。第四即是提出为实现规划而采取的方针、政策和具体措施。科学的发展规划的制定过程，同时也就是对现实发展的评价，对未来发展的预测和规划的决策过程。

4.2.1.2 对现实经济发展条件的评价

对现实经济发展条件的评价包括对各种资源条件的调查与分析，内部市场和外部市场的条件，周围地区经济发展状况与政策措施及其对本地发展的影响。在这个问题上最关键的几点在于：一要认清本地经济发展在全局经济发展中所处的战略地位和作用；二要冷静地分析本地经济发展的有利条件和不利条件，哪些是资源优势，哪些是经济优势，资源优势未能转变为经济优势的根本原因何在，特别要注意资源条件和经济水平的总量分析和人均量分析；三要科学地分析外部经济发展提供的机会和呈现的压力。总之要实事求是，综合分析，切忌人云亦云，作上级和他人的算盘珠子。要把脑子真正放在自己的脑袋里来考虑问题。

4.2.1.3 科学预测

包括对城镇外部环境的预测和内部发展的预测和确定预测期限。

城镇经济的生存和发展，是以内部条件为依据，以外部环境为条件的。城镇外部环境预测的主要方面为：一是整个社会的政治经济形势和国民经济发展的任务、布局和要求，这是充分利用社会和国民经济发展所可能提供的机会，取得国家及时指导和支持的前提；二是对外部环境可能给予的资源、设备、技术、人才供应情况的预测；三是对外部环境中科技发展情况和趋势的预测；四是对域外市场的预测；五是对域外特别是相邻区域发展政策的预测。

内部条件的预测主要包括本区域资源状况及开发前景、资金来源、技术装备、人口、劳动力的素质和数量、产业变动、经营管理水平等客观条件的预测和对各级领导班子变动趋势、人才培训方向、目标和计划等主观条件的预测。

只有搞好了内、外部预测，采取相应对策才能“知己知彼，百战不殆”。

一般情况下，城镇经济预测的期限，应与国民经济发展的过程和阶段相适应。

科学预测的关键在于确定预测对象和目的，收集足够的资料，根据需要确定预测方法并进行科学计算，再对预测结果进行科学的评价和鉴别。以发现问题，找出原因，反馈修正，以求决策科学化的实现。

4.2.1.4 科学决策

决策，通俗来说就是对某项活动进行的“拍板”、“定案”。决策有经验决策和科学决策之分。

1. 努力实现从经验决策到科学决策的转化

经验决策是指领导者凭借个人的阅历、知识和智慧作出的决策。如“眉头一皱，计上心来”。在我国历史上曾有过许多有名的成功决策。如诸葛亮的“隆中对”，被刘备采纳后，得以建立蜀汉，与魏、吴三分天下；朱元璋采纳“广积粮、高筑墙、缓称霸”的建议，创立明王朝，等等。这些虽有科学成分，但从本质上讲，都属于经验决策的范畴。其决策成功与否,主要取决于领导者阅历是否丰富,知识是否渊博,智慧是否过人。经验决策是同小生产方式相适应的。

在现代化大生产条件下,领导者凭个人的知识、经验、智慧和胆识,进行经验决策,有时也可能取得成功,问题在于失误的可能性大,后遗症大,危害深。如在不少地方城镇企业起步时都不同程度存在着不了解市场变化,缺少可行性研究,只凭领导的直观感觉上项目,"交了好运"的企业得以发展,"运气不佳"的投资,"鸡飞蛋打"一场空。随着城镇经济的迅速发展,其管理工作出现了内容复杂化、竞争激烈化、范围扩大化、影响深远化的特征。在这样的情况下,一两个人"拍脑袋"、"想当然"的决策方法已显得太古老和落后了,努力由经验决策向科学决策转化已成为当今城镇经济管理科学化的重要内容。

科学决策,是决策者在参谋人员和群众参与下,按一定的科学的程序和方法,运用科学的决策技术和科学的思维方法进行决策的过程。它是同社会化大生产的领导和管理相适应的。

科学决策的特点在于,它首先是一种集体创造性管理活动,并具有多方案择优性,决策过程程序化,反馈修订的及时性等特征。

2.科学决策的原则

城镇经济管理的基层性和双重性特点,决定了它的决策有整体计划的战略决策,经常性的大多是微观决策和执行性、实施性的决策,具有局部性、具体性的特点。其决策应遵循"正确、全面、程序、选优、及时"的原则。

(1)正确性原则　决策的正确性,包含着"服从全局"、"实际可行"两个方面。

根据系统论的思想,宏观决策与微观决策的关系就是整体与局部的关系。当上级的宏观决策确定后,作为基层单位的城镇就应以服从为前提。特别是当局部利益和全局利益发生矛盾时,前者应服从后者。另一种服从是,当本城镇发展规划确定后,具体安排实施中也应遵循局部服从整体的需要,维护规划的严肃性和完整性。

其次是可行性。服从是"应该怎么办",可行是解决"能否这么办"的问题。在决策时,必须从现有的人力、财力、物力、科技能力、群众的觉悟程度和接受能力等主客观条件出发,权衡利弊,慎重论证,确定其可行性。有些事是应该而且需要做的,但条件不具备且短期又难以创造出所需条件的,同样不可行。

要提高决策的正确性和科学性,就必须坚持"全面、程序、选优"的原则。

(2)全面性原则　一是要全面掌握信息,培养强烈的信息意识,把知识、情报和战略思考结合起来,树立信息与决策统一的观念,使信息成为实行正确决策的客观依据。有的决策者"情况不明决心在,知识不多办法多"。这样的决策的盲目性和风险性是很明显的,这就必然会出现"没有主意拍脑袋,心中无数拍胸脯,决策失误拍屁股"的现象。二是要依靠集体的智慧。决策过程是一个集思广益、博采众长的过程。一个好的决策,往往是从相互争论,七嘴八舌的意见中产生的。对决策者来说,最忌的是两种倾向:一是"先入为主",过早发表意见,影响决策方案的程序性和全面性;另一种是"六神无主",听听各方面意见都有道理,导致优柔寡断,错失良机,不能及时形成正确决策。

(3)程序化原则　遵守科学的决策程序,应先论证,后决策;而不能先决策,后论证,"干了再说",造成不应有的损失。

(4)选优的原则　科学决策就是从多个方案中进行比较,选取效果最好而代价最小的优化方案。如果只提供一个方案,就无所谓选择,也就无所谓决策。在我国广为流传的孙宾为田忌赛马献策而胜齐王的典故,实际就是一个对比优化的过程。遇事要考虑上、中、下三策,"三十六计,走为上策"是在进行反复对比后才得出的结论。如果只有一个方案,"一锤子买卖"就带有很大的风险。

一般来说,最佳方案应符合以下 4 项标准:一是照顾全局;二是因地制宜,技术上合理;三是效益好,经济上合算;四是见效快,时间效益好。"两利相权取其重,两害相权取其轻",方案选优过程也就是权衡利弊的过程。

(5)及时性原则　要求决策者在决策时认准时机,条件成熟时要当机立断,以免坐失良机,特别是在进行一些季节性强、市场变化大的项目和产品决策时,更是如此。要做到果断决策,一方面,信息掌握要准确全面;另一方面,需要决策者有胆有识、有决断的魄力。决策的及时,必须以正确为前提,不能为了赶时间而先决策后论证,如果那样,只会欲速而不达。

及时性的另一层含义是对决策过程和实施中的信息反馈要及时处理,根据情况进行调整。

3.科学决策的程序和方法

基本程序可归纳为发现问题,确定目标,集思广益,制定方案综合评价和方案选优,可用如下程序图表示:

发现问题→确定目标→集思广益→方案评价→方案评优

图中所用方法,偏重于定量分析的数学方法,实际决策中,仅有数学方法还不行,经常性的决策还要靠决策者的逻辑思维分析和机智判断。

4.2.2　监督和协调

对城镇经济进行监督和协调,是城镇经济管理的两个重要职能。监督一般指在决策实施过程中发现问题并给予及时督导的过程,协调则是为保证决策的顺利实施而进行的调整，二者相辅相成。

4.2.2.1 城镇经济监督的主要依据和分类

城镇经济监督是实现国家和城镇经济发展计划，发展市场经济，使得城镇经济顺利运行的基本保证，必须严肃对待，而不能按监督者的主观意志随意进行。城镇经济监督，一要依据党和国家的经济政策和经济法规进行监督，以保护监督者的合法权益和同经济领域中各种违法乱纪现象和经济犯罪行为作斗争；二要依据城镇经济发展规划和计划进行监督，通过检查，发现各项组织实施活动偏离和违反规划和计划的方向、目标的现象和程序，并给予及时矫正，以保证规划和计划的如期实现；三要依据客观实际进行监督，做到以客观事实为根据，以经济政策和法规为准绳，以规划、计划为前提，进行有效的科学监督。

由于城镇经济活动十分广泛，内容亦很复杂，故城镇经济监督的表现也就多种多样。

按照监督的过程，可分预先监督、日常监督和事后监督 3 种。预先监督，是在实际经济活动发生之前所进行的监督，以防在实际经济活动发生以后，出现不协调和重大紊乱现象。从这种意义上讲，编审计划属于此类监督。日常监督，是在经济运行过程中所进行的一系列跟踪检查和督导，以便对缺点、偏差、失误进行及时纠正。事后监督，是在一定阶段的经济活动完结后，对经济活动过程进行总结，以便在后一阶段的经济活动中加以预防或补救。

按照监督对象，可分为自我监督、内部监督、外部监督。自我监督，是指参与经济活动的主体对自身经济行为的监督。内部监督，是指经济组织内部，依靠下属组织和人员，对该经济组织内部全部经济活动进行的监督。外部监督，指一定经济组织之外的一切机构、组织、人员对该经济组织的活动进行的监督。

按照监督的组织机构性质划分，有党的监督、政府监督、司法监督、群众团体监督等。

按照监督的内容分，有生产监督、分配监督、市场监督、税收监督、银行信贷监督、财政监督等。生产监督，是指对整个生产过程中劳动者与生产资料的结合方式、劳动者之间的关系、生产环境、产品品种、规格、质量标准的监督。分配监督，是指对分配领域的矛盾的监督，以便为正确协调各方利益关系提供依据。特别是要加强对乱摊派、乱罚款行为的监督。市场监督，是指对市场上进行各种交易活动的组织和个人的监督。税收监督，是指对税收机关的收税情况和纳税单位或个人完税情况所进行的监督。银行信贷监督，是指城镇银行信贷部门通过资金的收支存贷的业务活动，反映城镇各部门、村、组、企业在生产、供销、储备等方面的经济活动，从而对其有效地进行资金监督。包括信贷监督、结算监督和资金投放监督。财政监督，是按照党和国家的方针、财政政策、法令、制度和计划对财政收支活动、财经纪律执行情况的检查和监督。包括日常业务监督和财政监察。

4.2.2.2 城镇经济的协调

和城镇经济的监督相依存，城镇经济的协调内容亦十分广泛，其中主要的有下述几个方面：

一是协调党政关系和政企关系。第一要坚持党政分开，政企分开，明确分工，各负其责。第二要积极配合，互相坚持，以一定的机制把各方面的关系理顺，使工作协调进行。

二是协调城镇各层次的经济发展计划。第一是协调城镇整体发展计划同各村、组（队）、各部门、各企业之间的发展计划，把全局利益和局部利益，长远利益和眼前利益恰当地结合起来。第二是协调各村、组（队）之间的发展计划，解决计划中的冲突和问题。第三是协调城镇各产业部门之间的发展计划，使城镇产业合理化，协调发展。第四是协调企业之间的发展计划，使之在产业发展计划指导下协调发展。

三是协调城镇经济运行中的各种关系。第一是协调宏观和微观之间的经济关系，特别是协调农民与国家的经济关系。第二是协调农业与工业及其他各业之间的关系。第三是协调农业生产责任制中的统与分的关系。第四是协调生产和流通的关系。第五是协调各种经济形式之间的关系，特别是跨地区跨部门的横向联合中的问题和矛盾。

城镇经济协调应坚持为：一要保证决策的正确顺利实施，采取适度倾斜措施，在资金、物资上予以优先保证。二要坚持以责授权，分级协调，调动各级的积极性，保证各项工作有条不紊地进行。三要平等待人，公道处事，协调过程中要“一碗水端平”，否则只会加剧矛盾。

协调的方法主要有：一是依法裁决法。坚决按照国家的政策、法令、规章制度办事，用以规范各方执行者的行为。二是会商法。召集有关方面现场开会，各自陈述情由，互相协商成约，共同遵守执行。三是思想疏导法。用个别谈心，批评和自我批评等方法，解除单位与单位、人与人之间的误解、偏见、疙瘩。

4.2.3 组织领导与服务

从本质上进，规划、决策、协调、监督都是组织领导的工作，而领导就是服务。但作为管理工作的重要职能，组织领导和服务又有着特殊的意义和规定性。

4.2.3.1 城镇经济的组织领导

城镇经济的组织领导主要包括：一是目标管理，就是把决策既定的目标，按时间顺序分解为长期目标和近期目标，再把阶段目标分解到各个工作岗位，明确责、权、利，组织起一个纵横连贯的目标体系。管理者凭借这个目标体系，及时了解情况，掌握工作进程，保证目标的实现。二是对人、财、物的组织和领导。包括知人善任，人尽其才，物尽其用，组织财源、人才、物资，最大限度地发挥其效益。三是加强信息和时间的组织与管理。坚定地树立信息价值观和时间效益观，利用各种手段，提高组织领导的效率。

4.2.3.2　城镇经济管理与服务

最核心的问题是要树立领导就是服务的观念，诚心诚意地为城镇经济发展的各个方面特别是被领导者服务。

一是要搞好城镇生产的产前、产中、产后服务，建立服务体系，协调各种关系和矛盾。

二是广泛组织和开展信息咨询和科技咨询服务。

三是搞好劳务输出与输入的组织和管理的服务工作。

四是进行计划指导和日常经济活动中遇到的问题的服务工作。

五是搞好市场预测、技术培训和引进，落实国家与农民的合同和其他形式的合同的签订和实施。

4.3　城镇经济管理的手段与方法

城镇经济管理过程，从一定意义上讲，就是管理手段的运用过程。管理手段具有多样性和灵活性，按照它的内容和对管理对象施加影响的性质、方式，可以划分为行政手段、经济手段、法律手段、教育手段和现代管理技术手段等。

4.3.1　行政手段

行政手段是指依靠国家行政机关的权威，按照行政系统、行政层次、行政区划的渠道，对下属组织和人员下达指令性计划任务，颁布各种行政命令、指示和规定等约束和强制手段，直接组织、指挥和干预的经济活动。

行政手段的最显著特点就是强制性，一经决定下达，下属组织必须坚决执行。此外还有直接性、单一性、无偿性等特点。

城镇行政管理手段，主要表现为根据上级指令，制定贯彻执行的实施细则。

4.3.2　经济手段

指政府机构依据客观经济规律的要求，以经济利益为纽带，依靠经济管理系统，运用经济杠杆和经济核算等手段进行管理的一种方法。

经济手段一般包括价格、税收、信贷、利率、汇率、奖金、福利、工资、罚款、利润留成、经济核算等。

运用经济手段的目的在于充分调动生产者、经营者的积极性，促进生产力的发展，其本质和核心在于重视经济效益，正确处理好国家、集体和劳动者个人三者的利益关系。

经济手段的基本特点是非强制性、间接性、刺激效应的诱导性。

4.3.3 法律手段

城镇经济管理中的法律手段，是指国家通过经济立法和经济司法等手段对经济的管理。经济立法，即制定法规，以解决经济关系调整中的"有法可依"的问题；经济司法是对经济法规的执行和实施，以解决经济关系调整中的"有法必依"的问题。

在城镇经济管理活动中，法律手段日益发挥着重要作用，例如，经济合同纠纷、交通管理、价格管理、商标管理、企业租赁、转让兼并、破产、私营企业的发展等都已有法可依，经济司法工作正在建立和完善之中。

法律手段的基本特点是：规范性、强制性、约束性、稳定性。

4.3.4 教育手段

管理中的教育手段，即思想政治工作，是我们党传统的行之有效的科学方法。如果说经济手段给予人们物质动力的话，教育手段则给人以精神动力。因此，教育手段是整个科学管理方法中不可缺少的重要一环。

教育内容包括党的路线、方针、政策的教育，社会主义精神文明教育，形势和任务教育，社会主义民主和法制的教育等。

教育的形式多种多样，包括各种新闻媒介的宣传教育，知识传递中的思想教育、疏导教育、激励和鼓舞等。在多种形式中都应贯彻实事求是，把提高思想觉悟和解决实际问题相结合。坚决反对说假话、空话和形式主义。

4.3.5 现代管理技术手段

现代管理技术是应用于经济管理活动中的，以数学分析为基础，以现代通讯、计算设备为技术手段的各种定量分析方法的统称。在行为管理中还包括以行为分析为基础的科学管理手段。

现代管理技术方法内容丰富，种类繁多，能够应用于经济管理活动的不同层次和不同侧面。目前我国常用的现代管理手段有：系统分析，目标管理，行为分析与管理，市场调查与预测，决策技术，投入产出分析，网络计划技术，ABC 分类控制法，价值工程，量本利分析，线性规划，全面质量管理，信息管理系统，电子计算机应用等。在城镇经济管理活动中，要根据各方面条件，逐步采用现代管理技术手段。

现代管理技术手段的主要特点是：知识的综合性、定量化、适用条件的特殊性。

4.3.6　各种管理手段综合运用的方法

之所以要综合运用管理手段，首先是因为各管理手段各具自己的特殊功能和局限性。行政手段以强调集中统一为特点，带有明显的强制性，单纯使用则易滋生官僚主义、强迫命令和瞎指挥。运用经济手段能够按价值规律办事，刺激企业和职工的积极性，但单纯使用则容易产生局部利益强化、盲目性增大的问题。法律手段虽具有更大的强制性和稳定性但是时滞性也很突出，缺乏行政手段和经济手段的灵活性。现代管理技术手段定量化比较准确，但实际应用起来又受到各种条件的限制，单纯采用这种手段，不可能妥善解决许多复杂多变的现实问题。教育方法虽具精神动力性，但精神鼓励和教育又必须以解决现实问题为前提。可见，各种管理手段都有各自特殊的功能，又有各自的缺点和局限性，只有对各种手段加以综合运用，才能扬长避短，互相促进，实现对经济的有效管理。其次，从系统论的角度看，各种管理系统都只是管理方法系统的有机组成部分，任何有效的管理，都是各种管理手段综合运用的结果。

在实际管理过程中，综合运用各种管理手段的关键是掌握好以下几个方面，处理好相应的各种关系。

其一，坚持以法制为本，以法律为准绳，综合运用各种管理手段。

其二，坚持法制管理与民主管理相结合，一要完善市、县、城镇各级人民代表大会制，使其真正成为体现人民当家做主的政权机关，重大的经济决策和规划要交人民代表大会广泛讨论，代表大会决议颁布执行。二要制定详细具体的经济法规，并保证经济司法机关独立行使自己的权力。三要经常性地进行思想政治教育，培养公民的民主和法制意识。

其三，坚持行政手段与经济手段相结合。特别是采用任何一种行政手段，都不可在根本上违背客观经济规律和社会主义物质利益原则，否则将后患无穷。

其四，坚持专业队伍管理与群众管理相结合，依据经济发展的规模和复杂化程度确立二者的主次关系。

其五，坚持经验管理与现代管理相结合，创造条件，努力推进现代化管理的进程。

4.4 城镇经济管理领导工作

4.4.1 城镇经济管理者活动的特点及其原因

城镇经济管理机构是国家最基层的经济管理机构，与企业和群众发生着最直接的关系，和其他经济管理部门比较，有着杂、乱、忙的特点。

杂，即工作复杂化。现在以经济建设为中心，两个文明一齐抓。农林牧副渔，工商建运服几个轮子一起转。改革、开放、搞活，新情况、新问题层出不穷，要研究解决，工作上的要求都是“既要又要”。如既要改革、开放、搞活，又要坚持四项基本原则；既要搞活经济，又要端正党风；既要让一部分人先富起来，又要坚持共同富裕；既要坚持社会主义物质利益原则，又要发扬共产主义的劳动态度等。

乱，城镇领导处在最基层，上面各级、各条线、各系统都可以指挥它、命令它，各种检查层出不穷，基层群众各种实际问题都需要解决，事先很难计划和安排。

忙，没有上班、下班之分，有开不完的会，看不完的文件，没完没了的各种接待，真是“两眼一睁，忙到熄灯”。

这种局面，从客观上来说，与城镇经济管理活动的特殊性有关。

第一，最终执行性特征。城镇经济管理属于整个国家国民经济管理的最基层，处于“兵头、将尾”的地位。它不能像高层领导那样，对上级指示可以当“一传手”、“二传手”，而是接到“球”后，非当“主攻手”将球一锤子过网不可。并且是落实各项方针、政策、任务时必须考虑可行性、创造性的工作。城镇经济管理工作不仅是执行上级指标的“终点站”，还是信息反馈的“起点站”，总结经验，反映情况，提供资料的责任也属义不容辞。

第二，多维综合性特征。城镇经济作为区域经济，麻雀虽小，五脏俱全。城镇经济管理者不仅抓十大经济部门，还要兼顾文明建设与城镇建设，千头万绪，并无专门机构负责，都要领导“兼职”，并且一有成绩，便招来五方“游客”，应接不暇。

第三，管理工作的多变性、随机性特征。领导指示、群众来访、市场变化、关系应酬、五花八门，各种事情随时都可能发生和变化。

从主观上看，忙乱的局面还与管理者的素质和工作方法有关。城镇经济管理部门的领导要从杂、乱、忙中解脱出来，除了建立完善的管理体制外，还必须掌握新时期领导工作的特点，提高自身的素质和修养，运用科学的工作方法，形成良好的工作艺术。

4.4.2 城镇经济管理机构

1.领导班子群体结构的合理配备

(1)年龄结构 理想的结构应是以中年为主,老中青三结合。老干部老马识途,中年人中流砥柱,青年奋发有为,取长补短,可相得益彰。

(2)文化结构 理想化的结构应是文化高档化,专业知识多元化,注重真才实学和领导管理能力考评。

(3)性格结构 理想的结构应是刚毅柔和、急性慢性、内向外向、兴趣各异的成员合理配置。

(4)智能结构 理想的结构应是帅才、相才、将才、车、马、炮、兵齐全的有机配合。"四家",即深谋远虑,足智多谋的思想家;善于总揽全局,坚定果敢的政治家;善于举贤、惜才、知人善任的组织家;任劳任怨,既能领会上意,又埋头苦干的实干家。各展其才,总体功能最佳发挥。

2.机构设置的基本原则

(1)实事求是 一切从实际出发,既要顾及上下对口,更要注重本地实际,因事设人,而不能因人设事。

(2)精简、效能的原则 包括决策、参谋咨询、执行、监督四大机构和系统,还应有为这四大系统服务的反馈系统。

(3)适应性原则 特别要适应职能不断转换的需要,根据不同的时期对工作职能的要求设置机构,配备人员。

4.4.3 城镇经济工作领导者的工作方法和作风

领导者的工作方法、工作艺术、工作作风是检验领导者水平高低的重要标志。

①吃透"两情"。吃透"上情",明了"下情",寻找上情与下情的结合部,一切从实际出发,创造性地开展工作。首先要把上情具体化,下情理顺,选择突破口,推动全面工作。

②坚持走群众路线和民主集中制原则。包括全面收集群众意见,听取专家意见,发扬民主,进行科学分析,真正把上级的正确的切合实际的方针、政策变成群众的行动。同时要善于做好群众的思想政治工作。

③建立岗位责任制,善于分权于下,总揽全面抓大事,集中精力处理重点工作。

④善于"弹钢琴",主次分明,配套进行。并学会抓典型,以点带面。

⑤善于用人,互通情报,经常直接与企业和群众对话,保护经营者和群众的积极性。

⑥量力而行,留有余地,富于弹性。

⑦雷厉风行,敢于负责,谦虚谨慎,不断创新。

4.4.4 城镇经济工作领导者素质和修养的几个基本点

1. 为城镇经济建功立业的事业心和对人民极端负责的责任心

要有创新精神和创新意识，在创业基础上“守业”，不断开创新局面。在重大决策制定时要有周恩来同志对葛洲坝水利枢纽工程决策时的意识：“我对这个问题是战战兢兢、如临深渊，如履薄冰”，努力避免决策失误，为人民造福。

2. 具备“四脑”

一是“政治头脑”，即要有识形势、讲党性、顾大局、懂政策的意识。二是“经济头脑”，即具有商品市场意识、质量意识、经济效益意识，具有善管理、懂业务、会算账的本领。三是“科学头脑”，就是要尊重自然规律和经济规律。四是“法律头脑”，一切活动以法律为准绳，依法办事，保护群众利益。

3. 具备“五种能力”

一是观察能力，敏锐地发现新情况，提出新问题；二是思考能力，对发现了的问题进行冷静的连贯性的思考；三是表达能力，学会做宣传动员和思想政治工作；四是组织指挥能力，善于用人，落实任务；五是应变能力，处理意外事故的“快速反应”能力。

4. 养成“四大精神”

一是大公无私的精神，“天下为公”，“廉政为民”；二是作风正派，秉公办事的精神；三是谦让容人的精神；四是严于律己的精神。

4.4.5 提高领导者素质和修养的途径

①加强学习、增长见识、克服“小生产者”意识，由“专”到“博”，使自己成为适应管理工作的“通才”。

②注重实践，投身改革，在实践中提高自己。

③善于反思，不断总结。

④接受监督，增强党性原则。

4.5 经济效益

4.5.1 经济效益的含义和意义

4.5.1.1 经济效益的含义

经济效益就是对经济发展目标实际程度从量的方面进行评价，把劳动消耗、劳动占用同劳动成果和利益联系起来，考核它们之间的对比关系。物质生产部门的经济效益是指经济活动中劳动消耗与符合社会需要的劳动成果之间的数量对比关系。

在任何社会形态里，人们从事各种经济活动，都是为了达到某种预期的目的，评价经济效益必须与不同社会形态的生产目的相联系。因为不同的社会形态，不同的社会生产关系有不同的生产目的，不同社会产生对经济效益的不同评价。

在社会主义制度下，生产是为了满足人民日益增长的物质和文化的需要，所以社会主义经济效益的概念已不再是资本（资金）和利润的关系，而是消耗和社会需要的满足程度之间的关系，在肯定劳动成果有利性的前提下其公式表示：

$$\text{经济效益}=\frac{\text{劳动成果}}{\text{劳动消耗}}$$

评价社会主义经济效益不仅要考察一定数量的劳动支付生产多少成果，而且还要考察已生产的这些劳动成果有多少真正使社会获得效益，只有生产出来的产品能够满足社会现实需要（适合现实购买力水平和投资水平的需要）才有其经济效益。在满足社会需要的前提下，投入一定量劳动和生产资料，生产的产品量越多，质量越高，成本越低，经济效益就越好。反之，经济效益就越差。

4.5.1.2 经济效益有宏观经济效益与微观经济效益之分

宏观经济效益是国民经济全局和长期的经济效益，是整个社会再生产过程的经济效益或者说是从有机联系的整体上来考察的经济效益。微观经济效益是国民经济中局部和个别企业的经济效益，是社会再生产过程中某一环节的经济效益。城镇经济效益属于小宏观大微观的经济效益，相对于整个国民经济的宏观经济要小得多，相对于个别企业的经济效益更大些。它是指在一个城镇的区域经济范围内劳动成果对劳动消耗的比较关系。在经济效益中，微观经济效益是宏观经济效益的基础，宏观经济效益是微观经济效益的综合反映。要提高国民经济效益就必须在宏观指导下，十分注意提高企业、部门和地区的微观经济效益。宏观经济效益又是微观经济效益的前提，微观经济效益离不开宏观经济效益的指导。片面强调微观经济效益，不仅会影响宏观经济效益，而且还会引导微观经济的盲目性，甚至影响微观经济效益的提高。

4.5.1.3 重视经济效益的意义

重视经济效益的重要意义在于：①提高经济效益，能够提供更多的、满足社会需要的产品，使人民群众得到更多的实惠。②提高经济效益，可以增加更多的剩余产品，为社会扩大再生产提供日益增多的物质基础，保证扩大再生产顺利进行。

③经济效益的提高，可以使社会有更大的经济力量用于发展教育、科学、文化卫生等事业，从而使社会主义精神文明建设不断发展。④提高经济效益，意味着社会劳动生产率的提高和社会财富的不断增加。提高经济效益对发展城镇经济，改善生产条件，对农民治穷致富发展农业生产力来说更具有现实意义。一切经济工作都必须以提高经济效益为根本出发点。

4.5.2 城镇经济效益评价

4.5.2.1 评价城镇经济效益的标准

同衡量任何事物的好坏一样，评价城镇经济效益的高低，也应当有一个科学而正确的标准。目前在全国尚无制定统一标准的情况下，根据党和国家有关评价经济效益的指示精神，参照一些省、市的实践经验，一般地说，评价城镇经济效益高低的标准应当有四条。

1. 速度适当

城镇经济的发展，必须有一个适当的速度，才能取得好的经济效益。速度过低，物质基础差，没有积累资金，只能维持简单再生产，甚至会出现经济萎缩现象。但速度也不能过高，过高的速度，就会导致比例失调，造成原材料和能源供应的紧张现象。所谓速度适当，一是发展速度同原材料、能源、运输、资金和生产能力大体保持平衡，基本上不留缺口；二是发展速度同社会、市场需要基本上相适应，不出现供大于求或求大于供的现象；三是速度实在，没有“水分”，群众能得到实惠。坚持这三条标准，就不会再做片面追求超高速度的蠢事了。

2. 比例协调

城镇经济像一台机器一样，它内部各方面的比例关系必须合理协调，才能顺利地健康地发展。否则，就会互相影响，欲速则不达。例如，产值、利润、上缴利税三者之间增长的比例要协调，而且上缴利税增长的比例应高于实现利润增长的比例。同时，既不能以农挤工，也不能以工挤农，要使农、工、商等产业保持一个适当比例，才能达到协调发展，形成良性循环。

3. 产出大于投入

在生产经营中，以一定的投入，获得较大的产出，就是说，创造的价值（经济总收入）要大于生产费用（总成本）和上缴利税。在这个前提下，实现的利润越多，经济效益就越好。反之，投入多而产出少，经济效益就差，甚至还要亏损。

4. 社会效益好

所谓社会效益好，是指城镇经济发展不仅要直接经济效益好，如实现利润、上缴利税等要大幅度增加，而且在促进文化、科学、卫生事业发展，环境保护，安排劳动力就业等方面，都能取得显著的成就，并能促进国民经济的稳定持续发展。

4.5.2.2　评价城镇经济的经济效益应注意的几个关系

评价经济效益是经济管理工作的一项重要任务。它既是对经济活动全过程的检验和评价，也是对各类管理部门和管理人员工作和成果的检查和考核。通过经济效益的评价，可以肯定成绩，总结经验，发现问题及其产生根源，有利于改进工作和针对问题制定新的目标和实际措施。因此，城镇政府及其所属部门应当把评价经济效益当做一项十分重要的任务。

我国的几个五年计划都提出，发展城镇经济，应以经营管理、产品质量、改进技术、经济效益、环境保护等为内容，以协调发展、速度适当、效益实在、人民能够得到更多实惠为原则。为了正确贯彻这一基本原则，应当处理好以下关系：

1. 宏观经济效益和微观经济效益的关系

宏观经济效益是从国民经济总体上考察的经济效益，也就是全社会的经济效益；微观经济则是从一个单位或一个企业个体上考虑的经济效益。宏观经济效益是微观经济效益的前提和外部条件，微观经济效益是宏观经济效益的基础和组成部分。宏观经济效益好，对于全社会来说是有益的；但对某个单位或某个企业来说，则不一定有什么好处；有时甚至还有坏处。相反，在微观上经济效益好的事，对整个国民经济来说则不一定有利，或得小利而受大害。因此，在评价经济效益时，要以大局为重，宏观为首；以大局统率小局，以小局保大局。切不可因小(局部)失大(整体)。

2. 长远经济效益和当前经济效益的关系

社会主义经济的当前效益和长远效益，从根本上来说是一致的。但是，在一定时期或某种条件下，两者会暂时出现这样或那样的矛盾。正确处理这一对矛盾的基本原则是：从战略需要出发，兼顾长远效益和目前效益，既要照顾目前需要，又要保证长远效益。

3. 直接经济效益和间接经济效益的关系

在社会主义条件下，国民经济是一个有机的整体。各部门、各地区、各企业之间相互联系、相互促进、相互制约。在某个部门、地区、企业看来是效益不好或没有效益，但是它却为其他部门、地区、企业的发展创造了有利条件，使它们获得了更好的经济效益。从整体上提高了效益，社会财富增加了，对局部的发展是有好处的。相反，也有一家得利而百家无益甚至有害的情况，其结果是百家受的损失超过了一家所得之利。因此，在评价经济效益时，要进行全面的、系统的分析，兼顾直接利益和间接利益双方，切不可顾此失彼。

4. 经济效益和社会效益的关系

在任何社会制度下，一切经济活动效益的优劣，不仅仅出于经济的原因，而且还有社会的原因。因此，我们评价经济效益，进行各种方案分析和比较时，应当努力把经济效益同社会效益恰当地结合起来，力争在两个方面都获得较好的效益。

5. 国家繁荣富强和人民富裕幸福的关系

发展经济的目的，一是要国家繁荣富强，二是日益满足人民物质、文化生活不断提高的需要。前者是根本，后者是目的；前者是物质基础，后者是具体体现。只有这样，才能使国家对人民更富有吸引力，使人民更加热爱祖国。否则，只顾前者，将会挫伤人民的积极性；只顾后者或片面重视后者，将会影响国民经济发展的速度和国家战略目标的实现。因此，我们评价经济效益时，一定要牢牢记住陈云提出的"一要建设，二要吃饭"这一极为重要的指导原则。

4.5.2.3 评价城镇经济的经济效益的方法

评价经济效益，是经济活动的最后一个阶段，是对经济活动的总结。怎样搞好经济效益评价呢？

1. 实际完成情况同计划目标比较

进行这种比较，以了解目标的实现情况及其制定得是否科学、合理。运用这种办法的前提和基础，是事先要制订计划目标，明了计划目标，评价经济效益才有依据。否则，实际获得的经济效益将缺乏检查依据。

2. 纵向比较

进行这种比较，以了解本期的经济效益是好于还是次于历史水平。所谓纵向，就是本期同上期，本年同上年或历年的实际水平相比，剔出不可比因素后，高于历史水平者，经济效益即为好。否则，即为差。

3. 横向比较

进行这种比较，以了解本部门、本地区、本企业的经济效益，在社会水平中所处的地位。所谓横向比较，就是把本部门、本地区和同行企业的经济效益相比较；通过比较，找出差距和学赶目标，力争尽快赶上先进水平。

4. 同上级的要求比较

进行这种比较，以检查自己的发展规划和经济活动，是否符合国民经济计划发展的要求。城镇经济的发展，虽然国家不下达指令性的计划，但作为城镇经济的主管部门，应该根据当地的实际情况，按国家经济发展的要求和市场需要，提出指导性计划指标，以促使其努力搞好生产经营，决不能放任自流。

5. 量和质同时比较

进行这种比较，以了解质的变化。因为量的指标只表示量的变化，质的指示才表示质的变化。量变质也变，才是事物真正的变化；量变质不变，事物将不会发生根本性的变化。只有坚持各项指标的量的方面的变化和质的方面的变化，同时进行分析、比较，才能透过现象看到本质，正确评价城镇经济效益。

以上几种评价经济效益的方法，运用时可以从实际情况出发，灵活运用；可以搞专业性评价，也可以搞综合性评价。在评价时间上，可以分月搞，也可以分季搞，至少每年要搞一次，要持之以恒。只有这样，才能促进城镇经济效益的不断提高。

4.5.2.4　评价城镇经济的经济效益的指标体系

评价城镇经济的经济效益，需要有一定的检查、考核手段。这种检查和考核手段，有硬件和软件两种。硬件是珠算、计算器和电子计算机等计算工具。软件是经济效益和指标体系。

1. 指标与指标体系

所谓指标，就是反映生产技术水平和经济某一方面情况的绝对数、相对数和平均数。如绝对数有工业总产值、产品产量、各种农作物产量、商品零售额等指标；相对数有产品成本降低额和降低率、产值利润率、资金利润率等指标；平均数有全员劳动生产率，百元工业总产值占用定额流动资金等指标。指标共有6类：①计划指标，即表示要求达到的指标；②统计指标，即表示计划完成情况的标准；③数量指标，即表示生产或工作数量的指标；④质量指标，即表示生产或工作质量的指标；⑤实物指标，即用实物单位（吨、台、千克或米、米^2、米^3 等）表示的各种指标；⑥价值指标，也称价格指标或货币指标，即用货币单位（元）表示的各种指标。总之，根据一定的技术装备、原材料和生产经营、商品流通特点而建的互相联系、互相促进、能够全面评价和反映城镇经济效益的各类指标组成的群体，就是指标体系。

2. 评价城镇经济的经济指标

（1）指标设置的原则　城镇经济是一个区域的综合性经济，要综合评价它的经济效益，就应当建立健全综合指标体系。根据国家计委和国家统计局有关规定，以及科学、全面、简便、易行的要求，指标设置的原则应该是：第一，能够准确评价城镇经济活动中，各种投入和产出之间客观形成的经济效果；第二，能够全面反映城镇经济效益的所有内容；第三，能够正确反映出各个产业、部门的现状及其特点；第四，既有实物指标，又有价值指示；第五，每个指标的含义明确，计算方法简便。

（2）评价城镇经济的经济效益的主要指标　目前全国评价城镇经济效益的指标及其方法有两种。一是有些省、市既考核土地和劳动力的利用效益，又考核资金利用和投资利用的投资效益；二是有些省、市仅考核以货币表现的总收入、总费用和纯收入及其分配。现分别介绍如下。

第一种方法及其指标：

①土地利用效益。这是一个土地生产率指标，指在既定的劳动投入条件下，单位面积产量(产值)越高，经济效益越好；反之，经济效益越低。计算公式为：

$$单位面积产量(产值)=\frac{产品产量(产值)}{土地面积}$$

式中分母可用播种面积或耕地面积之和，也可用农用面积之和。

除单位面积产量(产值)外，还可用“单位面积净产值”。这是反映土地净产值的指标。它排除了转移过来的生产资料价值的影响，反映单位土地面积创造新价值的水平。计算公式为：

$$单位面积净产值=\frac{农产品价值-消耗的生产资料价值}{土地面积}$$

$$单位面积纯收入=亩产值-亩成本$$

②劳动力利用效益。它是指每个劳动者在一定时间内生产的实物量或创造的全部价值。计算公式为：

$$实物劳动生产率=\frac{实物总产量}{总产量}$$

$$全员劳动生产率=\frac{总产值}{全部劳动力人数}$$

③资金利用效益。它表示单位资金消耗所得的产值或利润。有时流动资金和固定资金分别计算，有时两者相加计算。计算公式为：

$$百元资金占用=\frac{产值}{资金}$$

$$百元资金创利税=\frac{利润+税金}{资金}$$

④投资经济效益。它表明基本建设的全部投资回收的年限。年限越短，经济效益越好；反之，经济效益越差。计算公式为：

$$投资回收期(年)=\frac{投资总额}{年利润数+年税金数}$$

$$投资效益系数=\frac{年平均利润数+年税金数}{投资总额}$$

第二种方法及其指标：

①城镇经济总收入。它是指当年经营收入中可用于补偿本年度开支，并在国

家、集体、个人之间进行分配的农工商等各项经营性收入和利息、租金等非生产收入之和。它包括城镇及村办企业收入，集体统一管理（含集体承包）收入，新经济联合体收入，家庭副业和家庭承包、经营 4 个部分，

②城镇经济总费用。包括城镇、村办企业费用，集体统一经营费用，新经济联合体费用和家庭经营费用 4 个部分（包括生产费用、管理费用和其他物化劳动费用等）。

③城镇经济纯收入总额。城镇经济纯收入总额＝城镇经济总收入－城镇经济总费用。

④城镇经济纯收入总额的分配。一是国家税金，包括城镇村办企业、集体统一经营企业、新经济联合体和家庭经营等按规定应向国家缴纳的工商税、所得税等。二是集体提留，包括城镇村办企业提留、集体统一经营提留、新经济联合体和农民家庭经营上缴的承包提留。三是农村居民纯收入，包括农民从城镇企业、村办企业、集体统一经营、新经济联合体和家庭经营中所得收入的总和。

4.5.3　提高城镇经济效益的途径

国家有关政策提出：发展城镇企业是振兴农村经济的必由之路。指导城镇企业发展和提高城镇经济效益的方针应该是："积极扶持、合理规划、正确引导、加强管理"。"所有城镇企业都要努力改善经营管理。提高产品质量，改进生产技术，增进经济效益，并注意防止对环境的污染。"为了顺利实现党的十六大提出的战略目标，城镇政府应当把提高城镇经济效益当做头等大事来抓。根据党中央、国务院的指示精神和城镇经济的实际情况，目前应当抓紧抓好以下工作。

4.5.3.1　生产经营指导思想要实现"转轨"、"变型"

我国过去的经济体制和经济模式，之所以是僵化或半僵化的，其主要弊端之一，就是在生产经营指导思想上单纯的生产观点，搞生产片面追求高速度，搞经营只顾增加营业额，忽视经济效益，不注重良性循环。为了提高经济效益，实现良性循环，做到速度扎实、效益实在，一切从事城镇经济管理工作的部门和人员，在生产经营指导思想上，必须变单纯的生产型为生产经营型与开拓型，以增强企业活力，增加盈利，实现国家、集体和职工个人收入同步增长。切实做到制定经济和社会发展规划从实际情况出发，实事求是，积极可靠。抓生产经营，搞基本建设，事事、时时、处处讲求经济效益。以一定的投入获得较多的产出。少花钱，多办事，把企业进一步搞活。对外实行开放，积极引进资金、设备和人才。积极发展生产，开展多种经营，使城镇经济逐步发展成为具有自我改造和自我发展能力的经济实体。

4.5.3.2 提高企业素质

企业素质不是一个量的概念，而是一个质的概念。它是决定企业活动能量大小的各种内在因素的综合，是在一定条件下所具有的生存和发展能力。企业的内在因素，既包括生产力的三个物质要素即劳动者、劳动手段和劳动对象；又包括非物质要素即科学知识和经营管理，即反馈能力、竞争能力、应变能力、改造和发展能力。由于劳动对象、劳动手段和管理工作都要由人来掌握，因而劳动者的因素是决定作用的因素。在一般情况下，企业素质同经济效益成正比。过去，不少部门、地区和企业经济效益不好，原因虽然是多方面的，但企业素质差却是普遍的重要的原因之一。因此，要不断提高经济效益，就应当首先下决心、下工夫提高企业素质，挖掘内部潜力，使企业具有灵敏的反馈能力、强大的竞争能力、较强的应变能力和足够的发展能力。提高企业素质的关键环节，是提高职工及管理者的政治、文化、技术、业务水平。因此，城镇经济的主管单位和每个企业，都应高度重视智力开发，制订规划，解决师资，采取多种形式，把全面培训工作搞好，尽快建设一支有理想、有道德、有文化、有纪律的城镇经济生产经营管理队伍。

4.5.3.3 推进技术进步

机器设备陈旧、技术落后、加工深度不够、产品粗放、品种少、高档产品不多，是目前城镇经济效益差的重要原因之一。这种状况，同科学技术的迅速发展、社会需要和人民物质文化生活水平日益提高是不相适应的。改变上述状况的根本途径，在于推进技术进步，加快技术改造，积极开发新产品。根据国外资料和我国先进企业的经验，生产的发展和经济效益的提高，主要是依靠科学技术进步取得的。因此，城镇经济的主管部门，要把推进技术进步，开发新产品当做一项长期的战略任务，运用经济手段为主的方法，引导和支持城镇所有企业研究制订近期的和长远的技术改造计划。根据自己的改造和发展需要，在平等、互利、共同发展的原则基础上，积极引进资金、设备、技术、专利和人才等，借助外力，加快技术进步的步伐；同时，也要充分利用自己现有的资金、人才和优势，加强科学研究，积极开发新产品，加速产品更新换代；增加花色品种，改善产品包装，提高加工精度和深度，尽可能地利用现有设备和技术条件，生产出适销对路的产品。争取在原材料、能源消耗量不变的情况下，取得更大的经济效益。

4.5.3.4 提高产品质量

产品质量，是指产品能够满足某种需要所具备的自然属性和特性。从一般意义上说，产品质量应具备适应性、可靠性和经济性。它是企业、部门、地区设备状况、技术水平、管理水平和职工素质的综合反映。近几年许多城镇利用当地资源和传统工艺，生产出许多优质名牌产品，已经在大中城市占领了一定市场，不少产品还能远销国外，受到了广大顾客的欢迎和好评。但是，也应当看到，还有一些地区和企业由于片面追求产值、利润和速度，忽视产品质量的倾向有所抬头，有些优质名牌产品的质量产生波动与下降。有少数企业偷工减料、粗制滥造、以次充好、假冒商标、好中掺坏、欺骗用户、扰乱市场，造成了不良影响。这些问题，大中型企业有，小型企业尤其是城镇企业更甚。“质量第一”是一个重大政策，否则就没有效益。因此，城镇各种企业都要把提高产品质量作为提高经济效益的核心问题放在生产经营的首位。推行全面质量管理，开展信得过活动，把产品质量提高到一个新水平。

4.5.3.5 持续、稳定、协调发展

持续、稳定、协调地发展，这是党中央和国务院提出的发展国民经济的一个重要原则，也是城镇经济健康发展，提高经济效益的重要保证。持续，就是说发展速度适当、实在，没有“水分”，富有后劲，能够保持连年和连续多年持续增长。稳定，就是说发展速度多年保持一定的增长比例，扎扎实实地稳步前进，不发生大起大落现象。协调，就是说城镇经济应当全面发展，互为条件，互相促进，不出现畸形，保持基本平衡。之所以要保持这样的原则，是因为城镇经济是一个体系，它的发展要具备社会的、政治的、经济的和物质的条件。这些条件必须同生产建设的速度相适应，同时交通运输还必须能够满足需要，能源也应当紧紧跟上，等等。否则，城镇经济的发展将是“无米之炊”。

第5章 城镇资源经济

劳动和自然界在一起它才是一切财富的源泉，自然界为劳动提供材料，劳动把材料转变为财富[①]。

——恩格斯

社会化大生产实际上就是生产要素和自然资源的有效配置和最佳组合。这种有效配置和组合的过程就是形成新的生产力的过程。人类的生存和城镇的发展，都依赖于资源的有效开发利用。资源经济在城镇经济及其发展中占有重要位置。因此，本章围绕城镇资源的有效开发利用问题进行阐述，重点针对城镇自然资源、城镇社会经济资源和城镇信息资源的利用和管理问题进行论述。

5.1 城镇资源概述

马克思在《资本论》中说："劳动和土地，是财富两个原始的形成要素。"恩格斯给资源下的定义是："其实，劳动和自然界在一起它才是一切财富的源泉，自然界为劳动提供材料，劳动把材料转变为财富。"马克思、恩格斯的定义，既指出了自然资源的客观存在，又把人(包括劳动力和技术)的因素视为财富的另一不可或缺的来源。可见，资源是一切可被人类开发和利用的客观存在。资源的来源及组成，不仅是自然资源，而且还包括人类劳动的社会、经济、技术等因素，还包括人力、人才、智力(信息、知识)等资源。

因此，所谓资源指的是一切可被人类开发和利用的物质、能量和信息的总称，它广泛地存在于自然界和人类社会中，是一种自然存在物或能够给人类带来财富的财富。或者说，资源就是指自然界和人类社会中一种可以用以创造物质财富和精神财富的具有一定量的积累的客观存在形态，如土地资源、矿产资源、森林资源、海洋资源、石油资源、人力资源、信息资源等。

---

①《马克思恩格斯选集》第四卷，第373页，1995年6月第2版。

资源一般可分为经济资源与非经济资源两大类。经济学研究的资源是不同于地理资源(非经济资源)的经济资源,它具有使用价值,可以为人类开发和利用。

《经济学解说》(经济科学出版社,2000)将“资源”定义为“生产过程中所使用的投入”,这一定义很好地反映了“资源”一词的经济学内涵,资源从本质上讲就是生产要素的代名词。“按照常见的划分方法,资源被划分为自然资源、人力资源和加工资源。”

5.1.1 自然资源和社会资源

城镇资源包括自然资源和社会资源,它们是城镇经济存在和发展的重要基础。自然资源和社会资源的数量、质量、地域组合及开发利用条件等都将对区域发展产生重要的影响。

自然资源是指自然界中人类可以获取的并能直接用于生产和生活的物质和能量。它是在一定时间、空间条件下能够产生经济价值,以提高人类当前和将来福利的自然环境因素与条件。自然资源既是人类赖以生存的重要基础,又是社会生产的原料和燃料来源,以及生产布局的必要条件和场所。人类的生存和社会的发展,都依赖于良好的资源条件。

在自然环境中,哪一种物质要素可以成为自然资源呢?这取决于生产力的发展水平。不同的生产力水平,构成自然资源的物质要素的种类和数量是不同的。因此,自然资源是一个历史性的范畴。目前人类的知识水平相对于自然界的复杂性来说,还是很低的。许多东西现在看来没有用处,只不过是人们还不知道如何利用罢了。随着人类对自然界认识的不断深化,生产力水平不断提高,科学技术不断进步,人类利用和改造环境能力的不断增强,自然资源中可利用的物质也会不断增多。

自然资源的不可再生性,决定了这种排他和独占不仅是空间意义上的,而且也是时间意义上的。某种意义上,现在的资源开发是对未来 GDP 的一种借贷,因为今天的采掘意味着以后的子孙后代对现有自然资源的无法使用。

现实中的自然资源的私人占有化,是以一种完全排他和独占的形式进行的,其正当性值得拷问。因为这种行为直接导致本属于全民的自然资源沦为了极少数人暴富的工具,而不是造福于全民。就像媒体通常所报道的,不少煤老板将本来属于公众的资本品从地下挖到了地上,并将其换成了个人的奔驰宝马或洋房别墅。如果现在的自然资源开发是对未来 GDP 的一种借贷,那么这个借贷不应该由极少数人来主导。

事实上,世界上多数国家将自然资源公共所有或公共管制。在通往资源祈福

(resource bless)而不是资源诅咒(resource curse)的道路上，一个考虑长远且设计合理的资源开发利用机制非常重要，这种机制的设计应该考虑自然资源作为资本品、作为全体人民的公共财产以及不可再生性等特殊属性[①]。

5.1.1.1 城镇自然资源

自然资源主要包括气候资源、水资源、土地资源、生物资源、矿产资源以及海洋资源等。自然资源的类型很多，按经济用途可分为农业自然资源和工业自然资源。农业自然资源主要包括土地资源、水资源、气候资源(光照、热量等)、生物资源等。它是生产农、林、牧、渔业产品的自然条件。工业自然资源主要是指所有埋在地下或分布于地表的可被人们开发利用的矿产资源，它是社会生产的主要物质基础。矿物资源又可分为能源(煤、石油、天然气等)、化学矿物资源(黄铁矿、磷灰石等)、建筑材料资源(石灰石、花岗岩、大理石)等。

自然资源根据是否能够再生可分为两类，即再生资源和不可再生资源。再生资源是指每年能够重复再生的自然资源。如自然界中的生物资源、气候资源等属这一类。非再生资源是指那些不能每年重复再生的自然资源。如自然界中的矿物资源一般都属于这一类。非再生资源用一点就少一点，总有一天会被人类用完。本节重点介绍土地资源、水资源、矿产和森林资源。

1. 土地资源

由土地生态条件、土地生产率、土地区位条件、区域经济技术发展水平等构成的土地人口承载力制约了区域城镇和城镇体系的发展水平，因此土地资源的人口承载力这项综合性指标应当是评价土地资源影响城镇建设条件的一项主要指标。

土地的地质条件对城镇发展建设有重大影响。我国许多地区是地震、泥石流、滑坡、崩塌等灾害的频发区，坡度、地基承压力、地下水埋深等对城镇建设都有重大影响。这些因素都是土地资源评价中要涉及的重要方面。

2. 水资源

水资源条件是城镇生产和生活一刻也不能缺少的条件。江河、湖泊等地表水和地下水的水资源数量、水质及其保证利用程度对区域和城镇发展有重大影响。因此，城镇新建和扩大规模都必须在准确估算区域水资源条件的基础上，考虑随着经济社会发展城镇人均用水量的增长需要，并兼顾城乡用水。如本区域水资源不够则要有切实可行的外区域调水方案。总之，应当把水资源的供需平衡作为规划城镇规模的主要依据之一，把各城镇的用水条件作为其发展建设的主要评价标准之一。

---

①周建军：资源祈福还是资源诅咒？ http://business.sohu.com/20100610/n272698801.shtml。

3. 矿产和森林资源

有丰富的矿产资源、森林资源的地方，在适宜的水土资源条件配合下，往往能够形成大大小小的工矿城镇。我国这类城市和小城镇很多，今后也仍将是一些地区的若干城镇形成发展的主导因素。但采掘业只是这类城镇的先导产业或一段时间的支柱产业，随着时间的推移，以矿产品、林产品为原料的加工业以及相关的基础产业、制造业、服务业都会逐步发展起来，形成多样化的城镇职能结构。还有一些工矿城镇会由于资源枯竭而衰退，在城镇体系规划中应考虑其复苏或善后的措施。

此外，废旧物资也是一种资源，它可以重复被利用。把破铜烂铁、陈旧书刊、旧玻璃瓶、塑料鞋底、旧鞋烂袜等回收利用，就可变“废”为“宝”。用1吨废钢材可炼出850千克左右的好钢，等于节省3吨铁矿石、1吨焦炭、0.5吨石灰石；用1吨废纸可造出800千克左右的好纸，等于节省4米^{3}木材、400千克的纯碱、400千克煤、400度电、300吨水等等。世界上没有绝对的废物。一个企业的废物，往往是另一企业的原料。废与不废是可以转化的，弃之为害，用之为宝。各地城镇可建立废旧物资收购网络，调动各方力量去开发这些资源。利用这些资源来发展城镇企业，不仅可以就地取材，还可以降低产品成本水平，节省社会劳动，有助于加快城镇企业的发展。

就自然界的整体来说，资源是无限的。随着生产力的发展，人类将更加善于利用资源，而且新的资源将会不断出现，以弥补或取代原来的资源。如将来低品位的矿产资源也可以利用，埋在地层深处的现在没有被利用的资源将来有可能被开发利用，资源不会枯竭。但就某一种资源而言，在一定技术条件下和一定的时期内，并不是取之不尽、用之不竭的。如不注意保护森林，森林就会越来越少；水资源也不是无限的。如非洲许多地区因没有森林，没有水，经常发生旱灾，沙漠面积日益扩大，居民无法谋生，只得离乡背井。

自然资源状况对各地区的工农业生产发展和生产布局起着重大的影响作用。例如，土壤、气候、水源等条件优越的地区，对发展农业是极有利的，就可以发展种植业或畜牧业；矿产资源丰富的地区，就可以大力发展采矿业和矿产品加工业等。河南省京广铁路线以西的地区，因矿产资源丰富，城镇经济较发达；豫东地区因缺乏矿产资源，城镇企业较落后。江苏无锡、苏州等地区虽缺乏矿产资源，但科学技术水平高，工业基础雄厚，所以城镇企业发达。由此可见，矿产资源的丰富对城镇经济的影响是相对的，而不是绝对的。

5.1.1.2 城镇社会资源

社会资源也叫人文资源。社会资源是在一定时空条件下，人类通过自身劳动在开发利用自然资源过程中所提供的物质和精神财富的统称。社会资源包括的范围十分广泛，在当前的技术经济条件下，主要是指构成社会生产力要素的劳动力资源、教育资源、资本资源、科技资源等非实物形态的资源。

它包括工农业经济基础、科学技术水平、教育水平、劳动力的数量与质量、交通运输、邮电状况、城镇建设状况、地理位置、旅游资源等。对城镇资源问题过去只注意自然资源，特别是矿产资源，而不注意社会资源利用，甚至对什么是社会资源也缺乏研究。发展城镇经济，要研究了解该地区的社会资源状况，发挥社会资源优势。工业基础好的地区，大中型企业多，技术人员多，边角废料多，就可以大中企业为“龙头”，以大带小，以国有带集体等方式来发展城镇企业。由于科学技术水平较高就有条件发展加工业，以提高经济效益。目前江苏南部地区城镇工业发达，是充分发挥了该地区科学技术水平较高的优势。河南省巩义市，在新中国成立前有孝义兵工厂和卷烟厂等工业，兵工厂曾拥有几千工人。新中国成立前夕，兵工厂虽已下马，但流散在周围地区的技术工人较多，工业基础较好，再加上该县矿产资源丰富，所以新中国成立后社队企业比较发达，目前是河南省城镇经济最发达的城市。

1. 人力资源

推动社会经济发展的因素，有人的因素和物质的因素两大类，其中人的因素是主要决定性因素。作为生产者的劳动力，虽然在生产中必须有相应的劳动手段和劳动对象，才能发挥自己的劳动能力，创造出符合社会需要的产品。但生产资料的生产和利用，归根到底还是由人的知识、劳动技能和生产管理水平决定的。因此，劳动力对城镇经济的发展具有十分重要的作用，它是发展城镇经济的重要资源。发展城镇经济对劳动力不仅有量的要求，而且还要有质的要求。其中，质的要求主要是指劳动者所具有的科学技术水平、生产经验、管理水平等。没有一定的科技人才，城镇企业是难以发展的。

2. 区位资源

地理位置和交通运输条件也是发展城镇经济的有利资源。如地处城市郊区的城镇比边远山区就具有许多有利条件。一是有广阔市场的优势。生产决定流通和消费，但流通和消费又反过来影响生产，产品没有市场就无法发展。城市工商业发达，是交换的中心。郊区距离城市近，信息灵通，搞农副产品加工业基本上可以就地生产，就地销售，可以缩短流通过程，降低生产成本和流通费用。特别是为城市提供蔬菜、奶类等鲜活食品，郊区供应城市比其他地区要减少损失，竞争力较外地要强得多。二是容易得到科学技术的优势。生产力的发展靠科学技术，城市是科学技术中心，专家多、教授多。郊区利于吸收城市的科学技术，城市利于向郊区转移新技术、新产品，可以发挥科学技术的威力。三是城市大工业多，要开展专业化协作，把一些零部件生产扩散到农村。同郊区发展协作，这样郊区可发挥农村劳动力多、场地多的优势。四是有信息灵通的优势。发展商品生产，要信息灵通。信息是一种资源。城市是市场信息的中心，郊区便于从城市取得信息，及时反馈，调节生产，使产品能做到适销对路，继而扩大生产门路，及时更新产品。五是有交通运输方便的优势。发展商品生产需要有便利的交通运输条件，使产品能很快地从产地运到消费地。郊区一般都有铁路、公路，交通方便。产品或原材料的供销方面比偏远地区要省时、省力，而且运费低，其竞争力必然增强。不处在城市郊区而处在铁路、公路、水路沿线的城镇，也可以利用沿交通线旅客多的优势来发展商业、饮食业、修理业、旅店业等。

3. 旅游资源

旅游资源也是发展城镇经济的一种资源。旅游资源也可分为人文资源和自然景观资源两大类。大自然造化的景观优美的自然风景区、风景点是人们向往的旅游胜地。随着人们生活水平的提高和休假时间的增加，出游旅行将越来越多。我国的旅游业与世界平均水平还有很大差距，正处于迅速成长期，伴随着旅游业开发将会形成一大批旅游城镇。摸清旅游资源的数量、分布、价值、开发利用现状和前景，制定与旅游城镇发展相关的开发利用保护规划，也是城镇体系规划的一项重要工作。

文物古迹和文化名胜、城镇风光、革命纪念馆等属人文景观，是一种社会资源。山水、生物等自然景观属自然资源。我国许多地区都有丰富的旅游资源，名胜古迹很多，可大力发展国内外旅游业。同外国相比，我国旅游业投资少、见效快、效益高。在我国不到两元人民币的服务支出，就可以换回 1 美元的外汇收入，而对外贸易一般的需要出口三四元人民币的商品才能换回 1 美元的外汇。据估计一个外国旅游者在我国旅游 12～14 天，需要支付 1 000 美元的费用，这笔外汇相当于出口自行车 12 辆、奶粉 1.5 吨、苹果 40 吨。旅游业的组成包括衣、食、住、行、买、游等部分，是一个综合性的经济部门，能带动交通运输业、商业饮食服务业、工艺品行业的发展。如河南登封县因有少林寺古迹，所以旅游业发达；洛阳郊区因有龙门石窟旅游点而形成一个小集镇。由于至今仍有许多价值很高的旅游资源尚未开发，因此各地要善于利用各地旅游业资源来促进城镇第三产业的发展。

5.1.2 合理开发利用城镇资源的基本原则

我国是社会主义国家，要发展社会主义经济，不但不能掠夺别国的自然资源，而且也不能滥采本国的自然资源。如果贪图近期利益，对自然资源滥伐乱采，就会使自然资源遭到破坏，给经济建设带来极大危害。我们发展城镇经济建设，要合理开发利用自然资源，把近期与长期利益很好地结合起来，要正确处理局部与全局的关系。具体说来，要遵守以下几个基本原则。

5.1.2.1　资源的开发利用必须与资源的再生增殖、换代补给相适应

人类与环境之间的物质交换，必须遵循一定的客观比例，即自然资源的开发与再生增殖、利用与补给，在客观上就有一个平衡的关系。如果违背了这个客观规律，就会发生难以预料的后果。如森林资源合理利用，就要确定采伐量。即根据林区蓄积量和生长量、未来的生长潜力和国民经济对木材的需要，经过综合平衡，最后确定年采伐量。年采伐量不能超过生长量，否则把森林砍光，引起水土流失，就会造成严重后果。

自然资源还可以互相代用，这不仅为合理利用自然资源提高了回旋余地，也为经济发展和环境保护开辟了广阔道路。缺乏生活燃料的地区，为了保护森林，就可以发展沼气或太阳能，利用沼气或太阳能作为生活或生产燃料，利用水泥制品代替木材去修盖房屋或建造桥梁等，就可以减少对木材资源的需求，有利于保护森林，减少乱砍滥伐现象。

5.1.2.2　对资源要综合开发、综合利用，逐步提高加工深度，以提高经济效益

人类从直接利用自然形态的物质，到对自然物的粗加工、浅加工到精加工、深加工，经历了漫长的发展历程。对自然资源提高加工深度的重大意义和作用有以下几点。①提高加工深度是人类对物质自然属性的认识和利用不断深化的体现。从广义上说，加工是指人们按照物质资源的自然属性和特征，根据社会需要，运用各种方法和手段，使这些物质资源的诸种属性得到充分有效发挥和利用的过程。具体来说，深加工的概念包含纵横两方面的内容。横的方面，是指一种物质资料经过一定方式的加工，得到不同规格、不同性能和不同用途的新的原材料、半成品或成品。这是通常所说的“综合利用”。纵的方面，则把横向加工过程中得到的原材料、半成品或成品，又根据各自的特性与现实需要，进行深一步或深几步的加工，取得下一层次或下几层次的半成品或成品。深加工往往是纵横结合。如煤是有机物和无机物的复杂混合物，过去只被人们用作燃料，但它的热能利用率很低，平均只有5%左右，煤里面所含的宝贵化工原料却从烟囱中消失了。现在通过煤的干馏可以得到煤气、焦油、焦炭三大类产品。把煤气、焦油进一步提炼，可以得到苯、酚、萘、氨等许多物质。这些物质可以制成染料、塑料、药物、化肥、合成纤维、合成橡胶等产品，提炼过的煤气和焦炭仍然可以作燃料。烧过的煤渣可以用来生产建筑材料和提炼金属铝等。农副产品也可以进行深加工，如稻草、稻糠、棉子壳、花生壳、甘蔗渣等可用来制造糖醛，再用糖醛制造成药物、合成纤维和塑料。棉短绒可以用来制造葡萄糖、人造丝、炸药、照片等。这样就达到一物多用的目的。②提高加工

深度是提高经济效益的重要途径。通过纵横两方面进行加工，可形成一个“立体”结构的系列产品网。普通加工中所谓的“废物”，从深加工观点上看，都可能是下一层次加工的重要原材料，下一层次加工的“废料”或副产品又可能是再下一个层次的原材料。开展深加工，可以使企业的生产经营活动耗费较少的原材料和燃料，生产出更多的产品，能降低成本，增加利润。深加工后的产品价值，与原来的价值相比，有的可以提高几倍至几十倍，甚至 100 倍以上。如出口 1 吨钨砂价格 7 000 美元，若炼成金属 1 吨价值 2 万美元，再加工成钨丝值 77 万美元，比原来 1 吨钨砂的价值增加 100 多倍。③深加工有利于促进企业按专业化协作原则，搞好城镇工业的改组联合，促进工业经济管理体制的改革。在一个地区按照深加工过程中纵横两方面的特点，实行按产品专业化或工艺专业化来组织生产，有利于形成以某一种或几种产品为骨干的专业公司或总厂，更有利于组建以一道或几道工序为主体的专业加工厂或加工公司，进一步发挥技术设备和加工工艺的优势。从深加工的不同层次和不同产品出发，组织各种专业公司，必然有助于产业结构、企业组织结构和产品结构向合理化方向发展。④深加工能促进科学技术进步，形成新的科研型产业结构，有利于提高企业素质。对自然资源进行深加工，对原材料要“吃干榨尽”，必须依靠科学技术。科学研究的成果使得深加工成为可能，而深加工的发展，又向科研提出新课题。这样促使把企业由单一生产型、生产经营型转变为科研生产型，提高企业的技术水平。⑤深加工同保护环境密切相关。工业污染物中的绝大部分，是未能充分利用的自然资源。所以对资源的综合利用是消除和控制污染，改善环境的一个主要途径，更是一个增产的门路。我国在实现“三废”(废水、废气、废渣)资源化方面已取得许多经验。如利用粉煤灰、煤矸石作建筑材料的原料，将铝厂排出的赤泥用来烧制硅酸盐水泥等，其生产成本比一般水泥厂还要低些。

5.1.2.3 开发自然资源要注意维护生态平衡，防止环境污染

在现代化的大生产条件下，在制订自然资源开发方案时，必须全面地、深入地研究被开发的资源与周围环境的关系，使资源的开发利用符合生态平衡规律，有利于促进新的平衡，否则会给社会带来不良后果。当环境损害程度越来越严重的时候，工农业生产的自然根基就会动摇，从而社会扩大再生产就难以实现。以土地资源为例。土地是人类获得生物资源的主要基地，是人类赖以生存和发展的重要环境，也是基本的生产资料，人们的衣、食、住、行都离不开它。人类在土地上进行生产，是个输入—输出系统，即必须投入人力、物力和财力在土地上进行物质、能量转化，从而生产出农、林、牧、渔等产品。它的投入和产出必须维持平衡，做到用地与养地结合，否则，生态平衡就要受到破坏。

一方面要开发资源，另一方面又要保护环境。如一个日产 20 吨纸的造纸厂，

每天要排出上万吨的废水。冶金和化工等部门会生产废气、废渣、废水。工业“三废”(废气、废水、废渣)是工业生产的产物。“三废”中含有各种各样的有害物质,严重污染环境,给人类的生存造成严重的威胁。近年来,我国的“三废”治理工作已取得一些经验。如工业部门研究成功并推广了无汞仪表、无氰电镀、亚铵法制纸浆造纸等消除污染的无害或少害工艺。治理“三废”不仅利于保护环境,而且能增加物质财富。改善生产工艺和操作技术,能使不产生或减少产生“三废”。如采取改革工艺,不用或少用对环境有污染的原料,还可以采取闭合工艺以减少产生“三废”。即生产中甲过程产生的废物为乙过程的原料,而乙过程的废物又可为另一工艺过程的原料。比如采用丙烯、氨气为原料,生产丙烯腈时,会产生副产物氢氰酸。而另一过程是使用乙烯、氧气、氢氰酸为原料进行反应,也制得丙烯腈。二者组成闭合工艺,把第一个过程产生的氢氰酸拿来作为第二过程的原料,既提高了丙烯腈的获得率,又控制了可能由氢氰酸造成的污染。利用这个办法,可以把“三废”最大限度地利用起来。“三废”治理,综合利用,有广阔的前景。只要我们认真执行“全面规划,合理布局,综合利用,化害为利,依靠群众,大家动手,保护环境,造福人民”的方针,“三废”治理工作就会逐渐取得成效。

长期以来,我国在资源的利用问题上,存在着只注意使用而忽视环境保护的现象。要解决这个问题,就必须实行“谁开发谁保护谁受益,谁破坏谁治理”的原则,不能只开发,而不注意保护,自毁家园。这就要求搞好环境管理。在组织上要有管理机构,要遵循环境法规,要进行环境影响评价。

5.2 城镇自然资源利用

5.2.1 城镇矿产资源的利用

5.2.1.1 矿产资源的种类及其在城镇经济中的作用

早在文字被发明之前,人类就已开发和利用矿产。随着生产发展和科学技术的进步,人类发现和利用的矿产种类越来越多,应用范围也越来越广泛。根据经济用途,矿产资源可分为能源矿物资源、金属矿物资源和非金属矿物资源三大类。其中,能源资源是整个国民经济发展的燃料动力源泉。它主要包括煤炭、石油、天然气等燃料。金属矿产资源主要包括黑色金属(如铁、锰、铬、钛等)和有色金属(如铜、铅、锌、铝、金、银、钨等)。此外还有非金属矿产资源,它按用途可分为化工原料(如天然碱、磷矿等)、冶金辅助原料(如耐火黏土、熔剂灰岩等)、陶瓷及建材工业原料等。

矿产资源是一种重要的自然资源，也是社会生产的重要物质基础。合理地开发和综合利用各种矿产资源，对发展城镇经济有重大作用：①开发各地的小铁矿、小煤矿、铝土矿、金矿等自然资源并适当地进行加工，就能加快城镇经济的发展。如有了煤就可以建设小火电站；有了电，就可以发展化学工业、机械工业、建材工业以及农副产品加工业等。②无农不稳，无工不富。发展了小矿产业，能积累资金。以工补农，能有力地支援农业生产。③能大量安排农村剩余劳动力。采矿业是劳动密集的工业部门，发展采矿业，有利于发挥农村劳动力多的优势。④许多矿产品可以销售到省外和国外，参加国内经济大循环和国际大循环，换取外汇。有了外汇就可以引进资金或设备来改造我们的城镇企业，以提高城镇企业的技术水平。⑤是农民治穷致富的重要途径之一。发展采矿业，需要的资金少，技术要求不高，一般农民群众都可以经营，也是农民致富的重要途径。

5.2.1.2 城镇矿产资源的合理开发与管理

我国矿产资源种类多，储量亦比较丰富。随着我国经济、技术条件的发展，各地的矿产资源将会进一步被发现、挖掘，为四化建设提供越来越多的产品。特别是要大力发展地方煤矿，发展小煤矿，具有工程小、投资省、周转快、效益好等优势，易于发动农民群众进行开采。如河南省城镇煤矿所生产的煤炭，已占全省煤炭总产量的20%以上，不仅满足了农村许多地区生活用煤的需要，还有力地支援了工农业生产的发展，缓和了煤炭供求的矛盾。

矿产资源的综合利用，是合理利用自然资源和扩大原材料来源的一个重要方面，是现代化生产向深度和广度发展的必然趋势。矿产资源一般不是以单一的元素形态存在，而多是以化合物或混合物的形态存在的，因而在客观上存在着综合利用的可能性。对矿物资源的综合利用，可使各种有限的资源发挥出最大的效能，真正做到物尽其用，使一定的矿产资源生产出更多的物质财富来，不能采富丢贫，采主丢副。如煤矿井，除采煤外，往往煤层中还富有硫铁矿、瓦斯、耐火黏土、地下水等，这些伴生资源还可以综合利用。煤矿井排出的煤矸石，可用来做建筑材料，生产砖或水泥等。金矿或银矿中也往往伴有铝、锌、铜等矿产，应统一回收利用。现在许多地方挖掘原料，但加工深度不够，因而导致经济效益低。如河南省巩义市西村乡圣水村，以前采铝土矿，1吨只卖10多元。搞粗加工，1吨熟矿石卖70多元，后来办硅酸铝耐火纤维厂，搞铝厂深加工，1.5吨熟矿石加工成1吨耐火纤维，价值可达2 700多元，再压制成纤维板，价值高达6 000元。经过两次加工，1.5吨铝熟料的价值提高了近60倍。

要探明矿物资源的分布和储量。要探明矿产资源，必须加强地质普查工作。

地质部门应积极探明各种矿产储量，为开发矿产资源做好准备，尽可能地为大力开发、利用矿物资源提供可靠的资源和数据。

为了防止乱挖乱采，浪费资源，就需要建立管理机构。按照宪法规定，地下资源属于国家所有，任何单位、集体或个人开采矿藏资源，都必须履行必要的审批手续，限制在规定的范围内开采。如地方煤矿要统一归煤炭工业系统管理。产煤量大的地、市、县应设立煤矿管理机构，负责地方煤矿的管理工作。集体和个人开办煤矿应向资源所在县煤矿主管部门提出申请，填写矿产开采许可证登记表。煤矿主管部门应根据规定进行审批，符合条件的发给开工证，办矿单位或个人持开工证向当地工商行政管理部门申请。筹建工作完成后，批准办矿的单位应组织验收，合格者由有关单位发给矿产开采许可证和营业执照。

管理部门要制定开办采矿业的管理条例。对于小煤矿在开采中涉及的资源管理、体制管理、安全生产、环境保护、生态平衡等问题，要以地方法规的形式确定下来，使采矿业有法可依，有章可循，健康地发展。

现在，由于管理工作跟不上，许多地方的采矿业没有统一的规划，缺乏必要的审批手续和技术论证，形成盲目开采的局面。有些人抢占地盘，占矿为“王”，自我“分封”，擅自“割据”；有的抢占矿界，大矿与小矿发生矛盾。如在同一矿田内，竞相开矿，出现大矿套小矿，小矿包围大矿，小矿采上层，大矿采下层的不合理现象；有的没有设计和施工图纸，没有技术人员，没有严格的管理制度；因此，安全状况很差，事故不断发生。

解决安全问题的主要途径是加强技术指导。现在有的地方聘请了一些大矿的退休工人到一些小矿当技术顾问，或请工程技术人员为小矿员工举办执业能力培训班，这种办法值得提倡。还有些地方，对新开的小煤窑，根据地质、水文、构造特点，进行综合分析，协助小煤矿拟订开矿方案，对小煤窑定期进行整顿，定期进行安全大检查，这也是十分必要的。对那些私自开矿、破坏资源、威胁大矿安全和本身不具备安全生产条件的小煤窑，应坚决封闭。

5.2.1.3 矿产资源综合利用

矿产资源综合利用既是开源，也是节流，要解决矿产资源保障和安全供应问题，必须统筹兼顾。特别是要把矿产资源综合利用放在突出位置，这是解决我国资源保护合理利用问题的长久之计。

一是我国矿产资源特点是贫矿多、共伴生矿产资源多，成矿地质条件决定了要开展矿产资源综合利用才能更好地利用矿产资源。二是经过多年的矿产资源开发和利用后，我国已探明的矿产资源中，存在大量的因技术经济条件以前不具备开发利用条件的低品位、难选冶资源；还有就是过去开发过程中形成的残矿、尾矿和废弃物，其中有大量的二次资源经过综合利用可以被回收和利用。三是社会进步和落实科学发展观，也要求改变过去长期存在的粗放式开发利用，综合利用矿产资源，扩大资源供应来源，降低开发利用成本，为我国经济社会可持续发展提供资源保障。

5.2.2 合理利用土地资源

我国土地面积约144亿亩，居世界第三位。地域虽然辽阔，但耕地面积仅有18亿亩，约占总面积的10.4%，人均只有1.5亩，仅相当于世界平均数的1/4。据调查，我国可以种植农作物和牧草的后备资源约有5亿亩，其中可以建设粮食基地的面积只有1亿多亩。可见，我国可开垦耕地资源潜力不大。

新中国成立以来，我国由于工业建设、城市扩建、修筑道路、建设住宅、兴修水利等各项事业的发展，大约有5亿亩耕地被占用，相当于我国现有耕地的1/3。平均每年有2 000多万亩耕地被占用，扣除每年开荒新增面积，每年还净减1 000多万亩。这么多的耕地被占用，有一部分是合理的，但有相当部分是不合理的，被滥占乱用浪费掉。所以我们必须认真研究如何对待耕地问题。

广大农村实行家庭联产承包责任制后，产生了土地集体所有与承包个人使用的矛盾。有些农民认为，在承包期内对土地的使用权就是所有权，我愿怎么用就怎么用，集体无权干涉，从而使一些地方的土地失去控制。例如，有的把大量的农田划为宅基地；有的在良田上挖土、打坯、建筑、烧砖瓦等。有些城镇企业也认为土地归集体所有，想占多少就占多少。如有的宽打窄用，多征少用或征而不用；有的少征多占；有的长期占用，在租地上建起永久性的建筑；有的本来可以用坏地，但结果用了好耕地。有些城镇经济发达的地方，出现土地无人承包的弃耕现象。此外，许多地方由于盲目毁林开荒，植被遭受破坏，土地利用不当，耕作技术不合理，过度放牧等，造成严重的水土流失。

针对上面所指出的问题，要寻求合理的办法，采取适当的措施，加强对城镇土地资源的合理利用与管理。根据我国人多地少、耕地有限的特点，一方面要注意挖掘现有耕地的生产潜力，要改良土壤，实行科学种田，提高单位面积产量；另一方面要充分利用零星土地，把荒山、荒坡、坑塘、低洼地都要利用起来。要做到宜农则农，宜牧则牧，宜林则林，宜渔则渔。要调整农村产业结构，种植业内部要实行集约经营，通过间作套种、立体种植、应用塑料大棚等措施，来提高土地和光能利用率，增加单位耕地面积的产出量。

今后要严格控制非农业用地，农村建设要尽量利用荒山、坡地，人多地少的农村盖房，可盖两层以上的住宅，以节约土地。城市建设应尽量在原有基础上加以更新，要向空中、地下发展。要严格申报、审批制度，克服滥占和浪费耕地的现象。国家机关、国有企业、集体企业要在遵守《土地管理法》方面起模范带头作用。

要认真做好水土保持工作，防止水土流失的主要措施是：①工程措施。如修梯田、培地埂、建塘坝、开挖拦洪沟等，把雨水节节控蓄起来；②生物措施。如实行封山育林、种草等，用以含蓄雨水，减缓地表径流；③耕作措施。如实行带状垄作、间作套种、合理轮作等。良好的水土保持措施，可以防止土壤侵蚀，减少水旱灾害，避免地力衰退，阻滞泥沙淤塞河道、水库，延长水利工程的寿命。

城镇工业的发展，对改善城镇经济结构有重大意义。但也有不少企业工艺落后，设备简陋，管理水平低，资源浪费严重。企业排放的"三废"污染土壤，"占地一个点，污染一大片"。要认真宣传和执行国务院颁发的关于加强城镇、街道企业环境管理的规定，既不用破坏农村生态环境的办法来发展工业，也不能限制工业生产来消极地保护农村环境。要采取各种措施，控制"三废"污染，兴建城镇企业要经过环保部门审批，要实行排污收费制度，从经济上督促企业治理"三废"。

5.2.3 合理利用水资源

5.2.3.1 水资源的种类及其在城镇经济中的作用

水是一切生物生存的基本条件，是自然界最宝贵的资源之一。如果没有水，地球上一切生物包括人类都不能生存，工业、农业、交通运输业都将不能进行生产。正因为如此，千百年来，人类在与自然界的斗争中，都非常重视合理开发和利用水资源。水资源的丰歉及其地区分布状况，对生产布局有着举足轻重的影响。

自然界中蕴藏的水资源是多种多样的，包括海洋、冰川、江河、湖泊、地下水等各种水体。在目前条件下，通常利用的水资源主要是陆地上的地表水和地下水。地表水资源主要包括地表径流和过境水两部分。地表径流主要来自天然降水，降雨量大的地区，地表径流量就大，否则，情况则相反。地下水资源按埋藏情况，可分为浅层水和深层水两种。深埋在 60 米以上的水，称浅层地下水；60 米以下的水称为深层地下水。地下水主要由降水渗入补给，或河床侧渗补给，水位随季节的变化而变化。所以每当干旱缺水之际，许多地方的地下水位下降，还有些地区由于地下水开采过量，出现地下漏斗，涌水量剧减，致使机井越打越深，机井建设投资、提水能耗不断增加，水费上涨。

"水利是农业的命脉"，发展水浇地就能促进农业的发展。但实行家庭承包责任制的一段时期内，许多地方的农田水利设施无人管理，机井失修，渠道损害严重，效益衰减。据统计，河南省在 1984 年以前农村渠道完好率不足 40%，机井的利用率只有 40%，机电灌溉和喷灌机的利用率仅有 30%，有个别县的保证灌溉面积已比过去减少一半。水利设施为什么破坏得如此严重？主要原因是在实行联产承包责任制后，没有处理好统与分的关系。该统的没有统起来，不少地方水利设施基本上处于无人过问的自流状态。1985年以后各地已普遍对农田水利设施的维修与保护问题开始注意了，该统的则统，该分的则分，统分结合，实行双层经营，水利建设问题已重新引起重视。

现在不少地区的水资源供需矛盾日益突出，存在着工业与农业争水，城市与农村争水的尖锐问题。地表水源不足，就大量开采地下水，由于缺乏科学合理的开发，致使许多地方地下水位大幅度下降，破坏生态平衡。

水资源问题，除了水量的多少外，还有一个水质问题。目前水质问题很突出，工农业生产中的有害废水、废渣及生活污水未进行净化处理直接排入各种水体，导致水质恶化，全国主要河流都有不同程度的污染。就河南来说，凡经过城市的河道，如郑州市的贾鲁河、开封市的惠济河、洛阳市的洛河、安阳市的安阳河、新乡市的卫河等，均受到不同程度的污染。不仅地表水本身受污染，还由于排污渠及河道的渗透影响，也污染了地下水，不少地区出现过人畜中毒现象。

5.2.3.2　城镇水资源的合理开发利用与管理

根据上面存在的问题，要加强对水资源的管理，其主要措施如下：

1. 对农田水利设施要进行统一管理与实行承包制

水利设施对发展城镇经济有重大意义，必须合理地利用和维护，不准破坏。管水用水的主要办法有4种：一是以村为单位，统一管理；二是单井承包，费用包干；三是建立专业组织，长年进行服务；四是机泵到户，分散管理。以上4种管水形式的收费办法大致也有4种：一是以水收费，多适用于水库灌区；二是以电度收费，除上交国家电费外，再上交村水电公司一部分，用于设备更新改造，其余部分为机泵员工资和维修费；三是以小时收费；四是包干收费。采取何种形式，可因地制宜。对偷窃破坏水利设施的，要根据具体情况进行经济的、行政的甚至刑事处分，不能视而不见，要改变那种无人管理的无政府状态。

2. 要合理分配水资源，做到合理用水，节约用水

要统一考虑农业、工业、城镇居民等各方面用水情况，统一计划农业用水、工业用水的数量及其在总量中的比例。各地要有管理水资源的机构，对取水、用水、排水和污水处理的各个环节统一管理。建立一个统一的水资源管理体制。在缺水地区，不能盲目扩大水浇地，忽视旱作物的发展。在河道修建引水工程，设计取水能力，不能超过河道的实有水量，人为地造成水资源紧张。凡是扩大水浇地或兴建城镇企业，都要对水资源有无保证问题进行认真研究。在供水制度上，要采取经济办法，对城镇的生产和生活用水，要计量收费。对定额用水和超定额用水要采取不同

的收费标准，使节约用水的用户真正得到经济利益。

随着城镇企业的发展，企业用水必然增多。为了节约用水，要尽量采用重复用水和循环用水系统，使废水排放量减少到最低程度。根据不同工艺对水质的不同要求可将甲工段排出的废水送往乙工段使用，实现一水二用或一水多用。一个地区的径流、消耗与补给都有自己的平衡规律，应把它作为一个系统，统一考虑用水问题。

3. 要综合利用水资源

河流或水库的水资源要尽量综合利用，以提高经济效益。水库的水可用来灌溉、发电、航运、养鱼。有的地区地表水不多，但地下水比较丰富，可利用它来发展工农业。如河南焦作矿区每挖 1 吨煤要排地下水 60 吨，地下水大，曾多次发生淹井事故，曾被视为“祸水”之源。现在把矿井地下水引到地面供发展工农业生产之需，转化为富国富民之源，化害为利。水稻地区要发展稻田养鱼，由于鱼吃草，吃浮游动物和害虫，鱼粪肥田，可达到粮鱼双丰收，经济效益好。在某些低洼易涝重盐碱地区，可挖塘抬基，塘内养鱼，其岸上种植农作物。也可以建立立体农业模式——稻萍鱼系统。稻萍鱼系统是田里种稻，田埂种豆，水中养鱼，水面养萍。稻田为鱼提供红萍等生物饲料和良好的栖息场所，鱼对稻起增肥松土、除草、灭虫作用。这与广东珠江三角洲“桑基塘”人工生态经济相类似。

要做好水资源保护工作。目前我国水污染问题比较严重，整治水污染问题已成为全国各地的一项重要任务。要加强对水体及其污染源的监测及管理，包括对工业废水排放量的废水浓度的监测与管理。要认真贯彻国家颁布的环境保护法。有些地区的饮水问题还未解决，用的是不符合卫生条件的脏水。城镇有关部门应设法解决这个切身问题，以便提高居民的健康水平，减少疾病。

5.2.4　对生物资源的利用

5.2.4.1　生物资源的分类及其作用

生物资源主要包括植物资源、动物资源和微生物资源等，是地球上重要的资源之一。自然植物资源按用途划分，主要有用材树种、特用树种、药用植物、竹子和食用菌类等种类。特用树种有油料植物（如油茶、油桐、漆树等）、淀粉植物、纤维植物、芳香油植物、橡胶植物、含树脂植物、染料植物、牧草及饲料植物等。药用植物的种类也很多，有木本、草本和药用菌类植物等。木本的有木半夏、榆杞、五味子、杜仲等；草本药用植物有大黄、益母草、地黄等。豫北地区用人工栽培的药用植物四大“怀药”（菊花、生地、牛膝、山药）闻名全国。药用菌类植物有灵芝、猴头等。食用菌类有木耳、猴头菌、平菇、野蘑菇等。除自然菌类外，有不少地区已进行人工培养食用菌(如人工培养木耳、平菇等),以便加速资源的开发利用。山区野果如山楂、山桃、山杏、猕猴桃等也有广泛的用途。

野生动物也是自然资源中的一部分,许多珍贵的毛皮、工艺品的原料、鲜美的野味品、名贵的药材和稀有奇特的观赏动物都来自野生动物。陆上的野生动物有哺乳类、鸟类、爬行类、两栖类等。哺乳动物中有食肉类、啮齿类、兔形类、偶蹄类、食虫类、灵长类等。鸟类的种类也很多,有供食用的鸟类、饰羽用的鸟类、观赏用的鸟类、捕食虫类的鸟类等。爬行类有乌龟、鳖、蛇类等。两栖类有青蛙、蟾蜍等。

生物资源对发展城镇经济有重大作用。如森林资源丰富的地区,可发展林副产品加工,木材可用于建筑、造纸、家具等方面使用;野生鲜果(如猕猴桃、山葡萄等)可加工成各种饮料或罐头出售;油料植物可供榨油;纤维植物可供纺织工业或造纸工业等部门使用;芳香油植物可供化妆品工业使用;牧草和饲料均可用来发展畜牧业;药用植物的价值很高,中药材可远销国外;竹子可用来建筑、造纸,也是城镇发展编织业的主要原料。河南省博爱县在平原上发展竹林,所以该县的竹编业、竹制工艺品等远销全国各地,还销售到国外。野生动物与人类的经济生活也有着极为密切的关系。首先,野生动物直接为人们提供毛皮、绒羽、野味肉食、名贵药材等产品,既可满足人民生活需要,又可出口换取外汇。南方许多省市有大量的鳝鱼、鳖、蛇类出口到港澳地区。其次,有些益兽和益鸟能捕食害虫,对发展农业生产有利。总之,种类繁多的生物资源为建筑、食品、纺织、印刷、化工、医药等工业部门以及林牧业的发展,提供很好的条件;能为人们提供多种食品,为出口提供物资;对自然界的生态环境,也有着净化和调节作用。

5.2.4.2 对生物资源的合理利用与管理

我国各地虽有丰富的生物资源,但由于长期以来不注意保护,滥垦、滥伐、滥猎,致使动植物资源的破坏比较严重,尤其是对森林的破坏较严重,有些珍贵动植物日益减少。特别应该注意的是,由于植物资源的破坏,引起水土流失,破坏生态平衡,会影响城镇农、林、牧、渔业的发展,保护和合理开发动植物资源,是城镇经济中的一项刻不容缓的任务。

在城镇经济中,对生物资源的合理利用与管理,需要做好以下工作。首先,要认真贯彻执行《森林法》,积极地开展植树造林,克服盲目毁林开荒和乱砍滥伐现象,努力做好保护森林工作。一个地区的森林覆盖面积能达到30%,而且分布比较均匀合理,就可大大减少水、旱、风、沙、霜冻等自然灾害,基本上能保持地区的生态平衡。其次,对植物资源要进行培植和加工。植物资源只有很好地栽培,才能增加产量;放任自流,就会自生自灭。实践证明,许多植物资源可以进行人工培植(如木耳、平菇),并能增加产量,克服某些自然条件的限制。野生水果要进行加工,发展食品罐头工业,否则就会烂在山上,造成浪费。药材集中的产地可发展药加工厂,以便加快药用植物的利用开发。第三,要保护益鸟。鸟类中有的是益鸟,有的是害鸟;有的是益多害少,有的是害多益少,要进行具体分析。凡是捕食害虫的益鸟,都要实行保护政策,不许滥捕滥杀。天鹅、锦鸟等稀少鸟类,是我国的特产,更要重点保护。第四,对有益的动物资源也要进行保护。如壁虎、蟾蜍等捕食有害昆虫,是有益动物。青蛙消灭农田害虫,除制止滥捕外,还要保护青蛙栖息环境的生存条件和繁殖场所。不要乱施农药,防止把水中的龟、鳖、鱼、虾等毒死。而鼠类危害农作物,要动员群众捕杀鼠类。对危害有益鸟兽的动物,要采取有效办法除掉。总之,要贯彻"护、养、猎"相结合的方针,根据野生动物种类、分布、益害情况,确定狩猎对象和保护对象,在思想教育的基础上,采取有效的经济与法制手段进行管理。如捕杀大熊猫等珍贵动物要给予法律制裁。

各地要对生物资源进行调查摸底,在调查的基础上制定合理的开发、利用、保护规划。要掌握生物资源的丰富程度,了解其消长的情况,从而调整采摘或猎取计划,使生物资源永续利用。

5.3 城镇社会经济资源利用

社会经济资源亦称社会人文资源,是指直接或间接对生产发生作用的社会经济因素。社会经济资源包括人口和劳动力、城镇交通运输条件、市场条件、资金的使用及有关的方针、政策等,技术资源也属于社会经济资源。人口和劳动力是社会经济发展的主要条件,也是社会经济资源系统中的主要因素。因此本节主要介绍劳动力资源的利用。

5.3.1 城镇劳动力资源的作用与特点

所谓城镇劳动力资源,一般是指城镇中能够参加劳动的劳动力数量和质量的总称。从数量上看,既包括符合劳动年龄,已参加社会劳动的人口,也包括符合劳动年龄但尚未参加社会劳动的人口。在实际生活中,还包括实际参加社会劳动但已超过劳动年龄的老人和尚未达到劳动年龄的少年。从质量上看,劳动力质量主要是指劳动者的体力、智力、技术水平和熟练程度等。城镇劳力包括从事农业、工业、商业、运输业、建筑业和各种服务业的劳动力。这些劳动力在城镇经济劳动中相互联系形成城镇劳动力结构,它是社会总劳动力结构的重要部分。

城镇劳动力资源是发展城镇企业的基本因素。城镇企业是在农业生产发展的基础上发展起来的。农业生产发展了，就为城镇企业的发展提供了大批剩余劳动力，从而促进城镇企业的发展。所以，城镇劳动力资源分布稠密，农业生产发展比较快的地区，一般说来也是城镇企业发展比较快的地区。如长江、黄河、珠江下游地区农业生产比较发达，城镇企业也比较发达，其劳动力已占很大比重。如江苏南部地区，城镇企业的劳动力已占农村劳动力总数的70%以上，有的村则在90%以上。也应该指出，有的地区农村劳动力资源虽丰富，但因经济基础差，技术水平低，城镇经济还没有得到应有的发展，还是农业区。这样的农业区还不少，如河南的东南部地区，人口密度大，但因工业基础薄弱，科学技术水平低，故城镇经济还不发达。劳动力资源丰富只是发展城镇经济的一个有利条件，还需要其他条件来配合。若只有劳动力，但缺乏劳动手段，缺乏技术和资金，生产还是不能发展。

城镇劳动力资源是推动城镇建设的重要力量。在我国乡村劳动力逐步转入城镇，直接参加城镇建设，对工业以及整个国民经济的发展起重要作用。新中国成立以来，每年都有一定数量的农村劳动力进城务工，是城镇劳动力的必要补充，并成为城镇建设的有生力量。

劳动力充裕，劳动费用低，可生产劳动密集型产品，打入国内外市场，参加国内外经济大循环。城镇企业异军突起，已是国民经济中的一个经济支柱。各地城镇企业已突破“三就地”(就地取材、就地生产、就地销售)、“四依靠”(依靠自有资源、旧有设备、廉价劳动力、能人技术)积极发展创汇企业。劳动费用低廉是增加商品竞争力的一个重要因素。如中国与美国、日本等国的纺织工业劳动成本之比为1∶23，与韩国、中国台湾、中国香港之比为1∶6，与泰国、印度、巴基斯坦等国之比1∶2。我国劳动力费用比第三世界的印度、巴基斯坦等国还低。大力发展劳动密集型产品(如建筑材料、地毯、抽纱、编织、玉雕等工艺品)出口，引进技术，改造传统工业，加速设备更新，就可提高技术水平和管理水平。

城镇劳动力与大城市劳动力相比，具有许多特点。①劳动年龄的可塑性。由于和大城市的劳动条件和经济发展水平不同，人们进入和退出劳动年龄的时间也不一样。在我国，大城市职工劳动年龄一般规定为男16～60周岁，女16～55周岁。而城镇劳动者一般不受此年龄限制。有不少老年人和少年参加家庭工业。②劳动过程的间歇性。在城镇生产过程中，农业劳动不仅要受农事季节性和自然环境的影响，而且要受动植物生长发育规律及其自身的生物学特性的制约。一个完整的劳动过程，自然分为若干互相区别而又紧密联系的不同阶段，劳动过程会出现间歇和中断，致使农业劳动有明显的忙闲之分。由于农业劳动有农忙与农闲之分，这样城镇劳动力的富余程度在各个季节是不相同的，夏收夏种时劳动力紧张，秋收后劳动力又会大量剩余。③劳动分工的不确定性。许多人在从事农业生产的同时，也兼顾养猪、养鸡或打鱼等。有的在农闲时从事手工业、建筑业、商业、运输业、半工半农、亦工亦农。随着商品经济的发展，社会分工越来越细，就会打破那种小农经济的局面，向专业化、社会化发展。④劳动力再生产周期较短，再生产费用较低。城镇劳动力在投入社会化劳动之前受到训练、培养的时间要比大城市劳动力少，劳动力再生产费用低。目前，在以手工和畜力劳动为主要特征的大多数农村，一般家庭中 15 岁左右的少年就参加劳动，从事家庭辅助劳动的年龄则更小些。即使生产力水平较高的城镇，大多数劳动者也比城市职工的知识和技术水平低，所以城镇劳动力再生产的周期就短得多。

5.3.2 正确分析城镇劳动力资源的状况

正确分析和估量我国城镇劳动力的现状，是合理利用城镇劳动力资源，振兴城镇经济的重要前提。目前我国有 13 亿人口，9 亿多农民，农村中大约有 4 亿劳动力。由于人多地少，农村经济结构单一，就业门路少，农业劳动力长期处于过剩状态。党的十一届三中全会以后，由于推动了联产承包责任制，调动了人们的生产积极性，提高了劳动生产率，消除了昔日“干工一窝蜂，大家磨洋工”的现象，农业劳动力出现了大量剩余。根据河南农村的情况，大多数地区剩余劳动力占农村总劳动力的 40%以上。但城镇劳动力的素质仍然比较差[①]。一是文化水平低，文盲半文盲占相当比重；二是熟练劳动力少，生产技能低；三是技术人员少，科技力量薄弱；四是商品意识不强。

在劳动力结构方面，我国农村经济落后，商品经济不发达，所以农村劳动力在各生产部门的分布不合理。一是在农、工、商、运各业中，农业占劳动力比重过大；二是在农业中从事种植业的劳动力比重过大；三是在种植业中劳动力大部分又密集在粮食生产上。近几年来，随着城镇市场经济的发展，农业剩余劳动力不断向城镇企业转移，使城镇产业结构发生了很大的变化。这种变化的重要标志是从事农、林、牧、渔各业的劳动力结构的改善和城镇企业劳动力的急剧增加。

但从总体上看，目前我国农村还有 70%的劳动力从事农业生产，而世界上经

①劳动力素质是指劳动者在劳动过程中综合表现出来的认识自然和改造自然的能力。一般来说，包括两层含义，一是指劳动力先天素质，如体质强弱和智力发展状况；二是指社会素质，如劳动者所具有的科学文化水平、生产经验、劳动技能等。

济发达国家的农业劳动力只占全国劳动力的百分之几。这说明我国农业劳动生产率很低，大部分人是在搞饭吃，劳动力结构与现代化商品生产的要求还不适应，需要在粮食稳步增产的前提下，继续调整产业结构，使城镇劳动力的结构逐步趋向合理化。

5.3.3 城镇劳动力资源的合理利用问题

党的十一届三中全会以来，城镇经济普遍实行生产经营承包责任制，劳动力资源的利用率大大提高。但是，绝大部分地区劳动力的浪费现象仍然很严重，同合理开发利用劳动力要求还有很大距离。许多地区劳动力剩余有增无减，而且存在很大的不平衡性。种植业劳动力过剩，林、牧、渔业劳动力不足；农业劳动力过剩，工、商、运、建等业劳动力不足；农闲过剩，农忙不足。劳动力利用率低，绝大部分农村地区有 30%左右的剩余劳动力。据在河南东南部地区的调查，农村实行联产承包责任制后，大部分承包户每年从事农业生产的时间只有四至六个月，其他时间基本上无事可做。许多地区城镇企业不发达，农业剩余的劳动力难以安排。

为了合理地利用城镇劳动力资源，根据我国当前的具体情况，合理利用城镇劳力资源的主要途径是：

第一，大力兴办城镇企业，走农、工、商、运、服务等综合发展的道路。城镇企业属于劳动密集型行业，所需资金少，见效快，容纳劳动力多。积极发展企业不仅能够就近就地吸收大量农村剩余劳动力，而且有利于改善农业经济结构，加快工农业的现代化步伐。不仅要发展城镇工业，而且还要发展城镇运输业、建筑业、商业、服务业，即一、二、三产业都要相适应地发展。当前要特别注意发展一些为城镇经济提供服务的产前、产中、产后服务的行业，如信息、技术、种苗、饲料、修理等行业。这样既能促进城镇经济的发展，又能安排大量农村剩余劳动力。

第二，要农、林、牧、副、渔业全面发展，开展多种经营，为剩余劳动力开拓门路。我国农业结构不合理，大部分农业劳动力挤在粮食生产上，林、牧、副、渔业的劳动力比重不大，影响了农村劳动力的安排。今后要发展多种经营，发展集约农业，推行间接轮作、塑料大棚等种植方式，继续发扬精耕细作的优良传统，向农业生产的深度和广度进军，就能拓宽就业门路。

第三，努力建设农村小城镇。我国乡村小集镇为数众多，分布很广，是联结大城市与广大农村的纽带。但目前多数集镇经济文化事业都很不发达，不能很好地发挥自身的作用。为了把众多集镇建设成为周围乡村的经济中心、服务中心和文化教育中心，必须大力发展城镇的科学文化教育事业，大力发展集镇商业、饮食业和服务业。建设好小城镇，就能吸收部分剩余劳力。

第四，大力发展劳务输出。农业劳动力作为城市劳动力的后备资源，根据需要和可能，要有计划地向大中型企业或城市输送一部分劳动力，或发展建筑业，到大中城市承包工程建设项目。河南省的林州市、辉县、获嘉等县市每年都有大批农民建筑队到外县、外省从事建筑业，取得了很好的经济效益。如林州的建筑队已安排几十万农村劳动力就业。还可以组织一部分农村劳动力到地多人少的地区去垦荒种植或承包耕地，根据需要还可以组织部分劳动力到国外去承包工程，实行劳务输出。

此外，还要做好计划生育工作，这是合理利用和安排劳动力的必要条件。若劳动力过快地增长，既给劳动力与生产资料的结合带来不利条件，也会给剩余劳动力就业增加困难。目前和今后，我国城镇劳动力的绝大部分需要在农村和城镇企业中安排。但是，农业土地有限，耕地有减少之势，城镇企业的发展也受到各种条件的限制。因此，只有实行城镇劳动力的有计划增长，才能使劳动力与城镇经济的发展相适应，城镇劳动力才有可能充分合理地就业。

人口是劳动力的基础。一般来说，每年新成长起来的劳动力数量，是由 16 年前出生的人口数所决定的。由此可见，社会劳动力资源的规模和增长速度，取决于人口的规模和增长速度，两者是成正比例的关系。要实现城镇劳动力的有计划增长，首要的问题是采取切实可行的有效措施，做好计划生育工作，使人类自身生产由盲目转变为有计划进行。

5.3.4 要大力培养与提高城镇劳动力的素质，开发智力

我国第一产业农业正处在由传统农业向现代化农业转化的阶段，还要发展第二产业（包括工业和建筑业）和第三产业（交通运输业、商业服务业、金融信贷业、科技教育文化事业等）。在不同的生产行业中，各种不同产品的生产和服务业的服务，对劳动者素质的要求是各有不同的。一般来说，从事工业、商业和科技文化教育事业的劳动力素质，要高于从事农业的劳动力素质。因此，劳动力要从农业向这些行业转移和流动，就是由文化技术要求较低的部门向文化技术要求较高的部门转移。进行这种活动，必须伴之以劳动力素质的提高，劳动力素质提高了，各式各样的专业人才大量涌现了，劳动者才能在各行业发挥其特长，各显神通。也只有这样才能凭借他们的智力和技能，不断开拓出新的生产领域，促使劳动力结构向合理化的方向发展。若不提高劳动力的素质，那就很难做到劳动力的合理使用。

如何提高城镇劳动力的素质呢？

第一，在农村要搞好中小学教育，中小学教育是基础教育，是提高劳动力素质

的起点。要改革中等教育，要提高城镇中学中的农业中学和职业学校的比重。城镇中学要大力为城镇企业培养人才。对于改革中的师资、教材等问题，有关部门应积极帮助解决。

第二，要搞好城镇业余教育，提高广大劳动者的科学技术文化水平。利用农闲时间搞好业余教育，是提高现有劳动力素质的重要环节。要大力办好农民夜校、职工业余学校、吸收广大劳动者参加学习。除学习文化知识外，要着重传授科学技术知识。要办好中专培训班，目前农村中有一批具有初中以上文化程度的回乡青年，他们是城镇企业劳动力的后备资源，应把他们组织起来，进行科技和管理知识的专门培训，使他们达到中专水平。

第三，要采取灵活多样的形式，宣传普及科技知识。几年来，农村的“科学热”已经兴起，应该采取城镇劳动者喜闻乐见的形式，大力宣传和普及科技知识，使学科学、用科学的热潮持久地发展下去。采取的主要形式有：①要大力组织订阅农村科技书刊，扩大在农村的发行量，以满足农民学科学的需要；②广播站要努力办好科技广播讲座，向广大群众传授生产技术知识，引导城镇企业职工努力提高技术水平，搞好企业的技术改造，提高产品质量以增强商品的竞争能力；③搞好其他形式的宣传活动，如印发技术资料，办好乡、镇科技黑板报，组织技术人员巡回宣讲，举办工农业科技图片展览等。要利用一切可以利用的形式，在整个农村形成学科学、用科学、讲科学的风气，从而推动城镇智力资源的开发，普遍提高广大劳动者的科技水平。

第四，要加强技术队伍建设，开发智力资源，尽快改变城镇企业技术人才缺乏的状况。首先教育部门在发展职业教育中，要把城镇企业所需人才规划在内，并逐步建立培训职工的专科学校。其次，国家每年要安排一部分大专毕业生给城镇企业，他们是国家干部，由人事部门管理，工资及福利可以由人事部门发给，也可以按国家的规定由城镇企业负责发放。城镇企业应选送人员，进大专院校学习，请大专院校代为培训，毕业后仍由原企业分配工作。再次，允许城镇企业按照国家颁布的标准，评定技术人员的职称，发给证书，由企业给予应有的待遇，以鼓励职工自学成才。最后，要充分利用外部技术人才，聘请科研部门、大专院校和设计部门的科技人员当顾问，承担新产品试制任务，生产中运用科研成果。这样企业可以取得不少新技术，创造出新产品，既可加快科学技术转变为现实生产力的进度，使科研和生产紧密衔接，又可解决城镇企业技术力量不足的问题。鼓励大专院校、科研单位的科技人员到城镇企业工作。河南省已规定，对这些人员工资向上浮动一级，满五年后转为正式工资；连续在该企业工作者，工资再浮动一级。聘请离退休的技术人员到城镇企业工作,工资待遇由本人和企业协商确定。鼓励科技人员承包城镇企业,让这部分科技人员先富起来。此外城镇企业管理部门要积极开展干部培训、技术交流等工作,国家规定可以向企业收取教育基金,数量不超过当年工资总额的1.5%。

5.4 城镇信息资源利用和管理

5.4.1 信息的基本概念及其分类

信息是现实世界中各种事物的变化及其特征的反映,是客观事物的各种状态经过加工、整理、传递后的再现,是发生源发出的各种信号或消息。信息源于物质,但不是物质本身。信息对于接收者来说,是一种有用的知识。信息并不神秘,早在古代,人们对信息就已经有所认识和利用。如我国早在周代就以烽火台传递消息。这种军事信息早已被军事家所利用。"知己知彼,百战不殆"就说明信息在战争中的重要作用。

信息的范围很广,其形式多种多样。根据信息所反映的客观事物的性质,信息大致可分为社会信息、自然信息、生物信息、机械信息四大类。各大类又可作进一步的分类。其中社会信息可以分为经济信息、政治信息、科技信息、军事信息、外交信息等。

城镇经济与经济信息的关系密切,故应着重研究经济信息。经济信息就是反映经济活动特征及其发展变化情况的各种消息、情报、资料的统称。一切与经济活动有关的信息,都可称为经济信息。在国外已有人把信息与人力、设备、原材料、资金四大资源并列,称为另一个重要资源。我国广大农民在发展商品生产中也已逐渐认识到信息的重要作用,用他们的话说,"金银有价,信息无价"。经济生活越来越离不开信息,因经济信息是生产中一种无形的要素,是联结劳动力、劳动工具、劳动对象的要素。如有了人、财、物,准备筹建一个企业,就要明确生产什么,什么产品有销路,这就要有产品信息和市场信息等才能决策。我们说经济信息是生产力的一个要素,并不是指它具有一般生产力的实体性。经济信息本身不是物,但不能因此就把它排除在生产力要素之外。马克思说过:"生产力里面也包括科学在内。"经济信息也是一种生产力,是一种知识状态的社会生产力。当经济信息应用于生产过程时,就转变为直接生产力,所以它是一种社会资源。有了这种社会资源,就能更好地利用和开发物质资源,为人类创造更多的物质财富。

经济信息的种类很多，按其来源可分为原始信息和经过加工的信息；按其反映情况的范围可分为系统内部信息和外部的信息、国内信息和国外信息等；按时间可划分为过去的信息、现在的信息和未来的信息；按用途可划分为宏观信息、微观信息、产品开发信息、市场信息、物资供应信息、管理信息、资金信息等。市场信息是城镇经济信息中很重要的一种，因社会化大生产是与市场紧密联系在一起的，市场是社会再生产的调节器，是社会经济运动的荧光屏，社会经济活动的情况都通过市场显示出来。因此在商品经济条件下，各种经济活动大量地表现为市场信息。

市场信息有广义和狭义两种。狭义的市场信息是指反映市场运动属性及其变化特征的信息，如市场商品供应与需求的现状及其变化趋势，城乡居民货币收入和社会商品购买力水平、市场价格的升降起落等。这种情况经过各种载体传播开来，就构成市场信息。广义的市场信息是指一切反映市场运动变化有关的因素及其特征的信息。作为广义市场信息，不仅包括反映市场运动变化及其特征的直接情况，而且还包括那些直接或间接制约和影响市场运动的社会经济政治情况、科学技术情况、社会风尚心理等。市场信息又可以从不同的角度划分为不同种类，如国内市场信息与国际市场信息；企业内部市场信息与企业外部市场信息；固定市场信息与流动的市场信息；横向传递的市场信息与纵向传递的市场信息，等等。城镇企业可以根据实际需要和客观条件的可能，对市场信息进行分类和处理。

5.4.2 经济信息的特征

不论什么信息都具有如下特征：信息可以识别，人们可以通过不同的方式加以识别和利用；信息可以传递，电报、电话、电视等都是传递信息的工具；信息可以转换，它可以从一种形态（如文字、语言等形式）转换成另一种形态（如广播、电视等）；信息可以储存，一是人脑储存，二是机械储存；信息可以分享，信息能同时为多个使用者所利用，它不会因为使用者的增加，而使每个使用者获得的信息减少。如甲给乙一个信息，就意味着甲、乙两人都拥有了这个信息的使用价值，信息和交换则是信息使用价值的增加。

经济信息是发展城镇经济的资源，要为发展城镇经济服务。经济信息具有下列特性：

5.4.2.1 真实性

真实性是指客观地反映经济运动过程中各种现象及其变化。经济信息必须是经济活动的客观描述，准确无误。人们可以加工提炼信息，但不能人为地添枝加叶，捕风捉影。一个失真的信息，不仅没有价值，反而会贻误大事，如因虚假决策失误。经济现象很复杂，信息传递中难免出现失真现象，这就需要从大量的信息中进行筛选，去伪存真，选择能反映经济运动的本质特征及其变化的信息。有些口头传递的信息，往往不可靠，所以要注意信息的准确性和可靠性。

5.4.2.2 时效性

是指信息从收集、加工、传递到使用的速度。经济形势变化快，要求尽可能快地收集、加工和传递信息，以保证有效地利用。谁在最短的时间内获得最新的信息，往往谁就会取得主动，占有优势。如果信息失去时效就会变为“马后炮”，一文不值。如某时期市场上需要某种商品，若信息来得很慢，等到把商品生产出来时，那个商品在市场上已趋饱和了，销售不出去了，造成商品积压，就降低了经济效益。经济信息的时效性本身包含着信息的先兆性，任何经济事物在变化之前，总会有某种迹象表现出来，这些迹象预示着将来的变化趋向。我们要善于捕捉这些先兆性的信息，先兆性信息的时效性越强，往往其价值就越大。

5.4.2.3 适用性

在甲地发布的信息，即使完全真实、可靠，但到了乙地就发生了地域和时间的变化，即客观条件改变了。如何证明甲地信息适用或不适用于乙地，或适用多少，这就需要论证各种信息的相关性，找出相关条件和相关内容，进行相关分析。只有这样才能避免盲目性和生搬硬套，避免决策失误。各行业、各企业的具体条件不同，即使属于本行业的信息，也存在适用与否的问题。因此，要选择、应用那些适合本地特点的信息，才能为本企业服务。

5.4.2.4 系统性

经济信息不能是零星的、个别的、紊乱的，而应是大量的、系统的，从各方面反映经济活动的变化及其特征。信息来源要宽，尽可能地通过各种渠道，获得各方面的信息。只有获得尽可能多的信息，才能充分地选用信息。

对城镇企业来说，它对经济信息总的要求是及时、准确、适用、经济。城镇企业自负盈亏，全靠盈利才能生存和发展；企业规模小，用于信息的投资有限，这就要求尽可能地降低信息投资、加工和传递中的费用，提高信息的经济效益。

5.4.3 经济信息对发展城镇经济的重大作用

我国城镇企业是在家庭副业和传统手工业的基础上发展起来的。在 20 世纪 50 年代至 60 年代发展初期，城镇企业主要从事农机修理、小农具生产等，属于为农业自我服务型的传统手工业。在这个阶段，城镇企业的生产经营与市场联系不密切，因而没有开展经济信息工作。从 20 世纪 70 至 80 年代，城镇企业产品逐渐转向市场，产品行销由当地市场转向国内外市场。在这个阶段，城镇企业逐渐认识到信息的重要性。

1. 经济信息是生产经营决策的依据

正确的生产经营决策依赖于经济信息的准确性。只有拥有大量可靠的信息，心中有数，知己知彼，才能从若干可供选择的方案中确定最优方案，作出科学的正确的决策，从而取得较好的经济效益。决策不能单凭个人的感受和经验，主观武断会造成“瞎指挥”、“蛮干”。一条正确的信息能救活一个企业，相反地，采纳一条失真的信息也能使一个企业破产。

2. 信息是控制、监督决策执行情况的重要手段

决策确定之后，必须依据在执行中的不断产生的信息和信息的反馈，及时掌握执行的情况和问题，发现有差错或情况有了新的变化，就应随时采取措施，加以修正，以免得不偿失。

3. 经济信息为管理科学化，为提高企业素质提供武器

以企业为例，无论对人、财、物的合理使用，还是对产、供、销的合理组织，都需要科学管理，使企业的各要素形成合理的优化的结合形式，以达到企业获得最佳的经济效益的目的。提高企业管理科学化水平，就需要国内外同行业、同类产品的主要技术经济指标，主要技术措施等。掌握国内外先进的科学管理的信息，找到自己的差距，设法迎头赶上，就能提高生产技术水平，提高企业素质。

4. 经济信息是提高企业经济活力，提高经济效益的前提

城镇企业要在市场竞争中求生存求发展，要取得很好的经济效益，就必须了解市场的各种信息，如市场商品需求量和购买力的信息、商品供求变化的信息、商品市场寿命周期的信息、销售渠道和经销方式的信息等。只有市场信息灵通和准确，城镇企业才能找准发展的空间位置，生产出适销对路的商品。企业有盈利，经济效益好，企业就有活力和生机，可见灵通的信息是提高经济效益的前提条件。

城镇企业技术力量薄弱，设备陈旧，但经营自主权大，“船小掉头快”。从这些特点出发，若注意捕捉信息，开发信息资源，也可以变劣势为优势。

5.4.4 信息资源的开发利用与管理

5.4.4.1 信息资源分布与组织

1. 科学地认识信息资源的开发

信息是一种重要资源。正因为这样，在发达国家，从事信息工作的人已形成庞大的产业大军。在美国，从事信息工作的人已占社会就业人数的70%～80%，在日本已占社会就业人数的一半以上。

信息既然是一种重要的资源，那么它同其他各种资源一样，也有一个开发利用问题。信息资源的开发，就是不断地发掘信息及其他相关要素的经济功能，及时地

将其转化为现实的信息资源，并努力开拓其在国民经济和社会发展中日益广阔的用途。信息资源的利用，就是信息资源利用部门根据信息资源开发部门所开发的信息资源状况，结合经济运行状况及其存在的问题，制定出科学、合理的信息资源分配与使用方案，使现实的信息资源充分发挥作用和产生效益的过程，并在科学技术不断发展的情况下，制定潜在信息资源发展的战略和策略。

2. 信息资源的社会分布与组织

信息资源按照一定的规律分布于社会之中，对信息资源实行科学开发和管理的前提就是遵循信息资源分布的客观规律，进行社会资源的合理布局。

在经济社会活动中，人们所利用的信息既集中又分散，即呈集中与分散的分布。为了更有效地利用这些信息资源，就必须研究和分析信息资源按其来源的分布规律。文献学家布拉德福(S. C. Bradford)在 1934 年发表的《专门学科信息源》(Sources of Information on Specific Subieet)中公布了他的研究成果：在某一时间范围内，如果将科学期刊按其刊载某学科领域文献的数量，从小到大递减排序，然后将其分为 3 个区，使每个区刊载该领域文献总量相等，那么 3 个区的期刊数量成 $1:a:a^2$ 关系。这就是著名的布氏定律，就布拉德福分析的数据来说，常数 a 约等于 5。

任何国家、任何地区的任何信息机构(或系统)都不可能将本国、本地区或本部门所需的信息一个不漏地收储，而只可能收储最常用和最需要的信息资源。这里，有一个决定收储范围和收储量的问题，这就要求利用布氏定律在信息源排序的基础上，测定处于核心区的信息资源数量，从而将核心信息源作为必须收储的对象加以收储，然后视可能收储其他信息。由于一个国家(或地区)的科学技术与经济生活有一定的专业结构和分布，这样就形成了不同的专业信息资源的需求结构和国家(或地区)的信息收储分布。根据需要与现实组织国家(或地区)信息资源搜集的工作称为国家(或地区)的信息资源布局。

5.4.4.2 信息资源管理

1. 信息资源管理的含义

按 F · W · 霍顿(Forest W. Horton)的说法，信息资源管理是对一种有使用价值的信息资源通过有效的管理与控制程序来实现某种利益的目标活动。在实际工作中，为了有效地利用信息资源，必须组织诸如信息搜集、存储和传递等程序化工作，以解决信息资源利用中的各种问题。这种专业性信息资源管理工作可概括为“信息资源管理”业务。现代科学技术、经济信息(情报)服务工作和图书馆工作虽然有着不同的信息资源管理要求和业务规范，但是信息资源管理的基础和“核心”却是相同的。

2.信息资源管理的基本内容

(1)信息资源开发、调配与组织管理 信息资源开发、调配与组织管理是一种最基本的信息资源管理工作,它涉及社会的各个方面,是有效地开展信息服务的前提。这一管理业务的内容包括:非文献信息和文献信息资源的开发,科技、经济、政治、军事、文化等专门领域信息资源的社会调配,各类信息资源的布局,信息资源的利用组织等。这类信息资源管理工作的开展必须注意信息资源管理体制与社会形态的适应性。

(2)信息传递与交流组织 信息传递与交流是一种客观存在的社会现象,将其纳入科学管理的轨道不仅是为了提高信息传递与交流的效率与效益,而且是维护社会正常运行的需要。信息传递与交流组织的基本内容包括信息传递与社会秩序的建立与维护,各种信息传递与交流业务的开展,以及社会各有关部门信息传递与交流关系的确立等。

(3)信息的揭示、控制与组织 无论是图书馆,还是其他信息服务部门,都必须对所搜集的信息进行全面加工,将其有序化,以便从信息特征和内涵出发揭示其内容,进行有效控制,以此为基础组织信息收藏和系统化的服务工作。值得指出的是,不同的信息业务对信息揭示、控制与组织有着不同的特殊要求,从而形成了各具特色的信息揭示与控制体系。目前这一主要的信息资源管理业务可以概括为书目信息服务、信息检索及相关业务。

(4)信息研究、咨询与决策 信息研究、咨询与决策是一种高层次的信息资源管理业务,旨在围绕管理工作提供决策方案。其中信息资源管理的内容主要包括决策管理及信息识别、组织、分析、整理和加工,以便在充分利用现有信息资源的基础上,通过有针对性的研究,得出未知的结论,待确认其可靠性后应用于管理实践。

(5)信息技术管理 现代信息技术包括信息处理技术、通讯技术、控制技术等。信息技术管理的基点是根据信息服务业务的开展和社会的实际需要,组织各种信息技术的开发和应用。当前,信息技术管理的主要内容可区分为硬技术管理与软技术管理两个方面。其中,硬技术管理主要围绕计算机、通讯和其他信息设施及产品的研制技术进行;软技术管理则围绕各种信息技术设施及产品的使用进行,包括信息传递中的技术管理、信息加工中的技术管理、信息服务技术管理等。

(6)信息系统管理 信息系统作为一种重要的社会系统,其基本组成要素包括信息人员、技术、设施、信息及其载体、用户以及系统环境等。信息系统有着独特的内部结构和目标运行机制,这说明信息系统的管理不仅包括以上一些基本要素的管理,而且包括系统组织和运行的管理与控制。鉴于信息系统与其他系统的区别及其特殊性,其管理体制和方式自然也区别于其他系统而自成体系。

(7)信息服务与用户管理　信息用户是信息服务的对象,任何信息工作无不以服务于一定范围内的用户和满足其信息需要为前提,因而信息服务与用户管理在信息资源管理中是关键性的基本工作,甚至可以称为信息资源管理的中心。由于各种信息资源管理业务的开展均以用户信息需求为依据,所以信息服务与用户管理的内容不仅包括服务和用户方面,而且贯穿于信息资源管理业务工作的全过程。由此可见,信息服务与用户管理的内容是综合性的,管理方法是系统的。

(8)信息经济管理　信息作为一种基本资源在现代社会发展中愈来愈显示其重要性,以此为基础的产业(即信息产业)经济日趋发达,致使社会经济结构发生了重大变化,导致了以信息经济充分发展为标志的信息化社会的出现。这说明信息经济的管理内容、模式及方法已经发生了重大变化,它不再局限于信息经济本身,而是从经济社会整体出发管理信息经济。

(9)信息资源管理涉及的其他领域　信息资源管理还包括与信息活动有关的其他领域的社会管理,如各种中介业务、公关活动等方面的信息资源管理。同时,信息资源管理还涉及经济社会各个领域内有关基本业务的数据处理、文字处理、日常文书工作和记录文件的管理等。

5.4.4.3　信息资源的开发利用

1.用户对信息资源的需求

研究信息资源的目的是为了更好地开发和利用。那么,如何有效地开发和利用信息资源呢？理论和实践都证明,信息资源功能和效益的发挥,总是与用户的需求和利用紧密联系的。没有用户的利用,信息资源就只能是静态的“无功”资源。正如马克思所说:“一条铁路,如果没有通车,不被磨损,不被消费,它只是可能性的铁路,不是现实的铁路。”因此,加速信息资源的开发利用必须重视对信息资源用户的研究。

用户利用什么样的信息资源以及如何利用,首先取决于他们对信息的需求。由于人们的职业、文化程度和所从事的工作性质等不同,在获取信息时对信息资源也有不同的选择和要求。从信息资源看,技术人员利用文献信息资源明显比管理人员多,而管理人员利用书信往来和实地收集信息的比率大大超过了技术人员。这种差异显然是由于他们不同的工作性质造成的。因此,要合理、有效地开发和利用信息资源,不仅要看信息资源本身的性质和功能,更要看用户的需求。只有当信息资源与用户需求相适应时,才能使信息资源的作用达到最佳状态。

2.国民的信息意识

国民的信息意识是指国民对信息这一特殊对象的反映和认识,它表现为对信息敏锐的感受力、持久的注意力和对信息价值准确的评估与判断力。信息意识不仅控制着人们对信息需求的认识,而且在信息的获取过程中起着支配作用,是获取信息资源的前提。

一个国家、一个民族的信息意识如何,很大程度表现在这个国家和民族所制定的信息政策和对发展信息产业的投入上。

3. 利用信息资源的能力

要有效地开发和利用信息资源,还必须具备利用信息资源的能力,主要包括以下五个方面的能力:

(1)信息符号的识别能力 即能够接受表达信息的各种符号,包括对文字符号的辨认和理解,对声音和图像的感知等。例如要利用文献信息资源,最起码的条件是要识字,进一步是理解问题。如果外语水平不高,就影响了对外文文献信息资源的利用。

(2)信息资源调查能力 要学会采用各种调查方法来收集原始信息,常用的调查方法主要有观察法、实验法和问卷法等。

(3)信息检索能力 信息检索能力主要包括检索策略的确定、计算机和手工检索工具的使用。

(4)信息的分析鉴别能力 要在信息污染的环境中对信息的真实可靠性作出准确的判断,不但需要熟悉各类信息资源的性能和特点,而且需要有科学的思维方式、推理能力以及有关的专业知识。

(5)信息的处理转换能力 对信息进行筛选,去粗取精,去伪存真,由表及里,由此及彼,从而得到自己最需要、最有价值的信息,是与信息的分析鉴别相辅相成的过程。在这个过程中,优秀的信息工作人员要善于将不同领域、不同性质的信息资源进行转化,为我所用。例如,气象、政治、外交方面的信息在某种条件下都可以被转换为经济信息,这样的事例不胜枚举。

总之,信息的使用者是"激活"信息资源的主体和动力。只有研究用户的信息需求、提高全民族的信息意识,并在各级各类教育中加强信息技能的教育和培训,才能使丰富的信息资源得到充分的利用,将潜在的资源变成现实的资源。

4. 观念的更新

目前,信息资源的开发利用虽然存在着许多技术上的困难,但思想观念上的影响却是最主要的。以我国为例,改革开放以来,人们的信息意识虽然比过去大大增强了,但如果进行横向比较,特别是与国外发达国家和新兴工业化国家相比,我们在信息意识强度上还有很大差距。信息是一种重要的战略性经济资源,这种观念在很大程度上尚未深入人心。我国信息资源开发利用水平低,与这种观念的落后关系极大。

5. 信息资源开发的规模性和利用的综合性

作为一种资源的信息，具有生产中和使用中的双重不可分性。其中，生产中的不可分性使信息资源的规模性开发在理论上成为可能，而使用中的不可分性又使信息资源的综合性利用显得十分必要。鉴于我国国情，比较理想的做法就是要在充分掌握我国信息资源的分布和开发利用情况的基础上，按照自然地域、经济的内在联系以及社会发展的需要，逐步建立起区域性的信息资源开发利用管理网络，通过信息资源的整体化建设、规模性开发和综合性利用，打破行政区域界限和部门封锁，实现信息资源的充分共享。我国在这方面积累有不少成功的经验，各类官方的、民间的信息网很多，这些信息网虽然还没有上升到信息资源管理网的高层次，但在推动我国信息资源的规模开发和综合利用方面发挥了巨大作用。

6. 加强对信息资源开发利用的管理

信息资源开发利用的管理是信息资源管理的一个重要方面，也是影响信息资源开发利用水平的又一个重要因素。它所要解决的问题主要体现在两个方面。

(1)决策问题　在信息资源的开发利用过程中，我们会遇到许多需要进行决策的问题，比如如何科学而合理地设计信息资源开发利用的内容，如何设计和组织有效的信息加工处理有序化办法，如何进行深层次的信息资源开发利用，如何推进信息资源的市场化和社会化等。这些决策问题归结起来，就是信息资源开发利用过程中的管理问题。要加速信息资源的开发利用，就必须积极而有效地运用科学的管理思想和管理方法来武装头脑。

(2)具体操作问题　实际上，真正科学的管理(尤其是信息资源的开发利用这种微观性质的管理)绝不是简单的拍板、做决定，很多事情还需要管理者亲手操作。在具体操作过程中，管理者通常会遇到许多决策过程中所没有预料到的新情况、新问题、这就需要管理者有敏锐的判断力和丰富的具体操作经验作基础。与此同时，随着具体操作问题的解决，信息资源开发利用的管理者也可以将这些新情况、新问题，连同解决这些新情况、新问题的方法，一起反馈到下一轮的决策过程中去，并对下一轮的决策产生影响。

由此可见，在信息资源的开发利用过程中，管理者应当同时具备决策和具体操作两方面的素质。只有管理者素质高，信息资源的开发利用才能持续、快速、健康地进行。

5.4.4.4　信息资源开发利用的方法

1. 树立正确的信息意识

开发利用信息资源，首要是树立正确的信息意识，这是开发利用信息资源的关键。那么，如何树立正确的信息意识呢？

(1)要克服知识和观念方面的障碍　由于人们的信息理论知识不同,对同样的信息,就会有不同的反映。有的人能根据已掌握的信息迅速调整自己的行为,及时地抓住机遇,在激烈的市场竞争中占据优势地位。有的人却不能,要么反应迟缓,失去机会;要么作出错误的决策,造成人为的损失。这些不同结果的根源就在于人们的知识水平,在于人们的文化基础以及由此所形成的信息意识。一个具有较高文化素养,又具有一定的专业知识和高度职业责任感的人,一旦接受了信息,就会由此及彼,由表及里,由社会责任联想到个人职业责任,很快作出正确的决策。这是人们的一种综合能力,是人们的一种信息意识,或者是叫信息感应。这种信息意识必须经过相当的"修炼"才能取得。其修炼的主要内容:一是学知识;二是学专业;三是观察社会、考察生活;四是提高社会道德意识和职业道德意识。在现实生活中,正是由于人们缺乏这种综合知识和意识,严重地影响着对信息资源的开发利用。

(2)消除思维习惯和思维能力上的障碍　有一种思维方式是信息资源开发利用活动中的一大禁忌,那就是思维定势。这里说的思维定势是指人们在思考问题时,往往习惯于按照既有的取向、既得的成果和常规方式去思索。按照这种思维方式去推理,那么,一切已有的都是"合法的"、"合理的",也是"可信的"。一切现在还没有的,或者从来都没有发生而现在发生的事情,被认为是"不合理"、"不可信"或"不可取的"。这是一种形而上学的、僵化的思维习惯和思维方式。事实告诉我们,正确的结论得之于科学的思考而不是按照经验主义去思考。比如,雷达技术就是由于改变了思维方式,由正向思维方式转为逆向思维方式而发明的。由此我们可以看出,善于创造性思维,有充分的联想力,能够及时捕捉事物与事物之间的有机联系,将思路由一点扩展到其他各个方面,正是在信息资源开发利用实践中最需要的一种思维方式。

(3)克服心理上的障碍　从某种意义上说,人们在信息资源开发利用的实践中是一个真正的创造者。其创造价值在于:发现和接受各种新事物,对反映新事物的信息进行恰当地评估和分析研究,选择信息的最佳利用方式和最佳使用范围。作为创造者,最需要的是自信心,敢于求新、创新、立新。然而在实践中,人们常常缺少这种立异求新的勇气,再加上缺乏信心,即使得到了新的信息也不敢大胆利用,而是观望徘徊。待他人发现、接受并有效利用这一信息资源时,才会萌发出一点点"创新"思想。这时,虽然还是面对着原来的信息资源,但是它已经不再具有同等的价值了。

2. 科学掌握信息资源发展规律

人类对信息的开发利用自古就有,但是较长的历史时期内并不像对物质与能源的开发利用那样普遍和广泛，往往依附于物质资源和能源资源，并借助于物质资源和能源的开发利用而利用信息资源。所以说，最初人类并没有把信息当做资源。信息资源化，并随着社会与经济的发展其重要性与日俱增，还仅仅是20世纪40年代以后的事。其原因主要是：现代经济社会活动的发展为信息的生产、传递、存储、积累提供了用武之地，而电服、电话、卫星通讯、电子计算机等一系列现代信息技术和信息手段又为信息的广泛应用提供了前所未有的技术基础和条件。据统计，20世纪40年代以来所产生和积累的信息超过了在这之前人类有史以来的信息量之和。在传统经济中，人们对资源的争夺主要表现在占有土地、矿藏、材料等方面，而今天，信息资源日益成为人们争夺的重点。目前，世界上工业发达国家都把占有、开发和利用信息资源作为一项基本国策，人们对信息资源的开发利用已受到前所未有的重视，信息资源已成为当今社会发展的重要力量。

对信息资源的开发，就是要不断地发掘信息及其他相关要素的经济功能，并及时将其转化为现实的信息资源，努力开拓其在社会、经济发展中的用途。对信息资源的利用，就是要把信息资源与社会、经济生活中的具体实际结合起来，制定出科学合理的信息资源分配与使用方案，使信息资源充分发挥作用并产生最佳效益。

对信息资源的理性研究、分析以及对信息资源活动规律的认识和了解，是进行信息资源开发利用的基础。

3.采用正确的信息资源开发利用方法

在社会实践中学会采用科学有效的方法开发利用信息资源，是信息社会中人们谋求良好的生存与发展机遇应当具备的基本素质和才能。那么，如此采用这些科学有效的方法呢？其关键是在掌握信息资源活动规律的基础上，准确地把握信息源，然后针对不同的信息源采取不同的开发利用信息的方法。

在现实生活中开发利用信息资源的方法很多，概括起来主要有以下几种。

(1)观察分析法　观察法不仅在自然科学研究中广泛地被采用，在社会科学中也越来越为人们所重视和采用。这种方法是一种以搜集非语言行为信息为主的方法。它主要是借助于直接感知和直接记录信息源所产生的各种信息，并加以利用的方法。其实，这种方法在实际生活中已为人们广泛使用。比如在股市上，一个大盘显示，一张曲线图，就可以使股民们从中获取某种股市信息，从而决定自己到底是买进还是卖出。不同的股民对获得的信息反应是不同的，因而股市上总是出现有亏有盈的现象。再比如，马克思的《资本论》的诞生，离不开他对社会经济生活的深刻、敏锐的观察和思索。他从人们司空见惯的商品流通中发现了“资本”，并揭示了资本家获取利润的秘密。

(2)理性思维法　思维是人们的一种创造性能力。思维的实质是借助抽象来反映客观世界上事物或过程本质的一种复杂劳动。理性思维主要包括对比与分类、分析与综合、证明与反驳等方法。理性思维法是人们获取、开发和利用信息资源的一个重要方法。

20 世纪 60 年代初，我国发现并开发了大庆油田，摘掉了中国贫油的帽子。当时，国家对大庆油田的所在位置和生产规模严格保密。当许多中国人，包括一些中上层国家干部都还不了解大庆时，日本却准确测知了大庆油田的所在位置和生产规模。日本人是怎样获得这一重要信息的呢？从总体上讲，他们所采用的是一种分析与综合的方法。首先，他们从《人民日报》关于铁人王进喜的报道中分析发现，油田在 9 月末就已寒气逼人，因而确定了油田所在的地理纬度。其次，他们从运到北京的油罐车上剥离的黑土，证实油田位于我国的东北。同时，他们从《人民中国》杂志上看到，王进喜率井队到大庆，首先在马家窑车站下火车，根据伪满时期日本特务机构的东北地图，很快就测知了大庆油田的所在位置。而且，他们还从高空侦察照片上发现了大庆的储油罐，并根据照片上的人和油罐的比例关系，测算出大庆石油年产量为 1 200 万吨(1971 年)。日本人利用《人民日报》的报道、《人民中国》杂志的文章及实物黑土等信息得到了他们想要的信息资料。

对比与分类方法也是人们常用的一种方法，它通过事物和事物之间的类比，进行更深层次的思考，进而产生认识上的飞跃，形成一种科学的判断。比如人类根据动物的一系列机能，发明了雷达、飞机，由此形成了“仿生学”。这类现象之所以在科学史上不断出现，都是通过对信息比较分析带来的成果。

(3)社会调查分析法　社会调查分析法，也可叫社会调查统计法。社会调查分析法是有目的、有计划、有系统地搜集有关研究对象社会现实状况或历史状况材料的方法。它可以通过随机抽样、现场调查、调查表、直接面谈、定点统计调查，综合运用历史研究法、观察研究法等方法以及谈话、问卷、个案研究、测验或实验等科学方式，对有关社会现象进行有计划的、周密的、系统的了解，并对调查搜集到的大量资料进行分析、综合、比较、归纳，借以发现存在的社会问题，探索有关规律的研究方法。

第 6 章　城镇人口经济

“做活人口这盘棋”，认为具体需要做两个棋眼：一是发展内地的小城镇这种人口蓄水库，一是疏散人口到地广人稀的边区开发资源。

——费孝通

经济的发展是人类生存和发展的基础与前提，没有一定的经济条件和经济基础，人类就不可能生存，更谈不上发展。同时，人口是经济活动的主体和必要条件，没有一定数量、质量结构的人口，物质资料的生产既不可能存在，更谈不上发展。在人口发展与经济发展这对矛盾中，经济发展是矛盾的主要方面，它对人口发展起着决定性的影响，但人口发展又不是完全被动的，它反过来对经济发展起着重要的影响作用。本章主要针对城镇人口这一城镇经济发展诸要素中唯一具有主观能动性的生产要素进行论述，以期对城镇经济建设和社会发展提供帮助。

6.1　城镇人口的特征与构成

6.1.1　城镇人口的特征

人口，是指居住在一定地域面积内的人群总体；城镇人口，则是生活在城镇空间范围内的人群总体。人口是城镇建设的中心。人是经济活动的主体，城镇建设和发展都必须以人为中心。在市场经济的社会里，人们参与到各种行业中从而形成众多产业，并随之形成各种各样的市场。而市场的主体又是人，市场为人的生存和发展提供了广阔的舞台。这个舞台是由资本、设施、商品、货币、资源、技术、信息和人口等许多因素构造起来的。这些因素中，唯独人具有主观能动性，在这个舞台上自始至终扮演着主要角色，占据着中心地位。人口在城镇中既是生产者，又是消费者。因此，研究城镇人口的构成及其演变规律，对于城镇经济的发展有重要的意义。

城镇是农村商品流通和城乡交换的集散中心，作为城市和乡村联系的桥梁和纽带，它的人口构成与现代城市和传统农村相比，有着明显的不同。在我国传统的农村，由于单纯的生产形式和生活方式，导致人口构成单一化，主要表现为农业人口占绝对优势。现代城市由于是工业化和技术革命的产物，故人口密度较大，并完全从事非农业劳动。城市人口中除常住人口外，还有流动人口。就我国城镇人口而言，表现出以下特征：

1. 城镇人口增长很快，数量巨大

近年来，全国每年有约1 300万人转移出来，城镇已成为分流农村剩余劳动力的重要渠道。2010年全国常住城镇人口和乡村人口已非常接近，城镇人口为6.6亿人，占总人口的比重是49.68%；居住在乡村的人口为6.74亿人，占50.32%。同2000年第五次全国人口普查相比，城镇人口增加了2亿余人，乡村人口减少1.3亿余人，城镇人口比重上升13.46个百分点。新增的2亿多城镇人口中，一多半都是我国的小城镇吸纳的。如果不是城镇分流了60%左右的转移人口，我国城市早已不堪重负。

2. 城镇人户分离、离农人口城乡两栖现象日趋严重

改革开放以来，由于城镇建设的加快，大量的农业剩余劳动力除涌向经济发达地区和城市外，还大规模地流向城镇。这在很大程度上搞活了经济，增加了农民的收入，还缓解了农村剩余劳动力过多的矛盾。然而，流向城镇的大多数人既不能自由迁移，更不能落户城镇，因而造成了人口与户口分离的现象越来越严重。这部分人过着"城乡两栖"的生活，出现了一个"既非市民，又非农民"的游离阶层——他们就业和日常生活一般在城镇，户口却在农村，并承包着农村的土地。事实上，他们一方面无心或无力从事农业生产，另一方面又未获得城镇居民的身份。这种状况造成了很多负面效应：既增大了计划生育和人口管理的难度，又增加了城镇的负担，还导致了一些耕作粗放、田地荒芜的现象。此外，给交通运输、社会治安也带来了相应的压力。随着社会主义市场经济的发展，城镇对外的进一步开放，不仅普通的劳动力流动将进一步发展，而且各级各类专业技术人才的流动也将越来越多，在现行政策体制下，人户分离、城乡两栖的情况将会越来越严重和突出。这是城镇建设和发展中必须面对的一个新问题。

3. 城镇适龄劳动人口众多，就业压力巨大

当前，中国面临的最大问题之一是低素质人口的过度膨胀和简单劳动的严重过剩。据有关专家的模拟计算，我国有近2亿多的低素质农业劳动力被捉襟见肘的农业资源短缺"推"出来从事非农业生产。有人曾对此乐观地认为，城镇的经济和社会事业的发展会创造出更多的就业机会，就业前景还是乐观的。但多年来的情况表明，城镇的经济增长方式对就业的带动作用是有限的。我国大多数城镇经

济的增长主要依靠技术增密和提高劳动生产率两大要素来实现。有关数据表明，在城镇经济总产值的增长中，改革后物质投入的弹性较改革前有所增加，而劳动力对经济总产值的弹性则明显下降。这充分说明了技术的投入对城镇经济发展的作用在显著上升，劳动力对经济增长的作用在逐渐减弱。城镇同城市一样，存在着职工下岗，适龄劳动人口就业难的问题，就说明了这一点。

4. 城镇的人口整体素质水平普遍较低

人口素质是指人本身具有的认识世界、改造世界的条件和能力。它主要包括3个方面：身体素质、文化素质和思想素质。这三者之间是辩证统一的相互作用的关系。身体素质是人口素质的自然条件和基础。随着我国经济的不断发展，人民生活水平的逐步提高，医疗卫生社会保障制度的进一步完善，优生优育研究的新突破，这方面将会相应有所提高。而思想素质和文化素质则是人口素质的核心，是人口素质高低的重要标志。近年来随着城市精神文明建设的全面展开，城镇在重视知识和教育，提高人口素质等方面取得了较大的进步，但相对于城镇现代化建设的要求，相对于知识经济时代的发展要求，或者与我国大中城市相比，差距仍然相当明显。这些差距主要表现在城镇人口受教育层次普遍不高，劳动者掌握现代知识、掌握现代技术的整体水平较低，高层次的科技人才短缺，尤其缺乏真正懂技术、善经营、通管理、晓法律的复合型人才。因此，加快人才的培养、引进，建立一个完善而有利推动科技发展和人才成长的机制，提高城镇人口的整体素质，已成为城镇现代化建设的当务之急，应该成为城镇人口管理中必须十分重视的一项重要任务。

5. 城镇的人口老龄化问题日益严峻

人口老龄化是举世瞩目的全球性问题。尽管这一问题在中国大陆开始得比较晚，但截至目前却也已走完了从20世纪60年代末的年轻型，80年代初到90年代的成年型，2000年的老年型的全过程，进入了老年型国家的行列。人口老龄化是指老年人口占总人口的比例不断上升的过程。按照联合国公布的年龄构成标准，当65岁以上老年人口与总人口的比例上升到7%以上，或60%岁以上人口占人口总数10%以上时，称为老年型人口，达到这个标准的社会称为老龄化社会。根据第六次全国人口普查数据，截至2010年11月1日0时，中国内地31个省、自治区、直辖市和现役军人的人口中，0～14岁人口为222 459 737人，占16.60%；15～59岁人口为939 616 410人，占70.14%；60岁及以上人口为177 648 705人，占13.26%，其中65岁及以上人口为118 831 709人，占8.87%。同2000年第五次全国人口普查相比，0～14岁人口的比重下降6.29个百分点，15～59岁人口的比重上升3.36个百分点，60岁及以上人口的比重上升2.93个百分点，65岁及以上人口的比重上升1.91个百分点。我国的人口老龄化程度越来越高。在经济尚不发达的中国,这显然是一个压力很大的社会问题。由于我国人口老龄化与发达国家相比具有发展速度过快、势头过猛、绝对数量过大的特点,因此,城市特别是城镇对养老,以及相应的养老保障、养老设施等社会问题尚认识不足,准备不够。至今,除1996年10月1日颁布施行的《中华人民共和国老年人权益保障法》以外,对老年人、老年群体相关的具体政策、措施均缺乏具体的实施办法,而城镇老年群体又是由无保障体系的城镇企业老年职工组成,致使他们无论在身体状况、心理素质、社会地位、经济来源、思维能力等方面都显示出比大中城市更严重的脆弱性。他们已成为老年型城镇社会中最脆弱的社会群体。正因为如此,研究城镇人口老龄化以及由此引发的相关问题,将是现在和未来一段时期内,城镇人口管理中必须十分重视的问题。

6.1.2 城镇人口的自然构成

城镇人口是聚集在一起的数量巨大的群体,它的构成是其自然属性与社会属性的直接反映和具体结果。从自然构成来看,它主要包括人口的年龄构成、性别构成等方面的内容。

1. 年龄构成

年龄构成是人口构成中的一个重要方面,它涉及城镇劳动人口的比例及其未来变动趋势。合理的年龄构成,能够给城镇经济发展提供一个稳定的、持续增长的基础。相反,人口跳跃式发展则会造成城镇就业中某段时期劳动力缺乏、设备闲置;而另一段时期劳动力又过度饱和导致失业,从而制约经济的健康成长,并带来社会的不稳定。人口的发展具有惯性,不合理的年龄构成一旦形成,在相当长的时期内将难以调整,会对城镇社会与经济形成周期性的冲击和震荡。

人口年龄构成呈"金字塔"形,即少年儿童人数最多,是"金字塔"的基础;中青年人数居于次席,是"金字塔"的中部和主干;老年人的人数最少,是"金字塔"的顶端。合理的人口金字塔应该上小下大,逐渐平缓过渡,无明显凸凹。

一般将人口按年龄分为儿童少年组(0～14岁)、劳动力组(15～59岁或64岁)、老年组(60岁或65岁以上)。依据这3个组别的人口构成比例,可将城镇人口划为年轻型、成年型、老年型3种类型。如联合国规定:65岁以上的老人占总人口比例为4%以下的为年轻型,比例为4%～7%的是成年型,比例超过7%则为老年型。而我国则规定,65岁以上老人占总人口比例为10%以上、或60岁以上老人占总人口比例为12%以上为老年型。

人口类型决定人口出生的强度,是编制城镇人口发展计划的基本依据之一。

一般说，年轻型预示着人口未来增长压力大，将以数量扩张形式发展，故又称扩张型；老年型表明人口增长后继乏力，将以数量收缩形式变动，故又称收缩型；而成年型则各年龄组人口分布均匀，呈稳定状态，故又称稳定型。

随着经济发展水平的提高，城镇人口将逐年从年轻型→中年型→老年型演化。发达国家城镇人口多为老年型，我国的一些地方已开始进入这一行列。

2. 性别构成

性别构成就是男女的比例。这种比例、尤其是特定年龄段的性别构成，直接影响着人们组织家庭、生育子女等社会活动，因此是城镇人口构成的另一个重要方面。

通常情况下，城镇人口的性别构成与全社会的性别构成大体相当，即男女人数基本平衡。但在特殊情况下，如战争过后，会出现男少女多的情况。在和平时期，新建城镇往往男多女少，因为建设者和企业职工中以男性居多。我国城镇人口的性别构成，正属于这种情况，男性比例大于女性比例。究其原因，主要是因为大量农村劳动力向城镇转移，参与城镇建设，而这些转移劳动力中大部分是男性。

正常情况下，城镇出生的男婴与女婴基本持平；但男劳动力数却高于女劳动力数；到了老龄则相反，女寿星的比例优势体现得越来越明显。注意到这个规律，对于研究城镇经济问题十分有益。

6.1.3 城镇人口的社会构成

城镇人口构成既不同于农村，又不同于城市。近几年城镇建设的快速发展和繁荣，使得农村劳动力在空间转移形式上呈现多层次地域特征：如有乡村就地转移（离土不离乡）；有乡村劳动力向城镇永久性转移（指实现了向城镇固定职工转变的转移）；有乡村劳动力向城镇摆动式转移（指工作在城镇，居住在农村的转移）；有区域性转移（指吸引欠发达省市劳动力到城镇就业的转移），以上种种空间转移形式导致城镇的人口构成产生了新的变化。

社会构成是指由社会因素决定的人口构成，这些社会因素包括文化传统、道德观念、宗教信仰、风俗习惯、经济水平、经济制度等等。城镇人口的主要社会构成如下。

6.1.3.1 户籍构成

我国自 1958 年后一直实行严格的户籍管理制度，以此限制人口在城镇与城镇之间、城镇与农村之间的自由流动。因此，当时所说的城镇人口几乎可以等同于有本市户籍的人口。但是，改革开放以后，随着劳动力市场的建立和农村劳动生产率的提高、剩余劳动力增多，城镇人口中外来流动人口比例逐渐上升。尤其是其中相当大的一部分沉淀下来，成为城镇的常住人口，其生活方式与生活要求，与城镇居民大体相近，这就使城镇人口构成日益走向多元化了。

所以，按是否具有本市户籍划分，可以把城镇的常住人口分成户籍人口和流动人口两大类。其中，流动人口中的主要部分是打工人口，即虽无本市户籍、却在本市长期生活和工作的外来人口，亦被称为常住流动人口。由于他们的流动性实际上已很小，逐渐在走向定居化，因此把他们叫做打工人口可能更为准确。也可将城镇镇区人口分为 3 种：即常住人口、通勤人口和流动人口①。

6.1.3.2 劳动构成

城镇人口的劳动构成，可以从 3 个方面考察。

1. 按是否就业划分，城镇人口分为就业人口与被抚养人口

就业人口又称劳动人口，它包括年龄位于劳动年龄范围(男 15～60 岁，女 15～55 岁)具有劳动能力的所有个人。被抚养人口按我国有关法令规定，包括 0～14 岁的少年儿童；60 岁以上的男性老人和 55 岁以上的女性老人；丧失劳动能力的人(如残疾人、精神病患者等)。

劳动参与率，是指劳动人口占总人口的比重，它是衡量劳动力实际供给的一个最重要的指标。一般来说，城镇的劳动参与率会高于全社会的水平。原因是农村中有相当一部分剩余劳动力转移到了城镇，使城镇劳动人口增多。调查表明，我国城镇市区社会劳动者占城镇总人口比重比全国平均水平高出约 5 个百分点。但是，随着城镇经济的发展和人口的老龄化，这一差距会逐步缩小。

2. 按生产性质划分，可将城镇人口分为农业人口与非农业人口

农业人口是指从事农业生产活动的人员及其家属；非农业人口则指从事非农业生产活动的人员及其家属。近年来，随着城镇规模的迅速扩大，城镇人口的总量高速增加，非农业人口占城镇人口的比重逐渐上升。

3. 按劳动部门划分

按劳动部门划分，有两种分类：一是按三次产业划分的产业构成，二是按 15 个

---

①根据国家统计部门的规定，常住人口包括户籍人口和寄住半年以上的外来人口。(2011 年)第六次全国人口普查规定常住人口包括：常住人口是指户籍人口、居住半年以上的外来人口和寄宿学生。常住人口中不包括长期在省外学习、生活、工作的外出人口。通勤人口是指劳动、学习在镇区规划范围内，而户籍和居住在镇区外的职工和学生。这部分人对镇区内的部分公共建筑、基础设施以及生产设施的规模有较大的影响。流动人口是指出差、旅游、探亲和赶集等临时参与镇区社会活动的人员。这部分人对一些公共设施、集贸市场、道路交通都有影响。

根据镇区人口的特点，常住人口是镇区人口的主体。镇域总人口是指该镇所辖地域范围内所有常住人口的总和。常住人口的数量决定了居住用地面积，也是确定建设用地规模和基础设施配置的主要依据。参与镇区内社会生活的还有定时进入镇区的通勤工人、学生，以及差旅和探亲的流动人口，以及数量可观的赶集人员。为了统一概念，便于统计，镇区人口分为常住人口、通勤人口和流动人口 3 类。

国民经济部门划分的行业构成。产业构成揭示城镇经济的发展水平;行业构成则反映城镇的主体经济部门和城镇的主导功能。

6.1.3.3 文化素质构成

人口的素质包括两个基本内容:身体素质与文化素质。前者取决于生活水平、医疗保健水平等因素;后者则取决于教育水平,科学文化水平等因素。衡量人口的文化素质可以通过下列指标进行。

1. 教育类

常用的指标有成人识字率、成人平均受教育年限、儿童义务教育普及率、大学生入学率等。

2. 科技类

常用的指标有每百万人口拥有科技人员数、每万名职工拥有科技人员数、每万人口专利受理批准数等。

3. 文化类

常用的指标有人均藏书量、人均订阅报刊份数、每万人口拥有影剧院和博物馆数等。

人口的文化素质与城镇经济发展成正相关关系。美国经济学家舒尔茨研究了工业和城镇经济活动与农业和农村经济活动之间的不平衡发展,于 1960 年提出了“人力资本”的概念。通过大量实证材料的分析,他证明了长期以来在美国经济增长中,人力资本的贡献比物质资本的贡献大得多,并且教育投资的收益大于单纯增加劳动力数量的投资。根据他的计算,在美国经济增长中,有 33%是由对教育的投资而得来的。韩国学者的研究亦表明,在 1970—1987 年的韩国经济增长中,36%是就业人数与就业结构变化的因素,64%是劳动生产率提高的结果。

6.1.4 城镇人口与经济发展的关系

城镇人口与城镇经济的发展是互为条件,互相影响,互相制约的。没有一定数量和质量的人口,城镇经济就不可能存在和发展。城镇经济发展又是城镇人口生存与发展的基础。

6.1.4.1 城镇人口对城镇社会经济活动的影响

城镇人口是城镇经济活动的主题。马克思指出,人口是全部社会生产行为的基础和主体。人口是城镇生产力不可缺少的前提和要素,又是城镇社会生产关系的承担者或体现者。无论是生产力发展或者是生产关系的变革,都离不开一定的人口。人口对经济发展的作用,主要是通过人作为生产者和消费者的统一体实现的。首先,人作为生产者,是社会财富的创造者。社会生产行为表现为具有一定生产经验和劳动技能的劳动者利用生产资料改造自然、创造物质财富的过程，而一定的劳动者则来源于一定的人口，没有一定的人口就不可能有任何社会生产。正是在这个意义上说，一定的城镇人口是城镇经济的基本生产力。其次，人作为消费者，是一切最终产品的消费者。消费活动的实现除了一定数量的消费资料外，归根到底要以人口的状况为转移，城镇人口是城镇的基本消费力。城镇人口对城镇经济的作用，具体通过人口的数量、质量、分布和构成等方面发生影响。

1.城镇人口数量对城镇经济的影响

一定数量的人口是城镇经济发展的基本条件。人口对经济的制约作用具体表现在二者在数量上的比例关系。一是城镇人口，确切地说是劳动人口与生产资料应保持合理的比例。劳动人口只有在与生产资料结合以后，才转化为现实的生产力。如果生产资料不足，全部劳动人口就不可能得到充分利用，不是有一部分劳动者得不到就业机会，就是会降低生产者的技术装备水平，降低劳动生产率。如果生产资料过剩，不能充分利用，造成浪费，也会降低经济效益。二是城镇全部人口与消费资料应保持合理的比例。在人口总量一定的条件下，消费水平的高低取决于消费品数量的多少；而在消费品总量一定的条件下，人口的数量则决定消费水平的高低。这就是说，城镇全部人口须与城镇经济发展相适应，人口过多，会降低现有人口的消费水平，人口过少，会使劳动力资源不足，经济缺乏活力。

2.城镇人口质量对城镇经济的影响

人口质量的高低，日益成为城镇经济发展的决定因素。人口质量包括人的身体素质和文化技术素质。当生产力水平低下，劳动主要靠手工方式进行时，劳动人口的数量是经济发展的重要因素。当生产力水平提高，尤其是科学技术日新月异的时期，人口的技术素质便成为决定性的因素。这是因为文化技术素质高的人口比普通人口的劳动生产率高得多。据有关的资料显示，小学毕业水平的人口可以提高劳动效能43%，中学毕业水平的人口可以提高劳动效能108%，大学毕业水平的人口可以提高劳动效能300%。提高城镇人口的文化技术素质，是城镇经济发展中巨大的潜在动力。

3.城镇人口空间分布对城镇经济的影响

人口的空间分布对城镇经济有着重要影响。人们通常用人口密度即一定区域内每平方千米土地上拥有的人口数量，作为衡量人口分布的主要指标。马克思指出，人口数量和人口密度是社会内部分工的物质前提。人口稠密的地区，城镇分布多，而且城镇的规模相应要大一些。人口高度密集的苏州地区，每100平方千米就有2.3个城镇，每个镇的人口也在万人以上，而西北、西南一些人口稀少的地区，乡政府所在地，甚至是县政府所在地，也难以形成城镇。

4. 城镇人口的构成对城镇经济的影响

城镇人口的年龄构成和性别构成对城镇经济的发展有显著影响。人口年龄构成为年轻型，一方面反映劳动力资源蕴藏丰富，另一方面反映了劳动力队伍中有文化有技术的青壮年多，是发展城镇经济的重要条件，人口性别比例高低影响劳动力资源的利用。一项调查表明，城镇人口性比例比全国平均水平高出 25 个百分点。这种状况说明，在城镇从业的主要是男劳动力。这对减轻城镇社会负担，促进城镇生产发展有一定的意义。

6.1.4.2 城镇经济对城镇人口的影响

1. 经济发展影响城镇人口自然变动

人口的出生与死亡，既是自然的生理过程，又是社会过程。经济发展改善了人口的增殖条件和生存条件，也给人口的出生与死亡以重大的影响。由于城镇经济发展，医疗卫生水平提高，婴儿死亡率降低，人口平均寿命延长，城镇人口死亡率持续下降。经济发展使家庭的规模和结构小型化和简单化，从而制约家庭生育行为。妇女参加社会劳动，父母与成年子女经济往来的减少，都会造成少生育子女的倾向。

2. 经济发展改善现有人口的生活，提高人口的素质

随着城镇经济的发展，城镇居民的吃、穿、住、用、行以及文化生活各个方面都会发生很大的变化。我国人均日摄入热量已超过营养标准，完全解决了温饱问题。目前城镇青年男女的平均身高比他们的父母明显高了，身体素质更强了，文化技术素质也大幅度提高。

3. 经济的发展推动生产要素在更广阔的空间范围内实现最佳配置

我国乡村人口基本上是依据血缘宗族关系，聚居在成千上万分散的自然村落。这种落后的分布方式同传统农业在小块土地上分散劳动，自给自足的自然经济相适应。列宁在分析俄国资本主义发展时指出，如果说，过去的生产条件本身决定了农民群众固定在他们所居住的地方，那么商业性的资本主义性的农业的不同形式和不同地区的形成，就不能不造成大量居民在全国各地的流动。而没有居住的流动，居民的自觉性和能动性的发展是不可能的。城镇市场经济的发展，必然打破人口居住的地域，按照市场经济发展要求重新组合和分布。交通运输事业的发展，信息交流的频繁，商品流通的发达，人口技术素质的提高，征服自然能力的增强，都为人口迁移变动创造了条件。

4. 经济发展引起城镇人口的职业多样化，文化水平迅速提高

城镇居民的职业由单纯从事工业，发展到从事农工商科教文卫服务等各业，城镇人口的文化教育构成也有很大变化，受过大学、中专和高中教育的人数大幅上升。

6.2 城镇人口就业

6.2.1 城镇劳动力的供给与需求

城镇拥有十分巨大的劳动力需求，为农村剩余劳动力提供着大量的就业机会。但是，在市场经济制度下，无论何种社会经济体制，又都毫不例外地存在着失业问题。因此，研究城镇人口的就业，对于城镇经济发展和社会稳定具有特别重要的意义。而研究城镇人口的就业，则须从探讨城镇劳动力的供求机制着手。

6.2.1.1 城镇的劳动供给

劳动力供给可以定义为，在不同的工资水平上，一个既定的地域市场中所提供的劳动量。劳动供给量通常与工资水平呈同方向变化，它表明在其他条件不变时，工资越高，提供的劳动量越多。然而这种情况不是一直持续下去的，因为对于个人而言，尽管提供更多的劳动可以得到更高的工资收入，但相应地也使闲暇时间变得更少。因此，劳动者不愿意牺牲太多的闲暇时间，很可能自觉减少劳动量。最初，随着每小时工资额的上升，工人的工作时数增加；当工资与劳动量增加到一定水平之后，工人将不再把单纯追求收入增长视为第一需要，他们将转而享受生活闲暇时间给予他们的乐趣，因此自愿减少工作时间。

上述情况只是针对特定岗位上的劳动个体而言的。因为对于全社会来说，较高的工资总会吸引原先工资较低的其他岗位和其他地区的劳动者来补充到工作空缺中来。

影响城镇劳动供给的因素有很多，主要的是以下几方面：

1.人口特征

人口的规模、人口的再生产能力、人口的迁移、人口的年龄与性别构成等都影响到城镇劳动力的供给。一般来说，人口规模越大、再生产能力越强(高出生率、低死亡率)，则劳动力资源越丰富；人口构成中，年轻型的比老年型的将提供更多的后备劳动者；男性相对于女性，就业欲望也更高涨；人口迁移对于城镇长期的劳动供给也有特殊意义。在美国，每年有大约15%的人口从一个劳动市场迁移至另一个劳动市场。在我国，随着城镇综合改革的深入和劳动市场的建立，“人才大流动”、“孔雀东南飞”早已是一种司空见惯的社会现象。据一项不完全统计，海南建省以来由于经济发展而新提供的100多万个劳动岗位，有一半以上为外地人所获得，外来移民已成为海南经济中的骨干队伍。

2. 劳动力素质

劳动者的身体健康状况、文化教育程度、劳动技能水平以及合作精神等都会对劳动的供给产生影响。对于一个城镇来说，如果其产业结构要求劳动力素质很高，那么短期内合格劳动力会十分短缺，劳动供给缺乏弹性；但随着时间的推移和人力资本的投入，不仅由于有人口流动，而且因为有大量的教育与培训，使得劳动力短缺现象趋向缓解，劳动供给也越来越富有弹性。在经济文化尚欠发达的城市，劳动力素质与劳动供给量总是成反比的。

3. 劳动参与度

劳动参与度是指总人口中有就业欲望的正常人口所占百分比以及他们愿意提供的劳动时间。影响劳动参与度的因素包括社会观念、交通成本、工作条件、收入状况、家庭服务的普及性等。这些因素综合起来，构成了人们参与劳动的“机会成本”。比较机会成本与劳动收入的差异，就决定了人们劳动参与度的大小。

4. 制度因素

制度因素包括社会保障体制、就业政策、劳资关系等。长期以来，我国城镇人口的就业政策是在严格户籍制度基础上由国家“大包大揽、统一分配”。尤其是一些特殊劳动人口，如大中专毕业生、部分退伍复员军人，更无须自寻出路，只等组织安排。随着社会主义市场经济的发展，这种现象发生了改变，目前我国的绝大多数人员的就业是通过劳动市场实现的。在西方国家，如果工会的力量足够强大，则往往可以牵制一个行业、或一个地区的劳动供给，工会常常运用工资谈判和集体罢工的武器来直接或间接地影响劳动供给的数量和质量。

6.2.1.2 城镇的劳动力需求

劳动力需求是一种派生需求，它是由于对商品与服务的需求而导致的对劳动的需求。假定只存在劳动与资本这两个生产要素，则当资本量固定时，劳动量的增加会以递减的速率引起产品量的增加，直至劳动增加不再引起产品量增加为止，这被称作边际产量递减规律(也称边际生产率递减规律)。根据西方经济学原理，当产品市场是完全竞争市场时，最终产品的价格乘以边际产量等于新增劳动的边际收益；而各种劳动的边际收益曲线就是劳动力需求曲线，因为这条曲线反映了应付给新增劳动量的最高工资。

影响城镇劳动力需求的因素主要有以下几方面：

1. 最终产品价格

当最终产品价格上升时，意味着对它的需求增加；在边际产量一定的情况下，价格上涨会提高劳动力的边际收益，即导致对劳动力需求的增加。

2. 投资数量

在人均资本量不变的前提下，如果增加投资数量，则对劳动力的需求就会增加。如果在提高投资数量的同时工人的人均资本量也在增加，则劳动的边际产量必然增加，从而引起劳动力的边际收益上升，导致对劳动的需求增加。

3. 其他要素价格

决定生产规模的生产要素除了劳动外，很重要的还有资本和土地。在一定规模的生产中，如果资本与土地的价格有一个或两个都上涨，则相对来说劳动力价格在下降。在生产要素之间存在相互替代的时候，厂商会增加劳动投入而减少资本、土地的投入，直到单位投入在劳动上的边际收益降低到与单位投入在其他两个要素上的边际收益相等为止。

4. 生产技术水平

技术要素对于劳动力需求变化的影响，在长期内显得尤为重要。一方面，技术装备程度的提高，会使劳动生产率提高，从而减少劳动力需求量；另一方面，技术的创新又不断引致新产业的诞生和新领域的开拓，从而增加新的就业机会，提高劳动力需求量。

综上所述，对于劳动的需求，取决于城镇经济的发展状况。经济发展快，会使收入提高，导致人们消费的增加；经济发展快，也会诱发投资量的扩大，并使资本与土地价格上涨；经济发展快，还能引进新技术，建立新部门。这一切，都使得对劳动的需求量增加，从而使城镇人口增加，城镇的发展也由此进入了一个理想的良性循环之中。

6.2.2　城镇的就业机制与劳动市场

所谓就业，是指有劳动能力的人向社会提供一定数量和质量的体力的或脑力的劳动，并获得相应的报酬。从以上分别对劳动供给与需求的分析中，我们可以知道城镇的就业是如何产生又如何分配的。下面我们将综合讨论在市场经济条件下，城镇就业的相关约束机制。

图 6-1 所示的是劳动力数量与将要支付的均衡工资之间的关系。图中，D 表示劳动力需求，S 表示劳动供给，W_0 表示均衡工资，L_0 表示就业均衡数量。

从图 6-1 中可见，当资本成本上涨时，会增加劳动的需求，使 D 上移至 D_1，工资由 W_0 上升至 W_1，就业量由 L_0 增至 L_1；劳动力需求的增加又会吸引人口迁移，使就业队伍扩大，劳动供给增加，即由 S 右移至 S_1，这时他们的工资水平会从 W_1 降至 W_2，而就业量会从 L_1 进一步增至 L_2。最后结果是 D_1 与 S_1 建立了新的均衡点，工资水平为 W_2，而就业扩大到了 L_2。

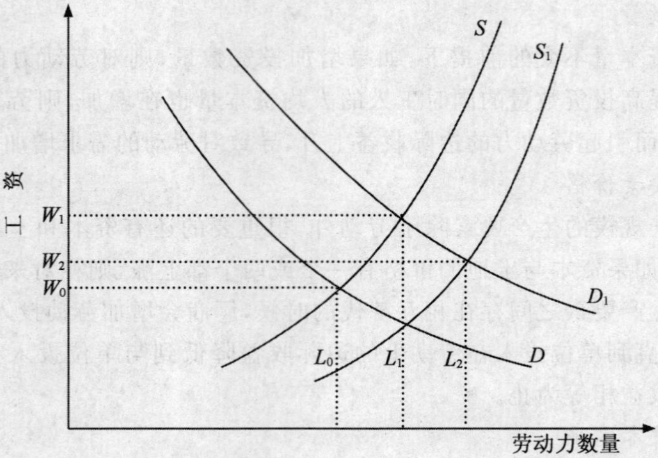

图 6-1　劳动市场的均衡

图 6-1 描述的是一种完全理想化的状态，实际上就业机制还受着多种因素制约，如产业结构、企业规模、通信与运输条件等。这其中，劳动市场的作用是十分显著的。美国经济学家舒尔茨认为，大都市区劳动市场是高度复杂的，由分开的但又相互联系的不同职业的和不同区位的次级市场所构成。工资的决定、工作的寻求和工人的移动都被许多种力影响着——经济的、制度的、区位的和个人的。现代城镇由于发达的交通与通信技术，使得信息的传播极为迅捷，而成本大为降低。因此，人们在城镇劳动市场上获取信息的可能性不断提高，并得以用更快的速度向着更好的工作岗位转移。

然而无论城镇本身的经济运行状况如何，100%的就业始终只是一种理想目标，而无法成为现实，也不利于社会进步。因为，有许多因素导致失业的产生：自愿的与非自愿的，微观的与宏观的，显性的与隐性的等。经济学界普遍认为，保持适度的失业率（如 2%～5%）是有益的，因为它能促进劳动市场的建立和人口的流动；并使劳动者处于竞争状态而有利于提高劳动效率。美国政府认为，失业率在 5%以下可视为充分就业，不必忧虑。

6.2.3　市场经济社会的失业问题

所谓失业，是指有劳动能力的劳动者愿意工作而没有工作，不能参与一国的经济建设。它包括两种情况：一是新增的劳动者找不到工作；二是原有的劳动者失去了旧工作，尚未找到新工作。

6.2.3.1 失业统计

经济意义上的失业者与统计材料中的失业者可能不一致，这是因为各个国家对于就业和失业的含义有不同的规定。如美国规定失业者是指在调查周中没有工作、而正在寻找工作的人；英国规定只有在15岁以上、且每月的第一个星期五前去登记求职的人方为失业者。显然，这些官方统计的失业者是被缩小的失业规模。

国际上，失业率是反映一国社会经济发展状况的重要指标之一，从某种意义上说是经济的“晴雨表”、社会的“温度计”，其定义为

$$失业率=\frac{当年失业人数}{同期人口平均数}\times 100\%$$

在美国，失业率在经济大危机的1933年达到最高点，为24.9%；在战后大发展的1958年处于和平时期的最低点，为2.9%；自1974年石油禁运以来，失业率一直非常高，从未低于4.8%，1982年为10.8%，1991年为6.6%，2005年5月为5.1%，2011年8月为9.1%。20世纪60年代中期，西欧的失业率只有美国的一半，2000年，欧盟国家平均失业率为10%，2011年6月，欧盟国家的失业率为9.4%。相比之下，亚太地区则要好得多，2011年7月，日本的失业率为4.7%，2011年5月，中国台湾的失业率为4.27%，2011年6—8月，中国香港的失业率为3.2%，新加坡2011年8月的失业率为2.1%，韩国2011年8月的失业率为3.4%。

6.2.3.2 失业类型

从不同的角度，我们可以把失业区分为不同的类型。

1.按表现形式，分为完全失业和隐蔽失业

完全失业是指完全找不到工作，为法律所公开承认的失业，隐蔽失业是指希望全日工作、连续工作的人只能从事半日工作、非连续工作，法律不公开承认为失业，也称半就业或半失业。我国农村和城市都存在着大量的隐蔽失业，农村的隐蔽失业人数高达两亿多人。

2.按产生原因，分为自愿失业和摩擦失业

自愿失业是指因劳动者不愿接受现行工资、或不满足现状工作条件而失业；摩擦失业是指为了改变工作种类或地点而变换工作、原材料缺乏、机器设备发生故障，就业消息不灵通等造成的失业。

3.按性质，可分为结构性失业和需求短缺性失业

结构性失业是指劳动者的知识技能结构不适应工作需要以及新技术应用而使旧技术废弃所造成的失业；需求短缺性失业是指由于社会对某些商品和服务的总需求减少，从而导致的失业。

4. 按时间，可分为季节性失业和过剩性失业

季节性失业是指由于生产、消费的季节性而导致对劳动力需求的周期性变化引起的间断失业；过剩性失业则是在相当长的时期内，劳动者人数超过劳动工作岗位而形成某些人的连续失业。

6.2.3.3 影响失业的因素

分析一下各国失业情况，会发现与失业有关的若干因素影响着失业率的高低。

1. 产业结构对失业率的影响

由于不同的行业具有不同的资本有机构成，它们吸纳劳动力的能力也就各不相同。这样，产业结构与就业水平之间也就存在着密切的关联。第三产业具有比制造业更高的劳动力需求，因此第三产业发达的城镇往往比工业城镇的失业率低。

美国的情况也是如此，沃纳·赫希在《城市经济学》一书中指出："制造业高度集中的地区，失业率很高。"这主要是因为，制造业吸纳劳动力的能力远远低于第三产业；前者在经济动荡中，所受影响更为显著。

2. 城市形态与失业率

美国学者的研究还表明，随着城市形态逐渐从中心城市向农村地区的渐变，失业率也由高到低逐级下落。这是因为：一是城市化水平越高的地区，专业化部门越集中，市场指向越灵敏，对经济波动的抵抗力越脆弱；二是人口高度密集，更容易造成劳动力的饱和与过剩。

3. 年龄构成与失业率

中外的经济现实都反映出同一种现象，青年人比中年人更难找到工作和保住自己的饭碗。根据德国联邦统计局资料，2011 年 6 月欧盟地区平均失业率为 9.4%，但年龄 15～24 岁的年轻人，失业率却高达 20.5%。西班牙年轻人失业率最高，为 45.7%，希腊年轻人失业率也高达 38.5%、意大利则是 27.8%、爱尔兰 26.9%、葡萄牙 26.8%、瑞典 23.1%、法国 22.8%、芬兰 19.9%、英国 19.6%。究其原因，一方面是青少年对社会的适应能力较差；另一方面大概与社会偏见有关，即人们往往把自然年龄与就业技能混为一谈，并以自然年龄与资历深浅作为主要评判标准，这就自然而然地将年岁不大且初涉人世的青年人推到了就业的末端。

6.2.3.4 失业的救济保障

根据国际劳工组织公布的数据，2009 年全球失业人口总数高达近 2.12 亿人，失业率为 6.6%。失业不仅是经济运转故障的信号，也是社会列车走入危险路段的警钟。因此，各国政府无不把解决广大的失业大军的生活问题，作为其工作的首要任务之一，失业救济保障制度，也就被当做一项特别重要的社会政策付诸实施。

失业救济，是根据有关失业补偿计划，向官方认定的失业者直接发放食物、衣

服等生活必需品，以及用于维持最低生活水平的一定数量的货币。各国规定的失业救济金额、领取救济期限、申请救济条件各不相同。在美国各州，最高救济金额从每周40美元到120美元不等，一般为50美元；领取期限从20周到34周不等，一般为26周。在我国，劳动合同制工人被解除劳动合同时，可根据其在该企业工作的年限，每满一年领取相当于本人标准工资1个月的生活费（最多不超过12个月）。国有企业职工按全部职工标准工资总额的1%，由企业开户银行按月代扣代缴"失业保险金"。破产企业的职工可领取一定的失业救济金，工龄在5年和5年以上者，最多可领取24个月的失业救济金，前12个月每月为本人标准工资的60%～75%，后12个月每月为本人标准工资的50%；工龄不足5年的最多可领取12个月的失业救济金，每月为本人标准工资的60%～75%。

6.2.4 我国城镇就业体制的改革

长期以来，我国计划经济的体制加上严格的户籍管理，使得一方面城镇人口就业由国家统一包办，职工端的是"铁饭碗"；另一方面农村人口被束缚在土地上，不能自由流入城镇，因此没有出现像印度、墨西哥、埃及等第三世界国家那样，农民因破产涌入城镇造成大量失业人口的现象，城镇失业率一直较低。

改革开放以来，由于城镇就业体制由单一的国家安排走向多元化，打破"铁饭碗"、自主择业等一系列举措；尤其是集体、个体、私营、合营等经济成分的大发展，使就业状况日益好转，在1985年失业率达到最低点，只有1.8%。但在1989年以后，就业形势又日趋紧张，2003年，我国城镇登记的失业率为4.3%，2010年，这一数据为4.1%。究其原因，主要有3个：一是巨大的人口带来的就业压力；二是大量农村剩余劳动力向城市转移，进城寻找就业机会；三是一些国有大、中型企业经济效益不佳，处于停工、半停工状态，大量职工下岗。

城镇就业体制改革的核心，在于劳动力市场的建立。劳动力市场是指在价值规律和竞争规律的作用下，通过劳动力供求双方的双向选择配置劳动力资源的一种机制。它的建立，从根本上解决了国家、企业和劳动者在劳动关系上的地位问题：企业和劳动者是平等的主体，国家成为市场运行中的监管者、协调者和服务者；对劳动力资源实行市场配置，有利于更好地调动企业和劳动者的积极性，提高劳动生产率。

劳动力市场的基本特征是自主就业、双向选择、人才流动、供需见面、实行劳动力的优化组合。据统计，2008年我国城镇就业人员中的90%以上是通过市场自主就业的，但劳动力的流动率依然很低，仅在5%左右。而发达国家的城市劳动力流动率都在10%以上。说明适度增加劳动力的流动率、减少人才流动中的人为障碍，是完善劳动力市场的一个重要方面。

6.3 城镇建设与农村剩余劳动力转移

城市化是现代文明的历史现象，其发展水平是衡量一个国家和地区经济社会进步程度的重要标志。城市化对促进整个国家经济社会发展的意义是多方面的，但其最重要或最核心的意义在于促进农村剩余劳动力转移，加快城市化进程，正是由要解决农村剩余劳动力转移问题的任务所决定的。在这一进程中，城镇具有重要的、不可替代的地位和作用。

6.3.1 农村剩余劳动力转移的必要性

我国是世界上人口最多的大国，而且是世界上农村人口最多的农业大国。根据第六次人口普查的结果，到 2010 年 11 月 1 日 0 时，我国总人口为 13.397 亿，其中有一半以上(50.32%)的人口生活在农村。而美国、英国、法国、日本等经济发达的工业化国家，农村人口仅占其总人口的 3%左右。农业、农村、农民，即“三农”问题是我国经济发展中不容忽视的重要问题，建设现代农业、发展农村经济、增加农民收入是我国在 21 世纪头 20 年全面建设小康社会的重大任务，而增加农民收入则是解决“三农”问题的关键所在，只有农民的收入稳定增长，建设现代农业和发展农村经济才有保证。

正是基于这样的道理，我国的经济改革率先在农村进行，经过 20 多年的改革和发展，我国农业生产力得到了极大的解放和发展，农村剩余劳动力开始转移，农民收入有了很大提高。但近年来，农民收入增长开始趋于缓慢，收入水平一直在低水平徘徊，与城市相比，农业生产力增长速度较慢，农民人均纯收入的增长远远低于城市居民的增长，农村还有 3 000 万人口没有解决温饱问题。据资料统计，1979—1995 年农民人均纯收入年平均增长 8.2%，而 1997—2000 年农民人均纯收入平均每年增长 3.46%。2007 年、2008 年、2009 年 3 年我国城镇居民人均可支配收入增长幅度依次为 12.2%、8.4%、9.8%；作为对比，2007 年、2008 年、2009 年 3 年我国农民人均纯收入增长速度分别为 9.5%、8.0%、8.5%[①]。从较深的层次上看，造成农民收入增长缓慢的根本原因则是，农业的工业化和产业化水平、农民的非农化程度，以及农村的城市化水平都比较低。过多的劳动力集中在过少的生产

①近年来我国城乡居民收入增长情况. 中国经济导报，2011-02-01.

要素上，造成农业边际收益等于零。因此，要建设现代农业、发展农村经济，必须改变农民收入增长缓慢的状况，这就必须从提高农业的工业化和产业化水平、推进农村劳动力向非农产业转移以及走农村城市化道路入手。在目前的情况下，大力推进农村剩余劳动力转移，这是由我国的国情决定的。

1. 高度紧张的人地关系

我国人均耕地不足 1.3 亩，有 1/3 的省人均耕地面积少于 1 亩，有 1/3 的县人均耕地面积少于 0.8 亩，已经低于联合国测算的最低生存保障水平，而目前我国农民有 8 亿以上，其中劳动力人口在 5 亿以上。据山西农村的调查，许多农村有一半劳动力可以转移出去，而留下的另一半劳动力中，一年中也会有半年赋闲。这一矛盾造成农业人口过剩、劳动力无限供给、农村经济不断地细碎化，这是我国农村剩余劳动力转移问题呈现严重性的根源。

2. 城乡分离二元模式的制度安排

新中国成立后，我国的经济发展一直坚持的是农村—农业，城市—工业的发展格局，国家颁布了一系列的政策和法令，在户口迁移制度、粮油供应制度、劳动用工制度和社会保障等方面将户口分为农业和非农业两种，严格限制农业中的人口向城市迁移，城乡之间人口不能自由流动。这些做法，在很大程度上压抑了农村劳动力的流转就业，固化了农村劳动力的工作范围，影响了农村居民收入来源渠道的扩展。直到 20 世纪 80 年代以后，这道阻碍农村劳动力自由流动的“柏林墙”才开始松动，2003 年，河北、山东、江苏、浙江、陕西、四川、重庆等不少省市，宣布废除户籍制度上的农业户口与非农业户口之分，实行居民户口。尽管如此，要真正拆除横亘在城乡之间的这座“柏林墙”，真正排除几十年城乡二元体制造成的深远影响还需有一个过程。

3. 农村剩余劳动力转移中的现实问题

客观地讲，我国农村剩余劳动力转移已迈出了很大的一步，大量农民进入城市打工，从事非农生产和服务工作。每年春运期间在车站码头涌动的民工潮就是我国农村剩余劳动力转移成效的最大体现。农村剩余劳动力转移过程中存在的问题是：一方面，城乡二元结构的体制性和政策性障碍，在很大程度上剥夺了农民在城市公平就业的机会，农民在城市就业受到歧视；另一方面，雇佣方常常故意克扣和拖延工人工资，这种现象的普遍存在，不仅直接影响了打工农民的收入，更糟糕的是为农村人口在城市就业增添了顾虑。需要重视的是，在他们面对的诸多问题中，自身素质，即受教育的程度太低，职业技能培训的程度太低是最大的问题，他们艰难地到城市寻找的是最苦、最累、最脏，又最不挣钱的工作，而且还常常难以如愿。这个问题不解决，农民工在劳动力市场上的弱势地位就难以改变。

6.3.2 城镇是农村剩余劳动力转移的主要取向

我国的城市化道路究竟该怎么走？长期以来一直众说纷纭，至少有下列 8 种不同观点：一是“大都市圈战略”；二是“大城市道路”；三是“中等城市论”；四是“优先发展县级城关镇”；五是“小城镇，大战略”；六是主张多元模式；即采取“多元化、非均衡、逐渐递推、综合发展”的战略；七是“据点式”与“网络式”并重的城市化战略；八是“强化大城市功能，积极发展中小城市，有选择地发展城镇”。把各种观点简单归纳，基本上可分为“大城市”、“小城镇”和“综合发展”3 类。相对而言，综合发展的观点比较科学，但要把重点放在城镇(即小城镇)上。

推进城市化的意义是多方面的，同样，城镇建设的意义也是多方面的。城镇一般是指包括县城在内的县域以内的城镇，是人口在 2 000～10 000 的县级以下的非农业人口聚集区。城镇是形成合理的城镇体系的一个必然环节，城镇位居“乡村之首，城市之尾”，是联结乡村和城市的桥梁，发展城镇可以把城乡两个市场较好地连接起来，促进城乡的双向交流和共同发展。城镇的发展必然要求有大量人口和劳动力去实现城市的功能，它可以向农村传播城市文化、价值观念，提高农民素质，推广农业科技，推动农村文化事业的发展。城镇的发展与农村中第二、第三产业的兴起有关，它的发展有利于农村产业结构的调整和促进农业规模效益的提高。因此，推进农村城市化，提高城市化水平，实质上是实现农民增收、农业现代化、农村经济发展，以及城乡经济良性互动的重要方面。

城镇建设的过程，实际上也就是农村人口向县域范围内的城镇集中的过程。农村剩余劳动力转移，既要坚持转移模式的本地转移与异地转移、本国转移与国外转移并重的原则，又要坚持转移方向的大、中、小城市并举，重点是城镇的原则。将重点放在城镇，可能是最具效益、最符合我国国情的选择。1978—1999 年，我国城镇人口增加了 2.1 亿人，扣除自然增长部分，全部城镇共吸纳农村人口 1.4 亿人，其中城镇吸纳了 8 000 万人左右。如果不是城镇分流了 60%左右的人口，我国城市早已不堪重负。城镇吸纳农村剩余劳动力具有独特的优势，据有关专家测算，我国有农业剩余劳动力 2 亿多人，如果将这 2 亿多人全部转移到城市，则相当于要新建 100 万人口的城市 200 座，或新建 50 万人口的城市 400 座，占地 6 亿亩，需要投资 12 000 亿元，城市安排 1 个劳动力仅生产方面的投资就需要 1.5 万元，而城镇只需 0.4 万元；如果都留在农村就地解决，虽然可以避免转移过程中带来的成本损失和社会问题，但“村村点火，户户冒烟”的小而全的局面，既增加非农产业的公共成本，又浪费土地，无法形成规模经营，最终延缓现代化的进程；如果通过城镇来转移，则可能扬长避短，提供低门槛、低成本的创业与就业环境。城镇与农村的地缘

关系紧密，农民进入城镇不仅比进入城市付出的心理成本要低，而且经济负担也轻，比如房价，大、中、小城市的价格就差别非常大，小城镇的房价只有大城市的1/5左右。农民讲，“5万元进镇，10万元进县，30万元进市，50万元进省，100万元进京”，显然，这种说法是有一定道理的。农民进入城市，一般只能临时打工，而进入城镇则可安家落户，从而实现真正的转移。

6.3.3 农村剩余劳动力向城镇转移中出现的问题

1. 制度方面问题

2010年，我国的城市化水平为49.68%，远远低于发达国家75%的水平。这主要是因为，在我国的城市化进程中，还有诸多的制度性因素制约着农村剩余劳动力的转移。比如，户籍制度的改革虽使农民进入城镇不再受到限制，但仍不能自由地进入城市；就业制度、医疗制度、养老保险制度等仍在很大程度上影响着农业剩余劳动力的转移。

2. 内部环境问题

目前，我国城镇建设中普遍存在布局分散、起点低、规模小等问题，同时，由于缺乏必要的支柱产业，不利于第二、三产业的发展，其就业机会较少。根据我国第一次农业普查资料，全国建制镇镇区平均只有1 221.1户，4 519人，镇区面积2.2千米^2。中西部地区建制镇的镇区规模更小。而且城镇的基础设施不够完善，对人口和经济的吸引力不强。因此，我国通过城市化来解决数以亿计的剩余劳动力转移问题还是存在着很大的难度。

3. 客观条件问题

如果农村剩余劳动力向城镇转移的话，以每个城镇3万～5万人计，有4 000～7 000个城镇就可以吸纳完全部农村剩余人口。但是我们也知道，城市的出现与发展不是随意的，而是有一定条件的。城镇发展，虽不像城市要求得那样高，但也是要有一定条件的。我国最有利于小镇建设的区域环境是城市密集、城市体系较完善、交通运输方便、农业水平较高的平原河海地区，而其他区域则很难发展城镇。就现阶段而言，除东南沿海地区外，广大中西部地区依靠农村城镇化转移农村剩余劳动力前景并不乐观。另外，农村剩余劳动力是否真正实现了转移，也是需要考虑的问题，因为农民如果彻底摆脱传统农业社会的情结，还是需要一个过程。

6.3.4 农村剩余劳动力向城镇转移的对策

从城镇建设与农村剩余劳动力转移的演进过程看，二者实际上是同一个过程，需要两个问题一并考虑解决。我们既不能将城镇建设好以后再进行劳动力转移，也不可能先将劳动力聚集到城镇再考虑城镇建设问题。如果将两个问题分开来看，二者存在一种相辅相成、相互促进的关系，即城镇建设问题解决得好必然会为农村剩余劳动力转移创造条件，农村剩余劳动力转移则意味着城镇的发展壮大。城镇建设包括经济、政治、文化等许多方面，是一个庞大的系统工程，仅从推进农村剩余劳动力转移亟待解决的问题考虑，应做好如下工作。

1. 转变政府职能，大力营造和优化城镇劳动就业环境

城镇发展环境包括硬环境和软环境两个方面，硬环境一般指其地理位置、自然资源、气候条件，以及能源供应、信息通讯、道路交通、生活基础设施和文化娱乐场所建设等。软环境是指人们可以感受到的管理和精神方面的非物质的诸因素，包括体制环境、服务环境、市场环境、法制环境、诚信环境、文化教育环境、人才环境等。城镇政府要在这两个方面不懈努力，特别是在软环境的改善上。当前，应重点清理和废除针对农民进城就业的歧视性规定和不合理收费，政府首先要以身作则，不上欠债工程，打击欠发和克扣农民工资的非法行为，要检查用工单位的工作环境，保证农民工的正常休息和安全，教育部门不得歧视农民工子女的入学等。要积极鼓励农民创业，凡是法律法规未禁入的基础设施、公用事业及其他行业和领域，农村个体工商户和私营企业都可以进入，并在税收、投融资、资源使用、人才政策等方面给予支持。对合法经营的农民、流动性小商小贩，除国家另有规定外，免于工商登记和收取有关税费等。总之，要营造一种使农民进得来、留得住的良好环境。同时，要注重和支持产业的发展，如果没有优势产业的进入与快速发展。城镇的运营就缺乏足够的动力，也就无法提供更多的就业机会，无法吸纳农村剩余劳动力到城镇就业。

需要注意的是，城镇的布局与发展进程主要是市场选择的结果，因此，在城镇建设过程中，应正确处理市场选择与政府决策的关系。政府应当在规范市场经济秩序中扮演重要角色，尊重市场选择，为企业的顺利落地、生根和发展并最终形成强势产业提供优质服务，并依法管理城镇，使之规范发展，减少因市场无序而增加的交易费用。政府应弱化权力在资源配置中的决定性作用，使广大农民能够在法律及政策允许的范围内，凭自己的能力获取资源。

2. 改革户籍制度，打破和消除劳动力合理流动的体制与政策障碍

随着改革开放的深入和经济社会的发展，源于20世纪50年代的户籍管理制度越来越凸显出它的弊端，一方面，大量的流动人口引发了诸多不良后果，如计划生育工作难以进行，违法犯罪率升高，春节期间“民工潮”的交通压力等。据有关资料，2000年浙江实际有50%的农业人口，如按户口计算，这个数字高达86%。另一方面，“画地为牢”式的管理方式又严重阻碍了农村剩余劳动力的合理流动，进而

阻碍了生产力的发展和城市化的进程。彻底改革户籍制度已成为我国改革与发展中亟待解决的重大问题。

从城镇建设的情况看，目前，许多城镇普遍存在着人口规模过小、居住分散，且不稳定等问题。尽管从中央到地方都出台了一系列户籍制度改革的政策，但不是改革不彻底、政策不配套，就是落实不到位，其实际结果并没有取得人们所期盼的成效。总之，在农村剩余劳动力向城镇转移上仍存在着以户籍制度为中心的体制与政策障碍，必须下大力打破与消除。基本思路是：第一步，放宽标准，提供方便，将本人意愿作为城镇落户的基本条件，积极鼓励农民到城镇落户。第二步，统筹城乡发展，彻底打破城乡户口壁垒，实行居民户口制度。允许落户城镇的居民根据本人的意愿，保留其承包土地的经营权及有偿转让等权利，并在子女入学、参军、就业以及参加各种社会保险、保障等方面享受与原城镇居民同等待遇。实践证明，没有完整的与户籍制度配套的相关制度，"农转非"已失去了它往日的吸引力。同时，要做好宣传思想工作，让人们明白，农民进入城镇对城乡双方是互惠互利的，是我国经济社会发展的大趋势。

在此基础上，城镇还要承担起城乡劳动力市场一体化建设的任务，即不仅要提高自己劳动力市场的发育程度，还要与城市及国际劳动力市场接轨，有计划、有组织、有目标地向城市甚至国外输送劳动力，彻底打通农村剩余劳动力转移的通道。

3. 以改革和发展教育入手，全面培育和提高农村劳动力的文化与科技素质

教育对经济增长的重要作用已为世界各国经济发展的实践所证明，成为国际社会的共识。从可持续发展的战略看，农业和农村经济的发展问题实际上就是人的发展，即农村劳动力素质提高的问题。如果能通过教育有效提高农村劳动力素质，则我国沉重的农村人口负担就有可能转变为无比的人力资源优势。否则，不仅会降低农业和农村剩余劳动力转移的效益，延缓城市化进程，甚至可以断言，如果仅仅靠自己的廉价劳动力，从事苦、脏、累的工作，就会在国内、国际的竞争中永远处于被动、依附和弱势地位。

因此，城镇应把教育纳入战略发展重点和建设整体布局之中，整合教育资源，努力使城镇成为本地区国民教育和农村劳动力培训中心。为此，首先要转变教育观念，加大教育投入。要树立教育先行的观念和终身教育的观念；要切实加大政府教育经费的投入，提高财政支出中教育经费的比例，同时，要彻底打破单一的公办教育体制，积极鼓励社会各界包括私人参与办学，以拓宽教育经费的来源渠道。其次，要办好基础教育，即九年制义务教育和高中教育。要提高入学率、巩固率、毕业率，杜绝乱收费，决不能让一个学生由于经济原因而不入学或中途失学，决不能让一个文盲半文盲进入成人阶段。在接受了九年义务教育后，农村劳动力就具备了读书看报的能力，能够从更多的渠道获得所需的科学技术知识，提高自身应对环境变化的能力。第三，要大力发展职业学校，开展多形式、多层次的成人教育。要针对城镇劳动力的需求变化，开展职业技能培训。要对拟向非农业和城镇转移的农村劳动力，开展转移就业前的引导性培训。对已进入非农产业就业的农民工进行岗位培训。

4. 建立和完善城镇的社会保障体系

要明确城镇劳动服务中心(所)职能，充分发挥其在解决农民就业、劳动保护、社会保障三方面的作用。各级政府应加强对服务中心(所)的领导，给予资金、政策上的支持。对劳动服务中心(所)的工作人员加强教育培养，不断提高其工作水平。对年龄偏大的人口，应注意其生活保障和养老问题的解决，做到住房有保障、基本生活有保障和养老有保障。

总之，通过大力推进城镇建设，把城镇建设成为农村劳动力的教育和培训基地，建设成为农村剩余劳动力转移的蓄水池和转运站。

6.4 城镇的流动人口

6.4.1 流动人口的构成与特点

流动人口，指的是无城镇户口而滞留下来从事各种活动的人员。目前，在我国13亿人口当中，有大量人口处于流动之中，总数高达2.6亿之多，相当于另一个人口大国。同时，流动人口的规模仍在以年均10%以上的速率不断膨胀，以至于形成了中国特有的一种社会现象——每年春节前后在中国大地上汹涌奔腾着数千万人组成的“民工潮”。如何加强对流动人口的合理控制、积极引导，已成为我国各级政府、尤其是城镇当局日益紧迫和棘手的一项政治和经济任务。

6.4.1.1 流动人口的性质构成

从本质上讲，流动人口是人口在空间上的位移，这种位移是短暂的还是长久的，就决定了流动人口的不同性质。因此，我们可以根据居留时间的长短，将流动人口分为三大类。

1. 常住流动人口

常住流动人口是指居留时间在3个月以上的外来人口。他们中的主体是打工人口——在居留地寻找就业机会并融入当地经济生活中去的劳动人口；此外还有投亲靠友者、各种派出常驻机构工作人员等。他们和当地市民在各种日常活动以及对城镇各种服务设施的需求上差别不是很大，并且期望获得所在城镇的接纳与认同。

2. 暂住人口

暂住人口是指居留时间在 3 个月以内、3 天以上的外来人口，包括探亲会友、求医治病、短期打工和公务出差人员等。他们一般以个人活动为主，办完事便走，办不成就留，较少带有家庭色彩。

3. 过往人口

过往人口是指居留时间在 3 天以内的外来人口。他们不以成为当地市民中的一分子为目的，而纯粹因公或因私目的在当地经过与停留。他们的活动主要是旅游、观光、度假、会议、购物、演出、访问、讲学等，因此他们的需求比较集中，目的非常明确，与一般市民差异较大。

6.4.1.2 流动人口的目的构成

流动人口之所以流动，总是基于各种经济的、社会的、私人的、公务的目的。研究表明，城镇流动人口中的 80%以上是常住和暂住人口，另外不到 20%是过往人口。人口流动的主要目的构成如下：

1. 经济型

经济型流动人口指的是务工经商、以就业为目的的流动人口，是流动人口中的大多数，在城镇的常住与暂住流动人口中占 73.4%。他们从事的职业和构成为：经商者的比重占 45.2%；建筑业占 33.4%；服务业占 9.2%；工业占 7.8%；家庭雇佣占 3.0%；农业仅占 1.4%。具体来看，是脏、累、差、收入低的行业大量使用了流动人口，由于他们进城前大多为农民，文化素质较低。但干活不惜力，因此颇受用人单位的欢迎。

2. 社会型

社会型流动人口指的是以社会交往等非经济行为为目的的流动人口，占城镇常住与暂住流动人口的 26.6%。他们的构成为：探亲访友、随亲属进城生活者占 61%；科技协作、开会考察、办班讲学、学习培训人员等占 39%。

6.4.1.3 流动人口的自然构成

流动人口以男性和青壮年为主，这与其经济导向型为主是一致的。当然，随着经济的发展，性别结构趋于合理化。以北京为例，流动人口性别比不断降低，此次调查得到的北京市流动人口性别比为 123，流动人口中男性多于女性。从时期对比上看，最近 10 年来，流动人口性别比有明显下降的趋势。1994 年，流动人口性别比为 173；1997 年，流动人口性别比高达 195。2000 年全国人口普查时，北京市流动人口性别比降至 128。2006 年，流动人口性别比进一步下降到 123。北京市流动人口性别结构变动的这一历史过程表明，越来越多的女性已经加入到流动人口队伍中来。15 岁以上流动人口中，有配偶者占 3/4；流动人口中未婚人口比例不断降低；夫妻二人同时在京流动者比例很高。

6.4.1.4 流动人口的流向构成

由于在流动人口中，经济型占了大多数，因此根据他们的来源与去向，可以清楚地看出他们的流向呈现出以下几种情况。

1. 向心流

向心流是从农村流向城镇的人口，这是流动人口的最主要成分，其比重占到 80%～90%。

2. 梯度流

梯度流即从落后地区的城镇流向发达地区的城镇，从中城镇流向大城镇，从内地城镇流向沿海城镇，总之从经济势能的高梯度地区流向低梯度地区。

3. 反差流

反差流和第二种类型相反，有部分流动人口是从高梯度地区流向低梯度地区，其目的是以自己的资金、技术和市场营销优势在这些地区从事有利可图的工商活动。

6.4.1.5 流动人口的特点

从以上对流动人口的构成分析中。可以总结出城镇流动人口的几个突出特点。

1. 经济导向为主，逐渐高层化

流动人口经济目的明确，就业欲望强烈，且所从事的职业逐渐向第二、第三产业的较高层次演化，不少“打工仔、打工妹”已开始登上了企业的管理阶层。

2. 流动范围集中，局部组织化

流动人口具有很大的示范效应，一人成功往往导致众人追随；且乡邻藩属观念较强，因此他们容易自发地形成自己的社团组织和聚集场所，并倾向于在某一个行业上进行集团型的垄断经营，以寻求共同利益的最大化。如北京近郊出现的“浙江村”、“新疆村”即为此例。

3. 流动季节性强、流向规律化

这一点，从年复一年迅速扩大的“民工潮”中即可明显看出，如“麦收队伍”、“农产品运输队伍”等。

6.4.2 流动人口的成因与劳动力的转移

6.4.2.1 劳动力转移的理论分析

由于流动人口中有 80%～90%是农民。他们在从农村流入城镇，实现空间转换的同时,也完成了从第一产业向第二、第三产业转移的经济角色的改变。这既是经济发展过程中结构调整的结果,也是促进二元经济向一元化过渡的动因。对此,发展经济学中的二元经济理论作了专门的论述。其中有代表性的观点有以下几种。

1. 拉尼斯-费景汉模型

继"刘易斯模型"之后,美国耶鲁大学教授拉尼斯和费景汉对其作了进一步的修正,推出了二元经济向一元经济转变的"拉尼斯-费景汉模型"。他们把经济的转变过程划分为 3 个阶段:第一阶段,以边际生产率为零或接近零为特征的剩余劳动力从农业部门向工业部门转移,表明农业部门劳动供给的弹性是无限的;第二阶段,劳动边际生产率大于零,工业扩张继续在固定工资下把小于制度工资的"隐蔽失业"劳动力吸收完毕;第三阶段,当边际劳动生产率等于固定不变的制度工资时,整个经济完全商业化,进入平衡增长时期。

2. 托达罗模型

美国经济学家迈克尔·托达罗建立的城乡劳动力转移模型认为:农村劳动力向城镇移民的决策,是根据"预期"收入最大化目标作出的。如果流入城镇的预期收入高于农业就业的收入,或者预期城镇收入的"现值"大于未来预期农业收入的"现值",即使城镇存在失业,人口也会不断向城镇移动。

3. "零值劳动假说"

"零值劳动假说"也是二元经济理论的一个重要方面,它认为,在发展中国家,农业劳动的边际生产力很低甚至为零;由于一部分农业劳动力的贡献为零,把这部分人转移出农业部门,在其他要素条件不变的情况下,不会影响农业产量,即除转移费用之外不必付出任何值得一提的代价。我国农村由于存在数以亿计的隐性失业人口,转移一部分劳动力到农业之外,不仅不会影响农业产量,反而会由于生产要素的重新优化配置而使劳动效率提高,促进国民经济的发展,这已为我国农村改革实践所证明。

6.4.2.2 人口流动的经济成因

劳动力在地区与部门之间的转移,导致了人口的流动,这从以上的分析中不难看出。直观地说,促使人口流动的经济因素主要有以下 3 个方面。

1. 经济收入水平的差距

这是最根本的动因。2009 年,我国城镇居民人均可支配收入为 17 175 元,而农村居民人均纯收入仅为 5 153 元,前者是后者的 3.33 倍,并且这一差距还在不断扩大。地区之间的差距也是如此,我国东部居民的人均储蓄余额是中西部居民的5倍以上。

2. 农村剩余劳动力的压力

我国农村剩余劳动力的产生是生产商品化、农村工业化和社会现代化进程的必然结果,并非我们中国所独有,世界上许多国家在工业化过程中都曾遇到过这种情况。改革开放以来,由于我国农业人口众多、二元经济结构的制约和农民比较利益的下降等多方面的原因,我国农村出现了数以千万计的剩余劳动力。据测算,我国农村有5.3亿劳动力,除了已经进入农业、乡镇企业、非农产业和大中城市就业的劳动力外,还有1.3亿～1.8亿劳动力处于绝对失业状态,目前仍滞留在农村。这意味着我国大量的劳动力资源闲置浪费,同时,这部分劳动力所在的家庭收入和生活也受到不利影响。若有朝一日这些人部分或者全部加入到流动大军中来,则国家的就业形势将更加严峻。因此,大力推进城镇建设,发展乡镇企业,尽量吸纳农业剩余劳动力,以减轻城市的压力,将是一项长期的战略任务。

3. 城镇劳动市场短缺的供给

2010年,在我国城镇当中,一方面存在着4.1%的失业率,即有900多万人无事可做;另一方面却又存在着许多无人去做的事情,尤其是城镇中苦、脏、累、险、收入低的行业,更是劳动力短缺,只得寻求城镇以外的劳动供给,雇用农民工、临时工以解人力之需。例如,无锡市,随着国民经济的高速发展,特别是乡镇企业中劳动密集型企业的扩张,对劳动力的需求日益增加,外来打工人口占总人口的比重不断上升。

6.4.2.3 人口波动的社会成因

推动人口流动的诸因素中,社会层面的原因如下:

1. 文明的落差

在经济发达地区与落后地区之间,存在着明显的文明落差,高质量的现代城市文明,如磁石般吸引着社会上的许多人向其聚拢,并深深影响着他们的流速与流向。因此,大城市,尤其是超大城市,拥有更高的流动人口比例。2011年,北京市登记的流动人口已占总人口的40%!

2. 自我的发展

在流动人口大潮中,有一群被称作“孔雀东南飞”的高知识结构的人才队伍。他们离开大城市和大单位,前往东南沿海地区。有的在城镇、有的在乡镇企业供职,其目的只是为了脱离原先人才拥挤造成的压抑环境,在更广阔的天地里大展身手，以达到自我价值的最大体现。那些跨国流动者，也基本上属于此类。

6.4.3 流动人口对城镇发展的影响

据调查，我国城镇的人口构成中，每 2～3 人就有 1 人是外来的流动人口。他们对城镇的发展，具有深刻而广泛的影响，概括而言，其影响有利有弊，利多在经济方面，弊多在社会方面。

6.4.3.1 流动人口的正效应

流动人口深深介入了城镇生活之中，并为城镇经济发展做出了贡献，他们的正面效应有：

①有利于城镇劳动市场的建立，弥补劳动力需求中的短缺现象，形成就业中的良性竞争，以利于提高劳动生产率；

②提供廉价劳动力，从而降低了成本、增强了产品的竞争力，有利于城镇经济的成长；

③人口的流动，必然要求为这种流动提供便利和服务，因此促进了商品的生产与消费、带动了第三产业的发展；

④许多流动人口往往在发财致富后，回到家乡投资办厂，把先进的生产技术和管理经验从高梯度地区带到低梯度地区，加快了技术的扩散、资金的流通和信息的传播；

⑤流动人口的主体是农民，他们离开农村到城镇这一行为本身，就加快了我国城市化的步伐，符合经济与社会发展的客观规律。

6.4.3.2 流动人口的负效应

流动人口因其流动的特性，也对城镇发展提出了严峻的挑战，主要表现在以下几方面。

1.给城镇居民的生活带来不便

由于历史的原因，城镇基础设施大多滞后于经济的发展。而庞大的流动人口对于基础设施的需求与城镇市民并无很多差别，在某些方面比市民的需求量还要大，如交通、饮食、购物等。因此对于本已不堪重负的城镇基础设施无异于雪上加霜，加剧了供需缺口的矛盾，给城镇生活造成诸多不便，诸如交通拥挤、住房紧张等。

2.影响社会稳定

流动人口自发性强、组织性差，难以管理和控制。他们大多法律意识薄弱、文化素质低下，容易诱发治安问题，造成城镇犯罪率上升，影响社会的稳定。

总之，流动人口在中国这样一个人口大国，将是一种长期的社会现象，只要本着“积极引导、合理控制、加强管理、搞好服务”的原则，就能兴利除弊，使其为城镇的发展做出应有的贡献。

6.5 城镇人口发展预测

6.5.1 城镇人口增长的途径

从古到今，绝大多数城镇的人口都是由少到多、不断增加的，只有个别城镇因为自然灾害、战争、资源枯竭等不可抗拒的因素而由盛至衰，甚至湮没无痕。研究城镇人口的增长规律，对规划城镇未来的发展规模、制定城镇总体的发展战略，具有特别重要的意义。

城镇人口增长的途径，有以下 3 种。

1. 自然增长

即由城镇的现有人口通过生育这个自然现象而获得的增长，它在数量上等于一年中的出生人口减去死亡人口。在人口学上，常用人口自然增长率(即同期出生率与死亡率的差)来反映一国或地区的人口再生产能力。一般认为，人口自然增长率大于10‰，属于人口高速增长；5‰～10‰，属于人口稳定增长；小于 5‰，属于人口低速增长；而人口自然增长率小于 0‰，则是人口的零增长甚至负增长。国际经验表明，人口自然增长率是与经济发展水平、社会文明程度成反比的。

2009 年，我国人口自然增长率为 5.05‰，比 1995 年的 10.55‰下降了 52%，反映出我国经济社会发展近十多年来取得了卓越成果。

2. 机械增长

即因为人口迁移或行政区划变动而获得的人口增长。由于行政区划变动属于一种例外现象，故机械增长主要指人口迁移造成的人口数量改变。需要指出的是，机械增长在统计上是指城镇有本市户籍者的变动，而本市无户籍者的变动则属流动人口的增加。机械增长基本上不是一个自然变量，而是受控于户籍管理部门的人口控制计划。自然增长率与机械增长率之和即为人口增长率。

3. 流动增长

当前，流动人口已成为城镇实际人口组成中的一部分。他们的活动虽不被人口统计部门所反映，但在制定城镇经济社会发展战略、编制城镇总体规划时，却不能不考虑流动人口，尤其是常住流动人口的实际存在。在沿海某些发达地区的城镇中，外来打工人口已是城镇劳动力的主力军。因此，人口流动增长不容忽视，只是如何测算他们的现实数量与未来增长，还有待进一步探讨。

6.5.2 城镇人口变动的影响因素

人是社会性的动物。人的行为总是深受社会环境的影响。在城镇人口变动中，也有许多因素在起作用，其中主要的是以下3个方面。

1. 经济因素

工业化的进程、商业的发达、经济实力的增强、交通条件的改善，都会刺激人口的聚集和对劳动力的需求，表现为人口的稳定增长。

2. 文化因素

社会文化价值观念对人们的生育观念有直接的影响，从而也会反映在人口的增长上。

3. 政策因素

在我国，政策因素的作用很大，尤其是计划生育政策、户籍管理政策和劳动用工政策，都与城镇人口变动息息相关。

6.5.3 城镇人口发展的预测

人口预测，就是根据人口基础资料，以科学的手段、运用数学方法推算未来的人口总数和人口构成。城镇人口发展预测，是城镇经济学研究城镇经济发展必不可少的内容。通过预测，可以预先了解今后一个时期内城镇的人口规模和年龄结构，可以推测由此产生的一系列社会经济后果，例如，今后城镇劳动力供应、就业需求量，学龄儿童数量，负担赡养人口比例等。人口预测为城镇制订经济政策、就业计划、城镇建设计划提供决策依据。城镇的计划、规划、建设和管理部门，据此可以对城镇的产业发展、住宅建设、教育设施、社会福利事业等提前作出安排。

人口预测的方法很多，有的适用于短期，有的适用于中长期；有的适用于城镇，有的适用于城市；有的简单易学，但精度稍差，有的精度较高，但繁琐复杂。以下为两类比较常用的方法。

1. 综合增长分析法

该方法是从城镇人口的增长途径入手，把它分为自然增长、机械增长、流动增长，分别估算这 3 种途径所获得的人口增量，将其加总，即为计算期的人口总增量。

2. 数学计量模型法

现代科学的发展，特别是计算机的应用使得许多社会科学研究走上了定量化的阶段。城镇人口的预测亦可通过建立数学模型，借助电子计算机求解的方法进行。大型的、完整而严密的城镇人口增长模型可以考虑众多因素对城镇人口的影响，预测结果比较准确，但它需要人口学、城镇规划和计算机等多方面的专家共同配合完成，所需时间长、费用高。

第 7 章　城镇土地经济

土地是财富之母，劳动是财富之父。

——威廉·配第①

（英国古典政治经济学创始人）

在土地、资本、劳动力和科学技术四大生产要素中，土地无疑是最重要的。皮之不存，毛将焉附？没有土地，资本、劳动力、科学技术将失去立足之地，创造财富也将无从谈起。本章重点介绍 4 个方面的内容：土地的特性及权属关系；地租理论与土地区位选择；城镇土地使用制度与土地市场；城镇土地分级与地价评估。

7.1　土地的特性及权属关系

7.1.1　土地的概念

土地，在经济学上指地球上的陆地、水面以及与之相联系的一切自然环境条件，是由土壤、岩石、地貌、气候、水文、植被等组成的一个自然综合体。而通常情况下，土地仅指地球上的陆地表层，或指地球上的陆地和水面。

土地是人类生存的空间，是人类进行生活、生产等一切活动所不可缺少的物质条件和自然基础。正如马克思所说："土地是一切生产和一切存在的源泉"，是人类不能缺少的生存条件和再生产条件。土地又是物质和能量的重要源泉。人们不仅要在土地上取得它所拥有的物质和能量，而且还要凭借它去接受来自宇宙的物质和能量。土地作为生产所需的物质和能量的来源，在人类社会发展的任何阶段都是不可替代的。

①威廉·配第（William Petty，1623—1687）英国古典政治经济学创始人，一生著作颇丰，主要有《赋税论》（写于 1662 年，全名《关于税收与捐献的论文》），《献给英明人士》（1664），《政治算术》（1672），《爱尔兰政治剖析》（1674），《货币略论》等。

土地作为最基本的生存资料和生产资料，对城镇经济发展的作用同样不可替代。它直接作为城镇农业生产要素并为城镇的农业、工商业等国民经济各部门提供生产劳动的场所。所以土地是城镇农业生产最基本不可替代的生产资料，又是城镇各生产部门生产发展不可缺少的场所和立足点。

7.1.2 土地的特性

1. 土地的自然特性

(1)具有不可再生性和面积的有限性　在社会生产中，生产资料一般都是人类劳动的产品，通过人的劳动还可增加相同的生产资料的数量。唯独土地这种生产资料是自然形成的，具有不可再生性。土地面积的有限性，不仅是指整个地球，一个国家或一个地区的土地面积有限，而且是指农、林、牧、渔业各类用地的面积都是相对有限的。因此，土地是一种数量有限的珍贵资源，我们要珍惜并充分合理地利用每一寸土地。即一方面要将有限的土地尽可能地用于生产；另一方面要开展集约经营，提高单位面积土地的生产力和使用率。

(2)土地位置的固定性　土地位置的固定性是指它占有一定的空间，不像其他生产资料可根据需要移动，其存在的位置固定。对土地的投资，一经与土地结合就不能再分离或不易分离，所以对土地的使用要做好长期规划。

(3)土地的质量差别很大，适宜性各异　土地固定在地球的某一位置上，总是与特定的自然环境条件和社会经济条件相联系，呈现出地区差异性。各个地区的土地在区位、地质、地貌、水文、气候、土壤种类及肥力等方面都有明显的差别，从而导致用途差别，生产力差别，经济价值上的差别等，所以对土地的使用开发应因地制宜，特别是农业用地，更应该注意土地使用的因地制宜。

(4)土地能永续利用，具有不可替代性　一般生产资料，如机器、设备等，随着生产力的发展和科学技术的进步，往往会被新的质优价廉的产品所取代，或者在生产过程中逐渐磨损消耗，以至报废，失去使用价值。而土地在合理利用的条件下，却能永续利用。

上述土地的自然特点，是自然所赋予的，是土地所固有的，与人类对土地的开发利用没有必然的联系。但人类对土地的开发利用却应遵从土地所固有的自然特性。

2. 土地的社会经济特性

土地的社会经济特性，是由于土地存在的自然特性，从人类对土地利用过程中产生出来的。主要包括以下几点：

(1)土地供给的稀缺性　随着人口的增长和社会经济的发展，对土地的需求量越来越大，而土地面积是一定的，这就导致了土地供给的稀缺性，土地供给与需求之间的矛盾日益增长。土地供给的稀缺性，不仅表现为供给总量与需求总量的不平衡，而且由于土地位置的固定性和质量差异性，使得某些地区和某种用途的土地显得特别稀缺。正是由于土地供给的稀缺性，才产生了一系列土地权属、地价地租等经济关系和经济问题，也才迫使人们珍惜土地，节约利用土地和集约利用土地。

(2)土地利用的区位性　不同地块位置的差别，造成不同的用途，不同的生产力。人们利用土地时，必须进行区位选择。根据土地自身的自然环境条件和所处的社会经济条件的适宜性，发展最适宜的生产项目，以获取最大的经济利益。

(3)土地利用方向变更的困难性　一块土地往往有多种用途，一旦开发利用投入某项生产之后，要改变其利用方向是很困难的，也会造成巨大的经济损失。因此，人们在确定土地的用途时，一定要慎重考虑，作好规划，不得任意改变土地的利用方向。

(4)土地报酬递减的可能性　在一定的科学技术水平下，在一定面积的土地上，追加生产资料的劳动，无论是在技术上和经济上都有一个合理的界限。如果超过了这个界限，在技术上就达不到增产的目的，在经济上就不能取得效益，会出现边际报酬递减的现象。要避免土地报酬递减，必须正确选择集约方向和追加投资的适合度，即确定向什么方向追加投资，追加到什么程度耗资最小，经济效益最大。

(5)土地利用后果的社会性　各个生产部门对土地利用的结果，不只是影响本部门的经济效益，而且会影响本区域和邻近区域，甚至整个国家和社会的生态环境和经济效益。在农业生产中，如果土地利用不合理，破坏了土地所依存的生态平衡和自然界的合理循环，就会使土壤有机质减少，土壤结构破坏，整体肥力下降，直到全部肥力赖以依存的耕层土壤流失丧尽，出现不堪设想的严重后果。在自然界中土壤形成是非常缓慢的，由岩石演化为土壤要经过整整一个地质年代。一旦流失，土地沙化，岩石裸露就很难恢复。土地利用后果的社会性，要求国家对土地进行宏观管理。

(6)经济地理位置可变性　土地作为一种自然资源，其自然地理位置虽然是固定，但是土地作为社会经济资源，其经济地理位置却是可变的。土地的经济地理位置主要取决于土地的周围环境，离市场的远近，交通条件等，而离市场的距离远近、交通条件等是可变的。所以土地的经济地理位置也是可变的。

7.1.3　土地的权属关系

土地权属是指土地的所有权、使用权和他项权利。它是由土地所有权和土地使用权而引起的一系列生产关系。

7.1.3.1 土地所有权

1.土地所有权及其基本属性

土地所有权是土地所有人依法对土地享有的占用、使用、收益和处分的权利。是土地所有制的法律表现形式，属于上层建筑。

土地所有权是财产所有权的一种具体形态，但它又有别于一般的财产权利。土地所有权具有以下几方面的基本属性：①土地所有权具有法定的有限性。土地是国家最宝贵的物质财富，世界各国政府都对土地所有权的限定给予足够重视。我国宪法和其他法律法规对土地所有权的种类、土地所有权的处分和土地所有权取得方式等都进行了限定。②土地所有权的客体具有固定性、有限性和永久性。土地客体的这些特性要求对土地所有权的行使必须充分而又合理。③土地所有权的行使具有两权可分离性和可复归性。在一定条件下，土地使用权可与土地所有权分离，但要取得一定的补偿，或限定一定的期限，所有权还可以复归所有者。这种分离与复归，正是土地所有者行使土地所有权的一种表现。

2.土地所有权类型

土地所有权种类取决于法律规定。我国实行土地公有制，其权利形态表现为国家土地所有权和劳动群众集体土地所有权。

(1)国家土地所有权　国家土地所有权是国家作为权利主体依法对全民所有的土地享有的占有、使用、收益和处分的权利。

(2)劳动群众集体土地所有权　集体土地所有权是劳动群众集体对其所有的土地依法享有的占有、使用、收益和处分的权利，是土地集体所有制在法律上的表现。

7.1.3.2 土地使用权

1.土地使用权及其基本属性

土地使用权是土地使用者依照国家法律、法规对国家或者集体所有的土地享有的占有、使用、收益和处分的权利。

土地使用权是土地使用者在法律上的表现。土地使用权和其他任何法律关系的构成一样，也包括主体、客体和内容 3 部分。土地使用权的主体是依法使用他人所有的土地的法人、非法人团体、公民以及外国的组织和个人。土地使用权的客体是国家或集体所有的土地。土地使用权的内容包括非所有权权能上的占有、使用、收益和处分权。这里的处分权仅指土地使用权人对其享有的土地使用权利的处置。土地使用权不同于土地所有权的使用权能。土地所有权的使用权能是指土地所有者利用自己所有的土地满足自己生产和生活需要的权利。如农村集体经济组织利用自己所有的土地修建农用公路等。土地使用权是土地所有权人以外的土地使用者依法拥有的一项独立的物权。

土地使用权具有以下几方面的基本属性：①土地使用权是土地所有权的派生物。土地使用权是基于土地所有权而产生的，土地使有权人依照法律规定或合同约定，从土地所有权人手中取得土地使用权，必然要受法律和合同的各种限制。土地所有人利用土地必须承担的各种义务，土地使用权人也必须无条件承担。土地所有权人还可以在合同中对土地使用权的享有年限、土地用途进行限定。②土地使用权是一种独立的民事权利。土地使用权是土地所有权的派生物，当土地使用权以某种方式确立后，它便不再是简单依附于土地所有权的一种权利，而是一种相对独立的民事权利。”③有获利能力。土地使用权是可确指的无形资产，属于对物产权。

2. 土地使用权的作用形式

(1)使用　土地使用权获得者对依法享有土地使用权的地块有开发利用、经营管理的权利，可以在一定期限内使用土地。

(2)收益　土地使用权获得者依法开发利用土地，进行生产经营活动，有权获得投资回报。另外，土地使用权获取人还可以按法律规定进一步对土地使用权进行转租和转让，以获取租金和转让金。

(3)转让　土地使用权获得者在土地使用权存续期间内，有权将自己享有的土地使用权转让给他人。

(4)抵押　债务人向债权人提供土地使用权作为清偿债务的担保，在债务不履行时，债权人变卖债务人提供的土地使用权，清偿负债。在此，债权人的权利只是抵押权，而不是抵押物的所有权。土地使用权抵押可以发挥土地融资功能。

7.1.4 世界各国土地制度比较

世界上各国依其政治与经济制度的不同，而制定不同的土地制度。如果将其归纳分类，大体上可以分为几种模式：

1. 完全市场模式

在这种土地制度下，土地主要属于私人所有。土地像其他商品一样，可以在地产市场上自由买卖，其价格决定于市场的供求关系。发达国家多数采取这种模式，尤以美国和日本为典型。

美国自1776年独立以来，一直是联邦制国家。目前，全美国的土地中59%为私人所有；39%为公有，其中联邦政府所有为32%、州及地方政府所有为7%；另有2%为印第安人保留地，专门辟给土著居民。

日本的土地所有分3种形式:国家所有,占国土面积的23.7%;公共所有,即地方公共团体所有,占5.6%;其余70.7%均为私人和法人所有。

2. 非市场模式

这是以苏联为代表的社会主义国家的土地制度,即土地归国家或集体所有,消灭私有;由国家对土地的使用进行统一分配,不允许私自转让或买卖土地,否则即为非法。我国长期以来实行的也是非市场模式,直至城镇土地使用制度改革为止。目前世界上还有越南、朝鲜、古巴等国家坚持这种土地管理体制。

3. 国家控制下的市场模式

在这种土地制度下,土地最终所有权全部归国家或国家的象征(如皇室),私人通过土地批租获得土地的占有权和使用权,国家从总体上控制着土地市场。这是英国及英联邦成员国家或地区实行的土地管理体制。

自1066年以来,英国的全部土地在法律上都归英王所有,而土地实际持有人的产业权分为4类:无条件继承的产业权;限定继承的产业权;终身保有的产业权;限期保有的产业权。其中前3种属于永业权(freehold),后一种属于租业权(leasehold)。拥有永业权者可视为实际上的土地所有者,因为只要他不违法,就可以随心所欲地利用和处分土地。从这个意义出发,英国的土地也分公有与私有。如1985年英国中央统计局曾推算全英土地所有制结构为:公共所有占15.4%,其中中央政府为2.6%、地方政府为11.0%、其他为1.8%;民间所有占84.6%,其中私人为65.5%、法人为14.4%、其他为4.7%。

香港作为英国的殖民地时期,承袭了英国的土地制度。香港岛和南九龙半岛由于不平等条约割让给英国,其土地都归英王所有;新界地区由于是被强行租借的,因此名义上土地所有权仍归中国,但实际上也都归港英政府所有。香港土地分配有4种情况:①公共机构,如行政、学校、医疗、公园、军事等用地,以免费划拨方式进行;②非牟利团体,如慈善机构、各种公众社团等用地,则以"私人合约"方式免费或象征性收费方式批复出去;③特殊企业,如投资巨大、技术先进、对经济发展有重大贡献、客观上要求占地广阔的企业用地,亦以"私人合约"方式廉价批租出去;④一般官地,则以拍卖与招标方式进行。1997年7月1日起,香港全部土地收归中国政府,其土地制度已由《香港特别行政区基本法》作了专门规定。

4. 我国城镇土地所有制度

《宪法》第十条规定:"农村和城镇郊区的土地,除由法律规定属于国家所有的以外,属于集体所有。"《土地管理法》亦作了同样规定。

7.2 地租理论与土地区位选择

7.2.1 西方经济学的地租理论

1. 地租与地租的决定

地租是土地使用者对使用土地所支付的价格，或者是土地所有者因出让土地使用权而收取的报酬。地租又可分为绝对地租和级差地租。

地租是由土地的需求和供给决定的。土地的需求曲线是向右下方倾斜的。这是因为，地租取决于土地的边际生产力，土地的需求价格取决于它的边际生产力，也就是土地的边际收益。随着土地使用量的增加，在其他要素投入不变的情况下，土地的边际生产力会不断下降，从而土地的边际收益不断递减，故土地的需求曲线是向右下方倾斜的。土地的供给曲线是一条与横轴垂直的直线，把土地的需求曲线和供给曲线结合在一起，就可以得出均衡的地租水平。图 7-1 中，横轴表示土地的数量 N，纵轴表示地租 R，土地的需求曲线 D 与供给曲线 S 交点 E 决定了地租水平为 R_0，由于土地的供给是固定的，而随着经济的发展，对土地的需求量不断增加，这就导致了地租的不断攀升，如图 7-2 所示。图 7-2 中，由于对土地需求的增加，使土地的需求曲线从 D_0 向上移到 D_1，则地租也就随之从 R_0 上涨到 R_1。

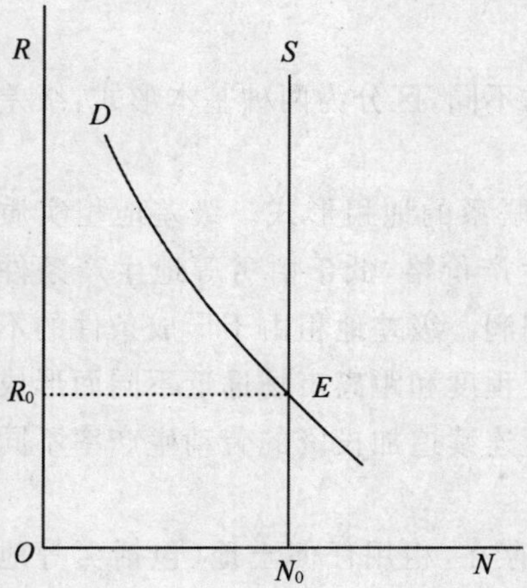

图 7-1 地租的决定

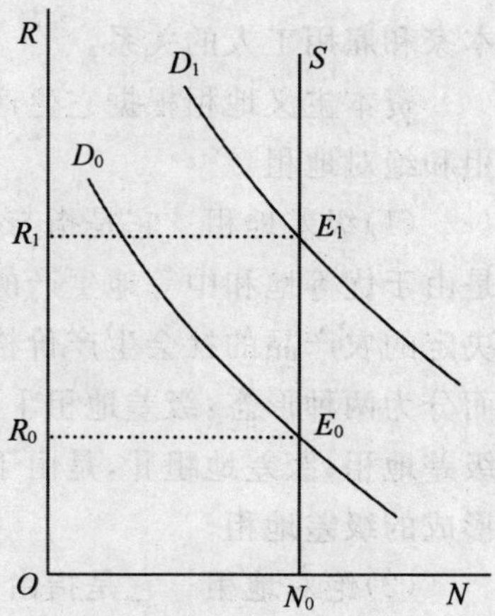

图 7-2 地租的变化

2. 地租与地价

与其他资产一样，土地也具有市场价格。地租是使用土地的报酬，租借者仅有使用权，地价则是购买土地的市场价格，购买者具有所有权。一般来说，地价与地租成正比，与市场利率成反比。其关系式为：

$$土地的价格=\frac{地租}{利率}$$

例如：假定利率为5%，每公顷土地的年地租为600元，那么每公顷土地的价格为：

$$\frac{600元}{5\%}=12\ 000元$$

7.2.2 马克思主义的地租理论

1. 土地所有权和地租

一切形态的地租都是以土地所有权的存在为前提。土地所有权本身在生产过程中不执行任何职能，对地租的占有是土地所有权在经济上的实现。资本主义地租是资本主义土地所有者凭借其土地所有权取得的一种剥削收入。资本主义地租是剩余价值的转化形式。它的本质是农业资本家获得的超过平均利润以上的那部分剩余价值(超额利润)。农业资本家因为租用了土地所有者的土地，而把这部分超额利润交给土地所有者，便成为地租。资本主义地租体现了土地所有者、农业资本家和雇用工人的关系。

资本主义地租根据它生产的原因和条件的不同，区分为两种基本形式：级差地租和绝对地租。

(1)级差地租　它是指与土地等级不同相联系的地租形式。级差地租实质上是由于优等地和中等地生产的农产品的个别生产价格，低于由劣等地生产条件所决定的农产品的社会生产价格而形成的超额利润。级差地租由于形成条件的不同而分为两种形态：级差地租Ⅰ，是由于土地肥沃程度和距离市场远近不同而形成的级差地租；级差地租Ⅱ，是由于在同一块土地上连续追加投资的劳动生产率不同而形成的级差地租。

(2)绝对地租　它是指由于土地私有权的存在，租用任何土地(包括劣等地在内)都必须缴纳的地租。绝对地租实质上是农产品价值超过社会生产价格以上的那部分超额利润。绝对地租形成的原因是对土地私有权的垄断，它形成的条件是农业资本有机构成低于社会平均资本有机构成。绝对地租的来源同样是农业工人创造的剩余价值。

2. 土地价格

土地价格不是土地价值的货币表现，实质上是地租收入的资本化，即土地价格相当于一定量的货币资本，把这一定量的货币资本存入银行，每年所得利息等于购买这块土地后通过出租每年所获得的地租。土地价格用公式表示为：

土地价格＝地租量/银行存款利息率

在现实经济生活中，影响土地价格变动的因素还有供求关系以及其他因素，是比较复杂的。

7.2.3 地租杠杆的调节作用

城镇地租和农业地租产生的基础与表现形式都是一样的，也存在绝对地租与级差地租（包括Ⅰ和Ⅱ）。在城镇经济中，由于土地这个生产要素的稀缺性表现得更为突出，因此地租作为一种经济杠杆，对于城镇经济运行的调节作用也体现得更加明显。这些调节作用主要反映为以下几点：

1. 绝对地租促使土地的集约经营

由于只要使用土地就必须交纳使用费，即由于绝对地租的存在，迫使土地使用者把土地的租用数减少到最低限度；并在已租的土地上追加投资，以尽可能提高土地的产出率。这在客观上有利于节约土地资源、改良土地素质、实行集约化经营，从而达到最经济利用土地的目的。

2. 级差地租影响城镇产业的布局

不同的产业，由于其生产过程的特殊性，对土地位置的要求和敏感程度不同，因此在同一地块上安置不同的产业，会导致不同的产出率、形成不同的经济效益。如日本的统计资料表明，用于第一、二、三次产业的土地的单位面积产值之比为1∶100∶1 000。因此，在城镇空间上由于各产业支付高低悬殊的级差地租的能力有差别，就会自动形成一种产业的布局方式，从而促进了土地资源的最优配置，使土地潜在的效益达到最好。

3. 级差地租控制城镇规模的膨胀

级差地租不仅存在于同一城镇的不同区位上，也存在于不同规模的城镇之间。一般来说，城市的级差地租总要高于城镇，因此，城市昂贵的地价最终会形成一种排斥力，将那些占地过大的企业推向周围的城镇。这样一方面控制了城市规模的无限膨胀；另一方面也带动了城镇的发展，有利于城镇体系的合理布局。

4. 级差地租调节国民收入的分配

由于级差地租的实质，是将从土地上获得的级差收益进行分配，这样就消除了土地区位因素对企业经营状况的影响，使企业站在同一起跑线上公平竞争。企业收益中的土地因素收归土地所有者，对于土地国有制的社会主义国家来说，还能增强国家财力、增加城镇建设资金，有利于国民收入在国家、企业和劳动者之间的合理分配。

7.2.4 城镇土地的投标租金

新古典经济学地租理论认为，在土地的商业租金中，包括转移收入与经济租金两部分。而德国经济学家杜能在1826年发表的《孤立国》一书中，提出了投标租金的概念，建立起了一套投标租金模型。杜能指出，投标租金是投标者对各种不同区位的土地所愿意支付的最高租金，它由土地使用者在对土地使用权的竞争中产生。

杜能假设：有一个孤立的城市坐落在一个平原上，农产品由平原上生产并被运至城市；土地供给是完全非弹性的，且只用于农业；运输成本与到城市中心的距离成正比；农业生产有固定比例的资本与劳动投入。对于某一土地需求者来说，在城市地区影响投标地租的最重要因素是土地的位置：地块距市中心越近，愿意支付的租金越高。若以 $r(d)$ 为某一土地需求者的投标租金曲线，d 为到城镇中心的距离，p 为产品价格，q 为产量，c 为与距离无关的单位生产成本，f 为单位距离的运费率，π 为平均利润率，则在一定利润水平下每块土地的租用者所能支付的最大地租（即投标租金）为：

$$r(d)=q[p-c-\pi-fd]$$

可见，相对于不变的 p、c 和 f 来说，投标租金 $r(d)$ 是距离 d 的线性函数。反映在图7-3中，则 AB 为投标租金曲线其斜率为 f。只要企业选址在这条曲线上，则无论其位置在 AB 线段上的何处，企业的利润率 π 都是一定的。

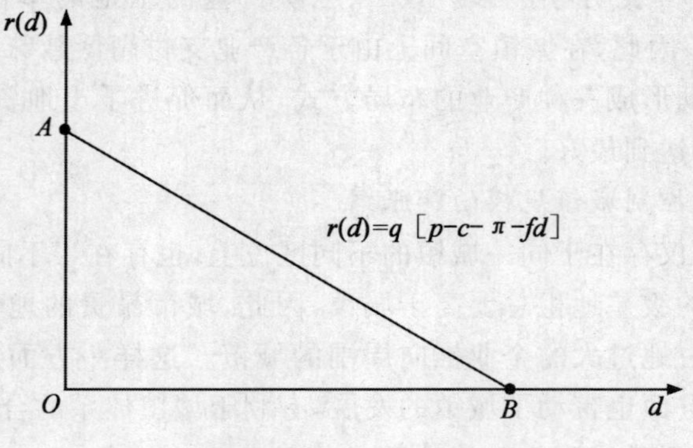

图7-3 农业的投标租金曲线

杜能的分析虽是针对农业而言的，实际上由于城市地租和农业地租的基础是一样的，并由农业地租来调节，因此在城市中，投标租金曲线同样是距离的线性函数。价格或生产成本的变化会引起投标租金曲线的平行移动；而运输成本的变化，则会引起投标租金曲线斜率的变动。

7.2.5 城镇土地的区位选择

1. 城镇土地地租曲线

在完全竞争条件下，城镇土地在不同用途的使用者进行分配时，总是遵循"最高租金原则"——即愿意支付最高租金者得之。而不同的使用者，对于城镇不同区位上的土地，所给出的投标租金是不同的。当然不论选址在投标租金曲线上的哪一点，企业的获利都是一样的。一般来说，商业单位由于对位置的敏感性最强，故其用地的投标租金曲线最陡；居住单位对位置的敏感性较弱，投标租金曲线也较缓；制造业单位则居于二者之间。

现假设有 A、B、C 三类土地使用者，分别是商业零售业、制造业、公寓住宅业，它们各自给出了自己的土地投标租金曲线，也即在一定利润水平下所愿意支付的最大地租曲线：其中 AA' 为商业用地的投标租金，BB' 为制造业的投标租金，CC' 为公寓住宅业的投标租金。当土地处在 OE' 区段时，商业用地的投标租金 AE 最高，土地所有者理所当然将 OE 区段的土地给了商业；同理，$E'F'$ 区段的土地给了投标租金最高的制造业，$F'C'$ 区段的土地给了投标租金最高的公寓住宅业。于是，这就形成了一条针对 3 个土地使用者的城镇土地的投标租金包络线 $AEFC'$，它也是实际上的城镇土地市场地租曲线，如图 7-4 所示。

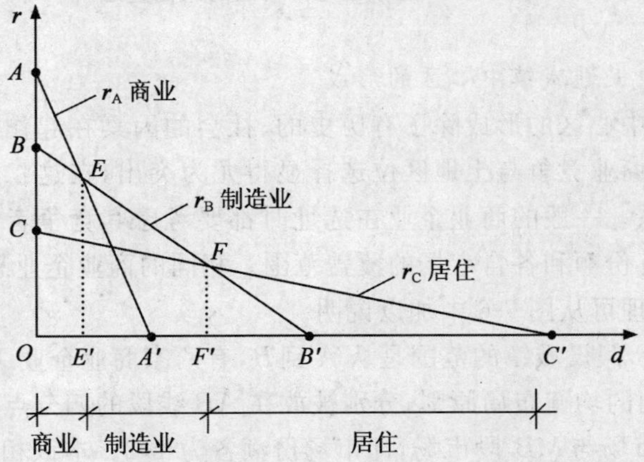

图 7-4 城市土地地租曲线

将上述情况推广开来，则在拥有任意多个使用者的城镇土地市场上，地租曲线就是所有使用者的投标租金曲线的包络线。可以看出，如果按照这个原则进行城镇土地的分配，将会实现城镇整体土地经济效益的最大化。

那么，对于某一具体土地使用者来说，面对一条实际的城镇土地市场地租曲线 $R(d)$，如何找到一个合适的位置，以使自身的利润达到最大呢？假设该土地使用者的利润为 π，则：

$$\pi = v - c - r(d) - fd$$

式中，v 为收入，c 为与距离无关的成本，$r(d)$ 为投标租金，f 为单位距离的运费率，d 为到镇中心的距离。根据数学方法推导得知，当该土地使用者的投标租金曲线 $r(d)$ 与城镇土地市场地租曲线 $R(d)$ 相切时，切点处的位置是适宜的，在这时土地的所有者获得最大租金，土地的使用者取得最大利润，如图 7-5 所示。

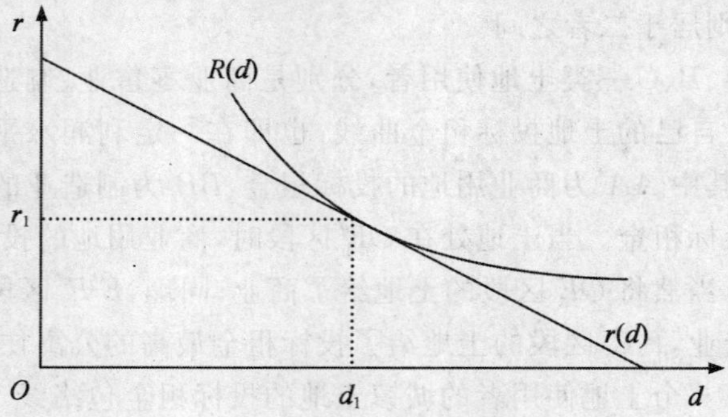

图 7-5　城镇土地市场上的均衡选址

2. 商业竞争促进城镇中心区的形成

在城镇中，中心区的形成除了有历史的、社会的因素在起作用外，经济因素更为重要。其中，商业竞争与土地区位选择显得尤为突出，在这二者之间，还存在着不可分割的联系。一般的商业企业在选址时都要考虑其竞争者的位置，因为这关系到市场的占有份额和各自市场的覆盖范围。相同的商业企业总倾向于在相邻的地段选址，其道理可从图 7-6 中加以说明。

在图 7-6 中，假设城镇的范围是从 A 到 B，有两家商业企业 X 和 Y。它们开始时按照城镇规划的均衡布局原则，分别被放在 AB 线段的四分点位置上，分别占有等量的 AM 段市场与 MB 段市场，即市场份额各为 1/2。本该相安无事，这时镇民购物所走的距离也是最短的，应视为最佳均衡模式。但出于追求更大利润的目的，X 悄悄向 Y 移动，挪到 C 点位置，以图使市场份额从 1/2 增至 3/4；此举使 Y 的市

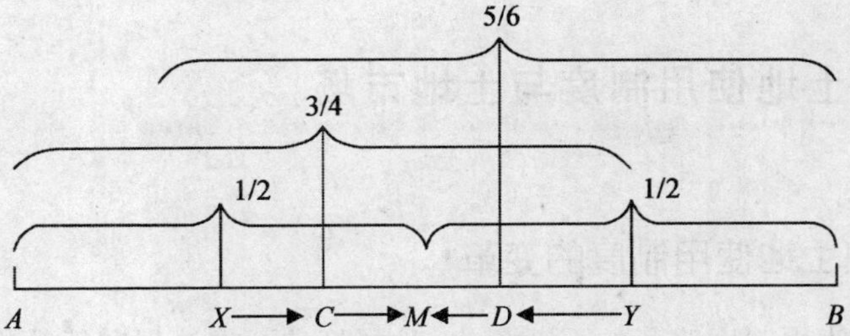

图 7-6 商业竞争与选址

场份额被压缩至 1/4，它必会做出反应，报复性地也向 X 靠拢，并进一步占据 D 点位置，使自身市场份额增至 5/6；而 X 亦不甘示弱，继续向 Y 逼近……于是最后，X 与 Y 都落到了 AB 段的中点 M 处，其市场覆盖面都是 100%，出现了稳定的局面。对于 X 和 Y 来说，这种市场分配是皆大欢喜；而城镇中心区也开始在 M 点形成，并吸引更多的商业企业向它聚集。

上例说明，在城镇用地分配中，各用地单位是从自身利益出发决定其选址行为的。它们较少考虑公众利益和城镇综合利益，由此形成的城镇空间结构不一定是最合理的。

当然，城镇中心区的形成，决非简单地由商业竞争所致，它会受到城镇地租，尤其是级差地租的有力约束。实际上投标地租与级差地租在数量表现上是一致的，因为地租的级差性正是通过投标租金的梯度性反映出来的。一般来说，城镇投标租金梯度是随到镇中心的距离增大而下落的。但也有例外，即次中心的出现，在次中心处，租金梯度出现回转，只不过回转的高度依然渐次降低。如图 7-7 所示。

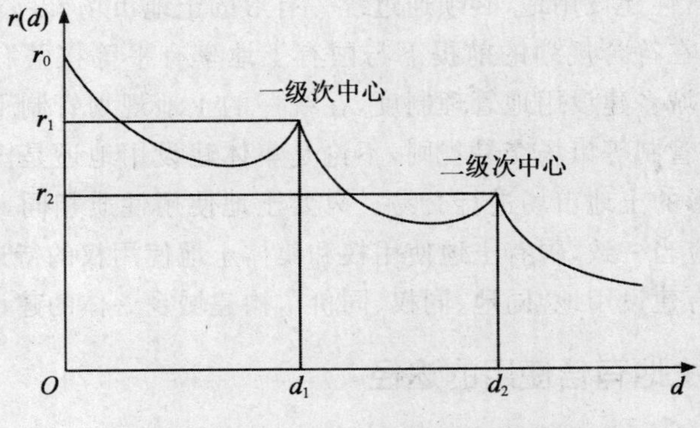

图 7-7 城镇次中心对租金梯度的影响

7.3 城镇土地使用制度与土地市场

7.3.1 城镇土地使用制度的变革

通过土地使用制度改革的不断深化，我国打破了靠计划和行政指令配置土地，土地无偿、无期限、无流动使用的旧体制，创建了主要靠市场配置土地，土地有偿、有期限、有流动使用的新体制，并初步形成了土地市场的基本制度和政府调控管理体系。实践证明，新的土地配置和使用制度，带来了土地利用方式、管理方式的深刻变化，促进了土地的合理利用和保护，为经济社会又好又快发展提供了可靠保障。

目前城镇土地使用制度变革的重点是：如何统筹城乡发展，逐步建立城乡统一的建设用地市场。在我国现行的法律框架下，城市土地属于国家所有，农村土地属于农民集体所有；国家为了公共利益的需要，可以依法对农村土地实行征收或征用并给予补偿。这种二元的土地制度为高速工业化和城市化作出了重大贡献，但由于制度的缺陷也造成城乡土地市场的分割、城乡土地权益不平等和土地利益矛盾加剧等问题。城乡土地的二元差别究其原因是由农村和城市在功能和经济发展战略上的差异所决定的。在经济发展到一定阶段后，两个土地市场在事实上和法律上的相互连接已成为不可回避的现实。目前，我国总体已经进入以工促农、以城带乡，着力破解城乡二元结构、形成城乡经济社会发展一体化新格局的重要阶段。为此，党的十七届三中全会指出要“逐步建立城乡统一的建设用地市场，对依法取得的农村集体经营性建设用地，必须通过统一有形的土地市场、以公开规范的方式转让土地使用权，在符合规划的前提下与国有土地享有平等权益”。其具体要求就是：实行统一的城乡建设用地管理制度，在统一的土地规划管制下，遵循统一的招拍挂、交易许可管制等市场交易规则，不论是集体建设用地还是国有建设用地，都应该在统一有形的土地市场进行交易。只要土地使用性质相同，土地使用权的市场开放范围就应当一致，国有土地使用权和集体土地使用权的待遇平等，实现集体建设用地与国有建设用地“同地、同权、同价”，构建城乡一体的建设用地市场。

7.3.2 城镇土地有偿使用的途径

《土地管理法》第二条规定：“国家依法实行国有土地有偿使用制度。”所谓国有土地有偿使用制度，是指调整国家与国有土地使用者之间经济关系的一系列制度的总称。它实质表现为国家在国有土地使用者取得国有土地使用权或者在使用国有土地的过程中从土地使用者那里所获得的土地经济收益。

在我国社会主义市场经济条件下，土地是一种特殊的商品和有限的不可再生的宝贵资源和资产，其稀缺性和商品属性构成了土地有偿使用的经济土壤；同时，国有土地属于国家所有，由不同的使用者使用，土地所有权和使用权发生了分离，这为实行国有土地有偿使用制度提供了理论依据。通过实行土地有偿使用，国家土地所有权在经济上得到了体现，土地资源得到了高效和合理配置。

目前，我国国有土地有偿使用制度的形式主要有以下几种：

(1)土地使用权出让　即国家以土地所有者的身份，将国有土地使用权在一定年限内让与土地使用者使用，由土地使用者按照出让合同的约定向国家支付土地使用权出让金的行为。出让的最高年限按不同的土地用途确定，出让的方式有协议、招标、拍卖3种。

(2)土地使用权出租　即国家将土地出租给承租人使用，由承租人向国家缴纳租金的行为。这种方式，出租的年限一般较短，每年缴纳的租金较少，承租人承受能力较强，容易被承租人接受。目前，有的地方已普遍实行了这一有偿使用方式，有的地方正在进行试点。

(3)土地使用权作价入股　即国家将土地使用权作价，作为出资投入企业，形成国家股，国家从企业生产利润中取得相应的股息。这种方式，实质上是国家向企业的一种投资行为。

(4)土地使用权授权经营　即国家以一定年期的土地使用权作价后授权给经国务院批准设立的国家控股公司、作为国家授权投资机构的国有独资公司和集团公司经营管理。被授权的公司和投资机构负责该土地的保值、增值，并可以凭政府主管部门发给的授权委托书向其他企业以作价出资(入股)或者租赁方式配置土地。

(5)收缴土地使用费或者场地使用费　外商投资者与中国企业依据《中华人民共和国中外合资经营法》、《中华人民共和国中外合作经营法》等法律，在我国取得土地使用权，中方企业或者外商投资企业依法向中国政府缴纳土地使用费或者场地使用费。

7.3.3　城镇土地市场运行模式与经济特性

土地市场是社会主义市场经济体制确立后市场体系的一个重要组成部分。土地本身虽然不是商品，但其使用权却可以依法进行商品化经营，这是由土地所有权与使用权相分离的性质所决定的。城镇土地市场，狭义地说，是指土地使用权流通的场所；广义地讲，则包括体现在这种流通全过程中各种经济关系的总和。

1. 城镇土地市场的运行模式

目前，我国城镇土地市场呈 3 级市场结构模式，它们是：

(1)一级市场　即由国家以土地所有者的身份，通过批租将土地的使用权投放市场运行。它表现为政府与土地经营者、使用者之间的纵向交易行为，反映的是土地的使用权价格，具有垄断性质。

(2)二级市场　即由获得土地使用权的经营者，直接将土地或通过建设商品房从而间接地将土地投入市场流通。它表现为土地经营者与使用者之间的横向交易，是扩大供给条件下的市场行为；反映的是以开发经营价值为基础的企业价格，具有经营性质。

(3)三级市场　即由土地的使用者通过房产的交易而使土地间接进入市场流通，它表现为土地使用者之间的横向交易，是调剂需求条件下的市场行为；反映的是以效用为尺度的市场价格，具有消费性质。

我国城镇土地市场运行模式如图 7-8 所示。

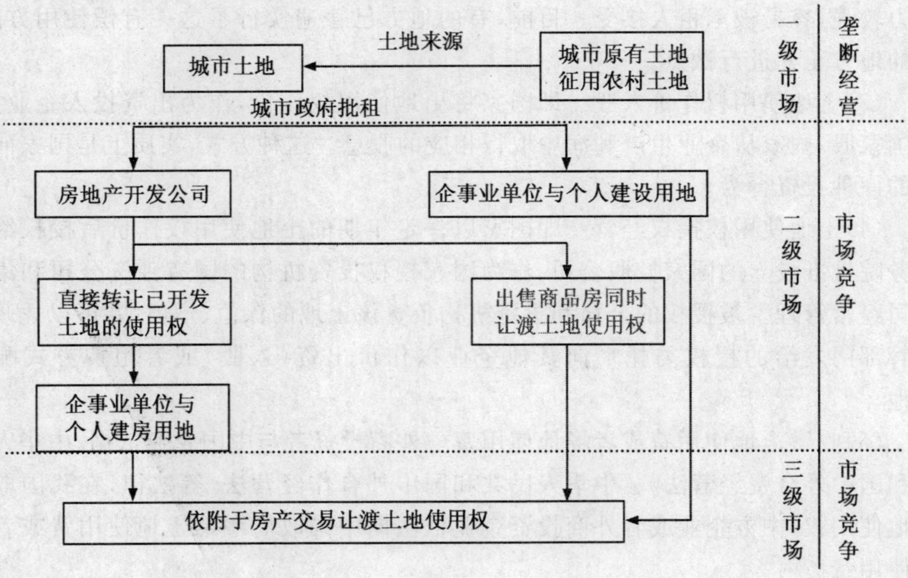

图 7-8　城镇土地市场运行模式

以上 3 级市场相互联系，形成土地的批发、零售、调剂 3 种市场形态。其中，一级市场是二级、三级市场的前提和基础，起导向作用；二级、三级市场是一级市场的延伸和扩大，起促进市场发育和繁荣作用。国家建立土地市场的基本政策是：垄断和控制一级市场,规范和搞活二级、三级市场。

2.城镇土地市场的经济特征

土地市场由于经营商品化,土地使用权的特殊性,使其和一般商品市场相比,具有几个明显的特征:

(1)市场的垄断性 我国宪法规定,城市土地属于国家所有,排斥任何其他所有形式。土地的所有权牢牢掌握在国家手中,只将部分土地的使用权有限期地投放市场,直接控制了土地的来源及数量;而土地的去向与用途又受到城镇规划与土地管理部门及其法规的限定,不得擅自变更,因此土地市场是国家高度垄断性的市场。

(2)供给的稀缺性 土地资源相对于不断增长的人口压力和经济需求来说,是十分短缺的,城镇土地尤其如此。因此,土地市场从总体看是永远供不应求的,从长期看也是高度非弹性的。

(3)地产的不动性 土地是不可移动的,地产即为不动产,不会随交易对象的变动而改变位置,所以地产市场上只有"商流"而没有"物流"。

(4)房地的融合性 城镇土地的最终使用总是进行建设,因而地上的房屋与房下的土地融为一体、不可分割,进行房产交易的同时必然伴随地产的交易。而且后者往往隐含在前者之中,二者互为因果,所以人们常常将它们合称为房地产业。

7.3.4 城镇土地使用权出让

1.土地使用权出让方式

根据《城市房地产管理法》和《城镇国有土地使用权出让和转让暂行条例》的规定,土地使用权出让可以采取协议、招标、拍卖3种方式。

协议出让土地使用权是指土地使用者在用地申请经有关部门批准后,与土地行政主管部门协商地价、用地年限、面积、付款方式和时间、用地条件等事项,在双方达成一致意见的前提下,签订出让合同,受让方按合同约定支付土地出让金,取得土地使用权。这种方式经常用在土地使用者向政府提出用地要求,且要求地块没有竞争者的场合,主要适用于工业项目和国家鼓励产业的项目用地。协议出让金的确定不是竞争的结果,而是谈判的结果。

招标出让土地使用权是政府对某块土地有了明确的开发意图和规划条件后,在市场中寻求一个有利于实现政府开发计划的开发者而采取的一种方式,这种方式要求在规定的期限内,符合规定的单位和个人以书面形式提出开发愿望,经政府选择后,确定将土地使用权出让给某个开发者。在这种方式中,投标者有多个,有一定程度的竞争机制。政府选择中标者时,不但考虑投标价,而且考虑投标者对实施这块土地开发是否有利。

拍卖土地使用权是指政府对某块土地有了明确的规划条件后，在指定的时间、地点，组织符合条件的有意受让人到场，对出让使用权的土地公开叫价竞投，按“出价最高者得”的原则确定受让人的一种方式。这种方式主要用于竞争激烈的某类或某块用地。

2. 土地有偿使用的期限

土地有偿使用必须是有期限的。具体期限《城市房地产管理法》没有规定，而是授权由国务院规定。国务院于1990年5月发布的《城镇国有土地使用权出让和转让暂行条例》第十二条规定了各类用地的最高年限，具体为：①居住用地70年。②工业用地50年。③教育、科技、文化、卫生、体育用地50年。④商业、旅游、娱乐用地40年。⑤ 综合或者其他用地50年。

《城镇国有土地使用权出让和转让暂行条例》的发布早于《城市房地产管理法》，目前仍在实施，所以在法律和国务院没有做出新的规定前，出让土地使用权的最高年限依然继续执行上述条例的规定。出让土地使用权的最高年限不是唯一年限，具体出让项目的实际年限由国家根据产业特点和用地项目情况确定或与用地者商定。土地使用权出让的实际年限不得突破规定的最高年限，而只能限于最高年限的范围内。

3. 土地使用权出让年限届满后的处理方式

土地使用权出让年限届满后，有两种处理方式：一是土地使用者申请续期。在一般情况下，政府应批准续期使用。按照《城市房地产管理法》第二十一条规定，土地使用权出让合同约定的使用年限期满，土地使用者需要继续使用土地的，应当至迟于届满前一年申请续期，政府除根据社会公共利益需要收回该土地外，对申请续期的应当予以批准，经批准予以续期的，应当重新签订土地使用权出让合同，按规定支付土地使用权出让金。二是政府无偿收回土地使用权。《城市房地产管理法》第二十一条规定，土地使用权出让合同约定的使用期限届满，土地使用者未申请续期或者虽申请续期但未获得批准的，土地使用权由国家无偿收回。根据《城镇国有土地使用权出让和转让暂行条例》第四十条的规定，土地使用权期满，土地使用权及其地上建筑物、其他附着物所有权由国家无偿取得。这就是说，国家在收回土地使用权的同时，也无偿收回建筑物、其他附着物的所有权。

7.3.5 城镇土地使用权的转让、出租与抵押

1. 土地使用权转让的方式

土地使用权转让的方式主要有出售、赠与和下列具体行为：①以房地产作价入

股、与他人成立企业法人，房地产权属发生变化的。②一方提供土地使用权，另一方或者多方提供资金，合资、合作开发经营房地产，而使房地产权属发生变更的。③因企业被收购、兼并或合并，房地产权属随之转移的。④以房地产抵债的。⑤法律、法规规定的其他情形。

土地使用权出售是土地使用权转让最常见的形式，是将土地使用权单独或连同地上建筑物、其他附着物的所有权转移给购买方，并由购买方支付相应购买钱款的行为。

土地使用权赠与是土地使用权人自愿将自己的土地使用权单独或者连同地上建筑物、其他附着物的所有权一起无偿转移给受赠人的行为。

土地使用权的其他转让行为是土地使用权的享有者以土地使用权或连同地上建筑物、其他附着物的所有权作为交换条件，交换股权、房产权及其他经济收益的行为。

2. 土地使用权出租

土地使用权出租是指国有土地所有者或使用者将土地使用权单独或连同地上建筑物、其他附着物租赁给承租人使用，并由承租人向出租人支付租金的行为。

土地使用权出租的主体是国有土地的所有者和使用者。随着我国土地市场的培育和发展，单一的土地使用权出让方式不能满足市场中的各种用地需求，所以有些地方开始探讨不同于出让方式的土地有偿使用方式，于是产生了政府直接出租土地使用权的有偿供地方式，即政府直接将土地使用权租赁给用地者使用，并由用地者按年或月支付租金。这是国有土地所有者出租土地使用权。另外一种土地使用权出租是享有土地使用权的使用者将土地使用权租赁给其他使用者的行为。

政府出租的土地使用权，承租人必须按照出租合同规定的条件使用土地。在土地使用者出租的土地使用权中有两种土地使用权，一种是出让土地使用权，这种使用权的享有者必须按照出让合同的要求，在完成规定的开发任务后方可出租土地使用权；另外一种是划拨土地使用权，这种土地使用权的享有者须按有关法律、法规的规定补办出让手续或与政府签订有关文件后方可出租土地使用权。

土地使用权出租与土地使用权出让和转让有很大的不同。出让土地使用权和出租土地使用权的主要不同在于土地使用者在两种方式中的付款时间和享有的权利不同。出租土地使用权，承租人按月或年支付租金，承租人只能自用，不能转让和抵押土地使用权。出让土地使用权，受让人按合同约定支付出让金，受让人按合同约定的条件转让、抵押土地使用权。土地使用权转让和出租的主要不同在于土地使用权享有人的权利义务的变化不同。出租土地使用权，出租方对其出租的土地享有的权利义务即对同政府订立的出让合同或其他文件中的权利义务没有转租给承租人，出租人仍需履行这些权利义务。土地使用权转让则将出让合同载明的权利义务完全转移给下一个使用者。

3. 土地使用权抵押

土地使用权抵押是指土地使用者作为债务人在法律上把土地使用权转让给债权人，但债权人并不占有土地使用权，债务人保留对土地使用权的占有。以土地使用权担保的债务一经偿付，土地使用权在法律上的转让便立即失效。

土地使用权抵押有以下几个法律特征：

①抵押人必须对土地使用权享有处分权或处分能力。这种权力和能力不仅来自抵押人是土地使用权的享有者，而且来自抵押的土地使用权没有争议。

②土地使用权在抵押期间不转移占有，即土地使用权设定抵押后，抵押人保留对土地使用权的占有权和使用权。抵押人的这些权力只有在债务人不能履行债务时才丧失。

③抵押权人对拍卖或拆卖土地使用权所得有优先受偿权。当抵押人在债务履行期届满时不履行债务，抵押权人有权依法将抵押的土地使用权拍卖或拆卖，并对拍卖或拆卖所得优先受偿。

④土地使用权抵押时，只有抵押合同签订时地上建筑物和其他附着物才进入抵押财产，抵押合同签订后，土地上新增的房屋不属于抵押财产。

7.4 城镇土地分级与地价评估

7.4.1 城镇土地等级的评定

城镇土地等级的形成，是由于级差收益的客观存在，在空间上的反映。评定城镇土地的等级，是进行土地管理、房地产交易、城镇规划等工作的重要条件。就一个城镇而言，土地究竟分为几等，取决于城镇规模以及土地构成状况。一般来说，城镇越大、构成越复杂，则等级越多；反之，则越少。根据现有开展土地等级评定城镇的资料，可以看出：特大城市为7～11级，大城市为6～9级，中等城市为4～7级，小城镇为3～5级。土地等级的评定，一般按下列程度进行：

1. 地块划分

首先，将全镇建设用地根据自然界限（如山川湖泊、公园绿地）、人工边界（如铁路、道路、桥梁）、用地性质、用地权属、建设强度等条件，划分成若干地块，地块面积不宜大小悬殊，数量也不宜过多过细。需要注意的是，这里地块的划分，纯属土地分级的前提，并不代表今后开发的意向，也不影响土地可能发生的用途变更。

2. 影响因素与权重的设定

在地块划分完毕之后，就要判断对土地等级的影响因素及其权重分配。这时，需要以商业用地为代表进行分析，原因在于：第一，商业用地的单位经济效益最高，能使土地价值得到最大实现；第二，商业用地对等级差异的反应最灵敏，能准确体现土地的级差收益。所以，进行土地分级实际决定商业用地级差收益的影响因素主要有：

(1)商业区的性质与网点数　城镇的商业区依其服务半径和网点数量，一般可分4级：全镇中心级；全镇次中心级；地区中心级；居住区级。显然，在同样商业经营面积上所获得的利润是依序降低的。

(2)基础设施条件与交通的通达性　毫无疑问，商流、物流、人流的顺畅与否都与交通通讯业的发达程度密切相关。

(3)人口构成与分布状况　越是人口密度大、流动人口多的地区，必然商业需求越旺盛，商业繁华程度也越高。

(4)其他因素　自然环境、污染源及其治理状况、历史文化传统、民俗风情习惯等，都会影响到商业的发展，从而体现在土地的价值上。

在确定有关影响因素后，根据其重要性的大小分别给出各因素权重，这项工作可通过"特尔菲法"来进行。

特尔菲法又称专家调查法，是20世纪40年代由美国兰德公司首创的一种对各类决策问题按一定程序征询专家意见的定性预测方法：应用中先将需要预测的问题分发给事先选定的有关专家；向其函询调查；然后将他们的意见加以综合整理，把归纳结果在不公布姓名的条件下寄给各位专家，再征求意见，再综合、统计；如此几经反复，使意见逐渐趋于集中，最终得出一个专家预测资料。特尔菲法的特点是客观性强，可以避免被调查者之间的消极影响。

3. 评分计算

将各个地块针对不同的影响因素进行打分，打分值乘以权重即为在某因素中的得分，把各因素的得分值加总，并予以一定的修正，即为该地块的总评分。再对各地块的总评分归纳、排序，分成若干等级，就可得到全镇土地的等级结果。

7.4.2 土地级差收益的测算

土地级差收益的测算，首先必须进行大量的实例调查，掌握一定样本数的实际资料，即商业企业在不同等级土地上单位面积创造利润的平均值，以及单位面积平均资金占用量；然后，按照世界银行对中国投资效益120%的投资收益标准，计算资金的利润量；最后，从每一级单位面积平均利润中剔除该等级的平均资金利润量，就可以求出该级土地所取得的超额利润、也即级差收益。

7.4.3 城镇土地价格的形成

商品都具有两重属性，即价值与使用价值。但土地作为一种特殊商品，却只有使用价值而没有价值。因为按照马克思的劳动价值论，只有劳动才能创造价值，而原始的、未经开垦的土地作为一种自然物，不是人类创造的，因此，这种土地没有价值，因为没有人类劳动物化在里面。

虽然如此，土地却有价格，因为资本化的地租表现为土地价格或土地价值。在这里，马克思所说的土地价值，是指土地上的投资，即土地资本；而土地价格，就是地租的资本化，是地租的购买价格。

土地价格和一般商品的价格有显著的不同，这是因为土地的自然属性与经济特性，都决定了土地使用价值的不可替代性，即没有任何其他商品可以替代土地的效用。这使土地价格表现出其特殊性。

首先，土地价格受主观因素影响较大，偶然性、个别性大于必然性、共同性，正如马克思所说的："必须牢牢记住，那些本身没有任何价值，即不是劳动产品的东西（如土地），或者至少不能由劳动再生产的东西（如古董，某些名家的艺术品等）的价格，可以由一系列非常偶然的情况来决定"。

其次，土地价格随着时间的推移，不仅不会有折旧现象，反而会不断增值，这使投资土地可以具有可靠的保值作用。

最后，土地价格有多种表现形式。这些形式包括：

1. 土地的理论价格

土地的理论价格，即完全等同于土地价值的价格。这里的土地价值，是由生产和再生产土地的使用价值时所花费的劳动时间来决定的。因此，一块土地的价值，等于为了取得同样的使用价值，需要在劣等土地上追加的投资。

2. 土地的经济价格

土地的经济价格，就是其资本化价格，也即地租的资本化。它相当于把地租收入看做是存入银行的一笔资本的利息收入，而这笔资本就是土地的价格。即：令 P 为地价，R 为地租，i 为利息率：

$$P=R/i$$

若有一块土地，年地租收入是 5 000 元，银行存款的年利息率是：10％ 那么这块土地的价格就是 5 000÷10％＝5（万元）。可见，地价与地租成正比，而与利息率成反比。

3. 土地的计算价格

土地的计算价格;即为了开发利用这块土地而物化在其中的人类全部劳动的费用。对于城镇土地来说,则有

$$P=P_0+P_1+P_2+\cdots+P_n=\sum_{i=0}^{n}P_i$$

式中,P 为地价;P_0 为该土地的原始开发费用;P_1 为该土地作为农业用途的投入;P_2 为将该土地从农业用途第一次转变为非农业用途的投入;……P_n 为第 n 次的开发费用,它们的总和即为地价。

4. 土地的影子价格

土地的影子价格是使土地资源达到合理配置时的预测价格。当土地按一定的比例在各部门、各企业之间进行分配,由于生产技术条件不同,土地利用的边际产出也不同。在土地资源的约束条件内,只有把土地从边际产出较低的用地单位划给边际产出较高的用地单位,一直到各单位的土地边际产出相等时,社会总体经济效益达到最大,这一土地的影子价格才能得到确定,即等于土地最优配置下的边际产出。

影子价格可以用数学方法——对偶规划法来求出,先计算出土地资源在各个部门内的影子价格,得到它的边际产出的差额;然后根据线性规划灵敏性分析原理,调整土地在各部门之间的分配量,重新计算其影子价格和边际产出的差额……这样反复进行后,直到各部门的边际产出基本接近,就得到土地的最优分配方案,从而找出了土地的影子价格。

5. 土地的市场价格

作为一种商品,价格不能不受供求状况的影响,因此土地的市场价格即是土地在地产市场上的均衡价格,它取决于市场上对土地的需求量以及土地的供给量。虽然,土地供给总体上是高度非弹性的,但对于某一地域内的某一特殊用途的土地来说,其供给仍是具有一定弹性的。即土地可以面临多种选择——工业、商业、农业、居住等;已利用的土地也可转变用途,这时地价往往取决于市场协调情况,受供求规律支配。

7.4.4 城镇土地价格的评估

城镇土地价格的评估,是一项科学性、专门性很强的工作,必须由国家认可的估价师和估价机构来进行;且评估行为和评估过程受到国家法令法规和行业制度

的严格限制与监督，从而保证评估结果的独立性、公正性、合理性。

在实际使用中，城镇土地会有所谓“生熟”之分。“生地”指的是将要征用或已经征用、但未经任何开发的农业用地或其他非建设用地；“熟地”则是指原有的建设用地或已经经过一定标准的开发强度的新征用地，如“三通一平”（通水、通电、通路、平整场地）或“七通一平”（通供水、通排水、通电力、通电讯、通煤气、通热力、通道路、平整场地）等。同样一块土地，“生熟”不同会造成价格的不同，因为各自凝结的劳动与投入不同。

城镇土地价格的评估，有若干种方法，其中主要的介绍如下。

1. 收益还原法

收益还原法又称地租资本化，是一种运用适当的还原利率，将未来的纯收益折算为现值的估价方法。其基本计算公式为：

$$P=\frac{a}{r}\left[1-\frac{1}{(1+r)^n}\right]$$

式中，P 为地价；a 为土地带来的每年不变的纯收益；r 为还原利率；n 为土地的使用年限或有收益的年限。

在这里，土地的纯收益 a 被认为是固定不变的，例如地租；但若 a 每年发生变动，则需分别计算各年的情况再折算为现值，计算较复杂一些。还原利率的确定可以通过安全利率加上风险调整。

2. 市场比较法

市场比较法又称交易案例比较法，是将估价对象与在较近时期内已经发生了交易的类似地产案例加以对照比较，从类似案例的既知价格，根据评估对象的实际情况加以修正后得出该地产价格的一种估价方法。运用市场比较法必须满足以下条件：

①地产市场发育比较充分和成熟，收集到的交易案例比较丰富和全面；

②选取的参照系的条件应尽量与评估对象相同或相似，这些条件包括土地用途、建筑性质、土地区位、交易日期、价格类型、土地使用权年限等。

在参照系的既知价格基础上加以修正时，重要的是交易日期与区位因素，这需依据市场变动和实际情况予以增减，其幅度和精度有赖于估价师的职业素质与从业经验。

3. 成本估价法

成本估价法又称合同法或加法，是一种以建造地产所耗费的各项费用之和为主要依据，再加上一定的利润和应纳税费来确定地产价格的估价方法。其计算公式为：

$$P=G+T+S$$

式中，P 为地价；G 为土地的购置费；T 为土地的开发费；S 为正常利税。

例如，若征用土地承建商品住宅，则土地价格等于下列各项费用之和：征地费、拆迁补偿费、前期工程费、基础设施费、管理费（按上述各项之和的 2%～3%计）、贷款利息（自有资金也视如贷款计息）、利润（按其中前面两项为 G，中间 3 项为 T，后面两项为 S）。

4. 假设开发法

假设开发法又称剩余法或倒算法，是将一块待开发的土地假设为已经按规划条例和允许条件建设完毕后的混合楼价（包括房价与地价）；或估价对象本身就是已建在土地上的混合楼价，减去房屋的建筑安装工程费、勘察设计等专业费、贷款利息、正常利润和应缴税费后的余额，即为土地的价格。计算公式为：

$$P=L-A-B-R-I-S$$

式中，P 为地价；L 为楼价即房地产价；A 为建安费；B 为专业费；R 为利息；I 为利润；S 为税费。

在这里楼价的测算十分重要，它可以根据市场资料获得，或通过其他方法估算出来。同时，楼价中的地价与房价也存在一定的比例关系，如表 7-1 所示。表 7-1 所列只是一般情况，在实际应用中应以测算为准。

表 7-1 楼价中低价与房价的比例关系 %

用地性质	地价占楼价比重	房价占楼价比重
商业	50	50
办公	20	80
居住（低层）	15	85
多层公寓	10	90
工业	5	95

5. 申报法

申报法即由城镇有关政府部门公告各地段的土地基准价格，然后由土地使用者根据这个基准价格加一定幅度的修正（如±20%）后申报其所占用的土地价格。对于申报价，政府有权照价征税或优先购买，以防止申报额畸高或畸低。

其他地产估价方法还有路线价法、长期趋势法、购买年法等。总之，不论何种方法，都应在大量实地调查和案例分析的基础上进行。否则，估价将失去其科学性、违背市场规律，没有实际意义。

7.5 城镇土地利用与城镇规划

7.5.1 我国城镇土地利用现状

城镇土地利用，是牵涉到城镇生产力布局与城镇发展的根本性问题。土地利用的原则应该是节约土地资源、优化土地配置、提高土地效益、促进经济发展。然而在实际使用中，城镇土地利用还存在不少问题，它们妨碍了土地作为生产要素在城镇经济中发挥合理的调控作用；土地的利用没有达到最优化状态，潜在效益远未得到有效释放。这些问题主要是：

1. 土地产出效率较低、潜力远未得到发挥

衡量一个城镇的土地利用是否合理、是否"物尽其力、地尽其用"，一条重要的标准是城镇单位面积土地创造出的国内生产总值的高低(亦即"地均 GDP")。遗憾的是，作为四大生产要素(劳动、资金、土地、技术)之一的土地，常常是人们在经济活动中较少关注的对象。在广大农村，土地由于直接的产出而获得农民的青睐；而在城镇里，土地的产出则往往是间接的、隐性的，因此容易被忽视。

2. 功能布局较混乱，空间结构不当

城镇规划作为城镇建设的龙头作用，长期以来得不到应有体现，投资体制的"条块分割"导致建设项目的各自为战。用地布局的混杂，必然造成相互功能的干扰，从而影响土地利用效率的提高，并给城镇居民的日常生活带来诸多困扰。同时，国有土地的应有收益也会因布局不合理而消弭于无形，土地价值得不到在经济上的最佳体现。

3. 小城镇增长迅速，用地规模偏大

2010 年中国人口学会年会上，专家预计"十二五"期间，城镇人口将突破 7 亿，人口城镇化率超过 50%，城乡人口格局将发生重大变化。近年来，小城镇发展十分迅速，尤其是沿海发达地区更是崛起了一批以小城镇为主体的"城镇群"。这对于我国城镇化进程的加速有积极的促进意义；但同时也应看到，小城镇由于集约化程度较低，一般用地规模都偏大，人均城镇建设用地在 90～110 米^2，若以人均 100 米^2 计，比大城镇要高出约 30 米^2、比特大城镇要高出约 45 米^2，它意味着一个生活在小城镇里的人要比生活在大城市和特大城市里的人多用 30%～40%的土地，这对于人多地少矛盾十分尖锐的中国，实在是土地资源的另一种隐性浪费，不能不引起城镇规划工作者的高度重视。

7.5.2 城镇规划在优化城镇用地中的作用

对于土地资源的配置，可以通过3种途径进行：一是市场调节，即根据土地价值规律来分配土地；二是行政调节，即通过政府力量来分配土地；三是技术调节，即结合城镇规划来分配土地。从市场经济发展的历史经验看，对城镇土地应主要通过市场调节，按土地价值规律办事。但这并不是说，市场调节是土地配置的唯一手段。因为，有很多城镇用地，本身并不创造直接的经济效益。但对于社会公众和生态环境有重大影响、具有很高的社会效益和环境效益，如公园绿地、政府用地、公共基础设施用地、道路交通用地等，仅仅依靠市场调节是不行的，而必须运用土地管理部门的市场调节和城镇规划部门的技术调节。城镇规划的重要性，就在于科学地预测城镇的发展，并合理地分配城镇的用地，使城镇空间结构达到经济效益、社会效益、环境效益并重，即综合效益最大化的理想状态。

在实际工作中，城镇规划部门要注意防止两个极端：一是忽视土地价值规律，片面强调城镇空间形态与用地结构中的技术因素，追求图面效果和美学目标，使规划流于“华而不实”的做法；二是过分依赖市场需求，单纯追求土地收益而使城镇公众利益与长远利益受损的做法。当前，我国城镇用地结构不合理的原因，主要还是由规划和管理所造成的。

目前，许多城镇结合自己的城镇总体规划修编，提出了建设现代化城镇的奋斗目标，有的还提出要与国际接轨，发展成国际性城镇。这是城镇规划工作中出现的崭新课题，值得我们深入探讨和研究。

中国城镇要走向现代化，是站在人多地少这个基本国情基础之上的，因此就不可能以欧美国家的一些发达城市为蓝本、不可能像他们那样“家家汽车、户户独院”——很明显，中国短缺的土地资源承受不了那种沉重的现代化压力，那会是以牺牲农业、牺牲温饱为代价的。中国城镇的现代化，只能是节地型的现代化，即与集约型的城镇化、内涵型的工业化相适应的，以“满足适度规模、优化土地配置、强化集中功能、提高产出效率和注重持续发展”为追求目标的现代化。

1. 满足适度规模

城镇规模过小，会导致土地利用的不经济；而规模过大，又会产生负效应。因此满足适度规模，是城镇发展中的重要方针。根据第六次全国人口普查数据，我国农村居民为6.74亿人，占总人口的50.32%，城镇化的道路十分漫长。而走什么样的城镇化道路，则关系到我国在追求现代化的同时，如何才能保护土地资源、保持农业稳定、从而保证子孙后代的生存发展。

因此，中国的城镇化应该是集约型而非扩散型城镇化、中国的工业化应该是内涵型而非外延型的工业化。发展乡镇企业应以“乡镇工业园区”为模式，而不是“村村点火、处处冒烟”；发展小城镇应积极扶持其成长、尽快达到适度规模，而不是遍地开花、谁也长不大。不能单纯追求小城镇的数量的扩大、而应关注其体量的增长，使之达到适宜的规模效益。只有这样，才能有效节约土地，把过高的小城镇人均建设用地指标降下来，降到与国情相符、土地承载力可接受的程度。

2.优化土地配置

今后的城镇总体规划，在进行土地利用布局规划时，应该对各项用地地块进行经济、社会、环境三个方面的综合量化评估，用系统工程的理论和方法处理土地分配的最优化问题，并给出城镇宏观范围内的地价控制图和土地增值调整图，从而指导城镇的土地开发。

3.强化集中功能

城镇经济学的理论表明，外部效益来源于集聚效应，而集聚效应又产生规模效益，三者密不可分。因此，将零碎布局、互相混杂的城镇用地，按其功能类别予以调整和集中，使之从无序走向有序，大大减少土地利用系统中的“熵”值，是节地型城镇的必由之路。

同时，我国经济发展的战略已从前一阶段的数量扩张型逐步转向今后的质量提升型，各经济单元将向集团化、规模化发展，这也必然要求城镇土地使用格局发生转变，在空间上体现为功能的集中，以“面”代“点”，从孤立的工厂、商店、住宅、公园……转化为一定规模的工业园区、居住小区、商业街区、绿色走廊和成片绿地……城镇的生长将从此纳入科学、理性的轨道，而不再是随心所欲、见缝插针，并将使城镇从支离破碎的“百衲衣”焕然成为技术与艺术的完美结晶。

4.提高产出效率

我国城镇用地的一大问题是：生产性用地所占比重过高，土地的产出效率很低。这就像一个工厂如果人浮于事、素质不高，经济效益必然上不去。所以提高产量的举措不是再增加人手，而是裁撤冗员、提高每个职工的积极性和创造力，城镇同样如此。

发展城镇经济的根本出路不在于像有些地方热衷的大搞开发区，把摊子越铺越大，企图以高额土地投入求得经济增长，仍然沿袭老的传统，走外延型的发展道路；而是应该大力依靠科技进步、“科教兴镇”，努力提高城镇土地的产出效率，使之达到或接近中等发达国家的水平。这样，节地型城镇规划才不会是“纸上画画、墙上挂挂”，才会成为每个城镇追求现代化过程中的自觉目标。

第8章　城镇环境经济

人们为了活着，聚集于城市；为了活得更好居留于城市。

——亚里士多德

城镇经济发展和城镇环境紧密相关。经济发展是社会进步的动因，环境保护是当代社会人的必然选择，但二者又存在一定的相互影响相互制约关系，如何合理地处理二者关系显得非常重要。本章在分析城镇环境污染的危害及原因基础上，综述城镇环境保护的最新观念和做法，进而研究城镇环境与城市经济的相关性、环境质量的效益评价、污染控制的经济分析，最后指出城镇环境保护和发展的模式及选择依据。

8.1　城镇环境概述

8.1.1　城镇环境的含义

环境通常是指作用于人类的所有外界影响因素的总和，是人类赖以生存的空间的总称。环境的一般概念是指围绕某一中心事物的周围事物。中心物不同，环境的概念也随之不同。我国《环保法》中所称的环境，是指影响人类生存和发展的各种天然的和经过人工改造的自然因素的总和，包括大气、水、海洋、土地、矿产、森林、草原、野生生物、自然遗迹、人文遗迹、自然保护区、风景名胜区、城市和乡村等。

城镇环境，包括两大部分：一是城镇的自然环境，由城镇空间的地质、地貌、土壤、大气、地表水及城镇生物系统等自然资源构成的自然环境的总体；二是城镇的人工环境，它是建造在前者基础之上的经济环境、文化环境、社会环境和建设设施环境等。人工环境的总体，是人类利用自然、改造自然的结果。

城镇环境既是一种客观存在，又是一种主观创造。它是城镇一切活动的基础、一切生产的对象和一切成果的体现；同样，也是人们各种不理智行为的最终承受者。

由此可见：城镇环境是城镇自然因素、城镇生态系统与城镇人工活动的综合体。而在环境经济学中，城镇环境则是特指城镇的自然环境以及部分人工环境（主要是物质环境）。

8.1.2 城镇环境的相关内容

在关于环境问题的讨论中，有几个方面的问题十分重要，即城镇环境污染、城镇生态系统、城镇环境保护。

1. 城镇环境污染

随着科学技术水平的发展和人民生活水平的提高，环境污染也在增加。城镇在其发展过程中不可避免地遇到环境污染问题。由于环境污染而带来的危害是多方面的，其中与人类健康直接相关的是环境对食品的污染，由于化学有机污染物的慢性长期摄入造成的潜在食源性危害已成为人们关注焦点，包括农药残留、兽药残留、霉菌毒素、食品加工过程中形成的某些致癌和致突变物（如亚硝胺等）以及工业污染物，如人们所熟知的二噁英等。

2. 城镇生态系统

城镇生态系统是一类脆弱的人工生态系统，它在生态过程上是耗竭性的，管理体制上是链状而非循环式。该系统建设要注重几个需求的转变：一是从物理空间的需求上升到人的生活质量的需求；二是从污染治理的需求上升到人的生理和心理健康需求；三是从城镇绿化需求到生态服务功能需求；四是从面向形象的城镇美化到面向过程的城镇可持续发展。用一句话概括，就是要引进天人合一的系统观，道法天然的自然观，巧夺天工的经济观和以人为本的人文观，实现城镇建设的系统化、自然化、经济化和人性化。

3. 城镇环境保护

环境保护是指人类为解决现实的或潜在的环境问题，协调人类与环境的关系，保障经济社会的持续发展而采取的各种行动的总称。亦即采取各种手段保护环境，使之适于人类的生存发展和自然生态平衡实现的各种行动的总称。它包括两部分工作：一是防止污染的发生和过度积累；二是对已受到污染的环境进行综合整治、使之恢复原貌。其方法和手段有工程技术的、行政管理的，也有法律的、经济的、宣传教育的等。

8.2 城镇环境污染

8.2.1 城镇环境污染的内容与表现

环境污染是指人类直接或间接地向环境排放超过其自净能力的物质或能量，从而使环境的质量降低，对人类的生存与发展、生态系统和财产造成不利影响的现象。它是由于有害物质或非物质形式的积累超过了环境容量的结果。

环境污染按人类活动分：工业环境污染、城市环境污染、农业环境污染。例如工业污染是指工业生产过程中所形成的废气、废水和固体排放物对环境的污染。污染主要是由生产中的“三废”（废水、废气、废渣）及各种噪声造成的。环境污染按造成环境污染的性质来源分：化学污染、生物污染、物理污染（噪声污染、放射性、电磁波）、固体废物污染、能源污染等。例如，化学污染（chemical pollution）由于化学物质（化学品）进入环境后造成的环境污染。这些化学物质有有机物和无机物，它们大多是由人类活动或人工制造的产品，也有二次污染物。

8.2.1.1 大气污染

每个人每天需要摄入空气15千克、食物1.5千克、水2.5千克。如果5分钟不呼吸就会死亡。一旦人们呼吸的空气中，其正常成分被改变或正常成分的比例发生变化即为污染。它表现为空气中有毒有害物质的积累，如粉尘、悬浮颗粒物、二氧化硫、一氧化碳、氟化氢、氮氧化物等。此外我们还普遍受到“酸雨”与“臭氧空洞”的侵扰。酸雨一词最早见于1872年英国人的一份调查报告；硫和氮的氧化物一旦与空气中的水蒸气结合就形成了高腐蚀性的硫酸和硝酸，它们伴随降雨落下且雨水pH值低于5.6即成为酸雨。当pH值低于5时，大多数鱼类就会死亡，而斯堪的纳维亚、日本、北美、中欧的一些城镇，酸雨的pH值竟为3.5，其酸性介于苹果汁和柠檬汁之间；美国的宾夕法尼亚州甚至还出现过相当于醋的降雨。臭氧是一种既有益又有弊的气体，在大气层上层它可以保护我们免受太阳有害紫外线的照射。实验表明，首先，臭氧层被破坏后，过量的紫外线辐射会使植物叶片变小，减少了植物进行光合作用的面积，从而影响作物的产量同时。其次，它会影响水生生态系统。再次，臭氧层破坏会导致紫外辐射增强，将给人体健康带来很多不利影响。另外，紫外线的增强还会使城市内的烟雾加剧，使橡胶、塑料等有机材料加速老化，使油漆褪色等，在高温和阳光充足的热带地区，这种破坏作用更为严重。

8.2.1.2 水体污染

水体污染是指地表水及地下水中由于有毒有害物质而使水质恶化。农村人口大幅度地向城市集中，是导致全球水污染现象日益严重的主要原因。据统计，最近几年，全世界的农村人口向城市移民的规模，正在以每天 16 万人的速度增加。由此可见，在城镇化过程中，水体污染是一个不容忽视的问题。

(1)未经处理而排放的生活污水污染。在生活污水中，常含有病原性微生物、毒性有机物和植物营养素(植物营养素是指碳、氮、磷等能刺激水中藻类植物生长的物质)。这些污染物通过饮用水和其他途径进入人体，导致疾患；或使水体无法使用。

(2)未经处理而排放的工业废水污染。在工业废水中，常含有一些有毒性的重金属成分(如汞、铅、镉等)或非金属成分(如砷、硫等)，以及一些放射性成分。它们对人体的危害极大，且能在水体中蓄积和在水生动植物体内富集，然后通过食物链使人体中毒，农灌二次污染。

(3)大量使用化肥、农药、除草剂的农田污水污染，以及因过度开采，产生矿山污水污染。莱茵河流经世界上工业化程度最高的地区之一。它已是欧洲改进生活污水和工业废水处理工作的重点。现在莱茵河最大的问题之一是来自农田和采矿作业中的盐类污染。控制来自像工厂这样的点源污染和控制包括事故在内的其他多种来源的连续性污染的成功模式，莱茵河对工业化国家的很多河流来说似乎具有代表性。

8.2.1.3 固体废物污染

它是指工业废渣、生活垃圾等，固体废弃物由于不当堆积和遗弃而造成对环境的污染。在固体废物中，有很多难以降解的合成物(如橡胶、塑料)，则危害时间更长。这些废弃物的堆放既占用大量土地、又损害自然景观，并成为严重的二次污染源，污染土壤、水体和大气。

8.2.1.4 噪声污染

噪声污染是指不同频率和强度的声音无规则地组合在一起，造成对人体健康的影响，其来源有：

(1)工业噪声　即由机械振动；摩擦、撞击和气流扰动所产生的噪声。

(2)交通噪声　即由飞机、火车、汽车等交通工具在行驶过程中所产生的噪声。

(3)生活噪声　即由人群的各类活动所产生的噪声。

噪声的危害在于影响人们的休息、降低工作效率、损伤人的听觉和神经系统、诱发疾病、甚至破坏建筑物、引发事故。试验表明，噪声在 65 分贝以上就对正常的工作、学习有影响；长期处在 90 分贝的环境，会使人持久性听力下降；长期处在

100～120 分贝的环境，会导致哮喘、肠胃炎、高血压、心脏病、失眠、精神紧张等各种病症。噪声污染已成为现代城镇中一个日益突出的环境问题。

8.2.2 城镇环境污染的根源与危害

8.2.2.1 环境污染日益严重的根源

进入 20 世纪以来，环境污染问题，日趋严重的原因有很多，主要有以下几条：

(1)工业化、城镇化进程的空前加速，是城镇环境污染的物质原因　科学家们的研究表明，在其他因素不变的条件下，环境污染与人口密度和经济开发强度成正比。这就使污染在大城市比中小城市和城镇为甚、工业城镇比其他城镇为甚，尤其是以重工业和化学工业为主的大城市和城镇。在向工业经济转变的过程中，环境污染已经成为工业化进程中不可避免的附属物，其实这不仅在目前的中国存在，西方发达国家在经历快速工业化进程中也都曾遇到过环境问题。美国的工业也面临着如果不能解决好环境污染，也就无法加强竞争力，无法面对 21 世纪挑战的问题。

(2)片面强调经济数量增长、因循“先污染后治理”的传统发展模式，是城镇环境污染的政策原因　相当长一段历史时期里，人们对于环境污染的恶果缺乏认识，存有侥幸心理，总以为和发展经济比起来，环境问题不过是暂时性的一种牺牲和必不可少的代价；对此，恩格斯早已以睿智的目光审视着在一个又一个经济奇迹背后潜伏的危机；并警告后人：“不要过分陶醉于我们对自然界的胜利，对于每一次这样的胜利，自然界都报复了我们。”

(3)环境的外部性和市场机制失灵，是城市和城镇环境污染的经济原因　所谓“外部性”，最早由庇古(A. C. Pigou)创立的福利经济学理论提出。它是指“在经济活动中，生产者或消费者的活动对其他生产者和消费者产生的超越活动主体范围的利害影响”。如果这种影响是积极的，则称为“外部经济”；反之，则为“外部不经济”。与环境有关的外部性，显然主要是生产和消费上的外部不经济，尤其是生产的外部不经济。例如，造纸厂排放的污水使河流水质变坏，从而使印染厂和啤酒厂的产品质量受损；而火电厂排出的烟尘使大气中有害物质增加，使建筑物遭受腐蚀、树木因此枯萎。

由于环境的外部性，致使外部费用不能反映在价格信号上。如前例中造纸厂排污水和火电厂排烟尘的数量多少及造成的污染的大小，并不直接反映在企业的财务状况上，即不直接影响该企业的经济效益，因而无法通过其产品的价格杠杆来控制排污量。这就使市场这只万能的“看不见的手”，在环境的外部性上也无能为力，厂商行为不受市场机制的约束，这使环境污染如沉疴痼疾、经久难愈。

(4)过分追求豪华舒适的生活模式和铺张奢侈的消费习惯，是城市与城镇环境

污染的社会原因　统计表明，发达国家在创造了高度的物质文明的同时，也给世界遗患无穷：用作制冷剂的氟利昂是破坏臭氧层的元凶；无所不包的家用电器使电力消耗登峰造极；而普及化的家用小汽车更是城镇空气污染的罪魁祸首，不加节制地享受必然导致城镇的堕落。

(5)防治和清除环境污染的技术手段落后是城镇环境污染的技术原因　目前，有些技术措施虽然对于污染有一定功效，但由于费用高昂而难以推广；而有些领域的技术攻关迄今仍不得要领(如小汽车的燃油替代品)。因此，科学的进步是人们企求消除污染的厚望所在。

8.2.2.2　城镇环境污染的危害

城镇环境污染，对人类的生存与发展造成了极大的危害，它具体表现在以下4个方面：

(1)损害人体健康　污染物通过人体的呼吸、消化系统进入体内，或通过皮肤接触与感官刺激作用于体表，其中的有害有毒成分对人体造成损害，引发疾病甚至夺去人的生命。这些疾病汇总，癌症成为威胁最大的一种，目前，中国的癌症形势十分严峻。每年全球癌症死亡人数约为700万人，其中24%发生在中国。然而中国癌症患者的生存患者和治愈患者仅为13%。由此可见，中国瘤防治的任务是非常艰巨。自20世纪70年代以来，我国癌症死亡率一直呈持续增长趋势，70年代、90年代和21世纪初每年死于癌症的人数分别为70万人、117万人和150万人，癌症已经成为严重威胁我国人民健康的头号杀手。因此，尽管今天的医疗卫生条件比以前不知要优越多少倍，城镇里的人们却依然成天为自己脆弱的健康而忧心忡忡。

(2)造成经济损失　环境污染造成的各种直接与间接、当前与潜在的经济损失是很难准确估量的，但那肯定是一个天文数字。据统计，仅因大气污染造成的直接经济损失，美国每年达200亿美元，德国为25亿马克，法国为30亿法郎；另据欧共体国家的调查，环境污染造成的经济损失通常占国民生产总值的3%～5%，美国与此类似，则美国在1990年一年的污染损失为1 600亿～2 700亿美元之巨，取其中限则为2 150亿美元，正好为当年美国各级政府的财政总收入。以我国而言，环保总额投资快速增长，其占GDP比例稳步提升。10年间我国环保投资增长迅速，增速明显高于GDP增速，占GDP比重显著提高，从1.1%左右增加到1.5%左右。

(3)恶化生存条件　许多本来就缺水的城镇，由于地表水与地下水遭污染而处于雪上加霜的境遇；久有“东方威尼斯”美誉的姑苏古城，对于其纵横成网的水系的环境质量，却流行着这样的民谚：“60年代，淘米洗菜；70年代，水质变坏；80年代，鱼虾绝代；90年代，不能洗马桶盖。”与此同时，我国西北的城镇每年要在“沙暴”中静候沙漠化的威胁。

(4)破坏城镇景观　环境污染,使有的城镇变得花木凋零、鸟兽绝迹、文物古迹遭受腐蚀、日益憔悴、面目全非。

8.3　城镇生态系统

8.3.1　城镇生态系统的内涵

所谓"生态系统",又称"生态系",是指生物群落及其地理环境相互作用的动态平衡系统。生态系统按其接受人为的影响和干预的程度不同,可分为3类:自然生态系统(如原始森林)、半自然生态系统(如开垦的农田、养殖的湖泊、放牧的草原)、和人工生态系统(如城镇、厂区、乡镇)。城镇作为地球上特殊的地理聚落,其生态系统既有共性的一方面,即同样包括4个组成成分及其相互关联;也有个性的一方面。

城镇生态系统指的是特定城镇地域内的人口、资源、环境通过各种相生相克的关系建立起来的人类聚居地或社会—经济—自然的复合体。其中的环境因素包括生物的和物理的、经济的和社会的、政治的和文化的。

8.3.2　城镇生态系统的特点

城镇生态系统是城镇地区以人为主体的生物群体与城镇环境相互依赖构成的综合系统,它具有如下特点:

城镇的生态主要体现在以下几个方面。

(1)地方性　小城镇是一个基本上由当地人构成的空间实体,它们具有共同的文化背景和需求,在环境建设方面容易获得高度认同。

(2)尺度小　小城镇具有人们生活和工作步行可达的小尺度,因而可以避免大城市巨大的机动车交通流量带来的空气和噪声污染等环境问题。

(3)城外是乡村　小城镇的周围通常被乡村田野和自然山水景观所包围,没有无序蔓延的城乡结合带,是霍华德所追求的天然的"田园城市"。

(4)城乡环境一体　通过河流、残遗的农田林网等将城市与周围的乡村自然景观连为一体,城市和乡村互相融合,可以避免在城市中建设大型开放绿地需要占用额外的土地,而将城市建设成为高效紧促的可持续城市形态。

(5)低消费　小城镇在物质生活方面较大城市简单,数量也较少,可以避免过度的物质消费带来的对社会财富的浪费。

(6)低能耗　建设合理的小城镇不会有大城市的“热岛效应”,可以节约大量的调温用能,同时具有很好的使用太阳能的条件,各种屋顶太阳能热水器可以成为城市形象的一部分。

城镇的这些生态上的特点,表明小城镇与生态学应用的基本原则有着天然的联系,对于本地居民安居乐业,大城市中追求过一种简朴宜人生活的人群具有强烈吸引力。

因此,小城镇建设应该围绕如何强化以上生态学的内涵进行。

8.3.3　城镇生态系统建设

(1)以人为主体、非生物因素起主导作用　城镇是人群高度密集的产物,密集的人口构成了城镇社会;并通过人们的生产与生活、政治与经济等各项活动,改变城镇环境,消耗自然资源,创造物质财富。因此,和建立在生物因素基础之上的自然生态系统与半自然生态系统相比,城镇这个人工生态系统的非生物因素,对于系统的发生与发展,起着举足轻重的作用。

(2)消费者远大于生产者,系统的完整性较差,处于严重依存状态　城镇中的绿色植物是如此之少,从生态学角度来说,城镇生态系统中的生产者只是消费者的1/8～1/10,远远不能建立一个以太阳能为基本能量的自我平衡的完整生态系统;而必须绝大部分依赖于外界源源不断地输入能量、营养和其他物质;否则,城镇就无法生存。

(3)物种单调、结构简单,系统的调节力较差,处于极为脆弱状态　由于城镇生态系统中的生产者、消费者与分解者处于不平衡状态,所以它的自我调节能力低下,对于城镇新陈代谢中产生的大量废物、排泄物,城镇环境的自身容量十分有限,极易造成环境的污染、破坏生态的平衡。城镇发展的历史,已证明了这一点。

比如广东省城镇化过程中采用的“土地换取发展”基础上的经济发展模式就是例证。所谓“土地换取发展”的经济发展模式,简单地说,就是地方及基层政府通过出让土地或出租厂房等方法吸引投资、尤其是外来投资以推动经济发展的模式。由于这种模式最易于接纳大量来自港澳的中小资本的产业转移,而20世纪80～90年代正是港澳产业转移的黄金时期,因此这种模式极大地促进了珠三角的普遍富裕,并使珠三角迅速完成了发展工业所需的积累。但由于提供土地的主体主要是管理区和村委会这两级,因此也造成了广东特别是珠三角“村村点火,镇镇冒烟”的分散工业化的格局。从长远的发展看,这种分散工业化的方式资源环境消耗过大,难以持续发展,具体表现在4个方面:一是一两千万的外来人口涌入加剧了对环境与社会治理的压力,而这些外来务工者因为各种制度障碍而未能真正融入城镇化的进程，进而产生了很多社会问题；二是耕地消耗速度惊人，浪费严重；三是区域生态环境出现恶化的趋势；四是条条块块的行政分割制约了生产力集聚发展，进而拖缓了城镇化进程。

“以土地换取发展”的模式之所以在创造了珠三角奇迹的同时制造出“经济增长、社会和自然生态系统却付出很大代价”的副产品，其要害在于它代表的是一种“经济增长＝发展”的GDP至上的发展观。因此，要从根本上扭转这种社会、经济与自然失衡的发展格局，就必须改变GDP至上的发展观，而树立起一种以人为本的、注重社会、经济、自然和人本身全面发展的科学发展观。而最充分体现这种科学发展观的是由十六届三中全会提出的“五个统筹”，即统筹城乡发展、统筹区域发展、统筹经济社会发展、统筹人与自然和谐发展、统筹国内发展与对外开放。

城镇生态系统要以环境为体、经济为用、生态为纲、文化为常，经过对城镇的科学规划和管理，实现生态城镇的目标。生态城镇是指在生态系统承载能力范围内运用生态经济学原理和系统工程方法去改变生产和消费方式、决策和管理方法，挖掘镇域内外一切可以利用的资源潜力，建设一类经济发达、生态高效的产业，体制合理、社会和谐的文化以及生态健康、景观适宜的环境，实现社会主义市场经济条件下的经济腾飞与环境保护、物质文明与精神文明、自然生态与人类生态的高度统一和可持续发展。

城镇生态系统的实现是需要人为的规划和建设。城镇生态规划包括生态概念规划、生态工程规划和生态管理规划。生态概念规划包括自然和人文生态因子规划；空间、时间、数量、结构的生态关系规划；生产、生活、流通、还原、调控的生态功能规划；物质代谢、能源聚散、水系统、交通运输、景观机理、社会纹脉、管理体制、安全保障的生态网络规划。生态工程规划包括水、能源、景观、交通和建筑等的系统工程规划。生态资产管理、生态服务管理规划包括生态服务、生态代谢、生态体制、生态文明的管理。

8.4 城镇环境保护

8.4.1 城镇环境保护的观念

全世界日趋严重的环境污染问题，引起了有识之士的大声疾呼。1972年，斯德哥尔摩会议召开，会议明确指出，“先发展、后环境，先污染、后治理”是一条十分危险的道路，且不说有些环境创伤是永远无法治愈的（如热带雨林消失、草原沙漠化和水资源枯竭)，单从经济效益上来说，先污染、后治理也是得不偿失的。据经济合作与发展组织这个“富国俱乐部”的统计测算，其成员国用于预防污染和用于治理污染的费用之比为1∶20。换句话说，如果人们吝惜当前的一份投入，则日后将以20倍的代价偿还，而由此造成的各种污染损失更是无法估量。有例为证：英国泰晤士河，这条曾被马克思热情讴歌过的河流，用了25年时间、花费5亿英镑治理才使之恢复生机；美国芝加哥河，则用了80年时间、花费6亿美元才使之清澈如初。

围绕环境保护与经济发展这一对看似矛盾的两难抉择，目前有3种理论可供借鉴。

1.极端的增长极限论

对人口、经济和环境持悲观论点者，以罗马俱乐部为代表，如人口学家W·S·汤普森、生态学家保罗·R·埃利希和美国麻省理工学院的D·H·梅多斯教授等，他们提出了“零增长论”，即除非到2000年人口和经济增长停止下来，否则社会就会超过限度并垮台。在此基础上产生了自然主义思想，认为经济技术发展是环境恶化的根源，要保护生态环境，就只有放弃经济增长和技术进步，保持“原点状态”的“零增长”。

极端的自然主义是一种回避现实的妥协思想，它特别受到广大发展中国家的批驳。因为按照这种逻辑，只能让“富国永远是富国、穷国永远是穷国”的世界不平等格局变得合理化，因而遭到世界上绝大多数国家政府的摈弃。

2.片面的发展决定论

针对上述观点，以美国学者赫曼、卡恩和经济学家朱利安、西蒙等为代表的乐观主义派提出了经济发展决定论。他们认为环境问题相对于发展来说，是第二位要考虑的事，一个形象的比喻就是：“在饥饿和空气污染中，当然是面包更重要。”

发展决定论代表了许多发展中国家的想法，但也极容易使之走上发达国家曾经走过的“先污染、后治理”的老路。而我们这颗脆弱的星球实在已经受不起更大的环境灾难了。

3.新环境观的形成

1982年5月，联合国环境规划理事会特别会议认为，通过10年来的环境工作，已逐渐形成了新的环境概念。其内涵主要有以下6点：

第一，资源的合理利用与资源的保护战略应符合经济发展的基本要求，而且应被视为经济持续增长的先决条件；

第二，对不同的消费模式、技术类型和土地使用战略需要进行研究，并提供必要的经济、法律和教育资助；

第三，经济社会发展计划必须慎重考虑到在地球生命保障系统中的各个要素和各种反应过程之间的相互联系，对一个部门的有利行动，可能会对其他部门引起意想不到的损害，这种后果在规划阶段就应考虑到；

第四，由于环境要素的各种反应过程在不同时间与不同空间里都有极大的可变性，而且技术和社会的变化模式也可能对环境产生不利影响，因此，环境发展与环境管理规划应该富有弹性，并经常进行环境监测；

第五，经济与社会发展计划必须考虑到环境系统的稳定性的“极限”，以消除环境系统稳定性失衡引起对社会经济计划的干扰；

第六，必须防止转让不适当的技术，出口有毒物质和有害物质给环境带来的严重危害。

8.4.2 城镇环境保护的行动

8.4.2.1 可持续发展战略的出台

对环境问题的深化认识和新环境观的形成，最终导致环境与经济的可持续发展战略的出台。1992 年 6 月 3 日至 14 日在巴西里约热内卢召开了举世瞩目的联合国环境与发展大会。会议通过了《里约环境与发展宣言》和《21 世纪议程》两个纲领性文件，表明全球 50 亿人终于在生死攸关的前途问题上达成了共识，那就是：可持续发展。

可持续发展思想首见于 1987 年由挪威首相布伦特兰夫人为首的国际环境与发展委员会撰写的《我们共同的未来》报告中，该报告系统地阐述了可持续发展战略，并为国际社会和各国政府所认同和接受。可持续发展是既满足当代人的需要，又不对后代人满足其需要的能力构成危害的发展。这个定义有两层含义：优先考虑当代人、尤其是世界上贫穷人的基本需求；在生态环境可以支持的前提下，满足人类眼前和将来的需要。它寻求的不是在几个地方或几年内的发展，而是整个地球遥远未来的持续发展。

可持续发展既把环境保护作为它极力追求实现的最基本的目的之一；同时又把建设舒适、安全、清洁、优美的环境作为实现发展的重要内容。因为环境建设不仅可以为发展创造出许多直接或间接的经济效益，还可以为发展提供适宜的环境与资源。可持续发展把环境保护作为衡量发展质量、发展水平和发展程度的客观标准之一。因为现代的发展越来越依赖环境与资源的支撑，而环境与资源为发展提供持续动力的能力又越来越有限了。因此，环境保护成了区别可持续发展与传统发展的分水岭。

8.4.2.2 西方国家城镇环境的保护政策

各国在制定环境保护的政策和措施时，一般都从经济、政治、法律等多种角度出发，综合权衡，所制定的政策各有侧重，各有利弊。西方国家在城镇环境保护方面的政策措施主要有：

1. 指令性管理

指令性管理由政府制定专门法令，规定环境的质量标准和排污物的允许排放量；并设置专门的环境保护机构，对污染者（企业和个人）进行监督管理。美国广泛应用此办法，效果明显。

2. 接管或经营

接管或经营是一种最为直接的污染控制政策。它是指由国家直接经营或由国家指定私人经营某些污染特别严重的公共事业或企业。这种方式的优点在于，运用政府权力可以产生规模经济效益；并根据环境的变化及时调节生产。

3. 收费

收费是典型的经济政策，它是指政府根据企业不同的排污程度，向企业征收不同数量的排污费（税）。收费措施可以使企业在排污过程中产生的外在成本内在化，使之调整产量，按照社会效益最大化来控制其排污。原联邦德国和法国普遍实施排污收费办法，取得了很好的效果。

4. 补贴

补贴是一项与收费正好相反的经济性环境保护政策。主要是政府当局代表城镇居民对那些能够减少其原有排污量的企业发给补贴，以资鼓励。补贴金额是根据减少排污的性质和数量，以及政府当局的财力而定。理论上则要求与减少了的污染物的外在成本相等。

5. 分区制

分区制是一种城镇规划措施，它是指政府当局根据城镇中各类活动的特点，以及这些活动对环境质量的要求和影响程度，在空间上规定这些活动的特定范围，以改善城镇的生活环境质量，如分别划出工业区、商业区、生活区、娱乐区。分区的重点是把有可能损害自然环境的许多经济与社会活动，从生活区中隔离出去，或设置绿化带等屏障。

8.4.3 我国城镇环境的保护

8.4.3.1 环境保护的目标

我国日趋严重的环境问题，已引起政府的重视，把环境保护和计划生育一样，列为基本国策，环境意识逐渐深入人心。目前《国家环境保护“十二五”规划》正在制定当中，环境保护仍将成为现代化建设的一项重大任务，我国进入“十二五”之际，环境保护和绿色发展受到了更为广泛和深刻的关注，“十二五”绿色发展的目标是：经济增长的科技含量提高，单位国内生产总值能源消耗和二氧化碳排放大幅下降，主要污染物排放总量显著减少，生态环境质量明显改善。“十二五”环境保护的主要目标是：到2015年，单位国内生产总值二氧化碳排放大幅下降，主要污染物排放总量显著减少，生态环境质量明显改善，环境保护体系逐步完善。全国化学需氧量、二氧化硫、氨氮、氮氧化物排放总量比2010年分别削减一定比例，待全国人代会批准后实施。2011年的减排目标是同2010年相比，4种主要污染物的排放量均下降1.5%。

8.4.3.2 环境保护的方针和措施

我国在1989年颁布了《中华人民共和国环境保护法》，其中第一条规定，我国城市和城镇环境保护工作的方针是：“保护和改善生活环境与生态环境，防治污染和其他公害，保障人体健康，促进社会主义现代化建设的发展。”

根据我国城市和城镇环境保护的目标和方针，制定了有关措施。涉及城镇的主要有以下措施。

1.城镇合理布局

合理布局是保护城镇环境的重要前提，它有利于充分利用自然界的自净能力，促进资源的综合利用和“三废——废水、废气、废渣”的集中回收与治理。不合理的城镇布局一方面加重城镇的污染，造成环境的负荷过大；另一方面破坏环境的自净能力。使环境容量变小，从而加剧了城镇生态的失衡。

城镇的布局涉及自然、经济、技术和环境等各方面因素，必须统筹规划、综合平衡。从保护环境的角度，主要应处理好以下两方面：

(1)城镇的选址和工业布局要考虑地形、气象、水文等对环境的影响　我国有些城镇和工矿区，地处河谷或山间盆地，大气流动缓慢，风速小、湿度大，常出现浓雾和逆温层，污染不易扩散。不仅要考虑常年的主导风向，还要兼顾冬、夏季节的盛行风向。一般规律是，大气的污染与风速成反比，与风向频率成正比。城镇工业的布局要密切注意河流的走向、流量、泥沙运动规律和河流的自净能力。城镇规划要与流域规划相结合，注意上下游全流域水资源的保护。

(2)城镇内部布局应有利于保护环境　城镇的布局形态对城镇的生态平衡、环境保护有很大的影响，例如，单中心同心圆式的城镇布局形态，使镇中心与周围自然环境相隔越来越远，新鲜空气难以进入，污浊空气排放受阻，不利于空气的自然调节。而多中心的格局，放射状布局，则有利于改善城镇的生态环境。这种形态结构对减轻城镇大气、噪声、热污染等具有良好的作用。

2.实行综合治理

环境是一个多元素组成的综合体。因此，在城镇环境的污染防治上，必须考虑全局，采取区域综合防治的措施。它是把防与治、环境规划、生产力布局、污染控制与经济发展协调地结合起来。例如，苏州市、无锡市和常州市在进行总体规划的修编时，就由清华大学环境工程系进行了整个地区环境整治的研究，把城镇十分密集、乡镇工业发达而环境污染严重的苏锡常地区作为一个整体来综合治理，充分考虑了城市和城镇综合治理的问题，提出了战略性的建议。

3. 政府的扶持政策

首先是投资政策，为整治环境污染，政府必须适当提高环境保护的投资；同时，不断拓宽资金来源的渠道，提高投资效果。我国绝大部分城镇政府，投资办工业的积极性远远高于治理环境的投资，致使工业高速发展，环境急剧恶化。据人民日报曾经报道："面对越来越严重的污染，人们不禁要问——《太湖美》还能唱多久？"太湖的周边有大小城镇 38 座，经济迅猛发展，但都面临着"水质型"（水体被污染）的缺水状况。若不加大治理污染的投资，必然造成经济发展滑坡，生活环境恶化。

4. 加强法制建设

我国现行的环境保护法律制度有防治污染的、保护自然资源的、保护文化环境的以及综合的环境保护法规等；这些法律制度虽已初具规模，但还不完备；特别是针对各个城镇实际需要的具体法规还很少。因此，继续加强环境立法工作，并加强执法的严肃性，都是极其重要的措施。

8.5 城镇环境经济分析

8.5.1 城镇环境污染与城镇经济的相关性

长期以来，有一种观点十分流行，即伴随经济增长，必然导致污染加剧。言外之意是如果要想促使经济增长，付出一点环境代价在所难免，也在所不惜。然而事实并非如此，环境污染不仅仅取决于经济规模，还取决于技术手段、经济投入和环境政策。那种极端地认为经济增长与环境污染必然同步的悲观论调，是没有根据的。

8.5.1.1 经济增长与环境质量

图 8-1 是世界银行在 1992 年对各国人均收入与一些环境质量指标间的关系所作的定量描述。分析这些曲线可以发现经济增长（表现为人均收入提高）对环境的影响有 3 种表现形式：

第一种是当收入增长时，因为收入的增加而能为公共服务（如基本的卫生设施、安全饮用水和电力供应）提供资金来源，因此与此相关的环境问题将随之改善。这是经济增长与环境质量间的一种积极的协同现象，如图 8-1(a)所示。

第二种是随着收入增加，初期环境质量趋向恶化，然后到达某一转折点又随收入增加而使环境质量趋向改善。例如城镇大气中的悬浮颗粒物浓度即是如此，因为能源结构的改变和治理技术的提高，这会使大气污染加剧的趋势减缓并最终好转，如图 8-1(b)所示。

第三种是随着收入的增加，环境指标继续恶化，这主要是因为要减少这些污染物的排放的费用太高，或这种污染的危害性还未为人们所充分认识。城镇生活垃圾即属此类，如图 8-1(c)所示。

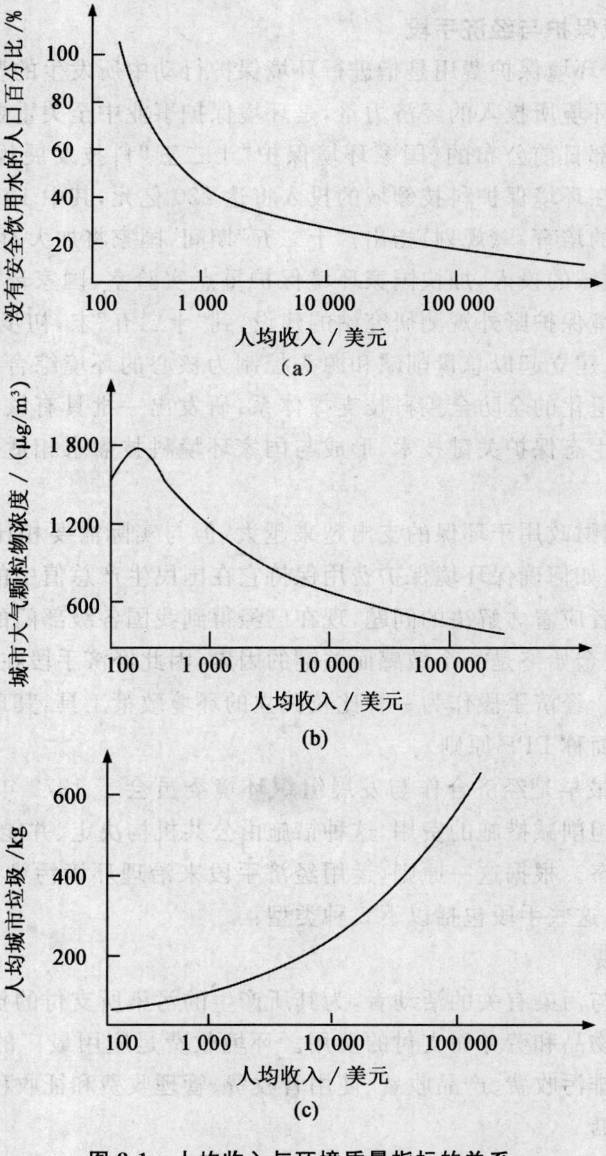

图 8-1 人均收入与环境质量指标的关系

从分析可以看出，污染状况是向好的方向转化还是向坏的方向滑坡，并不能一概而论。它主要取决于人们对环境的认识、治理污染的决心和由此采取的行动。从总体上看，经济增长与环境污染之间存在一种相互促进、又相互制约的关系。即经济增长既会引起某些方面污染的加剧，又能为治理污染提供能力；而环境污染最终会使经济增长的外在成本上升，从而阻滞经济持续健康地发展。

8.5.1.2 环境保护与经济手段

一般来说，环境保护费用是指进行环境保护行动中所发生的费用总和，它直接反映了为保护环境所投入的经济力量，是环境保护事业中至关重要的一个指标。

环境保护部日前公布的《国家环境保护“十二五”科技发展规划》提出，“十二五”期间，国家在环境保护科技领域的投入将达 220 亿元，其中 10 亿元用于战略性新兴环保产业的培育。《规划》指出，“十二五”期间，国家将加大对战略性新兴环保产业等 12 个领域的投入，加快国家环境保护重点实验室、国家环境保护工程技术中心及国家环境保护野外观测研究站的建设，到“十二五”末，初步构建起国家环境科技理论体系，建立起以总量削减和源头控制为核心的环境综合管理技术支撑体系及应对生态退化的全防全控科技支撑体系，研发出一批具有核心竞争力的环境污染物控制与生态保护关键技术，形成与国家环境科技需求相适应的环境科技创新能力。

可见，我国财政用于环保的支出越来越大，但与实际需要相比而言，这种投入显然力度不够，如何确保环境保护费用保持它在国民生产总值中的应有份额，仍是城镇经济工作者应着力解决的问题，现在已经得到我国各级部门的重视。但是，在环境问题上，资金始终是一个敏感而关键的因素，因此经济手段在环境保护中也就显得至关重要。经济手段作为一种比较独立的环境政策工具，其理论依据为“污染者付费原则”(简称 PPP 原则)。

PPP 原则最早是经济合作与发展组织环境委员会于 1972 年提出的，它是指污染者必须承担削减措施的费用，这种措施由公共机构决定、并能保持环境处于一种可接受的状态。根据这一原则，运用经济手段来治理环境污染就有了一个强有力的资金后盾，这些手段包括以下 5 种类型：

1. 环境收费

收费就是与污染有关的活动者，为其所产生的污染所支付的价格，并对它们获取潜在的环境物品和劳务而支付的费用。环境收费是应用最广的一种经济手段，具体又可分为排污收费、产品收费、使用者收费、管理收费和征收税金等形式。

2. 财政补贴

补贴是各种财政补助形式的总称，一般是指对执行环境标准中面临困难的企业进行的财政鼓励。它可以理解为政府为购买有关环境物品和劳务向企业支付的价格，主要有补助金、长期低息（或无息）贷款和税收减免等形式。

3. 押金制度

押金制度是指对有潜在污染的产品增加一项额外费用，当该产品使用后的残余物回送到指定收集系统或污染处理达到规定要求时，就把押金退还给生产者或使用者。

4. 市场方法

市场方法是指在企业或个人为实际或潜在的"污染权"或工艺废弃物买卖交易建立人工市场。从而使污染控制在政府规定的环境目标或排放总量目标之下的一种经济刺激手段，包括排放交易、市场干预和责任保险等形式。

5. 强制刺激

强制刺激即对违章者通过预付款或补交款给予惩罚，它是行政法律手段的补充，主要有罚款和履行保证金两种形式。

8.5.2 环境质量的效益评价

对于环境质量，人们可将它看做是一种人类必需的物品和劳务，因此可运用经济分析的方法，来评价其效益。这些方法多种多样，如直接根据市场价值计算，或利用替代物的市场价值测算，或应用调查技术推算等。我们主要介绍以下几种。

8.5.2.1 市场价值法

这种方法把环境质量看做一个生产要素，环境质量的变化导致生产率和生产成本的变化，从而又引起价格和产量的变化，而后者是可以观察和计算的。这种方法是一种最直接、最简便的方法，可广泛应用于多种环境效益的评价中。它又分为以下 3 种：

1. 直接市场价格法

把由于环境质量的改变所引起的劳务与产品的产量变化，乘以各自劳务的市场价格，然后加总，即为变化的环境质量的市场价值：

$$E_V = \sum_{i=1}^{\infty} P_i \cdot \Delta Q_i$$

式中，E_V 为环境质量效益；P_i 为 i 产品（劳务）的市场价格；ΔQ_i 为 i 产品（劳务）因环境而变化的产量。

2. 人力资本法

该方法是用环境污染对人体健康和劳动能力的损害，来估计环境质量改变造成人体健康状况变化而产生的经济损益。这种经济损益表现为一个人的劳动价值，即他在有生之年的劳务收入，经贴现折算为现值，并考虑到年龄、性别和教育等因素。如莱克(Ridker)提出的收入损失的计算公式为：

$$V_x = \sum_{i=1}^{\infty} \frac{p_1^n \cdot p_2^n \cdot p_3^n \cdot Y_n}{(1+r)^{n-x}}$$

式中，V_x 为某个年龄为 x 的人未来收入的现值；p_1^n 为他活到年龄 n 的几率；p_2^n 为他在年龄 n 还有劳动能力的几率；p_3^n 为他在年龄 n 还有工作的几率；Y_n 为年龄 n 时的收入；r 为社会贴现率。

3. 机会成本法

所谓机会成本，是指对于短缺的资源，由于选择一种使用方案而放弃的其他使用方案所可能带来的收益损失，也即把放弃的方案中最大的经济收益作为这种选择的机会成本。虽然机会成本只是一种潜在损失、实际并不在会计账目上反映，但用于衡量环境质量的变化所造成的经济损失，不啻为一种很有说服力的方法。

8.5.2.2 工程费用法

环境的污染和破坏所造成的损失，可以用对此进行预防、治理的工程设施费用来反映，或用恢复或取代原有环境功能的费用来估算。如地下水遭到污染使原有水源地破坏，则可将新建水源地的费用作为地下水污染造成的经济损失。

8.5.2.3 调查评价法

在缺乏市场价格数据时，为了求得效益或需求信息，可以借助于公众调查，即通过调查了解消费者的支付意愿或他们对环境物品与劳务的选择愿望，从而确定效益或费用的大小。

8.5.3 污染控制的经济分析

污染是一种外部效应，是没有可标价成本或收益的，因而无法通过市场价格的变动来使其减少。美国福利经济学家庇古认为，最佳的解决办法是对污染者征税，其数额应等于污染的外部成本。从这个意义上说，外部成本就被内在化了。

从社会的角度看，污染控制的目标是要达到能使社会收益最大化的控制水平，这就是污染防治费用等于污染损失成本的地方。如图 8-2 所示，横轴 p 为污染程度，纵轴 t 为费用，图中边际防治费用曲线 *MCC* 是下行的，表明每减少单位污染量所需费用是持续上升的；而边际污染损失曲线 *MDC* 是上行的，表明每增加单位污染所造成的损失是持续增大的。p_1 点是完全没有治理时的污染水平，此时污染损失为 t_1。最初的污染治理成本是较低的，小于污染损失，直到 p_0 达到最佳控制水平,即治理费用等于污染损失,社会净效益为最大;如果继续增加治理力度,其费用就超过了污染损失,即成本超过了收益。

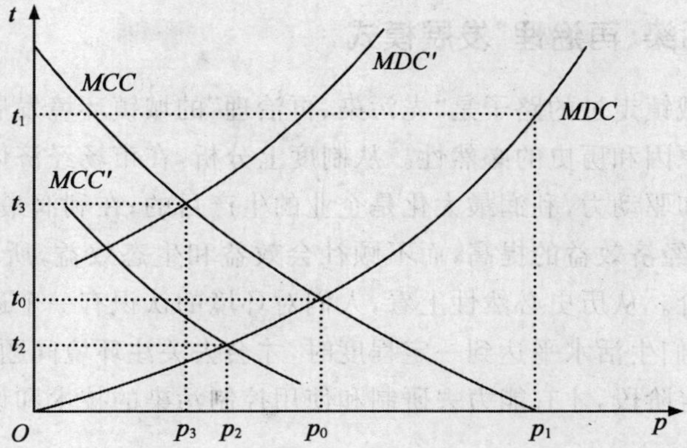

图 8-2 最佳污染控制水平

作为管理者,主要是城镇政府,可以通过立法制定污染治理条例,确立以 p_0 为最高污染水平的环境质量标准,然后按照 p_0 点在 *MDC* 和 *MCC* 曲线上的对应点纵坐标 t_0 点来对每单位污染征税。

当污染为 p_1 水平时,税收为 Q_t;随着 p 的减少,Q_t 也减少,在 p_0p_1 区间税收 Q_t 是高于治理成本的,这促使污染者不断加大治理力度,直到治理成本恰好等于税收,即污染最佳控制点为止;超过这一点,在 Op_0 区间税收 Q_t 则低于治理成本,那么污染者就宁愿去交税也不愿继续治理了。

如果污染治理技术得以提高,则治理的单位费用会降低即 *MCC* 曲线下移到 *MCC'*,它将与原有的 *MDC* 曲线交于新的平衡点;由此决定的污染最佳控制水平为 p_2,$p_2 < p_0$,说明技术改进使环境质量标准提高了,而 $t_2 < t_0$,也说明技术改进使税收降低了。

如果污染由于累积或新的污染源产生而使污染损失加大,则 *MDC* 曲线上移至 *MDC'*,它将与原有的 *MCC* 曲线交于另一平衡点;由此决定的污染最佳控制水平为 p_3,其结果是为达到这个控制点需要付出更高的污染税。

8.6 城镇环境保护和发展模式

城镇的发展,是一个经济效益和环境效益同时发展却又相互矛盾的过程。“先污染、再治理”，还是“边发展、边治理”，或者是否还有其他更好的发展模式？对一个城镇来说，这是不能回避的问题。

8.6.1 “先污染、再治理”发展模式

发达国家城镇走过的路子是“先污染、再治理”的城镇环境发展模式，选择这种模式有其制度原因和历史的必然性。从制度上分析，在市场经济体制下，企业是经济发展的主体和驱动力，利润最大化是企业的生产目的；在利润最大化动机的驱使下，企业只注重经济效益的提高，而不顾社会效益和生态效益，所以发展经济就以环境破坏为代价。从历史必然性上看，人们对环境的认识有一个逐渐深化的过程：一方面，只有人们生活水平达到一定程度时，才会去关注环境问题；另一方面，只有经济发展到一定阶段，才有能力去研制和使用控制污染的技术和设备，从而有效地控制环境污染。

从发达国家发展的经验来看，“先污染、再治理”模式对经济和环境的影响主要如下：

1. 对生态环境造成严重破坏

“先污染、再治理”模式运行的前期会对生态环境带来巨大破坏，有些甚至是不可再生和不可逆的，如矿产资源被过度开采，居民健康受到环境污染的巨大损害等。有些破坏只有在耗费大量的人力、物力、财力的基础上才能被慢慢改变，如河流污染的消除，空气的净化等。这说明“先污染、再治理”实现经济的快速发展是以生态环境的巨大破坏为代价的。

2. 造成产业结构失调

从一个城镇或地区的经济发展来看，经济发展的阶段变化与产业结构的调整有很大的相关性。如在经济发展的初期阶段，农业应该在这个地区国民经济中占有较大的比重……由于采用“先污染、再治理”模式，会造成该时期工业快速发展，污染的加剧导致了农业发展严重衰退，最后造成工农业比例失调，产业结构不合理。另外，一些从事资源开发与初级加工的行业也会由于资源的破坏而遭受巨大损失。

3. 对城镇的发展带来灾难性的破坏

“先污染、再治理”模式，会使一些资源型城镇的发展走不可持续性的道路。一些资源型城镇，由于采取“先污染、再治理”模式，发展前期对资源进行集中高强度开发，使资源迅速枯竭，同时对环境造成巨大的污染。一旦资源被开采完以后，城镇发展就会进入一个严重衰退的阶段。这时资源已经用完，而环境污染产生，产业结构不合理，产业升级举步艰难，城镇经济下一步的发展就会非常困难。我国许多

资源型城市和城镇的发展历程就验证了这一点。

8.6.2 “边发展、边治理”模式

“边发展、边治理”模式又可以描述为“在经济发展的开始阶段，边发展经济、边治理环境”。这里强调的是“经济发展的开始阶段”，因为当经济处于发达阶段，实施这种模式就会变得简单，所以我们在此只讨论经济发展开始阶段时的“边发展、边治理”模式。

在经济发展的开始阶段，城镇的发展会受到资金有限和宏观政策目标多元的制约，如何分配有限的资源去实现城镇经济的快速发展，便成为“边发展、边治理”模式的一个难题。如果在经济发展的开始阶段把治理环境或预防环境被破坏作为一项迫切任务，就将不可避免地分散资金的使用，使经济发展的速度降低，影响诸如就业、财政收入等问题的解决。

然而，“边发展、边治理”模式也并非没有可行性：

①在全国或某些地区经济已有一定程度发展的条件下，某些发展较晚的区域或城镇，国家或地区可以给予一定的政策支持，采取“边发展、边治理”模式，把这些区域或城镇作为整个国家或地区的生态和环境的预留地，如海南岛和西部的青藏地区。

②在某些城镇有充足的资金流入的条件下，可以采取这种模式，像一些规模较小的历史文物名城或者环境幽美的旅游城镇。

8.6.3 以发展环保产业为主导可持续发展模式

除了上面的两种模式外，还有一种以发展环保产业为主导的可持续发展的模式。它强调较早地建立环保产业，并使环保产业随着城镇经济的发展而不断发展，它追求的是在更高意义上的经济效益和环境效益的统一。

环保产业是指其产品和劳务用于防治污染、改善生态环境、保护自然资源等提供设施和服务的行业，有狭义和广义之分。前者主要是为控制环境污染、清理污染、减排废物及废物处理等提供设备和服务的行业，即环保产品制造业，又称环保工业。后者则不仅包括环保工业，还包括能够减少污染排放和降低生产原料消耗的环保生产技术和环保产品生产，它涉及环保产品的生产、使用、废弃物的处理和循环利用以及产品生产的清洁技术和产品的清洁度等内容。

环保产业的发展能直接促进城镇经济的发展，环保产业中的产品制造业发展规模和在产业结构中所处的地位，反映了一个城镇环保意识的强弱。在传统的“先发展、再治理”发展模式影响下，世界各国环保产业都存在滞后性。近年来环保产

业的发展，实际上是环境危机的产物。如果在经济发展的开始阶段就把环保产业列入工业化的重要产业，那就能在增加产值的同时，防止环境的污染和资源的破坏。

8.6.4 现实中城镇发展的选择

从纯理论上看，上述3种可能的选择模式中，第三种模式优于第二种模式，更优于第一种模式。但是不是说我们只能选择第三种发展模式呢？一个城镇环境发展模式的选择必须和它的实际情况紧密联系起来，在考虑既有条件的基础上，理性选择城镇环境发展模式。

第一种模式："先污染、再治理"模式。正如上面所分析，这种模式给环境带来的代价很大。实际情况是：国内经济比较发达的地区，如珠江三角洲的城镇、上海及苏南地区的城镇、某些大工业基地和工业城镇已经自发地走上了这条道路。在这些地区，工业发展了，人们收入水平提高了；污染也造成了，又开始花大力气去治理。也就是说，这些地区采取的是"先污染、再治理"模式。

第二种模式："边发展；边治理"模式。由于这种模式的局限性，只有像海南、青海、西藏等生态环境至今尚未遭到较大破坏的地区，其相关城镇在今后的发展中可以采用。另外，一些文化名城和特色中小城镇也可以采取这种模式。

第三种模式：环保产业发展的模式。这种模式具有较大的适用性，不管是经济发展程度较低的城镇，还是经济发展程度较高的城镇，都可以大力发展环保产业。

总之，在面对现实的城镇环境问题时，我们需要具体问题具体分析，对待不同的环境污染采用不同的环境保护手段。一般情况下，以经济手段为主，让市场自动调节可以实现资源的最有效配置；命令控制手段是对经济手段的补充，在对待具体问题和推广环境控制技术上能起到独特的作用，而制度手段的实施需要市场机制的完善和人们环境意识的提高。在选择城镇环境模式时，应结合每个城镇自身的条件，尽量做到城镇经济效益和环境效益的统一。

第 9 章　城镇农业经济

小城镇建设是发展农村经济、解决人口出路的一个大问题。“无农不稳”，即没有农业，经济站不稳；“无工不富”，即没有工业富不起来；“无商不活”，即没有商业经济活不起来；“无才不兴”，即没有教育和科学文化就不能继续前进。

——费孝通

城镇经济具有双重属性，因此研究城镇经济，不能不研究城镇农业经济，本章根据城镇农业的特点，介绍城镇农业产业结构的发展方向，城镇农业生产社会化服务体系和农业产业化经营等问题。

9.1　城镇农业概述

9.1.1　城镇农业的地位

城镇经济是一种区域经济，它是由众多经济部门组成的，农业经济就是其中的一个部门经济。农业是一个基础的生产部门，是国民经济的基础。就城镇经济而言，这一特性是不变的。城镇农业与城镇周围农村的农业一起，给城镇居民提供生活资料，为城镇的工业生产提供原料，同时为城镇企业的生产提供劳动力等。农业对城镇经济的这种作用是就一般情况而言的，而具体讲，城镇的类型不同，农业在其中的作用也有区别。例如，对那些工业尚不够发达，农业占较大比重的城镇，农业的作用就比较大；而对那些工商业比较发达，农业所占的比重较小的城镇来说，农业的作用则相对较小。而且后一种情况代表着城镇经济发展的一般趋势，即工商业的比重增加，而农业的比重则呈下降趋势。这一点还与下述情况有关，城镇农业比之农村的农业总是较小的，而且农村的农业也与城镇相当接近，可直接为城镇提供需要。

总之，尽管农业在城镇中比之工商业来说，没有在整个城镇国民经济中那么重要，更没有在农村经济中那么重要，但它确实是城镇经济中的一个生产部门，实实在在构成了城镇经济的一部分。而且在起着它应起和能起的作用，因而，研究城镇经济不能不研究城镇中的农业经济。

9.1.2 城镇农业的特征

由于它所处的特殊地理位置，决定了城镇农业是一种独特的经济区域。由于城镇具有交通便利、商业繁荣、工业较集中、科技推广机构健全、文化发达、人口集中、信息灵通以及是所在地区的经济中心等特点。使之成为城镇农业发展极为有利的条件。

1. 农业发展呈现开放式外向型特征

相对于传统的、自给自足的、小而全的、封闭的内向型农业而言，城镇农业是一种商品化、专业化、社会化程度较高的开放型农业，这是市场经济发展到一定阶段的产物。从历史上看，一些发达国家都经历了自然经济向商品经济过渡时期，并随着商品经济的发展，逐步形成了国内的统一市场。而后随着市场经济的进一步发展，逐步参与国际市场，并逐步形成统一的国际市场。城镇农业优越的区位优势，使它总能处于市场的最前端。

2. 自然条件优越，交通运输方便

由于城镇农村土地肥沃，交通方便，这为繁荣农村，促使农民富裕提供了较好的自然基础。同时，由于资源丰富，品种繁多，生产地接近消费地，发展农业生产前景广阔，所以，农业资源的利用率高。又由于它们背靠城镇，开发和利用自然资源的主客观条件较容易得到满足，因而它比一般地区便于将潜在优势转化为现实优势，可以将资源优势转化为产品优势和商品优势。这样，城郊农村很自然地便形成了为城镇服务的副食品生产基地。

3. 生产的聚集性大，人、财、物等生产要素相对集中

城镇农业由于紧密地依托于城镇，在经济结构、经济组织、经济效益和经济发达程度方面，都直接受整个城镇经济发展的制约，所以与一般农村相比，在人口、劳动力、资金，以及生产、流通、消费等经济活动方面都比较集中。这种聚集表现在：城镇高于农村，反映着依托城镇而呈现出的生产力多层次发展势态。

4. 以城镇为中心，布局呈环带状

城镇是当地文化的中心，是工业的中心，是产品加工和食品工业生产的中心。作为经济文化中心，它对周围农村地区有较强的辐射能力。这种辐射力是根据城镇的实际大小向外渐次扩散。城镇农村处于这种辐射力强的地区，因而在文化科学水平、劳动力素质、产业技术构成、经营管理、经济效益、消费水平和生活方式上均优于一般农村。而且，它们对广大农村也发挥着渐次扩散和辐射作用。

5. 商品经济比较发达，经济效益较高

由于生产聚集性大，必然带来流通和消费的聚集，加上交通方便，从而城镇农业必定比一般农村优先向城镇出售农副产品和优先发展城镇企业。因此，其农产品商品率较高。又由于它们在地理位置上占有优势，可以利用城镇的市场需求，方便的交通运输条件，强大的工业支援，一定的科技管理力量和丰富的经济资源，通过发展多种产业，取得比一般乡村较高的级差收益。

9.2 城镇农业产业结构

9.2.1 农业产业结构概述

9.2.1.1 农业产业结构的概念

农业产业结构通常称为农业生产结构，有时简称为农业结构。鉴于广义的农业结构也可包括技术结构等内涵，也由于农业各生产部门正在迅速转变为产业部门，本书采用农业产业结构的提法。

农业产业结构是指一个国家、一个地区或一个农业企业的农业产业各部门和各部门内部的组成及其相互之间的比例关系。它是农业资源配置中的一个基本问题，也是农业生产力诸要素如何结合的基本问题。它的合理与否，直接影响着农业以至整个国民经济的发展。在农业产业化过程中，调整与优化农业产业结构是实现农业现代化的重大战略问题。

农业产业结构所包括的产业，通常是由一国的农业的概念决定的，但都具有多层次性。在我国，20 世纪 80 年代前，包括农业（种植业）、林业、畜牧业、副业和渔业，现已修改为包括农、林、牧、渔。这是农业产业结构中一级结构。在各业内部又包括产品性质和生产特点不同的各种产业类别。如种植业内部包括粮食作物、经济作物、特种作物等产业类别；在林业中包括用材林、经济林、防护林等；在畜牧业中包括养猪业、养禽业等，在渔业中包括养殖业与捕捞业等。这些产业的比例关系与结合形式，构成了农业产业的二级结构。以此类推，二级产业内部还有更加具体的项目。随着产业分工的发展，产业有日益细化趋势，构成了农业产业的三级、四级结构。

9.2.1.2 农业产业结构的量变与质变

农业产业结构处在不断变化中，是农业生产力发展的表现。这种变化中的量变，可以借助于一系列指标来反映，主要有以下几种。

1. 农业总产值(或增加值)结构

农业总产值(或增加值)结构即种植业、林业、畜牧业、渔业产值(或增加值)占农业总产值(或增加值)的比重。如要分析二级结构,则计算各业内部二级产业的产值(或增加值)的比重。这是最常见的普遍采用的简易办法。

2. 农业商品产值结构

农业商品产值结构即农业各产业的商品产值占农业商品总产值的比重。这一指标除了反映各业的比例关系,还反映了各业产业化的程度,从而能更确切反映产业结构。

3. 土地利用结构

土地利用结构即耕地、林地、牧场草地、养殖水面等各占土地总面积或农业用地总面积的比重,在分析种植业结构时,可用各类作物的播种面积占总播种面积的比重。

4. 农业劳动力利用结构

农业劳动力利用结构即各业所占用的劳动力占农业劳动力总数的比重。

5. 农业资金利用结构

农业资金利用结构即各业占用的资金在农业资金总占用量的比重。

上述前两项指标是综合性指标,后三项是分别从资源配置、生产力要素占用状况来分析农业产业结构。当然,这是基本的指标,在实际运用中,可根据具体情况选择其他指标。

这些指标反映了农业产业结构在量上的变化。而农业产业结构的量变积累到一定程度,会发生质的变化。这种质的变化是指在农业产业过程中,一般会经历下述不同发展阶段,或叫产业结构升级。

第一阶段是结构改革起步阶段 传统的结构开始向现代产业结构转变。主要表现为以粮食为主的结构转向粮食和多种经营相结合的结构,粮食比重下降,农业中分化出多种产业,比重上升,专业化生产开始形成,与此同时,农业商品量与商品率上升,农民逐渐以市场为导向进行产业选择。

第二阶段是结构改革发展阶段 农业产业结构形成了以粮食为基础,以专业化生产为主的产业结构,各国、各地区、各企业的农业产业结构已大不相同;农业产业内部的分工分业日益强化,农业已经基本商品化,市场调节资源在各产业的配置。

第三阶段是结构改革的高级阶段 这一阶段结构的变化主要标志是在农业市场化条件下高效益的农业结构已经形成,农业专业化生产已占主导地位,优质农产品的比重有大幅度上升,特别是高科技农业产业的比重日益上升,现代农业的产业结构已确立。

以上变化是大体的趋势，反映了农业产业结构的日益现代化。

9.2.1.3 影响农业产业结构的因素

农业产业结构不是一成不变，而是处在经常变动中。一个国家、一个地区、一个企业产业结构的形成和变化，从现象看似乎是取决于人的主观愿望和选择，实际上它是受许多因素制约的，具有客观性。只有人们的主观判断符合这种客观时，其抉择才能获得预期的较好的效果。

影响农业产业结构形成的主要因素有：①自然资源，包括气候、土壤、水源、地形地貌等；②经济发展水平，特别是人们对农产品的需求，包括数量和质量的要求；③人口的变化，包括人口总量和城乡结构等的变动；④粮食的供求状况，及其对农业布局的制约情况；⑤交通、运输、加工、商业等因素；⑥农业经营的体制；⑦历史上已经形成的产业结构及其特点；⑧特别是农业科学技术的发展和应用情况。

以上各项因素的变化，都会在不同程度上引起对农业产业结构进行调整的要求。这些要求将通过市场供求状况综合地反映出来，通过农产品价格的变动反馈，通过经济利益的驱动，对农业产业结构进行调整，这就是农业产业结构的市场导向。但是，从长远的观点看来，农业产业结构归根到底是由社会生产力水平决定的，它是一定的社会生产力发展水平的结果。

9.2.1.4 农业产业结构调整的原则

什么样的农业产业结构是合理的？应该看到，这里并不存在一个普遍适用的和一成不变的合理标准。任何一个国家、地区、企业的农业产业结构是否合理，都是根据其具体的自然条件、社会经济条件和技术条件的特点而言的。在商品生产和市场经济的条件下，则又主要根据市场的供需情况来判断。因此，在这一个国家、这一个地区是合理的农业产业结构，在另一个国家或地区就不一定是合理的。就同一个国家同一个地区而言，这一时期是合理的农业产业结构，在另一时期就不一定是合理的。另外，就全国、全省看是合理的农业产业结构，在其中某些地区、某些县、乡就不一定合理。因此，建立合理的农业产业结构，必须从各个国家、各个地区、各个城镇的具体情况出发，既不能到处搞“一刀切”，也不能搞“一成不变”，必须因地、因时制宜。所以准确地说，农业产业结构的调整，是一个不断优化结构的问题。

农业产业结构既然没有永久的合理标准，就要求要根据变化了的情况，寻找调整的最优结构方案。在这里应遵循以下调整结构的原则：

1. 农业产业结构要以市场为导向，进一步与市场的供需状况相适应

农产品市场的需求和供给都处在经常性变动中，所以农业产业结构的调整要根据供给与需求的变动趋势，做出自己的抉择，使农产品的数量、质量、比例，符合市场的变动。一方面,更好满足社会的需求;另一方面,使产品能够顺利销售并获得有利的价格。

2.农业产业结构应能充分合理地利用当地的自然资源和社会经济资源,以保证最大限度地提高农业生产的经济效益

社会主义农业生产要能最好地满足国家和人民对农产品的需要,关键的问题就是提高农业生产的经济效益,即尽可能地做到少投入、多产出。而要做到这一点,就必须充分合理地利用各地的自然资源和社会经济资源。

3.农业产业结构应能符合保持和改善生态平衡的要求,以提高农业的生态效益

提高生态效益和改善生态平衡是提高农业的长远经济效益和改善人们的生活环境的根本要求。提高生态效益才能使人们减少外部投入,主要靠发挥农业内部的生物与自然环境之间的物质能量转化作用来提高农业的产出。保持和改善生态平衡,才能使发展农业生产的自然条件和人们生活环境不断得到改善。而要做到这两点,都有必须靠农业产业结构的优化。所以提高生态效益、改善生态平衡也就成了农业产业结构优化的基本要求。

4.农业产业结构要能保证国家全局性的、长远性的利益,同各地区局部性的、眼前的利益正确结合

我国在农业产业结构上经常存在着国家利益与局部利益,长远利益与眼前利益的矛盾。现在看来,应当强调矛盾双方的正确结合。即要根据双方的利益和要求,都能得到适当满足的原则来安排,因为长期的经验证明,在经济问题上片面强调局部服从整体,眼前利益服从长远利益的做法,不可避免地要挫伤农民的积极性,造成事与愿违,利少弊多的结果。

5.农业产业结构要因地制宜地逐步提高专业化水平

提高专业化水平,就是说要使各地区、各个农业企业的农业产业结构由“万物俱全”的自给自足型,向比较集中地生产某些当地最具优势的生产部门或生产项目发展。这是促进农业的商品生产和市场经济发展的要求。

以上 5 个方面的要求,是我们分析评价农业产业结构是否合理的原则性标准。但调整是农业产业结构的基本原则,为此,还应当对优化结构的调整结果进行分析。

农业产业结构优化程度的分析,可以是对调整方案的预测分析,也可以先对调整方案进行实践后的实证分析。通常应从以下方面进行分析:①调整后对农业总出产量(农业总产值、增加值)绝对量与相对量的变动;②调整后农业主要农产品的实物量、商品量、商品率的变动;③调整后农业专业化程度的变动;④调整后农产品市场销售状况的变动;⑤调整后农产品市场价格的变动;⑥调整后土地生产率、劳

动生产率和资金收益率的变动；⑦调整后生态、环境的变动；⑧调整后农民收入的变动。

此外，在分析变动带来的效益时，还要分析调整方案的可行性，以及可能带来的负面影响。

9.2.2 城镇农业产业结构的发展方向

城镇农业与一般农业一样，它是自然再生产与经济再生产的统一，经营中也同样要处理好人与自然的关系以及人与人之间的关系，即要尊重自然规律和经济规律，充分利用土地等自然资源，充分发挥人力，物力和财力等经济资源的作用，是农业经营的基本要求。既然城镇农业作为一种独特的范畴，应该也必然有自己独特的地方，这就是它直接为城镇服务这一特性。因此，它的经营就要体现这一点，与一般的农村农业有所区别，这样才会使城镇农业名副其实。概括地说，城镇农业要围绕着城镇居民的生活消费所需以及城镇工业原料所需来生产。具体可以4个行业分别说明：

1. 种植业中，经济作物应占较大比重

种植业中，粮食是重要方面之一。但一般说，一个城镇要粮食自给是困难的，它必须要农村提供一部分商品粮，而本身农业提供的粮食只是所需要的一部分。粮食总产量和粮食商品率是粮食生产中的两个重要指标，前者反映粮食生产的总成果，而后者则反映粮食生产的经济效果，同时也反映对城镇中粮食生产者以外的居民以及食品加工业的贡献大小。经济作物的生产是城镇种植业另一重要方面，特别是其中的蔬菜生产，要力求满足本城镇的需要。因而在城镇种植业这一比例中，经济作物要有较大的比重，这直接体现在种植面积上，同时也体现在产值上。

2. 林业发展充分体现其满足城镇的基本功能

一般说来，城镇林业应重在发挥它在生活环境和生态平衡中的作用，兼而发展经济林；只在有条件的地区发展用材林（如山地面积较大等），薪炭林则可酌情发展。林地覆盖率是衡量林业状况的一个指标，同时也是衡量生态环境的一个指标，这个指标越高越好。造林成活率是林业生产的一个经济效益指标，较高的成活率是林业生产的要求，同时也是提高林地覆盖率的关键途径。在旅游业兴盛地区还要发展风景林，以美化环境，提高旅游环境水平。

3. 畜牧业是城镇农业中的支柱行业

它应以向城镇提供肉、奶、蛋等畜产品为直接的和主要的目的。由于这些产品是生活必需的，特别是高水平生活所必需的，因而随着城镇经济的发展和城镇居民生活水平的提高，对畜产品的需求也会随之提高，畜牧业在城镇农业中的地位就愈显重要。其中,草食性牲畜和料食性牲畜的比例是一个要处理好的主要比例关系。由于大部分的饲料来自粮食,因而料食性牲畜若发展过多会产生与粮食的矛盾,另一方面我国传统的饲养中也以料食牲畜为主,这必然会加剧这一矛盾,草食性牲畜可以较多地利用秸秆等种植业乃至林业的副产品,经济效益较好,因而适当加重草食性牲畜的比重而使这一关系处理恰当,是解决问题的方向。年末存栏头数反映畜牧业经营的规模,而年内出栏率则反映畜牧业经营的实际效果和经济效益,这是畜牧业的两个重要指标。

4.渔业的发展有很大的空间

渔业也是城镇农业中的一个行业,它以水域为基本生产条件。由于自然水域的分布是不均衡的,渔业在不同城镇的农业经济中所占的比重是不相同的。而渔产品是人们生活消费中的上品,这种需要会随着生活水平的提高而提高,这必然会促进渔业的发展。在有水域的城镇,充分利用好水面、搞集约经营,提高单位水面的产量是主攻方向,另外,稻田养鱼也是有稻田的城镇解决这一问题的可行路子。在没有自然水域的城镇,搞人工池塘养殖则是一个发展渔业的办法,因为这与种植业虽有矛盾但并不是很大。用作池塘的地方多是低洼积水的,或其他种植业不易利用的地方,同时也有助于解决本城镇对水产品的需要。

9.3 城镇农业生产社会化服务体系

9.3.1 城镇农业社会化服务体系的功能

城镇农业社会化服务体系是为农业生产提供社会化服务的成套的组织机构和方法制度的总称。它是运用社会各方面的力量,使经营规模相对较小的农业生产单位,适应商品经济制度、市场经济体制的要求,克服自身规模较小的弊病,获得大规模生产效益的一种社会化的农业经济组织形式。这种组织形式在西方发达的国家已十分突出,它是资本主义国家在家庭农场的基础上,得以实现农业社会化和现代化的重要条件,也是我国实现农业生产社会化的必然要求。

城镇农业社会化服务体系的功能是:

①通过为农民的服务,把分散的农户经营在经济上联合起来,纳入社会化农业生产体系之中。离开了农业社会化服务体系,承包农户就难以克服自身规模的局限,就难以走向现代化。

②作为推广新技术、新知识的据点,成为推进农业科技进步的推动者。

③传递着市场信息，帮助农户以市场为导向，调整结构和改善经营管理。

④体系本身是专业化的，是农业户分工协作的重要表现，所以它的发展就能创造新的生产力，促进农业的高产、优质和高效。

⑤服务体系，不仅活跃于农业产业中，而且日益扩展到产前与产后部门，使农业和第二、第三产业相交融，使农业产业化经营成为必然。

9.3.2　城镇农业社会化服务体系的内容

农业社会化服务体系的服务内容是十分广泛的。它本身也随着农业中分工协作的发展而发展，它包括单个服务组织越分越细、趋向专业化服务，而这种专业化服务组织日益扩展到各个方面，构成一个完整的社会化服务体系。

9.3.2.1　服务内容

1. 产前服务

产前服务为农业生产单位提供价廉质优的各种生产资料，如优良品种、肥料、农药、薄膜以及各种生产工具和设备。

2. 产中服务

产中服务为农业生产单位提供技术方案、提供机械作业服务、排灌服务以及提供大型设备负责代播、代耕、代收等。

3. 产后服务

产后服务为农业生产单位提供加工、分级、包装、储存、冷藏、运输以及销售等服务。

4. 经营服务

经营服务为农业生产单位提供市场信息、经营咨询、法律服务等。

5. 金融服务

金融服务为农业生产单位提供融通资金、发展信贷、开展保险等服务。为城镇提供农村建设和农民生活方面的服务等。

9.3.2.2　服务方式

1. 由服务组织提供信息服务

如推广新技术、新材料等的知识和技术方案，以及提供市场供求、价格波动等信息，供农民选用。

2. 由服务组织提供商品服务

如优良品种、化肥、农药，以及各种科技成果物化的商品，供农民选购。

3. 由服务组织承包农民经营中某些环节（即农艺流程专业化的发展）

如服务组织利用先进机器将农民选购的优良品种，负责适时、精量的播种环节；又如由服务组织承担农民委托的农产品加工、销售等业务。

4. 随着社会化程度的提高，农业社会化服务组织将使农业中一些环节，从农户经营中分离出来，形成了新型的农业产业部门

如种子业、饲料业、加工业、储运业等。

以上服务方式都必须遵循两个基本原则：一是自愿原则，服务组织要以自己的优质服务来吸引农户的加入，不可以强迫命令；二是有偿原则，除了政府等部门提供的公共服务以外，都应该是有偿服务达到互利。

9.3.3 城镇农业社会化服务体系的组织

农业社会化服务体系是由一系列组织承担的，它们包括：

1. 公共服务体系

公共服务体系指由各级政府、各有关国家事业单位，旨在为农业服务的各类机构。包括各级政府设立的农业科技推广机构，特别是县、乡的农业技术推广站、畜牧兽医站、经营管理辅导站等，农业科学研究事业、农业教育事业，以及在农业基础设施、农产品加工与运销、农业信息传递等方面为农业服务的机构。

2. 合作服务体系

合作服务体系指由农民组织起来，建立各种类型的合作经济性质的服务组织。包括双层经营体制中统一经营层次所设立的各种服务组织，如农机服务站、排灌服务站和各种专业服务组织，也包括各种专业的合作社服务组织。特别是在产后各环节的服务组织。在经济发达国家，这种合作的服务体系往往占十分重要的地位。

3. 各类企业性质的农业服务体系

各类企业性质的农业服务体系指在产业分工中分离出来的各种专业化企业，它们并不独立完成整个农业生产过程，而是专门承担某些方面任务，为农业生产服务。如种子企业及其服务体系、农药企业及其服务体系、农机企业及其服务体系，饲料企业及其服务体系，以及加工、运销、信贷、保险、信息等方面为农业服务的企业。这些企业，可以是国有的企业，也可以是民营的企业，以及外资的和混合制的企业。它们有的是规模很大的公司，也有个体经营的专业户（在现阶段各类专业户，如农机、运输、机械设备修理、商贩、经纪人等起着十分重要的作用）。这些服务性组织是企业化经营的，进行的是有偿服务，但是都应实行等价交换原则，决不能利用自己的地位对农民进行盘剥。否则，也就削弱了自己生存的基础和空间。随着农业生产社会化发展，农业经营规模的扩大，各种农业专业化水平提高，社会化服务体系的形成与完善，传统农业生产体系转化为现代的农业生产体系。

9.4 城镇农业产业化经营

9.4.1 城镇农业产业化经营

城镇农业产业化经营是指以城镇为区域，以市场为导向，以家庭承包经营为基础，通过龙头企业及各种中介组织的带动，将农业的产前、产中和产后各环节联结为完整的产业链条，实行多种形式的一体化经营，形成系统内部有机结合、相互促进和利益互补机制的一种新型的现代农业组织和经营形式。农业产业化经营包括以下几个方面。

1. 城镇农业产业化经营具有明显的区域性特征

区域性也就是地域性。一方面，城镇的特点明显地区别于农村，另一方面，城镇各地的自然条件、人力、经济、技术和环境都有很大差别，为当地生产所提供的资源和建设条件就不一致，不同地区生产部门结构，也不相同。如常言说的"靠山吃山，靠水吃水"。除自然条件外，各地社会经济条件也直接关系到资源开发利用的方向和措施。如我国经济发展的 3 个经典模式：温州模式、深圳模式、苏州模式，就是结合各自不同区域的社会经济条件，分别发展了不同地区的各具特色的经济。同样，农业化经营也必须从各个城镇的具体条件出发。来规划和制定符合当地特点的农业产业化经营项目，绝不能重复建设，千篇一律。

2. 城镇农业产业化经营必须以市场为导向

农业产业化经营是在社会主义市场经济的条件下产生的，它要得到长足稳定的发展，必须适应市场需求。我国农业和农村经济已经进入了一个新阶段，农产品市场供需关系发生了根本变化，即从过去的农产品卖方市场变成了买方市场，市场需求对农业生产经营活动的导向作用越来越强。同时，我们还要看到市场的多样性和多层次性，既有国内市场，又有国外市场；既有大中城市市场，又有小城市、乡村市场；既有现实的和近期的市场，又有潜在的和远期的市场。因此，搞农业产业化必须面对复杂的千变万化的市场，牢固树立市场意识，认真研究市场，收集大量的市场信息，分析市场需求量与价格变化，及时做出正确的市场判断。发展什么，发展多少，都要面向市场，把既有市场潜力又有地方比较优势的产业和产品，作为农业产业化开发的主导产业和产品。这样才能确保农业产业化经营的健康发展，否则产业化非但搞不起来，到头来，受损失的是广大农民群众。

3. 城镇农业产业化经营的本质是要实现经营一体化

城镇农业产业化经营是在一定利益机制基础上形成的经济利益共同体，通过资源重新分配、产业结构优化调整、投入要素和投入行为的变革，围绕主导产业、支柱产业或新的经济增长点，组织产前、产中、产后形成生产、经营和服务的一体化经营。这种一体化经营的形式需要通过利益机制的引导，不断向产后、产前延伸，最终实现布局区域化、生产专业化、产品系列化、服务社会化、管理企业化，获得良好的经济效益。

4. 城镇农业产业化经营的重点是培植主导产业，并在主导产业的关键环节建立龙头企业，以带动整个一体化经营发展

面对社会主义市场经济，农业要得到长足发展，必须拥有自己的优势产品或特色产品，并具有一定规模，否则难以进入市场参与竞争。这样就必须围绕这种产品确立主导产业。主导产业的增值，要以市场为导向，从资源、技术、企业、资金等优势出发，可以是过去已有的产业，也可以是预期形成的产业。主导产业一旦确立，围绕主导产业按照生产运销过程，可以分为生产环节和产前、产后服务环节。由于生产者与经营服务活动的分离，产后服务环节往往是薄弱环节，可根据具体情况相应地在此环节建设龙头企业，充分发挥龙头企业“火车头”的作用。

5. 农业产业化经营的关键是形成一种利益互补的机制，使农民从农业产业化经营中得到好处，促进农业步入良性循环发展轨道

农业产业化经营在追求整个一体化经营过程的利益最大化的同时，要让农业生产环节的农户拿到整个产业链的合理利润，从而实现以工带农、以工促农、以工补农和工、农、商、服务行业协调发展、共同进步。总体的利益目标与诸环节的局部利益难免发生冲突，这就要求必须建立一套内部利益互补的机制，使总体利益与各环节的局部利益保持一致，形成利益共同体。在共同体内部各方主体相互作用，通过多种方式促进共同出力、共同获利、共同发展，使农业步入良性循环发展轨道。

从上述内涵，我们可以判断出，一个主导产业是不是实行产业化经营，或一个企业是不是农业产业化经营的龙头企业，最重要的判断标准可以概括为3条：一是生产、加工、销售诸环节是否以某种稳定的经济关系有机结合为一体化经营；二是生产、加工、销售诸环节在一体化经营中是否真正形成互相促进的利益机制；三是农民是否从农业产业化经营中得到好处。如果生产、加工、销售之间仍然是过去的那种买断关系，无任何有效联结机制和制度约束，农民从中得不到什么实惠，那么，就不能认定这个产业是农业产业化主导产业，这个企业是农业产业化经营的龙头企业。

9.4.2 城镇农业产业化经营的基本特征

城镇农业产业化经营主要具有下述几个特征：商品化特征、专业化特征、集约化特征、规模化特征和一体化特征等。随着农业产业化经营不断深入，各种特征的内容还会进一步丰富，甚至也会呈现出一些新的特征。

1. 商品化

商品化，是指农业产业化经营组织从事的生产、加工、销售企业，商品化水平比一般的农副产品加工流通企业要高。自从农村实行家庭承包经营以来，我国农产品产量得以快速提高，农产品的商品量和商品率也增加很快，推动我国农业由自给性农业向商品性农业、由计划经济向市场经济转变。农业产业化经营，就是逐步突破旧的经营体制格局，通过实现组织间协作和要素间的组合，优化了组织和要素的结合，提高了生产力水平，从而增加了商品的市场供给。

城镇农业产业化经营的商品化特征主要表现在两个方面：多样化的商品生产和多层次的商品生产。农业产业化经营分布在农业生产的各个领域，尽管各种农副产品的属性不同，但大多能适宜于发展农业产业化经营；同时，不同消费习惯、不同文化背景、不同生活水准以及不同季节，对农副产品及其加工品的消费也各有侧重。而不同的农业产业化组织形式和经营方式，为这种消费需求提供极大的可能。随着农业产业化经营的不断发展，多样化的和多层次的特点将日渐明显。

2. 专业化

专业化是指农业产业化经营组织中，以某一产品或以某个产品为主的生产、加工、运销一体化经营的特征。它是商品经济发展到一定阶段的产物，是商品生产社会化的必然结果。改革开放前的大部分时间，我国经济基本上是在“保障供给”为特征的情况下运作的。农业方面呈现粮食为主业，其他为副业的特点。农村人口大量沉淀于农业，粮食产量和粮食商品率都很低，“鸡蛋换油盐，养猪为过年”，表现为“小而全”的封闭式的生产格局。

改革开放以后，我国农业焕发出新的活力，农业生产的品种和产量均大幅度增加，农业人口也向乡镇企业等二、三产业转移。社会主义市场经济体制的确立，保证了以市场为导向进行各种要素资源的重新配置，使农业成为社会化大生产中一个完整的产业，参与社会劳动分工与协作。随着农业产业化服务体系的建立与健全，农业的产业化生产日趋发展，许多地区推行的“一村一品”、“一产一业”和区域化种植，实际上就是某一产品的产业化生产。

纵观发达国家农业发展的轨迹，无一例外地从事专业化生产。美国从东部到西部，形成牧草和乳牛带、玉米带、小麦带以及棉花带等专业化生产区域；日本、西欧等国家通过专业农协或专业合作社从事专业化生产经营。目前，我国农业产业化经营组织具有一个明显特征，就是专业性。农业产业专业化经营至少有以下几大好处：①专业化生产可以提高专业性生产工具的利用效率，形成较高的生产力，避免了多重购置生产工具和铺太大的摊子，能充分发挥有限资金的作用。②促进专业性技术水平的提高，缩短科技成果转化的周期。③有针对性地分析和掌握专业市场信息，有利于开辟市场，避免盲目生产经营和大起大落。④按照专业化生产，有利于资源的整体开发利用，促进良性循环的产业结构形成。⑤农业实行专业化生产，便于和"龙头"企业进行对接，有利于产、加、销一体化经营格局的形成。

3. 集约化

集约化是指在农业产业化经营组织的农业生产环节中，投入较多的资金和科技等要素，逐步实现农业生产由粗放经营向集约经营的转变。随着农业产业化经营商品化、专业化进程的加快，农业生产的商业利润和返还利润也不断增加，这为农业集约化生产经营创造了前提条件。首先，农业产业化经营可以加快农业资本积累和资本投入。其次，农业产业化经营增强了各参与主体，特别是农民对科学技术的需求，提高了农业经济中的科技贡献份额。再次，农业产业化经营可以促进各种要素的综合合理利用，避免重复和闲置，有效地把"龙头"企业、农户等的积极性调动起来，充分发挥市场的基础性调节作用，形成农业产业化的集约化经营。此外，农业产业化经营，可以打破过去那种封闭的局面，促进农业与其他产业不断进行物质与信息交换，农业自我积累、自我发展的能力也会得以增强，整个农业产业化的集约化经营水平也将大大提高。

4. 规模化

农业产业化经营的规模化，是指农业产业化组织能够形成聚合规模经济。

这种规模化，主要表现在两个方面：一方面在坚持农户家庭承包经营，不改变土地承包关系的前提下，农产品生产通过规模化种植或养殖，形成群体规模；另一方面是农产品储藏、加工、运销等龙头组织，包括企业和各类中间组织，通过多种形式的联合和合作，甚至实行跨地区、跨部门、跨所有制的联合和合作，扩大农产品的储藏、加工、运销等组织的经营规模。

5. 一体化

一体化是农业产业化经营的核心内容，也是经济发展到一定程度后农业发展的基本方向。一体化经营是在市场经济条件下，以市场为导向，通过利益或产权等联结，将农业再生产过程的产前、产中、产后各环节联结为一个完整的产业体系，形成紧密的经济利益共同体。

一体化经营是农业生产、加工、销售各环节多元经济利益主体的有机结合。这种结合必然是渐进的，由初级阶段逐步过渡到高级阶段。从实践上看，农业产业化经营大致上可分为 3 个阶段：

第一阶段，是各利益主体之间稳定的购销关系阶段。在这个阶段，各利益主体通过反复选择，最终形成农户作为原料生产者或企业作为产品供应者，能够一直保持着稳定的供销关系，特别是通过龙头组织启动的系列化服务，使企业与农户之间形成互相依赖、相互促进与发展的关系。这是在外界环境尚未完全理顺的条件下，农业产业化经营所表现的一种一体化经营的形式。

第二阶段，是各利益主体之间合同契约关系阶段。通过第一阶段各利益主体之间已经形成一定的利益关系，并且随着经济不断发展，互相选择，逐步形成比较稳定的利益联结关系，表现为通过法律手段，明确各自的责权利关系，最终形成合同契约关系。在这一阶段，各利益主体除履行合同契约外，仍然是独立的经营主体，有着各自相对的经济利益。

第三阶段，是产权联结阶段。经过前两个阶段的发展，各利益主体为了真正结成经济利益共同体，实行“风险共担，利益共享”。在此基础上，逐步实现更高层次上的联合，那就是各主体之间相互参股，实行真正意义上的合作。通过股份合作制或专业合作社，各利益主体之间可以实现按劳付酬或按股分红，各主体之间的利益界限也不那么明确，农业产业化经营中的各环节已按分工形成不同的车间或工序，基本上实现了社会化的大生产，成为农业产业化经营中的一个有机联系的整体。

由于我国经济发展水平较低，农业产业化经营的起步也较晚，目前我国城镇农业产业化仍处于初始阶段。因此，应该允许一体化经营各阶段、各形式并存。究竟选择哪一种一体化经营形式，须由参与一体化经营的各利益主体去选择。

9.4.3 城镇农业产业化经营的组织形式

城镇农业产业化经营组织可从不同角度和标准划分归类。如按产业分，可分成种植业产业化、养殖业产业化等；按利益联结方式分，可分成合同契约关系、合作制关系、股份合作制关系等；按其组织类型可分成龙头企业带动型、中介组织带动型、专业市场带动型等。

1. 龙头企业带动型

龙头企业带动型，是指以农副产品加工或流通企业为龙头，通过合同契约、股份合作制等多种利益联结机制，带动农户从事专业生产，将生产、加工、销售有机结合，实施一体化经营的组织类型。该类型一般以“公司＋农户”为基本组织模式。“公司＋农户”形式的主要特点是，“龙头”企业与农产品生产基地和农户结成紧密的贸工农一体化生产体系，其最主要和最普遍的联结方式是合同契约。“龙头”企业与生产基地、村或农户签订产销合同，规定签约双方的责权利，企业对基地和农户提供全过程服务，有的还实行优惠价格并保证优先收购，农户按合同规定定时定量向企业交售优质产品，由“龙头”企业加工，出售制成品。

2. 中介组织带动型

中介组织带动型主要是指以专业合作经济组织（含农民专业协会）、社区合作经济组织等为中介，通过合作制或股份合作制等利益联结机制，带动农户从事专业生产，将生产、加工、销售有机结合，实施一体化经营的组织类型。该类型一般以“合作经济组织＋农户”为基本组织模式，近年来也出现不少“公司＋合作经济组织”的模式。

中介组织带动型的主要特点，是按照合作制的原则和运作机制，农户在农业产业化组织中不仅是财产的所有者，直接参加生产和经营，同时作为社员，参加民主管理，实行“民办、民管、民受益”，对外讲求经济效益，对内不以营利为目的，实行盈余返还，开展多样化的服务，所办企业与农户真正结成“风险共担，利益共享”的经济共同体。随着农业产业化经营的发展和完善，这类组织形式将逐步发展并发挥重要作用。

3. 专业市场带动型

专业市场带动型是指以专业批发市场为依托，通过辐射带动作用，带动农户从事商品生产，实行产加销一体化经营的一种组织形式。专业市场带动形成的一体化经营，一般与农民的联系比较松散，利益机制发育尚不成熟，但它作为农业产业化起步阶段的可选形式，目前在各地都有一定的发展。

4. 其他类型

除了上面 3 种主要类型，还有其他类型。如各级农业社会化服务体系或科研教育等事业单位，通过合同契约关系为农户专业生产提供产前、产中、产后服务，实施产加销或贸工农一体化经营的组织类型。但无论哪种类型，重要的是它们都具有农业产业化经营的共同特点，即呈“龙”形组织结构，能够引导和组织分散的小农户进入社会化大市场，企业与农户有不同形式的利益联结方式，共同促进市场农业的发展；将现代科学技术引入农业，提高农业专业化、社会化、商品化水平；重新调整农业生产结构，增加农业附加值，提高农业比较利益；引入现代农业的组织与管理方法，提高农民经济收入水平。同时，它们在组成和发展上突破了多重界限的制约：一是突破了所有制的界限，将国有、集体、个体经营联结起来；二是突破了行政区域的界限，将省内外、国内外企业衔接起来；三是突破地区行业隶属关系的界限，将农、工、商、贸、科技诸行业结合起来；四是突破了城乡分割的旧体制，把城市与乡村紧密地结合起来，从而促进了生产要素的优化组合和产业的合理调整，促进了城乡之间的优势互补，并实现了系统内利益互补，因而具有旺盛的生命力。

9.4.4 农业产业化经营利益联结机制

由于农业产业化经营存在着不同的组织类型和主导产业或产品结构，在不同的发展阶段，反映在内部的利益联结关系上也是多种多样的。目前农业产业化经营的利益联结方式，主要有合同契约关系、合作制关系和股份合作制关系等形式。

9.4.4.1 合同契约关系

合同契约关系是一种最普遍、最直接的利益联结形式，也是目前农业产业化经营中使用最多的一种方式。它是指农业产业化经营组织内部各利益主体通过合同契约形成的稳定利益联结关系，即农业产业化经营组织中利益双方通过签订合法经济合同，明确各自的经济责任和权利的利益关系等。合同契约的最大特点是：农户生产什么、生产多少由合同或订单确定，双方按合同规定安排生产，最大限度地回避经营风险。产业化经营中的产销合作都明确保护价或优惠价格收购，也有的制定出保底利润等，以实现对生产环节的利润返还。

从目前各地的实践来看，在产销合同签订及执行中普遍存在一些问题和隐患，影响了农业产业化经营的健康发展。主要集中在下述几个方面。

1. 无效经济合同

这种经济合同不受法律保护，一旦一方不按合同规定履行，另一方的利益得不到法律的保护。一般有几种情况：①违反国家有关规定签订的合同，如国家明文规定不允许生产、销售的产品等。②一方使用欺骗、威胁等手段诱骗、强迫另一方签订的合同。③不具有法人资格或无授权代理的人签订的合同。如与一些不能代表企业或合作经济组织的人签订的合同等。无效合同的签订会给农户生产和经营带来很大的损失。因此，农户与企业或合作经济组织签订产销合同时，一定要依照法律规定，签订合法的经济合同。

2. 签订合同的主体地位的不平等，造成合同条款的不平等

广大农户在与企业或合作经济组织签订产销合同时，是处在一个十分不利的地位。由于农户的生产规模小，经济地位不能与企业或合作经济组织抗衡，所以其利益的实现也受到极大约束，在签订的合同中很多条款不能充分体现农户的真实利益，如价格的确定、产品质量的衡量、技术服务及生产资料的提供等条款，都不可能是平等协商达成的，其中多是以企业的利益为主，适当“让利”的结果。农户自身的利益往往要靠企业或组织的觉悟来得到部分实现。这也是导致时常违约的一个主要原因。

3. 违约

市场经济必须靠合同、协议等契约规范各个市场利益主体的行为，建立相互之间的协作关系。为此，履行合同和协议，既是实现协作的形式，也是建立正常竞争秩序的关键。同样，保持信誉是商品经营者本身的质量标准，也是正常经济秩序借以建立的基础。然而，在当前合约双方常常忽视信誉，在履约上有很大的随意性，经常出现违约案件。只要有一方违约，协作就无法进行，经济运行的程序就遭到干扰和破坏。

4. 欺诈

在经济法中，有一个原则是通行的，这就是诚实经营，不搞欺骗行为。然而，在农业产业化经营中，以签订产销合同进行欺诈的经济违法案件却时有发生。利用合同进行欺诈的行为，一般都有隐蔽性，不易识别，后果严重。

9.4.4.2 合作制关系

这里所说的合作制，是指随着社会主义市场经济的发展，农村中出现的合作形式，如农民专业协会、专业合作社等。这种农村合作经济组织，在农业产业化经营中正逐步兴起，并占有越来越重要的地位。具体讲，是指广大农户在自愿的原则下，联合起来成立以经济、技术合作为主的合作经济组织。合作经济组织对外参与市场竞争，追求经济效益；组织内部坚持自愿、互惠、互利，即在不改变家庭承包经营的基础上，农户自愿参加，入退自由，实行民主管理；成员之间实行资金、技术、服务的合作；在生产、供销、加工等方面相互协作，形成产业一体化经营或直接参与到农业产业化经营中；经营利润按成员在组织内的交易量大小返还给成员。农村合作经济组织的优势，是将分散的农户组织起来参与市场竞争，它既是竞争力较强的市场主体，又是联结农户与市场的中介组织，提高了农民进入市场的组织化程度，降低了市场交易成本，提高了农业经营效益。同时，农业产业化经营中龙头企业与农户的联结，也越来越多地通过农民合作经济组织作为中间载体，它既提高了农民与企业谈判的地位，极大地保护了农民利益，又免去了企业与千家万户农民分别谈判的成本，降低了风险。目前合作制下的利润返还形式，尽管受到广大农民的欢迎，但却受到农村合作经济组织本身发育状况的局限，无法满足农户和市场的双重需要，有待进一步完善和发展。

9.4.4.3 股份合作制关系

股份合作制关系是指农业产业化经营中的龙头企业或各类合作经济组织，按股份制和合作制的原则与农户共同组成的经济实体。农户将自己的生产资本入股到实体组织中（如龙头企业、各类合作经济组织的经营实体等），成为经济实体的一个组成部分（股东），同时参与经济实体的生产经营活动。股份合作制组织利用资本的联合，将农业生产、加工、销售等各环节有机地联结在一起，形成一体化经营，既调动了各环节的生产经营积极性，又促使各环节密切配合，共同协作，形成有机的结合。其中农户的利益和经济实体的利益融为一体，一损俱损，一荣俱荣。农户又以个人身份参与经济实体的生产经营活动，获取劳务报酬和经营效益。农户在经济实体中不仅具有参与决策的权利，还有参与生产经营的权利。股份合作制在农业产业化经营中，最大限度地实现了农户、企业和合作经济组织（即各种利益主体）之间的利益联结。

在股份合作制中，农户除了按照正常情况获得经营所得外，作为经济实体的股东，还将从经济实体的纯盈利中，按股份大小获得利润分红。但同时农户不仅要承担生产经营的风险，也要承受经营实体决策和市场竞争中的风险。

9.4.5 农业产业化经营基本保障机制

农业产业化经营基本保障体系包括组织保障、制度保障和非市场安排。

9.4.5.1 组织保障

有稳定和合理的组织体系，是农业产业化经营顺利实施的前提，也是制定与执行各种制度的保证。农业产业化经营组织载体，主要有合格的龙头企业、农民专业合作经济组织（如专业合作社、专业协会及其他联合自助组织）等。农业产业化经营是以组织起来的农户为主体，因此，农民组织化程度越高，制度效率和经营效率就越高，经营交易成本也就越低。不难理解，如果没有农民适度而有效的组织化，龙头企业很难直接与众多而分散的农户打交道。制度也难以履行。相反，农民有了组织，龙头企业与农户打交道就容易得多，共同制定的制度就较易得到共同遵循和检查监督。

9.4.5.2 制度保障

农业产业化经营系统要建有许多制度，例如合同产销制度，保护价格制度等。

1. 合同产销制度

合同即契约。合同产销制度是现代市场经济中普遍采用的一种产销制度，是龙头企业联结农户的重要手段。合同产销制度的实质是按预定销额进行生产，从这个意义上说，产销合同就是市场。实行合同产销制度可以减少生产上的盲目性，因为合同规定了农户向龙头企业交售产品的数量、质量、规格、交货时间和地点，龙头企业按合同规定收购农户的签约产品、应当提供的服务和应当支付的价格，还规定了履约约束和违约罚则。以制度保证合同信誉的兑现，是合同产销制度的生命线。

2. 保护价格制度

保护价格是与市场价格变动有密切关系，直接影响着“龙头”企业和签约农户的行为。保护价格在合同有效期间是稳定不变的，而市场价格是随着供求关系的变化而波动的。当市场价格低于保护价格时，无论农户还是“龙头”企业都不会紧张，也无须做出反应。当市场价格高于保护价格时，农户和“龙头”企业都会敏感地做出行为反应：农户极有可能将签约产品投入市场出售，“龙头”企业要么按照市场价格收购农户签约产品，要么面临农户行为的挑战。因此，农业产业化经营系统的产销合同中，一般都有如下制度性规定：“当市场价格高于合同保护价格时，‘龙头’企业得按市场价格收购农户的签约产品”，这样就有了制度保障。

9.4.5.3 非市场安排

农业产业化经营内部“非市场安排”，是指在农业产业化经营组织内部龙头企业与农户之间，各类合作社内部龙头企业与农户之间，按照内部《章程》或约定，确定的对农户的资金扶持、风险保障等方面的制度，它是组织内部的，而非纯粹按照市场规则而运作的。它是龙头企业与农户之间的特殊利益关系。这种特殊利益关系是保证农业产业化经营系统再生产过程连续有效运行。保持系统内各利益主体权益关系稳定的重要手段，从而是保证市场供需和价格稳定的重要手段，具有重要的意义。主要的做法一般有：

1. 资金扶持

龙头企业对农户的资金扶持不是固定的，因发展需要而定。一般农户资金微薄，又不易到款。为适应市场，必须进行某种资源开发、产品开发、品牌开发和技术开发，但是农户因缺乏资金而不能启动。这时就需要龙头企业对农户给予资金的扶持。这是龙头企业对系统整体发展的垫付资金，不是对农户的恩赐，与无息借款相类似。

2. 低价供应或赊销生产资料

农户为产业化经营系统进行初级产品生产，需要某种或几种生产资料，但资金不足或没有现款支付，龙头企业往往以低价供应农户所需生产资料，或者将生产资料赊销给农户，待农户交售产品进行结算时再扣除。这种安排可以避免由于市场的作用导致行为盲目性，避免农户因缺乏资金而影响农业生产的必要投入，以保护农户从事生产经营，保证产业化经营系统内资源配置及时到位和营运效率的稳定提高，这是农业产业化经营的一大优点。

3. 风险基金制度

商品性农业面临两大风险：自然风险和市场风险。风险的直接影响是农业生产率波动，进而引起供求关系波动，影响产业化经营效率和效益的稳定增长。为防范这两种风险，将风险损失控制在最低点，对风险损失能有所补偿，农业产业化经营系统必须建立风险基金制度。

农业产业化经营风险基金采取多种方式建立。①龙头企业自建，将其自有资金的一定比例划拨为防范风险专用资金，每年从税后利润归其自己的部分中扣拨某一比例，充实风险基金。②龙头企业与农户共建，每年分配前从共同经营利润中扣出一个小的比例，作为风险基金，逐年充实。③政府与龙头企业共建，政府每年从其财政中拨出一定额度；龙头企业从其利润中划拨一定额度，形成风险基金。④政府自建，农业共用。政府由财政拿出专项资金，建立农业保险风险准备金，由专门机构负责制定风险准备金管理使用办法。风险准备金实行专户专储，利息收入扣除必要的开支外，滚入风险准备金。当风险准备金赔付后降至标准以下时，由财政在下一年度给予补足。

4. 按交易量实行利润返还

这是国际合作社的一条重要原则，是农业产业化经营组织中合作经济组织通常采用的一种分配方式。它是在各类合作社的《章程》中必须做出的一条重要规定，社员根据所利用合作社设施的多少，以及与合作社的交易量多少等，按照一定比例，将一部分利润返还给农户。返还有3个依据：①社员购买合作社的商品。②社员向合作社提供的产品。③社员利用合作社的设施。一般在合作社章程中都有规定，社员购买合作社的商品或利用合作社的设施或向合作社提供的产品越多，利润返还的就越多。鼓励和激励社员多参与和利用合作社。

9.4.6 发展农业产业化经营应把握的几个环节

1. 建设农业主导产业生产基地

农业产业化经营生产基地，主要是指围绕龙头企业或市场建立的、联结农户形成的某种主导产业的专业生产区域和生产组织形式，形成适宜于农业产业化经营发展的主导产业生产基地。

2. 加强龙头企业建设

龙头企业建设是发展农业产业化经营的重点。龙头企业的兴衰不仅影响企业本身发展，更影响到农民收入的增长和农村社会的稳定。它具有开拓市场、引导生产、加工转化、销售服务等综合功能。

3. 推进农民专业合作经济组织发展

发展农业产业化经营，需要一个组织作为其实现形式。改革开放以来，我国农村形成的以家庭承包经营为基础、统分结合的双层经营体制，成为农业产业化经营的制度保障；同时，在这种经营体制下，逐步改革、兴办、发展起来的各种类型的农民专业合作经济组织，为我国农业产业化经营提供了新的组织资源。由于农民专业合作经济组织，为我国农业产业化经营提供了新的组织资源。由于农民专业合作经济组织在农业产业化经营中具有独特的作用与功能，因此，要积极稳妥地加以推进。

4. 努力开拓国内外市场

实施农业产业化经营，从本质上说就是发展市场农业。努力开拓国内外市场是农业产业化经营组织生存的根本。实践表明，市场开拓好的产业化组织，其发展就顺利，效益就好，带动和辐射基地农户面就大；市场开拓不好的产业组织，生存就遇到困难。因此，乡村干部和农民在发展农业产业化经营中要十分注意开拓市场。

第 10 章　城镇工业经济

工业化的中心内容就是发展，而发展就是经济结构的成功转变，它表现为一种随着人均收入的增长，制造业在总产出和就业中所占份额的上升及农业所占份额相应下降的趋势。

——钱纳里(H. Chenery)

发展是经济社会的永恒主题，工业经济的发展一向都是经济学研究的一个主要方向。在当前我国加快工业化和城市化进程的大背景下，发展城镇工业经济，对促进整个城镇经济体系的发展并最终实现国家国民经济和社会发展总体目标有着不可替代的重要作用。本章将在简要讨论城镇工业经济基本内涵及其产生发展的基础上，阐述城镇工业的构成要素，探讨我国城镇工业经济发展的指导思想和基本原则，并重点研究城镇工业发展的重点选择和具体措施。

10.1　城镇工业经济的产生与发展

10.1.1　城镇工业的含义

城镇工业经济的发展水平往往是和城镇的工业化和城镇化程度联系在一起的，工业化是发展中国家实现整个社会全面迅速的经济增长和经济发展，乃至经济现代化的最重要的途径之一。在具体阐述城镇工业的含义之前，有必要对工业化的概念及其特征作以简要的介绍。

有关工业化的概念及其特征在经济学界有多种解释，这里仅介绍 3 种有代表性的观点。

张培刚教授的工业化定义是：一系列基要(strategical)生产函数连续发生变化的过程。根据张培刚教授的解释，他的定义较为广泛，因为它不仅包括工业部门的发展，而且还包括工业化了的农业的发展。

美国经济学家钱纳里(H. Chenery)等认为，从历史上看，工业化的中心内容就是发展，而发展就是经济结构的成功转变，它表现为一种随着人均收入的增长，制造业在总产出和就业中所占份额的上升及农业所占份额相应下降的趋势。但钱纳里进一步指出，虽然工业化的过程是和结构转变联系在一起的，但绝不限于制造业在总产出中比重简单地增加。一个国家在实现工业化的过程中，最终需求结构、中间投入的使用和比较优势都在发生变化。

西蒙·库兹涅茨(S. Kuznets)则把工业化的过程表述为现代经济增长。他认为，现代经济增长，具有以下 6 个特征：①人均产值的高增长率；②生产率的高增长率；③经济结构的高速度变化；④社会结构和意识形态的变化；⑤各国的联系不断加强；⑥现代经济增长的扩散仍很有限。

由此可见，工业化是一个长期不断的经济结构变化过程，在这个过程中，工业部门持续扩张，特别是制造业部门比重持续上升，而服务业部门的比重大体上不变，结果，工业部门在国民经济中逐渐占优势；也可以说，工业化就是用机器体系取代手工劳动的过程，工业化就是对社会经济生产手段的彻底改造。

综上所述，工业化是一个世界性概念。只有在商品生产有了一定程度发展的基础上形成了世界市场，并且一切国家的生产和消费都具有世界性的情况下，才会有工业化过程；工业化还是一个历史性概念。每一次科学技术革命都不同程度地推进了工业化过程；随着科学技术的不断进步，在不同的历史时代，工业化又必然具有不同的内涵。工业化更是一个整体性概念。工业化是一个国家整个国民经济中工业发展程度，与世界上先进的工业发展程度相比较的指标体系，而不是工业中某一部门、行业或某种产品的工业发展程度。工业化的基本特征表现为：国民收入中制造业或第二产业所占比例提高，另外，在制造业或第二产业就业的劳动人口比例一般也有增加的趋势。制造业在工业中所占比重是名副其实的龙头产业。

工业化是城市化的主要推动力，而城市化是工业化的表现形式。工业化和城市化使我国国民经济分为 3 个层次的区域。第一层是以城市为中心的城市经济区域；第二层是以小城镇为中心的小城镇经济区域；第三层是广大的农村经济区域。城市工业里大、中、小企业并存，但主要是以国有企业为主的大中型企业，城镇工业经济是以乡镇企业为主体的集体经济。

于是，我们所称的城镇工业便是城镇在进行传统工业的改组、改造，优化产业结构，提升产业素质和竞争力的过程中，依托城镇独特的信息流、人才流、现代物流、资金流等社会资源和区位优势、资源优势和人口规模优势等，以各类工业生产园区为基本载体，能够在城镇区域内生存和发展、与城镇功能和生态环境相协调的集就业、税收、环保、形象为一体的现代绿色工业。

10.1.2　我国城镇工业的产生与发展

由于城镇工业包括的经济类型比较全面,又各有自身的独特性,故这里对于其产生发展的历程将按照企业资本所属关系的不同分类研究。

10.1.2.1　县属国有工业企业的发展历程

县属国有工业企业是伴随新中国的诞生而产生的,国有工业企业在新中国成立后的 50 多年里,为祖国工业化和社会主义经济发展做出了重要贡献。

1. 新中国成立初期是工业企业产生阶段

这一时期的国有工业企业基础薄弱,技术落后,门类残缺不全,布局也不合理。

2. 计划经济时期国有工业企业得到发展

在国家继续"重工业优先发展战略"的指导下,城镇发展的基本动力是工业发展,工业发展的原动力又是重工业的扩张,由于重工业重点分布在内地,因而重工业的发展又带动了内地城镇的发展。

3. 改革开放初期国有工业企业迅速壮大

改革开放后的头 10 年,我国城镇国有工业企业保持了较高速增长,企业规模不断壮大、实力快速增长,为城市创造和积累了大量社会财富,是城市财政收入最重要的来源,工业在城镇经济中的地位不断上升。特别是东部沿海地区,作为国家改革开放的前沿,市场取向的改革和对外开放的步伐比较快,大大促进了这些地区的工业发展。

4. 深化改革使国有企业步入良性发展轨道

从 1989 年开始,党的第三代领导集体带领全国人民通过一系列制度创新方面的改革,使得城镇国有工业生产技术水平不断提高,国有企业改革取得明显成效。

10.1.2.2　集体工业企业的发展历程

城镇集体工业企业大致分为 4 类:乡镇集体企业、城镇街道集体企业、国有单位所办的集体企业及联社集体企业。不同类型的集体企业有着不同的发展历史。

1. 第一类:乡镇集体企业

第一阶段,乡镇集体企业的产生:1958 年中共中央在《关于发展地方工业问题的意见》中第一次提出了"农村中的小型工业"的概念,随后,农村的"人民公社化运动"在全国大规模展开。中共中央明确发出号召:"人民公社必须大办工业。"大办工业运动及各种冒进行为严重地挫伤了广大农民的生产积极性。1969 年,社办企业基本上处于停滞状态。

第二阶段,乡镇集体企业的恢复:1970 年,国务院召开的北方地区农业会议做出了加快实现农业机械化、发展农业生产的决定。各地人民公社围绕农业机械化这一目标逐渐建立起一批农具和农机修理、修配厂。

第三阶段，乡镇集体企业的壮大和发展：20世纪70年代末，中共中央颁布了一系列的政策。对社队企业的发展规定了明确的发展政策，乡镇集体企业逐渐步入稳定、高速发层轨道。

从乡镇集体企业的发展过程可以看出其产权归属要解决两点：一是明确属于举办该企业的乡或村范围内全体农民集体所有与该企业劳动群众集体所有之间的边界和股权比例；二是明确乡或村范围内全体农民个体所拥有的产权；集体企业劳动群众个体所应拥有的产权。

2. 第二类：城镇街道集体企业

街道集体企业或区街集体企业是以1958年前后城镇街道家庭妇女和社会闲散人员组成的街道工厂和县城居委会举办的"两服务"企业为代表。全国各地城镇在20世纪70年代末、80年代初为安置待业知青就业，由县区政府或街道办事处扶持兴办了一大批集体生产服务性企业。

城镇集体企业的产权归属要解决两点：一是明确属于举办该企业的街道所有与该企业劳动群众集体所有之间的边界和股权比例；二是明确集体企业劳动群众个体所应拥有的产权。

3. 第三类：国有单位所办的集体企业

20世纪70年代以来，由于城市劳动力的迅速增加，就业便成为政府极为关注的社会问题，政府提倡国有企事业单位通过举办集体所有制性质的劳动服务公司，以解决本单位职工家属和子女的就业问题。各行各业的国有企事业单位以及部队、机关、学校和社会团体都办了集体企业，国有单位扶植兴办的集体企业已经成为城镇集体企业的重要组成部分。

国有企业办的集体企业分为3种：一是"安置型"，为解决本单位职工子女就业问题而办的；二是"经营型"，这部分企业自主经营、自负盈亏，并逐步在相当程度上面对社会、转向市场；三是"结合型"，也就是兼有安置与经营两种类型的结合体。

其他国有单位办的集体企业包括3类：一是机关办的集体企业；二是学校办的集体企业；三是社会各界团体办的集体企业。

国有企业和国有单位所办集体企业的产权归属要解决两点：一是明确属于举办该企业的国有单位所有与该企业劳动群众集体所有之间的边界和股权比例；二是明确集体企业劳动群众个体所应拥有的产权。

4. 第四类：联社集体企业

联合集体经济组织是我国集体经济的特有形态，它包括：手工业联社，城镇信用社，农村的供销合作社等。

企业联社，即合作社联社，是联合经济组织的一种主要形式。联社集体资产主要由企业上缴的利润、资金占用费、管理费以及联社利用这些资金再投入回报形成的收益组成。联社集体企业的产权归属要解决两点：一是明确属于举办该企业的联社所有与该企业劳动群众集体所有之间的边界和股权比例；二是明确集体企业劳动群众个体所应拥有的产权。

10.1.2.3 城镇民营企业和三资企业的发展历程

民营企业和三资企业的兴起，都得益于我国改革开放基本国策的实施。民营企业属于个体私营企业的体制范畴。它自 20 世纪 70 年代以地摊、作坊形式产生，在我国实施改革开放之初的 1978 年，民营经济占我国工业总产值的份额为 0.7%，可以说是微乎其微。随着我国改革开放步伐加快，民营经济的领域不断拓宽，规模逐渐壮大，占城镇经济成分比重日益增大。近几年，在城镇范围内，民营经济逐渐取代原有的作为县域经济主体的国有及集体经济，原有的国企及集体经济由于经营不善、体制不适等原因，已经退出或改制转为股份制企业或个体私营企业，城镇民营工业经济的规模进一步扩大，已成为城镇工业经济的主体。可以说，发展城镇工业经济，就是发展民营经济。来自国家工商行政管理总局的 2008 年 10 月的最新统计数字显示，目前全国共有个体工商户 2 700 万户，从业人员超过 5 000 万人；私营企业 600 万户，更是占到全国企业总数的约 60%；非公经济在国内生产总值中所占比重已经达到 1/3 以上①。

外商投资企业是依法成立的独立法人，受中国法律的管辖和保护。其管理体制是实行董事会制，董事会是企业的最高权力机构，决定企业的一切重大问题，企业具有经营自主权，生产决策权，实行自主经营，自负盈亏，自我约束，自我发展，实行董事会领导下的总经理负责制。按“国际惯例”对三资企业管理，就是按国际上企业生产经营中长期形成的符合商品经济规律和国际竞争要求的方法、手段和原则去进行管理，达到高效率、快节奏、少层次、严职责、求实绩的管理方式。

10.1.2.4 城镇经济发展的形势

我国正处于工业化、信息化、城镇化、市场化、国际化深入发展的阶段，发展环境的变化给城镇经济发展提出了更高要求。坚持发展循环经济，保护好生态环境，促进人与自然和谐相处；以加速人力资本积累为突破口，把丰富的人力资源转化为人口红利优势；以主体功能区划分为契机，发展城镇特色经济；以建设资源节约型、环境友好型社会为目标推进城镇新型工业化、城镇化和农业现代化；以实施技术进

①张晓松：工商部门履职综述：促非公经济发展的 4 个“助推器”。http://www.gov.cn/jrzg/2008-10/25/content_1130842.htm

步为核心的科技战略创新，克服制约工业和城镇经济可持续发展的瓶颈，全面提高城镇经济整体素质，这些都关乎应对“五化”挑战策略和措施的针对性和有效性。

又好又快地发展城镇经济，为全面建设小康社会奠定扎实的物质和经济基础，是城镇经济在中国特色新型工业化、城镇化进程中应当担负的重任。随着经济全球化步伐的加快，发展城镇经济面临的挑战日益严峻，主要反映在以下几个方面。

1. 经济整体素质不高

我国特别是中西部的很多县(市)，工业化初期的任务尚未完成，经济增长方式粗放，经济增长质量不佳，经济增长效益不高。尽管从总体上看，我国从低收入国家进入到中低收入国家行列，但与此同时，我国不少县的信息化水平不高、开放程度低，而且绝大多数县都存在贫富差距拉大、失业高峰、环境污染以及自然生态恶化等问题。

2. 人口总量庞大，人口素质较低

城镇人口总体素质不高，基本医疗保障水平低，看不起病或因病致贫的人不少；人均受教育程度低于城市。由于我国人口生育率急剧、长期非意愿下降，导致人口结构出现性别结构失调和养老结构失衡，农村老龄化社会提前到来，就业、医疗和社会保障等压力增长，消除贫困的任务依然艰巨。

3. 资源禀赋状况差

我国资源人均占有量远低于世界平均水平，城镇范围内人多、地少、水少、油少的矛盾较为突出。高投入、高消耗、高排放的增长方式引发了交通瓶颈、原材料瓶颈、能源瓶颈、粮食瓶颈等，信息、技术及标准、科技创新、知识产权和贸易壁垒等方面的制约使城镇经济的科学、和谐、可持续发展面临不少困难。

4. 经济社会发展不平衡

全国县域平均人口、GDP、地方财政收入规模差别大，人均地区生产总值最高的 100 个县域是最低的 100 个县域的 17.5 倍。县域内中小企业较多，企业素质不高，技术和装备水平差，产业自主创新能力较弱，产业结构不合理，产业升级压力大，应对挑战能力较弱。

10.1.2.5 中国城镇工业的发展前景

经济全球化是世纪之交最引人注目的现象，使世界各国把目光聚集于商品服务、生产要素的跨国流动，关注各国经济日益加深的相互依存程度，以及与世界经济发展的一体化趋势与过程。经济全球化使世界经济格局发生改变，作为世界格局中一枚重要棋子的中国必须适应这种改变。而且，经济全球化也给中国的城镇工业带来诸多机遇。

1. 与世界经济的融合进一步加强

我国成为世界制造业加工基地的地位将进一步巩固，在世界经济发展的产业链上，我国将发挥更重要的作用。我们应主动利用这个历史性机会，结合我国的实际情况，扩大市场开放，加快技术改革步伐，通过引进外国直接投资，扩大国际合作，进行技术转让和技术许可，走“引进、消化、吸收、创新”之路，提升城镇工业企业的科技水平。

2. 重化工产业主导经济高增长

国家开发银行专家委员会常务副主任王大用和中科院数量经济与技术经济研究所副所长齐建国认为，未来一段时期里，我国的经济发展和财富积累很大程度上都来自重工业产品。相比较而言，我国资源丰富，特别是劳动力资源，占世界的26%，而世界经济一体化又给了我们以较低成本获取全球资源技术、资金和市场的良好机遇。

3. 产业结构战略地位提高

在经济全球化发展中，城镇产业结构战略有着比对外贸易战略和利用外资战略更为重要的地位和主导作用，将成为工业发展战略调整的中心和依据。我国各个城镇必须适应世界经济结构调整的大趋势和科技发展的新浪潮，以经济全球化为契机，积极推动工业经济结构的优化升级，发展主导产业，加快发展高新技术产业和推进高新技术产业化，使我国城镇工业在参与国际分工进程中占据制高点。

10.1.3 城镇工业在国民经济中的地位与作用

工业作为我国重要的产业部门之一，是现代劳动手段（首先是生产工具）的唯一生产部门，在国民经济中起主导作用。它为国民经济各部门提供先进的生产工具和现代化的技术装备，供应能源和原材料，同时还为人民生活提供消费品，为国家建设积累资金，还是加强国防的重要力量。

城镇作为城市之尾，乡村之首，兼有城乡两种职能，是城乡经济联结的桥梁，是工业品流向农村和农副产品流向城市的纽带，是农村一定区城内的经济文化中心。城镇经济是国民经济的重要基础，加快经济发展必须壮大城镇经济。城镇工业以乡村为腹地，以县城为依托，在调整国民经济布局、改变城乡人口布局、缩小城乡差别等方面发挥着重要作用。它也是解决“三农”问题、统筹城乡发展、构建社会主义和谐社会、全面建设小康社会的客观要求。

1. 城镇工业在我国经济增长中扮演着十分重要的角色

我国城镇集体企业得到了快速发展，发生了深刻变化，在我国社会主义建设事业中发挥了不可替代的作用，为巩固我国以公有制为主体、多种所有制经济共同发展的基本经济制度，满足城乡市场需求，支援大工业发展，服务“三农”，增加财政收入，扩大出口创汇，特别是安置社会就业，促进共同富裕，保持社会稳定，促进整个国民经济全面、协调、持续发展，加快小康社会建设，构建社会主义和谐社会做出了重要贡献。20 世纪 90 年代初期，乡镇企业对国内生产总值的贡献份额较高，最高曾超过 50%。总的来讲，乡镇企业超过了城市第二产业对经济增长的贡献率。这表明，乡镇企业曾是改革开前 20 余年间带动中国经济增长的火车头。随着国民经济的全面发展，尽管乡镇企业在国内生产总值中的比重逐年降低，但对我要经济增长仍有不可低估的作用。

2. 城镇工业促进了产业结构的优化与升级

新中国成立以后，我国采取了超工业化的发展模式，使得工业化一经起步就有向重工业倾斜的趋势。在 1978 年以前，基本建设总投资近一半都被用于重工业建设，而用于轻工业的不足 6%，这就造成了轻工业产品的严重不足，而无法在原有基础上进行轻重工业的调整。于是，以轻工业为主体的城镇工业的迅速发展成为这一任务的主要承担者。城镇工业发展使我国工业结构更符合经济发展规律及资源禀赋状况，为现代化进程加速做出了重大贡献。此外，城镇工业的发展对改变我国的劳动力就业结构、吸纳大量农业剩余劳动力也做出了巨大贡献。

3. 城镇工业是增加城镇财税收入的生力军

从全国广大城乡地区来看，城镇工业发达的地方，也是地方财政收入较好的地方。全国工艺美术行业普查显示，2006 年年底，工艺美术工业企业达到 3.49 万个，从业人员为 245 万人，完成工业总产值 3 605 亿元。众多的中小集体企业不断探索“专、特、新、精”的路子，取得了显著的成效①。此外，在一些发达地区，城镇工业企业还承担起以工补农、以工建农的重任，从资金上支持当地农业的发展，在一定程度上解决了财政支农不足的问题。

4. 城镇工业是国家创汇的重要来源

城镇工业外向型经济起步于 20 世纪 80 年代初，并在短短几年时间迅速打开局面。进入“九五”以后，外向型经济已具规模并平稳发展。据海关统计，2005 年皮革、家具、家电、五金、文教、工艺美术等 11 个以集体企业为主发展起来的轻工行业，出口创汇 1 469.5 亿美元，占全国当年出口总额的 19.3%。在地方经济发展中，集体企业始终是经济发展、财政收入的重要支柱力量，为加快城镇化建设，促进地方经济社会发展做出了显著贡献②。

---

①城镇经济 60 年蓬勃发展 最终消费品多达上万种。http://finance.people.com.cn/GB/8215/164959/164960/10073228.html 来源：《工人日报》

②集体经济 60 年：城镇集体企业已成出口创汇的主力。http://www.china.com.cn/economic/txt/2009-09/10/content_18500876.htm：2009-09-10

5. 城镇工业对农村社会发展的积极意义

城镇工业是联结城市经济与农村经济的桥梁。随着城市经济的不断发展和经济结构的高速,以及科技的不断提高,一些要求低的、粗加工性质的或原材料主要于农村的工业必将越来越转移到农村,促进城镇工业发展。同时也因为向城镇提出越来越多的包括提供零部件、进行工艺加工、提供半成品、提供农副产品等的要求而使得城镇经济逐步由单一型转变为综合型,由封闭型转变为开放型,从而对发展农村经济、缩小城乡差别产生巨大的促进作用。

6. 城镇工业的发展有利于改善城镇的工业布局

在相当长的一段时间里,我国在改变工业布局的不合理状况上仅注意了沿海工业与内地工业而忽视了工业在中小城镇之间的合理分布。事实上,因为我国农副产品原料在农村,工业消费品市场部分在农村,所以合理的工业布局就是在充分利用和发挥中心城市现有工业的基础上,使之尽量接近原料产地、燃料基地和消费区,以充分利用和开拓全国各地特别是农村的自然资源、经济资源和人力资源,带动农村和偏远落后地区经济的发展。

因此说城镇工业离不开城市工业的扶助和支持,而城市工业的发展也非常需要城镇工业的辅助和配合。城镇工业企业作为城市工业企业的加工厂和组装车间,为城市大中型工业企业的生产提供零部件和低级产品,有利于减少重复建设与投资,同时对国有大中型企业转换经营机制也起着推波助澜的作用。如今,城市大中型工业企业与城镇工业企业作为市场中的两个重要主体,已形成了你中有我、我中有你、互为依托、互为市场、互补互利、共同发展的新格局。从宏观上来讲,大力发展城镇工业,有助于加速我国的工业化进程,缓和传统二元社会经济结构的矛盾,从整体上提高我国市场经济的发展程度。

10.2 城镇工业的特点及类型

10.2.1 城镇工业的特点

城镇工业经济是国民经济最基本的区域经济单元,包括县、乡(镇)、村工业经济,因此既有城市的特征,又有乡村的独特性。

1. 城镇工业经济具有城市工业经济区域的特征

城镇工业也是以一个中心点为依托,以中心至辐射点为半径所构成的工业经济区域网络。所不同的是城镇工业经济的中心是县,辐射点是周围的乡村,在这个范围内的各种工业经济关系就形成了城镇的工业经济网络。

2. 城镇工业大多趋向劳动密集型和资源密集型企业

城镇经济发展水平较低，没有大中城市那么便利的交通、通讯条件，教育发展水平也比较低下，但其拥有丰富的资源和大规模价格低廉的劳动力，有条件发展对技术水平要求不高的劳动密集型和资源密集型工业。随着产业结构调整步伐的加快，按照市场细分化趋势，提高城镇工业企业的专业化水平，使它们向"专、精、特、新"的方向发展迫在眉睫。

3. 城镇工业运行的主要方式是乡镇企业

乡镇企业是城镇工业经济的重要支撑，壮大城镇工业经济，就要大力发展乡镇企业。加快乡镇企业发展，必须解决好思想认识问题。改革开放以来，乡镇企业异军突起，蓬勃发展，不仅成为农村经济的重要支柱，而且在整个国民经济中也占有相当比重，全国不少地方已是三分天下有其一。乡镇企业组织灵活，经营富有弹性，生命力旺盛，涉及的行业门类齐全，有从事产品的批销，简单的服装加工、食品加工，还有机械、化工甚至于高科技等。但是它们往往只侧重于某一项产品或业务，很少多元化经营，其业务流程相对简单。同时企业的规模、资金、政府的支持程度等在竞争中也处于弱势，形成了巨大生存压力下的工作高效率。融资困难，技术创新能力不足，市场开拓能力不强困扰着企业的发展。而且，乡镇企业从一开始就被赋予了"以工补农"、安排本区域劳动力就业和向地方社区提供某些公共物品的义务，这种代替国家财政行使收入再分配的职能，也使城镇工业具有独特性。

4. 城镇工业同城市工业企业之间属于分工协作关系

城镇工业一般是依托城市工业作为大中型工业企业的装配车间而存在，对大中型企业的产品进行专业化配套和专业化服务。而没有城镇的勃兴和民生经济的长足发展，城市工业就会成为无源之水，无本之木。

5. 城镇工业的发展具有很大的不平衡性

改革开放以来，城镇工业获得了很大的发展，但从全国范围来看发展是不平衡的。例如，在苏南地区，一个城镇的工业产值可以达到几亿元或几十亿元，而在一些内地或偏远山区的城镇工业经济发展却非常不够。

10.2.2 城镇工业的类型

城镇工业发展的类型多种多样，按照不同的分类方式，可以将城镇工业划分为不同的类型。主要的分类形式有以下几种。

10.2.2.1 根据各投入要素在总投入中所占比重的差别分类

根据各投入要素在总投入中所占比重的差别，可将工业进行如下的分类：资源密集型工业、劳动密集型工业、资金密集型工业、技术密集型工业等。具体判断某种工业属于哪一种发展类型，我们应看其最主要的投入要素，或者看其生产、分布最主要的限制因素（表 10-1）。

表 10-1 工业的不同发展类型

主要投入因素	工业类型	分布	举例
原料	资源密集型工业	经济水平较低的地区，并受资源分布的影响	采掘业、农产品加工
劳动力	劳动密集型工业	经济水平较低、有大量廉价劳动力的地区	纺织、普通服装、电视机装配等
资金	资金密集型工业	经济水平较高的地区	钢铁工业、化学工业
技术	技术密集型工业	科技和高等教育发达的地区	电子工业、核工业

对于这 4 种工业类型的划分，严格来说，并没有一个确切的界限，就多数工业部门而言，很难确定它们属于何种发展类型。例如纺织工业既有劳动密集型的特点，也有资源密集型的特点；钢铁工业既属于资金密集型，也兼有资源密集型的特点；瑞士的钟表工业，既有劳动密集型特点，也有技术密集型特点等。一般城镇经济水平较低，多发展资源密集型和劳动密集型工业；但像沿海一些城镇的经济水平比较高，也存在资金密集型工业。但是，无论经济水平如何，城镇工业都要向发展技术密集型工业方向努力。

10.2.2.2 根据工业的概念分类

依据工业的概念，可以将城镇工业划分为采掘工业和加工工业两类。

1. 采掘工业

采掘工业是以自然界的物质资源作为劳动对象，直接向大自然索取产品的工业部门，一般包括采矿业、伐木业、捕鱼业等，但最新的行业分类标准将伐木业和捕鱼业并入了第一产业的范畴。随着科学技术的进步，采掘工业包括的部门不断增加，如利用太阳光资源的太阳能工业等都是采掘工业中的新部门。

2. 加工工业

加工工业一般可与制造业通用，它的劳动对象是已经经过人类劳动作用过的产品，泛指对采掘工业产品及农副产品的加工或再加工工业。在我国，加工工业是属于重工业中的一大部门，通过它可以掌握重工业内部原材料生产与进一步加工的比例关系。

10.2.2.3 根据产品的性质和用途分类

从城镇工业产品的性质和用途出发，可以将其划分为重工业与轻工业两大类。

1. 城镇重工业

在我国，习惯上把产品用于提供生产消费需要的工业，称为重工业，它是为农业、轻工业和国民经济其他部门提供技术装备、燃料动力和原材料的部门。城镇重工业的产品有为工业生产本身服务的煤炭、石油、电力、重型机械（如轧钢机、炼铁高炉、发电机等）、机床（工作母机）等；也有为农业生产和交通运输业服务的拖拉机、化肥、铁路机车车辆、汽车、船舶、飞机等。重工业生产的生产资料是进行扩大再生产的物质基础，也是提高劳动生产率的基本条件。化学工业是个后起的工业部门，在纺织、钢铁、煤炭、机械等工业出现后，于 19 世纪初才逐步形成的。近年来化学工业在工业中的地位不断提高。在我国，化学工业的产值次于机械、纺织、食品工业，居于第四位。在我国，通常把化学工业看做是属于重工业中的一个重要工业部门，也有将化学工业和其他重工业合称为重化工业。

2. 城镇轻工业

城镇轻工业是除农副产品以外的生产消费资料的主要部门，主要包括食品工业，纺织、缝纫、家用电器制造、制革工业以及造纸工业等。轻工业是与重工业相对而言的，过去，由于重工业的产品多为体积、重量较大，而轻工业产品体积、重量较小，所以各自被称为重工业和轻工业，但二者都是国民经济中的重要部门。它的发展，直接影响着社会主义生产目的实现。我国人口众多，对生活消费品的需求量很大，必须有强大的轻工业，才能保障市场供应充足。因此，要把发展消费品工业放到重要地位。

当然，城镇重工业与城镇轻工业的划分只能是近似地反映工业部门结构中这两个大部分的关系。同时，二者之间也存在交叉关系。如，煤炭、电力属于重工业，实际上它们既可以用于生产消费，又可以用于生活消费。又如，棉纺品、仪器仪表属于轻工业，实际它们也大量用于生产消费。

10.2.2.4 根据经济类型分类

以此为切入点，可将城镇工业划分为以下几种。

1. 县属国有工业企业

国有企业是我国参与国际竞争的主力，是实行和扩大对外开放的中坚力量。改革开放 20 多年来我国外贸进出口总额年度值增长了 15 倍多，在世界贸易中的位次，由第 32 位升到第 10 位。其中，国有企业占有主要份额。县属国有企业也曾经在促进城镇工业的发展，进而促进城镇经济发展方面起着十分重要的作用。但在激烈的市场竞争中，大多数县属国有企业陷入生产经营危机，主体地位日益萎缩，大量的小型国有工业企业连年亏损，又给城镇经济带来了巨大的就业、财政和稳定的压力。因此，量大面广的县属国有企业扭亏脱困的工作应该被提到县级政府工作议事日程上来。一方面政府要给予优惠政策；另一方面亏损的小企业也要通过联合、兼并、承包、租赁、出售、股份合作制等多种形式放开搞活。

2. 集体工业企业

城镇集体所有制经济是我国社会主义公有制经济的一个基本组成部分，国家鼓励和扶持城镇集体所有制经济的发展。城镇集体所有制企业（以下简称集体企业）是财产属于劳动群众集体所有、实行共同劳动、在分配方式上以按劳分配为主体的社会主义经济组织。集体企业的异军突起是中国农村改革与发展的一个显著景观。集体企业曾经以其高速度增长、大规模吸收农村剩余劳动力，以及向社会提供丰富商品的巨大能量，逐渐发展壮大，成为城镇经济振兴的原动力。但当国有企业改革成为中国经济改革的重中之重之时，同样是公有制经济重要组成部分的集体经济改革却几乎处于停滞状态，甚至连专门针对集体经济改革与发展的研究文章和统计数据都十分鲜见。这种停滞导致了集体经济大幅萎缩。据有关部门统计，截至 2004 年年底，全国城镇集体企业户数从 1991 年的 338 万户降至 220 万户，年均降幅超过 10 万户；从业人员从 1991 年的 3 628 万人降至 1 241 万人，年均递减 200 余万人。

要发展、改革集体企业，就要按照建立现代产权制度的要求，明晰集体企业权益的归属，实现产权主题人格化，给予集体职工经济补偿，实现身份置换，确定“模糊产权 ”、“无主产权 ”的法律地位和利益主体，彻底消除“名为集体所有，实际职工空有”的虚拟产权主体和模糊产权关系，将集体企业改制为公司制企业、合作制企业、股份合作制企业、合伙企业或私营企业。

3. 民营工业企业

城镇民营工业经济就是指城镇范围内的民营工业经济，包括个体私营和城乡居民控股的股份制工业经济。以民营企业为代表的私营经济，为我国社会主义市场经济的持续发展做出了应有的贡献。近年国企面临困境，为调整产业结构，建立现代企业制度，出现了大量的下岗失业问题，民营企业成为安置失业人员的重要途径，有近 600 万下岗职工被私营企业所吸纳，极大地帮助了国企下岗职工失业的严重问题，支持了我国的经济体制改革的正常实施并促进了国民经济的发展，尤其是近几年私营企业对我国 GNP 增加额的贡献连续达到 60％以上，而其融资的比例仅仅占到全社会融资总额的 30％。城镇民营工业企业要想继续做大做强，必须从以本地为基础，培育企业核心能力，实行可持续发展，培育现代企业文化，以诚兴企各个方面加强自身的发展，使自身不断发展壮大，从而推动整个城镇经济的发展。

4. 外商投资工业企业

外商投资企业是指依照中国法律在中国境内设立的，由中国投资者和外国投资者共同投资或者仅由外国投资企业。根据我国宪法和有关法律的规定,中国投资者包括中国的企业或者其他经济组织,外国投资者包括外国的企业和其他经济组织或者个人。外商投资企业包括中外合资经营企业(简称合营企业)、中外合作经营企业(简称合作企业)、外资企业。对于这企业,人们往往称其为三资企业。随着改革开放的不断扩大与深入,近年来,特别是1992年以来,城镇积极实行"引进来"的战略,使得城镇的外商投资工业企业发展迅猛,形势喜人。"三资"工业成为城镇经济发展的新生力量。举办外商投资工业企业,不但增加了税收,造就了众多经营管理人才,而且开辟了外贸渠道,扩大了对外经济技术交流与合作。实践证明,这是我国改革开放的一条重要经验和成功举措。

10.2.2.5 根据工业生产部门的性质分类

在我国传统的工业统计中,一般把工业划分为12个部门,冶金工业(包括黑色金属工业与有色金属工业),电力工业,煤炭和炼焦工业,石油工业,化学工业,机械工业,建筑材料工业,森林工业,食品工业,纺织、缝纫、制革工业,造纸工业及其他工业。

当然,工业部门的划分不是一成不变的,而是随着生产的发展和科技的进步,不断出现新的部门。比如,随着核能的利用,出现了核工业,随着空间科学的发展,出现了航天工业。一般对于城镇来说,最主要的工业部门便是农产品加工工业和其他各种小型的制造、加工工业。

10.3 城镇工业发展的重点

以库兹涅茨、钱纳里等为代表的发展经济学家,根据三资产业在国民生产总会构成中的比例关系,结合人均国民生产总会的高低,将经济成长阶段划分为农业时期、工业化时期和后工业化时期三大时期,其中工业化时期又具体分为初期、中期和后期3个阶段。

联合国工业发展组织对工业经济发展阶段的划分见表10-2。结合我国的情况,不难判断,我国的经济发展从整体上讲尚处于工业化初期向中期的过渡之中。党的十六大提出"走新型工业化道路,大力实施科教兴国战略和可持续发展战略",同时也指出了我国新型工业化的五大基本特征,即"科技含量高、经济效益好、资源消耗低、环境污染少、人力资源优势得到充分发挥"。这无疑指出了我国实现工业化的特殊性,也指明了我国城镇工业的发展的独特性。

表 10-2　联合国工业发展组织对工业经济发展阶段的划分

工业经济阶段	阶段特征值 R（工业净产值占国民收入的比重）
农业初兴阶段	$R<20\%$
工业初兴阶段	$20\%<R<40\%$
工业加速阶段	$R>40\%$

10.3.1　确定城镇工业发展重点的原则

10.3.1.1　城镇工业发展中存在的问题

发展城镇工业是拉动整个城镇经济发展，实现富民强县必由之路。虽然近年来城镇工业发展取得了很大的成绩，但也存在一些亟待解决问题：

1. 多数城镇的整体环境难以满足工业加快发展的需要

从硬环境而言，很多城镇的交通、水利、能源等基础设施条件不够完善，城市化进程不快，承载工业经济发展的功能不强。从软环境而言，近年来，城镇各级政府不断治理和优化工业经济发展环境，取得明显成效。但经济发展中的"四乱"现象时有发生，一些单位或个人全局意识差，部门意识强，主动服务少。同时，城镇信用环境、法制环境、政策环境、市场环境、投资环境也不理想，直接影响了城镇工业经济发展的活力。另外，县乡领导干部频繁变动，导致城镇工业经济发展的政策、规划缺乏稳定性和连续性，短期行为盛行，制约了城镇工业经济的持续发展。

2. 城镇工业企业规模小、产品技术含量低、经营管理方式落后，劳动力素质不高

我国城镇工业企业过去追求"大而全"、"小而全"，专业化协作水平低，没有形成合理的分工协作关系。绝大多数企业规模过小，产业集中度低，资金和技术投入分散，资产负债率高，在生产、市场、研究与开发等方面难以形成规模经济的优势。城镇的劳动力资源丰富，但受教育程度普遍较低，人口素质较差，影响了先进的技术和生产方式与方法在城镇的推广应用以及农村剩余劳动力的转移。懂经营、善管理的企业家奇缺，科技人员和商务人才很少。大学生毕业回县乡工作的不多，愿去县乡企业工作的就更少。许多中小企业既缺管理人才，又缺技术工人，尤其是高级技工严重短缺。人才缺乏导致了科技力量的薄弱，缺少科技依托，县域经济的发展后劲和竞争力受到了制约。

3. 发展资金严重不足，中小企业融资难，信贷对城镇工业发展的支持乏力

在我国大多数城镇，商业金融普遍欠缺，有力度的政策金融更是没有。虽有不少信用社网点，但受其规模实力、业务范围等因素制约，这些信用社自身生存都成

问题。各大商业银行与中小企业信贷部虽有开拓城镇企业市场的愿望，但面对时间紧、次数多、单笔额度小、风险高的信贷需求，“慎贷”是必然的，因为商业银行要考虑风险与收益的对称性，要追求利润。科技风险投资基金和创新基金及贷款担保基金都尚未发展起来，即使发展了，也难以覆盖广大城镇企业。解决城镇工业企业融资难题，国家建立专门的政策性银行是必要的。我国现有的三大政策性银行中，只有农业银行能对城镇企业有一些贷款帮助，但面窄量少、杯水车薪。

4. 城镇工业规模不经济现象严重

长期以来，人们把农村工业化理解为在农村社区内由农民就地举办乡村工业，一开始就对乡镇企业实施“三就地”限制，即就地取材、就地销售、和就地办厂特别是乡办企业办在乡、村办企业办在村、家庭工业办在家，使农村工业化发展呈现明显的分散化和乡土化。这几年，随着小型分散的城镇工业企业数量增加和粗放型生产加工能力扩大，企业规模不经济现象日趋严重，主要表现在：

(1)土地利用不经济　城镇工业遍地开花其占地大大超过了城市工业厂矿正常腹地标准。据有关资料反映城镇工业人均占地面积水平要比地市工业高出3倍以上，一个近百万产值城镇企业战胜十几亩土地现象并不罕见，城镇企业成为侵吞耕地的最主要“虎口”。

(2)单位产值的能源消耗高　城镇工业布局零散，使工业企业难以获得规模经济效益，必然浪费较大的宝贵资源。此外，布局分散导致重复建厂和工业企业“小而全”结构，加剧了能源、原材料紧张状况，扩大了供求缺口。

(3)农村单位工业产值对环境污染比城市工业严重得多　由于城镇工业点多面大，小型分散治理代价高昂，甚至根本无力治理，因此污染面大，危害深远。最近几年，许多城市把污染严重的加工工业迁出，转为乡镇工业，使污染更加严重，治理更加困难。

(4)工业布局分散　分散的工业布局限制了工业分工分业的发展和生产力的提高，影响了新技术的吸收和扩散，致使城镇企业普遍依靠外延粗话型扩张，实行高比例负债经营。

10.3.1.2　发展重点选择的原则

总原则：认真贯彻党和国家发展城镇工业的一系列方针政策，引导城镇工业以发展为主题，以市场为导向，以质量效益为中心，以调整结构为主线，以改革开放为动力，以科技进步和科学管理为支撑，积极实行两个根本性转变，推动城镇工业经济总量持续增长，体制进一步创新，结构优化升级，布局更加合理，经济运行的质量和效益显著提高，为农业发展、农民增收、农村稳定，为国民经济发展和社会发展做出新的更大的贡献。

具体有以下几个方面：

1. 市场导向原则

各城镇工业行业必须加强市场环境的分析能力，根据市场需求确定行业发展和结构调整的重点方向。加快国有企业和集体企业改革的步伐，大力发展民营企业，创造一切条件吸引外资，为三资企业的发展营造良好的发展平台。

2. 因地制宜、突出重点原则

结合自身的实际，因地制宜发展精品特色产业，重点是发展农产品加工工业。同时，坚决制止不合理的重复建设，通过支持优势企业上规模、上水平、上质量，推进产品结构调整，整顿市场经济秩序，建立健全优胜劣汰机制，加快淘汰浪费资源、污染环境的落后生产能力。

3. 技术进步原则

通过增加必要投入，坚持自主创新与技术引进相结合、硬件改造与软件改造并重，加强企业管理信息化、营销网络建设，加快人才队伍培养，提高企业现代化经营管理水平。不搞填平补齐和以扩大产量为主要目的一般性改造。

4. 协调发展原则

注重发挥城镇工业行业整体优势，提高重大装备自主化生产的比重，满足其他制造业降低投资成本、提高技术水平的要求；加大技术攻关和改造力度，注重消除产业链中影响整体竞争力的"瓶颈"约束；切实加强地质勘探工作，搞好矿山建设，充分利用国内外资源，为基础原材料工业和能源工业的持续发展提供保障；充分发挥比较优势，引导东、中、西部城镇工业协调发展，支持老城镇工业基地和西部地区加快城镇工业结构调整和产业升级。坚持城乡协调发展的原则，把工业发展与农业经济结构的调整结合起来，根据国家发展改革方针政策，不断注入现代工业生产机制，使城镇工业发展与国家经济发展协调统一。

5. 坚持可持续发展、有进有退原则

可持续发展就是要使人口增长与社会生产的发展相适应，经济建设与资源环境相协调，实现良性循环，推动整个社会走上生产发展、生活富裕、生态良好的文明发展道路。城镇产业布局要考虑风向、水源、地形等多种自然环境因素和城市工业向小城镇转移等人为因素，工业上马时就要坚持环境保护原则，做到防治措施与生产基础上实施同步发展。

6. 地域配置相对集中原则

要通过合理集中布局与生产、技术和资源配置有联系的工厂，促使产业升级，减少重复建厂和小区域内的设施利用上的"小而全"，节约有限的能源、原材料，提高工业企业的经营能力，提供更多的经济效益。

10.3.2 城镇工业发展重点的选择

10.3.2.1 加快城镇工业企业改革和调整步伐

改革和调整是新时期、新阶段城镇工业企业发展的主要任务。当前，城镇工业已进入到了由量的扩张向质的提高转变、由外延扩大向内涵提升转变这样一个新的发展阶段。加快城镇工业发展，就必须不断创新管理体制和经营机制，进一步调整经济结构，切实拓宽发展渠道。

1.加快企业改制步伐

产权制度是企业发展的核心问题。建立归属清晰、权责明确、保护严格、流转顺畅的现代产权制度，是构建现代企业制度的基础。现在我们绝大部分城镇工业企业都已经进行了改制，实现了民营化，但是我们也要看到，在这些企业中，还有的改制不彻底，产权不够明晰，穿新鞋走老路，新瓶装旧酒；也有的企业仍然是家族式管理、小作坊经营。要使城镇工业企业得到更好更快地发展，就必须进一步深化改革，建立健全现代产权制度。同时，对尚未改制的企业，要加快改制步伐，使其尽快实现股份制改造，建立起适应市场经济要求的现代企业制度，不断完善经营机制，增强企业活力。

2.创新经营运行机制

经营管理水平比较低，是城镇工业企业普遍存在的一个突出问题。要加快城镇工业企业发展，就必须在经营运行机制上不断进行创新。要积极引进先进的管理理念，不断探索和完善乡镇企业管理的新机制。要建立和完善科学合理的用工、分配和激励约束机制。同时，要加强企业的技术改造和科技创新，大力开展对城镇工业企业职工的管理知识和职业技能培训，努力造就一支高素质的城镇工业企业人才队伍，不断提高经营管理水平。

10.3.2.2 甩掉包袱企业，着力培育和扶持一批龙头企业

要依法关闭那些管理水平低下、产品质量低劣、浪费资源、污染严重、不具备安全生产条件、同其他企业争原料、争市场、影响城镇工业总体水平提高的小厂小矿，主要是小煤炭、小炼油、小水泥、小玻璃、小钢铁、小糖厂等；要积极稳妥地关闭资源枯竭的矿山，主要是资源枯竭的煤矿、有色金属矿和核工业的铀矿，以及其他金属和非金属矿；要对长期亏损、资不抵债、扭亏无望的企业实施破产。对这些类型的企业，要建立一个退出市场的机制和通道，加快其退出市场的步伐。

龙头企业是在农产品加工、储运、销售、科研、服务等经营活动中起龙头作用的经济实体，是农业产业化经营的关键环节和“排头兵”。龙头怎么摆，龙尾怎么甩。只有把龙头企业培育好、扶持好，才有可能带动好基地的建设，才能辐射到千家万

户,也才能形成一个完整的产业链条,实现规模化的农业产业化经营。客观看,现在我国城镇的龙头企业普遍存在规模小、结构不合理、技术含量低、附加值不高、市场竞争力弱、带动能力差、企业与农户的利益连接机制不完善等问题。

因此,在龙头企业的建设上,一定要有针对性地、有重点地抓好农产品加工企业的发展,力争在各城镇分别扶持培育一批规模较大、结构合理、科技含量较高、经济效益较好、市场竞争力和带动能力较强的农产品加工龙头企业,形成产业集群,使其成为既能增加农民收入,又能使财政增税的支柱。制定相关政策措施,大力鼓励各地新上龙头企业、规模企业,鼓励小型企业通过股权形式合并成中型企业、大型企业,鼓励广大企业建设高层建筑、形象性建筑、标志性建筑。鼓励企业运用先进科技成果,运用现代企业管理理念、不断"稀释"家族股权,不断更新经营水平。重视和加强诚信建设,鼓励企业重视税收、劳动用工、社会事业的贡献额。激励全民创新、创业、创优,提升民间经济的发展层次,从模仿制造走向制造,从制造走向研发。

其中,最重要的是依托科技提升龙头企业的竞争力。科技含量低是阻碍城镇工业经济与农村专业市场向高层次发展的原因之一。"科技是第一生产力",城镇工业经济要放飞发展,无论是国有企业、集体企业,还是民营企业和三资企业,如果离开了科技和信息的运用,都是不可能的。靠科技形成的企业才具有特色,才具有生命力和竞争力。所以,城镇工业企业必须加大科技含量投入,引进科技人才,增强工业产品的科技含量,提高科技在工业经济发展中的贡献率。这里最关键的是实施名牌战略,提高工业企业的知名度。要利用科技加大对农副产品的深加工,增加其附加值;利用现代信息网加大广告宣传,塑造名牌产品;利用名牌战略的龙头功能、优化功能,促进城镇工业经济的发展。同时,围绕龙头企业建设,发展特色种养业,为龙头企业的可持续发展提供物质基础和产业支持。

10.3.2.3 注重工业园区建设,为城镇工业经济发展营造有效载体

工业园区是推动生产要素集聚和产业升级,促进城镇经济发展的重要载体,是提升工业化、加快城市化、推进城乡一体化的重要抓手,是对外开放的重要窗口和招商引资的重要平台。工业发展必然追求集约效益和规模效益,工业的集约化和园区化是工业发展到一定时期的必然趋势。因此要大力发展企业集群、产业集群,走相对集中、连片开发的路子,逐步形成产业发展、人口聚集、市场扩张的良性互动机制。

小城镇要把小型、分散的工业企业通过合理的规划布局、标准化厂房建设、厂房联建等形式在一定地域实现集中,彻底改变小城镇发展过程中出现的"村村点火、户户冒烟"的状况和浪费资源、危及安全、污染环境等负面影响。小城镇工贸小

区建设在一定程度上可以优化和调整城镇的产业结构，改善企业的生产经营条件，为企业提供社会化服务，形成各具特色、专业分工的“小企业、大集群”，促进城镇工业上规模、上档次、上水平，从而实现合理布局、节约资源、优化环境、调整结构，增强地方实力，提高经济效益、社会效益和生态效益的目标。

企业集聚区和产业集聚区要与城镇建设有机结合，要与社会各项事业的发展相结合，做到高起点规划、高标准建设、高效能管理，整合区域经济资源，完善配套功能，健全产业链条，发挥分工效应、集聚效应和规模效应，形成政府引导、企业主导、工业立园、民企兴园的园区工业发展新高潮。

10.3.2.4 发挥区域比较优势，发展特色城镇工业体系

未来城市之间工业的竞争不再是简单的个体竞争，而是城市群之间、区域与区域之间的既互补又互竞的关系。重要的是要解决好城市间的分工与协作的问题。纵观各地经济发展的轨迹，凡是城镇经济发达的地区，均是该地区特色工业经济能量充分释放的结果。那么，如何寻求自身特色能量释放的最佳途径呢？

1.研究挖掘自身特色优势

一个城镇均有自己的特色优势。有的有区位优势，如地处交通要道和枢纽，或沿海、沿边；有的有自然资源优势，如蕴藏大量矿藏资源，或丰富的水能资源；有的有社会资源优势，这主要是指在长期的社会发展过程中，城镇内已集聚的智力资源，或成为政治、经济、金融中心；有的则以上优势兼而有之。经济发展的现实告诉我们，即使再贫困的地区，也会存在某种资源优势，或自然资源方面的，或社会文化资源方面的。只有充分认识并开发好这种资源，构筑起本城镇的特色工业产业，才能摆脱资金等因素的制约，闯出一条脱贫致富的路子。所以，作为城镇经济的决策者，一定要本着因地制宜的原则，吃透县情乡情，理出发展思路，先干什么，后干什么，闯出一条适合本城镇的发展之路；要从本地实际情况出发，努力发掘自己的发展优势，培育经济增长点，创造出本地经济的特色。

2.发挥优势打造特色工业产业

经济学家大卫·李嘉图的比较成本理论指出：最有效、最合理的社会生产是各个国家或地区只生产自己在生产上处于相对优势、成本比较低的产品，并用这种产品去同其他国家交换自己所需要的产品，这样各个国家或地区都可以得到一定的好处。这一理论的正确性，已经得到各地经济发展实践的印证。我们过去的城镇工业，包括现在仍有一些地方，由于忽视特色，不注重比较优势成本，一味追求全面发展，形成“小而全”的局面，其结果是各地产业结构雷同，没有产品特色，严重影响了产品的竞争力，进而失去了许多参与国际经济大循环的机遇。

因此，在发展城镇工业经济时，要按照比较经济利益的原则，研究制定城镇特

色工业产业发展规划，主动参与城镇外的经济分工与协作，突出自身特色，做到有所为、有所不为，劣中选优，切忌毫无特色的“大而全”、“小而全”。如城镇农产品资源丰富，可以突出发展农产品加工工业；矿产资源丰富，可以突出以矿业开采、加工为主的矿业经济特色；水能资源储量丰富的，可突出以水力发电为主产业特色。总而言之，只有坚持特色，才能使城镇工业经济具竞争力，才能在国内、国际市场对接中找到自己最佳位置。

3.依托资源优势，做特色产品文章

我国由于具有多样化的气候等自然条件，各城镇也相应地形成了各自的区域性优势产业及地方性的特色农产品。因此，要立足实际，紧紧依托资源优势，大力发展特色产品加工业，特别是要在精深加工上下工夫，切实改变当前存在的产业链条短、加工经营比较粗放的状况，不断延伸产业链，围绕主导产业、优势产业、特色产业，大做“特色”文章，真正把具有地方资源优势和特色的产品加工业做大做强。

10.3.2.5 加强对外合作，扩大城镇工业的影响力

在市场经济条件下，国际、国内产业的梯次转移、区域间的经济合作，为城镇工业的发展提供了广阔的空间。城镇工业要以投资设厂、参股入股、收购兼并、技术转让等多种形式参与区域间经济技术合作。东部地区要多向中西部地区转移，中西部地区要多提供政策支持，搞好服务。积极实施“引进来”和“走出去”战略，合理利用外资，注重引进先进技术和先进管理经验，并进行消化吸收和改造创新，提高利用外资的质量和水平。在招商方式上，实行“全员招商的信息化＋专业人员的专业化”模式，全员招商以“奖”拨动，专业招商队伍由招商局和开发区共同筹建，人员可由从各单位选拔，专门针对大项目、开发区项目，开展专业招商工作。乡镇招商以发展当地工业为主，兼顾开发区项目。在考核导向上，着重加强对开发区管委会、招商局的专业招商成效考核；对县直部门特别是一级县直单位，重点考核开发区项目；对乡镇着重考核当地新上工业项目数量及其质量，以真正突出“一把手”的作用，防止个别乡镇出现“只顾开发区，荒了自家田”的现象。有条件的城镇工业企业要到境外投资办企业。

10.3.2.6 实施人才战略，提高科学管理水平

要采取各种激励措施留住人才，为工业发展做出贡献。要确保教育优先发展，有计划、有针对性地加大对在职人员特别是企业家队伍的培训力度；大力发展职业技术教育，全面提高劳动者素质。要改革企业管理人员的选拔任用方式，拓宽选拔渠道，培育经理人才市场，逐步向公开招聘、择优使用过渡。要高度重视和充分发挥人才资源的作用，建立和完善人才激励、保护和约束机制，营造有利于人才引进、培养、使用的政策环境和社会氛围，建设一支高素质的人才队伍。

10.3.2.7 加强政府职能转变的力度

城镇工业经济要取得突破性的发展，离不开地方政府的积极作用。政府要发挥好引领跨越式发展的作用，就必须及时地转变政府职能，着力打造服务型政府。目前，很多地方政府，其服务功能远远没有达到应有的水平。有些地方政府喊的口号多，落实得少，对百姓索取多，给予少，或者正当公务拖着办，得到了好处乱办事；甚至借执法之名行索贿之实。很多农户由于乱摊派负担太重，无力进行扩大再生产投资，生活也十分困难。相应地，乡政府、县政府的财政也大受影响，陷入恶性循环。不解决城镇广大人口的增收问题，各级财政的日子永远也不会好过；不注重加强政府的服务职能，最后只能形成农民与财政双困局面。要打造服务型政府，就要做到以下几点。

1. 政府要对工业经济实行依法管理

各级政府部门要认真研究，根据全国工业经济发展的总体战略部署，结合本地区的具体情况，制定在新形势下城镇工业经济发展战略，充分体现城镇工业的优势和特色。同时，进一步制定和提出具体对策和策略，并依照计划切实落实执行。要把城镇工业发展工作纳入重要议事日程，逐步完善领导联系企业、包挂项目、干部蹲点服务、定期督查等制度。加强法律法规建设，为工业经济发展创造法制化环境。政府官员要依法行政，受法律约束，即首先管好自己；踏踏实实做好本职工作，杜绝行政不作为；不断学习，提高政府效率和服务水平。要建立和完善工作责任制。

2. 切实实现政企分开

结合地方政府的机构改革，解除政府与所属县、乡镇、街道集体企业的行政隶属关系，使国有企业和集体企业成为无行政主管、能够自主经营、自负盈亏的合格市场主体。地方政府由过去的直接管理企业转向创建良好的工业发展环境，对市场体系的建设要接近国际惯例。对市场经济关系用市场办法管理，不人为设置壁垒和障碍，不用行政办法搞“一刀切”，不用强制手段破坏市场的公平竞争。对市场供给问题和需求问题进行平衡管理，加强市场信号的引导工作，作好总量平衡的监测工作。要顺应客观经济规律的变化，对市场调节失灵的经济进行政府干预。要鼓励发展各类社会中介组织，为城镇企业发展提供社会化、专业化和规范化服务。要积极支持工业企业建立健全行业协会，促进企业加强自律，诚信守法，维护企业和职工的合法权益。要加强市场监管，严肃惩处各种不正当竞争行为，维护市场经济秩序，努力为城镇工业企业发展创造良好环境。

3. 加强城镇基础设施和市政公用设施的建设

确保城镇公用事业的正常运转，为工业经济活动提供优质、高效的物质基础条件。加强市场信息服务建设，为城镇工业经济活动创造规范化、现代化的市场环境。在严格执行中央政府有关经济活动的各项法律、法规外，结合城镇工业经济的个性特征，积极开展具有地方特色、适应地方工业发展需要的市场信息服务、技术服务、中介服务、经济和法律咨询服务，为形成和发挥城镇工业经济的优势创造条件。

第 11 章　城镇商业经济

工业的收益比农业多得多，而商业的收益又比工业多得多。

——威廉·配第

（英国古典经济学家）

商业是城镇经济中重要的经济组成部分，加强城镇商业经济的建设，对于促进城镇经济的发展，实现城镇经济的商品化、社会化和现代化，都具有十分重要的作用。本章主要就城镇商品流通的发展策略、市场体系及其构建以及城镇现代物流等问题进行探讨。

11.1　城镇商品流通

11.1.1　商品流通在城镇经济中的地位和作用

商业有狭义与广义之分，凡以营利为目的，从事商品交换媒介者，都可以称为广义的商业，或称为企业。狭义的商业则只是企业的一种，范围以营利为目的，买进货物，不加工也不制造，再把货物售出的行业。

商品是用来进行交换的劳动产品。所谓流通，是指在实体经济范畴内，由商品流通直接引起、与商品流通直接有关或直接由其派生并为其服务的商流、物流、信息流和资金流的总和或总称。主要包括农产品流通、工业消费品流通和工业投资品流通。其中，“商流”是指在实体经济中，由商品所有权转移引起的所有商务、交易活动，包括商务接触、咨询、洽谈、签约、结算等；“物流”是指在实体经济中，由商品实体完成空间转移所引起的所有经济活动，包括商品的仓储、运输、装卸、包装、流通加工、配送等；“资金流”是指在实体经济中，由商流和物流所引起的资金运动的全过程，包括资金的支付、预付、借贷、偿还、结算等；“信息流”是指在实体经济中，由商流、物流和资金流引起相关信息的交互运动，包括信息发布、信息筛选、信息搜寻、信息反馈等全过程。

商业现代化，是指运用资讯科技使商业流程自动化，包括从工厂到零售据点的整个流程，其目的在于解决商业活动中，和交易成立相关的商流、商品货物配送相关的物流、金融信用支付相关的金流以及和决策相关的资讯流等问题。流通现代化是伴随着工业化社会和信息化社会而在商品流通领域产生的变革、创新过程。其中，伴随着工业化社会出现的流通领域的变革、创新过程，可以称为前期流通现代化或第一次流通现代化；伴随着信息化社会出现的流通领域的变革、创新过程，可以称为后期流通现代化或第二次流通现代化。中国的国情特点在于，由于经济二元结构和发展极不平衡，流通领域的两次现代化没能依次发生，而是以并存的方式同时到来，融合进行。这就势必增加流通现代化的复杂性和难度。

城镇商品流通的意义如下。

1. 城镇商品流通是价值实现的需要

城镇商品流通是由商品的生产决定的，生产的商品数量越大，花色品种越多，流通的领域和范围就越广阔。同时，商品流通又反过来作用于生产，根据商品的市场销售情况做出调整生产结构的判断。没有流通，社会再生产就不能正常进行。它既承担着开拓市场、实现价值和使用价值的完成任务，又承担着为生产准备条件的前驱者的使命，流通过程阻滞，再生产过程就会中断。因为商品只有卖出去，才能实现其价值，才能收回成本和实现盈利，才能买回生产资料，从而维持商品的再生产的持续与稳定。流通时间的长短可以直接影响再生产的规模和资金的效益。流通组织的好坏，直接影响城乡居民消费需要能否实现和实现的程度。

2. 城镇商品流通是扩大再生产的需要

从再生产的过程考察，商品生产要能够顺利进行，不仅是价值实现的问题，同时是消耗掉的各种生产要素得到补偿的问题，也就是说，要能够适时地在城镇市场上购买到市场所需的各种物质资料，否则再生产也不可能正常进行。畅通的流通渠道，能够促进商品生产在不断扩大的规模上进行，流通顺利，能刺激商品生产者拓宽生产门路，扩大再生产的规模，同时，能刺激经济效益的提高，为扩大再生产提供经济条件，因为商品流通要受到市场规模、流通过程，也就是竞争过程的影响。竞争必然促进商品生产者改进技术，改善管理，提高产品质量，降低生产成本，扩大盈利，增加积累。

3. 城镇商品流通是国家对城镇实行宏观调节和控制的重要环节

即国家在流通领域通过自觉运用价值规律，根据市场供求状况，制定合理的价格来调节指导生产，同时，国家通过国有和合作商业组织的购销活动，将生产供求和价格水平反馈给国家管理部门和商品生产者，从而指导生产，使生产符合社会需求，引导城镇农业及其他行业的生产有计划、按比例发展。

4. 城镇商品流通是活跃市场，繁荣经济，保证社会对产品的需要

农产品是城镇的主要产品类型，也是人们最重要、最基本的生活资料，农产品的市场供应情况，直接关系到人们生活的稳定性。随着人们生活水平的提高，对农产品需求量自然增加；居民经济收入的增长，伴随而来的是消费结构的变化，人们对农产品的需要在品种上、质量上，提出了新的要求；农业生产的季节性，生产地区专业化的发展，使农产品生产供应在时间和空间上存在矛盾；人们经济收入水平不同，生活习惯的差异，对农产品的需要也各异。社会需求负载多样性和发展变化的特点，使得灵活通畅的流通活跃市场，成为满足城乡对农产品需要的重要保证。农产品是工业，特别是轻工业的重要原料，组织好农产品流通能为工业的发展提供可靠的物质保证。同时，农产品流通通畅能够增加农民的货币收入，提高购买力，为工业品开辟广阔的国内市场，促进商业、交通运输业以及其他经济部门的发展。由此可见，组织好商品交换和商品流通，对繁荣城乡经济，保证城镇居民生活安定都是极为重要的。

11.1.2　城镇商业的特点

1. 从所有制形式看，国有商业、集体所有制商业和民营商业三足鼎立

国有商业是县级城镇商业的领导力量，但由于它在乡级城镇网点比较少，且比较集中，因而不是主体力量和主要形式，城镇商业的主体力量和主要形式是供销合作社和大量的零售商。两者共同承担着城镇工农业生产所需要的生产资料，农民日常生活所需要的消费资料的供应，以及城镇社会产品收购的主要任务，是城镇商业的主要力量和城镇商品流通的主渠道。

2. 城镇商业的服务对象主要是农民和城镇居民

城镇商业的这一特点，决定了城镇商业必须首先帮助农民和城镇居民解决生产上的困难，支持城镇商品生产。因为，农民和城市职工不同，一般没有固定收入，他们只有把自己生产的农副产品的商品部分出售之后，才能形成购买力，成为商品消费者，如果城镇商品生产不发展，城镇仍然是自给自足的小生产，城镇商业也不可能发展。

3. 城镇商业的服务范围十分广泛

城镇商业主要是通过由购买工业品来支持和促进城镇工业生产，通过生活消费品的供应为城镇居民服务。城镇商业的服务范围则广泛得多，它不仅通过购销活动来支持工农业生产，为居民生活提供日用消费品，而且还需要直接参与，指导和扶持农业生产，其业务活动直接渗透到城镇社会生产过程中。

11.1.3 城镇商品流通渠道

11.1.3.1 商品流通渠道的含义

商品流通渠道，是指商品从生产领域到消费领域所经过的途径、过程、环节等，商品从生产领域向消费领域运行的途程越远，它所需要的中间环节越多，所需的流通时间可能相对更长，流通渠道也越长。相反，如果商品在产地有生产者直接售给消费者，商品所有权只能一次转移，商品不在流通中停止，所需流通渠道则短。所以，流通渠道的长度是以商品从生产者到消费者所需途程的远近和在运行中所需经历的中间环节的多少为标志。

流通渠道的宽度，是以一定时期内可能流入消费领域的商品数量为标志。流量的大小取决于从事组织流通的企业数量和技术设备程度，以及工作人员的数量、素质及其工作效率。如果从事流通的企业或经纪人较多，组织程度较好，效率高，产品可以经过更多的出口流向市场，那么这种产品在一定时期内，可以有更多的数量转移到消费者手里，说明该商品有较宽的流通渠道，相反则渠道狭窄。

从产品流通的过程来看，这些长短不等、宽窄不一的流通渠道，结成一定时期的产品流通渠道体系。在一般情况下，商品的流通渠道越多，之间环节越少，相互配合越密切。这个社会有一定的措施水平流通的人力和物力，并有科学的组织形式和管理方法，且有较高的工作效率，那么流通渠道体系就能把更多的产品以最快的速度，送到消费领域，在现实生活中，我们称之为渠道畅通。

对于城镇大部分商品，特别是农产品来说，销售具有特殊重要的意义，它不仅决定着农业经营者的经济利益，而且决定着产品本身使用价值与价值的高低，因此，农产品能否货畅其流，关系到农业生产能否发展，而要货畅其流，就必须从农产品本身及其特点，以及现阶段经济条件出发，实行多渠道流通，并且尽可能减少流通环节，加速流通过程，实现农产品的商品化。

11.1.3.2 城镇商品流通渠道

1. 国有商业

国有商业是商品流通的主导力量，拥有遍及全国各地的营业网络，掌握着有关国计民生的重要货源。国有商业中有 4 个相同系统经营农产品：商业系统，经营食品、蔬菜、果品、茶叶、畜产品、土产杂品、糖烟酒、副食品、水产品等公司，经营相应的农副产品；粮食系统，负责经营粮食、油料、油脂等业务；农垦、农业系统设国有农场等农工商联合企业；对外经贸系统，设有粮油、棉麻和土畜产品等进出口公司。国有商业在原有的基础上，不断改革，以适应市场经济的要求，在竞争中立于不败之地。

2. 供销合作社

供销合作社是我国城镇市场商品流通的主要环节，负责部分农产品的购销业务以及部分农业生产资料和农村生活资料的供应，是连接农业与工业，乡镇与城市，市场与消费的重要纽带。供销合作社是由农民集资创办的合作事业组织，具有群众性、民主性和灵活性的特点。

搞好农村商品流通工作是解决“三农”问题，促进农民增收、农业增效的一项重要任务，也是供销社义不容辞的责任和义务。要进一步做好当前的农村商品流通工作，就要有创新意识，结合实际情况，创新经营，突出重点、难点、热点，使供销社真正成为农民增收致富的主要力量。

一是创新农产品流通方式，努力搞活农产品流通。供销社要根据当地农产品资源优势，引领农户开拓新型农产品基地，发展出口基地、示范基地、绿色无公害基地，提高农产品的品质、价格和市场竞争力；在现有设施场地等资源的基础上，协调关系，科学规划，加强农产品批发市场的建设、改造、升级，创建一批特色鲜明、功能完备、辐射力强、现代化水平高的农产品批发市场；创新交易方式，形成标准化、规范化交易流通网络；对现有的农贸市场等零售市场进行改造升级，发展现代新型零售业经营模式；对现有农产品仓储物流进行改造，根据农产品流通特点建立一套方便、快捷的现代物流管理系统，真正使农产品体系融入国际大舞台。

二是在城镇消费品市场进行创新，引导农民进入市场。在原有经营网络的基础上，创新合作形式，开放办社，培育城镇消费品市场，促进城镇商品流通的前进步伐；对农副产品加工企业进行扶持，扩大市场，丰富商品货源，创新发展，积极探索新型发展形式；完善城镇社区综合服务建设，特别是发展贴近农民消费观念的新型经营业态，为农民提供方位全面、层次分明的综合服务；对现有管理机制进行创新发展，改变观念，以适应不断发展的城镇消费品市场；继续加强各类专业协会的纽带和桥梁作用，通过协会传递政策和信息，引领农民进入市场。

当然，做好城镇商品流通工作，离不开政府相关部门的大力支持，对工作中的重点、难点、热点问题要及时汇报，加强交流和沟通，在政府相关部门的协调下展开工作。

3. 个体商业

个体工商户是个人或家庭投资经营的商业形式，在财产上一般与个人或家庭财产不分，在决策经营上由个人或家庭经营，在财产责任上以个人全部财产承担责任，在劳动分配上盈利归个人或家庭所有。这种商业形式在城镇经济发展中起着非常重要的作用，首先，它们生产了大量的物质产品和劳务产品，在满足人们需要方面发挥重要作用；第二，它们增加了社会资本，为城镇财政提供了大量的税金；第三，它们吸纳了大量人员就业，为城镇的稳定做出了贡献；第四，它们促进了城镇产业结构的调整和升级，加快了城镇第三产业的发展。

4. 集市贸易和批发市场

按照传统集市贸易的定义和分类方式，批发市场是传统集贸市场的组成部分。20 世纪 80 年代末 90 年代初，集市贸易被定义为“以农民、个体工商户为主，经营计划外农副产品和工业小商品的一种贸易形式”，按商品交易方式划分，可以分为批发市场、零售市场和批零兼营市场，按产品品种划分，可以分为综合市场和专业市场。而今天，作为集市贸易组成部分的批发市场是作为一种经营方式由企业投资建设，作为企业经营项目经营的。从其经营主体来看，企业的代理商、经销商代替了个体工商户；从经营产品上看，已不再有什么计划内外或是否是小商品，而是消费者需要的衣、食、住、行等各类商品；从交易形式上来看，占主导地位的应是批发市场，集市贸易只作为批发市场的零售市场而存在；从其规模上来看，已有成功上市公司；从其发展趋势上来看，已有批发市场发展成生产、加工、销售一体的大型联合经营体，功能越来越综合；从其在我国城乡经济生活中所起的作用来看，批发市场已在很大程度上取代了传统国有批发渠道，为众多的商场、超市供应商品，成为今天商业经济链中不可或缺的一环。根据批发市场目前的发展状况和未来的发展趋势，我们认为再运用集市贸易概括批发市场已极不合适，运用商贸市场这一名称将比集市贸易更能概括这一业态的经营特征和发展状况。商贸市场应定义为：自发形成的贸易市场或由投资者投资建设经营场所，并以招商的形式提供给他人进行商贸经营的商贸形式，是有别于百货商厦、仓储市场、超市的一种商业业态，兼具批发和零售两种功能。同时其分类方式也应作适当调整。可按交易方式将商贸市场划分为集贸市场和商贸批发市场（也称中心市场），按产品品种划分为综合市场和专业市场。专业市场存在形式主要有蔬菜、粮油、建材、电子、汽车、服装、家具、日用品等。

城镇批发市场的经营以农产品为主。城镇农产品批发市场的出现是我国流通体制改革的重大成果，它的兴起与发展，不仅加快了我国城镇市场化进程，对整个经济体制改革也起了重要推动作用。进入新世纪，作为农产品流通枢纽的批发市场怎样变革发展，才能适应市场经济发展及与国际市场接轨的需要，理应值得人们更多关注。近几年，一些农产品批发市场调整工作重点，加强市场基础设施建设，完善配套功能，推进市场升级改造，取得了很好的效果。从国外经验和国内各地实践看，农产品批发市场升级改造的内容主要应该包括：地面硬化，水电系统改造，交易棚（厅）改扩建，储藏保鲜设施建设，产品加工，分选，包装设施建设，市场综合服务楼建设，市场信息收集发布系统建设，市场现代管理信息化系统建设，农产品质量安全检测系统开发，卫生保洁辅助设施建设等多个方面。国家对农产品批发市场建设的扶持力度不断加大，每年都安排一定资金用于支持市场进行基础设施改扩建，完善提高综合服务功能。我们相信，农业部定点市场一定能在未来的市场竞争中抓住机遇，成为新时期我国农产品流通产业中的佼佼者。

5. 中外合资商业

中外合资商业是指中国合营者与外国合营者，按照平等互利的原则，依照中华人民共和国法律的规定，在中国境内共同投资、共同经营，并按投资比例分享利润、分担风险及亏损的企业。城镇中外合资商业的建设是搞好市场经济，使我国农产品加入国际贸易的需要。对于消除农产品贸易壁垒，以引进资金、技术、设备有着极其重要的作用。

11.1.4 城镇商品流通的发展策略

11.1.4.1 积极拓宽流通渠道，培育完善城镇市场体系

在目前工农业产品总体进入买方市场的新形势下，市场体系发育程度越来越成为影响城镇经济发展的关键因素，市场流通已过去的从属地位转向先导地位，由“反作用”转变为“决定作用”，并且作用越来越大。为此，应该努力适应新形势的要求，建立完善市场体系，培育壮大城镇市场，使其真正成为开拓城镇市场的重要载体和联结点。

1. 积极兴办专业批发市场

各地均应坚持前瞻性和阶段性相结合的原则，以贴近城镇居民、贴近城镇经济和城镇居民生活为目的，以商贸为主体，以县城和中心集镇为重点，坚持多种经济成分共同参与，积极改建扩建各类专业批发市场，不断拓宽流通渠道，形成农副产品的集散中心，做到货畅其流。

2. 着力培育生产要素市场

应坚持有形市场与无形市场有机结合，不断拓宽城镇市场的外延，构筑多层次、多功能、多类型的市场体系。

3. 延伸服务网点，扩大城镇销售网络

根据城镇居民消费的新特点，组织商业部门变坐店等客为上门服务，把买卖做到城镇居民的家中。同时，发挥供销社贴近城镇居民的优势，积极充当开拓市场的主力军。

11.1.4.2 深化城镇商品流通体制改革

与城镇其他改革相比，我国城镇商品流通体制改革相对滞后。应当加快城镇商品流通体制改革步伐，建立以批发市场为中心的城镇商品市场体系，健全市场制

度，实行规范运行，使城镇商品价值和城镇居民增收能够顺利实现。广辟城镇商品流通渠道，将城镇居民通过专业合作社等形式组织起来进入流通，充分发挥城镇供销社、乡镇企业和运销专业户的作用，清除妨碍城镇商品流通的各种关卡和乱收费、乱罚款现象，保证城镇商品流通畅通无阻，拓宽农业发展的市场空间，特别要重视开发异地城镇市场。应当引导城镇居民增加商品的消费，并且逐步成为城镇商品消费的主体，特别是增加本地所没有的异地商品的消费，在城镇内部形成一个相互消费异地城镇商品的良性循环，促进城镇居民彼此之间城镇商品销售收入的增加。

11.1.4.3 加大城镇经济市场化的改革力度，以多种形式培育市场主体，提高城镇居民的组织化程度

搞活流通，拓展城镇市场，必须以改革总揽全局，进一步加大城镇经济市场化改革的进程，大力推进城镇经济结构的调整，加快产业结构和产品结构的升级换代，实现"两个根本性转变"。城镇市场化改革的关键所在是提高城镇居民组织化程度，应加大探索供销社、合作社、贸工农一体化经营等多种产销组织形式，有效地把城镇居民组织起来，联结生产与市场，减少市场风险，增加收益。目前，全国各地蓬勃兴起的农业产业化经营，从功能和实质上说，是引导分散的农户小生产转变为社会化大生产的有效组织形式。发展农业自我积累、自我调节、自我发展的运转机制，其核心内涵是多元参与者主体自愿结成利益共同体，实施农业产业化经营，实际上就是为广大农户通往市场经济构筑桥梁。这个桥梁就是龙头企业＋基地＋农户等多种模式、多元主体自由联合和直接连接生产的产业组织。

11.1.4.4 制定优惠政策，发展民间合作流通组织

民间合作流通组织的发展可以直接形成产销一体化的流通体系，使生产过程和流通过程结合起来，分享流通领域高额的利润；同时，又能为专门从事农业生产提供产后的流通与加工服务。为了使民间合作服务组织不断发展成为流通领域的一支力量，应做好以下几个方面的工作：

1. 通过多功能服务和高质量服务，增强其发展的生命力

不能停留在运输、销售、信息等单一项目的服务上，而应与农业生产者组成一定程度上的产销一体化、产加销一体化等紧密形式的生产与流通相结合的服务组织。

2. 加强民间合作服务组织自身的规范化建设

民间合作服务组织能否在市场竞争中站住脚跟，靠的是它和城镇居民的天然联系，以及经济上与城镇居民结成的利益共同体这一优势。规范化程度越高，民间合作服务的优势越能得到集中体现，就越能立于不败之地。

3. 加强政府对民间合作流通组织的扶持

首先，要保障各个社会化服务之间具有公平竞争的市场环境，使其承担的风险与取得的利益具有对应性。其次，在不涉及国计民生的重大领域上要逐渐淡化国家垄断，不要进行政府干预，为民间合作组织提供发展的空间。再次，政府各级机构要保障民间组织的自主经营权，让市场机制充分发挥作用。最后，要为民间合作流通组织创造更好的宏观环境，在税收、信贷等政策上多方扶持，使其能顺利发展。

11.1.4.5 加快城镇商品流通立法工作

由于我国调整和规范城镇市场和流通的法律法规十分薄弱，20 世纪 80 年代初期制定的《城乡集市贸易管理办法》和《农副产品购销合同条例》的很多规定都已陈旧过时，单凭政策往往不能及时有效地保护城镇居民的合法权益。必须尽快制定有关的法律、法规，将有关的政策法律化、制度化，赋予其依靠国家强制力保证其执行的法律效力。在有关法律中，不仅要设立民事责任、行政责任，而且应设立刑事责任，以增强执法力度，维护城镇市场秩序，促进城镇流通业的健康发展。

11.2 城镇市场

11.2.1 城镇市场的特点和作用

11.2.1.1 城镇市场的概念

市场是与市场经济相联系的一个范畴。它随着商品经济的产生而产生，并随着商品经济的发展而发展。只要有商品生产和商品交换，就离不开市场，充分发展市场经济，必须同时完善和发育市场。

城镇市场是指城镇地域范围内进行商品交换的场所或领域，是城镇商品交换者之间进行联系的一般形式。我国城镇市场大多是在原来城镇集市的基础上发展起来的。这些地方多数位于水路交通要道，或接近城市，较易受外来商品交换的刺激，因而商品市场和商品交换活动也较为活跃，经过长期的发展形成了较为固定的交易中心。党的十一届三中全会以来，随着城镇商品经济的发展，我国城镇市场得到了空前发展，不仅市场的数量日益增多，规模不断扩大，而且逐步形成了较为齐全的市场体系，在配置资源和促进经济发展方面发挥着极为重要的作用。

11.2.1.2 城镇市场的差异与特点

1. 我国城镇市场与城市市场的差异

市场是由主体、客体和交易环境等要素构成的，因此，考察市场差异必须考察城乡市场主体及其在收入、消费方面的差异，考察交易对象与市场需求适应性程度的差异，以及市场消费环境与市场制度环境等方面的差异。

(1)市场主体差异　城市市场主体主要是城市居民，而城镇市场主体主要是农户。在实行联产承包责任制之后，农户已是独立的生产主体，但由于土地使用权身份不明确，致使农户利益无法得到保障，不时遭受侵害。农业产业至今被分割和肢解，农户无法也无力直接面对市场。农户的自给性消费还占有相当的比重。一些落后地区几乎没有什么真正的市场交换行为。所以，农户虽然是最主要的城镇市场主体，但其市场主体人格缺乏独立性，这就决定了它还不是严格意义上的市场主体。这一点与城市居民有着明显的差别。

(2)居民收入水平和消费结构差异　从消费结构上看，目前城市居民已处于享受型阶段，而城镇居民则还停留在生存型、发展型阶段上。

(3)交易客体与市场需求适应性程度差异　交易客体实际上就是指市场交易产品或商品。尽管从总体上来讲我国商品供需适应性程度较差，存在着供给过剩余短缺并存的局面，但若就城市和城镇两个市场分开而言，差别还是很大。城市市场商品供给一般都能紧跟城市居民的消费需求变化，其功能、质量、品种、花样比较符合城市居民的消费心理和需求习惯，在供需变动方向基本一致的前提下还存在一定程度供给过剩的状况。而城镇市场的商品供需变动方向恰巧相反，真正符合城镇居民消费需求特征、需求层次、需求习惯、需求结构、需求心理的商品供给并不多，倒是假冒伪劣产品和城市积压产品充斥着整个城镇市场。

(4)市场消费环境差异　城镇市场与城市市场相比，一是交通不畅。有不少行政村没有通公路，农用汽车、拖拉机无路可走；二是供水设施跟不上。除了沿海特别发达地区外，我国中西部大部分城镇地区没有自来水，多数地区严重缺水，靠接雨水和打井取水维持日常生活；三是用电成问题，并且电价过高，城镇居民对于家用电器买得起而用不起；四是缺乏多渠道、少环节、开放式、高效率的流通网络。其中最为突出的就是大型流通企业在城镇的销售网络极其薄弱，在欠发达地区的一些边远山区乡镇，没有国有商业企业进驻，许多基层供销社承包租赁给个人。乡镇以下的商业网点如消费品市场、农用生产资料市场规模小，零售市场大多是露天的路边市场、河边市场、桥边市场、且有市无场，商品品种少，城镇居民选择商品余地不大，商品售后服务也非常不方便；五是缺乏规范的市场运行规则以及权威的管理机构。执法人员市场法制观念淡薄，市场管理人员素质低，管理水平落后，市场法规不健全，市场流通秩序较混乱。

(5)市场制度环境差异　市场制度环境的差异具体可概括为：户籍制度、粮食供给制度、副食品与燃料供给制度、教育制度、就业制度、医疗制度、养老保险制度、劳动保护制度、人才制度、兵役制度、婚姻制度、生育制度。这些制度以户籍制度为核心，通过以非公正的、偏向城市利益为主的倾斜政策，把城镇居民置之于极为不利的市场环境之下。在制度内的城镇居民，就业条件优越，工资以外还能从单位获得住房或住房补贴，以及养老保险、医疗、交通补贴、食物发放等各种公共福利，而制度外的城镇居民几乎没有任何福利和保障可言。

2. 城镇市场的特点

(1)商品季节性较为明显　农业市场具有强烈的季节性，只有生活季节才能取得产品，其他时间则不能提供持平，这就决定了城镇商品在市场上的供给在一年之中有旺季和淡季之别，数年之中有丰歉之分，特别是有些城镇商品，其采购和销售的时效性更强，从而导致了城镇市场供给的稳定性较差。但是，随着科学技术水平的不断提供，设施农业得到了快速的发展，传统意义上的季节性在一些产品上已经得到了明显的弱化，但要从根本上改变农业生产的季节性尤其是大田作物生产和供给的季节性，则是难以做到的。

(2)产品的鲜活性较为突出　这里的鲜活性是指城镇生产商的产品大都是鲜活的，由于城镇商品的使用价值与商品本身的鲜活程度密切相关，一些产品的自然鲜活时间又很短暂，在鲜活期内销售不出去，使用价值就会降低，甚至消失，因此，把握商品的收获和上市时间，搞好商品的储藏和保鲜就显得十分重要。

(3)具有分散型　除了一些大中城市和交通枢纽有规模较小的城镇商品市场外，多数城镇商品由于其生产者较为分散，在交易时通常采用地域性特点较明显的集市贸易形式，集贸市场因而成为城镇商品市场的一种基本形式。城镇商品生产的分散性，加大了城镇商品市场信息收集的难度，也给城镇居民利用市场信息进行经营决策和组织生产活动增加了难度。

(4)区域性较强　农业生产具有明显的地域性，不同地区农业生产的主导性不同，不同产品的主产区不同，如小麦主要在北方生产，而水稻主要种植在南方；苹果、梨主要产在北方。农业生产的地域性决定了城镇商品市场的地域性，从而在一定程度上决定了城镇商品消费的地域性。地域性使城镇商品的市场形成了割裂。为了消除地域性，就需要发展城镇商品运输，尤其是城镇商品的长途运输。20 世纪 80 年以来，我国城镇商品长距离运输发展很快，"南菜北运"大大缓解了北方地区吃菜难的问题，对实现城镇商品生产的一体化也起到了重要的推动作用。

11.2.2　城镇市场体系

城镇市场是一个非常复杂的体系，按照不同的标准，可以将其划分为不同的类型。

11.2.2.1 政府干预的市场和自由市场

1.政府干预的市场

政府干预的市场的特点是，市场上物品的价格要么是由政府完全决定，要么政府制定有关价格波动的上限和下限，由于政府干预了价格，市场的经济主体要按照既定的价格组织生产线进行消费，政府也就干预了生产和消费。这种情况在计划经济时代尤其明显。

2.自由市场

自由市场的特点是，市场上的商品交换和价格等完全有市场机制来决定，即完全由市场的供给和需求两种力量的共同作用来决定。市场机制通俗的称为“看不见的手”，市场机制调节就是“看不见的手”的调节。

目前我国的城镇商品生产，绝大多数已经是自由市场，即城镇商品的价格由市场来决定，买卖双方以及卖者之间以及买者之间都具有完全的自由，可以相互进行平等的竞争。城镇商品生产自由竞争所形成的交易价格，是农业配置资源的主要依据。

11.2.2.2 消费资料市场和生产资料市场

根据市场上所交易的物品的经济用途，城镇商品市场可分为消费资料市场和生产资料市场。

1.消费资料市场

如果买者购买产品的目的是为了满足个人及其家庭成员生活的需要，这种产品就叫做消费品或消费资料。出售消费品的市场，就叫消费品市场或消费资料市场。由于城镇商品的大多数都是人们最基本的生活资料，因此城镇商品生产大多数属于消费品市场。作为消费品市场，城镇商品市场还可进一步区分为粮食市场、水果市场、蔬菜市场、花卉市场、畜产品市场、禽蛋市场、水产品市场等。

2.生产资料市场

如果买者购买产品的目的是为了进行生产并获取利润，这样的产品就属于生产资料。出售生产资料的市场，就叫做生产资料市场。城镇商品作为生产资料，主要表现为原料，如棉花、麻类、烟叶、药材等。随着生活水平的不断提高，人们所消费的城镇商品中加工品所占的比重会不断增大，一些过去是消费品的初级农产品会逐渐变为再加工的原料。这是城镇商品生产变化的一个基本趋势。这种趋势意味着，初级城镇商品的销售对象会由直接消费者逐渐转向加工商。

11.2.2.3 采购市场、批发市场和零售市场

根据流通环节的不同，城镇商品生产可分为采购市场、批发市场和零售市场。城镇商品的流通过程大致是：先集中于城镇产地的采购市场，再通过批发市场中

转，最后进入城乡销地的零售市场。当然，城镇商品也可以直接由生产者在零售市场上出售，而不经过采购市场和批发市场。

1.采购市场

采购市场是城镇商品采购商与生产者直接交易的市场。改革开放以来，随着我国城镇经济的发展，城镇已经形成了为数不少的这样的集散市场，为活跃城镇商品流通发挥了重要作用。加强集散市场建设，提高集散市场的水平，使今后我国城镇商品建设的一个重点。

2.批发市场

批发市场是城镇商品批发商和零售商直接交易的市场。一些批发市场也兼作零售业务。批发市场在城镇商品市场体系中占据着重要位置，是城镇商品流通环节的最为重要的一环。近年来，全国各地已形成了不少大规模的城镇商品批发市场。这些批发市场与近些年建设和发展起来的高速公路、现代化通讯和信息手段相结合，充分发挥了产品集散、价格发现和信息传输的功能。目前，不少大中城市都把批发市场作为有效地实现宏观调控、保障城镇商品供应的重要手段和载体。另外，在山东、河北、陕西等"菜篮子"产品主产区，依靠大型城镇商品批发市场带动农产品的生产、加工和运销，成为实施农业产业化经营的一种有效形式，从而带动了区域经济的发展和小城镇建设。

3.零售市场

零售市场是城镇商品零售商与消费者直接交易的市场，使城镇商品流通领域的重点。由于直接与消费者交易，因此，零售市场的经营状况就对消费者的生活有直接影响。在这里，两手市场还直接反映着城镇商品最终消费者的消费意愿和城镇商品生产的基本信息。

11.2.2.4 产地市场、消费地市场和集散与中转市场

1.产地市场

产地市场是指在各个商品产地兴建的定期或不定期的商品市场，这类市场具有接近生产者、以鲜活交易为主要交易方式、专业性强和以批发为主等特点。

2.消费地市场

是指设立在大中城市和小城镇的城镇商品市场，又可进一步分为消费地批发市场和消费地零售市场。消费地批发市场主要设在大中城市，购买对象多为城镇商品零售商、饭店和机关、企事业单位食堂等。消费地零售市场则广泛分布在大中、小城市和城镇，其主要职能是把经过集中、初加工和储运等环节的城镇商品销售给消费者。

3. 集散与中转市场

是指把来自各个场地市场的城镇商品进一步集中起来，经过再加工、储藏和包装，通过批发商分散销往全国各地的批发市场。这类市场多设在交通便利的地方，一般规模都比较大，有较大的交易场所和停车场、仓库设备等配套服务设施。

11.2.2.5 国内市场与国际市场

根据交易的范围是否超越了国界，城镇商品市场可分为国内市场和国际市场。

1. 国内市场

城镇商品的交易范围在一个国家内部进行，即为国内市场。国内市场又可进一步区分为城市市场和城镇市场。我国是一个拥有 13 亿多人口的大国，存在着巨大的国内市场。重视国内市场的开发，是实现我国经济可持续发展的基本要求。

2. 国际市场

城镇商品国际市场是指城镇商品的交易活动超出了一个国家的范围，在世界各国和地区之间进行。由于不同国家在自愿占有和市场能力等方面存在着差异性，在生产方面各有所长，也各有所短，为了维持各自的生存和发展，就必然要求发展城镇商品的进出口贸易，以互通有无、调剂余缺。城镇商品国际贸易是世界经济贸易的一个重要组成部分。改革开放以来，我国城镇商品对外贸易发展很快，可以预见，随着世界贸易组织的加入和国际化趋势的临近，我国农业对外贸易的水平会不断提高。因此，城镇商品市场调节，不仅要了解国内市场城镇商品的需求情况，而且要了解国际市场城镇商品的需求情况。

11.2.3 完善城镇市场体系，促进经济发展

1. 努力搞活城镇商品流通

(1)加强城镇商品批发市场建设　制订城镇商品产地和销地批发市场建设规划，加强城镇商品批发市场信息、检验检测系统及仓储、运输等基础设施建设和改造，发展和创新城镇商品拍卖、经纪人代理、网上交易等新型交易方式，推进城镇商品批发市场标准化建设，抓紧制定城镇商品批发市场的法律法规。鼓励外商参与城镇商品批发市场的建设和改造。

(2)积极发展城镇商品零售市场　支持农业龙头企业到城市开办商品超市，逐步把网络延伸到城市社区。鼓励有条件的地方将城市农贸市场改建成超市，城市农贸市场逐步退路进场，改善经营条件和设施。引导城镇商品批发市场和加工企业直接向超市、社区菜市场、便利店等配送产品。有条件的超市和便利店可直接从产地采购，与城镇商品生产基地建立长期的产销联盟。努力提高城镇商品在连锁超市、便利店等新型零售业态中的经营比重。鼓励国内外企业投资建设和改造城

镇商品零售市场,外商投资设立城镇商品经营企业不受地域、股权和投资额限制。

(3)千方百计扩大城镇商品出口　支持企业调整城镇商品出口结构,扩大深加工、高附加值、特色城镇商品和绿色食品、有机城镇商品出口,培育新的出口增长点。重点扶持园艺产品、水产品、畜禽产品等具有比较优势的劳动密集型城镇商品出口。大力推动城镇商品出口基地建设,抓紧研究支持城镇商品出口的政策措施。密切监测和及时通报国内外城镇商品市场供求等动态,为城镇商品出口企业提供信息服务。改进城镇商品出口信用保险制度,加强城镇商品出口信用保险宣传力度。强化城镇商品出口检验检疫,提高城镇商品安全质量,加强对外谈判和交涉,打破国外技术性贸易壁垒。

(4)大力发展城镇商品物流　引导现有城镇商品物流企业改造升级,推动其向专业化、规模化方向发展,针对城镇商品流通特点,加快建设以冷藏和低温仓储、运输为主的城镇商品冷链系统。制定合理的城镇商品铁路运输价格,降低公路运输的车辆通行费收费标准,杜绝对城镇商品运输的乱收费、乱罚款。加快建立全国统一高效的鲜活城镇商品运输绿色通道,努力改善城镇商品物流环境。

2.大力培育城镇消费品市场

(1)加强城镇消费品流通网络建设　认真总结和推广近年来开拓城镇市场试点工作经验,加快城镇消费品市场建设,大力培育城镇新型流通方式,积极引导和扩大城镇居民消费。以县城和中心城镇为重点,积极发展连锁超市、便利店等新型流通业态。通过示范引导、自愿进入的方式,逐步以连锁经营、统一配送等经营方式改造城镇传统的集贸市场。鼓励有实力的零售企业运用特许经营、销售代理等方式,改造"夫妻店"、"代销店"。力争形成以县城为重点、乡镇为骨干、村为基础的城镇消费品零售网络。

(2)积极开发生产适合城镇消费特点的工业品　工商企业要加强对城镇商品市场的调查研究,深入分析城镇需求和城镇居民消费的特点,开发生产适合城镇和城镇居民消费需求的价廉物美的产品,着重发展操作简单、价格适中、不易损坏和适用面广的工业消费品。鼓励大型零售企业开发适合城镇消费的自有品牌商品,建立和完善城镇商品售后服务体系,让城镇居民放心消费。

(3)大力改善城镇消费环境　加大城镇交通、电力、通讯、自来水等基础设施建设,为家用电器和电信等产品进入城镇市场创造良好的消费环境。积极开展符合城镇特点的假日消费、节日消费和旅游消费活动,不断创新消费形式和消费内容。探索发展城镇消费信贷,活跃城镇消费市场。

3.规范发展农业生产资料市场

(1)建立健全新型农资流通组织　积极发展农资连锁经营,建立以集中采购、统一配送为核心的新型营销体系。鼓励有条件的农资企业采取特许经营方式,吸引小型农资经营企业加盟,扩大经营规模。推进国有及供销合作社农资流通企业公司制改革,完善法人治理结构,更好地发挥农资流通主渠道作用;鼓励各类投资主体通过新建、兼并、联合等方式参与农资经营;允许农资生产企业建立销售网络。引进国外资金、技术和管理经验改造提升农资经营网络,加快农资流通现代化步伐。

(2)健全农业生产资料服务体系　农资流通企业要将农资销售与服务紧密结合起来,开展配送、加工、采购服务和技术服务及农机具租赁等多样化服务,为城镇居民提供产前、产中、产后技术服务,大力推广有利于保护生态环境和提高城镇商品质量、科技含量较高的新型农资产品。农资生产企业要加强与农资流通企业协调合作,研制生产适合不同地区、不同季节和不同城镇商品种植特点的新型农资产品。

(3)整顿和规范农业生产资料市场秩序　建立健全农资价格监控机制,防止生产和流通环节随意抬高价格,保证城镇居民能够得到各种政策优惠。加快建立种子、农药、化肥、农机具等产品经营的市场准入制度,健全农资损害赔偿机制,为保护城镇居民利益提供制度保障。加大执法检查力度,严厉打击制售假冒劣质农用产品等坑农行为。完善农资市场监督体系,加快农资信用体系建设,建立长效监管机制。

4. 积极引导城镇居民进入市场

(1)为城镇居民进入市场创造良好环境　要把城镇流通设施纳入城镇基础设施建设范围,进一步健全城镇市场供求、价格等信息网络,为城镇居民提供及时准确的市场信息,降低生产和经营风险。加强对城镇市场的执法监督,规范城镇市场秩序,防止假冒伪劣产品流入城镇,严厉查处不正当交易和竞争行为,打击欺行霸市、强买强卖等不法行为,健全市场投诉受理机制,保护城镇居民合法权益。在政策上对城镇居民进入市场加以引导,调动城镇居民进入市场的积极性,使城镇居民真正成为市场主体。

(2)鼓励城镇居民从事商品流通　除法律、法规禁止的领域外,城镇个体工商户和私营企业都可以进入。在工商登记和税费方面对城镇居民从事城镇商品、农业生产资料及消费品等流通给予支持。鼓励农业生产大户、运销大户注册为法人,从事城镇商品运销。

(3)大力发展城镇居民流通合作组织　通过多种方式加强宣传,提高城镇居民对建立各类流通合作组织重要性的认识。供销合作社改革,要按照《中共中央国务院关于深化供销合作社改革的决定》(中发〔1995〕5 号)和《国务院关于解决当前供销合作社几个突出问题的通知》(国发〔1999〕5号)精神继续推进,通过体制和机制创新,把供销合作社真正办成城镇居民自己的合作组织。支持在城镇建立以产品为联系或纽带的各类协会、商会,鼓励发展城镇经纪人队伍。加快研究制定城镇流通合作组织的有关法规。中央和地方政府要安排专门资金,支持各类城镇居民专业合作组织开展信息、技术、培训、质量标准与认证、市场营销等服务,有关金融机构要支持城镇居民专业合作组织建设标准化生产基地、兴办仓储设施和加工企业、购置城镇商品运销设备,财政要适当予以贴息。有选择地发展要素市场,推进小城镇新经济运行机制的建设;大力发展消费品市场;进一步加强小城镇与大中城市、国道线、省线交通网的建设,使小城镇的交通便捷,逐步完善运输市场;不断开拓技术、信息市场;积极发展生态农业产品及野生食用植物供给市场,沿边地区还要开拓出口、转口市场;建立劳动力市场;在加强金融监管、防范金融风险的基础上,积极培育地方性金融市场,构建新的灵活的融资机制。

11.3 城镇现代物流

11.3.1 城镇现代物流的含义

随着经济全球化和信息技术的迅速发展,我国的物流企业正经历着一场由传统企业向现代物流企业转变的深刻变革。被普遍认为企业"第三利润源"的现代物流业是一个开放性、国际化的新兴聚合型朝阳产业,是社会经济发展中新的经济增长点,是各地物流产业发展的方向。

人们在不同的时期,处于不同的发展阶段,对物流的认识也有所不同,因而,在不同的角度对物流下了不同的定义。在我国,国家质量技术监督局已在2001年8月1日起正式实施的《中华人民共和国国家标准物流术语》中将物流定义为:"物品从供应地向受地的实体流动过程,根据实际需要,将运输、储存、装卸、搬运、包装、流通加工、配送、信息处理等基本功能实施有机结合。"各国学者或组织在不同的角度对物流这一概念有不同的定义。然而,物流这一概念总的来说就是围绕着七个要素来进行表述的。这7个要素是:产品(product)、数量(quantity)、条件(condition)、地点(place)、时间(time)、顾客(customer)和成本(cost)。因而,物流的实质就是将适当数量的产品,在适当时间和条件下为适当的顾客送到适当的地点,同时保持其适当的成本。

现代城镇物流泛指城镇的原材料、产成品从起点至终点及相关信息有效流动的全过程。它将运输、搬运、仓储、装卸、加工、整理、包装、配送、信息技术等方面有机结合起来,形成完整的供应链,为用户提供多功能、一体化的综合性服务。

11.3.2 城镇物流的分类

城镇社会经济领域中物流活动无处不在,其基本要素都是共同的。但是,由于物流对象不同,物流目的不同,物流范围不同,使得各领域物流有自己的特性,因而形成了不同类型的物流。既然有不同类型的物流,必然产生与之适应的分类标准和方法,以便能区别认识和研究。由于各地区经济发展状态不同,社会对物流的需求不同,人们对物流的分类并没有统一的划分标准。综合现有的论述,大致可将物流按下列标准分类。

11.3.2.1 按城镇物流的范围不同来划分

按城镇物流的范围不同将物流分为城镇宏观物流和城镇微观物流、城镇国际物流和城镇国内物流。

城镇宏观物流是指社会再生产总体的物流活动,从社会再生产总体角度认识和研究的物流活动。这种物流活动的参与者是城镇的大产业、大集团,宏观物流也就是研究城镇再生产总体物流,研究产业或集团的物流活动和物流行为。城镇宏观物流是指城镇物流全体,从总体看而不是从物流的某一个构成环节来看。

城镇微观物流是指城镇消费者、生产者所从事的实际的、具体的物流活动。其含义包括:在整个城镇物流活动中的一个局部、一个环节的具体物流活动、在一个小地域发生的具体物流活动、针对某一种具体产品所进行的具体物流活动等。因而,微观物流研究的领域十分广阔,其特点是:具体性和局部性。城镇企业经常涉及的物流活动一般都属于微观物流,如企业物流、生产物流、供应物流、销售物流、回收物流、废弃物流、生活物流等。

城镇国际物流是指国与国之间、洲际之间开展的物流活动。从企业角度看,不仅是已经国际化的跨国企业,即便是一般有实力的企业也在推行国际战略,企业在全世界寻找贸易机会,寻找最理想的市场,寻找最好的生产基地,这就将企业的经济活动领域必然地由地区、由一个国家扩展到国际。这样一来,企业的国际物流也提到议事日程上来,企业必须为支持这种国际贸易战略,更新自己的物流观念,扩展物流设施,按国际物流要求对原来的物流系统进行改造。这种物流形式由于目前城镇的经济地位仅存在于少数贸易较为发达的城镇。

城镇国内物流是指一国内发生的物流活动,物流活动的空间范围局限在一个国家领土、领空、领海内。国内物流就其地理概念而言,较国际物流的范围小,它也可包括一些区域性组织内部的物流。如按行政区域可划分为西南地区、西北地区等；按所处地理位置划分可划分为长江三角洲地区、河套地区等；按经济圈可划分为沿海经济贸易区、边境贸易区等。它所制订的各项计划、法规、政策应该是为其自身的整体利益服务的。

11.3.2.2 按城镇物流系统性质划分

按城镇物流系统的性质可将物流划分为城镇社会物流、城镇行业物流、城镇企业物流。

城镇社会物流是指超越一家一户的以整个城镇为范畴面向社会为目的的物流。这种社会性很强的物流往往是由专门的物流承担人承担的。社会物流研究再生产过程中随之发生的物流活动，研究如何形成服务于社会、面向社会又在社会环境中运行的物流，研究社会中物流系统结构和运行，因此带有综观性和广泛性。城镇社会物流流通网络是城镇经济的命脉，而流通网络分布是否合理、渠道是否畅通是关键。

城镇行业物流是指同一行业，为了本行业的整体利益或共同目标，而形成的行业内部物流网络。为了某一行业的发展，同行内各企业在行业物流大领域中，常常需要相互合作，共同促进行业物流系统的合理化。行业物流系统化，能使参与的各物流企业都获得相应的经济利益，又为全社会节约人力、物力资源。

城镇企业物流是指以营利为目的，运用生产要素，为各类用户从事各种后勤保障活动，即流通和服务活动，依法自主经营、自负盈亏、自我发展，并具有独立法人资格的经济实体。

11.3.2.3 按照城镇物流所起作用不同划分

按照城镇物流的整个生产中所起的作用，可将城镇物流划分为供应物流、生产物流、销售物流、回收物流、废弃物流。

供应物流是指为生产企业、流通企业或消费者提供原材料、零部件、燃料或商品时，物品在提供者与需求者之间的实体流动。生产物流是指从生产厂的原材料购进入库到成品库发送这一全过程的物流活动。它也是企业生产工艺中的物流活动。销售物流是指生产企业、流通企业售出产品或商品时，货物的空间和时间的转移过程。它是将产品或商品所有权转让给用户的物流活动。回收物流是指不合格物品的返退货以及周转使用的包装容器从需方返回到供方所形成的物品实体流动。同时也指企业对在生产、供应和销售活动中所产生的边角料、废料、残损品等进行回收的活动。废弃物流是指对企业排放的无用物（如废气、污水、废渣等）进行运输、装卸、处理等的物流活动。废弃物流虽然没有经济效益，但是具有不可忽视的社会效益。企业对这类废弃物如不及时进行合理的物流处理，便会造成公害并直接损害企业的形象和声誉。

11.3.2.4 按城镇物流主体方的目的不同来划分

按城镇物流主体方的目的不同可将城镇物流分为第一方物流、第二方物流、第三方物流、第四方物流。

第一方物流是指生产企业或流通企业自己将产品或商品送到客户手中的物流运作，而不依靠社会化的物流服务。第一方物流实际上就是供方物流，或者叫销售物流，是由供应厂商到其各个用户的物流。

第二方物流是指用户企业从供应商市场购进各种物资而形成的物流，实际上就是需求方物流，或者说是购进物流。

第三方物流是相对于第一方物流和第二方物流而言的。第三方物流指的是专业物流企业在整合了各种资源后，为客户提供包括物流设计规划、解决方案以及具体物流业务运作等全部物流服务的物流活动。

第四方物流是供应链集成商调集和管理组织自己的以及具有互补性的服务提供商的资源、能力和技术，以提供一个综合的供应链解决方案的物流活动。

11.3.3 城镇物流的职能与作用

现代城镇物流的目的是为了提高企业效益，即通过经营时间、物流质量、备货、信息等城镇物流品质的提高，从物料到达开始到商品的生产以及最终顾客的让渡整个过程的物流成本降低，来实现企业的高收益。现代城镇物流之所以能实现顾客满意，能连接供给主体和需求主体，并克服空间和时间阻碍而有效地、快速地实现商品、服务流动，就是因为城镇物流是一个能高效运作的系统，这个系统里包含许多相对独立又相互联系的作业。这些作业可归结为七大功能：采购、包装和流通加工、仓储保管、配送、装卸搬运、运输和城镇物流信息管理。加快城镇物流的研究和发展对城镇的经济发展具有重要意义。下面从城镇物流对产品价值的贡献、对企业的作用、对城镇经济的影响 3 方面分别阐述现代城镇物流的作用。

11.3.3.1 城镇物流对产品价值的贡献

西方经济管理学者认为：一件产品或服务的价值如果得到了市场的认可，它会给消费者提供 4 种效用：形态效用、空间效用、时间效用以及占有效用。

1. 形态效用

形态效用是指通过生产、制造或组装过程对商品的增值。例如，不同的原料按照生产工艺的技术要求制造成为产品，这就产生了形态效用。即在生产过程中使原材料或零部件发生了形态的变化。这种组装过程使产品形态发生了变化，并且这种变化增加了产品的价值，也就产生了产品的形态效用。

2.空间效用

生产地相对集中而消费者则分布在各地，城镇物流的作用之一就是将产品从供给地输送到需求点，城镇物流使市场区域界限有了延伸，这种对产品和服务的增值作用就是空间效用。空间效用主要通过运输来实现的。

3.时间效用

消费者不仅希望在他们最方便的地点得到商品或服务，而且还必须在他们需要的时间得到他们需要的商品或服务。然而，产品的生产总是按计划执行，有的产品甚至是季节性生产。城镇物流中的库存对缓解这一矛盾起到了重要作用，这就是时间效用。城镇物流对产品或服务的增值作用是通过城镇物流的库存管理、选址策略和服务活动来产生。在某种程度上，交通运输通过将商品更快地运到需求地点也产生时间效用。

4.占有效用

占有效用主要是通过市场营销活动来创造的。所谓市场营销，就是关于构思、货物和劳务的设计、定价、促销和分销的规划与实施过程，旨在导致符合个人和组织目标的交换。通过市场策划及卓有成效地经营活动，以满足人类需要和欲望，提高本企业产品或服务在客户中的占有率，最终达到实现交换的目的。在商品经济中，城镇物流依赖占有效用而存在，因为只有当客户对产品或服务有需求时，提供时间和空间效用才有意义。此外，只有高效的城镇物流服务，才能使客户体验到产品的整体价值。

11.3.3.2 现代城镇物流对企业的作用

物流是为满足消费者需求而进行的对原材料、中间库存、最终产品及相关信息从起始地点到消费地点的有效流动与储存的计划、实施和控制的整个过程。它构成了企业价值链的基础活动，是企业取得竞争优势的关键。许多生产企业在加强技术开发和推进全面质量管理的同时，已经把寻求成本优势和价值优势的目光转向生产前后的城镇物流领域。

1.现代城镇物流是生产流通企业的第三利润源泉

城镇物流成为企业的“第三个利润源”主要基于城镇物流自身功能：

首先，城镇物流在整个企业战略中，对企业营销活动的成本发生重要影响。

其次，城镇物流活动并不仅仅在于为企业减少了消耗、降低了成本或增加了利润，更重要的是在于提高了企业对用户的服务水平，增加了用户的满意程度和对企业的忠诚度，进而提高了企业的竞争能力。

2.现代城镇物流是企业获取竞争优势的重要源泉

高效、合理的城镇物流管理，既能够降低企业经营成本，又能为顾客提供优质的服务；既能使企业获得成本优势，又能使企业获得价值优势。因此，城镇物流管理日益受到企业的重视，被纳入企业战略管理的范围，甚至成为企业发展战略的基石。

11.3.3.3 城镇物流对城镇经济产生的影响

城镇物流对经济的影响主要表现在以下几个方面：

1. 促进经济发展

如果一个企业不能将生产的产品卖给消费者，那么产品的价值不能得到实现，企业也不可能生存和发展。只有把产品从生产过剩地区运送到有需求的地区，这种产品才能实现经济价值，企业才有能力进行再生产。因此，城镇物流对经济发展的贡献在于通过将产品和服务有效地运输到市场，使得厂商能够以比较成本优势进行专业化生产。

2. 有利于交换功能的发挥

企业向社会提供其产品，同时从社会其他企业获取生产的原材料和生产消费品，这种企业与社会或企业与企业之间的交换是必不可少的。然而，组成社会经济的众多企业分布在不同地区。企业之间的这种相互依赖、相互竞争、错综复杂的关系，必须依靠有效的物流活动得以维持。另外，商品的产地和销售地往往不相吻合，生产活动与市场是分开的。城镇物流提供两者之间联系的桥梁：在空间上，运输架设空间的桥梁；在时间上，仓储、库存、服务等构筑时间的隧道。

3. 降低社会商品的价格水平

城镇物流的现代化，一方面使得物流成本降低，为大幅度地降低商品的成本与价格成为可能，而成本与价格的降低又可促进市场规模的扩大，成为“第三利润的源泉”；另一方面由于城镇物流活动可以创造时间效用和空间效用，也有利于降低价格。城镇物流活动在时间和空间上拓展了商品市场的范围。大规模生产以及城镇物流领域更多的成本权衡的机会，使得外地产品的价格有可能低于本地产品的价格，而且会促进产品的价格竞争，进而降低社会商品的价格水平。因此，城镇物流技术和管理水平的提高，有利于为社会提供丰富多样的产品，同时也有利于社会商品价格水平的降低。

11.3.4 城镇现代物流的发展

城镇物流发展正处于起步阶段，与经济发达的城市物流相比，存在许多明显差距，而且这种差距已不仅表现在资金上、技术上，更多地表现在知识上和观念上。但市场潜力和发展前景十分广阔。加快城镇物流发展，对于优化资源配置，调整经济结构，改善投资环境，增强城镇经济实力和企业竞争能力，提高经济运行质量与效益，实现可持续发展战略，推进城镇经济体制与经济增长方式的根本性转变，具有非常重要而深远的意义。自 20 世纪 80 年代我国引入“物流”以来，城镇的流通领域发生了巨大的变化，主要表现在以下几个方面：

1. 城镇传统储运企业积极向第三方物流企业转化

交通运输、仓储配送、货运代理、多式联运等企业积极向第三方物流转化。很多处于闲置或半闲置状态的仓库大都经过现代化技术改造，也引进了不少先进的管理经验和管理系统，如 MRPⅡ、ERP 等。从某种意义上说，这些经过改造的仓库和货场无论在技术上，还是管理手段上，都较未改造以前有了大幅度的提高。传统企业根据自身比较优势，紧紧围绕用户的需求，为客户提供优质高效的部分或全程物流服务。物流服务市场的供给能力增强和服务质量提高，不仅可以满足市场和用户的需要，还可以引导和开发各类企业及全社会对物流服务的需求。传统储运企业积极发展第三方物流，推进工商企业由企业物流向社会专业物流的转变。社会化、专业化的第三方物流企业的出现，是社会化分工和现代物流发展的方向。第三方物流企业充分发挥其专业化、规模化的优势，建立信息管理系统，将物流服务与工商企业的生产和营销紧密融合，强化服务意识，完善服务功能，真正具备为用户优化物流管理提供策划设计、组织运筹和实际操作等综合服务的能力。

2. 由城镇企业物流向社会专业物流转变

工业企业逐渐转变传统观念，树立现代物流意识，充分认识优化物流供应链管理是降低生产总成本，提高产品附加值，增强企业竞争力，获取新的利润源的重要手段。鼓励工商企业积极创造条件，逐步将原材料采购、运输、仓储和产成品加工、整理、配送等物流服务业务有效分离出来，按照现代物流管理模式进行调整和重组，既可自己承担部分或全部的物流业务，也可将其部分或全部业务委托给专业物流企业承担，以培育和发展物流市场。工业企业由过去对单纯仓储、运输的需求开始逐步发展到对仓储运输在内的综合物流的需求；工业企业由过去对“大而全”、“小而全”自办物流的追求与认可，开始逐步发展到寻求合格的第三方物流商。从工业企业对物流的需求和对目前物流运作质量的满意程度分析，物流业发展才刚刚起步，任重而道远，潜力巨大。

3. 政府投入物流基础设施建设

城镇的物流基础设施近年来虽有所改善，但仍不能适应现代物流发展的需要。随着政府部门现代物流意识逐步提高，部分地区的政府部门目前正在制定地区物流发展规划，以尽快形成配套的综合运输网络、完善的仓储配送设施、先进的信息网络平台等，为现代物流发展提供重要的物质基础条件。物流规划工作充分考虑各种运输方式有效衔接以及物流系统各功能综合配套。由于物流基础设施是公共设施，资金投入大且回收期长，单纯的政府行为或企业行为很难负担，因此物流基础设施的投资鼓励国内不同所有制投资者和外商投资企业参与。与此同时政府部门还配套研究制定促进现代物流发展的相关政策措施，为现代物流的发展提供有利的宏观环境。政府部门对公益性物流基础设施的建设，在土地、资金、税收等方面提供优惠政策。

4. 物流与现代信息技术紧密结合

物流与现代信息技术紧密结合，能够大大推动城镇经济的发展。信息网络技术是构成现代物流体系的重要组成部分，也是提高物流服务效率的重要技术保障。物流企业积极利用 EDI、互联网等技术，通过网络平台和信息技术将企业经营网点连接起来，既可以优化企业内部资源配置，又可以通过网络与用户、制造商、供应商及相关单位连接，实现资源共享、信息共用，对物流各环节进行实时跟踪、有效控制与全程管理。随着时代的发展和科学技术的不断进步，物流技术与现代信息技术的结合越来越紧密，可以预见，新世纪的物流技术，不仅是各企业所倡导的“电子物流”，而且是面向整个社会，全球化的“网络物流”，城镇物流必将突破地域界线，将整个社会大市场紧密联结在一起，从而完成资源的最优配置。

第12章　城镇服务经济

随着现代经济增长，农业部门的国民收入在整个国民收入的比重和农业劳动力在全部劳动力中的比重不断下降……服务部门的劳动力在全部劳动力中的比重和服务部门的国民收入在整个国民收入的比重基本上都是上升的。

——西蒙·库兹涅茨

（俄裔美国著名经济学家）

服务经济是城镇经济明显地区别于农村经济的主要标志，在我国城镇经济中具有不可替代的作用。本章将围绕我国城镇服务经济概述，城镇服务经济的发展及其管理，城镇服务体系的建立与完善进行论述。

12.1　我国城镇服务经济概述

从以农业为主的社会阶段过渡到以工业为主的社会阶段，再进入到以服务业为主的社会阶段，是人类社会发展的必然规律。积极发展服务业是促进城镇经济发育、优化社会资源（包括自然资源、资金和劳动力）配置、提高国民经济整体效益和效率的重要途径。目前我国城镇各类服务业的快速扩张将成为城镇经济增长和就业机会增加的主要来源。

12.1.1　城镇服务经济的含义

12.1.1.1　服务业的含义

要清楚了解服务业、服务经济首先要了解第三产业。从20世纪50年代后期开始，西方经济学界和西方各国的经济统计部门，基本接受和采用了三次产业分类法：第一产业：农业（包括林业、牧业、渔业等）；第二产业：工业（包括采掘业、制造业、水、电力、蒸汽、热力、煤气）和建筑业；除上述以外的其他行业属第三产业。这种以排除法建立的第三产业概念，是许多国家都采用的办法（见第2章城镇经济结构）。

1985年4月，国务院办公厅以国办发[1985]29号文件转发国家统计局《关于建立第三产业统计的报告》，提出我国产业的范围分类。中国国家统计局最早把服务业划分为四个层次（广义第三产业）（第2章城镇经济结构）。新的划分规定以2002年修订的《国民经济行业分类》国家标准为基础，行业分类的划分层次非常明确，继续划分4个层次必要性不大，因而2003年起不再对第三产业划分层次，并根据经济活动性质，对三次产业划分的范围作了一些调整，具体包括交通运输、仓储和邮政业，信息传输、计算机服务和软件业，批发和零售业，住宿和餐饮业，金融业，房地产业，租赁和商务服务业，科学研究、技术服务和地质勘察业，水利、环境和公共设施管理业，居民服务和其他服务业，教育，卫生、社会保障和社会福利业，文化、体育和娱乐业，公共管理和社会组织，国际组织等。

服务业是若干行业的总称，一般指具有一定设备、工具、知识、技能提供服务品，满足社会生活和生产需要的行业和部门。按照英国经济学家阿伦费希（20世纪30年代中期）提出的三级产业划分法，人们一般将第三产业视为服务业，即广义的服务业。另外两种相似的划分方法是经济学家将经济的发展分成前工业社会和后工业社会两个阶段，基本同三级产业划分法，在后工业社会，人们主要从事服务业，其实质是提供各种各样的服务。

12.1.1.2 服务经济

服务经济是指建立在服务产品的生产、分配、交换和消费之上的经济。这个简单的定义包含着如下两个方面的意义：首先，服务经济以服务劳动为基础和核心。所谓服务劳动，是指直接以活劳动的形式创造使用价值满足社会生产和消费活动的某种需要的劳动。服务劳动的产品不是“物”而是“活动”是“服务”。其次，只有直接纳入社会经济活动之中，并为社会生产和消费提供社会化服务的服务劳动才是服务经济形成的直接基础和本质内容。服务经济的形成不可能建立在生产或消费单位“自我服务”的基础上，只能建立在社会化服务劳动基础之上，只能是服务劳动社会化的结果。

服务业的迅速发展是当今世界经济发展的主要特征之一，其发展水平的高低是衡量一个国家或地区经济发展水平高低的重要标志，经济越发达的国家或地区，服务业也越发达。20世纪80年代以来，世界经济活动总量中第三产业即广义的服务业已经超过了第一、第二产业之和，取代了物质生产部门而成为最强大、最广泛的经济部门,服务贸易已成为贸易竞争的新领域。

服务业的快速增长使得它的产出和就业在整个经济中的比重持续上升,并在整个经济活动中逐渐取得主导地位(全球服务业产出在整个经济中的比重已经从2000年的63%上升到2010年的70%)。各国服务业的产出在整个经济中的比重与经济发展水平密切相关,人均GDP较高的国家,其服务业的产出与就业比重也相对较高。2000—2010年,中低收入国家的服务业产出比重平均上升了10~12个百分点,其中低收入国家的比重从38%上升到46%,中等收入国家的比重从56%上升到66%,同时高收入国家从65%上升到73%。服务业产出的快速增长表明了对服务需求的快速增长。服务产品是几乎不能存储的,它的增长宏观地反映了当时服务需求的上升。2000年主要发达国家(西方七国)中有4个国家的服务业就业比重已经超过了74%,达到或接近78%。这意味着这些国家有将近3/4的人从事服务业。当人们渐渐意识到在产业链的另一端,高利润区就是服务,进而纷纷转型的时候,它必将构成一种新的经济产出形态——服务经济!

虽然我国的经济增长速度远远高于世界绝大多数国家,但在服务业领域,服务业占GDP的比重不仅大大低于64%的世界平均水平,也低于发展中国家45%的平均水平。2003年,我国服务业产出占GDP的33.2%,其就业占社会就业总数的29.3%。同收入水平与我国基本相同的下中等收入国家的平均水平相比,我国服务业产值比重低19个百分点,在这类国家中名列倒数第二位;就业比重低18个百分点,名列倒数第一位。1993—2003年,我国服务业的产出占GDP的比重分别为32.7%和33.2%,10年的时间仅上升了0.5个百分点,服务业对经济增长的贡献一直徘徊在1/3。与同等收入水平的国家相比,我国服务业在国民经济中的地位明显偏低。

12.1.1.3 城镇服务经济

城镇服务经济指城镇(包括大、中、小城市和建制镇)的服务经济,这里主要指小城市及建制镇的服务经济。服务业的发展与人们的收入水平、城市化水平具有非常高的正相关关系:人口越集中,服务业发展的市场容量、基础设施等条件越好。有资料显示,发展较为现代化的服务业的城市最低规模为25万人口。低于这个规模,只能发展传统商业占较大比重的服务业。我国县城与建制镇的人口都远低于这个规模,所以其服务业发展以传统服务业为主。我国城镇服务经济(广义第三产业)的全面振兴是在十一届三中全会以后,随着农业隧道承包责任制的推行和乡镇企业的迅速发展,其发展情况如表12-1所示:

表 12-1 城乡各部门对国内生产总值的贡献① %

项目	年度								
	1994	1995	1996	1997	1998	1999	2000	2001	2002
GDP 增长率	13.5	12.7	10.5	9.6	8.8	7.8	7.1	8.0	7.3
第三产业	24.2	22.7	23.3	23.8	26.8	27.7	27.1	28.0	27.3
城市第三产业	14.2	12.5	14.3	15.7	11.9	15.4	18.4	19.9	20.6
乡村第三产业	10	10.2	8.9	8.1	14.9	12.3	8.6	8.2	6.7

"十一五"期间，城镇服务业的发展围绕产业结构的演进，发挥传统商贸行业在城镇经济中的作用，以贸促工，以贸促农，走贸工农一体化之路。通过流通领域专业市场的建设，提高服务业对农业剩余劳动力的吸纳能力。在发展为生产和生活服务的传统行业的同时，大力发展以城镇为中心的基础设施和社会化服务体系建设，使商贸向大流通、大市场新格局发展。重视发展交通运输、综合科技、信息咨询、社会保险、旅游文化娱乐等服务行业，为第一、第二产业和人们的物质文化生活水平的提高提供各种优质服务。

12.1.2 城镇服务经济的作用

服务经济是社会经济专业化发展的结果，反过来又对专业化、社会化、商品化发展起着积极的推动作用，是服务社会主义生产、流通和消费的重要手段之一。城镇服务经济除具有服务经济的一般作用外，在城镇经济社会发展中还有着特殊的意义和作用，具体表现如下。

12.1.2.1 有效推进城镇工业化和农业现代化的进程

服务业的发展是城镇经济进一步发展的重要因素。随着城镇经济逐步转向集约化和社会化，其发展将越来越依赖于服务业能否提供及时的信息、更新的技术、优良的服务和适用的人才。首先，城镇工业的发展有赖于完善的服务业为其提供产前、产中、产后的系列服务如今；其次，对企业发展起重大作用的资金融通，风险分散有赖于服务业中金融业、保险业的发展；信息咨询服务业、邮电通讯服务业的发展，可以为农业、工业的生产经营决策提供及时、准确的国内外市场信息、技术信息；商业、交通运输业、物资供销和仓储业的发展，有利于减少流通环节、节约流通时间；科研和各类技术服务业的发展，则为企业提高劳动生产率开辟了广阔的前

①资料来源：中国社会科学院农村发展研究所、国家统计局农村社会经济调查总队，《2001—2002 年：中国农村经济形势分析与预测》，社会科学文献出版社 2002 年版，第 48 页。由于真正在农村的服务业数量很少，农村服务业多集中在小城镇，这里把乡村服务业视为小城镇服务业。

景。由此可知，城镇服务业的发展有利于促进城镇商品经济的发展，提高工业企业的社会化、专业化服务水平，增强社会保障能力，推动国民整体素质的提高，加快现代化进程。

另外，积极发展城镇服务业尤其是小城镇服务业，还可以有力地推进农业的现代化进程。目前农民呼声最高、需要最迫切的就是农业生产的产前、产中、产后的系列配套服务。这说明农村经济的发展客观上要求建立适合商品经济发展的农业社会化、专业化的服务体系。小城镇可以利用地域、信息、人才等方面的方便，成立专门针对农业的服务产业，有力地促进农业生产的社会化。通过发展针对农村的乡村服务业，以城带乡，互为资源、互为市场、互相服务，实现城乡经济、社会、文化、生态上的协调发展。

12.1.2.2 发展城镇服务业是加快推进城市化、城乡一体化，全面建设小康社会的必然选择

城市化和城乡一体化的核心是农村城镇化、农民非农化，让大量农村人口向城镇转移，农村劳动力向非农产业转移。人口的集聚不仅需要完善的基础设施，而且需要健全高效的服务体系，更需要有足够的就业机会。据专家测算，城市化水平每提高一个百分点，服务业从业人员占全部从业人员的比重也将提高一个百分点。随着我国经济的快速发展，失地农民不断增加，加之农村居民收入水平低、整体消费水平不高，已经制约了我国城市化和城乡一体化的进一步推进。要想实现全面小康，必须解决好失地农民和农村富余劳动力的就业问题，提高他们的收入。从我国的国情出发，农村大批剩余劳动力的转移方向，离土离乡搞劳务输出固然是一条出路，但容量终究有限，过多的涌向大中城市会造成许多社会问题。而且高的经济增长率并不必然带来高的就业率，特别是随着科技进步，大量新技术、新设备的采用，大大提高了生产效率，加快了资本替代劳动的过程，经济增长所能吸纳的劳动力的弹性系数逐步下降。城镇服务业具有就业门路广、吸纳劳动力强的特点，是解决就业和实现农村劳动力转移的重要途径。

12.1.2.3 城镇服务经济的发展有利于提高居民生活水平，改善生活质量

不断提高城乡居民的物质和文化生活水平，是发展经济的根本出发点和归宿。在温饱问题基础解决、人民生活水平总体进入小康后，消费需求将从量的增加转向质的提高，从单一化转向多样化、个性化，从物质领域延伸到精神领域。城乡居民对教育、文化、旅游、医疗保健以及住房、出行条件等生活服务的需求越来越迫切。而服务业的发展状况直接决定人们的物质、精神需要的满足程度。要更好地满足人民多层次的消费需求，提高居民生活质量，只有大力发展服务业。

12.1.2.4 城镇服务经济的发展有利于城镇产业结构调整和经济体制改革

服务业的发展要以第一、第二产业的发展为基础，反过来又促进第一、第二产业的发展。世界经济发展的轨迹表明，当第一、第二产业发展到一定阶段时，势必要求服务业配合发展。积极发展城镇服务业，吸收第一、第二产业中多余的劳动力，并提供各种社会服务，有助于城镇产业结构的改革和经济效益的提高。目前，我国城镇服务业发展滞后，生产的专业化、社会化程度低下，已不能适应第一、第二产业发展的需要。加快发展城镇服务业，不仅可以优化经济结构、缓解经济生活中的深层矛盾，还可以充分发挥其市场潜力大、生产率上升快、产业关联度高的特点，成为新的经济增长点。

随着我国经济体制改革的全面展开，指令性实物管理为主的产品经济模式逐步转向以指导性计划为主的商品经济模式。企业决策所需要的信息，实现再生产所需要的物资、资金、技术等要素，开展经营活动所需要的正常经济条件等，都需要服务业中的咨询业、商业、广告业、金融业、保险业、租赁业、法律事务等来提供。没有服务业的发展相配合，经济生活就会出现混乱。从这个意义上说，经济体制改革的进程，在一定程度上取决 于服务业的发展。

12.1.2.5 发展城镇服务业是解决资源压力、促进经济社会全面协调可持续发展的战略举措

长期以来，我们在经济社会发展过程中形成了以量的扩张为主的传统发展模式，带来了自然资源、生产要素的过度消耗以及生态环境的破坏，高投入、高消耗、高污染的状况影响了经济社会的可持续发展。据调查测算，我国现在每增加万元GDP，需要固定资产投资4.99万元，固定资本形成占GDP的比重达46.7%，大大高于美、德、法、印度等国一般20%左右的水平。特别是去年以来国家实行宏观政策调控，土地、资金等要素收紧和电力等能源紧缺，给经济发展带来了非常不利的影响。服务业具有投资少、消耗低、污染小、效益高、就业广等特点，发展服务业，能够有效地降低经济社会发展对资源要素的需求，符合国家调控政策和可持续发展的要求。

12.1.3 我国城镇服务业的类型

联合国的《国际标准产业分类索引》中，10大项经济活动中有4项为服务业，并以两位数分出更细的组别。欧洲命名法(NACE—CLIO)把服务分为3类：为商品生产服务的部门、为市场服务的部门和非市场服务部门。1970年，卡托齐安以功能为基础，将服务业分为补充性服务、新兴服务、传统服务3类。

依照服务内容可以把我国城镇服务经济分为：维修业、商业、直接消费性服务

业、公用服务业、咨询服务业、金融保险业、文教卫生等。

按服务经济在社会再生产过程中的作用不同,可以把我国城镇服务业划分为:生产服务业(包括为物质生产过程提供社会化服务的部门);流通服务业(包括批发零售业、商品运输业等);消费服务业(包括直接为满足人们物质生活资料消费和精神生活消费的各类服务事业)。

综合服务功能和服务对象可把我国城镇服务业分为如下3类:城镇基础性服务业(包括交通运输业、商贸流通业、邮电通信业、餐饮、酒店和文体娱乐业、房地产和社区服务业、公用服务业等);专门为“三农”服务的“三农”服务业(包括为农业社会化服务的服务业、为农村家庭工业服务的服务业和为农民生活服务的服务业);现代服务业(包括产品研制开发、工程设计、咨询与调查、资产评估等行业,会展、证券服务、市场营销、售后服务等生产使用型服务业等)。

12.1.4 我国城镇服务经济发展中存在的问题

随着城镇经济的快速发展,城镇服务业有了较大的发展:总量不断增加,结构不断改善,吸纳劳动力就业的能力大幅度提高。但是,其发展仍处于一个规模扩张而能级不高的水平上,还存在许多亟待解决的问题,主要表现如下。

12.1.4.1 总量不足,发展水平偏低

城镇服务业发展整体滞后,且为生产和生活服务的部门的增长速度在城镇服务业中居首位,远高于服务业平均增长速度。改革开放以来,我国服务业增加值由1978年的861亿元增加到2003年的38 886亿元,按可比价格计算,年均增长速度超过10%。服务业从业人员从1978年的4 890万人增加到2003年的21 809万人,净增16 919万人,几乎是同期第二产业净增从业人员的两倍。但中国服务业发展仍然相对滞后,近年来服务业增加值占GDP的比重一直徘徊在33%,不仅远低于世界平均64%的水平,而且低于低收入国家45%的水平。根据有关统计,世界中等收入国家三大产业的平均比例为10∶38∶52。比较而言,中国的第一和第二产业比重过大,而第三产业比重过小。另外,从三次产业的就业结构也可看出服务业规模较小的问题。从2003年的存量数据来看,中国劳动者在第一、第二、第三次产业就业的比例为9.1∶21.6∶29.3(因农村服务业所占比重很低,所以这里的国家整体服务业水平也可反映城镇服务业水平)。由于中国第三产业的比例过低,城市难以提供就业机会,这不仅会造成城市居民收入的下降,而且还会强化中国城乡二元结构,而这又会导致内需不足,因为乡村居民与城市居民相比,通常总是具有更大的自给自足性。

12.1.4.2 内部结构不合理

从内部行业结构看，劳动密集型的营利性服务部门发展最快，资金、技术密集型的营利性服务部门次之，非营利性部门最慢。传统部门和一般产业仍是带动城镇服务业增长的主要力量，与发达国家和大城市相比，城镇服务业存在基础型、传统型比重偏大，现代型、高科技型产业比重偏小的结构缺陷。交通运输、邮电通讯业、批发和零售贸易、餐饮业的增加值所占比重很大，与现代产业相联系的资金和技术密集型的金融保险、信息咨询、市场调查、专业服务发展严重不足。

12.1.4.3 服务领域狭小，服务水平不高

服务业内部还存在经营机制、运营方式落后，传统的商贸流通、餐饮服务、生活服务及交通运输业设施滞后，运营机制不灵活、运营方式陈旧，经营领域狭窄等问题。信息服务、房地产、咨询服务、技术服务、广告等新兴服务业刚刚起步。多数城镇服务业发展不适应市场经济体制的要求，服务品种少，服务手段落后，难以满足城镇经济发展和人民生活水平提高的需求。

12.1.4.4 城镇服务业的市场化、社会化程度低

服务业的市场化程度低。首先表现为垄断过度，行政管理色彩重，行业准入限制多，抑制了服务业的发展，使一部分潜在的服务业需求不能得到实现。目前的城镇服务业中除商业、餐饮业、运输业中的公路运输等传统产业市场化程度比较高以外，金融、保险、电讯、教育、卫生、文化、信息媒体，还基本处于垄断经营、管制经营、限制经营的状态。其次，服务业投资基本上以国家为主。由于市场限制经营，一些本来可以产业化经营、商业化运作的服务领域，都被当做公益性、福利性的社会事业来办。绝大多数行业国有企业仍占据主体地位，甚至绝对主体地位，其比例大大高于工业。以公有制为主体，多种经济成分共同发展的格局在服务业领域远未形成。最后，服务业多数产品的价格由政府指定和管理，市场决定的能力差。

消费品和服务项目的社会化、商品化程度低。城镇服务业还存在产业层次低，产业的资金、技术、信息含量不高，信息基础设施、网络建设相对滞后，缺乏统一规划和协调，重复建设现象比较严重等问题。目前，除食品、衣着、耐用消费品、住房等基本实行商品化外，文化教育、医疗保健等尚未完全走上商品化轨道，从而制约了消费结构的转变，割裂了巨大的市场消费需求潜力与现有供给能力之间的联系。

12.1.4.5 与其他产业联系趋弱

在市场经济条件下，企业竞争的焦点正逐步从质量、技术转移到产品的服务。如今服务经济在各个行业已是烽烟四起，服务所带来的经济效益也越来越受到企业的重视。可以说，服务业与制造业是相互依存、相互促进的关系，先进制造业的发展是服务业发展的基础和支撑，服务业的发展又为先进制造业的发展创造了条

件。在发达国家，服务业和制造业的关系越来越密切，而我国工业部门对服务业的中间使用却呈下降趋势。1992—1997 年，消费品制造业对服务的中间使用由 15.7%下降到 11.5%，中间投入品制造业从 20.1%下降到 13.4%，资本品制造业从 19.3%下降到 12.7%。小城镇服务业与其他产业的关联度更低。

总体上看，在绝大多数商品处于供过于求的情况下，城镇服务产品却存在明显的供给不足，处于供不应求的局面。行路难，看病难等生活中的诸多不便，折射出我国城镇服务业发展的严重滞后。当前，我国城镇服务业还存在总量不足，结构不合理，国际竞争力不强等矛盾，运输、仓储、商贸、餐饮等传统服务业比重过高，而金融、电信、房地产、旅游等现代服务业的发展严重不足。此外，服务领域狭小，服务水平不高，也是城镇服务业面临的突出问题。服务业如不加快发展，很可能成为制约城镇经济社会发展的新瓶颈。

12.1.5 我国城镇服务业发展滞后的原因分析

12.1.5.1 生产力发展水平不高是我国城镇服务经济发展滞后的首要因素

城镇生产力的快速发展是城镇服务经济发展的基础。首先，城镇生产力的发展是城镇商品交换范围扩展和商品经济发展的物质基础，只有城镇商品经济的发展水平提高了，才会有“服务”这种特殊商品的发展。其次，城镇生产力的发展直接决定了城镇居民的收入水平和购买力水平，进而也就决定了对“服务”这种特殊商品具有购买能力的需求水平。只有城镇生产力发展水平提高，居民的收入水平和购买力水平才会提高，也才能真正促进“服务”这种特殊产品的商品化进程，促进城镇服务经济的发展。再次，城镇生产力的发展对服务经济的影响还体现在其对城镇消费结构的影响上。随着生产力水平的提高和居民收入的增加，人们的消费层次不断提高，逐步由物质性消费向精神性消费过渡，由有形的物的消费向无形的“服务”消费过渡。

12.1.5.2 城市化发展进程过于缓慢

服务业的特点之一是生产和消费在时空上的相对统一性，除了交通运输、商业批发等少数部门外，大多数行业都具有一定的服务半径。特点之二是规模效益非常明显，即当收入水平和生活方式一定时，经营效益与服务半径内的人口规模呈非常明显的正相关，只有当人口集中到一定规模，服务业才能盈利。因此，必须大力推进城市化进程。

中国的城市化发展进程过于缓慢，农村人口占全国总人口的比重一直居高不下，维持在 60%以上。由于农村人口比城市人口具有更大的自给自足特征，加之居住分散,交通不便,收入来源单一,局限于家庭自我服务的传统圈子里,不可能形成对服务业的规模需求,这使得城镇服务业的发展明显受到城市人口相对较少的限制。加快城市化进程不仅会改变农村居民分散居住的状况和条件,促进农村居民的生活消费方式改变,而且使原来的农民既成为第三产业的消费者,又成为第三产业的就业者,从而不断扩大农村第三产业的规模需求。

12.1.5.3 市场法规不健全

中国的企业多倾向于多元化经营,不太愿意选择专业化经营,使得基于社会分工、提供市场服务、降低交易费用的服务业很难发展。现存城镇服务业又没有专门机构进行规范管理,权益保障、准入条件、市场监管、公平竞争等相关政策不明确,而服务业又恰恰是涉及面较广的社会活动,牵扯到劳动保障、民政、工商、市政、卫生、城管、税务等政府职能部门。市场法规的不健全导致服务业市场交易费用过高,使得企业更倾向于选择把交易内部化的全能化生产,而不是选择与他人分工的专业化生产。

12.1.5.4 人才短缺严重

由于我国的低工资制度和轻服务业管理人才培养的传统观念,整个服务业发展缺少人才的状况非常严重。在我国目前服务市场有限度的开放中,外资银行、外资保险公司已挖走国内银行、保险公司相当数量的业务骨干。在信息服务等其他行业内资企业的人才流失也很严重,限制了我要城镇服务业的发展。

12.1.5.5 观念和体制障碍

观念方面:一方面在观念和政府主导的发展思路中,重制造轻服务的问题仍然存在;另一方面服务业的许多领域被当做非生产活动,一些应当作为商业化经营的领域,被当做公益型、福利型的事业来运作,直接导致服务业许多行业过于依赖政府的投入,缺乏自我发展机制。

体制方面:一是一些服务行业尤其是一些发展潜力较大的行业存在限制进入和垄断现象,导致服务供给质量差、价格高,抑制了需求。特别是服务业中的国有企业改革进展相对缓慢,活力不足。二是由于就业压力,许多企业将本来该由专业服务企业提供的服务活动长期内部化,以达到安置富余职工的目的,抑制了服务业的发展。由于不可转移的固定费用高,企业自己从事服务业虽然相对低效率,但将服务业外置的损失更大。三是限制农村人口向城镇的流动,导致城市化水平相对较低和大量人口滞留在农村,抑制了服务业的发展和消费增长。四是社会保障体系尚不完善,使得相当一部分消费者即使收入增加也不愿增加即期消费,而是为未来进行储蓄。

12.2 城镇服务经济的发展及其管理

城镇服务经济的发展是一个统工程,涉及城镇经济发展的方方面面。可以说,没有服务经济的繁荣与发展,也就没有整个城镇经济的繁荣与发展。前文内容显示,我国城镇服务经济的发展还存在许多限制因素,在今后的发展中要断汲取以往发展的经验教训,统筹规划,在一定原则指导下逐步进行,改变服务经济制约城镇经济发展的现状,并使其成为城镇经济发展中新的增长点。

12.2.1 我国城镇服务经济的发展

12.2.1.1 发展我国城镇服务经济的指导思想

城镇服务经济的发展要抓住机遇、讲求时效、突出重点、增加总量、调整结构,以体制和科技创新为动力,以拓宽领域、完善功能、提高层次和水平为目标,努力提高产业整体素质、服务质量和经济效益。在扩大服务业经济总量的同时,着力调整和优化内部结构,逐步建立起适应社会主义市场经济体制要求、体现社会主义现代化城镇特征的特色明显、功能完善、结构合理的服务业体系,形成第一、第二、第三产业相互协调、共同推动经济发展的新格局。

12.2.1.2 城镇服务经济的发展的原则

1. 坚持合理规划,突出重点,分类指导,全面发展的原则

根据服务业内部各行业的性质、特点及其经营管理、盈利水平等因素,采取区别对待、分类指导的原则,从政策、体制、机制上为服务业的发展创造条件。结合各地区位条件、自然人文景观、商品经济发展程度、经营人才素质等要素,综合服务业中的行业区域比较优势,适应现代制造业发展的要求,积极培育具有潜在优势的现代服务业。

2. 坚持增加总量与优化结构相结合的原则

在发展中推动城乡产业结构、城镇布局结构、企业组织规模结构以及市场结构体系的调整,在坚持以提高经济效益的同时兼顾社会效益。坚持传统行业与新兴产业相结合、国内市场与国外市场相结合、营利性行业与非营利性行业相结合,加快产业结构的调整,改组、改造批发零售贸易、交通运输、邮电通信等行业,大力发展金融保险、旅游、房地产、信息、社区服务等行业,不断优化服务业内部结构。

3. 坚持谁投资、谁所有、谁受益的原则

深化企业、社会保障等方面的改革,从体制、机制、制度和政策上为服务业发展

创造有利条件:推进部分由政府配置资源为主的服务行业向市场为主转变;加快垄断行业管理体制改革,实行政企分开,放宽准入领域;深化国有服务业企业改革,使其真正成为市场竞争主体;创造平等的市场竞争环境,积极鼓励非国有经济在更广泛的领域参与服务业发展;有步骤地扩大服务市场的对外开放,使外资更多地参与服务业特别是现代服务业的发展;推进后勤服务由自我服务为主向社会服务为主转变;积极发展多种所有制的服务业,支持、鼓励和引导私营、个体企业兴办服务业,充分发挥它们在活跃市场、增加就业方面的作用,取消对非国有经济在经营范围、从业条件、资金融通、税费征收等方面的不合理限制。既要发挥好政府的主导作用,又要充分发挥企业的主体作用,发挥市场配置资源的基础性作用。

4. 坚持政府政策引导、典型示范带动和行业组织自律相结合的原则

从实际出发,制定相互配套、有利于发展的可操作的政策措施,加强行业组织建设,发挥自律作用,发挥市场机制,开放搞活,以典型示范作用,带动发展特色行业。

12.2.1.3 城镇服务经济的发展目标

建立比较健全的城、镇、乡、村社会化综合服务体系,以加快城镇服务业为发展突破口,围绕以扩大经济总量、扩大农村劳动力就业、增加农民收入为目标,加快生产性服务业发展,加快产业集聚发展"商圈"经济,逐步引导城镇服务业提档升级,实现服务业快速、健康、稳定发展,实现城乡统筹发展。具体如下:

①大力兴办与当地经济发展和人民生活关系密切的行业,主要是商业、物资业、旅游业、房地产业、城镇居民服务业、饮食业和文化卫生事业等传统服务业。

②积极发展与科技进步相关的新兴行业,主要是咨询业(包括科技、法律、会计、审计等咨询业)、信息业和各类技术服务业等。

③积极发展面向乡村的服务业,主要是发展为农业产前、产中、产后服务的行业及为提高农民素质和生活质量服务的行业。

12.2.1.4 城镇服务经济的发展重点

考虑到我国城镇服务业发展较为落后,发展参差不齐等因素,其发展要按照分阶段、有重点、多层次推进的思路。要加快发展投资少、见效快的技术密集型服务业以及社区服务和家政服务等新兴服务业,并加强服务业发展的整体协调力度,推动产业结构优化升级。使服务业增加值占 GDP 比重不断提高,吸纳就业能力不断增强,内部结构不断改善,产业素质和竞争力不断提升。

1. 集中力量优先发展基础性的服务业

要按照现代城市功能的要求,充分运用市场机制,依靠社会各界的力量,特别是进住城镇的农民的力量,统筹规划,加快城镇的交通运输、邮电通讯、供电供水、

房地产业、文体卫生、科技教育等基础性服务业的建设，努力改善城镇的投资环境和生产质量，以基础性、先导性服务业的发展来带动工业和商业性服务产业的发展。要进一步解放思想，突破以往由政府独家兴办的旧模式，建立多元投资机制，广泛地运用股份制、股份合作制等形式，促成政府财政资金和民间资本联合兴办。要重视依靠社会各界的力量，特别是进住城镇农民的力量，使城镇基础性、先导性服务业的建设形成强有力的自我发展的机制。

2. 以小城镇为依托，因地制宜地大力发展具有自身特色的面向“三农”的服务业

农村地域分散，一些带基础性、先导性的产业的建设，如果分散到各个村落去办，不仅无力投资，而且不可能产生良好效益，反而会造成极大浪费。因此，必须集中在农村的小城镇上建设，只要城镇布局合理，就可以带动和受益广大乡村，收到事半功倍的效果。从服务业自身的特点来考察，与经济发展和人民生产关系密切的商业、物资业、对外贸易业、金融业、保险业、房地产业、服务业、饮食业和文化卫生业等；与科技进步相关的科技、法律、会计、审计、资产评估等中介服务业的信息、各类技术服务业等新兴行业；为农业产前、产中、产后服务和为提高农民素质、生产质量服务的行业等；对当地经济发展具有全局性、先导性的交通运输、邮电通讯、供电供水、人力培养和教育等基础行业，也都需要依托城镇这块阵地，依靠城镇地理区位的优越条件和人力、物力、财力的优势，来创造良好的基础设施条件和适宜的环境，才能获得更快更好的发展。

让小城镇成为农村服务业的聚集中心，除了大力发展为城镇居民的生产、生活服务的服务业外，还应该大力发展以周围村庄农民、农业和家庭工业为服务对象的服务业，如，发展农产品流通、农业生产资料供应、农业机械、科技推广、信息咨询、教育培训等农业产前、产中、产后社会化服务业；发展专业小商品批发市场、原辅材料供应市场和劳动力市场，服务农村家庭工业；发展商业服务业、文化娱乐业、体育卫生、邮电通讯、信用储蓄、社会保险等，提高农民生活质量，努力使城镇对周围村庄的农民形成强有力的经济向心力。

12.2.2 我国城镇服务经济的组织与管理

由于服务产品的无形性，生产和消费只能同时同地发生，消费者（包括生产性消费者即厂商）无法在购买和消费前事先测度事实上还没生产出来的服务的品质。这样，供给方和需求方之间存在关于产品品质的信息不对称问题，致使生产者很少会产生和遇到提高产品品质的内在动力和外在压力。使消费者面临道德风险并可能做出逆向选择。此外，价格竞争低效（在购买前无法知晓产品品质）及自然垄断

部门的存在，使得消费者沦为弱者，只有通过政府宏观指导和管理，才能保护消费者利益，使消费得以延续，进而才能为生产者提供有效市场，才是真正保护了生产者，也才能使服务业真正得以蓬勃发展。

12.2.2.1 研究制定城镇服务业发展的方针政策

充分发挥政府政策的宏观调控作用，运用市场经济规律，因地制宜提出鼓励扶植服务业发展的政策。进一步深化改革，突破制约城镇建设和服务业发展的诸多政策约束，形成小城镇建设与服务业相互促进，共同发展的经济运行机制。要大力推进城乡户籍制度和劳动就业制度改革，使农业人口和农村劳动力能够根据其自身就业和发展的需要，与城市劳动力一样实现跨地区的自由流动；进一步优化小城镇的经济发展软硬环境，加速推进乡村各类企业向小城镇的工业集聚区聚集；建立充满活力的服务业自我发展机制，使服务业的绝大多数经营单位逐步实现由福利型、公益型向经营型转变，做到经营方式企业化、服务价格市场化、市场监管规范化。具体有以下几点。

1. 加强规划指导

服务业作为经济社会发展的有机组成部分，必须结合各地“十一五”规划编制发展规划，既要衔接平衡服务业与第一、第二产业协调发展的关系，又要统筹规划、总体指导其战略、总量、结构、布局等，通过制订城镇服务业发展指导目录，找准重点，分清缓急，明确重点开发区域和重点发展行业，做到规划科学、布局合理、定位明确、特色鲜明、重点突出、操作方便，从而促进城镇服务业有目标、有重点、有步骤地全面协调发展。

2. 放宽市场准入，加快非公有制经济服务业发展

要把发展非公有制经济作为全面建设小康社会的战略重点和完善社会主义市场经济体制的重要内容，列入服务业发展总体规划和政府工作目标管理，并在以下几方面抓好落实：一要简化审批手续，进一步放宽非公有制经济的准入领域和准入条件，为非公有制经济提供更为广阔的发展空间；二要深化人事管理制度改革，充分发挥市场机制作用，鼓励人才向非公有制经济领域流动，积极支持非公有制服务业做大做强；三要制定优惠政策，充分发挥非公有制服务业在国企改革中的重要作用，积极鼓励和支持非公有制服务企业以收购、兼并、控股、参股、租赁、承包等多种形式参与国有企业改革；四要深化金融改革，完善财税政策，拓宽融资渠道，为非公有制服务业发展提供强力的金融、财税支持；五要摒弃不合理的制度规定，严格依法行政，切实保护非公有制服务企业的合法权益，为非公有制服务业发展创造良好的环境。特别要注意破除各种各样不成文的“潜规则”，减少不必要的环节。

3. 制定适当的政策导向，加快服务业发展

应制定有利于服务业发展的政策，从转变观念、规范行为和适当扶持等多个方面加以引导。应加大鼓励消费增长的政策力度，及时清理和废除抑制消费的政策，制定更加积极的消费政策。进一步规范服务业的行为，重点是规范服务和诚信服务，在一些行业加快信用评价体系建设和服务标准制定。对一些吸纳就业能力强、从业人员投资能力弱的小型服务企业，需要制定优惠鼓励政策，在税收、用地、资金等多方面予以支持。

4. 继续探索在市场经济条件下宏观管理统筹服务业的方式和途径

转变政府职能，进一步强化政府服务，提高工作效率，简化审批手续，除国家另有规定外均实行登记备案制。实现管办分离，完善服务监管措施，把可以由社会自我调节和管理的职能交给社会中介组织，推进政府由“审批”向“服务”转变、“管理所属单位”向“服务全行业”转变、“多头管理”向“统筹服务”转变，合理划分服务业中的竞争性和公益性行业，实行不同的运行模式和经营管理方式，把竞争性行业逐步推向市场。加快适宜产业化经营的社会事业的改革步伐，把发展服务业与政府职能转变及事业单位改制结合起来，实行政企分开、企业与事业分开、经营性机构与非经营性机构分开，培育符合市场经济体制的微观主体。合理确定教育、文化、卫生、邮政等行业的经营范围，适当引入市场机制，积极探索产业化发展道路。加快企事业单位和机关后勤服务改革步伐，打破封闭式自我服务体系，实现市场化和社会化服务。继续深化产权制度改革，积极培育市场主体，推动国有资产从一般竞争性领域逐步退出。加快城市公交、供排水、燃气、污水、垃圾处理等公用事业单位改革，优化公益性国有资产配置。深化专业化分工，加快国有企业内部需求市场化进程，实行主辅分离，改变大而全、小而全的企业组织方式，鼓励和引导企业外包服务。

5. 拓宽资金来源渠道，加大对城镇服务经济的投入力度

坚持以政府投入为导向、社会投入为主体、金融信贷为支撑的原则，广开投资渠道，推动服务业的发展。各地政府要安排一定的财政资金，作为发展服务业的导向资金，用于吸引社会资金投入，支持服务业重点项目和新兴产业发展，引导和鼓励企业社会资金的投向和力度。通过银行贷款、企业投入、社会集资、引进外资、政府贴息等手段逐步形成多渠道、高层次的全社会投入体系，使服务业持续稳定发展。

12.2.2.2 加快城镇化进程，促进服务业发展

纵观世界经济发展的历程，有两条基本规律愈来愈受到人们的深刻认识和高度关注：一是当一个国家的经济发展到一定水平时，服务业的发展速度普遍高于第

一、二产业，对整个国民经济的发展日益起到加速推进的作用；二是服务业的发达程度伴随着城市化水平的提高而提高。而且就目前来讲，农民离乡进镇，开店设摊，从事各种服务业，已经成了农村经济发展的一大趋势。以浙江为例：2009年全省城镇和乡村从事服务业的劳动者共2 018.9多万人，其中聚集在城镇的有1 211.3多万人，占总数的60%，比农村的多403.7万人，而农村从事服务业的也大多数聚集在当地的小集镇上，这种服务业向小城镇集聚的趋势，使小城镇成为沟通城乡经济的桥梁和纽带，有利于推动城乡一体化的进程。所以，城镇是服务业发展的主要载体，城镇的发展直接带动服务为业的发展。而服务业的发展又进一步推动了城镇化进程的加快。这就需要适当调整城镇发展政策，改革目前的城市户籍制度，实行"居者有其籍"的新制度，进而带动道路、供水、供气、供热等城镇基础设施的建设和文化教育等相关配套服务业的发展，有计划地将农村剩余劳动力向城镇服务业转移，扩大对城镇服务产品的供给与需求，促进服务业集约发展。

12.2.2.3 以工业小区建设和市场建设为两翼，带动城镇服务业的发展

城镇工业的聚集和市场的繁荣是城镇服务业腾飞的两只翅膀。当前，我国很多乡镇已经形成具有自身特色和一定传统产业优势的产业集聚区，辐射、带动力逐步增强，各地应趁势而上，进一步加强城镇工业集聚区建设，以优惠的政策、优良的投资环境和齐全配套的服务设施，吸引农民进区开办新企业，吸引老企业搬迁进区，吸引外资进区建厂，不断壮大集聚区的规模，提升集聚区的档次。同时，要结合当地实际，按照市场经济的运行规律，因地制宜地加快城镇的市场建设。要结合当地主导产业，重点发展各种专业批发市场、农贸市场等商品市场。并且要积极创造条件，努力培育房地产、劳动力、技术、信息等生产要素市场，大力发展各类市场的中介组织。城镇工业的聚集和市场的繁荣是城镇经济和服务业腾飞的双翅。要充分利用目前相当一部分建制镇已经搞了经济开发区和工业小区的现实条件，加速吸引城镇工业企业向开发区和工业小区聚集。同时，要重视城镇的市场建设，结合当地实际，按照市场经济的运行规律，因地制宜地加快市场建设，积极创造条件，努力培育金融、房地产、劳动力、技术、信息等生产要素市场，大力发展各类市场的中介组织，为城镇服务业创造新的市场需求的最重要的途径。

12.2.2.4 积极扩大消费需求，开拓城镇服务业新的发展空间

一是通过努力提高城乡居民收入水平（特别是增加低收入阶层的居民收入）、强化社会保障体系建设，制定鼓励消费政策拓展消费领域，开发假日经济，拓展旅游、教育、文化、娱乐、体育、健身等服务性消费领域。二是加快农副产品流通设施建设，大力开拓农村市场，启动农村住房市场，改变农村消费环境。三是加快小城镇建设步伐，建立促进人口向城镇转移的政策导向机制，强化城镇功能，促进城镇服务业的发展。

12.2.2.5 充分发挥行业协会作用

行业协会作为社团互助体系、中介服务体系、合作促成体系的重要组成部分，将逐步在城镇经济服务体系中发挥重要的作用。所以加快政会分家的步伐，鼓励条件具备的行业协会开展信息发布、人员培训、国际技术合作、推介名优产品等服务工作，支持行业协会代表本行业企业进行反倾销、反垄断、反补贴等调查和参与反倾销的应诉活动。充分发挥行业协会在沟通信息、监督自律和平衡协调方面的作用，鼓励其积极参与国内、国际交流和合作活动。

12.2.2.6 加强服务业发展中的法制建设

依法管理是服务业在市场经济条件下健康发展的必要条件，各有关部门应共同制定立法计划，建立健全保障和促进服务业发展的地方性法规体系，在行业标准、业务范围、价格管理、奖励惩罚、资产评估、监督检查、纠纷仲裁等方面都能尽可能有章可循、有法可依，逐步形成比较完备的服务业法规体系。要进一步加强执法队伍的素质建设，完善执法工作程序，健全执法规章制度为服务业发展创造一个良好的外部发展环境。

12.3 城镇服务体系的建立与完善

为实现城镇服务业发展的产业化、现代化目标，促进城镇经济发展进而推进整个国民经济的发展，必须要有一个能够提供全面、高效、优质服务的城镇经济服务体系。

12.3.1 镇经济服务体系的含义及构成

12.3.1.1 城镇服务经济体系的含义

城镇经济服务体系指的是城镇中一系列服务机构（含专业的和非专业的服务机构）及其相互作用，这些机构及其相互作用决定了各城镇的服务经济行为。研究的范围不仅包括那些商品流通、金融、教育等专门从事服务业的行业或部门，也包括城镇政府的公共服务和企业内部服务结构等。

12.3.1.2 城镇经济服务体系的构成

城镇经济服务体系应由以下几个层次构成：

1. 政府管理机构

政府管理机构主要指各级经贸委（经委、计经委）等经济管理部门，其职能是会同政府有关部门负责本地区服务体系的指导、协调、监督、管理工作。具体职能:研究制定法律、法规和促进服务体系发展的政策措施;审核确定培育服务体系发展的年度计划;制定操作规则,建立对服务机构的评价、考核、奖惩制度;依法对服务体系实施监管。

2.城镇综合服务机构

城镇综合服务机构既可以是由政府管理机构批准设立的经济服务中心,也可以是由服务机构自发组成的行业协会。其性质可以是事业法人、社团法人或企业法人,定位为综合性社会公共服务自律性组织,是城镇专业服务机构与政府间的桥梁。它接受政府的政策指导,联系、沟通、协调服务机构,促进业务交流,维护公平竞争环境;为企业提供服务指南及社会公共服务;维护企业利益,及时向政府有关部门反映企业的情况和问题;接受政府有关部门的委托开展工作,协助落实有关企业扶持政策,配合政府有关部门搞好对企业的服务。

3.城镇专业服务机构

为企业提供服务的各类社会机构。服务机构应满足依法设立、具备相应资质的条件。其性质可以是事业法人、社团法人、企业法人或自然人,服务机构按照市场化运作,具有在批准的范围内自主经营的权利,可以根据市场需求跨地区经营。

12.3.2 建立城镇经济服务体系的指导思想、基本原则

1.建立城镇经济服务体系的指导思想

适应构建城镇服务体系的需要,优化服务业发展环境,培育服务理念,建立市场运作、行业管理、政府引导的运行机制,集成各种服务资源,推动城镇经济服务体系的形成与完善。

2.建立城镇经济服务体系的基本原则

(1)统一规划,分步推进　经济服务体系是一项系统工程,不能一蹴而就,应根据各城镇实际统筹安排,循序渐进,分步实施。

(2)依法建设,公平竞争　经济服务体系的建立必须依照国家法律、法规和产业政策进行建设。通过公平竞争,优胜劣汰,提高各服务机构的服务水平与质量。

(3)政府扶持,市场化运作　服务体系的建设要发挥政府的政策导向作用,通过必要的引导、扶持和规范,为城镇服务业营造良好的成长环境。在推动经济服务体系的建立与发展过程中,政府要坚持服务指导思想与实际工作的统一,防止和纠正以政令代替服务的行为。

(4)坚持综合系统服务原则　经济服务体系的建设应在政府的统筹下,调动各方面力量,实现社会服务资源的优化组合。防止短期行为和功利主义,避免重复设

立，恶性竞争，浪费资源。

12.3.3 建立城镇经济服务体系

12.3.3.1 加强信息化服务力度

政府与非政府经营主体间、服务产品供给与需求的信息不对称是城镇服务经济发展较慢的重要原因之一。因此，建立完善的城镇经济服务体系首先是要加强信息化服务力度，搭建服务经济综合性信息平台，形成覆盖面广泛的服务业信息网络。通过政府信息综合部门设置专项服务业信息，此外政府还应充分运用工商联以及其他行业组织，加大对服务企业获取、利用信息的推广、培训和指导工作。

12.3.3.2 改革和完善政府管理机构职能

与国外的政府相比我国各级政府的管理权限要大得无可比拟。例如，律师行业在国外属司法系统，政府干预不到，在我国则纳入政府直接干预的行业；行业协会在国外是非政府组织，在国内则是政府的延伸。这一方面说明体制改革远未成功，企业化和市场化远未到位；另一方面说明政府如想在某一领域有所作为，就能够动用行政、行业协会、资本 3 方面的力量强制推动，干预力度（无论正向还是逆向）是相当大的。反之，如果政府不动，其他方面的能动作用十分有限。

所以，要进一步深化改革，突破制约城镇建设和服务业发展的诸多政策约束，形成城镇建设与服务业相互促进，共同发展的经济运行机制 。

①进一步发展城乡户籍制度和劳动就业制度，把原来按农业人口和城镇居是人口来划分的户籍管理制度，改成按地域常住人口来划分的新的户籍管理制度。要制定有关法规，使农业人口和农村劳动力能够根本其自身就业和发展的需要，实现跨地区的自由流动。对具备就业和定居条件的农民应准许他们居家成为小城镇的常住人口。

②要全面推进乡镇企业产权制度改革，在明晰产权的基础上，促进乡镇企业产权的流动和重新组合，为乡镇企业向小城镇的工业区聚集创造更好的条件。

③要建立充满活力的服务业自我发展机制，使服务业的绝大多数经营单位逐步实现由福利型、公益型向经营转变，做到经营方式企业化，并理顺和放开第三产业的价格，做到价格市场化。加强第三产业人员的培训工作，逐步提高其整体素质。通过创造有利于城镇服务业发展的政策环境，制定经济服务体系建设的战略规划和相关政策措施，鼓励和支持服务组织积极面向服务市场开展优质、高效的服务活动。加强对城镇经济服务机构进行有效的管理、扶持与监督，引导其发展。

12.3.3.3 充分发挥综合服务机构的作用

尽快落实各行业协会的业务主管部门，强化行业协会的民间色彩，发挥行业协

会在制订行业发展规划、行业发展规范、行业发展自律等方面的作用。

12.3.3.4 建立城镇专业服务体系

1.集中力量优先发展基础性服务体系

按照现代城市功能的要求，充分运用市场机制，依靠社会各界的力量，特别是进城农民的力量，统筹规划，加快城镇的交通运输、邮电通讯、供电供水、房地产业、文体卫生、科技教育等基础性服务业的建设，努力改善城镇的投资环境和生产质量。基础性服务系统主要包括如下子系统：

(1)交通运输系统　在加强交通设施建设的同时，重点加快综合运输体系建设，提高运输装备技术水平，加强运输管理，增强运输服务功能。改进运输服务形式，发展客货代理，多方位、多层次地开拓运输业务。同时，要进一步放开搞活，培育运输市场，规范市场秩序。

(2)商贸流通系统　首先，要完善市场服务功能，提高服务质量和管理水平，努力降低流通成本，提高流通效率。建立起辐射力和吸引力强、法规完善、竞争有序的商品市场体系。其次，在继续发展传统商业的同时，加快发展连锁经营、特许经营、代理配送等现代营销方式，发展旧货业、租赁业、拍卖业，推动流通业的结构调整。第三，加快城镇商贸中心建设，改善基础设施，抓好各功能区、专业批发市场、商业街区建设。第四，大力开拓农村市场，完善城镇商品流通体系。第五，提高流通业科技含量，重点提高商务处理、仓储运输、流通加工等的技术水平，努力降低流通成本，提高流通效率。第六，加快农村市场建设 ，拓宽农村流通渠道。建立和完善农产品的销售网络，加快县、乡两级商业基础设施建设，大力发展依托资源优势和区域优势的专业批发市场。以改善粮食仓储条件为重点，加快粮食仓储设施建设。积极发展连锁经营，鼓励城市商业企业到农村发展连锁店，使质优价廉的商品尽快走向农村市场。积极发展农产品专业合作社、专业协会、营销公司等农产品流通中介服务组织，开拓农产品保鲜、包装等农副产品的产后服务。

(3)邮电通信系统　按照加快发展、适度超前的原则，以信息基础设施建设为重点，发展各种新的通信业务，建成高效、安全、稳定的现代化通信网，形成规范、协调的通信市场，强化服务，满足城镇经济社会发展对通信的需求。优化现有网络，提高现有网络的利用率，密切注视网络发展的新技术、新趋势，建设统一、高效和技术先进的电信基础网络，逐步实现网络的融合，同时向着数字化、宽带化、光纤化、分组化方向发展。

(4)餐饮、酒店和文体娱乐系统　以市场为导向，积极发展餐饮业、酒店业，不断提高服务档次和水平，形成高、中、低档兼有的行业格局。促进餐饮业、酒店业和文体娱乐业的有机结合，形成吃、住、健身、文化娱乐于一体的消费环境。

(5)房地产和社区服务业　适应城乡居民住房需求的不断增长，城镇房地产业发展要认真实现 3 个转变：增长方式由速度规模型向质量效益型转变；对经济增长的拉动由主要靠行政措施向投资与消费双向拉动转变；市场机制由主要靠行政措施和政策调控向主要靠市场机制自身调节转变。创建一批高品质的示范小区，进一步完善小区物业管理，提高服务水平。广泛吸引社会资金，拓宽筹、融资渠道，加大经济适用住房建设投资力度，并加强配套设施建设。并积极发展房地产开发信贷和住房消费信贷，进一步扩大住房公积金贷款规模，促进城镇居民住房消费。规范房地产价格管理和交易行为。发挥房地产业的产业带动作用，推动装修和装饰业、家具业、房地产中介业、房地产租赁业的发展。

优化配置和充实社区服务设施，健全社区服务组织，提供及时准确的就业信息，引导劳动者转变择业观念，鼓励下岗职工、城镇失业人员、转岗干部和复转军人拓宽就业渠道，创办各种便民利民的社区服务经济实体，发展社区商业服务、卫生服务、家政服务、再生资源回收服务、残疾人和老年人服务等多种形式的社区服务业。实现公益服务和社会化服务有机结合，促进社区服务网络化和产业化，吸纳更多城镇下岗失业人员再就业。

(6)金融、保险系统　以城镇信用社为基础，通过鼓励社会实业积极参股等形式，完成城镇商业银行组建工作，并加大对农业、中小企业、消费、助学和增加就业方面的信贷支持力度。加大保险宣传工作力度，强化居民保险意识，搞好售后服务。建立健全多层次社会保险体系，完善社会保险服务设施和保险社会化管理体系。大力发展财产、人身、医疗、意外伤害保险，不断开拓保险业务的新领域。

(7)公用服务系统　进一步深化公用事业的体制改革，通过改革促进发展。鼓励和支持国内外各类社会资本通过独资、合资、合作、股份制、特许经营等多种形式，投资公用项目。

(8)担保、咨询服务系统　城镇企业多为中小型企业，普遍存在融资困难等问题。可以通过逐步建立信用担保机构，为中小企业融资创造条件，同时鼓励中小企业依法开展多种形式的互助性融资担保，推动民营行业组织组成互助担保机构等方式加以解决。积极发展设计、市场调研、信息技术应用咨询等服务。

2.发展专门为“三农”服务的“三农”服务系统

发展和完善城镇服务经济体系，不仅发展服务于城镇居民的生产、生活的服务业，还要大力发展以周围村庄农民、农业和家庭工业为服务对象的服务业，对周围村庄农民形成一种经济的向心力，并且让让从事非农产业的农民成为小城镇的主人和小城镇建设的主力军，形成进城镇农民越多，城镇建设资金越多，城镇建设越快，城镇服务业越发达，吸纳农民进城能力越强的良性循环。“三农”服务系统包括如下子系统：

(1)农业社会化服务系统　主要包括农产品流通、农业生产资料供应、农业机械、科技推广、信息咨询、教育培训等农业产前、产中、产后社会化服务业。

(2)农村家庭工业服务系统　服务业既包括为生活服务的服务业，也包括为生产服务的服务业。而目前广大农民迫切需要增加收入，因此他们迫切需要得到这方面的服务。过去的农业社会化服务体系在大多数地区已经线断、网破、人散，因此要大和发展符合农村生产发展需要的服务业，在繁荣农村经济的同时，促进城镇服务业和整个城镇经济的发展。重点是根据家庭工业的区域化布局和专业化生产的特点，在小城镇发展专业小商品批发市场、原辅材料供应市场和劳动力市场，进一步促进农村家庭工业的发展。

(3)农民生活服务系统　主要包括为农民、方便农民生活和提高农民生活质量的服务产业，重点要发展商业服务业、文化娱乐业、体育卫生、邮电通讯、信用储蓄、社会保险等服务事业。

3.发展现代服务业，完善城镇专业服务体系

城镇经济服务体系的建立与完善要通过逐步引进现代管理和技术，积极推动产品研制开发、工程设计、咨询与调查、资产评估等行业，规范发展代理、经纪等中介人制度，大力发展会展、证券服务、市场营销、售后服务等生产使用型服务业，努力提升这些行业总量规模、科技含量、服务水平来实现。建成完善的知识产权服务体系，规范与扩大现有会计、律师、评估、保险等科技中介机构，提高综合服务能力。开展各种类型的创新服务交流活动，资助研究开发以及成果转化的国际学术交流活动，拓宽交流渠道，建设信息平台，形成完善的服务体系。

第 13 章　城镇对外经济

在过去，资源开发欠佳的国家，开展对外贸易……有时能起到工业革命的作用。

——约翰·斯图亚特·穆勒
（古典自由主义的集大成者）

当今的世界是开放的世界。在现代社会中，任何一个国家都不可能在封闭的状态下求得生存和发展。“地球村”这个概念形象地概括了当今世界的开放性。本章从对外经济概述，外向型城镇企业的组建与发展，城镇企业开展对外贸易的内容与形式以及城镇企业国际化经营 4 个方面来对城镇对外经济进行描述。

13.1　对外经济概述

13.1.1　对外开放的必然性和对外开放的基本形式

13.1.1.1　对外开放的必然性

1. 随着当代科技革命的不断深入，世界各国的经济正朝着国际化方向迈进，不同社会制度，不同发展水平的国家都被纳入到统一的全球经济体系之中

正如联合国贸易和发展会议秘书长鲁本斯·里库佩罗向第九届贸发大会提交的报告所言：“生产者和投资者的行为日益国际化，世界经济是由一个单一市场和生产区组成，而不是由各国经济通过贸易和投资流动联结而成，区域或国家只是分支单位而已。”经济全球化是当代世界经济发展最根本的特征。任何国家都不可能做到自给自足，都必须与国际经济保持千丝万缕的联系。它广泛而深远的影响表现在国际分工、国际贸易的迅猛发展；国际间资本、技术、劳务等生产要素的快速流动；奉行全球战略的跨国公司迅猛发展以及世界贸易和经济活动的协调发展等多个方面。

经济全球化可以带来整个世界范围内的经济发展和资源的最优配置，这一点

对于包括中国在内的广大发展中国家来说具有十分重要的意义。它为中国实现经济发展和赶超发达国家提供了前所未有的大好机遇。同时,经济全球化作为无法回避的客观现实,中国只有积极参与才能求得生存和发展。对外开放是中国唯一正确的选择,也是中国长期实践经验的总结。在1949年中华人民共和国成立后的近30年里,中国一直片面强调自力更生,长期实行内向型经济发展战略。这一战略排斥国际交换和国外资源的利用,经济发展主要依赖国内资源和储备;国家统一对外贸易,对商品和资本的流动实行计划管理,以国内生产来代替进口。长期实行内向型经济发展战略,并没有给中国带来经济发展的成功,反而导致了经济发展水平提高缓慢,产业结构畸形发展,经济效率低下,生态环境恶化和失业问题严重等恶果。惨痛的教训进一步证明,只有实行对外开放才是唯一正确的历史选择,尤其在经济全球化的今天,中国所能做的只能是更为彻底的对外开放。

2.对外开放也是社会主义市场经济的内在要求

市场经济是一种开放型的经济,市场经济的发展不仅要求冲破地区的界限,形成国内统一、开放的市场,而且随着国际分工和国际交换的出现,市场经济的发展也会逐步冲破国家和民族的界限,形成范围广泛的世界市场。

市场经济的主要功能和本质特征是利用市场机制调节和优化资源配置。市场经济作为一种资源配置方式,客观上要求实现资源优化配置,提高资源的配置效率。在经济国际化的条件下,要实现资源的优化配置,就不可能仅仅局限于国内市场的资源,而必须把资源配置的范围扩展到世界市场,充分利用比较优势和竞争优势来提高资源的配置效率。在世界经济范围内,资源的配置是通过国家之间的各种经济交往形式如国际贸易、国际投资来实现的。在这种情况下,要发展社会主义市场经济,就必须在自力更生的基础上,实行对外开放,发展对外经济关系。

3.外向型经济已经成为城镇企业发展的新的生长点

实行对外开放以来,国外的资本、先进技术、先进管理方法等大量涌入中国市场,冲击着中国经济,同时也为中国企业的发展注入了一股新的活力。中国企业审时度势,适时地抓住并运用这一发展契机,积极迎合并进入国际市场,这使企业外向型经济的发展成为一种必然。异军突起的城镇企业,也回避不了这一历史趋势,并得到了迅猛的发展。外向型经济已经成为城镇企业发展的新的生长点。一是城镇企业的外贸出口大幅上升,成为我国外贸出口的主力军。二是城镇企业的对外经济技术联系有了极大的发展,三资企业发展速度加快。三是一些发达地区的城镇企业已经把目光扩大到世界上许多地区,开始进行海外投资,搞跨国经营,成为中国企业走出国门向国际扩张的先行者。城镇企业外向型经济的蓬勃发展促进了中国外向型城镇企业的大量产生和迅速发展。

总之,经济全球化的必然趋势决定了我国对外开放政策的历史选择,对外开放政策的实施又促进了城镇企业外向型经济的飞速发展。因此,外向型城镇企业的产生和发展成为一种历史必然。进入21世纪,尤其是中国加入世贸组织(WTO)后,中国外向型城镇企业的发展将会呈现出一种新的态势。因此,更应坚持把外向型经济作为发展城镇企业的重头戏来抓,牢固确立"大经贸"的观念,适时调整外向战略,促进外向型城镇企业的发展再上一个新的台阶。

13.1.1.2 对外开放的基本形式

1.利用国外的资金和技术是对外开放的重要形式

我国是发展中国家,物质基础薄弱,建设资金匮乏。要实现社会主义现代化建设"三步走"的战略目标,必须筹集充足的资金,包括国内的资金和国外的资金。根据国际经济学关于跨时比较优势的观点,任何社会都面临着当前消费与未来消费之间的选择。一般来说,发展中国家是偏好当前消费的,因而可以通过借贷来进行跨时贸易,用一定的未来消费换取当前的消费。我国是具有跨时比较优势的国家,在经济发展中有许多生产率很高的投资机会,所以要积极地、大胆地利用外资。但是,要重视提高利用外资的质量和水平,把利用外资与经济结构调整、国有企业改组改造结合起来,鼓励投向农业、制造业和高新技术产业。这里必须明确一个原则,就是利用外资的主动权一定要始终掌握在我们自己手里。这条原则包含两层意思:第一,利用外资的目的是发挥我国市场、资源和劳动力的比较优势,提高我国经济增长的质量和效益,我们要围绕这样的目的,选择优势产业,引导外资投向的结构及其调整;第二,利用外资要坚持"适度"的原则,科学地分析我们的发展潜力和偿还能力,在总体上把握一个合理的额度,避免发生债务危机。而且,要按照社会主义市场经济的要求和世贸组织的规则,形成规范的外商投资准入制度,对外资企业实行国民待遇。在利用外资的同时,还要积极引进国外的先进技术和设备。通过吸收和消化,加快技术进步,促进产业结构和产品结构的升级换代,提高我国企业的素质,增强国际竞争力。

2.扩大商品和服务贸易是对外开放的基本形式

古典经济学和现代经济学告诉我们,通过国际贸易既可以获得绝对优势,调剂余缺;又可以获得比较利益,节约社会劳动。出口将促使资本投向最有效的领域,为国际市场进行规模化、专业化的生产,从而取得规模经济效益。同时,还能带动国外资金、技术和管理知识的引进。它通过"乘数"作用产生一轮又一轮的连锁反应,推动经济的快速发展。因此,我们要努力扩大商品和服务贸易,积极开拓国际市场。具体来讲,要从如下方面来开展工作:要重视空间上的扩展,实施市场多元化战略,既巩固传统市场,又开拓新兴市场,增强抗风险能力。要重视质量上的提高，坚持以质取胜，提高出口商品与服务的技术含量和附加值。加快高新技术产品出口基地的建设，努力推进高新技术产品的出口，扩大名牌机电产品的市场份额，使我国出口商品结构从以低技术含量、低附加值产品为主向以高新技术产品、高附加值产品为主转变。还要优化进口结构，着重引进先进技术和关键设备；要推动关系国家生存发展的重要战略物资进口的多元化；要建立必要的战略储备制度。

3. 兴办经济特区是适合中国国情的对外开放的特殊形式

特区是技术、管理、知识的窗口，是对外政策的窗口，是开放的基地。通过兴办经济特区，探索改革开放的道路，取得有价值的经验，可以带动沿海地区乃至全国的改革开放。我国的经济特区从诞生的时候起，其命运就与改革开放和现代化建设紧紧相连。可以说，如果没有经济特区对外开放的实践，就不可能形成现在的全方位开放的格局。

4. 加入世贸组织标志着我国对外开放进入了新的阶段

这个新的阶段，自然会有新的特征、新的任务，要实施新的战略。从新的特征看，就是在加入世贸组织的条件下，中国进一步融入了经济全球化的环境，国内市场的竞争与国际市场的竞争更加紧密地结合在一起。从新的任务看，就是要全面提高对外开放水平，在更大范围、更广领域和更高层次上参与国际经济技术合作和竞争。

13.1.2 对外贸易的作用、影响因素和政府对进出口贸易的干预

13.1.2.1 对外贸易的基本作用

对外贸易亦称国际贸易，是指一个国家或地区同其他国家或地区之间商品和服务的交换活动。对外贸易是一国对外经济关系的基础和主要内容，在很大程度上决定着一国对外开放的范围和程度。

对外贸易在一国经济中的基本作用主要表现在：①通过对外贸易，参加贸易的各国都可以利用国际分工和比较优势获得利益，从而增进本国的财富或福利；②通过对外贸易，可以使资源得到更有效的配置，促进本国的经济增长，实现充分就业和宏观经济的平衡；③可以增加一国的外汇收入，改善国际收支状况，有利于国际收支平衡；④对外贸易还可以推动一国对外经济关系的发展，提高开放度，为其经济建设创造良好的外部环境。

在世界经济高度一体化的今天，对外贸易也具有“传导”作用，即把一国经济的增长或衰退传导到另一国，对其他国家产生有利的或不利的影响。这种传导作用主要是通过进出口贸易和世界市场商品价格的波动两个渠道来实现的。

如果一个国家处在景气上升阶段，经济总量的增加会通过增加进口而影响与

之有国际贸易关系的国家，使这些国家出口增长，进而带动该国的经济增长，这就是所谓的溢出效应。当别国由于溢出效应引起经济总量增加和进口增加又反过来对最初引发溢出效应的国家产生影响时，这种影响即为回波效应。当然，如果一个国家出现经济衰退和萧条，失业增加，也会通过对外贸易即进口和出口产生这种溢出效应和回波效应，导致别国经济衰退和失业增加。

对外贸易的这种传导作用还可能通过世界市场商品价格的波动来实现。当某些国家的经济波动导致世界市场商品价格出现大幅度波动时，势必会通过国际贸易影响到其他国家，引起其他国家物价水平的相应波动，形成对其他国家的"价格冲击"，并进而影响这些国家的经济增长和就业水平。

对外贸易在国际经济中的这种传导作用的大小，通常要受一国的开放程度、贸易依存度、各国的经济体制、经济政策以及双边贸易关系等多种因素的影响。

13.1.2.2 影响对外贸易的主要因素

对外贸易包括出口贸易和进口贸易两个方面。一定时期内一国出口总额与进口总额之间的差额称为贸易差额。如果贸易差额为正值，则为贸易顺差或出超；如果贸易差额为负值，则为贸易逆差或入超。如果出口总额与进口总额持平，即为贸易平衡。

1.影响一国出口贸易的因素

①自然资源的丰裕程度。如果一国有充裕的自然资源，除了能满足本国生产和消费的需要外还有剩余；或者该国拥有的资源在国际上的丰裕程度相对较高，就可以利用这种资源的绝对优势和相对优势，通过增加出口来获得外汇收入。

②生产能力和技术水平的高低。一国的生产能力和技术水平越高，其加工制成品在国际市场上的竞争能力就越强，且出口产品的附加值也越高，这不仅会增加出口商品的数量，更能增加出口额。

③汇率水平的高低。如果一国货币汇率下跌，即对外贬值，则外币兑换本币的数量就会增加，这意味着外币购买力的提高和本国商品、劳务价格的相对低廉。这就有可能使出口商在不减少收益的情况下，降低出口商品价格，增加出口。同时，这也有利于本国旅游收入及其他劳务收入的增加。反之，如果一国货币汇率上升，则会导致相反的结果。

④一国出口贸易水平的高低，不仅取决于本国的经济状况，还受国际市场需求水平和需求结构变动的影响。例如，在世界经济出现不景气的情况下，由于国际市场需求不旺，各国的出口贸易都可能因此而减少。

2.影响一国进口贸易的因素

①一国的经济总量或总产出水平。在一般情况下，一国的经济总产出水平越

高，经济总量，例如 GDP 的规模越大，其进口贸易额就越大。这一方面是因为，总产出水平越高或经济规模越大，对自然资源和投资品的需求就越大，在此情况下，仅靠本国的资源通常无力支撑规模庞大的经济增长，客观上就需要增加进口；另一方面，总产出水平较高的国家，其居民的收入水平和与此相联系的消费水平也较高，消费需求或消费偏好的差异也较大，这会促进该国进口贸易的扩大。

②汇率水平。汇率水平不仅对出口贸易产生重要影响，也是影响一国进口贸易的重要因素。如果一国货币汇率上升即货币升值，以本币标示的进口商品价格就会下跌，本国居民对进口商品的需求就会增加，为满足这种需求，就要扩大进口贸易。当然，如果汇率下跌，则会导致进口贸易的缩减。

③一国进口贸易水平的高低同国际市场商品的供给情况和价格水平的高低也有直接的联系。在国际市场上，如果商品紧缺，从而导致价格大幅度上升，就会使一国的进口贸易受到影响；反之亦然。

一国对外贸易的发展水平，不仅取决于本国的总体经济状况和经济实力、产品的竞争力以及世界市场的供求关系，而且与各国政府对进出口贸易的限制或贸易政策有关。

13.1.2.3 政府对进出口贸易的干预

政府对进出口贸易进行干预或限制的目的主要是为了保护国内产业免受国外竞争者的损害，维持本国的经济增长和充分就业以及物价水平的稳定和国际收支平衡。

政府对国际贸易的干预包括对进口贸易的干预和对出口贸易的干预两个方面。

政府对进口贸易的干预主要采取关税限制和非关税限制两种方式：即关税壁垒和非关税壁垒。关税壁垒是指国家通过征收高额关税来限制外国商品进口的一种外贸政策。非关税壁垒则是指采用关税以外的手段对外国商品进口设置障碍的各种措施。如进口配额制、进口许可证制、“自动”出口限制、进口押金制、最低限价制等。

政府除利用关税和非关税措施限制和调节进口贸易外，还常常采取各种鼓励出口的措施对出口贸易进行干预。政府干预出口贸易以刺激出口增加的主要措施有出口信贷、出口信贷国家担保制、出口补贴、出口退税、商品倾销等。

政府无论采取何种措施对进出口贸易进行干预，其目的都是为了国家利益，为了实现政府宏观调控的目标。虽然政府对进出口贸易的干预具有一定的合理性和必要性，但这并不意味着政府可以随意活动。在世界经济一体化的今天，政府的行为要受许多协定和协议的限制。

13.1.3 对外经济合作

13.1.3.1 国际资本流动

国际资本流动是指资本在国家之间或地区之间的转移。

资本是重要的生产要素。由于世界各国经济发展不平衡,有些国家资本过剩,有些国家资本匮乏,这在客观上就产生了资本在国家或地区之间流动的必要性。而资本流动的内在动力则是资本流动给流出国和流入国都能带来收益。

1. 国际资本流动的类型

国际资本流动包括长期资本流动和短期资本流动两种类型。国际间的直接投资、证券投资和中长期贷款都属于长期资本流动;短期资本流动则是指期限不超过一年的金融资产在国家或地区之间的转移。包括由于国际贸易的短期资金融通和结算所发生的贸易性短期资本流动、各国商业银行和非金融机构之间因资金调拨所引起的银行资本流动和投机者利用货币的利差及预期汇率的变动进行金融投机活动而产生的投机性资本流动等。

2. 国际资本流动的作用

资本流动对流入国和流出国的经济都会产生重要的影响,并且这种影响通常是双重的。

对资本流入国来说,资本流入的积极作用主要表现在:①资本流入可以缓解本国资本要素的不足,促进本国经济增长和充分就业的实现,同时也有利于资源的合理配置。②资本流入意味着本国外汇收入的增加,从而有利于平衡国际收支。③资本流入还能够促进本国对外贸易的发展。但是,资本流入也可能带来如下消极影响:①短期的资本流入容易造成本国货币金融秩序的混乱,并有可能引发金融危机。②资本流入过多会加重外债负担,并有可能陷入债务危机。③对长期投资如果利用不当,还可能成为资本输出国的附庸。

对资本流出国来说,资本流出的积极作用是:①资本的流出,可以为相对过剩的资本找到更为有利的投资场所,获得高额利润。②资本流出会带动本国出口贸易的发展,扩大本国商品在外国的市场份额和占领世界市场。③有可能在经济上实现对他国的控制。资本流出的消极作用主要表现为,长期过度的资本流出会导致资本输出国经济增长的停滞,并减少本国的就业机会。

3. 政府对资本流动的干预

由于资本流动的作用是双重的,故世界各国的政府几乎都无一例外地对之进行不同程度的干预。干预的手段主要有:①实行外汇管制;②颁布专门的政策法规与条例;③对偿债能力进行控制;④制定财政政策和金融政策,利用政策手段对资本的国际流动加以控制。1997 年在世界范围内爆发的金融危机，证明了政府对资本流动的干预或控制是必要的。

我国是一个发展中国家，经济基础薄弱，人口众多，资本积累的规模和速度都受到很大限制。因此，积极利用外资应是我国长期的战略方针。

13.1.3.2 国际技术转让

国际技术转让是技术供应国将某种内容的技术，通过一定形式转让给技术接受国的国际经济活动。国际技术转让存在两种类型：

1. 国际技术贸易

即以技术为对象所进行的国家之间或地区之间的商品交换活动。从内容上看，国际技术贸易有两种类型：一是技术软件交易或纯技术交易，如专利技术、专有技术等的交易；二是技术硬件交易，如含有高新技术的设备交易等。在贸易方式上，国际技术贸易有以专利技术、专有技术和商标为标的物的许可证贸易、咨询服务和技术服务以及合作生产等 3 种方式。

2. 国际技术交流

国际技术交流也称非商业性的国际技术转让。它是不同国家政府机构之间以技术援助、合作开发、科技人员交流等方式进行的无偿的技术转让。

国际技术转让包括技术引进和技术输出两个方面。有偿的国际技术转让可以给技术输出国带来巨大的贸易利益。而无论是国际技术贸易还是国际技术交流，先进、适用的技术都会给技术引进国带来益处。这主要表现在：

①可以加快国民经济的技术改造，提高生产要素的效率，促进经济增长；

②可以加速产业结构的调整和优化，促进产业升级；

③可以缩短研制时间，节省研制费用；

④可以提高本国产品在世界市场的竞争能力。

我国是一个发展中国家，发展中国家要想摆脱贫困落后的面貌，必须在科学技术的进步上付出艰巨的努力。如果在科技水平上处于落后状态，就永远无法进入先进国家的行列。为此，必须首先积极引进、消化、吸收和利用国外的先进技术，推动本国的科技进步，并逐步摆脱科学技术的对外依赖。这当然要以正确的技术引进战略和正确的政策为前提。

13.1.3.3 劳动力国际流动与我国的对外劳务合作

劳动力国际流动是指因经济原因劳动力在国家之间的转移。促使劳动力国际流动的经济原因是多方面的，主要有以下几点：

1. 国民收入的国际差距

如果两个国家之间劳动者工资收入差距很大，并且这种差距持续存在的时间预期又很长，就会促使劳动力在国际间流动。

2. 各国劳动力供求的不平衡

如果一国的劳动力供过于求，失业率较高；而另一国的劳动力短缺，存在较多的就业机会，那么劳动力在两国之间流动就是可能的。

3. 各国经济周期性波动的不同步以及伴随着国际贸易、国际投资及其他国际经济活动，都可能导致劳动力的国际流动

劳动力国际流动也存在着阻碍力量。从经济方面说，流动成本过高、国外就业预期和收入预期的不确定性等都有可能构成劳动力国际流动的阻碍因素。从非经济因素来看，流出国和流入国政府对劳动力国际流动的限制、语言文化上的障碍、劳动技能的缺乏、乡土观念等都可能成为劳动力国际流动的阻碍力量。

劳动力国际流动的形式主要有：永久移民式的劳动力流动；中短期劳务输入与输出，如由于国际承包工程和其他形式的非智力型劳务合作所发生的劳动力流动；智力型人力资本流动；未跨国界的劳动力流动，如被外资机构雇用的本国劳动力等。

劳动力国际流动的经济效应是双重的。对于劳动力流出国来说，如果存在劳动力过剩，并且流出的是非智力型劳动力的话，无疑可以减轻本国的就业压力，增加国民收入；但如果流出的是智力型劳动力的话，这种人才外流虽然也能够增加国民收入，但无疑会影响本国经济的发展。对于劳动力输入国来说，则会出现相反的效应：或者减少本国劳动者的就业机会，或者促进本国经济的发展。由于劳动力国际流动具有双重作用，因此，各国在鼓励劳动力流动的同时，也往往限制高素质劳动力的跨国流动。

我国劳动力资源丰富，但人力资本匮乏。因此，在劳动力输入方面，我国主要引进科技和管理方面的人才；而在劳动力输出方面，除少量自发到国外工作外，主要是通过开展对外承包工程和其他方面的劳务合作有组织地输出劳动力。这对于减轻国内就业压力，增加外汇收入和在国际环境中培养人才，增加人力资本的积累都具有重要的意义。

13.2 外向型城镇企业的组建与发展

13.2.1 外向型城镇企业的组建与发展

外向型城镇企业可划分为外资型、对外投资型、内地型、横向联合型等类型。

各种类型均有各自独特的生产经营方式、发展战略和成功的经验。

13.2.1.1 外资型外向城镇企业

外资型外向城镇企业，主要是指中外合资、中外合作和外商独资的外向型城镇企业。外资型城镇企业，从宏观到微观都有一套比较独特的经营管理方式，并积累了成功经验。综合而言，有以下几点：

1. 重视并加强政府管理

重视并加强政府管理包括：①充分发挥城镇企业优势，以“嫁接”方式改造城镇企业。即发挥城镇企业机制灵活、技术人员与熟练工人相对集中的优势，利用企业原有厂房、设备、土地及配套设施折价与外商合资。②加强可行性论证，提高项目成功率。把好项目投向关，可行性论证关，设备价格关、项目审批关和经济效益关，凡属工程技术有较大影响的项目，必须有专家参与，并提交社会经济发展咨询委员会论证。③重视技术进步。利用外资来更新设备、产品，推进技术进步，促进外向型城镇企业的提高与发展。在创办合资企业中，坚持以生产性项目为主，以改造老企业为主，以扩大出口创汇为主。大中小项目一起抓，以高档次项目为主；新建和“嫁接”一起抓，以嫁接为主。④向合资企业选派精明强干的中方经理，输送高素质的生产技术人才。

2. 通过优化环境，吸引外资

投资环境的优劣，对外资型城镇企业的发展具有举足轻重的作用。成功的外资型城镇企业，无不在优化环境方面竭尽全力。近年来，随着外商要求的提高，使城镇企业认识到，在自然条件优越的基础上，还必须加强人为的投资环境建设。主要通过改善投资软环境和硬环境并兴建工业小区。改善投资软环境主要是指根据本地实际情况制定一系列优惠政策。如加强政府的服务职能，实行简政放权，下放三资企业审批权限，简化三资企业审批程序等。改善投资的硬环境，主要是指加强电网系统建设，改造公路，完善水利设施等。

3. 采取正确有效方式处理中外双方关系

采取正确有效方式处理中外双方关系包括发生误解时以细致的解释取得谅解；面对困难不推诿，主动承担责任显示诚意；互通信息不间断，靠紧密联系增进信任。

13.2.1.2 对外投资型城镇企业

当外资大量涌入中国时，中国的许多城镇企业开始涉足外国，投资建厂，并且随着世界经济一体化，这一趋势将更加明显。我国对外投资具有以下几个特点：

①最近几年海外投资的增长非常迅速。从 2002 年开始，海外投资逐步升温，2008 年达到了 560 亿～570 亿美元，6 年时间就增长了 20 多倍。

②收购投资占整个对外投资的比重较大。21世纪初及之前，"绿地投资"(也就是在海外从无到有建立企业)比较多，而21世纪以来，则收购增长比较快。2008年收购投资占对外投资的比重超过50%，2009年也达到了30%左右。

③按投资额来算，中国的收购主体以国有企业为主。不过，民营企业对外投资数量上升得非常快，当然金额还不可能像国有企业那么大。

13.2.1.3 内地型外向城镇企业

地处内地的城镇企业，包括沿边、内地山区的城镇企业应积极创造条件，发挥优势，组建外向型企业。

①应充分利用本地资源，创办资源型企业，强化联合意识，借外力起家，强化开放意识，靠引进发展，强化市场意识，优化产品结构。

②发挥土特产品生产优势，努力提高土特产品质量，积极扩大城镇企业的土特产品出口，形成规模经营，提高经济效益。

③借助外力求得发展。内地城镇企业仅凭自身力量在外向发展中会遇到难以克服的障碍。因此必须巧妙、充分地借助于外力作用，借助"巨人之财"引进资金、设备、不断壮大企业规模；借助"巨人之脑"，引进人才、技术，发展高新技术项目；借助"巨人名气"，服务对方，发展自己。

13.2.1.4 横向联合型外向城镇企业

横向联合型外向城镇企业主要通过以下形式组建：

1. 走贸工农联合之路

这是一条城镇企业外向发展，出口创汇的成功之路。贸是指外贸企业，工是指工业加工，农是指农业生产(包括农林牧副渔综合大农业)。这三个方面实行横向联合，取长补短，就可以形成较强的出口优势，并注意发挥地区优势和资源优势。

2. 尽量与大厂联合

外向型城镇企业在资金、技术、人才等方面存在着明显的制约，这在一定程度上影响了城镇企业提高出口创汇能力。为此，一些城镇企业主动与大厂联合，成为横向联合的又一形式。主要做法是：①在资金困难的情况下，从城市大企业引进资金及生产所需的原辅材料。②利用大厂提供的设备，扩大生产加工能力。③积极向大企业靠拢，主动与大企业联合，配合生产拳头产品。④学习和引进大厂技术，不断提高企业技术水平和新产品开发能力。⑤利用横向"联靠"的机会。向大企业招聘离退休及在职的高级管理和技术人才，使它们成为振兴企业的智囊团。

3. 外向型城镇企业的自身联合

城镇企业一般规模较小，为克服这一不足，增强出口创汇的能力，由若干企业组建成企业集团(总公司),也是城镇企业横向联合的一种形式。主要有以下几项措施:强化技术和服务,提高生产技术水平;强化采购,搞好采购,搞好原样统一供应;强化销售,努力开拓市场;努力为城镇企业发展外向型经济服务;认真搞好国外市场调查,建立自己的销售网络;努力抓好基础设施建设。

13.2.2 加入世界贸易组织对外向型城镇企业发展的影响及发展战略

我国加入 WTO 后,城镇企业的发展将面临良好的机遇和严峻的挑战。我国城镇企业发展过程中,总体而言存在着企业规模过小,技术水平不高,人员素质偏低,设备相对陈旧,产品技术含量较低,经济效益不高等问题。这些问题的存在使城镇企业不能完全适应现代化大生产的要求,缺乏国际市场的竞争能力,还一时难以满足国际市场的需求,将会在国际市场竞争中处在不利地位。

对我国城镇企业来讲,加入 WTO 是促进扩大对外开放,遵循国际通用规则和经济贸易惯例,推进我国城镇企业国际化经营战略,参与国际分工与合作,参与国际公平竞争,尽快缩小我国经济与世界先进水平差距的一次历史性机遇。

抓住机遇、做好准备、迎接挑战、走向世界、深化改革、加快发展,这是中国外向型城镇企业的现实选择。在这一新的发展形势面前,城镇企业必须要做好以下几个方面的工作并采取必要的战略对策。

①要认真学习市场经济理论,认真分析和运用关贸总协定的条款,为掌握国际惯例、国际规则,尽早做好准备。坚信中国的城镇企业完全有能力在国际市场上腾飞。

②要仔细研究分析国内、国际两大市场的竞争态势,了解产品容量,最佳经营规模及世界市场的发展趋势,以决定战略方向,占领国际市场,与国际市场接轨。

③不断开发高附加值产品,提高企业竞争能力。高附加值化已成为许多国家产业结构和产品结构调整的目标。为使我国城镇企业在国际市场上提高竞争力并获取高效益,必须改变过去那种出口以原材料或初级产品为主的被动局面,不断开发高附加值产品,尽可能多地占领国际市场。

④实施人才开发工程,加速培养科技型外向型人才。国际经济的竞争,科学技术的竞争,归结到底是人才的竞争。城镇企业的技术和管理人员多数来自农村,在现代市场经济的大舞台上缺乏经验,开放意识不强。所以要加速培养一支善于掌握现代化科技,刻苦钻研,勇于创新的现代企业管理人才和技术人才,形成一支积极参与国际经济竞争的科技型、外向型人才队伍。

13.3 城镇企业开展对外贸易的内容与形式

13.3.1 城镇企业开展对外贸易的内容

近年来，城镇企业发展外向型经济，凭借其机制、劳力、优惠政策等优势，大批企业产品已跻身于国际市场，为我国出口创汇开辟了新渠道。

城镇企业开展对外贸易的内容很丰富，就其类别来看，主要有以下几种。

1. 按交易标的划分有有形贸易和无形贸易

有形贸易是指有形商品的出口和进口，在通过一国海关时必须向海关申报，海关依据海关税对出口或进口的商品征税、并列入海关的每日统计。

无形贸易是指无形商品(即劳务)的输出与输入，例如，运输、保险、金融、旅游、租赁、技术等劳务的交换活动。在通过一国海关时不必申报，也不列入海关统计。国际无形贸易包括国际服务贸易和国际技术贸易，国际服务贸易构成国际无形贸易的主体。乌拉圭回合的服务贸易总协定中，服务贸易定义为跨越国境的服务和消费，以及各种生产要素的跨越国境移动。服务贸易有四种发生方式：过境交付、境外消费、商业存在和自然流动。具体说来，服务贸易包括国际运输，国际旅游，跨国银行，国际融资公司及其他金融服务；国际保险和再保险，国际信息处理传递和电脑资料数据服务；国际咨询服务；建筑和工程承包等劳务输出，国际电讯服务；广告设计，会计管理等项目服务；国际租赁，维修和保养，技术指导等售后服务；国际视听服务；教育、卫生、文化艺术的国际交流服务；商业批发与零售服务；其他官方国际服务等。国际技术贸易是指技术供应方通过签订技术合同或协议，将技术有偿转让给技术接受方使用。只有软件技术的商业转让列入无形贸易，而硬件设备的交易则列为有形贸易。

2. 按货物移动方向划分有出口贸易、进口贸易、过境贸易、复出口、复进口

出口贸易是指将本国生产和加工的商品因外销而运出国境，列入出口或输出贸易。不属于外销的商品则不在此列。

进口贸易是指将外国生产和加工的商品外购后，因内销运进国境，列入进口贸易或输入贸易。同样，不属于内销的货物亦不在此列。过境贸易是指甲国经过丙国国境向乙国运送商品，货物所有权不属于丙国，对丙国来说，列入过境贸易。

复出口是出口贸易的变形，指输入本国的外国货物未经加工再输出时，称为复出口。复出口在很大程度上同经营转口贸易有关。

复进口是进口贸易的变形，指输出国外的本国货物未经加工再输入时，称为复进口。例如，出口后退货，未售掉的寄售贸易货物退回国内等，海关将此类情况列入复进口。

3. 按交易者多少划分有双边贸易和多边贸易

双边贸易是指两国(或地区)交易者之间的贸易往来，出口国是生产国，进口国是消费国，也称直接贸易，支付方式可以是现汇或易货。

多边贸易是指 3 个或 3 个以上国家(或地区)交易者之间的贸易往来。商品生产国与消费国之间不是直接买与卖，而是通过第三国进行买与卖，则商品生产国与消费国之间称为间接贸易，对第三国来说，称为转口贸易。转口贸易的货物可以直接运输或转口运输，前者是指货物直接从生产国运往消费国。后者是指货物从生产国先运到转口国，但并未经过加工或只经简单改装，再运往消费国。

4. 按统计边界划分有总贸易与专门贸易

总贸易是指对外贸易统计时，以国境为界，凡进入国境的一律列为进口，一定时期内的进口总额为总进口；凡离开国境的商品一律列为出口，一定时期内的出口额为总出口。总进口与总出口之和为一国的总贸易。

专门贸易是指对外贸易统计时，以关境为界，一定时期内，凡运入关境的商品列为进口，称专门进口；凡运出关境的商品列为出口，称专门出口。专门进口加上专门出口称为专门贸易。美国采用专门贸易与总贸易两种方式分别统计，而我国则采用总贸易统计。过境贸易一般都不列入总贸易或专门贸易统计。

5. 按运输方式划分有海运贸易、陆运贸易、空运贸易、多式联运贸易与邮购贸易

海运贸易是国际贸易最主要的运输方式。运输工具的现代化，加上海洋大于陆地面积，因此海运承担 2/3 以上的国际贸易量。

陆运贸易经常发生在有陆上边界的国家之间，运输工具为火车与卡车等。集装箱运输能方便地做到送货上门的运输服务。

空运贸易适宜于运输鲜活商品、贵重物品，以及要求在途时间短的商品。

多式联运贸易是上述海、陆、空各种运输方式的组合。大陆桥的出现有利于多式联运的推广，有利于缩短运输时间。

邮购贸易适宜于样品传递以及数量不多的个人购买等。

13.3.2 城镇企业开展对外贸易的形式

对外贸易形式，是指国际间进行商品贸易所采用的各种具体做法。城镇企业在对外贸易中要注意选择适合自己需要的交易方式，掌握对外贸易的主动权，对外贸易形式主要有包销，代理，寄售，招标和投标，拍卖、寄售、商品交易所交易，加工

贸易，对等贸易，租赁交易等。

1. 包销

包销或独家经销是出口企业与国外包销商达成书面包销协议，把某一种商品或某一类商品在约定地区和一定期限内独家经营权利给予包销商。出口商和包销商之间通过协议维持一定期限内的买卖关系，而具体买卖合同另行签订，并受包销协议条款的约束。

一般经销也是出口企业与国外经销商达成书面经销协议，把某一种商品或某一类商品在约定地区和一定期限内的经营权给予经销商，但无专营权。因此，在同一地区，同一时期，可以有一个或多个经销商，但多个经销商的相互竞争，不利于销售，故一般经销不如独家经销受经销商欢迎。

2. 代理

代理是出口企业与国外代理商达成书面代理协议，委托人授权代理人，代表他向第三方招揽生意、签订合同或从事其他法律行为，而由委托人直接负责因此而产生的权利与义务，代理人仅收取佣金。

代理按代理人职权范围大小，可分为总代理、独家代理和一般代理。

总代理是指总代理人是委托人在指定地区的全权代表，可从事代理协议中规定的商业性活动和非商业性活动，由委托人承担法律责任，在实质上犹如委托人派往国外的代表。

独家代理是指代理人在约定的地区和一定期限内，单独代表委托人从事代理协议中规定的有关业务。出口销售独家代理时，代理人拥有独家专营权，独家代理人也可在该代理地区内经营或代理其他国家或其他厂商生产的同类商品。

一般代理是不享有专营权的代理，委托人可以在同一区域和同一时间内就同一商品委托不限一家的一般代理，也可以直接或间接地向其他买主出售代理商品，按行业性质，代理可分为销售代理人、购货代理人、货运代理人、保险代理人等。

3. 招标和投标

招标是由招标人事先发出通知，说明采购的商品或兴办的工程及各地交易条件，邀请国内外投标人按照一定程序在指定期限内报价。即投标，并由招标人开标与评标，选择对其最有利的投标人达成交易行为。招标、投标的基本程序包括投标、招标和开价三个主要环节，当中标的投标人与招标人分属不同国家，其签订的合同就属于国际货物买卖合同。

4. 拍卖、寄售、商品交易所交易

拍卖是由拍卖行接受货主的委托，在一定的地方和时间，按照一定的章程和规则，以公开叫价的方法，把货物卖给出价最高的买主的一种现货交易方式。通过拍卖进行交易的商品，大部分是一些品质不易标准化或难以储存的商品和历史上有拍卖习惯的商品，如茶叶、烟草、木材、羊毛、艺术品等。拍卖采用事先看货，当场叫价，落槌成交的做法，属于公开竞买的贸易方式，拍卖的形式可分为增价拍卖，减价拍卖和密封递价拍卖3种。

寄售是一种委托代售的交易方式，是指卖方（寄售人）先将货物运往国外，委托国内客户（代销人）在当地市场上代为销售。商品出售后所得货款。扣除代销人的佣金及其他费用后交给寄售人。采用寄售方式，一般要由双方订出协议，或在寄售人致代销人的函件中阐明寄售条件，以便代销人依照办理。

商品交易所交易是在一定时间和地点，按一定规章买卖特定商品的有组织的市场交易。经营的商品主要是大宗初级产品，如有色金属、粮食、棉花、黄麻、橡胶、羊毛、糖、咖啡、可可等。交易的商品品质易于标准化，且按标准合同交易，交易分实物交易和期货合同交易，以期货合同交易为主。

5.加工贸易

加工贸易是以加工为特征的再出口形式，一般由加工方提供设备动力、场地和劳动力，来料方提供原材料或零部件，加工方企业生产的产品由来料方负责销售。来料方则根据提供原材料的多少和产品的加工程度，向加工方支付加工费和其他费用。加工贸易按加工性质不同可分为来料加工和进料加工，来料加工是利用外资的形式之一，也是以商品为载体的劳务出口；进料加工是以自有资金从国际市场上进口原材料，加工成成品自营出口、自负盈亏并以创汇为目的的贸易方式。两者都是外向型的加工贸易。

6.对等贸易

为在进口方的投资，将贸易与投资结合起来，具有更广阔的前景。

对等贸易也称对销贸易或反向贸易，是一种以货物或劳务（包括知识产权等无形资产）作为偿付货款手段的贸易方式。基本特征为进出结合，以进抵出，进出平衡。对等贸易的形式有易货贸易、互购、补偿贸易、抵消贸易等。近年来，对等贸易发展为与投资相结合，即设备出口方将货款作为在进口方的投资，将贸易与投资结合起来，具有更广阔的前景。

7.租赁贸易

租赁贸易是出租人和承租人之间订立租赁契约，出租人收取租金，将商品交付给承租人在一定期限内专用的一种贸易方式，常见的是设备租赁。按租赁目的可分为融资租赁和经营租赁。融资租赁通常租期很长，租期内双方无权撤销合同，全部租金完全付清后，设备所有权转移给承租人。经营租赁通常租期较短，租赁合同可随时撤销。租金不完全付清，出租人须通过多次出租才能收回设备投资的费用。

13.4 城镇企业国际化经营

13.4.1 城镇企业国际化经营的必要条件及形式

13.4.1.1 城镇企业国际化经营的必要条件

城镇企业的经营管理活动跨越国度的过程，即有关企业活动内容诸如产品生产、劳务供给、原材料采购、资金借贷、投资技术转让及使用、劳动力聘用、营销业务及其管理等活动范围和形式从国内向国外转移拓展的过程，称为城镇企业经营管理的国际化或国际化经营管理。一般而言，企业国际化经营有3种方式，亦是所经历的3个阶段：①企业产品或劳务出口贸易及其相关的经营业务向国外拓展，如从事许可证协议，国际租赁等业务，可称为国际贸易阶段。②企业所拥有的要素跨越国度即到外国直接投资，可称为对外直接投资阶段。③企业参与要素国际流动的管理和控制，即经营管理国际化阶段。

当企业采用后两种方式时，可称这种企业为国际企业或跨国企业（公司）。在城镇企业经营国际化过程中并不一定依次经过这3个阶段，可以任选其中一种方式参与国际化经营活动。

我国企业国际化经营的必要条件有以下几方面：

1. 加大对外直接投资的力度

从战略角度讲，要从根本上提高我国的综合国力和我国企业在国际上的竞争能力，缩小我国企业和西方跨国公司的距离，尽快改变我国国际收支过分依赖一般贸易的局面，我们必须抓住有利时机，加大对外投资的力度。我国一些有竞争能力的城镇企业和企业集团应当在各自公司战略目标的框架下，不失时机地抓住机遇，主动出击，涉足发达国家市场，采取购买或企业兼并等灵活方式，收购一些当地企业，并把他们纳入公司的海外经营活动之中，建立具有独立的生产和营销功能的子公司和生产厂，根据所在国当地市场需求，在当地直接生产和销售不同类型和不同档次的产品，有效地避开其进口关税及关税壁垒，为我国城镇企业成功地进入西方核心地带闯出一条新路。

当前，我国加入WTO后，我国城镇企业面临的市场变大了，风险增大了，竞争将更加激烈。在这种情况下，城镇企业在稳固自己国内市场竞争地位的同时，应主动出击，不失时机地走出国门，开展国际化经营。制定有效的企业应变战略，尽快将企业推向国际市场，不断提高企业的国际竞争能力。

2. 实业化和集团化

实业化和集团化是企业国际化经营的前提，企业集团化和实业化是国际化经营中必须要解决好企业优势和企业规模的两个问题。目前，我国许多企业由于缺乏国际贸易和国际金融经验，尚处在国际化经营的初级阶段。外贸企业必须要向实业化发展，以形成自己的技术优势，生产型企业要与外贸企业相结合，以发挥其开拓国际市场的能力。此外，充分发挥企业集团的作用，在实现科工贸结合，增强市场竞争能力，特别是参与国际竞争能力方面可发挥一定的作用。通过市场竞争达到生产要素合理流动，是优化产业结构和企业组织结构的有效途径。当前，要进一步加强企业集团的组建工作，要规范企业行为。

建立公司体制，充分发挥集团公司的作用，改善核心企业，带动一大批成员企业。

3. 建立我国的综合商社

我国现有外贸公司普遍存在经营品种单一。经营功能不全的问题，许多外贸企业既没有达到规模效益，也没有实现规模经济。为此，我国组建外贸企业集团时，有必要向经营品种和功能多样化，即多元化方向发展。以实力雄厚的一个或两个企业为核心，联合兼并其他企业，形成以生产和外贸经营为主的企业集团。

综合商社是一个以贸易为主体，集贸易、金融、信息、综合组织与服务功能为一体的跨国公司形式，是集实业化、集团化、国际化于一身的贸易产业集团。对我国经济贸易的发展特别是技术贸易的发展有重要意义。

4. 按照国际惯例管理海外企业

要进行国际化经营，必须对企业(母公司)的经营机制和决策方式加以规范化，要进行组织创新和管理创新，建立具有全球经营观念和竞争战略的新型组织形态，提高远距离管理和控制技能，实现母公司、子公司一体化管理。目前我国在海外进行独资经营不仅缺乏专门人才和经验，而且会遇到诸如与东道国政府关系，当地劳资纠纷等问题。对此，可采取合作或合资方式不仅有利于减少风险，也有利于学习西方的管理经验，培养我国国际化经营专门人才。

5. 培养国际化经营专门人才

国际化经营的专业人才应通晓国际贸易、国际金融、国际营销、国际企业管理和国际商法等知识，熟知国内生产、管理和销售业务，并能按国际惯例管理海外企业。当前，要进一步加强大型企业派往海外人员和海外企业在职人员的培训，进一步充实、更新和提高他们的业务知识、国际化经营技能和外语水平，使其适应国际化经营的需要。除了注重在海外企业管理的实践中锻炼和提高国际化经营人才外，要从根本上解决培养高素质的国际化人才，必须要从加强和完善经贸高等院校教育抓起。

13.4.1.2 **我国城镇企业国际化经营形式**

城镇企业要进入国际市场，成为国际企业，就需要研究国际投资，选择以什么方式进入市场，主要包括四个方面：国际直接投资、国际间接投资、国际灵活投资、国际技术转让等。

1. 国际直接投资

它是指投资者通过在国外收购、创办企业或与当地资本合资、合作经营企业的方式，将企业资源直接投入生产经营过程，并参与或控制所投资企业的经营管理活动，国际直接投资的主要形式有合资经营、合作经营和独资经营。

(1)合资经营　合资经营企业通常是指一个或一个以上的公司、企业、其他经济组织或个人与当地的公司、企业或其他经济组织在当地或在第三国举办的企业。合资经营企业的合作双方(或几方)共同商定投资比例，双方可以以资金、设备、土地使用权、厂房、工业产权等作为投资股份，合作双方(或几方)按参股比重分取利益。合资企业普遍采取有限公司的组织形式，即投资者对企业所负的债务以自己的投资额为限，股东之间不负连带责任。合资企业中一般采取董事会的管理组织形式。合资企业的管理机构因各个企业特点不同而形式多样，但都要求按照机构精简、高效的原则来设立各职能部门。

(2)合作经营　合作经营是由两个以上国家的投资者，通过协商并达成协议或签订合同，明确规定各方投资者权利和义务的一种生产经营形式。合作经营企业是契约式合作企业，是非股权式的经营。这种合作不涉及股权，故一般不是一个独立的经济实体，而是合作双方各自独立负责的经济组织。合作经营有两种基本组织类型，即法人或非法人式。法人式指合作双方在一国境内设立具有该国法人资格的合作实体，有独立的财产权，合作双方联合经营管理，以董事会为最高管理机构。非法人式是指合作双方不设立具有法人资格的合作实体，合作双方的组织形式是没有独立的财产所有权，合作双方以各自法人资格承担责任。合作实体由双方组成的联合管理机构或委托一方或聘请第三方进行管理。此外，合作经营的方式还包括合作生产和合作开发。

(3)独资经营　独资经营即是投资者在国外完全由自己出资兴办企业，并独立经营的一种投资方式。独资企业实行独立经营，自负盈亏，有利于提高企业经营管理效率。

2. 国际间接投资

国际间接投资是指投资者不参与投资企业经营管理的投资行为。包括证券投资、股票投资。证券投资又分为债券投资和股票投资。债券投资指投资者通过购买债券的方式对发行债券的公司或政府部门进行投资的行为。债券是发行者筹集资金的一种手段，投资者购买债券后与发行者形成债权债务关系，但并非发行公司的股东，投资者凭债券获取一定的债券利息，并在债券到期时收回本金。股票投资是指投资者从股票市场通过购买外国股份公司发行的股票而进行投资活动，通过持有股票而成为该股份公司的股东，并凭股票向该公司领取股息。投资者也可以通过股票投资方式控制该股份公司或介入其管理，这时的股票投资被视为直接投资。股权参与形式有四种：全部控权；多数控权；对等控权和少数控权。

3. 国际灵活投资

国际灵活投资是指那些与国际贸易、国际经济技术合作结合进行的投资行为，具体形式有补偿贸易、技术转让、信托投资、国际转包、加工贸易、国际租赁等。补偿贸易是买方以贷款形式购进成套设备或技术、专利等进行建厂，待项目竣工投产后，以该项目的产品或双方协定的其他商品偿还贷款。国际租赁分为是“完全付清”的融资租赁和“不完全付清”的经营租赁两种类型。融资租赁又有两种形式：一种是直接租赁，即由租赁机构自筹外汇资金或本国货币资本，从国外（或国内）购进用户需要的设备后，再出租给用户；另一种是转手租赁，即租赁公司从外国公司租进生产设备，再转手租给国内企业使用。加工贸易指东道国企业接受外商的全部或部分原料、辅料、元件、零件等，由东道国企业按照外商要求的质量、规格等要求进行加工生产，成为成品后，再交给外商。国际技术转让，是指关于制造某项产品，应用某项工序或提供某项服务的有系统的知识的转移。一些经济学家从技术状态或技术知识变动的具体行为角度，将下列渠道进行的技术转移作为国际技术转让：许可证贸易、合作开发项目、技术回授、科技交流、高技术产业与其产品的出口、开放出版物、政府的资助工程等。

13.4.2　城镇企业国际化经营的组织与管理

13.4.2.1　城镇企业国际化经营环境的分析

城镇企业能否及时、准确地分析、预测经营环境的变化趋势，调整企业的经营活动，直接影响到企业的生存和发展。

1. 国际化经营的政治、法律环境

国际化经营的政治、法律环境。要从以下几个方面来综合考虑：

第一，东道国政治稳定性。城镇企业从事国际化经营活动必须对东道国政局稳定性和东道国政权更迭的频繁程度进行考察，视其政权稳定程度，积极稳妥地调整经营策略。

第二，东道国政府的影响。东道国政府除直接参与经济活动外，经常对外国企业采取各种措施进行干涉，迫使外国企业改变其经营方式、经营政策和策略。主要形式包括没收、征用、本国化、外汇管制、进口限制、市场控制、税收控制、价格控制、劳动力使用限制等。其中没收、征用，国有化（强制接管）是企业国际化经营中面临的最严重风险。

第三，国际关系的影响。在国际关系中，最重要的是东道国与母国的关系。一旦东道国与母国的关系恶化到一定程度，继续在东道国从事经营活动就要面临极大风险。如果东道国是某一区域性经济组织的成员，就要考虑这种组织的排外性强弱及对外企业自身竞争力的影响。

第四，国际法律的影响。充分熟悉和了解东道国及其他相关国家、地区和国际组织的法律环境，这些法律或法规是企业国际化经营活动的准则。首先要弄清东道国的法律体系。其次是了解和熟悉掌握国际法规，如"保护工业产权公约"、"商标注册条约"、"关税与贸易总协定"等。

2. 国际化经营的经济环境

企业国际化经营的经济环境是指国际经济贸易体系（包括投资结构、商品结构、贸易政策、国际收支、区域性经济组织等因素和国际金融体系、国际金融机构、国际支付制度和储备体系等因素），它们直接影响企业资本、商品在国际间的转移和流动。

进入20世纪80年代以来，在一定程度上，区域经济一体化为企业的国际化经营创造了某些有利条件，尤其在经济组织内部效果更加明显。近年来，影响企业国际化经营的主要环境障碍是贸易保护主义的重新抬头。尽管世界贸易组织已正式开始运转，但贸易保护主义的上升势头并没有从根本上得到遏制。金融环境对企业的国际化经营活动也有很强的制约作用，主要包括国际金融制度、外汇市场、货币和资本市场、世界银行等。其中，汇率对企业的国际化经营决策具有决定性的影响。企业国际化经营的经济环境第二个考察重点是东道国经济环境，它包括东道国的市场规模和潜力，自然地理条件，自然资源的分布和贮量，经济发展阶段，基础设施是否完善，经济波动情况及宏观调控措施是否有效和连续，已有外资企业的发展情况等多方面因素。这些都直接关系到企业经营决策的成败。

3. 国际化经营的文化环境

相对政治、法律环境和经济环境来说，文化环境最具特色，并且往往关系企业的经营的成败。对城镇企业国际化经营影响较大的文化环境因素主要有语言文化、社会结构、教育普及程度、审美观念、宗教信仰等。

13.4.2.2 促进城镇企业的国际化经营

加快和扩大对外经济技术合作企业国际化经营要求企业把自己置身于世界经

济大范围中，经营战略面向世界，运用适应国际惯例和规范的经营方式。进入 WTO 以后，国际化经营具有更加紧迫和重要的意义。城镇企业搞好国际化经营，必须做好下列工作：

1. 发展跨国经营，扩大海外投资

目前，从整体看，我国经济的不平衡性形成了资金分布的不平衡性，在城镇企业的发展过程中也反映了出来，为解决这一矛盾，城镇企业应积极向海外投资。经过 80 年代以来的发展和积累，一些发展较快的城镇企业，已经具有相当程度的投资能力。实践证明，通过海外投资，建立城镇企业与海外广泛联系和更为广阔的市场，实现城镇企业与国际经济网络的对接，是尽快提高城镇企业自身素质的一条便捷的途径。城镇企业在海外投资方面应注意：注重以技术、劳务以及海外贷款等方面的投资，投资范围应广泛一些，特别是资源开发、工程承包、饮食服务业及劳务输出等，都是城镇企业易于进入的海外投资领域，投资项目应开始由小型项目起步，逐步向大中型项目发展。

2. 继续大量吸引外资

首先要创造一个良好的投资小环境。大多数城镇企业目前由于地理位置的限制，交通、通讯条件并不理想，管理水平也相对较低，能否形成一个引进外资的小环境，成为决定城镇企业外向型发展能否成功的关键。对此，各级政府应负有更重要的责任。其次，要加强与海外中小企业或投资者的合作。中小企业家或小额资金的投资者，其投资一般周期短，技术难度低，产品批量小，对中方合作者的资金、技术要求也相对较低，非常适合刚刚开始进行对外经济合作的城镇企业。这些项目也不在国有大中型企业对外经济合作的视野之内，城镇企业因此而具有很强的竞争力。在加强合作方面，应特别注意利用各界海外华人的特殊联系，捕捉对外合作的机会，这对中西部地区或城镇企业发展相对落后的地区，更为现实。

3. 调整经营策略，适应国际化要求

面对国际化市场，企业要有相应的国际化经营策略。企业应在充分掌握国外市场信息的基础上，研究推出相应的产品和服务来满足市场需求，使用适宜的促销手段；提供良好的售后服务；尽量掌握有关国家的文化和社会背景知识等。此外，还应重视以下几点：①重视产品宣传，重视商标作用，各国企业参与国际竞争的最重要手段之一就是创国际名牌，争取驰名商标。②充分利用外资，打入国际销售渠道。可同外国企业合资，分享利益，而外资进入中国市场的同时也把世界市场的信息和销售渠道带给我们，使我们可以由此走向世界。③按照国际共同遵守的经济法规和惯例，规范企业行为。如对于知识产权的保护，城镇企业不仅不能侵犯国外企业和产品的知识产权，而且还要注意保护自己的知识产权，保护自己的专利、商标等。

4.重视培养外贸人才和国际企业经营管理人才

城镇企业要进入国际市场，必须努力培养或聘用一大批技术业务过硬，会外语，懂法律，善经营，能适应市场变化的经营管理人才，培养或聘用一大批学有专长、勇于开拓和精通国际企业经营管理业务的人才，这是我国城镇企业发展跨国经营的基础条件。

第 14 章　城镇财政与金融

欠发达国家的税收资源潜力通常都没有被充分地开发……所征税款往往不到应征数的 1/5，甚至于 1/10。

——尼古拉斯·卡尔多

（新剑桥学派的主要代表人物）

财政和金融在城镇经济建设中起着十分重要的作用，它们通过筹集、分配、供应和使用资金的各类活动，促进城镇经济的繁荣和发展。本章主要对城镇财政、城镇金融以及城镇金融中较为重要的组成部分——信贷等内容进行探讨，以期有助于大家对城镇财政与金融知识的系统了解。

14.1　城镇财政

14.1.1　城镇财政概述

14.1.1.1　城镇财政的含义

财政从实际意义来讲，是指国家（或政府）的一个经济部门，即财政部门，它是国家（或政府）的一个综合性部门，通过其收支活动筹集和供给经费和资金，保证实现国家（或政府）的职能。从经济学的意义来理解，财政是一个经济范畴，财政作为一个经济范畴，是一种以国家为主体的经济行为，是政府集中一部分国民收入用于满足公共需要的收支活动，以达到优化资源配置、公平分配及经济稳定和发展的目标。城镇财政是我国财政体系的一个组成部分，是指城镇各级政府集中一部分国民收入用于满足公共需要的收支活动，以达到优化城镇资源配置、公平分配及经济稳定和发展的目标。城镇财政是城镇各级政府完成其职能任务的财力保证，是以国家基层政权为主体的一种分配体系。它具有两重性：一方面，它是国家财政的基层部分，执行国家财政在城镇的职能；另一方面，它又相对独立，在国家指导下独立对城镇国民收入进行分配和再分配，来促进城镇经济建设事业和社会文教福利事业的发展。

城镇政府建立后，为了实现其职能，必须建立城镇一级财政和相应的预决算制度，明确收入来源和支出范围。也就是通过城镇财政，对城镇的社会产品进行分配和再分配。一方面根据国家在城镇的经济政策、法令集中资金；另一方面从城镇实际出发，合理分配财政资金，满足城镇经济建设和人民文化生活的需要。

14.1.1.2 城镇财政的职责

城镇财政的职责主要包括：①为国家筹集财政资金。城镇财政是国家财政的基础，担负着既为中央财政筹集资金又为地方的经济建设和事业发展筹集资金的双重任务。组织的财政收入，除按财政预算管理体制留取一部分作为城镇财政开支外，其余上缴中央财政，由中央财政统一安排使用。②为城镇实现国家政治经济任务提供财力保证。地方政权是国家政权的基础，它的主要任务是实现国家在不同时期的政治经济战略目标。城镇财政为实现地方政权的职能服务。③支持城镇经济建设和各项事业的发展。城镇财政根据财政预算管理的划分，在完成上缴中央财政任务之后，要用自己支配的财政资金，发展城镇经济建设和各项事业，努力提高广大人民群众的物质文化生活水平。④对财政资金的运用进行监督。城镇财政根据政策和财政制度对企业、行政事业单位的资金活动及财政纪律的遵守情况，进行事前和事后监督，保证财政资金的使用效果。⑤编制城镇各级预算和决算。审查所属各部门、各单位的财务会计预算和决算报表，汇编本地区的总预算草案和决算草案，经同级政府审查后，报立法机构批准，并逐级汇总上报各级财政部门。

14.1.1.3 财政在新时期城镇政治、经济和国家财政体系中的地位

1. 城镇财政能够为城镇一级政权履行政治、经济和社会管理等职能提供基本的财务保障

城镇政权作为国家设在城镇的一级基层政权组织，它在巩固和加强自身政权建设，发展区域经济，提供文教卫生和维护城镇辖区社会治安等方面的社会公共需要上，无一不是以一定的财力作保证。特别是进行经济建设更需要大量的资金投入。这些资金的来源，一部分是国家的财政拨款或银行贷款，另一部分则需要城镇政府自行筹集予以补充。这些资金的筹集、分配以及对使用情况进行的财务监督等工作，都需要由城镇财政来完成，任何其他部门无权也不可能代行其职责。实际上这十多年来，为了保证城镇公益事业发展，特别是城镇教育事业发展的需要，稳定城镇的政治和社会环境，保证城镇政权的正常运转，城镇财政已经发挥了重要作用，做出了重大贡献。

2. 城镇财政是促进城镇经济发展和实现农业现代化的重要力量

在贯彻国家对城镇的各项方针政策，促进城镇经济发展和实现农业现代化的

历史进程中,城镇财政肩负着重要的历史使命。其主要作用体现在以下几个方面:

(1)组织资金,增加对农业的投入　从当前我国农业资金投入的实际构成来看,城镇集体经济组织和农户投入是主体,国家资金起导向作用,其他资金则是补充。因而充分发挥国家财政资金的导向作用,带动其他资金投入农业是增加农业投入的有力手段。在这方面城镇财政是大有作为的,它可以根据本地区发展农业的需要,通过安排预算内、预算外资金,直接为发展农业做出贡献;同时通过财政资金的导向作用,引导城镇居民和其他方面增加对农业的投入。此外,国家财政支农资金的很大一部分是投放在城镇及城镇以下的,城镇财政对这部分资金使用,要进行项目论证和跟踪调查等工作。

(2)大力支持城镇企业发展,用城镇企业的积累反哺农业　这是我国一些城镇企业起步较早的地区支持农业发展的一种特殊方式。城镇财政建立以来,每年用于支持城镇企业发展的资金不仅数额大,而且增长速度快。这种用支持城镇企业的形式反哺农业的做法,在沿海省份运用得比较成功。这些地区的城镇,为了巩固农业的基础地位,保持工农业的同步发展,运用这些资金保护耕地和水资源等生产要素、购置农业机械、建立农业生产服务体系、增加务农人员的补贴等,使粮棉油的产量得以保持较高增长水平,农业机械化程度大大提高,工农差别缩小。这种支农方式目前虽不具备普遍推广的条件,但它代表着一种发展方向。

(3)围绕中央政策,积极扶持贫困城镇居民脱贫致富　近年来,全国各地城镇财政干部紧紧围绕国家扶贫攻坚计划,发挥财政部门联系面广、信息灵通的优势,采取包村、包户、包扶生产项目等办法,通过支持生产资金,提供市场信息,帮助城镇居民发展农副业生产和办城镇企业,积极为这些地方的城镇居民脱贫致富服务,取得了显著成绩。

3. 在新时期大力发展社会主义市场经济的进程中,城镇财政的作用将更为显著

市场在经济运行中发挥资源配置的基础性作用,将是我国今后城镇经济建设与发展过程中的基本运行机制。而发展城镇社会主义市场经济,客观上要求城镇财政要发挥更重要的职能和作用。

(1)发展社会主义市场经济为城镇财政开辟了更为广阔的领域　从生产方面讲,进一步扩大农业生产规模,需要增加对农业基础设施等投入;逐步放开城镇产品和生产资料价格,是市场机制在城镇资源配置中发挥基础性作用的内在要求,而城镇市场价格放开以后,为解决分散的农户小生产与千变万化的大市场不相适应的矛盾,就必须建立贸工农、产供销一体化经营,建立联结农户与市场的中介组织,建立为城镇居民提供产前、产中、产后服务体系。

从分配方面讲,要在减轻城镇居民不合理负担基础上,调节城镇居民收入分

配，保护城镇居民利益，同时，要把面临自然风险和市场风险双重考验的农业、城镇经济推上市场经济发展轨道，必须积极而稳妥地建立、健全和发展我国城镇的社会保障制度。从市场流通方面讲，要建立和完善各类城镇商品市场，稳定农业生产。

从消费方面讲，要不断改善城镇生活条件，全面提高城镇居民科学文化素质，进一步加强城镇物质文明和精神文明建设。这些都要求城镇财政要充分行使自身职能，培育和健全城镇市场经济体制。

(2)面对市场机制的“失灵”，城镇财政能够发挥宏观调节作用　市场机制的失灵表现在：它不适于调节城镇公共商品的生产（如水利灌溉工程、交通通讯建设、农业科研开发与技术推广等）和公共资源（如矿产、水产、森林资源等）的有效利用；它不能解决城镇国民经济的长期发展问题，另外，单纯依靠市场机制不能实现农业产业结构合理化和保证农业、城镇经济的协调发展，加之农业面对自然和市场的双重风险，是个天然弱质的产业，城镇市场发展和形成尚需时日。因此，在发展我国城镇市场经济的过程中，政府（包括中央、省、市、县、乡各级政府）必须强化“看得见的手”，通过经济、法律和必要的行政等手段，加强对城镇经济发展的宏观调节，全力扶持城镇市场经济经营主体和竞争主体完成“惊险的跳跃”。城镇财政是集经济、法律、行政手段于一身的城镇财力分配部门，城镇财政收支活动是城镇一级政府的重要调节手段，在矫正上述市场“失灵”，弥补市场功能缺陷，保证城镇市场经济健康发展的进程中负有无可替代的重要责任，这就客观地提出了城镇财政在社会主义市场经济体制下，要比在计划经济体制下发挥更为全面而有力的功能。

(3)城镇财政作为城镇政府参与社会产品和国民收入分配的特定方式，是国家财政体系的重要组成部分　建立适应社会主义市场经济发展的财政运行机制，必然要求进一步加强财政基层环节——城镇财政的建设。城镇财政是城镇政府直接用来管理城镇经济和社会发展的重要手段和杠杆，不仅要为城镇政府履行职能提供财力保证，而且还要为地方财政，乃至全国财政的良性运行奠定基础。可以说，在我国市场经济发展过程中，要履行好社会管理和监督职能，覆盖城镇社会经济生活，密切国家财政与城镇经济的联系，拓宽理财领域，加快工农业现代化建设步伐，都离不开城镇财政作用的充分发挥。

4.城镇财政是国家财政的重要组成部分

城镇财政在整个国家财政中所处的地位，我们可以从 3 个方面进行分析：首先，从城镇财政组织财政收入的能力上看，全国城镇财政预算内收入的增长幅度一直高于全国财政收入的增长幅度，随着我国农业和城镇经济的稳定发展，城镇财政组织收入的能力显著增强。其次，从城镇财政收支对比看，城镇财政的自给能力在经受了新体制带来的冲击后，正在稳步增强。再次，从城镇财政收入占全国、省财政收入的比重看。近年来，城镇财政收入占全国财政收入、省级财政收入的比重呈逐年上升趋势，而且上升速度也比较快，作为财政中的基层财政——城镇财政对地方财政的影响绝不是无足轻重的，对省级财政来说，它已构成其顺利运行的稳固基础。

通过以上分析，不难看出：我国城镇各级财政在国家财政体系中的地位变得越来越重要，城镇财政建设不好，整个地方财政乃至国家财政的健康运行也就失去了稳固的基础，城镇财政建设如果得不到加强，也会直接影响"振兴国家财政"目标的实现。

14.1.2 城镇的财政收支范围

各级地方政府财政，是国家财政的重要组成部分。它体现地方政府与所属或所辖区内企业、事业单位，社会、组织、居民之间以及各级政府之间的分配关系。我国地方财政由省（自治区、直辖市）、县（市、自治县、市辖区）、乡（镇）三级财政组成。在地方财政体系中，省级财政是主导，城市财政是支柱，市辖区、县、乡（镇）财政是基础环节。由此可见，城镇财政是各级地方政府财政的基础环节，是同级地方政府执行其职能的财力保证。

一般来说，城镇一级财政收支包括以下内容。

14.1.2.1 国家预算部分

1. 国家预算收入

城镇税收是国家依照法律规定，并按照法律规定的标准和程序、强制性对从事城镇经济活动的经济组织和个人无偿地征收实物或货币所形成的分配关系。城镇税收和一般税收的特点是相一致的，都具有"强制性"、"无偿性"、"固定性"的特点，这 3 个特征是一个统一整体，既有区别又有联系，它是税收区别于其他财政收入形式的基本标志，又是不同于其他财政收入形式的特殊功能和作用。城镇税收既是聚集建设资金的重要手段，又是调节经济发展的重要经济杠杆。其作用表现在：首先，城镇税收是国家和城镇财政收入的主要来源，为国家建设和城镇经济建设积累资金。其次，城镇税收可以调节生产、流通和消费，促进国民经济有计划，按比例发展。第三，城镇税收可以调节国家，经营单位和个人三者的收入，正确处理三者的利益关系。第四，城镇税收可以促进城镇各经济组织和个人加强经济核算，改善经营管理。最后，城镇税收可以监督经济活动，保护合法经营，打击不法行为，维护国家的经济利益。

1994 年我国进行了全面的、结构性的税制改革。改革后我国的税制由 37 个税种缩减到目前的 20 个，具体是：增值税、消费税、营业税、企业所得税、个人所得税、资源税、城镇土地使用税、房产税、城市房地产税、城市维护建设税、耕地占用税、土地增值税、车辆购置税、车船税、印花税、契税、烟叶税、关税、船舶吨税、固定资产投资方向调节税、筵席税。其中，固定资产投资方向调节税和筵席税已经停征，关税和船舶吨税由海关征收。另外，进口货物的增值税、消费税由海关部门代征。因此，目前税务部门征收的税种只有17个。

(1)增值税　对在我国境内销售货物或者提供加工、修理修配劳务以及进口货物的单位和个人征收。增值税纳税人分为一般纳税人和小规模纳税人。对一般纳税人，就其销售(或进口)货物或者提供加工、修理修配劳务的增加值征税，基本税率为17%，低税率为13%，出口货物为0%(国务院另有规定的除外)；对小规模纳税人，实行简易办法计算应纳税额，征收率一般为6%，从事货物批发或零售等税法列举项目的征收率为4%。增值税的纳税期限一般为1个月，纳税人应在次月的1日至10日的征期内申报纳税。

(2)消费税　对在我国境内生产、委托加工和进口应税消费品的单位和个人征收。征税范围包括烟、酒和酒精、化妆品、贵重首饰和珠宝玉石等18个税目。消费税根据税法确定的税目，按照应税消费品的销售额、销售数量分别实行从价定率或从量定额的办法计算应纳税额。消费税的纳税期限与增值税的纳税期限相同。

(3)营业税　对有偿提供应税劳务、转让无形资产和销售不动产的单位和个人征收。应税劳务包括交通运输业、建筑业、金融保险业等7个税目。营业税按照应税劳务或应税行为的营业额或转让额、销售额依法定的税率计算缴纳。除了娱乐业实行20%(其中台球、保龄球适用5%)的税率外，其他税目的税率为3%或5%。营业税的纳税期限与增值税、消费税基本相同。

(4)企业所得税　对中国境内的一切企业和其他取得收入的组织(不包括个人独资企业、合伙企业)，就其来源于中国境内外的生产经营所得和其他所得征收。企业所得税以企业每一纳税年度的收入总额，减除不征税收入、免税收入、各项扣除以及允许弥补以前年度亏损后的余额，为应纳税所得额。企业所得税的税率为25%。企业所得税按纳税年度计算，纳税年度自公历1月1日起至12月31日止。企业所得税实行按月或按季预缴、年终汇算清缴、多退少补的征收办法。即企业应当自月份或者季度终了之日起15日内，向税务机关报送预缴企业所得税纳税申报表，预缴税款。企业应当自年度终了之日起5个月内，向税务机关报送年度企业所得税纳税申报表，并汇算清缴，结清应缴应退税款。

(5)个人所得税　以个人取得的各项应税所得(包括个人取得的工资、薪金所得，个体工商户的生产、经营所得等11个应税项目)为对象征收。除工资、薪金所得适用5%至45%的九级超额累进税率，个体工商户(注：个人独资企业和合伙企业投资者比照执行)的生产、经营所得和对企事业单位的承包经营、承租经营所得适用 5%至 35%的 5 级超额累进税率外,其余各项所得均适用 20%的比例税率。纳税期限是:扣缴义务人每月所扣和自行申报纳税人每月应纳的税款,在次月 7 日内缴入国库;个体工商户的生产、经营所得应纳的税款,按年计算,分月预缴,年度终了后 3 个月内汇算清缴,多退少补;对企事业单位的承包经营、承租经营所得应纳的税款,按年计算,年度终了后 30 日内缴入国库;从中国境外取得所得的,在年度终了后 30 日内,将应纳的税款缴入国库。年所得 12 万元以上的纳税人,在年度终了后 3 个月内自行向税务机关进行纳税申报。

(6)资源税　对各种应税自然资源征收。征税范围包括原油、天然气、煤炭、其他非金属矿原矿、黑色金属矿原矿、有色金属矿原矿、盐等 7 大类。资源税的税额标准因资源的种类、区位的不同,税额标准为每吨 0.3～60 元或每 1 000 $米^3$ 2～15 元不等。目前,资源税采取从量定额的办法征收,下一步将实行从价定率办法征收。

(7)城镇土地使用税　以在城市、县城、建制镇和工矿区范围内的土地为征税对象,以实际占用的土地面积为计税依据,按规定税额对使用土地的单位和个人征收。其税额标准按大城市、中等城市、小城市和县城、建制镇、工矿区分别确定,在每$米^2$ 0.6～30 元之间。土地使用税按年计算、分期缴纳。

(8)房产税　以城市、县城、建制镇和工矿区范围内的房屋为征税对象,按房产余值或租金收入为计税依据,向产权所有人征收的一种税(此税不适用外商投资企业、外国企业和外籍个人)。其税率分为两类:按照房产余值计算应纳税额的,适用税率为 1.2%;按照房产租金收入计算应纳税额的,适用税率为 12%,但个人按市场价格出租的居民住房,减按 4%的税率征收。房产税按年征收、分期缴纳。

(9)城市房地产税　现仅对外商投资企业、外国企业和外籍个人的房产征收。其税率分为两类:按照房产余值计算应纳税额的,适用税率为 1.2%;按照房产租金收入计算应纳税额的,适用税率为 18%。城市房地产税按季或按半年分期缴纳,具体期限由主管税务机关核定。

(10)城市维护建设税　对缴纳增值税、消费税、营业税的单位和个人征收。它以纳税人实际缴纳的增值税、消费税、营业税为计税依据,区别纳税人所在地的不同,分别按 7%(在市区)、5%(在县城、镇)和 1%(不在市区、县城或镇)三档税率计算缴纳。城市维护建设税分别与增值税、消费税、营业税同时缴纳。

(11)耕地占用税　对占用耕地建房或者从事其他非农业建设的单位和个人,依其占用耕地的面积征收。其税额标准在每平方米 5～50 元之间。纳税人必须在经土地管理部门批准占用耕地之日起 30 日内缴纳耕地占用税。

(12)土地增值税　以纳税人转让国有土地使用权、地上建筑物及其附着物所取得的增值额为征税对象,依照规定的税率征收。它实行4级超率累进税率,税率分别为30%、40%、50%、60%。纳税人应当自转让房地产合同签订之日起7日内向房地产所在地主管税务机关办理纳税申报,并在税务机关核定的期限内缴纳土地增值税。由于涉及成本确定或其他原因,而无法据以计算土地增值税的,可以预征土地增值税,待项目全部竣工,办理结算后再进行清算,多退少补。

(13)车辆购置税　对购置汽车、摩托车、电车、挂车、农用运输车等应税车辆的单位和个人征收。车辆购置税实行从价定率的方法计算应纳税额,税率为10%。计税价格为纳税人购置应税车辆而支付给销售者的全部价款和价外费用(不包括增值税);国家税务总局参照应税车辆市场平均交易价格,规定不同类型应税车辆的最低计税价格。纳税人购置应税车辆的,应当自购置之日起60日内申报纳税并一次缴清税款。

(14)车船税　以在我国境内依法应当到车船管理部门登记的车辆、船舶为征税对象,向车辆、船舶的所有人或管理人征收。分为载客汽车、载货汽车等六大税目。各税目的年税额标准在每辆24～660元,或自重(净吨位)每吨3～120元之间。车船税按年申报缴纳。

(15)印花税　对经济活动和经济交往中书立、领受税法规定的应税凭证征收。印花税根据应税凭证的性质,分别按合同金额依比例税率或者按件定额计算应纳税额。比例税率有1‰、0.5‰、0.3‰和0.05‰四档,比如购销合同按购销金额的0.3‰贴花,加工承揽合同按加工或承揽收入的0.5‰贴花,财产租赁合同按租赁金额的1‰贴花,借款合同按借款金额的0.05‰贴花等;权利、许可证等按件贴花5元。印花税实行由纳税人根据规定自行计算应纳税额,购买并一次贴足印花税票的缴纳办法。股权转让书据按其书立时证券市场当日实际成交价格计算的金额,由立据双方当事人分别按3‰的税率缴纳印花税(即证券交易印花税)。

(16)契税　以出让、转让、买卖、赠与、交换发生权属转移的土地、房屋为征税对象征收,承受的单位和个人为纳税人。出让、转让、买卖土地、房屋的税基为成交价格,赠与土地、房屋的税基由征收机关核定,交换土地、房屋的税基为交换价格的差额。税率为3%～5%。纳税人应当自纳税义务发生之日起10日内办理纳税申报,并在契税征收机关核定的期限内缴纳税款。

(17)烟叶税　对收购烟叶(包括晾晒烟叶和烤烟叶)的单位,按照收购烟叶的收购金额征收,税率为20%。纳税人应当自纳税义务发生之日起30日内申报纳税。具体纳税期限由主管税务机关核定。

2. 国家预算支出

在中国，城镇财政支出由各种不同用途的项目构成。①按经济性质可分为生产性支出和非生产性支出两大类。生产性支出是指与社会生产直接有关的各项支出，主要包括生产性固定资产支出、发展农业支出等；非生产性支出是指与生产无直接关系的支出，主要包括非生产性固定资产支出、社会文教科学卫生支出、行政管理和公检法支出等。②按财政支出与再生产的关系可分为积累性支出、消费性支出和补偿性支出三大类。积累性支出是指用于增加社会物质财富积累的支出，包括上述生产性固定资产支出的全部内容和非生产性固定资产支出；消费性支出是指用于社会共同消费的支出，主要包括文教卫生等非生产部门的公用经费、人员经费支出；补偿性支出是指补偿企业生产资料消耗的支出。③按财政支出的用途可分为基本建设支出、企业挖潜改造资金支出、简易建筑费、地质勘探费、科技三项费用、支援农村生产支出、农林水利气象等部门的事业费、工业交通等部门的事业费、商业部门事业费、城市维护费、城镇青年就业经费、社会文教科学卫生事业费、其他部门事业费、抚恤和社会福利救济事业费、行政管理费、公检法支出、价格补贴支出、债务支出、支援不发达地区发展资金支出、专款支出、其他支出等。

国家预算支出，主要有无偿拨款与财政信用两种。无偿拨款形式即财政拨款，主要用于保证文教科学卫生事业费、行政管理费和价格补贴等开支需要。财政信用是为了加强用款单位的经济责任、提高财政资金的使用效果而采用的财政支出形式，主要用于从事生产经营活动的部门、单位所需要的资金。这些部门和单位，能够通过生产经营活动，创造产品和价值，具有偿还贷款的能力。财政信用在性质、资金来源、贷款条件等方面都与银行贷款有原则的区别，是财政资金的信贷管理形式，属于财政分配中一种新的支出形式。国家预算支出包括：城镇生产支出、农业水利事业费支出、文教卫生事业费、行政管理费、社会福利费、其他事业费和其他支出费。各项国家预算支出指标，由城镇财政统筹安排，包干使用、专款专用，纳入城镇财政统一管理，结余留用。财政支农周转金和其他有偿使用资金，按有关规定单独管理，由城镇财政负责发放和回收。

14.1.2.2 国家预算外收支部分

预算外收支是指由地方、部门、单位自收自支、自行管理的财政资金。主要包括各项税收附加收入，企业专项基金收入、经济文化事业收入等。财政预算外收支资金主要是专款专用，其中工商税、工商所得税、公用事业附加收入，用作城镇维护费固定来源；营业税附加主要用于城镇公益事业，城镇广播网和农用水利建设等。另外，城镇自筹资金的项目和数额，必须根据需要和可能的原则，经过人民代表大会确定，提出预算，报上级批准实施。

预算外资金的作用主要表现在 3 个方面:①因地制宜地解决专项支出的资金需要。各地区、各部门、各单位可以根据预算外资金具有的特定用途,结合当地的具体情况自行安排使用这部分资金,以满足经济发展的需要。例如企业留用的更新改造资金和大修理基金,是企业进行固定资产简单再生产资金的基本来源。②更好地调动各方面增收节支的积极性。由于预算外资金是由各地区、各部门、各单位自收自支的资金,多收了可以多支,节约了可以办更多的事情。因此,预算外资金的设置,可以起到促进地区、部门和单位更加关心组织收入和节约支出的作用。③弥补国家预算资金的不足。国家预算承担了全国政治、经济、文化、国防和行政管理等各方面资金供应的艰巨任务,预算资金的供需矛盾是始终存在的。在一定条件下,预算外资金在弥补国家预算资金的不足,解决预算资金的收支平衡方面起着积极的作用确定城镇的财政收支范围,对于认真贯彻执行我国的财政管理体制,实行"统一领导,分级管理"的原则;正确处理城镇各级政府之间,城镇主管部门与城镇企业之间,财政部门与税务部门之间,财政、财务之间的联系;划分收入范围和管理权限,坚持财权和事权的统一和结合,调动各方面的积极性等各个方面,都具有一定的意义。

以上各种资金,是我国城镇一级财政资金来源和组成的主要方面,根据各地城镇财政管理规定和城镇会计制度,由城镇财政统筹安排统一核算。

14.1.3 建立完善城镇财政体系,促进城镇经济发展

城镇财政体系是以县级财政为领导、乡(镇)财政为主体,乡(镇)企事业和村级财务为基础的一个有机整体。作为一个系统整体,它是由县财政、乡(镇)财政、乡(镇)企事业和村级财务共同构成,这个系统包含了县政权与乡(镇)政权,乡(镇)政权与集体企事业和村民自治组织之间,在划分收支范围与管理权限上的各种关系,它是国家财政系统的基础。城镇财政管理体系的健全和完善,有利于充分调动各级财政部门的积极性,使城镇能真正担负起国家财政收支和城镇自筹资金的分配和管理任务,促进经济发展。

1. 加快县级财政改革

目前我国的财政管理机构分为中央、省、设区的市、县、乡五级。县(市)是宏观经济和微观经济的结合点,一方面它是国家整个宏观经济基层的经济管理层次,另一方面它本身又有比较齐全的社会经济管理系统。宪法规定,它依照法律规定的权限,管理本行政区域的经济、教育、科学、文化、体育事业,城乡建设事业和财政、民政、公安,民族事务,司法、监察、计划生育等行政工作。因此,如何发挥县级行政、经济职能部门的指导和协调作用,推动县域经济的发展,具有十分重要意义。

(1)改革县级财政,要建立完善的税收体系　税收不但是国家对国民收入最直接、最有效、最可靠的强制分配手段,而且是建立各级财政体制的基础。因此县级财政体制的改革,也必须在现行税收制度改革的基础上,把地方税收体系完善起来,这有利于建立县级财政的稳定收入来源。在固定财源范围之内,县财政可以按照责权结合的原则,因地制宜、因时制宜,组织收入和分配支出,以改革长期以来统支的财政体制。

(2)县级财政的改革,必须划清事权和财权　这不仅是正确处理市县财政、县乡财政分配关系的主要原则,也是主要方法。市县财政在财政分配方面划分不清,既影响了县组织收入的积极性,也不利于所辖范围内各项事业发展的统筹安排;县乡财政在分配方面划分不清,既不利于全县性的财政收支计划的贯彻执行,又不利于乡镇财政发挥自己管理职能。正确确立事权和财权,就是要把二者有效统一起来,凡是实际上需由县、乡来办的事情,财权也必须交由县、乡。这样,才能各行其是、各尽其职,若是只有事权,没有财力和保证,就难以完成所担负的任务。

(3)改革县级财政,必须正确处理县财政和乡镇财政的关系　正确处理县与乡镇之间的财权关系,是完善城镇财政管理体制的重要环节,应本着责、权、利相结合,财权与事权相统一的原则,划分收支范围和管理权限。凡属县级职权范围和隶属县管理的企事业收支,划入县级财政收支范围;凡属于乡镇职权范围和隶属于乡镇管理的企事业收支,划入乡镇财政收支范围。在划分县乡财政收支时,应尽可能地使乡镇组织的收入和它的支出之间建立一定的联系,多收了可以多支,少收了就要少支。收支挂钩是把乡镇的责权和利益密切结合起来的恰当形式。有利于调动乡镇管理财政的积极性,有利于县财政对本行政区域内资金使用的统筹调度和监督管理。

2. 县财政改革发展方向——省直接管理县财政改革

财政部 2009 年 7 月 9 日发布关于推进省直接管理县财政改革的意见称,2012 年年底前,力争全国除民族自治地区外全面推进省直接管理县财政改革。改革意见明确指出,实行省直接管理县财政改革,就是在政府间收支划分、转移支付、资金往来、预决算、年终结算等方面,省财政与市、县财政直接联系,开展相关业务工作。规定指出,在进一步理顺省与市、县支出责任的基础上,确定市、县财政各自的支出范围,市、县不得要求对方分担应属自身事权范围内的支出责任。按照规范的办法,合理划分省与市、县的收入范围。同时,在转移支付,财政预决算,资金往来,财政结算等方面均由省级财政直接确定和直接下达。迄今为止,全国已有 20 多个省级单位、区域,全面或者部分地实行了省直管县,其中也包括一些大得有 100 多个县的省份。

实行省直接管理县财政改革，就是在政府间收支划分、转移支付、资金往来、预决算、年终结算等方面，省财政与市、县财政直接联系，开展相关业务工作。具体内容包括：

(1)收支划分　在进一步理顺省与市、县支出责任的基础上，确定市、县财政各自的支出范围，市、县不得要求对方分担应属自身事权范围内的支出责任。按照规范的办法，合理划分省与市、县的收入范围。

(2)转移支付　转移支付、税收返还、所得税返还等由省直接核定并补助到市、县；专项拨款补助，由各市、县直接向省级财政等有关部门申请，由省级财政部门直接下达市、县。市级财政可通过省级财政继续对县给予转移支付。

(3)财政预决算　市、县统一按照省级财政部门有关要求，各自编制本级财政收支预算和年终决算。市级财政部门要按规定汇总市本级、所属各区及有关县预算，并报市人大常委会备案。

(4)资金往来　建立省与市、县之间的财政资金直接往来关系，取消市与县之间日常的资金往来关系。省级财政直接确定各市、县的资金留解比例。各市、县金库按规定直接向省级金库报解财政库款。

(5)财政结算　年终各类结算事项一律由省级财政与各市、县财政直接办理，市、县之间如有结算事项，必须通过省级财政办理。各市、县举借国际金融组织贷款、外国政府贷款、国债转贷资金等，直接向省级财政部门申请转贷及承诺偿还，未能按规定偿还的由省财政直接对市、县进行扣款。

3.建立和完善乡镇财政

乡镇财政是国家在城镇的基层财政，建立和完善乡镇财政是加强乡镇政权建设，搞好城镇财政分配，加强财政管理，深化城镇经济体制改革的重要条件。20世纪80年代，在财政部的推动下，全国开始普遍建立乡镇财政。1994年实施分税制改革至今，随着包括乡镇级在内的分级分税财政管理体制逐步确立，我国乡镇财政得到了长足发展，乡镇财政管理工作日益科学规范。截至2008年年底，全国共有乡镇财政机构（主要是财政所）34 539个，占乡（镇、街道办）总数40 828个的84.6%，全国除西藏自治区受自然条件、经济发展等因素制约，没有完全建立乡镇一级财政外，其他各省（区、市）绝大部分乡镇都建立了乡镇财政所。近年来，随着农村税费改革和农村综合配套改革的不断深化，乡镇财政理财环境发生了重大变化，在逐渐淡出农业税收征管的同时，落实民生政策、发放涉农补贴、服务“三农”发展的职责逐步增强，乡镇财政面临着新的形势与任务。乡镇财政是我国整个财政体系的最基础层级，财政预算执行和国家政策落实的成效如何，很大程度上表现在基层对资金的使用和管理上。在新形势下，乡镇财政如何更好地发挥职能作用，特别是进一步加强对涉农资金的监管是一个急需解决的重要课题。完善乡镇财政，并逐步完善乡镇财政管理，必须正确处理好县财政与乡镇财政，乡镇财政与集体事业之间收支管理的集权与分权关系，而要正确处理好这些关系则必须遵循以下原则：

(1)统一领导，分级管理的原则　统一领导是指乡镇财政要坚决拥护党和国家的财政方针、政策、法令和制度，在乡镇范围的财政活动，要有统一的计划，规定和制度；分级管理是指乡镇财政和乡镇企事业单位。有管理本级财政或本单位财务的权力和责任，两个方面相互联系、相互制约。乡镇财政要坚决贯彻招待统一领导，分级管理的原则。正确行使县财政授予的财政管理权限，在国家财政统一领导下，本着统筹兼顾，全面安排的精神，制定各项财政、财务规章制度的实施细则，组织乡镇范围内的财政收支，积极完成国家财政收支任务，促进城镇经济的繁荣发展。

(2)事权与财权相统一的原则　这是正确处理县级财政之间分配关系的一项主要原则。乡镇政府，企事业间接和村级经济组织，都具有一定的为实现其职能所必需的财权和财力，只有财权和事权相统一，才能各行其是，各行其职。

(3)收支挂钩，责、权、利相结合的原则　贯彻这一原则，要求乡镇财政在核定财政收支时，把收入和支出联系起来，即多收可以多支的权利和少收只能少支自求平衡的责任结合起来，以利于促进乡(镇)党政领导关心财政分配任务的完成。促进增收节支，提高资金使用效益。

4. 建立健全城镇企业和村级财务管理制度

“统一领导、分级管理”是正确处理上下级财政关系的基本准则，也是城镇财政进行预算管理调动各方面理财积极性的一条基本原则。乡镇财政除了组织好预算工作外，必须下大力量处理好城镇企业、事业和村级财务管理工作。城镇企业和村级财务管理制度是城镇财政管理的基础。建立健全城镇企业和村级财务管理制度，是建立和完善城镇财政体系的重要内容。城镇企业和村级经济组织的税后利润，以及其他集体事业和业务收入，是乡镇自筹收入的主要来源。财务管理直接关系到这些单位经营水平和经济效益，也直接影响城镇自筹资金的增长。乡镇政府及乡镇财政部门，要切实地，有实效地帮助这些单位建立健全财务管理制度，并经常地督促和检查、指导，其目的在于改善其财务管理，加强其经济核算，降低成本，提高经营水平。这项活动可以从两方面进行。

(1)帮助城镇企业做好基础管理工作　帮助城镇企业做好基础管理工作，如健全各项定额管理，原始记录、凭证和账本，准确地记账、算账，严格经济核算等。只有建立起科学的合理的劳动定额、原材料消耗定额、费用定额，才能把经济责任制贯彻好，才能很好地开展全面经济核算。彻底改变城镇企业存在的“事后算账”的状况，主动地对经济活动和经济效益进行分析、预测和控制，不断地找出薄弱环节，研究改进措施，寻求节约材料、提高效率、降低成本、提高经济效益的途径和方法，不断改善和提高企业的经营管理水平。乡镇政府和财政部门进行这方面的工作，应着眼于有利于经济责任制的推动，要给这些企业以活力、动力和压力，使责权利真正密切结合起来。

(2)对城镇行政事业单位和村级财务，根据不同的实际情况，建立定员定额管理　这是加强预算管理，合理分配预算资金，实行预算包干的基础；也是检查分析各项事业计划和财政预算执行情况的基本条件。没有这些基础工作，或不健全，实现城镇经济计划将成为一句空话。乡镇政府和财政部门对这些部门的财务，可以按不同性质确定统一的财务管理制度，以提高其计划和执行预算的水平。

14.2　城镇金融

14.2.1　城镇金融的含义

金融是通过银行信托投资公司和信用社等部门实现货币与资金的融通的活动，它包括货币的投放与回笼，存款的吸收和提取，贷款的发放及收回、国内外汇总往来及贴现和证券市场活动等。城镇金融就是城镇货币资金的融通，是以信用手段筹集，分配和管理城镇货币资金的活动，它是城镇商品经济发展的产物。城镇金融活动由城镇经济状况所决定，又反作用于城镇经济，它是有计划地筹集、分配与管理城镇货币资金的重要根据，是活跃城镇经济的有力杠杆。城镇金融以吸收存款，发放贷款，组织货币流通为基本内容。它是城镇再生产过程的一部分，处于城镇再生产过程之间的环节，渗透于城镇再生产的全过程。

城镇金融可以促进城镇中社会主义生产关系的巩固与完善。它从货币资金方面支持农业和城镇企业，支持承包户、专业户，支持城镇各种联合体和技术服务部门，使他们得到财力、物力的保证，城镇金融可以通过发放生产设备贷款，改善城镇生产条件；可以通过发放各种经营贷款和开发性贷款，使城镇生产结构和布局合理，自然资源和科学技术达到充分利用，从而推动城镇生产力的发展。城镇金融可在一定程度上调节城镇商品供求关系，它通过发放生产资料贷款，适当扩大生产资料需求，通过吸收储蓄存款，适当控制城镇居民的消费品需求；通过发放消费信贷，促进城镇居民的消费。因此，城镇金融起着引导生产、指导消费、帮助城镇居民致富的作用。

14.2.2 城镇金融在经济发展中的地位

首先，城镇金融处在城镇再生产的中介地位。在城镇社会在生产过程中，从生产、分配、交换到消费，都离不开货币、信贷和资金活动。城镇金融在城镇社会产品的分配和交换中作为媒介，它一头服务于市场，一头服务于消费，城镇社会再生产的不断进行，一时一刻也离不开资金融通，离不开城镇金融。

其次，城镇金融还是城镇经济活动的枢纽。因为，城镇各部门、各单位的一切货币和资金活动都要通过城镇金融机构，并且要受到农业银行及信用合作社的制约和影响。宏观经济规律和国家现行的各项经济政策对城镇经济的影响随时随地都会在金融活动中表现出来，这表现在，城镇金融作为纽带，联结城乡之间，工业、农业之间，以及国家、集体与个人之间的经济活动，它是国家从资金上支援农业的重要渠道，是管理城镇资金的总闸门。

城镇金融在城镇社会再生产和经济活动中的特殊地位，决定了它对发展城镇商品经济有着重要作用。首先，城镇金融部门通过信贷形式，合理分配资金，促进城镇经济的良性循环；其次，城镇金融部门通过自己的业务活动，对资金进行合理调配，使生产更符合社会的需要；最后，城镇金融部门通过加强与城镇各经济单位的经济往来，支持城镇发展商品生产，并且通过为城镇各经营单位提供经济信息达到服务城镇经济的目的。

14.2.3 城镇金融体系的构成

1. 城镇金融组织体系

目前，我国城镇金融体系是一种以正规性金融为主导、非正规性金融为补充的体系结构，正规与非正规金融互为补充，共同为城镇经济发展提供服务。

正规金融机构及其主要职责如下。

(1)中国农业银行　支持农业生产和农产品销售，既经营商业性业务，又经营政策性业务，从 20 世纪 80 年代起开始进行商业化改革。

(2)中国农业发展银行　承担国家规定的政策性金融业务并代理财政性支农资金的拨付。

(3)农村信用合作社　农村正规金融机构中唯一一个与农业农户具有直接业务往来的金融机构，是农村正规金融机构中向农村和农业经济提供金融服务的核心力量。

(4)农村邮政储蓄　吸收储蓄，再把储蓄资金转存入中央银行，开展存贷业务。

非正规金融是指城镇中非法定的金融机构所提供的间接融资以及农户之间或农户与农村企业主之间的直接融资。目前，我国的民间金融主要有3种形式：

①无组织无机构的个人借贷和企业融资（如企业相互融资、企业非法集资等）；

②有组织无机构的各种金融会，属于互助资金性质；

③政府没有认可的有组织有机构的各种融资形式，如私人钱庄、典当行、基金会等。

2. 城镇金融市场体系

城镇金融市场的主要供给方为农业发展银行，农业银行和农村信用社，而需求方则主要包括了城镇经济活动的主体农户和城镇企业。金融产品受制于供给水平、能力及意愿等因素，目前品种较为单一，对于各种类型的农户和城镇企业千差万别的金融需求则显得供不应求。还有，客观上由于我国的城镇金融市场存在较为明显的短缺和抑制，供给方在市场体系中基本处于垄断者的地位，加之资金的价格未能市场化，由此导致金融交易行为扭曲现象普遍存在。

3. 城镇金融监管体系

城镇金融体系的监管方是中国人民银行。人民银行对城镇金融的监管主要是按金融机构的类型来划分的，既包含银行监管部门也包括合作金融监管部门，其中银行监管部门主要监管政策性银行、商业性银行和其他金融机构，包括农发行、农行以及邮政储蓄等。而合作金融监管部门主要监管数量众多的农村信用社，在监管的同时还负责对农村信用社进行行业管理。另外，银监会等其他金融组织对城镇金融体系的监管也发挥重要作用。

14.2.4　当前城镇金融存在的主要问题

随着社会主义新农村建设的不断深入和城镇经济的蓬勃发展，对金融业的资金和服务需求越来越迫切。但是，受城镇先天条件限制，城镇金融仍有不尽如人意之处。从各方面的情况来看，主要矛盾有以下几个方面。

1. 金融机构设置仍不足

尽管中央加大了对各类金融机构按照商业可持续原则到县域发展的引导力度，并开展新型农村金融机构试点。但是，城镇机构网点的设置、从业人员的数量与实际需求相比差距仍然较大，个别地区仍存在金融机构空白。

2. 金融配套政策不完善

一是城镇金融创新缺乏健全的法律基础，担保难问题仍长期存在。二是财税支持政策尚未形成长效机制，并需要进一步扩大覆盖范围、加大支持力度。三是与县域金融、农村金融发展相联系的土地制度改革、投资环境等改革尚未完全到位。四是农村信用环境建设有待进一步加强。

3. 金融产品的城镇特色不足

目前，城镇金融机构服务集中于“存、贷、汇”等传统业务，金融产品对城镇经济发展的针对性不强。金融机构服务半径也比较狭窄，基本上围绕城镇城区业务，难以延伸到乡镇和行政村。

此外，农业生产方式尚需加快转变，现代农业体系建设、农业科技创新等体制机制尚不完善，也制约着金融在城镇经济发展中发挥出规模效益。

14.2.5 城镇金融的发展

“十一五”以来，人民银行和相关部门、金融机构一起，在货币政策、金融创新、金融基础服务等方面做了大量工作，积极支持城镇经济发展。截至 2010 年第三季度末，全口径涉农贷款余额为 11.1 万亿元，占各项贷款余额的 22.7%，同比增长 26.6%。“十二五”规划期间，城镇经济面临着新的机遇和挑战。如何变资源优势为经济优势、变区位优势为开发优势、变基础优势为比较优势，人民银行推进金融生态环境不断改善的重点工作领域。

1. 积极运用多种政策手段支持县域金融发展

一是人民银行通过各种货币政策工具支持金融机构扩大支农力度。2010 年以来，人民银行共上调 6 次法定存款准备金率，其中对农信社等中小法人金融机构，仅上调了 3 次。目前，农村信用社执行比大型商业银行低 6 个百分点的优惠存款准备金率，对其中资产规模小、涉农贷款比例高的农村信用社再降 1 个百分点。村镇银行的法定存款准备金率比照当地农村信用社执行。此外，人民银行运用支农再贷款、再贴现等政策工具支持改善农村金融服务。二是人民银行和银监会于 2010 年 9 月印发《关于鼓励县域法人金融机构将新增存款一定比例用于当地贷款的考核办法(试行)》，于 2011 年开始考核。三是财政与金融相结合的支农政策体系逐渐形成。2003—2009 年共减免农村信用社税收 760 亿元。2009 年以来，财政部和国家税务总局实施和完善了农村金融机构定向费用补贴政策、县域金融机构涉农贷款增量奖励政策、金融机构农户小额贷款税收优惠政策、农业保险保费补贴试点等。

2. 支持农村金融机构深化改革

在农村信用社改革方面，主要是保持农村信用社县(市)法人地位的总体稳定的前提下，以市场为导向，科学规范省联社履职行为，不断完善内控管理制度，发挥财税支持作用，将农村信用社建成社区性地方金融机构。提高农村信用社资本质量，增强农村信用社资本实力，督促农村信用社加强增资扩股，逐步消化资格股、扩大投资股，规范现有股东（社员）及其关联企业贷款行为。在农业银行改革方面，继续进行“三农金融事业部”改革试点。按照突出重点、量力而行、有限目标、扎实推进的思路，探索完善“三农金融事业部”管理体制和经营机制。在农业发展银行改革发展方面，人民银行会同有关部门将继续推动农业发展银行深化内部改革，健全信贷风险防控体系，完善内控机制，加强信息系统建设，为全面改革做好准备。在邮政储蓄机构改革方面，充分发挥邮政储蓄点多面广的优势，鼓励其发放城镇贷款。

3. 促进农村金融组织创新

目前，我国城镇农村金融组织体系不够完善。“十二五”期间，可进一步降低农村金融市场准入门槛，拓宽社会资金进入农村金融市场路径，提高农村金融市场民间资本投资比例。2008 年人民银行下发《关于加快推进农村金融产品创新和服务方式创新的意见》，在中部六省、东北三省开展农村金融创新试点工作。试点工作积累了丰富的农村金融产品和金融服务创新经验，在此基础上，2010 年 7 月人民银行联合银监会、证监会、保监会发布《关于全面推进农村金融产品和服务方式创新的指导意见》，主要内容包括：大力发展农户小额信用贷款和农村微型金融、切实加强对农业基础设施建设的信贷支持、探索开展农村土地承包经营权和宅基地使用权抵押贷款业务、积极推动和做好集体林权制度改革与林业发展金融服务工作、做好农村地区支付结算工作、加快农村信用体系建设、加快探索和构建推动农村金融产品和服务方式创新的长效机制等。

4. 继续鼓励农村金融产品创新

一是着力推动集体林权制度改革与林业发展金融服务工作，深入贯彻落实《关于做好集体林权制度改革与林业发展金融服务工作的指导意见》精神，全面推进林权抵押贷款业务。二是有效扩大抵押担保范围，加强涉农信贷风险管理。积极探索建立有效的信用风险分散转移机制，因地制宜、灵活多样创新信用模式和扩大贷款抵押担保物范围。包括鼓励开展与订单农业相结合的农村信贷、跟单农业产品创新；加快发展农产品期货市场；鼓励商业性保险公司开拓农村保险市场，探索建立农村银保互动机制；鼓励有条件的地区由政府出资、农民和农村企业参股，成立符合现代企业制度的股份制担保基金或担保公司。三是推动现代科技支持农村金融提高服务水平，发展以现代计算机和移动通讯技术为基础的金融产品在农村地区得到更广泛应用，为低成本、低风险在农村地区扩展基础金融服务提供条件。

5. 加快推进县域支付系统建设

2009 年，人民银行出台《中国人民银行关于改善农村支付服务环境的指导意见》，明确了改善农村支付服务环境的总体思路、指导思想和总体目标。截至 2010

年 9 月底，全国共有 27 529 家农村信用社、1 231 家农村合作银行、1 066 家农村商业银行、211 家村镇银行接入人民银行支付系统，大大提高了县域金融机构的支付效率和安全性。同时在县域地区因地制宜推动非现金支付工具的推广普及，大力推广银行卡、转账电话、网上银行支付等其他非现金支付工具使用，加强县域地区银行结算账户的开立与管理。

6. 大力推进城镇金融生态环境建设

人民银行和各部门、各地方认真落实党中央、国务院关于加快农村信用体系建设，改善农村信用环境，促进农村经济社会发展的系列部署，加强信用知识宣传、推进农户电子信用档案建设和农户信用评价、扩大企业和个人征信系统在全国农村地区的应用、推进农村地区中小企业信用体系建设，截止到 2010 年 6 月末，全国 31 个省（区、市）所辖的 2 657 个县（市、区）中已有 2 426 个县（市、区）开展了农户信用档案建设工作，2 122 个县（市、区）已建立农户信用评价体系。全国农村地区金融机构共为 1.1 亿多农户建立了信用档案，并对其中 7 653 万农户进行了信用评定。已建立信用档案的农户中获得信贷支持的农户达 7 029 万户，贷款发生额超过 2.6 万亿元，贷款余额为 1.16 万亿元，为地方经济发展和社会主义新农村建设提供了强大的金融支持。“十二五”期间，央行还将进一步深入推进农村信用体系建设，扩大信用评定的覆盖面。加快征信体系建设步伐，在推广企业征信建设的同时，逐渐完善县域个人征信系统。完善立法，严格执法，增加城镇金融监管力度，保护金融消费者的合法权益，为金融消费者提供高效优质的服务。

14.3 城镇信贷

14.3.1 我国的城镇信贷体系

为促进城镇经济发展筹集分配资金，管好用好资金，必须设置相应的信贷机构，建立健全城镇信贷体系。由于城镇经济活动的特点，我国城镇信贷机构的设置始终坚持两条腿走路的方针，一方面建立健全中国农业银行信贷机构；另一方面发展城镇群众自己组织的信用合作社。经过多年的建设，目前我国已形成了以中国农业银行为龙头，以城镇信用合作社为主体，以民间私人信用为补充的城镇信贷体系。大力发展信贷事业，全面振兴城镇经济，是城镇金融工作的根本任务；支持商品生产，活跃城镇经济，是现阶段城镇金融工作的指导方针；发展商品生产是发展城镇经济的必由之路。发展商品生产是发展货币信用的前提条件，因为只有发展商品生产，才能开拓货币信用的活动领域，保证信贷资金的正常回流，使借贷行为更符合经济效益的原则，同时，商品生产的发展总是离不开金融支持的。商品生产的前提是货币资金的投入，只有组织并使用信贷资金，才能保证商品生产的一定的资金投入，促进商品生产的进一步发展。因此，只有富裕的城镇，才有发达的城镇金融；而发达的城镇金融又可以进一步促进城镇的繁荣。

14.3.1.1 中国农业银行是信贷活动的主导力量

中国农业银行是四大国有独资商业银行之一，是中国金融体系的重要组成部分，在国内，中国农业银行网点遍布城乡，资金实力雄厚，服务功能齐全，不仅为广大的百姓和客户所信赖，而且与他们一道取得了长足的共同进步，已成为中国最大的银行之一。1994 年适应中国经济和金融体制改革的新形势，中国农业银行在剥离政策性金融业务和其后与农村信用社脱离行政隶属关系后，加快由国有专业银行向国有商业银行转化，积极调整经营战略，转换经营机制，找准市场定位。在农村政策金融、商业金融和合作金融分工协作的体系中，根据农村经济发展和城乡经济一体化的需要，积极开拓业务领域，提升经营层次，讲求经营效益。紧紧围绕农业结构调整，立足于大农业，大市场，重点支持优质农业规模化经营、农业科技型产业化和城乡经济一体化发展。在信贷投向上，突出支持了“两高一优”农业、“菜篮子”工程建设和发展；重点支持了农业产业化的龙头企业和产权明晰、管理科学的乡镇企业健康发展。与此同时，积极支持农村电网建设与改造和小城镇发展。按国务院要求做好扶贫和农业综合开发等信贷业务。

14.3.1.2 农村信用合作社是信贷活动的主体

农村信用合作社是社会主义集体所有制的合作金融组织，是我国农村信贷体系的主体，是中国农业银行的助手。

从信用社的性质、组成、机构、设置和任务等方面看，农村信用社是农村信贷活动的主体，在促进农村经济发展方面具有其特点和优势。第一，目前的信用社基本上是以农村为范围建立的，并且是由农村居民群众根据自愿互利原则入股组织起来、信用社的股金、财产和公共积累都属于信用社社员集体所有，信用社是与农村其他生产、供销、消费等各种形式的合作经济相适应的。第二，信用社的信贷活动，基本上是为本村发展生产、繁荣经济服务。信用社的资金来源，主要是在本村范围内吸收的农村储蓄和集体单位存款；资金运用也是向本村集体企业、专业户和个体工商户发放贷款。第三，信用社在国家银行领导下，实行独立经营、独立核算、自负盈亏。信用社作为集体所有制金融组织，具有组织上的群众性，管理上的民主性，经营上的灵活性等特点；在机构设置上具有小型分散，网点多，走村串户，流动服务的机动性。因此，农村信用合作社与国家农业银行相比，在筹集资金方面具有很大的特点和优势。

随着农村经济体制的改革和农村商品经济的发展，农村经营单位变小、增多，农业生产结构趋向合理，农村经济各产业分工更细，社会再生产各环节对资金的融通需求增长。面对这种情况只靠农业银行是无法解决的，因此，目前农村信用社在农村信贷活动中的地位和作用比以往任何时候都更为突出。

14.3.1.3 民间信用是信贷活动的辅助

民间信用也称民间私人借贷，主要是指不受国家信贷计划和利率规定及控制的民间自发进行的货币信用形式。民间信用是一种个人之间的货币信用形式，它的存在同我国城镇各个历史时期的经济状况相适应。新中国成立前，小农经济难以应付各种意外情况的发展，为了生存，城镇居民之间互通有无，调剂货币余缺的信用活动就成了历史的必然。新中国成立后合作化之前，城镇个体经济占主要地位，农业银行和信用社尚未成立，因而民间信用构成了货币信用的主要形式。合作化以后，由于农业银行和信用社的信贷规模、资金数量、机构设置等远不能满足群众的需要，使得民间信贷继续存在。在我国，民间信用自新中国成立至今都不同程度地存在着，并有所发展。其主要原因有：

1. 民间信用的存在是同目前多种经济成分，多种经营方式并存相适应的

实行联产承包责任制后，不仅经营单位变少、数量增多，而且个体承包户、专业户、工商户迅速发展，这就使民间信用有了客观需要和存在的经济基础。

2. 民间信用是农业银行、信用社融通现金的必要补充

随着城镇经济的发展，资金供需矛盾突出，资金调剂范围扩大，农业银行和信用社由于信贷政策、手续的限制，资金、人力、网点的局限性以及工作的被动性，已不能满足各方面对资金调剂的需要，利用民间信贷调剂资金成为客观需要。

3. 民间信用具有形式多样、灵活方便、手续简单等特点

其借期短，金额小，信用观点强，既能满足调剂货币资金余缺的需要，又有民间传统习惯和广泛的群众基础。

4. 当前，我国民间信用没有公开的资金市场，在立法和政策上，对高利贷界限也不明确

民间信用一般是分散自发进行的，借贷利率在一定条件下受资金供求和资金盈利率变动而自发调节。由于民间信用是城镇信贷活动的辅助力量，对促进城镇经济的发展一定的作用，因此，对一切正常的民间信用应采取保护政策。

14.3.2 城镇信贷资金的组织

城镇信贷资金的来源主要有 3 部分：一是农业银行的自有本金，包括国家财政

拨给的农业信贷资金,人民银行拨给的资金,农业银行的盈余积累。而信用社的自有资金,包括它的股金和盈余积累;二是城镇各项存款,它是指银行和信用社通过信用方式动员集中起来的各项存款,包括城镇单位存款和个人储蓄存款;三是其他借入资金,包括向人民银行借入资金,向其他专业银行拆借资金以及少量的引用外资贷款。

1.自有资金

农业银行的自有资金包括中国人民银行总行核定拨付的农村信贷基金和农业银行上交国家税利之后自身积累两个部分。中央银行根据农村经济发展的需要,结合国家财政实力的增强,除开始拨付农村信贷基金作为农业银行的启动资金外,每年还追加一定量的农村信贷资金,作为工业对工农产品剪刀差的补偿,这部分资金成为农业银行自有资金的主体。与此同时,由于农业银行在信贷业务的过程中,不断提高农村信贷资金的使用效益,与资金营运过程中也形成一定的收益,并随着农村信贷基金的增加追加到农村信贷资金总额中。特别是随着金融行业的企业化改革以来,一方面为农村经济的发展筹集了大量的资金,同时加快了农业银行自有资金的积累过程,农业银行通过增加业务量,创造更多的利润,壮大了自有资金的实力。

2.城镇各项存款

城镇存款中以城镇企业存款为主,如国有企业、乡镇和村组企业的结算户存款和各项专用资金存款;农业合作企业、农工商联合企业在农业银行的直接存款;农村以及城镇信用社的转存款。国有农业企业事业单位、集体与合作企事业单位的待用经费存款、农村个体工商户、农村专业户存款。驻城镇的国家机关、团体、学校、部队和农口系统的待用财政经费存款、城镇居民是农业银行最主要的信贷资金来源。

3.借入资金

随着城镇经济体制改革的不断深化,经济发展速度的加快,城镇信贷规模也日益扩大,特别是短期、中期、长期信贷项目日益增加,以及深层次的农业资源开发等都需要大量的启动资金。这样一来,农业银行仅靠城镇各项存款和自有资金,远不能适应城镇经济建设的需要,尤其是农业开发项目所需的大量资金。农业银行除依据一定的程序向人们银行申请周转金借款和临时性贷款外,还大量向各专业银行进行资金的拆借业务。除此之外,作为金融中介部门的农业银行,也可向国际信贷组织借款和向中央银行申请再贴现或再抵押贷款,用于扩大农业生产的规模。随着国内金融业务发展,中国农业银行经中央银行审批,还通过发行金融债券、信托存款等形式筹集资金,也可为大型的中长期开发项目发行股票。

14.3.3 城镇信贷资金贷款及其管理

14.3.3.1 城镇信贷资金贷款的原则

城镇信贷资金贷款是指农业银行和信用社对城镇地区的全民和集体所有制企业以及个人所发放的各种贷款。其管理原则有：偿还性原则，即坚持"有借有还，到期偿还"原则；计划性原则，即信贷机构要按信贷计划发放贷款，借款单位要借款计划贷款，国家信贷资金和集体资金结合起来有计划地使用；物资性原则，即发放贷款要保证借款单位做到钱物结合，符合"确有物资，物资适用，群众欢迎，讲求实效"的原则。

14.3.3.2 城镇合作经济贷款

城镇合作经济贷款种类很多，一般可分为以下几种：①生产费用贷款，它属于生产费用开支的短期贷款，主要用于当年生产资金不足的需要，贷款期限不能超过半年。②生产设备贷款，主要用于购置固定资产和小型农田水利基本建设资金不足的需要，对于多年生产的经济林木投产前购买的种子、化肥、农药等生产费用，可列入生产设备贷款。③生产资料贷款，主要是对城镇居民个人购买口粮、治病和其他必要生活资料的贷款。④开发性贷款，是专项贷款，主要用于重灾区城镇居民购买国家返销粮资金不足的需要，必须与救济款、救济粮统一安排使用。城镇合作经济组织贷款必须坚持信贷自愿，收放自主，实事求是，量力而行；坚持贷前检查，贷时审查；坚持"有借有还，到期归还"的原则。

14.3.3.3 城镇企业贷款

1. 贷款的条件

城镇企业只有具备下列条件，才能申请贷款：一是经批准合法登记，持有执照；二是实行独立经营核算，具有生产经营权利和义务；三是具备一定的自有资金，开展经营活动，并有还款来源；四是生产经营符合政策，具有较好经济效益；五是借款单位要在银行、信用社开户往来；六是企业领导实行岗位责任制和经济责任制。

2. 贷款的种类

城镇企业贷款可分为以下 3 种：一是生产费用贷款，是用于解决企业在经营中流动资金不足的需要，贷款期限最长不超过一个生产周期；二是设备贷款，是用于解决购买生产设备资金不足的贷款，最长不超过 5 年；三是专项贷款，目前只举办小水电专项贷款，主要用于购买设备，材料及配套物资，期限不超过 5 年，从投资起分期归还。城镇企业贷款首先由企业向银行编报借款计划，然后提出申请，经银行、信用社认真审查，确认贷款合理，有利于提高企业经济效益，才可以发放。在收回时，对因经营管理不善，逾期贷款多，又不积极归还有企业，应分别情况，予以经济制裁。

14.3.4 增加融资渠道 防范借贷风险

14.3.4.1 民间信贷发展方向

由于受传统观念和社会环境影响,大多数民间借贷具有较强的隐蔽性,这给金融部门监管增添了工作难度。目前对普遍的民间借贷行为,金融监管部门尚缺乏具体明确的监管法律、法规。为改变这种状况,可以注意以下几个方面:

1. 引导和堵疏结合,规范借贷行为

政府部门对待经济发展中的民间借贷要改变放任自流的做法,做到正确引导、堵疏结合。对于互助性的民间借贷应承认其合理性;对于从事高利贷活动的,一经发现,应进行严惩。国家有关部门应尽快制定《民间借贷管理条例》,将其纳入金融监管范围,明确高利贷的概念、性质和范围,正确引导规范民间借贷,同时可在民间借贷活跃的地区设立相应管理机构,为借贷双方当事人提供咨询和指导,并对因借贷引起的纠纷进行调整。

2. 加快金融创新,优化服务方式

正规金融机构投入的增加不但将直接压缩民间借贷的存在空间,而且通过两者间市场份额的消长形成示范效应,引导民间借贷自觉将行为置于制度约束之下。金融机构要加大金融工具的创新力度,如温州地区的信用社在民间借贷活动的冲击下,实行利率浮动,与民间信用展开竞争,不仅改善了经营业绩,也使得当地的民间借贷利率下降。金融机构要简化信贷操作程序,缩短贷款审批时间。农村信用社要开展多层次、多形式的储蓄信贷服务,大力吸收农村剩余资金,创新信贷保全方式,支持城乡经济健康发展。除此之外,应进一步完善中小企业信用担保体系的建设,加快风险投资基金的设立,加大社区合作金融组织的推广。

3. 建立监测体系,防范借贷风险

专家建议通过统计局农调队或农村金融监管组织定期采集民间借贷活动的有关数据,及时掌握民间借贷的资金量、利率水平、交易对象,为有关部门制定宏观政策提供数据支持。金融部门应探索一套新的管理制度和管理方法,对支持生产和经济发展确实有积极作用的,可以允许其存在,采取核发金融业务许可证的方式,以利于对民间借贷规模、用途、利率进行调控。

14.3.4.2 中小企业信贷发展方向

随着我国市场经济的发展,中小企业在城镇经济中的地位越来越重要,发挥的作用也越来越大。然而,融资困难在很大程度上仍严重制约了中小企业的持续、快速、健康发展。因此,努力排除中小企业融资障碍,是当今城镇金融业必须研究的重要课题之一。有效地支持中小企业发展不仅关系金融机构自身效益的问题，还是支持城镇经济发展、促进社会稳定和扩大就业的关键环节。因此，对于城镇金融业来说，应加强下列几个方面的工作：

1. 加快商业银行信贷管理体制改革步伐，以满足部分有市场、有效益、有信用的中小企业的合理资金需求

(1)建立激励与约束对等的信贷管理机制　目前的经营管理机制注重信贷风险的防范和责任的追究，而贷款营销的激励机制尚未建立，在一定程度上影响了信贷人员营销客户、投放贷款的积极性。各商业银行上级行应对现行的风险控制规定进行重新认定，结合对经营行的业绩考核，加大对贷款有效营销的奖励力度。要积极引进和培育掌握行业专业知识、具备财务基础知识的客户经理，增强对企业和项目效益的判断能力，提高信贷营销与决策的水平和效率。

(2)改革银行信贷操作流程　目前银行贷款业务流程多是针对大中型企业设计的，不适应中小企业用款“急、频、少、险”的特点，用它来处理小型企业贷款业务，操作成本必然很高。因此，有必要改革信贷业务流程，探索建立与中小企业贷款特点相适应的新的贷款发放与审批程序。商业银行要在保障贷款安全的前提下适当简化审批环节，节约时间，以加快贷款发放速度，对中小企业中的优质客户，应进一步简化审批手续，精简材料以达到降低放贷工作量和成本的目的。应将目前对大中型企业采取的逐户评估的办法，改为对小型企业的小额贷款采用分类统计测算评分办法。银行可以在细分的基础上，考虑宏微观经济指标，建立小型企业贷款评估模型，对小企业的贷款可以通过模型进行决策，从而达到提高效率、减少成本、控制风险的目的。在评估过程的一些环节上，可充分利用社会中介机构专业化队伍的力量，以减少银行工作量，提高工作效率和质量。

(3)适当下放贷款审批权限　各商业银行的上级行要采取区别对待、分类处置的原则，根据经济的发展状况，对支行的存款、贷款、收贷收息、利润等经营情况进行综合考核，在明确信贷风险责任的基础上，对达到一定经营水平和业务量的基层行，下放一定的信贷权限。同时，建立权责相等的信贷激励机制并真正落到实处，以此调动基层行的经营积极性。这样才能充分满足对有发展潜力、有市场、有效益、有信用的中小企业贷款的时效性要求，提供相应的金融服务。在信贷授权提升的基础上，根据不同的贷款品种适度调整各级行对中小企业的信贷审批权限，简化审批环节，特别是要下放低风险贷款和优质客户的审批权，提高为中小企业服务的效率。对于在一定额度内全额抵押的中小企业信用品种，可由有关行长直接审批。

2. 拓宽金融服务渠道，加强和改进对中小企业的信贷服务

(1)进一步改进对中小企业的信贷服务　在信贷工作方法上，各商业银行要尽

快设置中小企业档案和项目储备库，并借鉴国外信用评分办法，将小企业资金与小企业经营者个人信用相结合发放贷款。对已得到国家财政或基金支持的科技型中小企业在企业自筹部分资金的前提下，根据中小企业技术更新发展需要，可以发放配套贷款，发放中长期技术改造贷款，增强中小企业的技改能力。对一些经营状况良好、产品供不应求，流动资金缺口较大，信用等级连续3年达到“AA”级以上信用程度的中小企业，可发放不超过其流动资金需求1/3的信用贷款，但应仅限于短期使用，不能用于长期周转。

(2)抓特色、找亮点，发挥金融机构支持中小企业发展的主力军作用　要选准信贷切入点，突出地方特色，在贷款投向上向中小企业和个体工商户倾斜，集中资金支持部分有市场、有效益、有信用的中小企业，帮助其向“小而专、小而精、小而新、小而优”的方向发展，防止贷款过度集中。农村信用社在做好对“三农”金融服务的同时，应结合产业结构调整，提高对县级企业和乡镇企业的服务水平，在农业已不占主导地位的发达乡镇，农村信用社应在保证农业信贷资金需求的基础上，增加中小企业的信贷服务对象。人民银行在加强窗口指导的同时，在再贷款再贴现上应给予适当倾斜，对其向大中型企业和基础设施项目拓展业务应予以适当的导向限制。

(3)努力对中小企业发展给予全方位的金融支持　消除对个体民营经济的所有制歧视问题，只要中小企业财务比较健全、产品有市场、抵押担保能落实、资产负债率合理，对中小企业提出的贷款请求，金融机构要予以满足。

(4)积极培育和鼓励多元化金融主体进入中小企业，建立竞争性的充满生机活力的市场机制　探索成立一批股份制、地方性的县域商业银行，可以工、农、中、建四大国有商业银行在县域撤销机构的资产、负债、人员为基础，适量融入县级财政资金，接纳部分企业和私人资本入股，组合成立股份制地方性商业银行，定位于服务中小企业。

(5)充分发挥金融租赁的作用　允许租赁公司向银行贷款、发行债券、以私募形式向机构投资者筹资，以壮大租赁公司实力，或允许商业银行独资设立金融租赁公司，为中小企业开展融资租赁服务。商业银行应当利用自身的优越条件，宣传和推广融资租赁业务，中小企业利用融资租赁可以解决资金不足和扩大生产能力的矛盾，具有灵活、方便、成本低、风险小的优点。

(6)创新信贷营销策略　根据中小企业特点，拓宽现有金融产品的运用空间，开发配套适用的金融产品。商业银行要拓宽存货质押贷款、仓单质押贷款、应收账款质押贷款、代理业务、打包贷款、福费廷、出口退税托管贷款等业务的运用空间，积极探索以专利和商标等无形资产为标的的质押贷款，帮助中小企业更加灵活、便利地运用现代融资工具。

3. 积极构筑完善的中小企业信用担保体系，逐步建立中小企业直接融资机制

(1)积极推行抵押贷款，鼓励对中小企业信贷服务创新　为有效控制中小企业贷款风险，应大力推行抵押贷款，操作中防止法人代表的股东抽逃资金，可以将其自有房产列入抵押，从而将经营者命运与企业命运捆绑在一起。对小企业流动资金贷款可以采取以房产一次性抵押、多次贷款周转使用的办法，并放宽贷款抵押条件，提高企业设备、厂房、私房等固定资产抵押率，不能对机器抵押予以全盘否定。银行要根据实际情况，对一些科技含量较高的先进设备允许抵押，并适当提高抵押率。

(2)大力支持发展贷款担保机构，增加财政资金支持　在当地财政资金不足情况下，建议适当发行地方政府债券，吸纳当地民间资金，用于贷款担保，以壮大贷款担保的资金实力，从而扩大贷款担保规模，推动贷款担保事业。要完善业务规范。以担保额少、临时性、生产性资金周转需要的短期贷款为主，重点支持在技术上具有行业先进性，具有知识型、特色型、创业型以及能将高新技术转为商品化、产业化，并符合国家产业政策的产品生产的中小企业。同时提高工作效率，使中小企业信用担保体制能适应中小企业贷款“急、频”的特点。

(3)尽快制定针对中小企业客户的评级标准和信贷准入规则　中小企业所处的区域不同、行业不同，对其采用单一评价标准难以体现实际的风险状况，实际应用难度较大。因此，需要认真研究中小企业客户的风险特点，尽快制定适用的客户评级标准，制定比较切合实际的准入规则。

(4)实行中小企业贷款保险制度　贷款保险为银行保障贷款安全增加了一道防线，同时也为企业还贷提供了缓冲地带，它是中小企业贷款难和社会信用制度建设体系不健全这一特殊情况下提出来的，也正是这种特殊情况的存在，才为这一制度的实施提供了必要性和现实性。对贷款数额比较大的，保险公司只承办限额保险，承担还贷责任，在其贷款保险基金内划付部分贷款本息，并由接办该笔贷款再保险的再保险公司理赔；将企业对银行的负债转给保险公司，作为保险公司对银行的负债；保险公司依据三方契约，依法追讨或变卖企业的保险标的，取得现款还贷；积极寻求优质企业将该企业并购，同时将贷款划转给新的企业；当保险管理贷款保险基金不足以还贷时，可向其他银行求助，取得贷款。

(5)积极探索建立中小企业投资公司，发展股权投资，解决中小企业直接融资问题　可建立政策性的中小企业投资公司，重点支持科技创新型中小企业。政策性投资机构应以财政出资为主，也可以由已成立的省地两级国有资产管理机构通过出售其拥有的国有资产而出资；充分释放民间资本潜能，成立民间合伙制的投资

公司。要尽快出台《企业债券管理条例》,允许和鼓励一批符合一定条件的优秀中小企业独立发行企业债券,走出过分依赖银行贷款的困境。引导中小企业对地方性金融机构的参股、持股。加强金融资本与产业资本的结合,使得地方性金融机构真正把中小企业当做同舟共济的经济体,创造条件引导信贷资金支持中小企业发展。

4. 齐心协力治理信用环境

(1)在全社会强化市场经济的信用观念和信用意识,营造诚实守信的社会环境　信用意识和信用观念是社会信用体系建设的基础,要营造诚实守信的社会信用环境,一方面要通过各种宣传、教育方式,大力宣传诚实守信的思想观念,树立诚实守信是公民良好道德品质的信念;另一方面要引导和培养市场主体重视自身信用程度的社会评价,使人们利用信用信息的商品化来努力提高自己的信用等级,自觉参与监督和抵制失信行为。同时综合运用法律行政的手段惩戒失信行为,让失信者在生活和经营中付出与其失信行为相应的经济和名誉代价,直至被市场淘汰。与此同时,要大力宣传报道和表彰守信行为,使守信者得到各种方便和利益,获得更多的市场机会,使其得以不断发展壮大。

(2)完善社会信用体系　在现有的中央银行信贷登记咨询系统的基础上,联合其他职能部门,打造统一、高效、覆盖全面的企业和个人信用信息系统,并共享信息。这样可以在很大程度上解决“信息不对称”问题,也使每个企业和个人更加珍惜自己的信誉,重视追求长远而非“一次性”的利益。

第15章 城镇消费经济

物质消费越大，欲望越小，快乐越大。

——保罗·萨缪尔森

（当代凯恩斯主义的集大成者）

消费包括生产消费和生活消费。生产消费是指劳动力和生产资料在生产过程中的使用和消耗。生产消费的过程，就是物质产品的直接生产过程。生活消费是指人们生活过程中的消耗。它包括物质消费、精神消费和劳务消费。在社会主义社会生活消费是社会主义生产的目的和动力，也是社会主义生产过程不可缺少的内在要素。本章重点分析城镇生活消费问题，主要包括城镇居民对物质、文化和劳务等生活资料的消耗等内容。

15.1 消费在城镇经济中的地位及作用

社会主义的根本任务是大力发展社会生产力，最大限度地满足人民经常增长的物质和文化生活的需要。消费是社会主义市场经济的重要组成部分，是社会主义生产的目的。在市场经济条件下，城镇消费呈现出自身的特点。

15.1.1 市场经济条件下城镇消费的特点

消费包括生产消费和生活消费。生产消费是指劳动力和生产资料在生产过程中的使用和消耗。生产消费的过程，就是物质产品的直接生产过程。生活消费是指人们生活过程中的消耗。它包括物质消费、精神消费和劳务消费。在社会主义社会生活消费是社会主义生产的目的和动力，也是社会主义生产过程不可缺少的内在要素。城镇消费也包括生产消费和生活消费。这里重点分析城镇生活消费。城镇生活消费是指城镇居民对物质、文化和劳务等生活资料的消耗。

城镇消费和城市消费比较，有它的特点。这些特点有优越之处，也有不足之点。

15.1.1.1 城镇消费的优点

1. 城镇消费水平提高较快

与城市比较，我国城镇经济不很发达，平均消费水平的基数较低。随着国家政策向城镇发展倾斜，城镇经济近年来迅速发展，其增长速度远远高于同期城市的发展速度。经济的高速发展带来人们收入的迅速提高，进而推动居民的消费水平以很快的速度增长，使得城镇市场成为我国消费品市场的一个举足轻重的组成部分。

2. 城镇生活环境优美

我国大部分城镇，山清水秀，空气新鲜，阳光充足，污染较少。城镇物质消费虽然在很多方面不如城市，但生活环境远比一般城市强得多，由于生活环境优越，人的平均寿命延长。据统计，城镇人口平均寿命高于城市。

城镇消费的优越之处，是认识城镇消费的特点时，切不可忽视的。那种把城镇消费描绘得一无是处的观点不符合实际情况。

15.1.1.2 城镇消费的不足

我们在认识城镇消费优越之处的同时，也要看到现阶段城镇消费中的问题。其中主要有：

1. 城镇居民消费具有一定的自给性

城市居民消费基本上是商品性消费。由于城镇居民中有一部分属于“两栖人口”，也有部分原住城镇的农业人口，所以他们可以生产一部分供自己消费的生活资料，如粮食、蔬菜、肉、蛋、瓜果等。这部分生活资料不需要购买，属于自给性消费。随着经济的发展，城镇居民的自给性消费的比重会逐步下降，商品性消费的比重将逐渐上升。改革开放以来，城镇商品性消费虽然增长很快，但从总体来看，城镇居民消费还是具有一定的自给性。

2. 城镇消费具有波动性

城市居民消费主要依靠工资、奖金，以及公共消费，享受公费医疗和其他劳保福利，很少受自然条件变化的影响，因此，他们的消费水平比较稳定。而城镇居民则不同，其消费水平经常波动。首先，城镇来源于工业的收入波动较大。城镇工业与城市相比，资本金少，金融支持弱，设备简单，技术含量低，人员技能低，竞争力差，极易受到市场变化的冲击，从而导致居民这部分收入波动较大。其次，城镇工业中有相当一部分是对农产品深加工，其效益受农业生产状况影响较大，而农业生产很大程度上又决定于自然条件。风调雨顺，农业丰收，原料价格下降，收入增加，消费水平上升，若遇到自然灾害的袭击，农业歉收，原料价格上升，收入减少，消费水平就会下降。其三，城镇居民的社会保障制度不健全。最低生活保障、医疗保险、养老保险要么是没有覆盖到一部分人，要么是由于这样那样的原因效果不佳。

这样，一旦碰到天灾或其他意外事故，其承受能力是有限的，这也使城镇消费具有一定的波动性。

3. 城镇消费具有简单性

城市商业、交通、文化及生活服务都比较发达，因而城市居民的消费内容比较丰富。而城镇商业、交通、文化及生活服务都没有城市发达，加之城镇居民收入水平低，消费能力差，因而消费结构单调，生活内容贫乏。改革开放以来，城镇居民的消费结构虽然比以前有很大改善和提高，但仍然处于比较简单的阶段。根据日内瓦国际共同资源集团生活费指数调查标准，消费不仅包括食品和酒类、服装、家居用品和设备，而且还包括住房、汽车、旅游、娱乐、教育、医疗保健等方面。从目前的实际情况来看，绝大部分城镇居民消费支出主要用在食品、衣着、教育、家用电器等方面，而在汽车、住房、娱乐、旅游、医疗保健等方面支出则相对较少。以 2008 年为例，据抽样调查结果，城镇居民在衣着、食品、家用电器、教育四方面支出占全部支出的 65.36％，而在住房、娱乐、文化服务以及医疗保健支出仅占全部实际支出的 26.43％。如果根据恩格尔系数来看，城镇居民消费结构仍然不合理。

4. 城镇消费存在极大的差异性

城镇消费在城镇之间、家庭之间、个人之间存在着一定的差异。城镇由于居民生活的地区不同、社会经济条件不同、风俗习惯不同以及个人能力的不同，因而在消费水平、消费结构和消费方式上表现出很大的差异性。少数富裕户已经进入了汽车消费时代，而大多数普通居民还在为购房和还贷费心，甚至有些贫困户仍在为生计疲于奔命。东部沿海地区的城镇居民早已享受着小康的果实，而西部地区的城镇居民仍然在苦苦地为实现小康而奋斗。今后，随着城镇经济的发展，城镇消费会有较大提高，但消费的差异还是会有的，不会一下子消失。

5. 城镇消费在我国市场消费中具有的承上启下性还欠缺

当前，我国城镇居民收入水平低于城市居民但高于乡村居民，其消费行为具有承上启下的作用，有利于打破我国传统的二元经济结构，使我国经济结构走向正常的正态分布。以家用电器中的空调消费为例，城市居民家庭已经基本普及，市场饱和，而广大农村的消费水平远未达到，两者之间有一个 10 年左右的时间差。如果没有城镇市场的承上启下，空调生产厂商就面临着困难的选择：这 10 年中空调卖给谁，生不生产？有了城镇消费的衔接，这个问题就迎刃而解：先将空调满足城镇市场的消费需求，进而满足农村市场的需求。遗憾的是，我国城镇市场的容量和水平使得它目前不能很好地起到这个作用。

总之，在城镇消费中，我们要全面认识城镇消费的特点，发扬优势，克服不足，形成具有中国特色的社会主义城镇消费经济。

15.1.2 城镇消费的地位和作用

消费是社会再生产中的一个重要环节，它是上一轮社会再生产的终点，又是新一轮社会再生产的先导。生产决定消费，在一定条件下，消费反过来决定生产。作为整个社会消费的一部分的城镇消费，对城镇经济和整个国民经济的发展，都有重要的作用。

1. 城镇消费可以实现居民全面发展和幸福生活

无论是人民身心全面的发展还是居民幸福生活的实现，都是国家建设和社会发展的根本目的，也必须通过大量的消费行为实现。通过消费，人民在物质生活条件的改善、生活水平的提高和精神生活的丰富以及个人价值的实现方面都得以全面发展。这些目的的达到，都需要社会提供大量的商品和服务作为消费对象和前提条件，这从客观上会大幅刺激生产的发展，为经济和社会发展提供强大动力。

2. 城镇消费可以创造出新的生产的需要

马克思指出，因为消费创造出生产的需要，因而创造出生产的观念上的内在动机。后者是生产的前提。消费创造出生产的动力，它也创造出在生产中作为决定目的的东西而发生作用的对象。他老人家又说，消费的需要决定着生产。生产取决于需要，而需要的形成和发展又在很大程度上取决于消费水平的提高。在社会生产发展的基础上，通过消费，使原有的需要得到满足，并产生新的需要。新的需要，又成为生产发展的动力。人类社会每一次产品和服务的升级换代，新的产品和服务的产生，无不来源于人们需要的驱动。从古代的蔡侯纸、指南针、火药和印刷书籍，到现代的蒸汽机、飞机、电话、电脑、人造卫星和宇宙飞船，无一不是人们需求召唤的产物。而这些产品的出现，又极大地推动了社会生产和世界经济的发展。

3. 城镇消费为我国商品和服务提供广阔的市场

市场是市场经济发展的出发点。拥有上亿人口的城镇，不仅是我国的一个巨大的市场，而且也是潜力最大的市场。第一，随着我国城市化进程的快速进展，我国城镇人口的数量会急剧增长，城镇市场对商品和服务需求的数量和金额会迅速增加。第二，原有城镇人口和新增城镇人口消费品的升级换代和消费结构的调整也会带来巨大的市场需求。第三，大规模推展的城镇建设对建材、钢铁、水泥、家庭装修等产品的需求更是数量巨大。所有这一切，都会对我国社会主义市场经济的发展产生巨大的推动作用，是我国经济持续稳定发展的一个基础推动力。

4. 城镇消费的规模和速度制约着城镇流通的规模和速度

在商品流通领域中，有一条很重要的规律，就是商品供求平衡规律。它的基本要求是，商品的供给与需求之间总是趋向平衡的，供给必须符合需求。流通是联结生产与消费的纽带，它的规模和速度，取决于消费的规模和速度。如果流通的规模和速度与消费的规模和速度不相适应，要么造成产品积压和浪费，要么造成供不应求，打乱再生产的正常运行。我国城镇基础设施不健全，商业不发达，产品售后服务机构和设施缺乏，居民的消费知识匮乏，商品流通不畅，城镇居民消费需要往往得不到满足。在这种情况下，从城镇消费的需要出发，发展城镇商品流通，提供适销对路的产品和服务，就显得尤为重要。

5. 城镇消费可以对社会再生产成果进行最终检验

马克思曾经把没有进入消费过程的产品称为"可能的产品"，把进入消费过程的产品称为"现实的产品"，他指出，产品在消费中才得到最后完成，消费是使产品成为产品的最后行为，消费使可能产品变为现实产品。这是因为产品只有通过消费市场才能实现价值，也只有通过消费才能实现使用价值。同时，消费还可以对产品进行检验，产品是否适销对路，产品品种、规格、花色、包装是否符合消费者的要求，产品是否价廉物美等，都可以在消费的实践中得到证明。适销对路的产品可以继续生产和扩大生产，不适销对路的产品，就必须改进，适应消费者的需要，否则将会被市场淘汰。

总之，城镇消费的地位和作用告诉我们，城镇消费和社会生产的其他环节一样，是城镇经济生活中的一个重要方面，我们应像重视生产一样，重视消费。任何忽视消费的行为，都是错误的。

15.2 城镇消费水平

15.2.1 消费水平及其类型

消费水平是指人们从自然和社会中获得物质的、精神的、劳务的生活消费品的数量。它从量的方面反映人们消费的状况和需要的满足程度。消费水平包括按人口平均的实物消费量和劳务消费量，也包括人的闲暇时间的长短及在闲暇时间内的活动内容和活动方式。在实际收入总额不变的条件下，闲暇时间的增加，以及闲暇时间中活动内容和活动方式的变化也反映消费水平的高低。此外，人们生活舒适便利的程度、环境污染和治理的程度、人的健康状况、平均寿命长短等，也是衡量消费水平的重要标志。反映城镇消费水平的主要标志，是按人口平均的收入水平。

根据收入水平的差别，可以把我国城镇消费水平分为若干层次。以人均收入作为反映居民消费水平的评价指标，城镇消费可以分为4个层次：贫困型、温饱型、小康型和富裕型。

贫困型:年人均收入 2 000 元以下,缺衣少食,住房简陋,入不敷出,靠国家救济和贷款度日;温饱型:年纯收入人均 2 000～5 000 元之间,有衣、食、住、用的基本生活资料和设施;小康型:年纯收入人均在 5 000～10 000 元之间,吃讲营养,住讲宽敞,银行有存款;富裕型:年纯收入人均 10 000 元以上,生活殷实,有大额存款者。

据调查,2008 年我国城镇居民消费状况是,达到温饱型的居民占 96.5%,小康型的居民占 19.3%,富裕型的居民占 5.7%,还有 3.5%的居民的生活处在贫困型。由此可见,我国城镇居民生活已经解决温饱问题,正在由温饱型生活向小康型和富裕型生活转化。

15.2.2 城镇适度消费水平

城镇消费水平有不断提高的趋势,这就要求根据城镇经济发展的需要和可能,确定一个适度消费水平。城镇适度消费水平是在一定的生产力水平上,对于满足人民的需要和社会再生产,不仅是有必要而且是能够实现的城镇消费水平。一方面,实现这种消费依赖于现有生产力水平;另一方面,社会再生产的稳定发展又依赖于这种消费。在生产方面,城镇适度消费必须能使社会再生产及时顺利地实现,从而为再生产提供必要的需求拉动和可以重新投入的资金和劳动力,并充分满足对积累资金的需要。在消费方面,它既能使城镇居民现有的生活水平随着生产的发展得到应有的提高,又能保证消费的增长有可靠的物质保证。

城镇适度消费水平必须既符合整个国民经济及城镇经济的状况,又有利于实现社会主义生产目的,不断满足我国居民日益增长的物质文化生活的需要。适度的城镇消费水平具体应满足如下要求:

1. 要与城镇生产力水平和城镇居民的实际收入相适应

城镇消费水平必须以整个国民经济的状况和城镇经济状况为基础,与城镇居民收入相适应。当前,我国城镇居民收入水平低于城市居民但高于乡村居民,其消费行为具有承上启下的作用,有利于打破我国传统的二元经济结构,使我国经济结构走向正常的正态分布。以家用电器中的空调消费为例,城市居民家庭已经普及,市场饱和,而广大农村的消费水平远未达到,两者之间有一个 10 年左右的时间差。如果没有城镇市场的承上启下,空调生产厂商就面临着困难的选择:这 10 年中空调卖给谁,生不生产?因此,要大力推进城市化和城镇经济的发展,迅速提高城镇居民的收入水平,促进城镇居民消费结构的升级和我国经济结构的优化。

2. 要与城镇人口规模和人口构成相适应

城镇人口的增长，人口结构（性别构成，年龄构成、民族构成）的变化，都会改变对消费资料的需求，直接影响城镇消费水平。以人口结构为例，年轻人消费需求旺盛，是时尚产品和现代产品的主要消费者，消费水平较高；老年人消费的重点则是保健和养老，消费水平相对较低；少年儿童是家庭的中心和祖国的未来，虽然人小，但消费金额和水平都相当高；女同胞爱美，是时装和化妆品主要的消费者。

3. 消费水平要与消费资料构成相适应

消费活动的对象是各种各样的产品和服务。在一定时期内，市场可以提供的产品和服务的种类和数量是既定的。因此，城镇消费水平的高低，不仅取决于消费者的收入水平，而且受消费资料构成的状况以及服务业的状况的影响。要提高城镇居民的消费水平，发展生产是基础条件。

4. 要有利于城镇自然资源的合理开发和利用

人们对能够再生的自然资源的消费，不能超过自然资源的再生产能力，否则，就会导致自然资源枯竭，破坏生态平衡，危害子孙后代。因此，城镇消费水平的提高，必须注意合理地开发和利用自然资源，切不可杀鸡取卵，竭泽而渔。

5. 既要符合社会主义物质文明的需要，又要有利于社会主义精神文明的建设

对于不利于社会主义精神文明建设和劳动者身心健康的消费必须劝止，有的还要禁止；对于铺张浪费、挥霍奢侈等不良消费行为，应努力避免。要通过城镇合理的消费，推进城镇社会主义物质文明和精神文明的建设。

总之，适度的消费水平，在不同的国家和地区、不同的时期有不同的内容和标准。立足于我国人口数量巨大，各种资源人均数量居于世界后列的实际情况，我国城镇消费水平和全国人民的消费水平一样，只宜提倡小康型的消费，不能片面强调和提倡西方式的现代化。

15.2.3 提高城镇消费水平的主要途径

影响城镇消费水平的因素是多方面的，大体可以分为外部环境和内部环境两个方面。以家庭为界限，在家庭之外的，叫外部环境，在家庭之内的，叫内部环境。提高城镇消费水平，必须从外部环境和内部环境两个方面综合考虑。

城镇消费的外部环境主要包括5个内容：一是党和政府制定的方针、政策以及进行消费引导的措施；二是劳动者收入水平及其变化趋势和速度；三是整个社会的生产、流通、分配及提供劳务的状况；四是社会的安定安全，伦理道德、风俗习惯、宗教信仰等；五是自然因素，包括自然资源、自然环境的状况，如土地、森林、河流、矿山的状况，以及所处地理位置等。以上五方面的因素都对城镇居民的消费水平有

很大的影响。

要营造提高城镇消费水平的良好的外部环境，首先必须大力发展生产力，努力增加消费品的数量、品种和花色，提高质量，加快发展第三产业，为消费者提供各种各样适合其需要的服务。其次还要大力发展经济，搞好国有企业改革，增加出口，尽力增加消费者的收入。第三还要大力发展城镇公共生活和服务设施，加强对城镇道路、交通、邮政、电讯、供水、供电、商业及服务设施的建设，积极发展城镇文娱体育、游览观光，医疗保健等事业，加强对空气、水域、土地污染和噪声等公害的监测和防治。第四要建立健全保护消费者权益的法规、制度和组织机构，确保消费者在利益受到侵害时可以通过有效途径维护自己的合法权益。

城镇消费的内部环境包括城镇家庭生活管理，家庭人口数量及构成，家庭成员的职业、技术、能力、爱好、家庭收入和支出等。城镇消费大部分是以家庭为单位在家庭中进行的，因此，家庭环境对提高城镇消费水平关系紧密。要形成提高城镇消费水平的良好的内部环境，家庭主要成员必须努力提高生产经营能力、家政管理能力、社会交际能力，努力提高家庭经济效益，增加家庭经济收入，要坚持计划生育，优生优育，家庭成员之间要和睦共处，同心同德，建设一个美满幸福的家庭。

影响城镇消费水平的内部环境和外部环境，是互相联系、相辅相成的。只有把二者结合起来，才能使它们协调发展。为此，必须加强对城镇消费的管理和引导。消费管理是内部环境和外部环境结合的手段和“黏合剂”。没有很好的消费管理，影响城镇消费水平诸要素以及内外部环境就不能很好地结合起来，就不能形成提高城镇消费水平的强大的合力。因此，要建立健全各种管理城镇消费的组织、制度和法规。

15.3 城镇消费结构

15.3.1 消费结构和城镇消费结构的变化

消费结构是指人们在消费过程中消费的不同类型的消费资料的组成及比例关系。消费结构可以从不同角度分类。按消费资料的形态分：可以分为物质、文化（或精神）、劳务的消费结构；按消费的作用分：可分为生存资料、发展资料、享受资料的消费结构；按消费的行为分：可以分为吃、穿、用、住、行的消费结构；按消费的方式分：可以分为个人消费和公共消费的消费结构；按消费资料的来源分：可以把消费结构分为自给型、半自给型、商品型、供给型消费结构；按消费的主体分：还可以分为工人的消费结构、农民的消费结构、知识分子的消费结构，等等。

改革开放以前，我国城镇的消费结构长时间处于不合理状态，主要表现在，居民用于基本生活消费的支出占总收入的比重过大，即所谓的恩格尔系数过高。1978 年，我国城镇居民家庭的恩格尔系数为 57.5，说明当时城镇居民的消费属于温饱型。党的十一届三中全会以来，由于大力发展城镇市场经济，城镇消费水平有了一定的提高，城镇消费结构开始发生可喜的变化，目前城镇居民家庭的恩格尔系数已进入小康范围。我国城镇居民家庭消费结构的主要变化有：

1. 城镇生活消费全面增长，由物质消费增长快于非物质消费增长，变成了非物质消费增长快于物质消费增长

改革开放以前，我国大部分城镇居民长期处于基本温饱的生活状态，近年来随着生产的发展，城镇生活消费全面增长。据国家统计局的数据，2009 年，我国城镇居民家庭人均消费性支出为 12 265 元，比 1990 年增长了 859%，2009 年，我国城镇居民家庭文教娱乐支出比重为 12.01%，比 1995 年上升了 2.65 个百分点。2009 年我国城镇居民家庭的恩格尔系数为 36.5，比 1978 年下降了 21 个百分点，比 1990 年下降了 17.7 个百分点。

2. 消费率持续下降，但消费水平增长迅速

1990 年、2000 年、2009 年，我国城镇居民平均每人消费性支出分别为 1 278 元、4 998 元、12 265 元，呈逐年上升趋势，而城镇居民消费率则由 1990 年的 84.3%降至 2009 年 65%，大幅下降 19.7 个百分点。

3. 城镇居民内部消费水平差距拉大

1995 年消费性支出中，最高收入户是最低收入户的 2.93 倍，2009 年这一比例为 5.91 倍。

4. 居民食品支出增长，粮食所占比重持平

食品支出由 1995 年的 1 766.02 元增至 2009 年的 4 478.54 元，粮食支出则由 1995 年的 260.53 元增加为 2009 年的 334.29 元，粮食消费所占比重由 7.36%变为 7.46%，基本持平。

5. 生存资料在消费中所占的比重下降，享受发展资料所占比重上升

随着生活水平的提高，人们越来越重视自我保健和自我发展，生存资料所占比重由 1995 年的 63.64%下降至 2009 年的 46.97%，享受发展资料则由 1995 年的 25.09%上升至 2009 年的 39.13%（注：生存资料包括食品和衣着；享受发展资料包括医疗保健、交通通讯、家庭服务用品及服务、娱乐教育文化服务）。

6. 服务消费增长较快，实物性消费增长缓慢

随着第三产业的发展，从事服务行业人员数激增，出现了家庭劳务社会化的趋

势，社区服务蓬勃发展。服务业成为增长最快的行业之一，服务消费增长速度远远快于实物性消费。

7. 保健消费成为一种时尚

医疗保健支出增长迅速，城镇居民家庭平均每人年医疗保健支出从 1995 年的 110.11 元增至 2009 年的 856.41 元，人均卷烟消费量亦呈逐年下降趋势。

总体来看，近几年城镇消费结构有了一定的改善，但仍然还不够。发展资料和享受资料的消费，虽然有些发展，但占的比重仍然偏小，城镇消费基本停留在比较初级的消费阶段。

15.3.2 城镇消费结构的发展趋势

我国城镇消费结构变化的一般趋势，主要表现在以下几个方面：

1. 消费结构升级

从现在起到本世纪中叶，我国城镇消费结构发展变化的总趋势是，从温饱型向小康型和全面小康型转变，消费结构趋向全面发展。

2. 商品性消费增加

城镇商品性消费的比重将不断上升，非商品消费的比重不断下降，逐步实现由半自给型消费结构向商品型消费结构的转变。

3. 生存资料消费的比重下降，享受资料和发展资料消费的比重上升

随着城镇市场经济的进一步发展，城镇居民实际收入的增加，城镇必然会出现消费需求上升的趋势。它的总体变化方向是，在生存资料基本满足以后，享受资料和发展资料的消费将逐渐发展，并最终超过生存资料消费的比重。

4. 食物消费和服装消费支出在家庭消费支出中占的比重将逐步减少

城镇消费中吃穿住用行的结构变化趋势是，食物消费和服装消费支出在家庭消费支出中占的比重将逐步减少，这是因为食物和衣着需求弹性小，又受生理的限制，因此吃、穿开支绝对量增加，但所占比重逐步下降。吃、穿以外的消费支出，不受生理的限制，弹性很大，发展很快，因而，吃穿以外的消费支出所占比重将越来越大。用、住、行的需求将迅速向中、高档发展。居民在吃、穿、住问题基本解决以后，必然会把消费重心转向用、住、行的消费上。这种消费趋势在近几年已初现端倪。2009 年，我国城镇居民家庭的恩格尔系数已经下降至 36.5，用于交通通讯、医疗保险、文化教育性消费比重从 1995 年的 17.65％大幅提高到 32.71％。城镇居民人均住房消费从 1995 年 283.76 元上升至 2009 年的 1 228.91 元，增幅惊人。全国城镇居民平均收入已达 18 858 元，我国已经进入汽车社会，汽车消费将大为发展。

5. 城镇精神消费迅速发展

一个社会，既需要物质，又需要精神，既要有科学，又要有艺术。城镇居民和城市居民一样，不仅要有吃、穿、住的，而且要有看、听、玩的，要有电影、电视、戏剧，曲艺、美术，音乐、舞蹈等精神生活。丰富的健康的精神生活，有益于提高城镇居民的精神境界和道德情操，有益于保持社会生活的平衡，有益于城镇社会主义精神文明的建设。当城镇居民在物质生活方面的需求得到一定满足以后，精神生活的要求将越来越迫切。现在城镇精神文化生活在多数地方相当不发达，与城镇居民对精神文化生活的要求相差甚远。随着社会经济的发展和城镇文化事业的发达，城镇物质消费和精神消费必将同步发展。

6. 在一定时期内，城镇消费水平的差距将会适当拉开，城镇消费结构的层次将会增多

过去，我国城镇消费和全国消费一样，大部分消费水平处于同一层次，消费结构雷同。随着经济体制改革的深入进行和城镇市场经济的发展，城镇居民收入水平将会拉开差距，低层次收入当然会比现在高，但高层次的收入将比现在更高。城镇收入层次和档次的增加，必然导致城镇消费结构层次增多。城镇消费结构层次的增多，是符合客观经济规律的现象，有利于社会经济的发展和人类的进步。当然，我们在看到这种趋势的同时，还要千方百计帮助那些贫困户治穷致富。

7. 消费方式趋于合理化和科学化

随着人们富裕程度的增加和生活水准的提高，消费需求由低级向高级演进，科学文明的消费方式将取代愚昧落后的消费方式，人们更加注重生态消费、保健消费、健康的文化娱乐消费和有利于提高自身素质的科学教育消费。

8. 服务消费前景广阔

随着收入水平的提高和受国庆、五一黄金周、双休日的影响，服务消费发展很快。收入水平的提高，为服务消费提供了坚实的经济基础，而黄金周和带薪假期制度则为服务消费的发展提供了时间保障，科学技术的发展提供了服务消费的原动力和消费手段。2009 年我国城镇居民家庭每人用于医疗保健、交通通讯、娱乐教育文化支出占到城镇居民消费支出额的 32.71%。同时，家务劳动社会化及服务消费市场化、社会化给服务消费注入新的活力。家务劳动社会化，增加了劳动者的自由时间，有助于人的全面发展，服务消费市场化和社会化，则有助于提高服务水平，促进服务消费的发展。基于以上分析，可以预见未来城镇居民对服务的消费将以较高速度增长。

15.3.3 建立合理的城镇消费结构的途径

建立合理的城镇消费结构的途径主要有以下几点。

1.迅速提高城镇商品消费的比重

大力发展城镇商品生产和商品流通，使城镇消费结构由半自给型转变为商品型。城镇商品型消费结构的建立和发展，有赖于城镇商品生产和商品交换的发展。一方面城镇要大力发展具有本地特色的商品生产，另一方面要搞好商品流通，畅通流通渠道，积极组织农民需要的商品下乡，进一步繁荣城镇市场。

2.根据城镇消费结构的变化，适时调整产业结构

根据居民吃、穿、住、用结构的变化，调整农业生产结构和食品工业、纺织品工业、日用品工业在工业结构中的比重，大力发展食品、日用品工业，发展家用电器业，发展毛、丝、麻、呢、化纤等纺织工业，发展服装业，发展城镇建材建筑业。

3.努力开拓城镇新的消费领域，使城镇消费由单调变为丰富多彩

目前，一般城镇的生活是单调的，居民一天的生活就是“家里—单位—家里”的循环，居民特别是青年人强烈要求改变这种单调的生活。因此，需要发展教育、文化、体育、旅游等，使他们的生活丰富多彩。

4.发展城镇公共消费

城镇公共消费是满足城镇居民共同需要的消费资料和消费活动，它是以消费资料公共所有为基础的。公共消费资料包括文化教育、医疗卫生、妇幼保健以及公共食堂、公共交通、自来水和一切其他的公共生活设施和福利设施。在城镇，家庭消费是基本的消费方式，但公共消费也必不可少。这是因为，小生产所需要的劳动力，可以通过“父教子学”培养出来，而社会化大生产所需要的劳动力，在很大程度上靠公共消费来培养，必须有学校、图书馆，资料站、实验室以及医疗保健等公共消费设施。发展城镇公共消费，一方面国家需要增加这方面的投资，另一方面需要城镇企业和居民户积极努力，适当增加公共消费基金，逐年增加公共消费的设施。

5.发展城镇文化消费

文化消费也有家庭和社会公共消费两种基本的形式。发展城镇文化消费，无论是家庭的文化消费还是社会公共的文化消费，都需要国家、集体和个人共同的努力。因此，地县要办好文化馆，乡镇要办好文化站或文化中心。逐步形成以乡镇文化站为枢纽，以地、县文化馆为指导中心的具有中国特色的城镇文化网。与此同时，还需要各方面紧密配合，提高电视的覆盖率和广播的收听率，提高电影、电视、戏剧、书刊等精神产品的质量，为城镇提供更多更好的精神产品。

15.4 城镇社会公共消费

15.4.1 城镇个人消费和公共消费

1. 城镇个人消费

个人消费是以消费资料个人所有,自己提供消费服务或购买消费服务为基础,在消费者个人及其家庭范围内实现的消费。个人消费是现阶段满足消费者个人生活需要的基本方式。城镇归个人所有的消费资料,主要是通过工资和社会福利的形式取得的,此外,还可以从投资收益获得一部分补充。城镇个人消费主要通过对商品的购买和劳务付费的途径实现。

个人消费在历史上的出现,是人类社会的一大进步。在社会主义条件下,个人消费形式作为社会基本的消费方式将长期存在,任何企图限制个人消费的设想或措施都是不切实际的。相反,由于我国是个大国,经济发展主要依靠国内需求的支撑,鼓励和促进个人消费,对于我国经济的持续稳定发展,具有决定性的意义。在现阶段,劳动在很大程度上还是个人谋生的手段,消费资料归个人所有,这是实现劳动者的物质利益,调动其积极性所必不可少的前提条件。同时,由于存在着劳动能力的差异,国内各地经济发展水平的差异和不平衡,城镇之间和城镇居民之间的个人消费存在着差异性。所以,个人消费方式的长期存在是有其客观必然性的。

2. 城镇社会公共消费

个人消费虽然在一个相当长的时期存在,但是,仅有个人消费方式还不够。城镇人民消费需要是广泛的,有许多共同的需要,必须通过社会公共消费的方式去实现。

社会公共消费是指满足人们共同需要的消费活动。它是以消费资料公共所有为基础的,公共消费资料依靠公共消费基金支付,社会公共消费资料由社会来支配。人们消费这些资料时,有的实行免费,有的则部分免费或减价优待。

社会公共消费是生产力进一步发展和消费社会化出现的必然结果。在社会主义社会,社会公共消费与个人消费一样,成为一种基本消费方式,两者缺一不可。要不断提高城镇居民的消费水平,改善消费结构,必须处理好社会公共消费与个人消费的关系,即合理安排公共消费基金和个人消费基金。

15.4.2 城镇社会公共消费的类型及内容

城镇经济越发展，社会财富越丰富，城镇社会公共消费在满足人们全面发展需要中的地位和作用就越是重要，诸如城镇文化中心、影剧院、图书馆、公园、各种体育设施等会愈来愈多，公共消费在我国广大的城镇有着广阔的发展前景。尽管目前城镇社会公共消费还比较落后，但随着改革开放，随着市场经济的发展，必定会加快城镇社会公共消费的步伐。

城镇社会公共消费的类型及内容有以下几个方面：

1. 城镇文化体育活动

城镇居民利用空闲时间的状况，是反映城镇生活方式发展趋势的一个重要侧面，因此，重视安排城镇人民的空闲时间，满足他们改变文化生活贫乏的迫切要求，加强文化事业建设，提高他们的科学文化知识水平、思想道德情操，精神境界和审美兴趣，是党、国家和广大人民群众的共同利益之所在，也是城镇"两个文明"建设的需要。

近几年来，我国许多城镇建立了文化中心、体育中心、图书馆、影剧院、职业培训中心等文化设施。这类中心依靠自身的投资，广泛开展群众喜闻乐见的活动，深受欢迎，被誉为"城镇乐园"。例如，江苏张家港市锦丰镇的"农乐园"，就是一座文化设施较完善的"文化乐园"。全国有越来越多的城镇群众逐渐丰富自己的闲暇消遣形式和内容，养花品乐、吟诗绘画、弹琴下棋、打球练拳……统计数字表明，近年来城镇群众用于文化生活服务方面的支出增长很快，增速大大快于生活消费品支出的增长速度。读书看报是城镇群众文化活动的一个重要方面，报刊成了人们离不开的政策顾问、科技参谋和生活指导。我国城镇订阅报刊的份数越来越多，报纸发行量高速递增，到 2003 年，全国城镇报刊的订阅数超过 3 000 万份。总之，活跃城镇文化生活，是彻底摆脱愚昧、落后、不文明状态的必要途径。

2. 城镇文化教育

在我国城镇，15～20 岁的青年有 2 000 多万人，青年一代的文化水平普遍高于前辈。据统计，文盲半文盲在 50 岁以上者占 25.32%，在 30、40 岁中占 12.01%，而在 15～20 岁的青年中只占 1.92%，这是新中国成立以来普及城镇教育的结果。但是应该看到，我国的城镇教育还相当落后，观念陈旧，设备陈旧，师资短缺，应试教育盛行，学生卷面成绩好，实际能力差的现象非常普遍。青少年文化水平的高低直接影响到城镇劳动力的质量。因此，必须搞好城镇基层教育事业，改革城镇教育体制，除了继续使一部分学生获得进高校深造的机会外，要使大部分学生中学毕业后，具备一定的专业生产技术，成为发展城镇经济的重要力量。同时，发展城镇成人职业教育，为广大劳动者创造进一步学习技术的条件，也为城镇剩余劳动力的转移提供必要的培训机会。

3. 城镇医疗卫生事业

改革开放后，我国城镇医疗卫生事业有了长足的发展，人民的健康状况大为提高。2009 年，全国共有乡镇卫生院 38 475 个，床位 93.34 万张，医疗人员数百万人，形成了一个完整的城镇医疗卫生网络。①

我国城镇的过去的主要医疗制度是合作医疗，随着城镇经济的发展，目前，医疗卫生制度也发生了很大变化，出现了各种形式办医疗的局面，主要形式有：合作医疗站或合作医疗性质的卫生所，自负盈亏的卫生所，联合诊所，个体行医，城镇卫生院等医疗点。城镇卫生事业的发展，使各种疾病大为减少，群众的健康水平大大提高。

15.4.3 城镇社会保障体系

15.4.3.1 社会保障在城镇建设中的意义

社会保障是指以国家为主体，依法对社会成员的基本生活给予保障的社会安全制度。通常由社会保险、社会救助、社会福利 3 部分组成，其实质是国家履行管理义务的一种职责，是公民生活下去的一种权利。现代社会保障制度起源于欧洲，已有 100 多年的历史了。作为一项与工业化、市场化、现代化相伴而生的社会制度，它具有扶助弱者、稳定社会、促进发展的基本作用。在我国的城镇建设中，社会保障具有十分重要的意义，它有助于消除城乡壁垒，建立城乡一致的统一的社会保障体系；有助于转移农村剩余劳动力；有助于化解人口老龄化的巨大压力。

15.4.3.2 城镇社会保障制度建设的原则

社会保障作为一种社会安全制度，根本目的在于通过保障人们的基本生活，在物质、心理上解除人们因各种原因对风险的后顾之忧，创造一种安定的社会环境。城镇的社会保障制度在建设中必须遵循与之相应的原则：

1. 因地制宜，逐步发展

社会保障作为消费的一种分配形式，取决于生产力的发展水平。我国现有的城镇，从发展水平上看，十分不平衡，应根据各地的实际情况，分别采取不同的办法。

2. 确保公平，促进效率

首先是确保公平。社会保障是一项基本的人道主义事业，旨在保障每一个社

①数据来源，《中国统计年鉴》2010。

会成员的基本生活。其次是促进效率。社会保障通过缓解贫困、调节收入差距、缓和阶层矛盾，创造一个公平的生活环境；免除社会成员在遭遇不测、社会风险等方面的后顾之忧，调动社会成员的积极性，促进劳动力的合理流动等方面促进社会效率的提高。

3. 赋予权利，履行义务

根据社会保障的性质，每一个社会成员只要符合法律规定都应当享有社会保障，同时也应履行其应尽的义务。首先是每一个有劳动能力的社会成员都应履行劳动义务，为社会保障提供必要的物质条件。其次是每一个社会成员应按时足额的交纳社会保障金。

15.4.3.3 城镇社会保障建设的对策

城镇社会保障体系的建设是一项复杂的系统工程。它不同于城市，也不同于农村，应吸取各种经验，并针对自身特点，采取相应的对策。

1. 以社会保险为重点逐步建立社会保障体系

第一，应以养老、医疗保险为重点，完善社会保险制度。从我国城镇发展的现实需要看，当务之急是建立养老保险，以便使由农民转化而来的城镇居民老有所养，从容地应对即将到来的“白发浪潮”。与此同时，为确保居民身心健康，应建立医疗保险；为缓解就业压力，促进劳动力的合理流动，应建立失业保险。

第二，应设立最低生活保障线。鳏寡孤独需要社会救助；下岗、失业或因病、因灾而导致贫困的人也需要得到社会救助。目前，我国县城以上的城市普遍建立起城市最低生活保障制度，一些发达地区在农村也建立了最低生活保障制度。

第三，应建立多层次、社会化的福利体系。鉴于现有国力，目前在城镇中应以已有的敬老院和光荣院为基础，逐步建立新型的包括老年人、残疾人、妇女、儿童、住房、教育福利、家庭津贴和社区服务在内的社会化、多层次的福利体系。

2. 建立规范化、制度化的社会保险基金

社会保险基金是社会保险制度运行的主要基础。城镇社会保障基金的建立可借鉴城市社会保障的办法，以“三方分担”为原则并建立个人账户。建立个人账户是我国社会保障制度改革的方向和世界社会保障制度改革的潮流，其特点是居民享受的社会保障资金由国家、企事业单位和个人三方共同承担，但主要靠个人积累。当然，其基本前提是合理确定各方的投资比例，使负担均衡合理。我国小城镇在各地的发展水平不同，在险种结构、负担比例上也应有所不同。

3. 建立科学合理的社会保障管理体制

科学合理的社会保障制度既有利于资金的筹集和使用，也有利于社会保障的健康发展。由于各种原因，我国的社会保障形成了多头分散管理的格局。分散重叠的管理机构容易导致管理成本的上升,“政事合一”的管理体制则使保障基金缺乏有效的外部监督,时常被挤占、挪用,甚至浪费。社会保障涉及民政、劳动、人事、卫生、工会、保险公司等各部门的工作,因此应尽快建立相应的机构(如社会保障委员会),负责协调各部门的工作,统一规划社会保障制度,统一收费标准、支付标准及实施办法,监督检查社会保障基金的征收、管理、经营和使用情况,确保社会保障基金的保值增值。

4. 完善相应的配套政策和措施

首先,要加强社会保障的立法工作。应在总结经验的基础上,尽快制定出相应的社会保障法律、法规,用法律的形式规定社会保障的基本原则、运用范围、项目、待遇条件、基金筹集等,并切实做到“有法可依、执法必严、违法必究”。其次,要发展社会保障实体。保障实体是指专门从事社会保障工作的敬老院、光荣院等事业单位及福利企业。这些单位是保障社会特困人员基本生活并向社会提供福利服务的重要载体和依托,在保障孤寡老人、孤儿、残疾人以及特困户等社会特困群体的生活方面发挥了重要作用。城镇的社会保障应充分发挥现有各级民政机构、工会、共青团、妇联以及街道办事处、居委会、村委会中工作人员的积极性,并广泛动员社会上热心公益事业的社团和人士,大力开展青年志愿者活动,形成全社会共同参与、互助互帮的良好氛围,促进中国社会保障事业的顺利发展。

15.5 城镇消费效果

15.5.1 消费效果的内容

消费效果是在生活消费领域里产生的概念,具体是指人们消费中或消费后的效果,即满足其需要的程度。

消费效果包括消费支出和消费收益两方面内容,通过比较反映出来的。消费支出表现在物质生活消费和文化精神生活消费两大方面。支出的基本形式有两种:一种是实物形式,另一种的基金形式。在社会主义市场经济条件下,由于产品都表现为商品,获得它必须通过买卖,因而,生活消费最终体现在消费基金的支付上,消费收益是指消费某种消费品后所获得的收效。它的好坏是通过物质生活和精神文化生活消费领域来检验的。这是两种不同类型的消费收益,在同类消费中,还可以具体分为许多单项消费结构的消费收益,如吃、穿、住和学文化、学科学、欣赏艺术、看电影、看电视、听录音和广播等方面的消费收益。总之,每一种消费对象都有一个消费收益的问题，满足人们的某方面需要。

由于消费对象的使用价值不同，消费效果的表现形式也是有区别的。一般来讲，分为直接效果和间接效果。直接消费效果是指消费某一对象时，不需要借助于手段或条件就能够获得某些消费收益。直接消费效果大多体现在物质生活消费中，如吃适量食物后就能解决人们的饥饿，向体内提供一定的热量，蛋白质及其他营养成分；穿衣服能够遮体，冬季能够防寒保暖等。除了物质生活方面的消费效果外，直接消费效果还反映在某些文化精神生活消费之中，像某人看戏剧或电影，就能够增长知识和达到娱乐的目的。

但是，从总的来说，由于文化精神生活消费同物质生活消费有很大的区别，它的消费部位集中在头部，消费的目的主要是为了解决消费者智力不断恢复和发展及其精神愉快的问题。这种消费与消费者的思维活动有着十分密切的联系，消费效果的好坏在较大程度上靠消费者的思维能力来决定。有许多消费效果只有在消费活动基本结束时或以后相当一段时间内才能比较准确的反映出来，也就是说，它必须经过认真，甚至长期的思维后才能起作用。可见，它常常表示出消费的长期性，复杂性和思维性。例如，人们学习科学，文化知识，对智力发展，生产能力或工作能力的提高是有利的，但是，往往学完后不能立刻就促进生产和开展工作，只有到一定时候才能成为生产或工作的动力。此外，由于其效果的实现，要常常借助于一定的条件和手段，所以，这样的文化精神生活消费效果带有间接的性质。

总而言之，消费效果的内容是十分丰富的，涉及许多方面的问题。因此，必须从不同的角度全盘地考虑，这样，才能对消费效果的含义有一个全面，正确的理解，使社会主义的消费目的更好地得到实现。

15.5.2 消费效果的评定

评定某种消费品作用的大小，即消费效果如何，只有在人们的消费活动结束后进行，这样，才能比较准确地反映出消费品对人体的作用。例如，当人们饥饿时，吃了食物就会补充人体所需要的热量和蛋白质，解除饥饿的痛苦，增添了体力，在冬季里，人们穿上厚棉衣就能增加防寒的热量，使身上感到温暖，文化精神生活消费方面也是如此。在某个生产者或工作者未掌握科学文化知识之前，进行生产或工作就会碰到许多困难，而学习并掌握了科学文化知识后，就能较大程度地提高生产或工作的效率，等等。当然，这并不等于说明人们的消费效果事先可以不作预测，一定要等到消费活动基本结束才开始。事实上，在市场经济的条件下，每一个消费单位或个人消费者，对所要购买的消费品事前都进行消费效果方面的分析和估计，力图使消费效果达到预期的目的。而这些归根到底是通过一定的经济计量和核算

来实现。若以消费支出(或收入)和消费收益两方面的比例来反映,可以用下式来表示:

$$消费效果=\frac{消费收益}{消费支出}$$

此式并不是一个纯粹的运算公式,它反映的是运算和估算两方面的特点和内容,一方面要进行运算,另一方面又要进行必要的估量。在消费效果的计算上,存在着两种情况,由于分母部分是以消费支出形式表示的,对其计量可以进行数学上的运算,运算的结果必然是精确的。从这方面来看,它反映了运算的优点,对分子部分的计量则不完全相同,虽然对有些消费品的消费效果可以直接进行数学上的运算,如消费食物后,吸收多少热量、蛋白质等,但有的是不能这样做的,只能进行估算或对消费后产生的作用予以分析。这种消费品大多表现在文化精神生活消费方面。如,投入教育经费后,在生产或工作中所起到的作用等;再如,人们参加有益的文体活动后,对人们智力、体力提高的程度等。消费效果的检验和评定具有一定的复杂性,不可能完全依靠数学上的运算来反映,必须配合必要的估算和分析。只有这样,才能从它们的对比关系中,全面地,准确地反映出人们的消费效果。

为了在物质生活和文化精神生活方面比较准确地计算(或估算)人们的消费效果,除了运用如上的公式以外,还必须学习和掌握一定的与评定消费效果的有关知识,如消费知识、商品知识、营养知识、生理知识、医学知识、体育知识、娱乐知识等,并把这些知识较好地应用到数学运算或估算之中,才能比较准确地评定出消费效果的好坏,在不断总结经验教训的基础上,争取最佳的消费效果,避免最劣的消费效果。

15.5.3 提高消费效果的措施和途径

在社会主义社会里,消费仍然是以个人为主的活动,具有分散性和盲目性,城镇居民消费更是如此。由于城镇居民居住比城市分散,消费信息不灵,消费能力较低,因而往往更容易出现盲目性。为了提高消费效果,取得消费的最佳经济效益和社会效益,必须加强对城镇消费的正确引导。

1. 要制定正确的城镇消费政策

与城镇商品生产和商品消费的发展相适应,需要制定出积极保护、引导、鼓励消费的政策,切实维护城镇消费者的合法权益。形成党和国家关于城镇生产、交换、分配和消费的一整套完善的政策体系,正确地引导城镇消费,促进城镇经济长期稳定持续的发展。

2. 要帮助城镇居民树立正确的消费观念

消费观念直接影响消费效果。例如，贷款消费，按照传统观点属于寅吃卯粮，不为大部分居民认同。在这种观念下，即使某人进行了贷款消费，心里总会有一种不安的感觉，影响降低了个人的消费效果。同时，这种观念阻碍了居民消费需求的扩大，不利于我国经济的发展。如果不相应地改变这些旧的消费观念，就将阻碍城镇经济的发展和城镇居民生活水平的提高。只有认识消费对发展市场经济的重要作用，选择正确的消费方式，才有可能提高消费效果。

3. 提高城镇精神消费的效果

精神消费不同于物质消费，它对消费者的消费条件和消费能力有较高的要求，它与一个人的文化水平，知识结构，艺术修养和经验阅历有着密切的关系。并且，精神消费较之一般的消费，带有更大的盲目性和自发性。为了使城镇居民在精神消费中，形成高尚的独立的审美情趣，获得多样性的艺术鉴赏能力，实现精神产品的价值，促进人的身心健康，取得好的社会效果，必须加强对城镇精神消费的指导。首先，要用马克思主义人生观和世界观武装城镇居民，提高他们文化和科学素质，提高他们对精神文化产品的鉴别和欣赏能力，提高他们抵御不良文化观念的能力。其次，要丰富和优化对城镇精神文化产品的供给。为城镇居民提供数量繁多、形式多样、各具特色、适合他们需要的精神文化产品。第三，要加强精神文化产品消费设施的建设。图书馆、影剧院、阅览室等硬件设施，是城镇居民消费精神文化产品的必备条件。健全的设施和优美的环境，有助于提高精神文化产品的消费效果。第四，要加强对精神文化产品的宣传、介绍和评价，引导居民正确理解精神文化产品的主题和意义。

4. 努力克服城镇消费中的不良现象

这些不良现象主要有：破坏性消费，如在江河、塘堰内药鱼，任意捕杀飞禽走兽、良虫益鸟，乱砍滥伐树木做家具，盖房子；浪费性消费，如大办酒宴，狂食暴饮；愚昧性消费，如求神弄鬼，烧香拜佛等；致病性消费，如出售和食用毒死、病死的动物肉，食用变味、变质、腐烂、发臭的食物等等。对这些不良消费要从各方面采取有力措施加以消除，提高城镇消费效果。

提高城镇消费效果在我国是一个长期的、艰巨的任务，必须从城镇实际情况出发，因地制宜，因时制宜，因人制宜，形式多样，方法灵活。既要注重从正面宣传教育和典型示范的积极正确指导，又要利用经济杠杆调节和法律、法规及城镇消费组织对不良消费加以限制和清除，以实现最佳的消费经济效益和社会效益，不断地提高城镇消费效果。

15.6 城镇消费引导

15.6.1 城镇消费引导的必要性

社会主义的根本任务是大力发展社会生产力，最大限度地满足人民经常增长的物质和文化生活的需要。消费是社会主义市场经济的重要组成部分，是社会主义生产的目的。正确引导城镇消费是发展社会主义市场经济的需要。社会主义市场经济，包括商品生产，商品流通和商品消费。商品消费是市场经济的一个重要方面。要保持消费结构内部各部分的平衡，保持消费与生产、流通、分配的平衡，保持消费与人口、消费与资源、消费与自然环境的平衡，就需要加强对消费的宏观调控，需要加强对消费的正确引导。

正确引导城镇消费也是由城镇消费本身的特点所决定的。在社会主义社会，消费仍然是以个人为主的活动，具有分散性和盲目性。城镇居民消费更是如此。由于城镇居民居住比城市分散，消费信息不灵，消费能力较低，因而往往更容易出现盲目性。为了取得消费的最佳经济效益和社会效益，必须加强对城镇消费的正确引导。

正确引导城镇消费还是城镇物质文明和精神文明建设的需要。城镇社会主义物质文明和精神文明建设，不仅和城镇生产、流通、分配，以及教育、文化，卫生、体育、政治思想工作状况有关，而且与城镇居民的消费关系很大。因为城镇居民选择什么样的消费水平、消费结构和消费方式，可以影响城镇两个文明的建设。适度的消费水平，健康的消费内容，有益的消费方式，可以促进城镇两个文明的建设。而要使城镇居民选择适度消费水平、健康消费内容和有益消费方式，也必须加强对城镇消费的正确引导。

15.6.2 我国城镇居民消费的一些问题

1. 居民重视物质消费，轻视精神支出

随着经济的发展，家庭收入不断增加，现在人们对吃越来越讲究和重视。生猛海鲜、山珍海味，餐桌上的内容不断丰富，花样不断翻新。尤其在红白喜事、生日、提拔、涨工资、乔迁、逢年过节喜庆日子里，更是要大吃大喝一通。几百元、上千元一桌的酒席、一餐酒席花费成千上万元在一些地方已是相当普遍的消费了。而与现在居民家庭在吃喝滋补上“慷慨大方”形成鲜明对比的是，一些人轻视知识的消费，很少充实自己，武装头脑。即使在网络快速发展的今天，仍然有相当一部分人用电脑来进行纯娱乐消费，而不是用来对知识的吸收。重腹轻脑的现象使不少家庭在物质生活水平不断提高的同时，精神生活质量却不断下降，家庭成员获取的知识和信息量减少，文化素质相对降低，对不断发展的新的科学知识难以了解，跟不上时代发展的步伐。

从个人来说，重物质消费，轻精神生活必然造成内心空虚，精神压力加大。从社会角度来说高消费必然造成对资源、环境的压力，并会进一步引发一些矛盾，阻碍经济的发展。无论个人还是社会，对物质消费存在一个度的问题，适度应是消费观的基本原则。

就当今社会而言，科技和生产力如此发达，人们对物质需求基本可以满足。而今后生活方式变化的轨迹应是追求更高层次精神生活，来满足自我完善、自我实现的需要，这是无止境的。

2. 重视儿童消费，轻视老人消费

尊老爱幼是我们民族的美德，计划生育使得我们这个社会独生子女家庭越来越多，“小太阳”、“小皇帝”成了现代家庭消费的中心。一切为了孩子，几十元、上百元一盒的滋补品，几百元、上千元一套的服装，几千元、上万元的玩具、钢琴、电脑，家长们都在所不惜地为孩子购买。为孩子请保姆、聘家教、给零花钱、大操大办生日庆典，花再多的钱也不心疼。甚至有的家庭还形成了“孩子喜欢什么就买什么，孩子要什么就满足什么”的不良现象。关心、疼爱孩子固然重要，为孩子买必需品也是无可非议的。但如何对其消费正确引导，这是我们必须注意的问题。与孩子们消费相反的是，老人在家中的各种消费普遍受到冷落，老人消费在家庭中所占的比例大都很低。据有关调查，在同一时间内，一个老人吃穿娱乐的消费仅占一个孩子吃穿玩费用的 1/3。同时，这些老人们还要承担家里买菜、烧饭、抹桌、扫地、接送孩子等家务劳动。尤其那些没有退休工资收入的老人在家中有的可能遭子女嫌弃。老人消费少固然与其消费习惯有关，但更多的是与我们主观意识有关，忽视了老年消费市场开发。在一些城镇的大街小巷，儿童吃的、玩的应有尽有，而老人的消费内容就很少，衣服没合适的、娱乐场所没合适的等等。我国已经进入人口老龄化时代，众多的老人需要关心。人人都有老的时候，人人都有要人来赡养的时候。重视老人生活，为他们提供必要条件是我们全社会义不容辞的责任。

重视儿童消费、轻视老人消费会导致对孩子的要求不加限制地任意满足，使孩子养成了浪费、攀比、乱花钱等坏习惯。又会导致不重视老年人的各种消费需要，老年人的物质和精神生活得不到满足。容易诱发各种老年疾病和引起家庭矛盾纠纷，其结果是宠了孩子冷了老人。

3. 居民重视过节消费，轻视平时消费

不少家庭有一种习惯，平时能做到生活较节俭，大吃大喝也较少。但一旦遇到过节尤其是春节、端午节、中秋节等我国的传统节日，家庭消费活动就步入了高潮。每逢这些日子对高档衣物、名烟名酒、金银首饰、鸡鸭鱼肉等，居民大包小包地采购，唯恐包里装不下。节日里大把大把地花钱成了一些家庭的固定消费模式。有的家庭仅食品一项就购买了许多。春节几天一过，储存在冰箱里的食品就变了味道，吃起来既无营养价值也不利于健康。据一项调查表明，仅 2003 年春节期间，安徽省城镇居民的消费就占全年消费总额的 10%以上。更有甚者，个别家庭把一年节省积蓄的近万元存款大部分消费在春节的购物送礼上，还有的家庭春节期间回乡祭悼，一去就是上千元。

重视节日消费、轻视平时消费，集中时间突击花钱不利于现代家庭消费的合理安排。虽然丰富了节日的生活，满足了短时间的欢乐和潇洒，却给平时的生活带来了清贫和艰难。过节不一定非要花很多钱才算过节。如何使节日气氛既欢快又较充实，是摆在我们现代家庭成员面前的一个问题。花钱而不奢侈，欢快而不铺张，我们认为这是最好的节日生活方式。

4. 重视娱乐花钱，轻视健康保健

由于目前实行的是双休日制度，大多数家庭对休闲娱乐越来越重视，纷纷利用双休日、节假日参与各种各样的娱乐活动。用于娱乐方面的支出急剧增加，但有的家庭在娱乐时，不能自我节制，既加大了家庭的消费开支，又影响了身心健康。而与此相反，现代家庭尤其是年轻家庭用于体育锻炼和增强体质的费用却明显下降。在城镇，随着现代生活水平的提高，晨练的人少了，通宵达旦沉湎于麻将桌上、扑克桌上，沉湎于舞场上的人多了。尤其是一些年轻人，在双休日期间，其作息时间与大多数人相反，晚上“活动”，主要是赌博。赌博资金有的数额也较大，几百元、上千元都有，白天睡懒觉，一个人整天无精打采。既影响身体健康又影响家庭的正常生活，有的甚至造成家庭不和。

现代家庭人们利用双休日适当去参加一些娱乐活动，有利于自我调节和家庭和睦。但娱乐应有度，超越经济、时间、法律、身体健康等这些方面的度，就适得其反了。

5. 消费环境受到污染，影响人们的身体健康

一些城镇居民在消费时，忽视了对环境的保护和建设。例如，即使是珍稀动物照吃不误；塑料袋、电池等随手乱丢；家庭装修热衷于相互攀比，追求奢侈豪华。其结果是，各种疾病不断产生，环境污染、中毒事件时有发生，对人体有害的物质严重超标。这些既不利于人们健康消费的发展，也不利于人们生存环境的优化。

上述现象一定程度上反映了现代社会中一些人的消费观念。要摒弃不正确的消费观念,大力提倡适度消费是非常有必要的。消费适度并不意味着过度节俭,抑制人们对美好生活的追求。相反,消费适度应建立在人们生活质量稳步提高,实际生活水平持续上升的基础之上。

15.6.3 引导消费的基本方针和城镇消费引导的主要内容

我国引导消费的基本方针是:"要努力在全社会形成适应社会生产力发展和社会进步要求的文明的健康的科学的生活方式,摒弃那些落后的愚昧的腐朽的东西。"正确引导城镇消费必须认真地贯彻关于引导消费的方针,把城镇消费引向良性和健康方向,用社会主义消费观指导城镇消费,使城镇消费有益于人的身心健康,有益于人的全面发展,有益于社会主义精神文明的发扬,有益于建设社会主义的城镇现代化。

1.加强对城镇消费的研究

各级领导机关和理论研究部门应重视对城镇消费的理论研究,克服过去那种只重视城镇生产研究的偏向,树立超生产、交换、分配和消费的总体观念。逐步建立和不断完善城镇消费科学的理论体系,为广大消费者提供思想上的指导、消费知识的帮助和精神上的鼓励。

2.制定正确的城镇消费政策

与城镇商品生产和商品消费的发展相适应,需要制定并出台积极保护、引导、鼓励消费的政策,形成党和国家关于城镇生产、交换、分配和消费的一整套完善的政策体系,正确地引导城镇消费,促进城镇市场经济长期稳定发展。

当前,在我国消费需求不旺的情况下,可以鼓励城镇居民适当利用分期付款的消费方式,增加消费,拉动经济增长。分期付款对西方人来说并不陌生。在美国,很多家庭以分期付款的方式购买家具、住房、汽车乃至日用品。有关统计数据表明,美国人有10%以上的收入是花在分期付款购物上,这主要是因为这种消费方式对买卖双方和国家经济建设来说,都大有好处。例如,在实行分期付款方式之前,许多夫妇必须攒许多年的钱才买得起住房,现在借助于它,他们可用少量的收入买得起住房。对于卖方,生意随需求的增长而兴旺,雇用人员也随之增加。对于国家而言,这是一种刺激需求,扩大内需,增加就业,促进社会经济发展的重要经济手段。根据我国经济目前的实际情况,这种消费方式应该被广泛采用。为此,一方面,要求政府大力提倡和鼓励,提供配套的消费政策;另一方面,也要求金融部门密切配合,提供优惠的消费信贷。

要引导城镇居民改善消费结构,实现消费形式多元化。21世纪是知识经济的世纪，而知识经济的基础是知识，关键是人才。因此我们应当进一步解放思想，提高认识，改变消费结构和观念，重视教育消费，跟上时代潮流，更新消费观念和模式，实现消费形式多元化和合理化。

3. 帮助城镇居民树立正确的消费观念

新的消费观念是在克服旧的消费观念中形成的。我国居民在长期艰难困苦的环境中，养成了特有的消费观念，其中有些观念已经不适应城镇市场经济发展了。如果不相应地改变这些观念，就将阻碍城镇经济的发展和城镇居民生活水平的提高。长期以来，人们片面地认识艰苦奋斗，以为生活越艰苦越革命，把追求高品质生活当做资产阶级生活方式加以批判，使城镇居民的消费心理不正常地扭曲，这种落后的消费观念至今仍然潜意识的影响着城镇居民的消费行为。这就需要在消费观念上更新，帮助城镇居民树立新的消费观念。例如，要明确社会主义生产目的是为了满足人民的物质和文化生活的需要，认识到消费不仅是对社会产品的耗费，而且可以有力地推动社会生产，认识到消费市场对发展市场经济的重要作用，认识到物质消费、精神消费和劳务消费丰富的内容，认识到选择消费方式，提高消费效果的重要意义。

4. 重视对城镇精神消费的引导

精神产品包括科学、艺术、政治、思想、哲学及其他社会科学等观念形态的产品。精神消费不同于物质消费，它对消费者的消费条件和消费能力有较高的要求，它与一个人的文化水平、知识结构、艺术修养和经验阅历有着密切的关系。列宁曾经指出，我们的工人和农民确实应该享受比马戏更好的东西，他们有权利享受真正的伟大的艺术。为此，首先就得实施最广泛的民众教育和民众训练工作。同时，精神消费，较之一般的消费，带有更大的盲目性和自发性。为了使城镇居民在精神消费中，坚持社会主义方向，形成高尚的独立的审美情趣，并获得多样性的艺术鉴赏能力，实现精神产品的价值，促进人的身心健康，取得好的社会效果，必须加强对城镇精神消费的指导，首先要提高精神产品质量，选择优秀的适合城镇居民的精神产品供应城镇，同时，要加强对精神产品的介绍和评论，帮助城镇消费者提高对精神产品的欣赏、鉴别和接受能力。

5. 保护城镇消费者的权益

在社会主义制度下，广大城镇居民既是社会主义的劳动者，又是社会主义劳动产品的消费者，他们有权利享受消费者应有的一切权益：消费者有权根据自己的收入获得消费品和消费服务；消费者有权选择商品性消费资料；消费者有权要求提高商业和服务业的服务质量及服务水平，对质量差或缺斤少两的商品在一定时间内，有要求退赔更换的权利；消费者有权要求食品、药物等符合规定标准，家用电器等消费品达到一定的安全系数，使他们在消费中有安全保障；消费者有权获得商品信息和消费品使用与保管方面的知识；消费者有权要求保障身体健康的环境；消费者有权对消费品的生产和流通提出意见，有权对危害消费者利益的行为进行批评直至投诉；消费者有权建立或参加消费者组织，以保护消费者的利益；管理部门应采取切实有效的措施严厉打击损害消费者利益的行为，等等。

在我国，城镇消费者的权益和全国消费者的权益，从根本上说，是能够得到保障的。但是，生产者、销售者与消费者之间还存在着很多矛盾。在实际生活中，损害消费者权益的现象时有发生，某些方面这种现象甚至还相当严重。因此，必须采取切实有效的措施，保护消费者的权益。

6. 提高城镇居民的消费能力和消费效果

消费能力是指城镇居民的消费知识和技能。人们的消费能力直接影响人们的消费水平。例如，听音乐，不仅要求音乐优美，同时要求消费者懂音乐，具有音乐欣赏能力，“如果音乐很好，听者也懂音乐，那么消费音乐就比消费香槟酒高尚”。同样，使用现代化的家用电器，也要求消费者有使用、保养、维修的知识。所以，马克思指出，因为要多方面享受，他就必须有享受的能力，因此他必须是具有高度文明的人。我国城镇消费水平将日益提高，但城镇消费者一般缺少消费现代消费品的技能，因此，必须帮助城镇居民提高消费能力。

15.6.4 城镇消费引导的方法

城镇消费引导必须从城镇实际情况出发，因地制宜，因时制宜，因人制宜，形式多样，方法灵活。一般有如下几种方法：

1. 宣传教育

在城镇国民教育、成人教育中，加强消费教育。积极利用报刊、广播、电视、书籍等各种形式，宣传普及营养学、商品学、家政学、消费经济学等方面的基本知识，训练家用电器设备、机械设备等消费资料的使用、保养、维修能力。

2. 典型示范

消费示范户、示范单位是城镇消费方面的榜样，具有指引方向的作用。一个消费示范户往往可以带动成百上千户。从各个时期各个地区的需要和实际情况出发，树立和表彰消费典型，对正确引导消费有着巨大的作用。

3. 经济杠杆调节

运用物价、税收，信贷、利息等多种经济杠杆，对城镇消费活动进行控制和调节，引导居民健康消费和科学消费。

4. 建立城镇消费组织

可以建立和健全保护消费者合法权益的群众性消费者协会和有关的研讨机构、咨询机构，协调生产与消费、销售与消费之间的关系，反映消费者的要求，维护消费者的合法权益。

5. 法制保障

制定保护消费者合法权益的法规法令。对严重损害消费者权益的不法行为，进行法律制裁，通过法律的强制力量，使消费者的合法权益得到切实保障。

第 16 章　城镇规划与管理

城市必须不再像墨迹、油渍那样蔓延，一旦发展，他们要像花儿那样呈星状开放，在金色的光芒间交替着绿叶。

——帕特里克·格迪斯

（苏格兰城市规划理论家）

现代城镇是一个多功能、社会化的有机综合体①，已经发展成为工业生产、行政管理、科技文教、商业贸易、交通运输、仓储运输、园林绿化、市政设施等多种体系构成的一个复杂的人工生态系统。本章主要从涉及城镇规划的城镇用地、城镇基础设施、城镇公共中心、居住区、城镇更新和旧城区改造等问题以及城镇规划管理中的城镇规划的审批、实施、运作和监督检查等管理工作进行论述。

16.1　城镇规划概述

16.1.1　城镇规划的任务、原则及意义

16.1.1.1　城镇规划的任务

城镇规划是一定时期内城镇经济和社会发展的目标，是协调城镇空间布局和各项建设的综合部署，是城镇建设的蓝图，也是城镇建设和管理的基本依据。按照《城市规划条例》第四条城市规划的任务就是："根据国家城市发展和建设的方针、技术经济政策、国民经济和社会发展长远计划、区域规划，以及城市所在地区的自然条件、历史情况、现状特点和建设条件，布置城镇体系，合理地确定城市在规划期内经济和社会发展的目标，确定城市的性质、规模和布局，统一规划、合理利用城市

①我们是处在这样一个时代：生产和城市扩张的自动进程日益加快，它代替了人类应有的目标而不是服务于人类的目标。……城市的主要功能是化力为行，化能量为文化，化死的东西为活的艺术形象和音标，化生物的繁衍为社会创造力。——刘易斯·芒福德，《城市发展》1961 年。参见：http://blog.sina.com.cn/s/blog_5fa45a100100dro5.html.

的土地，综合部署城市经济、文化、公共事业及战备等各项建设，保证城市有秩序地、协调地发展。”

16.1.1.2 城镇规划的原则

1. 城镇总体规划应和国土规划、区域规划及城镇体系规划相协调

应当依据国民经济、社会发展规划及当地的自然特色、历史和现状的特点，统筹兼顾，综合部署。

2. 近远期相结合，以近期为主

要处理好近期建设与长远发展的关系、改造与新建的关系，从实际出发，正确处理需要和可能的关系，使城镇性质、规模、标准与建设速度同经济发展和居民生活水平提高的速度相适应。

3. 注意人工环境与自然环境的和谐统一

城镇的发展。尤其是工业建设，对环境是有一定的影响，所以要注意保护城镇生态环境，加强城镇的绿化、环卫的建设，使建设开发和环境保护有机地结合起来，力求取得经济效益和环境效益的统一。

4. 坚持合理用地，节约土地的原则

充分利用原有建设用地，在满足城镇功能上的合理性、建设运行上的经济性的前提下，尽量使用荒地和劣地，要与基本农田保护区规划相协调。

5. 合理布局，留有余地

本着有利生产、方便生活、繁荣经济，促进流通的方针，合理布局城镇各项建设，适当留有发展余地。

6. 处理好城镇发展过程的古风与今韵的关系

在保护历史文化遗产和传统风貌及自然景观的同时，也要促进新科学技术在城镇发展中的应用，使经济发展与环境保护、技术进步与社会价值保持平衡。

16.1.1.3 城镇规划的意义

要建设好城镇，就必须有科学的城镇规划，并严格按照规划进行建设。尤其面对现代城镇急剧增长的人口、繁忙拥挤的交通、十分有限的土地资源以及日趋严重的环境形势等，急需有秩序地安排和利用城镇的土地和空间，以避免建设的混乱和环境质量下降。

实践证明：凡是按照科学的方法编制了城镇规划，并严格按照规划进行建设的，就能做到统筹兼顾，从而有效地促进当地的社会经济的发展；反之，如果没有编制城镇规划，或不按照国家有关规划标准和法律法规编制城镇规划，必然造成任意地、盲目地进行建设，导致城镇布局混乱，建设矛盾加重，设施不配套，不仅不利于居民的生产、生活，还会浪费建设资金、浪费土地，延误建设时间，甚至还会造成长

期难以更改和挽回的严重后果。

城镇规划对城镇建设起着综合、协调和指导作用，城镇建设的水平，在很大程度上取决于城镇规划的水平。因此，要有计划地、合理地建设城镇，必须切实做好城镇规划工作。

16.1.2 城镇规划的工作特点

从城镇规划工作的任务，可以看到城镇规划关系到国家的建设和人民的生活，涉及政治、经济、技术和文化艺术等各方面的问题，内容广泛而复杂。为了对城镇规划工作的性质能够有比较确切的了解，还需进一步认识城镇规划工作的一些特点。

1. 城镇规划工作的政策性

城镇规划是城镇各项建设的战略部署，它涉及经济、社会、环境、文化、教育等多种部门，一些重大问题的解决要以有关法律、法规和方针政策为依据。例如城镇性质、规模，生产项目配置，居住面积，以及公共建筑指标，等等，都不单纯是技术和经济的问题，而是关系到生产力发展水平、城乡关系、消费与积累比例等重大问题。因此，城镇规划是一项政策性很强的工作。这就要求规划工作者必须加强政策观念，努力学习各项方针政策，并能在规划工作中认真地贯彻执行。

2. 城镇规划工作的综合性

城镇规划需要统筹安排城镇的各项建设，这是由于城镇建设涉及面比较广，包括有农、林、牧、副、渔、工、商、文、教、卫生等各行各业，又涉及人们衣、食、住、行和生、老、病、死等各个方面。概括起来，包括生产和生活两大方面。要通过规划工作把这样繁杂、广泛的内容，有机地组织起来，统一在城镇规划之内，进行全面安排，协调发展。因此，城镇规划是一项综合性的技术工作，它涉及许多方面的问题。例如，当考虑城镇建设条件时，就涉及气象、水文、工程地质和水文地质等范畴的问题；当考虑城镇性质、规模时，又涉及大量的技术经济工作；当研究各种建设方案时，又涉及大量工程技术方面的工作；至于城镇空间的组合、建筑的布局形式、城镇面貌、园林绿化的安排等，则又是从建筑艺术的角度来研究处理的。而这些问题，都是密切相关，不能孤立对待的。在工程规划中，不仅要反映城镇单项工程设计要求和发展计划，而且要综合各项工程设计相互之间的关系。城镇规划既要为各项单项工程设计提供依据，又要统一解决各项工程和建设中的矛盾。因此，城镇规划是一项综合性很强的技术经济工作，要求规划人员具有广泛的科学技术知识和高度的综合能力，并在工作中主动与有关部门配合协作，处理问题和解决矛盾。

3. 城镇规划工作的地方性

城镇建设是一项地方性的事业。我国地域辽阔，各地的自然条件、经济条件、风俗习惯和建设要求，又都不相同，每个城镇在国民经济中的任务和作用不同，各自有不同的历史自然、社会文化及现状发展条件，尽管城镇之间个别条件相似的情况是存在的，但不可能找到条件完全相同的城镇。这就要求在城镇规划中具体分析城镇的条件和特点，因地制宜，反映出当地城镇的特点和民族特色，决不能“一刀切”。因此，城镇规划又具有地方性的特点。

4. 城镇规划工作的长期性

城镇规划既要解决当前建设问题，又要考虑今后的发展也就是说，城镇规划工作既要有现实性，又要有预见性。社会是在不断发展变化着的，在城镇建设的过程中，影响城镇发展的因素也是在变化着。因而，城镇的规划方案由于受到人们认识和时代的局限，不可能准确地预计，必须随着城镇发展因素的变化而加以修改或补充，不可能固定不变。因此，城镇规划是一项长期性和经常性的工作。

5. 城镇规划工作的严肃性

虽然规划要不断地修改和补充，但每一时期的城镇规划方案，还是根据当时的政策和建设计划，经过调查研究而制定的，是有一定的现实意义，可以作为那个时期指导城镇建设的依据。经人民政府审批同意后，就必须严格执行，任何组织与个人不得擅自改变。这就是我们常讲的要维护城镇规划的严肃性。

16.1.3 城镇规划的依据、期限及其阶段

城镇作为一个由多种体系构成的复杂系统，由于涉及的领域很广，在进行建设时，就可能遇到各种各样、错综复杂的问题，因此要建设好城镇，就必须合理、科学地解决好城镇问题，对城镇各项建设进行统一全面地规划。

1. 城镇规划的目的

在规划范围内，促进城镇的经济、社会、环境的协调与可持续的发展；为在城镇内的居民提供适宜的空间，改善其居住条件、环境条件、服务条件和交通运输等条件，以满足人们的精神和物质的需求。

2. 规划工作的依据

规划工作的依据就是国家有关的方针政策、经济和社会发展的长远规划、区域规划，以及当地的自然、历史、现状等各种条件，其中国家的方针政策和长远规划对全国都有指导意义；某一地区的区域性的经济、社会发展计划则是该地区建设的依据；还有国家城市规划技术标准、技术规范，如《中华人民共和国城市规划法》、《城市居住区规划设计规范》(GB 50180—93)等，以及城市规划相关法律、法规和各省

市制定的有关城镇建设和规划设计的技术规定及文件。

3. 规划期限

居民点只要生存就没有终极状态，任何居民点都没有建设完了之时，只能是某项建设完成了。所以规划不能一劳永逸，必须不断更新发展。但是规划又是严肃的，具有法律时效，不能随意更改，因此要有规划期限。

规划期限是指完全实现规划所需要的年限。总体的、高层次的规划期限宜长些，具体的、局部的规划期限则短些。建议县(市)域范围规划 20 年，乡镇域范围 10～20 年，镇区规划 10 年，近期年限 3～5 年。

4. 城镇规划工作的层次

城镇建设是一个相当长的过程，从提出建设任务到各个项目组成，需要有一个长期工作和实施的过程，和这个过程相适应的规划、设计工作，也就有各自不同的内容。城镇规划按其工作内容和要求，一般分为以下 4 个层次。

第一层次：城镇所在地区的区域规划；

第二层次：城镇总体规划，包含市(县)域城镇体系规划；

第三层次：城镇详细规划；

第四层次：城镇中各项拟建工程的修建性设计。

5. 城镇规划的编制阶段

城镇规划的编制一般分为总体规划和详细规划两个阶段。城镇规划对区域规划和修建设计来讲，是一项承上启下的工作。因为，城镇规划应当在区域规划的指导下进行，使城镇规划具有可靠的依据。同时城镇规划要为城镇各建设项目提供修建设计的依据，真正起到指导建设的作用。

从城镇建设的全过程而言，区域规划和修建设计也是城镇规划工作应该认真考虑和参与的工作内容。但就编制城镇规划而言，一般按城镇总体规划和详细规划两个阶段进行。规模稍大的城镇可以在总体规划基础上增加一个分区规划阶段，详细规划可以包括控制性详细规划和修建性详细规划两个部分。

16.1.4 城镇规划编制的内容

1. 规划纲要

为使城镇总体规划编制有所依据，在正式编制之前，可由城镇人民政府组织制定城镇规划纲要。纲要的主要任务是确定总体规划的重大原则问题，结合国民经济长远规划、国土规划、区域规划，根据当地自然、历史、现状情况，确定城镇地域发展的战略部署。纲要经过城镇人民政府同意，作为编制城镇规划的依据。

城镇规划纲要主要有如下一些内容：论证城镇发展和技术经济依据和发展条

件；拟定城镇社会经济发展目标；论证城镇在区域中的战略地位，原则确定市域城镇布局；论证并原则上确定城镇性质、规模、总体布局和发展方向。

城镇规划纲要的成果以文字说明为主，辅以必要的城镇发展示意图。

2. 总体规划

总体规划的主要内容如下：

①对市和县辖行政区范围内的城镇体系、交通系统、基础设施、生态环境、风景旅游资源开发进行合理布置和综合安排；

②确定城镇性质和经济发展方向，划定城镇规划区域范围，估算城镇人口发展规模，选定有关城镇建设标准、定额指标以及总体规划的各项技术经济指标；

③确定城镇用地发展方向和布局结构，确定城镇各项建设的总体布局及功能分区；

④确定城镇交通系统的结构和布局，确定主要广场、停车场和主要交叉路口形式，主次干道断面，城镇主要控制点的坐标和标高；

⑤提出城镇各项工程规划，如给水、排水、防洪、电力、电信、燃气、供热、消防、环保、环卫等设施的总体安排，并进行综合协调，制定城镇园林绿化、景观设计等规划；

⑥根据城镇防灾要求，提出人防和防灾救灾的规划；

⑦对有历史文化遗产保护要求的城镇还应编制专门的保护规划；

⑧确定旧城改造用地调整的方法和步骤，制定城镇旧区改造规划；

⑨确定近期建设范围、目标、内容及实施部署，并估算城镇近期建设总造价；

⑩建制镇总体规划的内容可根据其规模和实际情况需要适当简化。

3. 分区规划

分区规划是根据总体规划的要求，对城镇土地利用、人口分布和公共设施、城镇基础设施的配置做出进一步的安排，以便与详细规划更好地衔接。分区规划的主要内容如下：

①原则规定分区内土地使用性质、居住人口分布、建筑及用地的容量控制指标；

②确定市、区、居住区级公共设施的分布及其用地范围；

③确定城市主、次干道的红线位置，断面、控制点坐标和标高，确定支路的走向、宽度以及主要交叉口、广场、停车场位置和控制范围；

④确定绿地系统、河湖水面、供电高压线走廊、对外交通设施、风景名胜的用地界线和文物古迹、传统街区的保护范围，提出空间形态的保护要求；

⑤确定工程干管的位置、走向、管径、服务范围以及主要工程设施的位置和用

地范围。

4. 详细规划

详细规划是总体规划的进一步具体化。根据城镇总体规划，对城镇近期建设地段内的各项建设进行具体的布置，选定技术经济指标，提出建筑空间和艺术上的处理要求，确定各项建设用地的控制性坐标与标高，作为修建设计的依据。详细规划的内容有：

①确定规划范围内各项用地的界线和各项建设工程的具体位置。

②确定规划范围内的道路红线和道路断面形式，小区、街坊、专用地段等的控制点的坐标和标高。

③确定居住建筑、公共建筑、公共绿地、公共活动场地等的具体位置和用地；提出特定地段建筑高度、建筑密度等限制性规定与要求。

④综合安排各项工程管线、工程构筑物的位置和用地。

⑤进行主要地段建筑群空间处理规划，主要道路和广场建筑群的平面、立面规划设计。

⑥提出详细规划范围内的工程量和估算总造价。

16.2 城镇规划文件与总体布局

16.2.1 城镇规划文件

无论是哪一个阶段的城镇规划，最后的成果都是由图纸和文字来表达的。具体应绘制哪些图纸，达到什么样的量化程度，目前尚无统一规定，也不一定强求一致。因为城镇的形成、发展与特色均不同，各自发展的侧重点也自然不同，所以可根据城镇的具体情况确定，以能准确反映出规划意图、说明问题为原则。但一些最基本的图纸和文字说明则是必需的，在此基础上图纸、文件及其内容可以有所增减。

另外，文字资料中的规划文本，是对规划的各项目标和内容提出条文式、法规式和规定性要求的文件。文本要写清规划的结论，不需要说明规划的理由。其文字的表达应准确、肯定、简练、具有条文性。而规划说明书，则用于说明规划内容重要指标选取的依据、计算的过程、规划意图等图纸不能表达的问题，以及在实施中要注意的事项。

1. 总体规划

总体规划的成果包括规划文件和主要图纸。规划文件包括文本和附件，规划说明及基础资料收入附件。规划图纸主要包括以下内容。

①现状图：城镇所在区域的布局现状图和市区现状图；

②用地评定图；

③城镇所在区域的体系规划图；

④城镇总体规划图；

⑤各项专业规划图，包括：综合交通体系及道路交通规划图，给水、排水工程规划图，电力、电信、热力燃气工程规划图，环境卫生设施与环境保护规划图，绿化系统及园林绿化规划图，名胜古迹和风景规划图，地下空间开发及人防工程规划图，河湖水系及防洪规划图等。

2. 分区规划

在实际工作中，城镇所在区域的总体规划的图纸比例较小，深度也是有限的，主要是在结构上作轮廓性的规定。为了提高详细规划的设计质量，常常在总体规划和详细规划之间增加分区规划这一程序。

分区规划的成果包括规划文件和主要图纸。分区规划文件包括规划文本和附件，规划说明及基础资料收入附件。分区规划图纸主要包括以下内容。

①规划分区位置图；

②分区现状图；

③分区土地利用及建筑容量规划图；

④各项专业规划图。

3. 详细规划

根据不同的工作要求，详细规划分为控制性详细规划和修建性详细规划。

(1)控制性详细规划　控制性详细规划是以控制建设用地性质、使用强度和空间环境，作为城镇规划管理的依据，并指导修建性详细规划。控制性详细规划的成果包括文件和图纸。控制性详细规划文件包括规划文本和附件，规划说明及基础资料收入附件，规划文本中应包括规划范围内土地使用及建筑管理的规定；规划图纸主要包括规划范围现状图、控制性规划图等。

(2)修建性规划　修建性详细规划适用于当前成片开发、改建、新建的地区和建设工程项目比较落实的地区，用以指导各项建筑和工程设施的设计和施工。修建性详细规划文件为规划设计说明书，规划图纸包括：①规划地段的现状图；②详细规划总平面图；③竖向规划图；④各项专业规划图；⑤反映规划设计意图的透视图。

16.2.2 城镇总体布局

16.2.2.1 城镇总体布局的任务与基本形式

1. 城镇总体布局的任务

城镇总体布局任务的核心是城镇用地的功能组织，是在城镇性质和规模大体确定的情况下，在城镇用地适用性评定的基础上，按照各类用地的要求，以及相互之间的关系加以组织，使城镇成为一个协调的有机整体。

2. 城镇总体布局的基本形式

(1)相对集中　此形式是将城镇各项用地集中紧凑地连片布置，优点是便于集中设置比较完善的镇政、生活服务设施，居民生活比较方便，可以节约建设资金，也有利于日常的维护管理。规模不太大的城镇应尽量采取这种形式，特别是位于平原或地形起伏不太大的丘陵地区的城镇，用地较开阔，自然条件较好，采取这种形式更能发挥出它的优势。

这种集中布局的城镇又可分为两种：①依托原有基础发展形成的城镇。这种城镇数量较多，所依托的旧城大多是市(县级市)、县或建制镇的政治、经济、文化中心。虽然城镇建设发展缓慢，但旧城镇经过多年形成的，总是有一定的基础可以利用的。②随着工业、矿业或水利枢纽的建设形成的新城镇。指那些随着大规模的工业建设、矿产开发或水利建设，而逐渐发展起来的新城镇，包括新的一定规模的工业开发区或大型批发市场。这些城镇有的是平地起家，有的原来虽有一定基础，但旧城规模很小，设施落后，对新城建设的影响也很少，基本上属于新建。

(2)相对分散　这类城镇所以形成比较分散的布局，是由于受到自然条件的限制，不得不将城镇用地分成几块。如受旅游资源分布影响，而在旅游景点附近布置居民点。还有的是由于在山区、丘陵地区受到自然地形的分割，造成城镇建设用地无法集中，而形成分散的城镇布局。

16.2.2.2 城镇总体布局的基本方法

1. 城镇总体布局的一般步骤

城镇总体布局是在分析城镇的现状条件、自然环境条件、资源状况和经济发展水平的基础上，依据城镇性质和发展规模所确定下来的城镇发展方向与主要发展项目(工业、居住、交通和其他等)，以及它们用地的数量和要求，并利用用地适用性分析评定的成果，在城镇现状图上着手布置方案。当城镇主要的用地基本选定之后，就应依次地选定城镇其他用地，同时着手布置城镇道路系统，使城镇居住区、工业区、仓库区与对外交通设施之间相互都有便捷的交通联系。

2. 城镇总体布局的方案比较

(1)方案比较的方法　城镇总体布局涉及城镇各项用地的合理布置问题，以及城镇建设投资的经济效益，这就要牵涉许许多多错综复杂的城镇问题。因此，在进行城镇总体布局时一般要从不同角度多作几个不同的规划方案，通过反复比较，综合分析各方案的优缺点，并将各个方案中的优点加以归纳集中，探求一个布局上科学、经济上合理、技术上先进、实施时可行的综合方案。

(2)城镇总体布局方案比较的内容　方案综合比较是城镇规划设计中一种行之有效的工作方法，方案比较的内容主要有下列几项：

①地理位置及工程地质等条件。包括地形、地下水位、土壤承载力的大小、是否有利于建设等。

②占地、迁民情况。各方案用地范围和占用耕地情况，包括占用的果园及其他经济作物区情况，需要动迁居民的户数和人口，拆迁的建筑面积与建筑质量，在用地布局上需要采取哪些补偿措施等。

③生产条件及生产协作条件。工业用地的组织形式及在城镇中的布局，主要工厂的位置选择是否得当，工厂之间在原料、动力、交通运输、厂外工程等方面的协作是否方便。

④生活居住组织。生活居住用地选择是否得当，用地范围大小与居住区组织是否合理，主要公共建筑配置情况，以及公共绿地系统的布置等情况。

⑤交通运输可考虑以下几种情况：铁路、港口码头、公路、机场、城镇内部道路系统、防洪、防震和人防等工程设施、市政工程及公用设施、环境保护、城镇总体规划结构、城镇造价等。这些内容根据需要进行选择，并综合考虑。

在方案比较时，表述上述内容，应尽力做到文字条理清楚，数据准确明了，分析图纸形象深刻。方案比较所能涉及的问题是多方面的，要根据各城镇的具体情况而有所取舍。方案比较一定要抓住对城镇起主要作用的因素进行评定与比较。比如，在那些工业有一定污染的城镇中，处理工业区与居住区的关系时，卫生条件是主要因素；而在那些清洁精密的轻型工业的城镇中，处理工业区与居住区的关系时，卫生条件就不如上述城镇中那么重要了。又如铁路枢纽城镇，编组站的位置对城镇影响很大，则应抓住对外交通这个起主要作用的因素；而在地形地质条件复杂的城镇，则应侧重比较所选择的用地及用于建设的工程投资，尤其是近期建设的投资是否经济，是否可行。

在比较方案时要防止牺牲城镇功能、环境、适用等因素去求得经济。而要从城镇总体布局的合理性，从环境、经济技术、艺术等方面比较方案的优缺点，经充分讨论，并综合众家意见，然后确定以某一方案为基础，在吸取其他方案的优点长处后，进行归纳、修改、补充和汇总,提出城镇总体布局的最佳方案。

16.2.2.3 城镇园林绿地系统规划

1. 园林绿地的含义

园林是由山水地貌、建(构)筑物、道路、植物和动物等要素,并根据功能要求、经济技术条件和艺术布局等方面综合组成的统一体。是在一定的范围内利用并改造天然山水地貌或人为开辟的山水地貌、结合植物的栽植和建筑的布置,而构成一个供人观赏、游憩、居住的环境。它包括各类公园、花园、动物园、植物园、森林公园及风景名胜区、自然保护区以及休养胜地等。园林的规模大小不一,内容有繁有简,但都包含着地貌、道路、广场、建筑和植物等基本要素。

绿地的含义比较广泛,凡是种植树木花草所形成的绿化地块,均可称为绿地。绿地的大小相差悬殊,小的如宅旁绿地,大的如风景名胜区。绿地的质量水平相差也很大,精美的如古典园林,粗放的如卫生防护林带等。

园林与绿地属同一范畴,但在概念上是有区别的。按范围看,"绿地"比"园林"广泛,"园林"必可供游憩,且必是绿地;然而"绿地"不一定被称为"园林",也不一定均供人游憩。所以,"园林"是绿地中设施质量与艺术标准较高,可供人们游憩的部分。园林绿地既包括了环境和质量要求较高的园林,又包括了居住区、乡镇企业、机关单位、学校、街道广场等普遍绿化的用地。

2. 园林绿地的基本功能

(1)环境保护功能　众所周知,绿色植物是地球上氧气主要的来源,同时,植物对空气中的粉尘、细菌及有害气体均有较强的吸附、杀灭和化解作用。据有关测定表明,每公顷阔叶树林在生长季节每天可吸收 1 000 千克的二氧化碳和生产 750 千克氧气,可供 1 000 人一天呼吸氧气所用;1 公顷的柏树林每天能分泌出 30 千克左右的杀菌素,可杀死白喉、肺结核、伤寒、痢疾等病菌;40 米宽的林带可以降低噪声 10～15 分贝,若公路两侧乔灌混植的 15 米宽绿化带,可降低道路交通噪声的 1/2;当发生火灾、地震、乃至战争时,园林绿地也能发挥其实用功能,成为阻隔火源、容纳避难人群和防止放射性污染的最佳屏障与空间。

另外,绿地的重要功能还有能改善城镇局部的气候,如调节温度、湿度以及通风防风的作用。研究材料证明,当夏季城市气温为 27.5℃时,草坪表面温度为 22～24.5℃,比裸露的土地的温度低 6～7℃,比柏油路面温度低 8～9℃,而冬季的林地气温较无林地区域的气温高 0.1～0.5℃;夏季园林绿地的相对湿度较非绿化区域的高 10%～20%。城镇中的带状绿地,是城镇绿色的通气走廊,特别是当带状绿地的走向与夏季主导风向一致时,可将空气趁风势引入城镇中,为炎热的城镇创造良好的通风条件。在冬季种植的防风林带与寒风方向垂直,从而减弱寒风气流，达到改善城镇气候的目的。

(2)使用与活动功能　园林绿地作为一种空间形式，为居民提供了最理想的室外活动场地，大部分的日常游憩功能可以在园林绿化环境中得到满足，如文娱活动、体育活动、儿童活动等。园林绿地也是文化宣传、科普教育的理想场所，如风景区、名胜古迹等都可以采用展览区、陈列室、纪念馆、宣传廊、园林题咏等多种形式进行活动。

(3)景观功能　园林绿地与城镇的建筑、道路、地形有机联系在一起，使城镇绿荫覆盖、生机盎然，构成了城镇景观的轮廓线。所以说绿化的质量与水平是创造美好容貌的关键。另外，园林绿地还可以起到衬托建筑、增加其艺术效果的作用，如通过采用园林艺术的手法，利用植物来突出建筑物的个性，增强了建筑物的艺术感染力。同时绿化在风景透视、空间组织、季节变化、色彩和体形对比等方面与城镇建筑互相衬托，又丰富了城镇的面貌。

3. 园林绿地的分类

城镇园林绿地，按其功能和使用性质，一般可分为以下几类：

(1)公共绿地　是向公众开放，有一定游憩设施的绿化用地，并包括其范围内的水域。如公园：综合性公园、纪念性公园、动物园、植物园、古典园林和风景名胜公园等；街头绿地：沿道路、河湖、海岸和城墙等，设有一定游憩设施或起装饰性作用的。

(2)生产防护绿地　包括园林生产绿地和防护绿地。园林生产绿地指提供苗木、草皮和花卉和圃地；防护绿地用于隔离、卫生和安全的防护林带及绿地。如防风林带、卫生防护林带及生产建筑的隔离带等。

(3)专用绿地　具有专门用途和功能要求的绿地，它指专属某一部门、单位使用的，不对外开放的绿地。如生产建筑用地、仓库用地、公共建筑用地、公用工程设施用地及住宅用地中的绿化等。此项绿地不参与建设用地平衡，即不作为绿地参加用地的平衡。城镇建设用地中的绿化用地仅包括公共绿地和生产防护绿地。

4. 园林绿地指标

(1)城镇绿地比例　指城镇绿地占建设用地的比例。根据《城市用地分类与规划建设用地标准》GBJ 137—90，绿地的比例为 8%～15%。对于风景旅游及绿化条件好的城镇，其绿地占建设用地的比例可大于 15%。

(2)公共绿地面积指标　公共绿地指标是以城镇居民平均每人拥有公共绿地面来表示的，即

$$人均公共绿地=公共绿地总面积/城镇人口(米^2/人)$$

(3)绿地率　指绿化用地在一定用地范围内所占面积的比例，如居住区的绿地率，是在居住区用地范围内各类绿地的总和占居住区用地的比率。其绿地应包括：公共绿地、宅旁绿地、公共服务设施等专用绿地以及道路红线内的绿地，不应包括屋顶、晒台的人工绿地。

$$居住区绿地率=\frac{各类绿地的总和}{居住区用地}\times 100\%$$

(4)绿化覆盖率　指各种植物垂直投影面积在一定用地范围内所占面积的比例。

$$绿化覆盖率=\frac{各类绿地覆盖总面积}{用地面积}\times 100\%$$

绿地覆盖面积是指乔木、灌木和多年生草本植物的覆盖面积，按植物的垂直投影测算。乔木树冠下垂叠的灌木和草本植物不再重复计算。

绿化覆盖率不是用地指标，但它是研究绿化和衡量绿化环境效能的重要指标。此外据林学方面研究，一个地区的绿化覆盖率至少应达到30%，才能起到改良气候的作用，所以从环境保护的观点出发，绿化覆盖率最低限度以30%为宜。具体的绿化指标可参考《城市绿化规划建设指标的规定》，并结合本地区的实际情况来定。

5. 园林绿地系统的规划布置

城镇园林绿地系统是构成城镇总体布局中的一个重要组成部分，园林绿地的规划就是根据各个城镇的具体条件，选择园林绿地的位置及范围，确定其用地面积，使园林绿地系统与城镇其他各项用地及自然地形等方面密切配合，共同组成合理的城镇总体布局。在规划时应注意以下几点：①均衡分布，构成完整的园林绿地系统；②因地制宜与自然条件相结合；③充分利用地形、节约土地；④有利经营管理，创造社会与经济效益；⑤加强生态环境建设；⑥搞好园林绿化设计。

16.2.2.4　城镇总体艺术布局

城镇艺术面貌是通过城镇总体艺术布局来实现的，同时它又对城镇的精神文明建设起着重要的作用，由于城镇性质与规模、现状条件与总体规划的不同，对城镇总体艺术布局的要求也就有所不同。城镇总体艺术布局的目的就是要在城镇风貌上反映出适宜的城镇体量、历史的传统、地方的特色，并通过现代化的城镇建设将它们三者融为一体。

1. 城镇体量要适度

城镇体量的大小应与城镇规模相适应。在不同规模的城镇中，在整个城镇的比例尺度上，如广场的大小，干道的宽窄、建筑的体量、层数、造型的选择以及与广场、干道的比例关系等应相互协调。把大城市的广场、干道、建筑群的比例尺度，放到小的城市中去是不合适的。因此一些规模较小的城镇由于盲目的照搬，求高、求大、求宽、使得一些新建的广场、建筑、道路与城镇的体量不太相称，建筑群体的组合不太协调。城镇美在一定程度上是反映城镇尺度的匀称，功能与形式的统一，违背了这一美学法则就很难得到美的艺术效果。

2. 历史传统的继承

城镇悠久的发展历史是城镇特色最明显的表现，也是城镇物质文明和精神文明的集中反映。我国不少城镇中，留存至今的古城墙、古建筑、古河道、古桥梁、古园林、古碑、古井、古树等。在总体布局时应尽量将它们保留下来，并组织到城镇规划总图中来，使它们在城镇道路、园林绿化、文化娱乐设施中成为有机的组成部分，充分发挥它们美化城镇环境的作用。例如，甘肃武威（即古代凉州）是古丝绸之路上的咽喉重镇。在该城镇总体规划中慎重而积极地考虑了古城的文物古迹保护规划。

3. 保护地方特色

城镇由于受所处的自然环境和历史发展特点的影响，形成了一些城镇特色风貌，我国许多城镇都具有明显的地方特色，因此规划时要注意：①与自然环境的结合；②保护民族形式；③发扬地方建筑形式的优点；④充分反映各城镇气候条件的差异。

城镇本身是一个有生命的有机体，绝不是一成不变的，因此城镇总体艺术布局要因地制宜，继承传统、推陈出新，使城镇越来越美，文化内涵也越来越丰富。

16.3 城镇规划的主要内容

城镇各项专项规划必须以总体规划为依据，确定各项专项工程的规模及功能使用等要求。下面介绍一些城镇规划的主要内容。

16.3.1 城镇用地规划

16.3.1.1 城镇用地的概念及属性

城镇用地是规划区范围内用于城镇建设和满足城镇机能运转所需要的土地。如城镇的住宅、工厂、仓储、公园等设施的建筑活动，最终都要落实到土地上。各种功能用途的土地通过规划的调整组合，使之不仅满足城镇的各项功能要求，也使整个城镇有机地运行。

一般所说的城镇用地，既是指已经建设利用的土地，也包括已列入城镇规划区范围内尚待开发建设的土地。如果按泛义的城镇用地讲，还要包括城市规划法中所确定的城市规划区内的非建设用地，如农田、林地、山地、水面等其他用地。

城镇用地的属性包括自然属性、社会属性、经济属性和法律属性。自然属性是指土地具有不可移动性和不可再生性；城镇用地的社会性，还反映在当土地作为个人、社会团体或政府的置产所起到的储蓄作用；土地的经济属性是通过土地自身的价值被社会认可的条件下来体现的；法律属性是指城镇地产产权的国有或集体所有，或是在我国所实行的地权中部分权益转让等社会隶属形式条件下的法定程序和立法支持。

16.3.1.2 城镇用地类型

1. 城镇用地范围

城镇用地范围有两种含义，一种是行政区划上的，另一种是规划建设上的。这两种范围有时是一致的，有时则是不一致的。随着城镇建设的发展和需要，也可能改变原来的行政区划，不过这要经过有关部门审批。

2. 城镇用地分类

为了反映城镇用地情况，便于分门别类地进行研究，城镇用地按土地使用的主要性质依据标准进行分类，采用大类、中类和小类 3 个层次的分类体系。

16.3.1.3 城镇建设用地规模

城镇建设用地应包括用地分类中的居住用地、公共设施用地、工业用地、仓储用地、对外交通用地、道路广场用地、市政公用设施用地、绿地和特殊用地九大类用地，不应包括水域和其他用地。一般以公顷表示。用地规模估算的目的，主要是为了在进行城镇用地选择时，能大致确定规划期末需要的用地面积，为规划设计提供依据，以及为了在测量时明确测区的范围。城镇准确的建设用地面积，则在规划方案确定后方能定出。

1. 规划建设用地标准

城镇建设用地标准是城镇各项建设在技术上达到经济合理性的数据，在具体规划设计工作中起着依据和控制作用。规划建设用地标准应包括人均建设用地指标；规划建设用地的构成比例；人均单项建设用地。

编制建制镇规划时，各地应结合本地区的具体情况，包括自然地理条件、土地利用情况、镇区建设现状、生产生活习俗、社会发展需求等方面的多项因素，制定出本地区的人均单项建设用地标准。

2. 城镇建设用地规模

城镇用地规模一般指建成区总面积。而建成区总面积又是随城镇建设的不同发展阶段而变化的。如当前的建成区总面积是城镇现状用地规模；进行城镇总体规划时，确定的各项用地总面积是城镇规划期内用地规模。

16.3.2 城镇基础设施规划

城镇基础规划一般包括给水工程规划、排水工程规划、电力工程规划、邮电通讯工程规划、燃气工程规划、集中供热工程规划和管线工程规划等内容，它要求城镇规划一开始就应该统筹兼顾，不能以后期的不断改造成为主要工作。

1. 给水工程规划

城镇用水一般分为生活用水、生产用水、市政用水、消防用水和未预见用水等 5 类。为保证各类用水的正常供应，必须做好相应的给水规划工作。

给水工程规划的任务是为经济合理、安全可靠地提供居民的生活和生产用水，为保障人民生命财产安全的消防用水，并满足不同用户对水量、水质、水压的要求。

给水工程规划的作用是：集取天然的地表水和地下水，经过一定的处理，使之符合工业生产用水和居民生活用水的标准，并用经济合理的输配水方式输送到各种用户。

给水工程规划的内容是确定用水定额、用水总量、各单项工程设计水量；根据当地实际情况制定出给水系统的组成；合理选择水源、确定取水位置及取水方式；选择水厂位置、水质处理方法；布置输水管道及给水管网、估算管径及泵站的提升动力；进行给水系统方案比较、做好工程造价和年运行费、选定给水工程规划方案。

2. 排水工程规划

排水工程规划的任务有以下 5 种：

①估算镇区的各种排水量，分别估算生活污水量、生产废水和雨水量，一般将生活污水和生产废水之和称为城镇的总污水量，雨水量单独计算。

②拟定镇区污水、雨水的排放方案。包括确定排水区界和排水方向，研究生活污水、生产废水和雨水的排水方式，旧区原有排水设施的利用与改造，以及研究在规划期限内排水系统建设的远近结合、分期建设等问题。

③研究污水处理与利用的方法及污水处理厂（站）位置选择。根据国家环境保护规定及城镇的具体条件，确定其排放程序、处理方式以及污水综合利用的途径。

④布置排水沟管。包括污水管道、雨水管道、防洪沟的布置等，要求确定主干管、干管的平面位置、高程估算管径，泵站设置等。

⑤估算镇区排水工程的造价及年费用。

3. 电力工程规划

电是工农业生产动力，也是城镇居民物质生活和精神生活不可缺少的能源。因此，供电系统是现代城镇的一项重要的工程设施。

供电工程规划，一般以区域动力资源、区域供电系统规划为基础，调查收集城镇电源、输电线路及电力负荷等现状资料，并分析其发展要求，对城镇供电作出综合安排，以满足城镇各部门用电增长的要求。供电工程规划主要解决电力负荷的分布问题、电源的选择问题、布置电力网的问题。当然，供电系统安全是第一位的，同时要考虑技术经济问题，选择最佳方案。

供电工程规划要满足几个基本要求：

①城镇各部门用电增长的要求；

②满足用户对供电可靠性和电能质量的要求，尤其是电压的要求。现阶段，全国电力农网改造已经完成，供电的可靠性和电能质量已经得到了进一步的提高；

③要节约投资和运行费用，减少主要的设备和材料的消耗，达到经济合理的要求；

④远、近期相结合，以近期为主，要有发展的可能。

4.邮电通信工程规划

城镇邮电通信包括邮政通信和电信通信。电讯通信主要包括电话和电报通信。

邮电通信是城镇公共设施不可或缺的组成部分，邮电通信直接或间接地与各部门的经营管理、生产调度、工作效率和经济效益相联系。它直接为城镇的生产建设和居民生活服务，与城镇的建设发展关系密切。随着人们的生活水平的提高，固定电话和移动电话从奢侈品转变成必需品，从而要求城镇规划必须充分考虑人们的现实需求和潜在需求。

随着技术进步和经济发展，出现了原先独立设计运营的传统电信网、计算机互联网和有线电视网将趋于相互渗透和相互融合，即所谓的三网合一，又叫三网融合，也就是指电信网、计算机网和有线电视网三大网络通过技术改造，能够提供包括语音、数据、图像等综合多媒体的通信业务。“三网融合”是为了实现网络资源的共享，避免低水平的重复建设，形成适应性广、容易维护、费用低的高速宽带的多媒体基础平台。“三网融合”后，民众可用电视遥控器打电话，在手机上看电视剧，随需选择网络和终端，只要拉一条线或无线接入即完成通信、电视、上网等。这些新技术或新产品的运用时应该在规划中进行体现。

5.燃气工程规划

燃气是一种清洁、优质、使用方便的能源。燃气供应是城镇公用事业中一项重要措施，燃气化是实现城镇化的重要方面。燃气工程规划是编制城镇燃气工程计划任务书和指导城镇工程分期建设的重要依据。

燃气工程规划的任务包括以下几个内容：

①根据能源资源情况，选择和确定燃气的气源；

②确定燃气供应的规模和主要供气对象；

③推算各类用户的用气量及总用气量，选择经济合理的输配系统和调峰方式；

④作出分期实施城镇燃气工程规划的步骤；

⑤估算规划期内建设投资。

6. 集中供热工程规划

城镇集中供热（又称为区域供热）是在某些区域中，利用集中热源向工厂、民用建筑供应热能的一种供热方式。这种集中供热主要表现在北方地区。

集中供热工程规划是编制城镇集中供热工程计划任务书、指导集中供热工程分期建设的重要依据。

集中供热系统由热源、热力网和热用户三大部分组成。

7. 管线工程规划

为满足工业生产和居民生活需要，所铺设的各种管道和线路工程，简称为管线工程。管线工程的种类很多，各种管线的性能和用途各不相同，承担设计的单位和施工时间也先后不一。对各种管线工程不进行综合安排，势必产生各种管线在平面、空间的相互冲突和干扰，比如厂外和厂内管线、管线和居民建筑、规划管线和现状管线、管线和人防工程、管线和道路、管线和绿化、局部和整体等矛盾如不在规划设计阶段加以解决，就会影响到城镇工业建设的速度和居民生活质量，还会浪费大量资金。因此，管线工程规划是城镇建设规划的一个重要组成部分。

管线工程综合就是搜集镇区规划范围内各项管线工程的规划设计资料（包括现状资料），加以分析研究，进行统筹安排，发现并解决它们之间以及它们与其他工程之间的矛盾，使它们在用地上占用合理的位置，以指导单项工程原来下一阶段的设计，并为管线工程的施工以及今后的管理工作创造有利的条件。

16.3.3 城镇公共中心规划

城镇公共中心，就是城镇主要公共建筑分布的主要集中地区，实际上就是人们认为的经常在政治、文化生活中起到重要作用的广场、干道、建筑群所组成。城镇中心往往是指一个地区的范围，一般并不具有明确的地点界限。

16.3.3.1 城镇公共中心的构成与类别

1. 公共中心的构成

城镇中心是城镇主要公共建筑分布集中的地区，是居民进行各种活动、互相交往的场所，是城镇社会生活的中心。城镇中心应有各类公共建筑物、各类活动场地、道路、绿地等设施。它可以组成一个广场，或组织在一条道路上，也可以是在街道和广场上结合布置,形成一个建筑群体。有的公共活动中心的规模范围较大,可由几个建筑群体空间系列的道路和广场组合而成。其内容一般包括行政管理机构、科学文化机构、纪念性的建筑、商业服务的建筑、文娱和体育设施、邮电和金融机构、医疗卫生设施、交通设施。

2. 公共中心的分类

公共中心因性质和其服务范围的不同,而有着不同的分类。

①按公共中心的性质分为政治活动、科技活动、文体活动、商业经济活动、纪念游览活动等中心。

②按其服务范围分市(镇)中心、区中心、小区中心。

16.3.3.2 公共中心的规模与规划布局

1. 公共中心的规模

公共中心的数量对城镇的性质、规模、结构、行政管理有很大的影响。一般规模小的城镇有时只有一个公共活动中心,要综合解决各方面的活动要求;大城镇则有几个不同要求的公共活动中心。在设置公共中心时,要注意当城镇的生活居住区由几个居住区组成时,可有市(镇)和区中心。

城镇公共活动中心,不仅为本城镇内的居民服务,而且也为城镇所辖范围和相邻近的乡镇居民服务,并为来本城镇旅游、办事、探亲的流动人口服务。因而城镇公共活动中心的规模大小和内容,不仅和城镇的大小、经济水平有关,而且也与服务范围和流动人口有关。尤其是具有突出特点和优势的城镇,如风景城镇、历史名城、对外开放城镇,或在某项工业、商业、农业等方面有特色的城镇,以及医疗、疗养、科学文化、旅游接待等特殊类型的城镇,其公共活动中心的规模、设施,比一般城镇要大,内容也更为丰富。

2. 公共中心的规划布局

(1)公共活动中心的位置选择　公共活动中心的位置,要根据城镇规划布局,统筹考虑后确定,具体工作中应注意:利用原有设施、位置适中和交通方便、适应性的要求、节省建设资金等问题。

(2)公共中心的布局形式

第一种布置形式——沿街布置。城镇中心主要公共建筑布置在街道两侧,沿街呈线状发展,是传统的布置方式,有便利的交通条件,易于形成繁华热闹的城镇景观。

第二种布置形式——街坊式布置。在城镇干道划分的街区内,布置城镇中心公共建筑群、步行道路、广场、停车场、建筑小品及绿化休息设施。这种布局避免了城镇交通对其中心内部的公共活动的干扰,也有利于城镇的交通组织,为国内外较多采用。

第三种布置形式——结合地形自由布置。利用自然条件，结合地形，将山坡地、河湖水面等天然要素组织在城镇中心内。城镇中心的各项用地如建筑、道路广场、园林绿地及各种设施，巧妙布置在这种地段内，创造优美的公共中心环境，排除交通运输车流干扰，同时又与城镇干道有方便的联系。

(3)公共中心的交通组织　公共中心集中了各类公共建筑，形成一定的建筑空间环境，此空间又是行人密集、交通频繁之处，既要有良好的交通条件，又要避免交通拥挤、人车干扰，为了保证城镇中心各项活动的正常进行，要进行公共中心区的交通组织。

城镇中心要与城镇所辖各区及主要车站、码头等保持便捷的联系，是公共交通比较集中的地方。在旧城镇基础上形成的中心，一般情况是建筑较多而空间有限，人、车密集，在一定程度上增加了城镇交通的矛盾。

(4)公共中心的艺术处理　公共活动中心的规划应考虑艺术布局的要求，它主要通过广场、道路、建筑群的组合，形成各种空间，再结合绿化布置，来体现它的艺术面貌。城镇公共中心的艺术布局，应建立在充分解决活动功能、交通要求的基础上，不能单纯追求艺术面貌，并且每个城镇的主要公共中心都有自身独特的风格，而不是千篇一律的。

16.3.3.3　集贸市场规划

集市贸易是我国城乡物资交流的重要途径，在发展城乡经济中起着一定的作用。从目前情况看，集贸市场已趋经常化、专业化，所以集贸市场要求开辟固定场地，建成专用设施。

1. 集贸市场的规划要点

①做好现状调查；②分析现状，预测发展，确定市场用地规模；③根据客货流向，做好集货市场选址的方案比较；④规划好道路系统，组织好瞬时集散，安排好大集时用地的临时措施；⑤配置集市各项设施，如摊棚、停车场地、管理和服务机构、场地设施(绿化、给水、排水、公厕、垃圾等)。

2. 集贸市场的布置形式

第一种形式——路边布置。沿道路两旁摆设摊位，人车混杂，交通易堵塞。这种形式无需专门辟地，也没有棚舍投资，最为经济。但这种形式妨碍交通，需要经常的交通管理，维持交通秩序，划定摊位界限，安排好销售者进入市场的次序，否则交通运货车辆和购物通行人流之间相互干扰严重。在城镇中选择交通量小的街道作为菜市较为适宜，辟为步行区则更好。在经济水平较低的城镇，这是一种主要的形式。

第二种形式集——贸市场街。是在路边设置的高一级形式，在城镇中单独辟出街道来，或者新建一条街，作为专供集贸市场用的步行街。设置经常性的摊位，便于整日营业。内部通道要考虑货物供应、购物人流和疏散安全。

第三种布置形式——大棚式布置。辟出单独的空地作为农贸市场，比路边布置易于管理，不影响城镇道路交通，也不影响路边商店的营业，对居民干扰少。这是一种较稳定的市场，设有固定摊位，地面要考虑便于洗刷，内部布置有一定的分区，把蔬菜类、果品类、鱼虾水产、肉类、家禽等分类相对集中，有利于人们选购，使各类商品之间不相互干扰，购物路线的组织明确、畅通，使买卖双方都比较方便。

第四种布置形式——专业市场。随着市场经济繁荣增长，近年来，不少地方的城镇根据本地的工农业生产产品的销售、原材料的供应、批发零售业务发展的需求，开始建设专业性的大型市场，兼营批发与零售，面向本地区、本省或全国以及国外，如粮油市场、蔬菜批发市场、服装市场、小商品市场、皮货市场、珍珠市场、建材市场、药材市场等。如河北省的辛集和留史的皮毛市场，安国的药材市场等。

16.3.3.4 中心区广场规划

广场是城镇中心空间体系中的一个组成部分，是根据城镇功能上的要求而设置的，是供人们活动的空间、车辆和行人交通的枢纽，在城镇道路系统中占有重要的地位，同时也是城镇政治，经济、文化活动的场所。广场上一般布置着城镇中的重要建筑物和设施，集中地表现了城镇的艺术面貌。

1. 广场的类型

广场的类型一般有集会广场、交通集散广场、商业广场、纪念性广场、生活广场等。

城镇的各类广场，其中有不少广场起着多种功能的作用。城镇广场的功能，一方面是为广场本身所属的性质服务，另一方面是通过路网面向城镇服务。因此，在城镇规划中，必须解决城镇功能布局、路网结构和城镇广场三者之间的有机联系，形成完整的城镇道路广场系统。在特大城市、大城市及有些中等城市，往往布置有多种类型的广场，而中小城镇，广场类型就比较简单，可考虑综合利用，即一个广场兼有多种功能。有些城镇可考虑利用体育场或其他公共建筑前的广场举办集会，而不专门设置集会广场。

2. 广场的空间环境规划

广场的空间环境包括形体环境和社会环境两方面。形体环境由建筑、道路、场地、植物、环境设施等物质要素构成。社会环境由人们的各种社会活动构成，如欣赏、游览、交往、购买、聚会等。

16.3.4 城镇居住区规划

居住区规划是城镇详细规划的主要内容之一，是实现城镇总体规划的重要步骤。

1.居住区规划的任务与编制

居住区是由居住建筑、公共建筑和公用设施以及道路、广场、绿化等配套组合的建筑群体，它们有机地共同处于一个地段之内，形成一个能满足居民生活要求的空间环境。这个地段由城镇道路网围成，但并不被它们所穿越，所以，既方便了居住区与城镇其他地段的交通联系，又不被大量的城镇内交通车辆干扰，保证了居住区内部的宁静，因此，居住区应是一个舒适、方便、安全、安静的居住生活空间。

居住区规划的任务简单地讲就是为居民经济合理地创造一个满足日常物质和文化生活需要的、舒适、方便、卫生、安宁和优美的环境。在居住区内，除了布置住宅建筑外，还需布置居民日常生活所需的各类公共服务设施、绿地、活动场地、道路、市政工程设施等，也可考虑设置少数无污染、无干扰性的工业。此外，居住区规划还应根据总体规划和近期建设的要求，对居住区内各项建设作好综合的全面安排，并考虑一定时期城镇经济发展水平和居民的文化、经济生活水平，居民的生活需要和习惯，物质技术条件，以及气候、地形和现状等条件，同时应注意近远期相结合，留有发展备用地，以满足城镇发展的弹性要求。

居住区规划任务的编制应根据新建或改建的不同情况区别对待，一般新建居住区的规划任务比较明确，而旧居住区的改建，则必须在对现状情况进行较为详细调查的基础上，根据改建的需要和可能，制定旧居住区的改建规划。

2.居住区的类型和规模

居住区的类型按不同的建设条件分为新建的居住区和城镇旧居住区、山地居住区和平原或水网地区的居住区。按居住区所处位置的不同可分为城市型居住区和独立的工矿企业居住区。

居住区的规模包括人口及用地两个方面，以人口数作为规模的标志。居住区作为城镇的一个居住组成单位，以及由于其本身的功能、工程技术经济和管理等方面的要求应具有适当的规模。这个合理规模的确定，主要影响因素有：配套公共服务设施的设置、经营要求和合理的服务半径；城镇道路交通方面的影响；居民行政管理体制方面的影响；自然地形条件和城镇的规模等因素对居住区的规模也有一定的影响。因此，居住区作为城镇的一个有机组成部分，应有其合理的规模。这个合理的规模应符合功能、技术经济和管理等方面的要求，人口一般以 3 万～5 万人为宜，其用地规模应在 50～100 公顷。

16.3.5 城镇更新和旧城区改造规划

16.3.5.1 城镇更新

城镇建设始终处于不断地新陈代谢之中，并随着人类的社会、文化、经济、技术的发展而不断更新。

1. 城镇更新的定义

城镇在建设发展中，常常出现一些城镇因污染、交通噪声等致使居住环境恶化，为了改善日益衰退的城镇，于是就产生了城镇改良的新方法——城镇更新。实质上是以维护、整建、拆除等方式使城镇土地得以经济合理的再利用，并强化城镇的功能，推进社会福利，提高生活质量，促进健全城镇的发展。概括起来就是一种将城镇中已经不适应现代化社会生活的地区作必要的、有计划的改建活动。

2. 城镇更新的方式

(1)重建(或再开发)　重建或再开发适用于建筑物、公共服务和市政设施等有关城镇要素的质量全面恶化、破损的地区，已无法通过其他方式，使其重新适应当前城镇发展的要求，必须清除原有的建筑物与设施，否则将阻碍城镇正常的功能发挥。重建是因居民无法受到最基本的生活和安全而采取的措施，是一种最完全、彻底的更新方式，但此方式耗费最大，投资方面也更有风险。

(2)整建　整建是用于建筑结构上和其他镇政设施尚可以继续使用，但因维护不当或设备没有得到及时更新而成为建筑物破损、环境恶化的地区。对于这类地区，通常是经过详细的调查研究，对各种不符合标准的建筑物及环境设施加以改善以提高现有的生活质量。整建的方式较拆除重建需要的时间短，且不需巨大资金投入，也可减轻原有住户安置的困扰，是经常使用的一种方法。此方法适用于需要更新，但仍可恢复并无需重建的地区或建筑物及其他市政设施。

(3)维护　维护是根据当地的具体情况，加以适当的维护，使之免于因放任自流而遭到破坏。维护是变动最小、耗费最低的更新方式。也是一种预防性的措施，适用于建筑物仍保持良好的使用状况，整体运行情况较好的地区。

3. 城镇更新的目标

城镇更新的目标主要是解决城镇中影响甚至阻碍城镇发展的问题，这些问题中既有环境方面的因素，也有经济和社会方面的原因。通过更新，能够提供不同需求的住宅、改善城镇环境、提高城镇防灾能力、加强整体开发的配合、提高土地利用强度、限制新区的开发。

城镇更新可以使原有城区充分利用，由原有单一用途转变成多功能，并创造更多的社会需求，带来更多的就业机会，提高居民的生活水平，改善城镇的环境，促进城镇可持续发展的目标。

16.3.5.2 旧居住区改建

旧居住区改建是城镇建设活动的重要组成部分，其目的是更新居民点，以改善居住区的生活条件，提高环境质量，同时，这也是改造和更新城镇的重要内容之一。

1. 旧居住区存在的问题

居住是人们生活之必需，居住区要满足人们对居住、生活服务、文教、体育、休息、交通和社交等多方面的需要，随着社会、经济、科学、技术的发展，以及人民生活水平的不断提高，旧居住区所存在的问题日益突出，一般主要是以下几个方面的问题：居住水平低、建筑密度高、市政和公共设施不配套、居住区布局混乱。

2. 旧居住区改建的目的和原则

改造旧居住区的目的，是调整其规划结构，提高土地利用率，改善生活服务系统和交通组织，改善居住区的卫生环境，提高福利设施水平，为居民创造满足日常物质和文化生活所需要的舒适、安全、优美的环境。

由于改建是在旧居住区的基础上进行的，因此必须合理利用旧居住区中合理的、有用的、需要保留的部分，调整那些不合理的、影响生活和生产的部分，使之布局合理、协调，各得其所。我们在改建规划中应遵循加强维护、合理利用、调整布局、逐步改善的原则，从实际出发，充分利用原有设施，逐步改造，不断完善，使新建的不影响将来的发展，原有的作为改造规划的组成部分，继续利用，以形成新旧结合的有机整体。

3. 旧居住区的改建规划

原有旧居住区存在着很多这样那样的问题，决定了改造的复杂性、阶段性。可以说其改造是一项比在空地上新建更为困难的工作。因此必须进行深入的调查研究，掌握土地使用现状、建筑现状、人口现状、公共服务设施现状、绿化现状、文物古迹等多方面的情况和资料，以确定改建规划的重点和内容。

总之，旧居住区改建规划，无论采取哪种方式，都须根据城镇总体规划的要求，按城镇局部地区（整个旧居住区或整个街坊）的详细规划进行。本着因地制宜、量力而行的方针，从经济效益、社会效益、环境效益三者相协调的综合效益的角度来衡量旧居住区改建的效益；防止随意更改规划要求。如果取消必要的公共服务设施和绿地而去片面追求经济效益，这样不仅不能改善和提高城镇的整体功能，反而给生产和生活带来许多不便，甚至给今后的改建带来困难。

值得注意的是，我国政府为改造城镇危旧住房、改善困难家庭住房条件而推出的一项民心工程，叫棚户区改造。从 2005 年开始，我国在东北三省实施振兴战略中相继开展了大规模的棚户区改造工程。这是新中国成立以来东北最为庞大的安居工程，计划利用 3～5 年时间，让 200 多万居民全部迁入新居。根据住房城乡建设部规划，我国将从 2009 年开始，对国内煤炭采空区、林场、农垦及华侨农场中棚户区进行大规模的改造。

16.4 城镇规划管理

16.4.1 城镇规划管理概述

城镇规划管理，就是按照法定程序编制和批准的城镇规划，依据国家和各级政府颁布的城镇规划管理有关法规和具体规定，采用法制的、社会的、经济的、行政的和科学的管理方法，对城镇的各项建设用地和建设工程活动进行统一的安排和控制，引导和调节城镇的各项建设事业有计划、有秩序地协调发展，保证城镇规划的实施。它是一项政府行政职能，是一项社会实践活动和一门综合性科学。它包括城镇规划编制管理、审批管理和实施管理 3 部分。我们通常所讲的城镇规划管理主要是指城镇规划实施管理。

1. 城镇规划管理的重要地位

①城镇规划与规划管理是共生的统一体。城镇规划管理是伴随着城镇规划的编制、审批、实施的全过程而诞生、存在和延续的。

②城镇规划管理是城镇规划合理实施的保证。城镇规划管理就是通过一定的手段把城镇规划设想转化为现实。在这个转化过程中，要协调各部门各方面的关系和处理各种各样的问题，必要时还要对规划进行在允许范围内的调整、补充、修改和及时反馈。通过城镇规划管理发现并弥补了原规划的不足，保证了城镇总体规划的实施，所以说城镇规划与规划管理是相辅相成的。

③城镇规划与规划管理是城镇政府的重要职责。

2. 城镇规划管理的作用

①保证城镇规划按照合理的程序进行科学的编制、修订和实施，使城镇有规划，并按照规划进行建设；

②通过审批管理和规划立法以及一系列规章制度，使城镇规划具有真正的法律效力和合法化，变人治为法治，实现以法治城、依法治镇；

③通过行政手段，按照城镇规划和必要的申请、审核、报批、发证等程序与手续，对各项建设活动进行合理安排和综合部署，以保证城镇规划的实施；

④随时检查发现并及时制止或处理一切地上地下的违章用地和违章建设，保

证城镇建设有秩序地进行；

⑤及时掌握城镇建设情况，对城镇建设活动进行有效的控制，同时对城镇规划进行实践检验和反馈，使城镇规划臻于完善、合理和实现。

3.规划管理的程序

城镇规划管理的程序如下：

(1)建立依据　有了科学的、合法的依据才能进行科学的、合法的管理。建立依据有两个方面：一是编制科学的城镇规划，有图可循；二是制定城镇规划法则，有法可依。经上级政府部门和城镇政府批准后，这两样文件就是城镇规划行政主管部门行使管理职责的依据。

(2)报建审批　报建审批的内容，包括超前服务，建设用地和建设活动申请的受理审查，现场踏勘，必要时向环保、消防、文物、防疫等有关部门征询意见，上报城镇人民政府或有关领导审批，建设用地规划许可证和建设工程规划许可证等程序。使城镇中的各项建设具体纳入城镇规划的轨道。

(3)批后管理　核发建设用地规划许可证和建设工程规划许可证，绝非规划管理工作的终止，城镇规划行政主管部门还必须负责对批准项目的检验和监督检查工作，以及对违章占地和违章建设的查禁工作。对批后项目进行规划管理发现问题及时解决纠正，是规划管理的继续与补充，是一个不可少的管理程序和不可忽视的环节。

近年来，我国在商品经济发展过程中，不少城镇在综合开发建设方面，单纯追求经济效益，不按批准的城镇规划进行建设，而采取增加建筑层数、提高建筑密度、削减配套设施等做法，影响规划的实施；一些城镇的违章建筑屡禁不止。这就需要切实加强批后管理工作，杜绝这些违章现象的发生。

16.4.2 城镇规划的审批

城镇规划编制完成之后，必须经过一定的程序，报送有关主管部门，待主管部门批准之后，方能成为城镇各项建设必须遵守的法规性文件。这个过程就是通常所说的规划的审批过程。

1.城镇规划的分级审批

规划审批是城镇规划管理的重要内容之一，城镇规划必须坚持严格的分级审批制度，以保障城镇规划的严肃性和权威性。1989年12月颁布的《中华人民共和国城市规划法》第二十一条明确规定，我国城市规划实行分级审批。

2.城镇总体规划的调整和修改

调整是指城市人民政府根据城市经济建设和社会发展情况，按照实际需要对已经批准的总体规划作局部性变更。例如由于城市人口规模的变更需要适当扩大城市用地，某些用地的功能或道路宽度、走向等在不违背总体规划布局基本原则的前提下进行调整，对近期建设规划的内容和开发程序的调整等。局部调整的决定由城市人民政府做出，并报同级人民代表大会常务委员会和原批准机关备案。

总体规划的修改：是指城市人民政府在实施总体规划的过程中，发现总体规划的某些基本原则和框架已经不能适应城市经济建设和社会发展的要求，必须作出重大变更。例如由于产业结构的重大调整或经济社会发展方向的重大变化造成城市性质的重大变更；由于城市机场、港口、铁路枢纽、大型工业等项目的调整或城市人口规模大幅度增长，造成城市空间发展方向和总体布局的重大变更等。修改总体规划由城市人民政府组织进行，并须经同级人民代表大会或其常务委员会审查同意后，报原批准机关审批。

3.规划审批程序

规划的具体审批程序，以省人民政府审批的城市规划为例，大致可分为上报、转批交办、具体进行审批等步骤。

16.4.3 规划实施与管理运作

完成规划的编制与审批工作并不等于规划工作的结束，恰恰相反，从某种意义上讲，有了一套经上级人民政府批准的规划文件，正是城镇规划工作的新起点。因为规划是需要付诸实施的，并且在实施过程中还需不断完善和修改。常讲“三分规划，七分管理”是有一定道理的。因此，对于一个城镇来讲，抓好规划的实施和建设的管理，就显得更为重要了。

1.建设项目选址规划管理的概述

建设项目选址规划管理，顾名思义，它是城镇规划行政主管部门根据城镇规划及其有关法律、法规对建设项目地址进行确认或选择，保证各项建设按照城镇规划安排，并核发建设项目选址意见书的行政管理工作。其工作特点如下：

①它是城镇规划实施的首要环节；

②它是建设用地规划管理的前期工作；

③它是建设项目是否可行的必要条件之一。

2.建设选址规划管理的内容

(1)选择建设用地选址　建设项目规划选址是一项十分重要而复杂的工作，在选址时必须根据实际情况考虑这些因素：建设项目的基本情况；建设项目与城镇规划布局的协调；建设项目与城镇交通、通讯、能源、市政、防灾规划和用地现状条件的衔接与协调；建设项目配套的生活设施与城镇居住区及公共服务设施规划的衔接与协调；建设项目对于城镇环境是否造成污染或破坏，以及与城镇环境保护规划和风景名胜、文物古迹保护规划、城镇历史风貌区保护规划等要相协调；交通和市政设施选址的特殊要求；珍惜土地资源、节约用地；综合有关管理部门对建设项目用地的意见和要求。

(2)建设项目选址规划管理的依据　城镇规划是指经过法定程序批准的城镇总体规划(含分区规划)、专业系统规划、详细规划。这里的法律、法规是指《中华人民共和国城市规划法》及其配套法规文件，如《建设项目选址规划管理办法》、《城市国有土地使用权出让规划管理办法》；以及城镇规划相关法律、法规，如《土地管理法》、《环境保护法》、《文物保护法》、《水法》、《森林法》、《军事设施保护法》、《基本农田保护条例》、《风景名胜区管理暂行条例》；以及各地政府制定的城镇规划法规、规章和规范性文件等。经济技术方面依据《城市用地分类与规划建设用地标准》、《居住区规划设计规范》以及各地制定的有关技术规定和技术标准等。对于建设项目建议书以及建设项目的有关资料也必须了解，以便掌握建设项目对选址的要求。

(3)用地审批　城镇规划行政主管部门受理建设项目的选址申请后，便进入用地审批阶段。用地审批的内容包括：现场踏勘、征求意见、提供红线、审查总平面图、核定用地面积、核发建设用地规划许可证。

因建设工程施工、堆料或其他特殊情况，需要在批准的用地范围外临时用地的，建设单位需持上级主管部门批准的申请临时用地文件，向城镇规划行政主管部门申请临时用地，经审核批准后发给临时建设用地许可证。建设单位持证向临时主管部门办理临时用地征用手续。临时用地期限一般不超过两年。在临时用地范围内不得修建永久性、半永久性建筑物和构筑物。

(4)批后管理　城镇建设用地规划管理的批后监督、检查工作包括建设征用划拨土地的复核、用地情况 监督检查和违章用地的检查处理等。

3. 建设用地规划管理

建设用地规划管理总的目的是实施城镇规划。即从城镇发展的全局和长远的利益出发，根据城镇规划和建设工程的用地要求，促使各项建设经济、合理地使用土地；调整不合理的用地；维护和改善城市的生态环境、人文环境的质量，保障城市综合效益的发挥，促进城镇的物质文明和精神文明的建设。

建设用地规划管理主要审核：控制土地使用性质和土地使用强度、确定建设用地范围、调整城镇用地布局、核定土地使用其他规划管理要求。

建设用地规划管理作为建设项目选址的后续管理过程，建设项目选址规划管理的依据和结果是其管理的依据。计划部门批准的建设项目可行性研究报告等计划文件也是建设用地规划管理的重要依据。

建设用地规划管理的程序归纳起来是:申请程序、审核程序、核发程序。

4. 建设工程规划管理

建设工程类型较多,归纳起来可分为建筑工程、市政管线工程和交通工程3大类。

(1)建设工程管理　建设工程管理的主要内容是按照城镇规划要求对各项建设工程的性质、规模、位置、标高、高度、体量、体型、朝向、间距、建筑密度、容积率、建筑安全防护间距、建筑色彩和风格。以及建筑退让方面的控制,如拟建建筑物后退道路红线、河道蓝线、建设基本界线、铁路线和高压电线等的距离。进行规划审查,上报审批,核发建设工程规划许可证,放线验收、工程验收、竣工资料归档等多项工作内容。

(2)镇政管线工程规划管理　镇政管线管理的主要内容是按照城镇规划要求对各项管线工程(包括地下埋设和地上架设的给水、雨水、污水、电力、通讯、燃气、热力及其他管线)的性质;断面、走向、坐标、标高;架埋方式、架设高度、埋置深度、管线相互间的水平距离与垂直距离及交叉点的处理等进行审查和规划控制。镇政管线工程管理要充分考虑不同性质和类型管线各自的技术规范要求,以及管线与地面建筑物、构筑物、道路、行道树和地下各类建设工程的关系,进行管线综合协调,同时要符合国家和有关部门颁布的规范标准、卫生安全等方面的要求。另外,镇政管线工程的新建、扩建、改建,还是翻建以及拆除,都必须经城镇规划行政主管部门批准。

(3)交通工程规划管理　交通工程规划管理的主要内容是按照城镇规划要求对各类道路的走向、坐标和标高、道路宽度、道路等级、交叉口设计、横断面设计、道路附属设施等进行审查和规划控制。核发建设工程规划许可证,以及因管线工程需要对道路开挖的审批与管理。

建设工程规划管理程序可分为申请程序、审核程序两部分。

16.4.4　规划实施的监督检查

1. 规划实施监督检查的概念及任务

城镇规划实施的监督检查,是指城镇规划行政主管部门为了实现城镇规划管理的目标,依照城镇规划法律和法规、批准的城镇规划和规划许可,对城镇的土地使用和各项建设活动实施城镇规划的情况,进行行政检查并查处违法用地和违法建设的行政执法工作。在行政检查中,对违法用地和违法建设的处理,又依法行使行政处罚和行政强制措施。

对城镇土地使用情况的监督检查包括:①建设工程使用土地情况的监督检查;

②规划建成的地区和规划保留、控制的地区规划控制情况的监督检查。

对建设活动全过程的行政检查具体的内容有两个：①建设工程开工前的订立红线界桩和复验灰线；②建设工程竣工后的规划验收。

2. 规划实施的行政检查

根据城镇规划实施的要求，按照建设过程的不同阶段来进行的，主要内容有：①道路规划红线定界；②复验灰线；③建设工程竣工规划验收。

行政检查的程序有申请程序、检查程序和核发程序。

3. 规划实施监督检查的行政处罚

行政处罚是指城镇规划行政主管部门依照法定权限和程序，对违反城镇规划及其法律规范和规划许可尚未构成犯罪的建设单位或个人制裁的具体行政行为。

行政处罚的原则有：①处罚法定原则；②处罚与教育相结合的原则；③公开、公正的原则；④违法行为与处罚相适应的原则；⑤处罚救济原则；⑥受处罚不免除民事责任的原则。

行政处罚的种类有：①申诫罚；②财产罚；③能力罚。

行政处罚制度涉及有：①事先告知制度；②陈述申辩制度；③审查决定制度；④政府监督制度；⑤罚缴分离制度。

第 17 章 城镇发展政策

平等和效率的冲突是最需要加以慎重权衡的社会经济问题，它在很多的社会政策领域一直困扰着我们。我们无法按市场效率生产出馅饼之后又完全平等地进行分享。

——阿瑟·奥肯

（美国经济学家，多次被邀担任总统经济顾问）

城镇经济政策是政府干预城镇经济的主要工具之一，它是一个由政策内容、政策目标、政策手段和政策效应评价 4 个相互关联和制约的子系统构成的系统。城镇的发展是一种社会历史现象，不仅是城镇数量与规模扩大的过程，同时也是一种城镇结构和功能转变的过程。为了实现一定时期的经济发展目标，政府需要根据区域经济空间和发展水平差距而制定促进资源在空间上优化配置、控制区域间差距过分扩大，以协调区域经济关系的一系列措施和手段，即城镇发展政策。城镇发展离不开城镇政策，城镇政策的制定与实施必须以国情、区情为前提，以城镇发展战略、规划为依据。本章针对城镇发展政策问题进行阐述，系统分析了城镇政策的目标、手段及其实施问题。

17.1 城镇发展政策概述

根据《城市规划基本术语标准》①，城镇化是人类生产和生活方式由乡村型向城镇型转化的历史过程，表现为乡村人口向城镇人口转化，以及城镇不断发展和完善的过程。城镇的发展是人类生产、生活方式及就业结构、经济产业结构由乡村型向城镇型转化的历史过程。城镇发展的核心是人口就业结构、经济产业结构的转化和城乡空间社区结构的变迁。

---

①中华人民共和国建设部：《城市规划基本术语标准》(Standard for Basic Terminology of Urban Planning) GB/T 50280—98。1999 年 2 月 1 日。来源：http://www.law110.com/lawserve/guihua/1800053.htm.

城镇发展动力既来自于经济社会发展的有力推动，又来自于制度政策变迁的深刻影响，既是内生性调整的产物，又是外生性适应的要求。国内外经济发展历程表明：市场机制是一个扶强不扶弱的经济机制。在投资主体多元化和市场机制充分发挥作用的情况下，资源和各种可流动性生产要素会在经济利益的导向下流向发达地区。瑞典经济学家缪而达尔把这一现象称为“回流效应”。这样的发展过程中，如果单凭市场力量的作用而不进行政府的、人为的干预，结果不仅会使区域经济发展变得缓慢，而且在较长时间内还可能造成发达地区与不发达地区的差距越来越大，区域经济平衡、协调发展通过市场调节是不会达到的。

城镇的经济发展是城镇经济社会发展的基础和前提，城镇的经济社会结构和生产生活方式的转变是城镇发展的目标和结果。因此，为了兼顾效率和平等，既要加快产业和人口向城镇的规模化、效益化聚集，又要防止区域间的发展差距过大，不仅需要发挥市场规律的基础性作用，而且需要政府制定适宜性政策的引导、调控和推动，通过一系列宏观和微观经济政策手段来弥补市场机制的不足，协调城乡经济发展。由此可见，对于城镇发展而言，有效的城镇政策在城镇经济社会发展过程中有着非常重要的作用。

17.1.1 城镇发展政策的理论渊源

城镇经济政策产生于 20 世纪 30 年代，起源于工业化过程起步较早、水平较高的英、美等西方资本主义国家覆盖部分国土的区域经济政策和前苏联及东欧社会主义国家覆盖全国国土的区域经济政策。城镇发展政策的相关理论与其他区域发展政策理论一样，源于政府干预理论①、地理分工理论、区域发展阶段理论、非均衡协调发展理论等理论；从其实质上讲，这些理论都是对完全市场调节的传统古典经济自由发展理论的一种辩证的否定。本文主要介绍几个代表性理论观点。

古典经济自由主义理论认为：市场本身有最佳的自我调控能力，可以通过“完全竞争”使经济的区域布局、经济结构和空间结构最终达到最优。然而，市场机制的效率效应使经济发展的现实呈现出难以健康、稳定、平衡发展。

①斯蒂格利茨提出了政府的经济职能理论认为，尽管政府本身也有失灵问题，政府干预经常是无效的，但政府失灵并不比市场失灵更糟，而且这种失灵是可以被缓解乃至消除的；通过采取适当的政策，政府干预可带来帕累托改进。这一论断是建立在格林沃德——斯蒂格利茨定理之上的，格林沃德和斯蒂格利茨(1986)以较复杂的数学模型证明，当市场不完备、信息不完全、竞争不完全时，市场机制不会自己达到帕累托最优，市场失灵不再局限于外部性、公共产品等狭隘范围，而是无处不在的。这就为政府干预提供了广阔的潜在空间。为了弥补市场失灵，政府干预应该遍布各个经济部门和领域，而不仅仅是制定法规、再分配和提供公共品。市场失灵的普遍性必然要求政府干预的普遍性。

暴发于1929—1932年资本主义世界经济危机,导致世界各工业国家在100多年中积累的社会财富都在这一时刻毁掉近一半,较充分地暴露出经济自由主义理论的致命缺陷,打破了人们对仅仅依靠市场自发解决区域问题的幻想。经济危机的严重危害,再也不能使经济学把它看做是无足轻重的自然循环现象。在此背景下,主张政府全面干预经济的凯恩斯主义被广泛认同和传播。例如,当时最发达的资本主义市场经济国家——英国,伦敦与东南部的失业率接近14%,而西北部、苏格兰和东北部失业率超过了25%,威尔士则超过了36%,国内区际出现的巨大发展差距,迫使英国政府通过立法将一部分地区划定为特别地区,实施特别援助。

凯恩斯在总结1929—1933年资本主义世界经济危机的教训基础上,提出经济政策上用国家干预主义取代经济自由主义。凯恩斯在1936年出版的《就业、利息和货币通论》一书中,提出政府干预经济运行的理论,为区域经济政策的产生奠定了理论基础。在凯恩斯的"国家干预经济运行"理论的指导下,西方一些资本主义国家政府开始着手干预区域经济发展,从而一些旨在解决落后地区和萧条地区发展问题的区域经济政策应运而生。

法国经济学家佛朗索瓦·佩鲁在1950年首次提出增长极思想。在论文《略论增长极概念》(1955)中从产业关联及相互依存的角度系统阐述了其增长极理论。他在该文的开篇即提出了关于增长极思想的著名论断:"增长并非同时出现在所有地方,它以不同的强度首先出现于一些点或增长极上,然后通过不同的渠道向外扩散,并对整个经济产生不同的终极影响。"该理论被认为是西方区域经济学中经济区域观念的基石,是不平衡发展论的依据之一。

该理论认为:一个国家要实现平衡发展只是一种理想,在现实中是不可能的,经济增长通常是从一个或数个"增长中心"即增长极逐渐向其他部门或地区传导。区域经济的发展主要依靠条件较好的少数地区和少数产业带动,应把少数区位条件好的地区和少数条件好的产业培育成经济增长极。通过增长极的极化和扩散效应,影响和带动周边地区和其他产业发展。

因而,增长极理论主张通过政府的作用来集中投资,加快若干条件较好的区域或产业的发展,进而带动周边地区或其他产业发展。在政策选择上,应选择特定的地理空间作为增长极,以带动经济发展。

瑞典经济学家冈达·缪尔达尔是增长极理论的重要推动者。1957年缪尔达尔在其代表作《经济理论和不发达地区》中提出在一个动态的社会过程中,社会经济各因素之间存在着循环累积的因果关系。某一社会经济因素的变化,会引起另一社会经济因素的变化,这后一因素的变化,反过来又加强了前一个因素的那个变化,并导致社会经济过程沿着最初那个因素变化的方向发展,从而形成累积性的循环发展趋势。市场力量的作用一般趋向于强化而不是弱化区域间的不平衡，即如果某一地区由于初始的优势而比别的地区发展得快一些，那么它凭借已有优势，在以后的日子里会发展得更快一些。在“循环累积因果关系”的作用下，经济增长过程将出现“回波效应”而促使不平等趋势扩大。在欠发达国家和地区经济发展的起飞阶段，回流效应都要大于扩散效应，这是造成区域经济难以协调发展的重要原因。

缪尔达尔进而指出：市场机制的作用总是倾向于扩大而不是缩小地区间的差距，这就意味着回波效应大于扩散效应，从而形成“地理上的二元经济结构”。由此形成了与“地理上的二元经济结构”论相应的政策主张“政府的干预是必要的”。要促进区域经济的协调发展，在经济发展初期，政府应当优先发展条件较好的地区，以寻求较好的投资效率和较快的经济增长速度，通过扩散效应带动其他地区的发展，但当经济发展到一定水平时，也要防止累积循环因果造成贫富差距的无限扩大，政府必须制定一系列特殊政策来刺激落后地区的发展，以缩小差距。

美国城市与区域规划学家约翰·弗里德曼(John Friedmann)将劳尔·普雷维什提出的发达国家与落后国家间的中心——外围不平等体系理论的概念引入区域经济学。他认为，资源、市场、技术和环境等的区域分布差异是客观存在的，当某些区域的空间聚集形成累积发展之势时，就会获得比其外围地区强大得多的经济竞争优势，形成区域经济体系中的中心。外围(落后地区)相对于中心(发达地区)，处于依附地位而缺乏经济自主，从而出现了空间二元结构，并随时间推移而不断强化。弗里德曼通过将创新因素引入空间系统，并把各具体地区的变量看成是一个更大系统的组成部分而不是一种孤立的现象，从而将政治因素引入区域发展过程的分析之中。

这一理论强调政府的作用和区际人口的迁移将影响要素的流向，并且随着市场的扩大、交通条件的改善和城市化的加快，中心与外围的界限会逐步消失，即最终区域经济的持续增长，将推动空间经济逐渐向一体化方向发展。政府与市场在促进区域经济协调发展中的作用缺一不可，既要强化市场对资源配置的基础性作用，促进资源优化配置；又要充分发挥政府在弥补市场不足方面的作用，加快城市化进程，以促进区域经济协调发展。

可以说，上述理论经过长达半个多世纪的理论演变和有力的经验检验，日臻成熟。尽管有某些局限性，但仍不失为发展区域经济不可或缺的重要理论之一。许多国家尤其是发展中国家已将它广泛应用于经济规划、生产力布局和区域经济的发展战略。

许多国家干预区域经济的实践证明，尽管不同理论对政府在一国或区域发展中的作用方式和强度并不一致，但一般都认同政府在促进和支持区域发展过程中的主要任务包括四个方面：①为人们的经济活动提供一个法制环境、安全保障等制度环境保障；②提供公共产品，即那些为社会大众所利用的不具有排他性的产品（如城镇道路）或排他性不能为社会所接受的产品（如基础教育）；③负责处理社会认为是必要的但由于必要的投资规模原因或对私人投资者而言缺乏短期获利能力私人部门不能接入的领域；④解决或避免由私人活动所引起的问题，如失业、资源过度利用与环境污染等。当然，这 4 个方面只是一般地说明政府在经济中的作用。

同时，在区域发展过程中，中央政府和地方政府的作用是不尽一致的。中央政府需要从全国整体发展的全局角度来考虑其对各区域的影响，而地方政府主要考虑的是提高辖区内产业和人口聚集水平。因而，可以认为中央政府干预区域经济除了要促进区域经济发展外，主要着眼于从全局角度处理好区域经济关系，而地方政府干预区域经济主要是为了促进辖区内的经济社会发展。

17.1.2 城镇发展政策的范畴与性质

城镇的发展是人类生产、生活方式及就业结构、经济产业结构由乡村型向城镇型转化的过程。城镇发展的本质特征主要体现在 3 个方面：以使农村人口在空间上的转换；二是非农产业向城镇集聚；三是农业劳动力向非农业劳动力转移。在市场经济条件下，产业和人口在城镇的聚集主要受市场规律作用，更受体制和政策影响。因此，必须重视政府在小城镇发展中重要作用。政府作用的发挥必须遵循产业和人口聚集的基本规律，在促进中小企业发展、增加就业机会方面，应充分利用市场规律和政策手段解决存在的深层问题，为小城镇的顺利发展提供必要的体制环境。

17.1.2.1 城镇发展政策的范畴

区域发展政策是一个被广泛使用而理论上没有严格界定的概念。目前，各国政府部门和学术界关于城镇政策的研究十分活跃，内容相当广泛，从各种文献来看，对于城镇发展政策至少存在以下 3 种不同的认识：

第一，凡是政府采取的对不同地区的发展有不同影响、因而对城镇发展格局的形成发挥重大作用的政策，都可归属为城镇发展政策。这是最广义的认识，据此，不仅具有明显区域空间限定的政策属于城镇政策，而且一些全国普适性政策，比如村庄和集镇规划建设管理条例、重点镇建设、农业税、资源税等税收政策，由于对不同区域的发挥具有十分不同的影响，因而也可能会被包含进来。

第二，凡是政府针对全国部分地区实施的政策，都属于城镇政策。相比第一种，这个节点的范围有所缩小，基本剔除了那些属于全国普适性而对不同区域有不同影响的政策，更多关注政策对象的空间范围，而不是政策实施的背景、目的或效果。

第三，特指政府针对一些特殊区域的问题、矛盾或困难所采取的政策。相比而言，这个定义范围更窄，它把那些具有明显区域范围限定但又不是为解决区域特殊问题所实施的政策排除出去。比如改革开放过程中实行的各类特区、开发区政策等。

由于中央政府需要从全国整体发展的全局角度来考虑其对各区域的影响，而地方政府主要考虑的是提高辖区内产业和人口聚集水平。因而，从中国的实际情况出发，我们采用第二种观点，城镇发展政策范畴包括国家城镇发展政策和地方性城镇发展政策。

国家城镇发展政策是立足区域差异，旨在促进资源在空间的优化配置、控制区域间发展水平和经济结构差距、协调区级之间关系、促进生产力布局逐渐平衡化的城镇化政策。国家城镇发展政策是由一国中央政府及其所属的各有关机构，如财政部、税务总局、国土资源部等负责制定的，通常是用于这个国家之内具有某些相同特征的若干个地区。国家城镇发展政策除了要促进区域经济发展外，主要着眼于从全局角度处理好城镇与乡村的发展及其体系结构的协调。

地方性城镇发展政策是立足于资源禀赋，旨在发挥地区优势，调整产业结构，以及促进资源合力开发利用和环境保护的地区政策。该政策是由国家部分级别较高、被授予一定经济管理权限的地方政府，主要是一级地方政府负责制定的，一般只适用于这个地方政府所管辖的行政区范围之内。地方性城镇发展政策主要是为了促进辖区内的城镇经济社会的发展和城乡体系的协调。

17.1.2.2 城镇发展政策的性质

各类经济政策，在实践中主要是作为有关政府职能机构实施其调控宏观经济职能的行为准则，它们就像一只“看得见的手”，对一个国家或一个行政区范围内的各种经济活动产生自己的影响。

城镇的发展是一个自然历史过程，是指城镇数量的增加和城镇规模的扩大，导致人口在一定时期内向城镇聚集，同时又在聚集过程中不断地将城市的物质文明和精神文明向周围扩散，并在区域产业结构不断演化的前提下，衍生出崭新的空间形态和地理景观。城镇发展的实质上是城镇人口等资源要素的集聚、产业的集聚和现代城市文明的发展。在新经济增长理论中，经济学家把“组织”、“制度”作为要素与资本、劳动、技术等共同运用到对经济增长的影响和决定作用的分析中。而新制度经济学研究表明，在经济发展过程中，人口要素、产业要素、土地要素、网络设施要素是经济发展的实体性关键要素，而制度环境“是一系列用来建立生产、交换与分配基础的政治、社会和法律基础规则”（L·E·戴维斯和 D·C·诺斯），一个社会的经济增长或不增长的决定因素就是"制度"或"政策"。可见，有效的城镇政策，既是城镇发展的关键要素，又是城镇发展实体要素的调控要素，因而对城镇经济发展起到核心性作用。

因而，城镇发展政策的性质，属于宏观经济政策在城镇尺度上的延伸，是中央政府或地方政府为优化城乡资源空间配置，调控城乡经济发展而制定的一系列政策工具的集合。

从属性上，城镇发展政策可分为激励政策和限制政策，或称"胡萝卜政策"和"大棒政策"。前者是对特定区域城镇的发展与以直接或间接支持的各种工具集合；后者是对特定区域城镇的发展实施一定限制的各种工具集合。

从层次上，城镇政策同样可分为国家城镇发展政策和区域（地方）城镇发展政策，而且国家城镇发展政策的性质与区域（地方）城镇化政策是有一定区别的。

由中央政府制定和执行的国家城镇发展政策，是从维护国家整体利益出发，在国家宏观经济政策基础上制定并与国家宏观经济政策是一脉相承的，是国家宏观经济政策不可缺少的组成部分。

由地方政府制定和执行的区域（地方）城镇发展政策，是由地方政府在不违反国家宏观区域经济政策原则的前提下自行制定的，所考虑的主要是地方和区域经济利益，尽管可以在一定限度内独立于国家宏观区域经济政策，但通常不能够违反国家宏观经济政策和区域经济政策，只能是对整个国家宏观经济政策及各项国家区域经济政策的补充。

虽然地方城镇发展政策对于一个国家或一个行政区域范围内整个国民经济的运行也会产生一定的影响，而且也可以包含一系列针对不同领域的具体的区域经济政策，如区域财政政策、税收政策、投资政策、产业政策、货币政策、对外贸易政策、就业政策、社会福利政策等，但是，各种类型的区域城镇发展政策，一般都必须服从于相应的国家宏观经济政策和国家城镇发展政策，而不应该与之有矛盾和发生冲突。区域（地方）城镇发展政策影响的地域范围，要小于整个国家宏观经济政策及与之相关的其他各项具体的国家经济政策。从这一角度来看，所有的区域与经济政策，无论国家区域经济政策还是地方区域经济政策，都只能是国家宏观经济政策在地方尺度上的延伸和具体化。

综上，本书认为，城镇发展政策是政府为实现一定时期的经济发展目标，而制定的旨在促进城镇资源和生产力的优化配置、协调城乡经济关系的一系列政策措施的总和。其作用在于影响个人和企业的区位选择或者是为了改变特定城镇的收入和支出水平。

17.1.3 城镇发展政策的特征

17.1.3.1 城镇发展政策的特征

“区域政策”的要义在于造成各个区域不同发展局面，这是任何其他政策所不欲为之的，此乃区域政策与其他经济、社会政策的区别所在。

城镇政策的特征在于以城镇为其作用对象，以城镇层面上的差别政策为导向，总体表现为一种结构性政策。

1. 地方性

地方性特征或称“积极的区域倾斜”特征，即差别对待不同类型区域，对解决区域问题产生积极的而非消极的影响。城镇发展政策是从城镇资源、社会、历史、文化、生产力的实际制定的，适合城镇经济发展的政策，具有明显的区域性和地方性。针对各区域制定的城镇经济政策的导向是不同的。只有当各区域受惠到不同水平的政策支持或权力让与时，区域性城镇政策才存在。

2. 系统性

城镇发展政策本身是一个体系，由政策内容、政策目标、政策手段和政策效应评价四个相互关联和制约的子系统构成的系统，同时也是由城镇部门经济子政策和城镇空间经济子政策等构成的系统。

3. 动态性和持续性

一是在城镇经济发展的起步、欠发达、发达等不同阶段，城镇经济发展中存在的问题的性质和类型是不同的，随着城镇经济所处阶段的变化，城镇经济政策也相应要进行调整。二是从城镇经济整体性和长期性考虑，必须保持城镇经济稳定、协调、可持续发展。

4. 阶段性

城镇发展政策是针对区域问题而设计的。在城镇经济发展的不同阶段，所面临的区域问题的类型、性质都不同，因而解决的区域问题需要采用不同的区域城镇政策手段和工具。一劳永逸的政策是不存在的。因此，适时更新区域城镇政策是城镇政策阶段性的要求。

5. 有限性

城镇政策的作用领域是有限的，作用效果也是有一定局限性的。城镇政策不是解决城镇发展问题的“灵丹妙药”，国家对欠发达区域城镇实施发展援助政策本身内含着一定的负面效应。主要表现在：发展援助可能存在援助决策的实务和援助过程的失误；发展援助能力小于援助意愿；发展援助本身隐含可能使受援助区域对外援产生依赖心理，导致激励不足，产生要素价格信号的失真，产生相关的政治成本，产生一定的经济效益损失等。

17.1.3.2 城镇发展政策的功能

区域政策的提出，从理论上讲是对完全市场调节的传统西方经济理论的一个否定，市场力量作用的结果是繁荣区域与衰退区域并存，而区域政策在调控社会、经济空间均衡发展方面具有独特作用。区域政策的主要的功能是：

(1)经济功能　区域政策的基本功能就是根据区域比较优势和区际合理分工，优化资源的空间配置，以实现政府的经济增长目标。

(2)环境功能　由于全球性环境恶化，每个国家都不得不对自己境内的环境恶化问题作出反应，许多国家把改善环境作为政府区域经济政策的一项重要职能，将环境目标考虑进来，有助于区域政策的顺利实施和地区经济、环境的良性发展。

(3)社会功能　主要是消除地区贫困、缓解就业和收入区域不平衡问题。

17.2 城镇发展政策目标

城镇发展政策的目标是“公平”和“效率”。和谐的城镇发展格局需要同时满足3点要求：一是提高效率的要求，即城镇体系和发展格局有利于优化资源的空间配置，提高资源配置效率，有利于发挥各地区的资源优势，形成各具特色、功能互补的区域分工格局；二是平衡发展要求，即区域发展格局有利于促进欠发达地区的发展，有利于逐步缩小地区发展差距和福利差距；三是环境友好要求，即区域发展各具有利于实现对资源环境和生态的保护，实现人与自然的和谐，促进可持续发展。通常情况下，这3个要求之间并非总是一致的，相反是常常相互矛盾的。比如，促进重点区域加快发展的政策，有利于促进效率和提高和全国整体实力的提升，但却往往导致区域差距的扩大，不利于平衡发展目标的实现。因此，为协调城乡发展，常常需要政府基于地方实际统筹各方面的利益关系来制定城镇发展目标。

17.2.1 城镇发展政策的目标

17.2.1.1 城镇政策目标的含义

政府干预区域经济活动追求的总目标是实现经济效益和社会公平的最大化。即促进各区域之间均衡发展的“公平目标”(或“均衡目标”)；提高资源要素空间配置效率促进国民经济快速增长的“效率目标”(或“增长目标”)。均衡目标和增长目标之间常常存在着反向关系。二者孰先孰后，孰重孰轻，两者如何权衡和协调始终是城镇发展政策必须面对的首要问题。大多数学者主张区域经济均衡目标和增长目标应统筹兼顾，根据本国国民经济的发展阶段特点选择适合本国国情的“结合空间”。

城镇作为一个介于城市与乡村之间的相对独立的经济区域，城镇发展政策目标就应该是指政府运用政策工具解决城镇问题时所要实现的目的或达到的目标。它对具体城镇发展政策工具的选择、实施以及政策评价具有导向作用。

美国著名区域经济学家 E·M·胡佛认为：“区域政策的目标，是通过增进个人福利、机会、公平和社会和睦体现出来的。因此，一个区域的经济政策，显然应该有助于提高人均实际收入、实现充分就业、扩大个人职业和生活方式的选择范围、保障受如何避免造成收入悬殊。”

一般而言，设定城镇政策目标，需要针对城镇发展中面临的重大问题，既从总体上处理好均衡目标和增长目标的关系，又从技术上重视区域政策具体目标设计与量化，以保持城镇经济社会的健康、快速、可持续稳定发展。

因而，城镇发展目标至少应包括四个方面：一是发挥区域优势，提高经济效益；二是优化资源配置，实现可持续发展；三是创造就业岗位，实现充分就业；四是调控产业结构，实现合理化、高级化。城镇发展政策目标体系应包括：城镇经济规划的科学化，城镇基础设施的完善化，城镇生态环境的美化，城镇科学技术的高层次化，城镇人民生活服务的社会化，城镇各种资源利用的信息化。

为使城镇发展政策实施具有可操作性，有利于评价城镇发展政策效应，同时为限制城镇发展政策目标区域的数量和规模，以避免实施城镇发展政策造成过重的财政负担，需要对城镇发展政策予以量化。尽管在实践中，政策量化目标的设计、执行及考核是一件复杂而艰难的事情，但许多国家在指定区域政策时都采用一套常用的数量指标体系，诸如失业率、迁移率（迁入率和迁出率）、人均收入水平（人均国民收入和人均国内生产总值）、经济增长率、环境质量等。

17.2.1.2 城镇政策目标类型

城镇发展政策目标具有不同的层次和等级水平，有总目标和子目标之分，也有价值量目标与实物量目标、单项目标与多项目标、绝对目标与相对目标之分。

1. 总目标与子目标

（1）总目标　城镇发展政策的总目标是追求经济效益和社会公平的最大化，即实现城镇经济社会稳定、协调、均衡和可持续发展。

城镇发展政策总目标的效率目标，就是在发展国民经济过程中，通过资源的空间有效配置，取得最佳经济效益，实现区域经济的高速增长，从而增强整个区域的经济实力。而追求社会公平目标，就是在发展国民经济过程中，通过运用各种手段逐步缩小区级差异，旨在取得最大社会公平，实现区域之间的相对均衡发展，从而提高社会和谐程度。

经济效益与社会公平之间是既矛盾又统一的辩证关系，在经济发展的不同阶段，二者的关系又不尽相同。

(2)子目标　城镇发展政策的子目标是总目标的细化。具体包括：经济目标——生产力合理布局，缩小城乡发展差异，经济空间扩大和新区开发，促进落后地区经济增长、衰退地区复兴、核心地区活动扩散，提高衰退地区、落后地区就业率，提高衰退地区、落后地区人口迁出率，经济一体化等；社会目标——促进城乡社会协调发展，缩小城乡社会差异，缩小区际生活质量差异，改变落后地区教育、文化、卫生状况；生态目标——环境保护、国土整治，“三废”治理、生态环境的恢复和重建等；政治目标——政权稳定、社会安定。

不同的国家和地区，针对不同的区域问题，区域政策的子目标往往不尽相同，总的来说可以分为 4 类，即经济目标、社会目标、生态目标和政治目标，每一类子目标又可以分为若干种类的具体目标(表 17-1)。

表 17-1　城镇政策的子目标

城镇政策的子目标	宗旨	具体目标
经济目标	解决城镇发展问题	缩小城乡发展水平差异
		生产力布局合理化
		经济空间的扩大和新区开发
		城市病问题的化解
		城市核心地区经济活动的扩散
		实现城乡经济一体化
社会目标	解决城镇和乡村社会问题	缩小城乡社会发展水平的差异
		缩小区际生活质量的差异
		改善落后地区教育、文化、卫生状况
生态目标	解决城乡生态环境问题	环境保护
		国土整治
		“三废”治理
		生态环境的恢复和重建
政治目标	解决城乡政治问题	城乡政治一体化
		城乡共同繁荣和稳定

当然，从世界各国城镇发展政策的实践来看，面对不同性质的问题区域，城镇发展政策子目标各不相同，且各子目标随时间推移不断变化，呈动态性特征，即政策的子目标是随着经济发展阶段的演替而发生变化的。在经济发展的初级阶段，经济目标占主导地位；随着经济的发展，社会目标将上升为主导地位；在经济发达

阶段，生态目标和政治目标占主导地位。

2. 价值量目标和实物量目标

价值量目标是指用货币指标描述的目标，如以人民币或美元计量的国民总收入、人均产值、人均收入等。实物量目标是诸如人均粮食拥有量、钢铁产量等。

3. 单项目标和多项目标

单项目标使用一个经济指标来反映城镇经济未来要达到的水平。

多项目标实质用多个经济指标来反映城镇经济未来要达到的水平。

4. 绝对目标和相对目标

绝对数量目标反映城镇经济总量水平的指标，如总人口、国民生产总值、水资源总量等。

相对数量目标是反映城镇经济的人均水平或单位国土面积上的经计量。如人均收入、人均国民生产总值、人均耕地面积、人均水资源量等。

此外，还有主要目标和从属目标、定性目标和定量目标等类型。其中，所谓主要目标旨在解决城镇区域在特定时期内的主要问题和发展重点；而从属目标是配合主要目标而设计的。

17.2.2 城镇政策目标战略选择

城镇发展的主导目标是经济增长，但同时也要受其他目标的制约，诸如社会目标、生态目标和政治目标等。泰波(M. Temple)在《区域经济学》(1994)一书中强调："区域政策的目的是实现经济活动更有效和(或)更公平的区际布局"。其中，连接词"和"表明两个目标可能同时实现，两者存在一致性的一面；连接词"或"则标识两个目标只可能取其一，二者存在相互冲突的一面。

由于目标本身的差异，有可能在实现经济增长目标的同时，与其他目标的实现发生冲突。在这种情况下，一方面不能简单地以所谓经济增长的积极作用来抵消对其他目标实现的消极作用，这种简单的低效在理论上缺乏依据，在实践上也是难以行得通的。但是，另一方面，如果发生目标间的冲突，必须更具国民经济发展的总体要求和不同发展阶段的具体情况，保证重点目标的实现。

原则上讲，在经济发展的初期，应以经济增长目标为主，引为促进经济增长而同时带来的对其他目标实现的消极作用可以暂时容忍，只要这种消极作用不至于严重威胁到国民经济的正常进行，便不必为此牺牲经济增长。在经济发展到一定阶段之后，再将重点逐步转移到全面实现社会目标、生态目标上来。当然，既是经济发展到一定水平之后，各种目标的实现最终也要依赖于经济发展，因而也不能把其他目标的实现建立在长期牺牲经济增长目标的基础之上。

城镇发展政策战略是实现城镇发展目标所必须选择或遵循的一些全局性、方向性的总目标、总方针或实现总目标的基本路径。不同区域城镇发展的内外部环境各异，决定了不同城镇需要根据不同的城镇发展战略，选择与之匹配的城镇发展政策手段。

区域政策战略又称区域政策界限，是指为解决区域问题而明确的区域经济政策目标的大致方向。区域政策战略的任务是决定区域发展政策具体目标与工具类型的战略性选择。

美国区域经济学家埃德加·M·胡佛(Edgar Malone Hoover)将20世纪50年代至70年代国家区域发展援助战略的争论焦点概括为：是繁荣地区还是繁荣人口；援助目标区域的选择是以不景气为标准还是以发展潜力为标准，或分配区域援助是作为施舍还是作为投资；是集中援助少数增长中心还是广泛分散援助；可用各种援助手段之间的选择。胡佛强调，这些有争议的问题均是紧密关联，无论哪一个像“versus”(与……相对)一词所示那样非此即彼。

陈栋生、陈耀等认为，区域政策战略体系内容涉及：是救济还是开发(是输血式援助还是造血式援助)；是根据贫困程度投资还是根据发展潜力投资；是“地区繁荣”还是“人的繁荣”(是援助地区还是援助人)；资金是集中使用还是分散使用；增长中心是少而大还是多而小；是迁移劳动力就业职业还是就劳动力兴办产业(是“移民就业”还是“移业救民”)；是充分就业还是结构优化；是优惠不发达地区还是优惠发达地区；是分散污染产业还是集中污染产业；是发展大城市还是发展中小城市；是竞争性增长还是共同性增长；诱导企业迁移的重点的小企业还是大企业。

张可云认为，区域政策战略选择涉及区域间选择、问题区域内选择两大方面。区域间选择主要有：是“移民就业”(people move to jobs)还是“移业救民”(jobs move to people)，是重“最困难区域”(regions of most stressed)还是重“潜力最大区域”(regions of greatest potential)；问题区域内部选择问题主要有：是“繁荣地方”还是“富裕人民”，是重“充分就业”还是重“结构优化”；是分散投资全面发展还是集中于少数增长中心。

总之，区域政策战略设计的内容是动态变化的，需要根据特定国家区域的具体问题以及经济发展阶段特点来确定各类选择问题，而且不一定是相互排斥的。

就城镇发展而言，城镇发展政策战略是实现城镇发展目标所必须选择或遵循的一些全局性、方向性的总目标、总方针或实现总目标的基本路径。城镇政策战略体系庞杂，但主要涉及如下几方面的内容：

1. 富地还是富民

在限制人口流动的国家里，“繁荣地方”还是“富裕人民”基本上是一致的，而在人口流动频繁的国家里，二者则是有很大差别。城镇就业和收入增加，固然可能帮助了那些最需要帮助的人，但这种增加带给当地的利益中，有很大一部分将属于那些并不需要帮助的人。由此可见，单靠“地区繁荣”并不能解决贫穷者的困境。因此，是援助地区还是援助人，构成了城镇政策战略的内容之一。

2. 规模式扩张还是内涵式发展

“规模扩张式”主要表现在城镇规划范围扩大、房屋道路建得更多，并以土地为重要抓手，靠的是投资和工业拉动。这种方式虽然迅速拉动了城镇建设和经济增长数据，但城镇化的质量并不高。城镇人口和消费当然在增加，但大量农民工进城却不能落户、建设城市却不能享受城市福利和城市文明。内涵式发展不单是城镇规模、城镇面积的扩大，也不是简单的人口进城，而是城镇规模效益、产业集聚效益、基础设施和公共服务利用效益的增加及其边际成本的降低。内涵式城镇化政策有利于农村人口向城镇的真正转移，能创造更多的就业岗位和更广泛的个人发展空间。良好的城镇发展战略应统筹以上两种发展方式的关系，走出一条科技含量高、经济效益好、资源消耗低、环境污染少、人力资源优势得到充分发挥的新型城镇化发展道路。

3. 优惠不发达地区还是优惠发达地区

发展中国家为了实现国民经济高速增长的目标，一般是对本国的发达地区实行更加优惠的政策，以此建立推动国民紧急发展所需的增长中心和带头产业，尽快实现经济起飞。而发达国家为了实现国民经济均衡增长的目标，一般是对本国内的不发达地区实行更加优惠的政策，通过加快不发达地区的发展，以此提高国民经济的整体发达程度。那么，某一国家或地区如何看待这两种思路，需要在城镇发展政策中全面权衡。

4. 竞争性发展还是共同性发展

一个地区的经济增长可能带动另一个地区的发展，因而促进整个国民经济发展，这是一种情形。但是，在现实中，还存在常常另一种情形，即一个地区的发展是建立在另一个地区经济下降的基础上，一个城镇所得等于另一个城镇所失，尤其是当区域经济政策发生“过度倾斜”时。根据帕累托最有法则，只要一个地区的紧急发展无损于其他地区，那就值得欢迎。因此，不论是在主观上还是客观效果上，一项城镇发展政策应当尽力避免竞争性发展的取向。

目前，主流的城镇发展的思想仍然是大、中、小城市和小城镇协调发展。这既符合城镇按规模大小具有一定的功能分工与合作的关系，共同构成一个结构合理的城镇群体系的一般城镇理论的原理，又是现阶段我国城镇化发展对各类城镇都有所需求的客观实际的要求。

总之，城镇政策战略设计的内容是动态变化的，需要根据特定区域的具体问题以及经济发展阶段特点来确定各类选择问题，而且不一定是相互排斥的。

17.2.3 城镇发展政策目标选择原则

由于国家与地方关于城镇发展的目标差异，以及城镇经济政策目标中效率和公平两个方面既矛盾又统一等方面的问题，在政策目标制定和实际执行过程中，经济效益和社会公平目标孰先孰后，两者如何结合、兼顾，是制定城镇发展政策要妥善处理的问题。

城镇发展目标的选择应当以以下 4 个方面为依据：①区域的自然和社会经济条件；②区域的地域分工格局；③区域的发展现状和未来趋势；④区域经济发展所处的阶段特征。

在确定城镇发展政策目标时，应当根据下列原则进行。

1. 根据具体的区域问题类型进行选择

在国民经济层面上，应根据最为典型的区域问题，选择主导的政策目标。如西方发达国家典型的区域问题是萧条区域的发展问题，其主导政策目标多为促进就业和分配的公平；发展中国家典型的区域问题是落后地区的发展问题，其主导政策目标多为促进经济的快速发展。在问题区域层面上，针对不同的问题区域，应选择不同的主导目标。如在落后地区，那里的产业结构主要是由第一产业所构成，城镇发展政策应以推进产业开发、促进经济起飞为主导目标；在萧条地区，那里的产业结构主要是有过时的衰退产业构成，城镇发展政策的目标应以调整优化产业结构、促进就业为主导目标；在拥挤或称膨胀区域，那里的主要问题是由产业密集所造成，发展政策的目标则应以促进产业向外扩散为主导目标。

2. 根据特定的经济发展结构进行选择

缩小区际差异是有一定客观规律可循的。从世界各国地区不平衡的实际趋势与人均国民收入增长之间的关系来看，存在一个倒“U”字形相关规律，即工业化初期通常会扩大地区不平衡，接着趋于稳定，最终则是趋于平衡化。著名区域经济学家威廉姆逊在 20 世纪 50 年代对 24 个国家实际资料的分析证实了这一点。因此，在经济不发达阶段，应该选择效率优先目标；在经济发达阶段，应该选择社会公平优先目标。这在不同发达程度国家之间也是如此。目前，发达国家高度重视社会公平目标，而发展中国家则强调经济效益目标。

3. 根据当前的区际差异程度进行选择

区际差距既引发经济问题，也会引发社会问题。当区际差距超过一个阈值，就会引发大规模的社会问题，并引发政治危机。因此，当区域经济差距过大时，区域

政策应优先选择均衡(公平)问题;反之,在区域差距远未接近社会可容忍的临界值时,可将经济高速增长目标放在更加重要的位置上。一个国家内部,如果地区间、城乡间经济发展的差距太大,已经成为经济进一步发展的障碍,甚至有触发经济社会政治危机的可能,则无论总的经济形势如何,在国家发展战略中都要把社会公平原则放在首位,并不惜为此而减缓发展速度。否则一旦问题爆发,后果难以收拾。反之,如果地区间的不平衡状况不显著,社会比较稳定,则有可能在区域发展中,把追求发展的高速度放在更加重要的位置上。

4. 根据未来的经济发展预测进行选择

区域政策的效果是由多种因素决定的,而根据未来的经济发展预测设定区域政策目标,可以提高目标实现的可能性和效益。如如果估计在计划期间,经济处于繁荣阶段,则应以经济效益为主导目标,抢抓机遇,加快发展,因为一旦错过这个时机,经济就会落后几年甚至几十年,再想追上去就非常困难;反之,根据预测,如果计划期间的经济将主要处于危机、萧条阶段,在这种局势下,单个地区无论怎样努力也不可能高速度地发展,而且这种时候,区域间、城乡间的矛盾容易激化,应以社会公平、区域均衡为主导目标,既可缓解社会矛盾,又可刺激需求的增长。

此外,地方政府的城镇发展政策目标选择还应遵循与中央政策协调、立足于资源禀赋、与发展阶段相协调、专业化与综合化结合的、谋求规模经济等原则。

17.3 城镇发展政策手段与实施

城镇发展政策在确立了政策目标和政策战略之后,需要针对各项发展政策目标,选择采用"一揽子"的政策手段,以保证该区域政策目标与战略的实现。由于发展政策目标众多,政策手段多种多样,从而对统一政策目标,也可以采取多种政策手段。政策手段的作用在于影响个人和企业的区位选择或者是为了改变特定区域的收入和支出水平。

由中央政府及其有关政府部门制定的城镇发展政策,都是有一系列具体的政策手段组成的。这些具体的发展政策分别具有不同的职能,并且需要有相应的政府机构负责实施。由于所具有的职能和依靠的实施手段有很大的差别,不同类型的城镇发展政策的适用性也是不一样的。制定城镇经济政策必须以区情为前提,以城镇经济发展战略、发展规划为依据。有效的区域政策要求仔细设计和实施各种协调政策手段。

17.3.1 城镇发展政策分类

城镇发展政策实际操作过程中要解决的一个关键问题是:应如何援助或控制特定区域发展?这问题的实质是选择何种经济发展政策的具体手段,实施城镇发展政策。城镇发展政策手段是指为实现城镇发展政策目标而运用的、针对城镇发展问题的具体方法与措施。或者说城镇发展政策是奖励与区域发展政策目标相符的经济行为而限制于区域发展政策目标相悖的经济行为的方法和措施的总和。

城镇政策目标一般不是单一的而是一个体系,根据丁伯根原则,要达成区域经济政策目标,必须组合多种区域经济政策工具。①

从层次上,有宏观和微观政策手段;从性质上,有支持性和限制性两种政策手段。在实践上,微观政策手段和宏观政策手段、支持性政策手段和限制性政策手段往往是交织在一起的。

17.3.1.1 宏观政策手段与微观政策手段

英国区域经济学家阿姆斯特朗和泰勒认为,区域经济政策手段主要是用以影响个人和企业区位选择或改变特定区域的收入和支出水平;区域政策手段可分为微观政策手段、宏观政策手段和协调政策工具。

1. 宏观政策手段

宏观政策手段旨在改变总收入和总支出的区域格局,其内容有:宏观政策(财政政策、货币政策、投资政策、税收政策、产业政策)权利的区域转移(或称政策控制权力下放)、宏观政策的中央控制等手段。

宏观政策的中央控制手段主要有区域差别的税收与支出政策、区域差别的货币政策、区域差别的关税与其他贸易控制政策。

此外,还有区域贸易政策手段。例如对欠发达、萧条地区实施家电下乡补贴,对欠发达、萧条地区生产之用的进口品规定比较低的流转税和比较宽松的配额限制。

2. 微观政策手段

微观政策手段旨在影响劳动力和资本的区域配置。其内容有:

①劳动力重新分配配置手段,包括劳动力原地重新分配政策(也称劳动力就地转移政策)和劳动力空间重新分配政策(也称劳动力流动政策)。例如,职业培训、在职教育、远途上班补贴等劳动力原地重新分配政策,放宽城市户籍入户限制,农

①丁伯根原则,即荷兰经济学家、1969 年诺贝尔奖获得者丁伯根在《经济政策:原理与设计》(1962)一书中提出的一种观点:"实现 N 个独立的政策目标,至少需要相互独立的 N 个有效地的政策工具。"

村居民进城务工的最低工资、福利保障和子女进城就学等劳动力空间重新分配政策。

其基本手段包括：采用地区性工资标准，加强就业信息传播工作，设立专业性的职业介绍所；政府设立职业培训机构；鼓励和支持私营企业培训和再培训员工；对劳动力流动提供金融服务；做好高校毕业生到城镇从政、创业、就业的鼓励政策；积极鼓励科技人才到城镇创业或安家立业。

②资本重新分配政策，主要包括税收与补贴、改进资本市场效率政策、行政控制和发展社会资本政策等。其中税收与补贴主要有对投入（如资本、土地与建筑物等）的补贴、对产出的补贴（如出口减税、退税与价格补贴）、对技术的补贴（R&D补贴、技术信息转移补贴）。

吴殿廷（2004）在《区域经济学》一书中，则将资本重新分配政策区分为财政手段（通过财政补贴、就业补贴、投资补贴等），金融手段（通过税收减免、贷款条件优惠、技术援助等来改善企业经营和融资环境），行政控制手段（通过诸如“工业开发证书”、“建设许可证书”、“城镇规划”、“投资许可证书”等形式限制资本投向，调整对有损生态环境、经济活动过度集中区域的投资）。

3. 协调政策工具

协调政策工具主要包括行政管辖区内的协调和行政管辖区间的协调政策。其中，行政管辖区内的协调政策分为不同微观政策工具间的协调、微观和宏观政策间的协调。行政管辖区间的协调政策分为中央政府、地方政府与区域开发机构间政策协调、区域开发机构同地方政府间的政策协调。

17.3.1.2 支持政策和限制政策

从性质上区域政策可分为城镇发展支持政策和城镇发展限制政策手段两类。张可云根据各种区域政策工具在解决区域问题中的具体功能，将区域政策工具分为奖励工具和限制（控制）工具两类。

1. 支持性政策

①资金援助，主要包括政府提供财政拨款、无息或低息贷款等。

②技术援助，主要包括基础设施建设、劳动力培训、技术信息提供和服务等。

③政策优惠，主要包括城镇户籍入户优惠、纳税优惠、产品销售优惠、经营优惠等。

2. 限制性政策

①对城镇资源开放利用制定疏导控制规划。

②对位于城镇的某些产业实行投资许可制度。

③对位于城镇的某些产业征收特殊税收。

一般而言，支持性政策主要用于经济稀疏区，而限制性政策主要用于经济重心区和经济密集区；支持性政策实行起来成本较高，是一种昂贵的政策，而限制性政策实行起来成本较低，是一种廉价的政策。城镇发展政策应该是支持性政策和限制性政策的结合。

17.3.2 城镇发展政策手段

鉴于城镇发展政策手段对地区发展的作用各有所长，而不同问题城镇的政策需求不同，因此，在确立了城镇发展政策目标和政策战略之后，需要在明确不同宏观政策手段功能差异的基础上，选择采用“一揽子”的政策，以保证该区域政策目标与战略的实现。这里就对各种区域性的宏观政策手段作以介绍。

1. 区域财政政策手段

区域财政政策是世界大多数国家的政府普遍实行的一种区域经济政策。区域财政政策主要是通过调整财政收入和支出的地区格局，促进区域经济发展，缩小地区差异。具体手段包括：

(1)实行累进税制政策　即对不同的收入水平按不同的税率增税，如我国个人工资、薪金所得税实行九级超额累进税率，这样能够对高收入与低收入地区的差距起到自动调节作用。

(2)财政补贴政策　在一些国家，只要地方财政收入低于某一水平的地区，就可以从中央政府得到相应数额的财政补贴。有些国家还对地处边远、经济特别落后的地区进行财政补贴。

(3)财政平衡政策　财政平衡政策是中央同各级地方政府间通过采取一些手段来平衡各地区的财政力量，从而达到保障各地区生活水平相对平衡的目标。

(4)政府采购政策　这一手段主要通过两条途径来实现区域政策目标：一是通过分配政府的商品和劳务采购合同，特别是军事订货合同来影响区域经济发展；二是通过分配研究与开发经费来影响地区经济发展。在发达国家，每年用于研究与开发的经费数量相当大，而且研究与开发经费的分配常常是同国家采购合同的分配联系在一起的。

区域财政政策的主要职能是补充欠发达地区的地方政府，使其能够正常行使其行政权力和承担公共管理义务，其核心是通过财政部门向某些特定地区的地方政府，主要是经济发展水平较低、存在发展障碍地区的地方政府提供一些额外的财政资金，从而实现对城镇经济发展的调控。

在一个现代化国家里，地方政府的权利和义务是由有关法律、规章明确规定的，即不能随意增加，也不能随意减少。而地方政府为行使相应的权利和承担相应的义务，必然需要一定数量的财政支出，尤其是行政管理费用、教育科学文化费用和公共基础设施建设维护费用，对于地方支付行使权利和承担义务是不可缺少的。至于地方财政的来源，通常由两部分组成，一部分是由地方政府在所管辖的地区内按有关法律、规章征收的，另一部分则是来自中央政府的拨款、转移支付。但大部分国家的地方财政来自中央拨款的不足 50%。当不同地区之间经济发展水平的差距较大时，欠发达地区地方政府正常的财政收入远不能满足其财政支出的需要，为不使这些地方政府所形式的权利遭到削弱，放弃他们本来应该承担的义务，中央或省级政府必须制定和实行相应的区域财政政策，即向这些地方政府提供额外的财政资金。

2. 区域金融政策手段

区域金融政策手段主要是通过对区域之间货币和资本的供给与流通状况进行调控，来影响区域经济发展的空间格局。一般情况下，流入问题区域的货币和资本往往很少，要想增加问题区域的货币供给量，必须给予一定的外力刺激。区域金融政策包括区域货币政策和区域资本政策。

区域货币政策主要是指通过对区域内货币的供应和流通状况进行调控，来影响区域经济活动水平的经济政策，是由对金融机构的资金运用具有控制权的中央政府，通过对已经开始按市场规则运行的金融机构贷款投向的调控而实施的一项区域经济政策。货币政策最终目标本身包含对区域经济发展的关注。例如对欠发达、萧条地区在地方信贷机构扶持、信贷使用上规定较大的宽限程度，再贷款的区域使用。据统计，1999—2002 年年末，我国央行共安排支农再贷款限额 1 238 亿元，2003 年进一步加大对地区间支农再贷款限额调剂的力度，重点支持中西部地区、东北等粮棉主产区及其他资金严重短缺地区的农村信用社。这是一项很有成效的货币政策区域差别化的实践。

区域资本政策主要是指通过对区域资本市场的培育和发展，进行内部积累、横向集中和社会化控制等资本经营，来实现企业制度创新、经营机制转换和资源优化配置的一系列政策。区域资本政策与区域货币政策共同构成了一个区域的金融政策手段。

具体措施包括以下几方面：

(1)投资补助　即政府对在特定地区投资的企业提供补助。按照英国 1966 年的"工业发展法"，在南威尔士、西南部等援助区的地区投资，可得到相当于工厂设备投资 40%的赠款。1968 年又重新规定，对资本设备投资的赠款比例，在特别发展区为 44%，在发展区为 40%，在中间区为 20%。

(2)就业补助　即政府对在特定地区就业的人员提供补助。1967 年英国政府规定，在划定的发展区内，对每一个就业人员提供1.5英镑的补助，这项开支通常占到政府区域经济发展支持开支的2/5。1977年，意大利政府在南方落后地区的社会保险补贴就达10亿美元。

(3)优惠贷款　资本价格在决定投资量方面起重要作用，优惠贷款就是要降低资本的价格。优惠贷款一般由商业银行提供，政府向银行补偿优惠利率与市场利率之间的差额，并为贷款担保，有时资金由政府机构直接提供。优惠贷款提供给受援地区，可以增加受援地区的投资。

(4)培育区域资本市场　在发展中国家，资本市场不发达，因此通过在一些地区培育资本市场，进行内部积累、横向集中和社会化控制等资本运营，促进区域经济的发展。

3. 区域税收政策

税收政策是指国家为了实现一定历史时期任务，选择确立的税收分配活动的指导思想和原则，它是经济政策的重要组成部分，是世界上大多数市场经济国家经常实施的一种国家区域经济政策。税收政策手段的核心内容是在政府希望能够经济需要更快发展的某些特定地区，通过政府税务部门对全部企业或部分企业实行一定范围的税收减免，进而实现对城镇经济发展的调控。

区域税收政策的主要职能是为特定区域的企业提供更多的发展机会，使他们能够尽快地担负起带动区域经济发展的作用。

区域税收政策除了可以针对某些地区的企业所得税进行减免之外，有时还扩大减免部分或全部的进出口关税，这就是被人们统称为出口加工区、自由贸易区或自由港的国家区域经济政策。由于净出口关税对外贸企业、以从事出口产品制造为主的企业和需要从国外进口设备、原材料的企业的影响更大些，因而涉及进出口关税减免的区域税收政策的力度要明显大于仅仅只涉及所得税减免的区域税收政策。尤其是在设法吸引国外企业前来需要加快发展的特定地区投资时，区域税收政策必然要扩大到进出口关税的减免。

由于区域税收政策并不会给指定有关政策的中央政府带来额外的财政负担，这种政策在经济发展水平不高、中央财政能力较弱的国家往往成为最重要的国家区域经济政策。例如，20世纪60年代初，爱尔兰在国内建立了世界上最早的出口加工区——香农出口加工区，而当时爱尔兰的经济发展水平要远远落后于英国及欧洲大陆的大多数国家。20世纪70年代至80年代期间，则是东南亚各国、各地区实行区域税收政策的重要时期。例如中国台湾的新竹工业园区、新加坡的裕廊工业区等一系列出口加工区和自由贸易区的建立，不仅是得以大批新型企业在有关地区迅速崛起，还带动了这些国家和地区的迅速发展。西方发达国家也有利用区域税收政策来调控地区经济发展的情况。但与爱尔兰和东南亚各国、各地区所不同的是，大多数西方发达国家的中央政府在行使其权利是要受到较多的限制，使得他们所实行的区域税收政策得力度往往比较小。

由于区域税收政策所支持的对象是企业，通过减免税收，可以大大增加企业的实力，并使得他们很快崛起并成熟。因此，一旦有关地区的企业在国家区域政策支持下发展起来之后，在继续实行区域税收政策就会带来许多副作用，诸如削弱中央政府的财政能力导致经济活动的过度集中，并会引起不同地区的企业之间的不平等竞争等。从这一点看，区域税收政策应是一种临时性的国家区域经济政策。

4. 区域投资政策

区域投资政策，是指中央政府或其授权的一级地方政府利用其在基础设施及生产性项目建设上的投资决策权，选择一部分地区作为基础设施及生产性项目建设的重点投资地区，通过其所属的投资机构注入建设资金来促进这些特定地区的经济发展的政策。它是具有基础设施及生产性项目建设投资决策权的中央政府习惯实施的一向区域经济政策。

就区域经济而言，投资来源主要有 4 类：区域内积累资金、国际投资资金、其他区域投资资金和国际资金。中央投资的调节原则：方向性调节，支持性调节，平衡性调节。例如，区域货币政策政策通常仅在计划经济与市场经济并行的转轨时期存在。

《关于西部大开发若干政策措施的实施意见》指出，要加大对西部地区基础设施建设的信贷投入。对投资大、建设期长的基础设施项目，根据项目建设周期和还贷能力，适当延长贷款期限。扩大以基础设施项目收益权或收费权为质押发放贷款的范围，增加农业、生态建设的信贷投入。支持电力、天然气、旅游和生物资源合理开发等西部优势产业发展，对贷款金额较大的重点项目，可以由商业银行总行直贷解决，贷款不纳入当地分行存贷比或限额考核范围。对西部地区企业技术改造、高新技术企业和中小企业发展也要给予信贷支持。

一般来讲，在发展中国家或计划经济国家，中央政府的投资决策权较强，因此常运用该政策来促进特定区域的发展。如中央政府拨出巨额资金加强受援地区的交通、通信、能源、供水和住房等基础设施建设，改善受援地区的投资环境，以此引导国内外投资。

在市场经济体制国家，生产型项目建设所需的资金一般都来自私人机构，基础设施建设所需资金来自财政支出的也占很少一部分。相对于计划经济体制而言，市场经济体制下的国家区域投资政策的力度要小很多，即使在这方面被纳入国家的中长期规划，也仅仅是其引导投资的作用。[①]

5. 区域产业政策

区域产业政策是指政府根据区域经济发展的要求制定的调节或控制区域产业结构和产业地域配置的一系列方式和手段的总和。

区域产业政策以区域各产业为对象，通过对各产业的保护、复制、调整和完善，直接或间接地影响产业或企业的生产经营活动，其目的是要形成符合中央政府愿望的地区产业分工格局。区域产业政策的意义不仅在于调整资源配置结构，更在于加快结构合理化和高级化的步伐。

由于执行区域产业政策时，要对企业的投资和经营活动进行直接干预，因此这种区域政策手段在市场经济国家中很难实现，只是在政府对经济生活干预较强的发展中国家和计划经济国家应用比较普遍。前苏联对区域产业政策手段运用最为纯熟。早在20世纪30年代就专门为此成立了生产力布局委员会，把全国划分为20多个地域生产综合体，并分别为它们规定了需要重点发展的产业，试图在全国范围内实现中央政府所要求的地区产业分工格局。

从功能上讲，区域产业政策大致分为三种类型：调整型产业政策、先导型产业政策和赶超型产业政策。但其基本目标都是在提高区域经济效益，进而在提高国民经济整体效益的基础上，促进区域产业结构的合理化。

从性质上讲，区域产业政策有几个方面：区域产业结构政策、区域产业组织政策、产业区域政策、区域产业技术政策。也有学者认为区域产业政策还包括区域组织政策。区域产业政策的基本点是立足资源禀赋，发挥区域资源优势，以市场为导航，优化区域产业结构，提升区域经济发展水平，实现资源的优化配置，提高资源的利用率，合理利用资源包括区内和区外、国内和国外两个资源。

(1)产业结构政策　区域产业结构政策是指政府调节资源在产业间配置的构成及其关联性的政策。区域产业结构政策涉及结构协调政策和结构进化两个问题，是政府依据本国在一定时期内产业结构的现状，遵循产业结构演进的一般规律，规划产业结构逐渐演进的目标，并分阶段地确定重点发展的战略产业，实现资源的重点配置，引导区域经济向新的广度和深度发展的政策。其目标是产业结构的合理化和高级化、产业结构政策设计的一个重要任务是选择区域经济发展中的支柱产业和主导产业。

对于经济发展较快的区域，必然形成发达地区与落后地区的产业发展上的差别，及发达地区生产高附加值的产品，落后地区生产初级产品和低附加值产品，而

①该部分参考了栾贵勤等著的《区域经济学》(北京：清华大学出版社，2008年版)的内容。

使落后地区在区域分工中处于不利地位。因此，必须实施强有力的产业政策，是落后地区的产业结构逐步趋近于发达地区的产业结构，并具有自己的特色和优势。促进区域产业结构优化的政策措施包括：提高技术水平和扩大市场份额；政府进行财政资金的支持，用于技术开发、技术引进和各种补贴、奖励；提供地下贷款；支持企业的合作、兼并行为等。

产业结构政策按照政策目标和措施的不同，可以划分为多种不同的类型，主要有以下几种：

①主导产业选择政策。主导产业选择政策是指政府为了引导、促进主导产业的合理发展，从整个经济发展的目标出发，运用经济政策、经济法规、经济杠杆以及必要的行政手段、法律手段来影响主导产业发展的所有政策的总和。

②战略产业扶植政策。战略产业，或称先导产业，是指能够在未来成为主导产业或支柱产业的新兴产业。战略产业的成长必须具有战略意义，即受国家政策保护和扶持的某些产业必须具有能够成为未来经济发展中主导产业和支柱产业的可能性，这种可能性的决定因素，首先是产业本身技术特点、市场前景、成长潜力，其次才是国家资源特定条件、现有产业结构状况、产业本身获取资源的能力等。

③衰退产业撤让政策。衰退产业是指在产业结构中陷入停滞甚至萎缩的产业。就具体产业而言，都存在由孕育期→成长期→成熟期→衰退期的生命周期。衰退产业正是处于衰退期的产业，其主要特征是产品的需求量和销售量大幅度减少，生产能力严重过剩，技术进步缓慢、创新乏力，从业人员流失和失业现象严重，在国民经济中的地位下降。

④幼小产业保护政策。日本学者筱原三代平的"动态比较费用论"为幼小产业扶植政策提供了理论依据。"比较费用论"是李嘉图提出的有关国际贸易形成的原因及维系国际贸易秩序的重要原理。筱原则提出，不能仅按这一原理建立国际分工秩序，这样势必使各国产业结构长期不变，后进国家只能永远居于生产初级产品的地位。他说扶植幼小产业不受现代经济学的欢迎，日本经济正是由于撇开了现代经济学的传统观念，才有今天的汽车、钢铁工业和经济大国的地位。从短期看，比较费用论有一定的合理性，但从长期看，应当以动态、发展的观点修正比较费用论。因此，他主张积极扶持目前暂时处于幼小地位，但需求增长快、生产率上升潜力大的产业。

⑤产业的可持续发展政策。人类社会经济发展的历史表明：产业结构在一个长时期内，既有其相对稳定的一面，也有不断变化的一面，产业结构事实上是处于一种不同程度的不断变动之中。在自由竞争的资本主义时期，产业结构以自然形成为主要特征；在现代经济生活中，科技革命对产业结构产生了重大影响，而产业

结构的变革，又对整个国民经济的发展有着重大的意义。

(2)产业组织政策　产业组织政策是指调控一个产业内的资源配置结构的政策，用于解决规模经济与竞争资产的矛盾。产业组政策主要是关于“产业内”的结构问题，及产业内的企业间如何分配生产要素。在市场积累的竞争下，企业必然会扩大规模、降低成本和采用先进技术的同时，劣势企业会被淘汰，生产要素会加速向优势企业集中。集中是竞争的结果，它有利于形成规模经济效益。但过度集中会形成垄断，过度垄断则是破坏公平竞争和竞争效益的两难选择。在制定产业组织政策时，应倾向与发展规模经济，及支持支柱产业的重点企业扩大合理的生产规模，以获得规模经济效益。但倾斜应当适宜，以不破坏企业竞争活力为下限。因此，产业组织政策的目标在于产业组织的合理化，其主要内容包括：反垄断，促进合理竞争的政策；推动按经济规模生产和专业化协作的政策；促进中小企业现代化的政策。

(3)产业布局政策　产业布局政策是指调节生产要素在地理空间上的配置的政策。其目标是推动产业地域结构的合理化，即在发挥各地区比较优势的前提下，实现区域经济总体资源的最优配置，以保证区域经济在产业发展和地区发展双重协调的条件下获得最大发展。

生产要素在空间上集聚会形成地方化经济，这在取得集聚经济效益的同时，也会引起区域差异的拉大。产业布局政策设计包括两个主要内容，一是寻求产业地域结构的最优模式；二是设计推动产业地域结构优化的政策手段。在空间布局上，应统筹规划，突出重点，促进地区比较优势与开拓国内外两个市场结合起来，逐步建立外向型经济及，带动资源开发、基础设施建设和产业发展。

(4)区域组织政策　区域组织政策是指区域内国民经济活动的地域组织政策，是区域协调发展的重要保证。其基本目标是建立和规范区域经济秩序、保证区域产业政策和技术政策的实施，促进区域经济有效、快速地增长。其主要包括区域市场的组织和地区间资源要素流动的组织和协调。打破条块分割，地方保护，建立利用经济杠杆和政策因素，建立协调高效的资源要素流动市场，促进国民经济的整体发展。

需要说明的是，许国国家宏观政策带有区域效应，可被用于实现城镇发展政策目标。例如，农业税减免，农业综合补贴，最低农产品收购价等农业支持政策，都有利于促进资源在城乡之间合理流动，推动城镇发展。

6. 协调发展政策

政府利用手中掌握的人力、磁力和无力，通过政策的运用，协调地区的发展，是城镇政策的一个重要作用。城镇协调发展政策可以分为 3 个方面：

(1)城镇体系经济协调发展政策 城镇体系是指在一个区域内经济社会联系密切的,具有不同职能、不同规模、不同等级的城镇群体。城镇体系内个城镇之间存在着合理分工的需求。城镇体系内各个城镇在空间上的分布、联系及其组合形态包括单中心体系类型和多中心城镇体系类型。其中,又可分为集中型(包括单心圈层式、紧凑集中封闭式)、集中一分散型(包括均衡分散封闭式、多中心组团式);分散也可分为分散型(包括带形开敞式、定向带形开敞式、分散放射开敞式)和分散一集中型(星座组成群式、双磁极式)。

城镇体系协调发展,是指在区域开放的前提下,各城镇间实现相互促进、相互适应、相互依存的状态和过程。其表现为城镇体系各单元经济发展水平、速度的总量协调,体系内外的产业发展合理化与协调化。城镇体系协调发展既有助于小城镇的成长,又能够促进中小城市、大城市的健康发展,以及协调城乡之间的利益关系、交换关系、地位关系等。

要实现城镇体系协调发展,不可能完全靠协商,而必须靠中央政府的权威和财力的影响。制定城镇体系协调发展政策,有以下目的:确定体系内的经济布局、要素流动、信息传输、资源开发、产业配置和保护生态环境、历史文化遗产的综合目标;明确区域城镇化水平,调整现有城镇体系的规模结构、职能分工和空间布局,确定重点发展的城镇;确定区域交通、通信、能源、供水、排水、防洪等设施的一体化布局通过合理组织体系内各城镇之间、城镇与体系之间以及体系与其外部环境之间的各种经济、社会等方面的相互联系,提出实施措施和有关技术经济政策,提高整个体系的整体效益。

总之,城镇体系协调政策是通过政策手段的运用,有效地解决城镇体系中的城镇之间、城乡之间关系的重要措施,城镇体系协调政策的制定和实施,使得城镇之间、城乡之间关系的解决有了依据和准则。

(2)城镇合作政策 城镇合作政策是城镇体系协调的延伸和拓展,区域城镇合作政策作用的重点是克服由于地方利益矛盾引起的区域经济冲突达到一种和谐与合作分工的状态。

一是各城镇通过专业化分工,经济优势都能够得到充分发挥。

二是通过发挥各自优势,都能够形成较强的竞争优势和自我发展能力。

三是在自我发展的过程中,生产要素能够在区域内自由流动。

四是通过各类生产要素的流动和产品的自由销售,形成全国的统一大市场,并促使区域间相互开放市场。

五是经过长期合作、发展,使各城镇的经济效益和经济利益都得到提高,各城镇的经济发展水平和人民收入水平也都得到提高。

(3)生态补偿政策　国际上没有“环境补偿”这一说法,比较通用的概念是“生态或环境服务付费”(PES,payment for ecological/environmental services)。其内涵与中国的生态补偿机制概念没有本质区别,生态服务功能是其核心和目标,环境服务付费对于生态环境保护管制手段而言,是一种替代管制、基于市场的经济手段,具有自愿的交易、明确界定的生态系统服务、对应的买卖者、付费是有条件的等特点①。

由于生态环境恶化已经限制了经济和社会发展的区域,需要制定生态环境补偿机制。对于受自然条件影响较大的区域,可以按照实际功能定位,划分功能区,制定分区发展规划。一些特殊自然条件限制区域,如水源保护区、森林涵养区等,会在进行自然环境保护的同时形成正的效应,是其他区域享受良好环境带来的发展优势,因此需要享受正外部性效应的区域提供补偿。

各国实施的生态补偿政策形式和内容各异,涉及森林、水资源、土壤等与环境相关的领域,补偿的主要手段有:直接补偿、征税、转移支付等。

①欧盟在生态补偿机制中广泛采用“机会成本法”,即根据各种环境保护措施所导致的收益损失来确定补偿标准,然后再根据不同地区的环境条件等因素制定出有差别的区域补偿标准。资金支出主要是横向转移支付,包括由富裕地区直接向贫困地区转移支付、州际间横向转移支付。州际间转移支付是以州际财政平衡基金为主要内容。横向转移支付基金由两种资金组成:一是扣除了划归各州的销售税的25%后,余下的75%按各州居民人数直接分配;二是财政较富裕的州按照统一标准计算拨给穷州的补助金。

②建立环境税收制度。环境税收是指为了保护环境、合理开发利用资源、推进清洁生产、实现绿色消费而征收的税。自1970年以来,在西方发达国家中掀起了绿色税制改革的热潮。国外环境税收种类呈多样化趋势。以荷兰为例,政府设置的环境税有燃料税、水污染税、土壤保护税、石油产品税等十几种之多。总的来说,发达国家的绿色税种根据污染物的不同大体可以分为5大类:废气税、水污染税、噪声税、固体废物税、垃圾税。目前,生态环境税在经济合作发展组织内的国家已经比较成熟,很多国家都开征了空气污染税、水污染税、固体废弃物税、噪声税、注册税等,并把这些收入专项用于生态环境保护,使税收在生态环境保护中发挥巨大的作用。

③政府购买。在生态补偿的模式上,政府购买模式仍是世界各国支付生态补偿的主要方式。例如,法国、马来西亚的林业基金中,国家财政拨付占有很大的比

①卢艳丽、丁四保:《国外生态补偿的实践及对我国的借鉴与启示》,《世界地理研究》,2009年第03期。

重。德国政府仍是生态效益的最大“购买者”；美国政府一直采取保护性退耕政策手段来加强生态环境保护建设，由政府购买生态效益，提供补偿资金，对原先种地的农民为开展生态保护放弃耕作而由此所承担的机会成本予以补偿，以提高农民退耕还林的积极性，进而提高全国森林覆盖率和生态质量。但美国、巴西、哥斯达黎加等国的经验也表明，尽管政府是生态效益的主要购买者，市场竞争机制仍然可以在生态补偿中发挥重要作用，政府完全可以利用市场手段和经济激励政策来提高生态效益①。

从 2008 年开始，国务院对南水北调中线水源区实施了生态环境补偿政策，取得了一定的效果，但依然需要完善。2011 年 3 月全国“两会”上，委员们建议，在南水北调中线水源区建立“生态试验区”，建立水源区生态环境补偿机制。生态环境补偿依据应该考虑 3 种成本。一是中线水源区带来的经济损失（如企业关停、移民、淹没和资源的损失）成本；二是水源区为达到（饮用水源）环境的高标准，增加的环境治理和生态保护投资及其运行费用成本；三是作为核心水源区，因环境标准的提高致使某些产业发展受限、投资减少等导致发展机会的减少、丧失所损失的成本。

并且，在制定建设期和运行期实施差别化的生态环境补偿政策。第一阶段建设期主要实施政府主导型政策。目前，应该抓紧制定生态环境补偿资金的使用分配规定，如生态建设（包括水土保持）、环保投入（工业、生活、面源等）、关停企业损失、人均财力等；结合《规划》的实施，采用一般性转移支付加上规划专项资金的转移，逐步提高补偿标准。资金来源主要依靠中央政府财政。第二阶段运行期主要实施市场主导型政策。主要考虑生态建设及环保工程的运行维护费用，考虑水源区绿色产业的扶持力度，弥补地方发展机会损失。在继续运用一般性财政转移支付手段同时，生态环境补偿成本要更多地体现在用户的水价上，可以考虑对调水工程使用者征收生态环境补偿（税）费。与此同时，要体现不同分区之间的差别化补偿和区别化管理机制②。

17.3.3 城镇发展政策手段的运用

一个国家或地区常常可以利用多种政策方法和措施，即使是对同一类地区的发展也是如此。从理论上讲，特定区域经济政策手段都有其优点和缺点，而且对区

---

①以上内容参考了柳长顺、刘卓：国外生态补偿政策的借鉴与启示. 水利发展研究，2009 年 06 期。

②刘晓星：生态补偿该怎么补?. 中国环境报，2011-03-15。http://www.eedu.org.cn/news/envir/homenews/201103/57530.html

域经济政策手段分类存在多种不同意见。从实践角度而言，绝对好或坏的政策工具实际上也是不存在的。在实践中，微观政策手段和宏观政策手段、支持性政策手段和限制性政策手段往往是交织在一起应用的。值得注意的是，在现实中，政府在从众多政策工具中选择时，有时会依据政治等其他非经济方面的考虑而不一定是以最佳的解决特定区域社会经济问题为唯一动机。而且，不同区域的城镇发展政策手段会根据区域问题的变化而做相应调整。以下仅就支持性政策手段和限制性政策手段予以简单介绍。

17.3.3.1 公共投资

公共投资是与私人投资相对应的一种政府行为，与私人投资主要按投资回报率选择投资区域不同，公共投资是按政府的政策目标进行投资区位选择，是区域经济政策的主要工具之一。公共投资主要有 3 种投资方向：社会性基础设施、经济性基础设施和产业项目。

1. 基础设施建设

城镇基础设施包括社会性基础设施和经济性基础设施，不仅涉及道路交通、通信、电力、供水等市政公共基础设施，还包括文化、教育、工业园区污染物集中处理、环境改善等方面的基础设施。基础设施建设是吸引资金来源的重要条件也是保证投资发挥效益的可靠保证。公共基础设施投资既是一种反经济周期，促使经济尽快走出萧条的宏观经济政策工具，又是政府开发落后地区，增强落后地区竞争力的一种区域政策工具。社会性基础设施投资是指对教育、文化、卫生、广播、电视等领域的基础设施的投资，它一方面直接改善区域居民的社会福利，另一方面还通过投资在本地引发的乘数效应促进区域经济发展。经济性基础设施投资主要是指对能源、交通、电信等领域的基础设施的投资。

经济性基础设施的改善不仅能降低企业在能源、运输、通信方面的成本，还能提高企业的生产效率，从而激励企业进行投资活动，并促进区域经济的发展。与社会性基础设施投资与经济性基础设施投资不同，产业项目投资是以赢利为目的的投资活动，不属于公共物品投资的范围。

2. 产业项目投资

作为区域经济政策工具的产业项目投资一般集中在资源开采、研发中心、集成装配厂等投资规模较大、技术较复杂、产业集成度较高的产业链环节上，这些产业项目投资不仅构成区域投资的一部分，还能通过其所提供的廉价中间产品供给或大规模中间产品需求吸引众多企业在其周边投资设厂，形成产业集群，促进区域经济的发展。在市场经济体制 较完善的发达国家，作为区域经济政策工具的公共投资一般以社会性基础设施投资为主，而在我国，经济性基础设施投资则比重较大，用于产业项目的公共投资的比重也还相当高。

对于城镇而言，任何一个工厂建设本身投资只是其建设总投资的一部分，厂外基础设施建设费用有时甚至超过工厂本身的建设费用，有时对地方那个经济发展非常有利的项目，之所以没有人愿意投资，就是因为兴建外部基础设施费用太高。这是，政府出资修建一批基础设施，解决诸如交通、通信、能源供给、供水、住房等问题，就可以大大改善地区投资环境，以此引导区内外投资。由于基础设施是整个区域经济活动的基础，所以城镇发展政策手段中要十分重视基础设施建设政策的支持。

17.3.3.2 财税支持

1. 转移支付

转移支付是财政资金在政府间的再分配，是大多数市场经济国家处理各级政府间财政关系的有效手段，主要包括中央政府通过国民收入的分配和再分配，将其一部分财政收入单方面无偿地让渡给某些地方而发生的支出，以及地方财政资金（通过中央政府）向其他地方的横向转移支付。区域的财政收入规模是与其经济发展水平密切相关的，但按现代政府的施政理念，各区域（居民）应平等地享有基本的教育、医疗、文化娱乐、市政设施等，其财政支出规模与其经济发展水平的相关性则较低，因此，不发达区域财政往往入不敷出。

为实现各级政府财政的基本平衡，中央政府需要通过转移支付，调整中央政府与各级地方政府之间的财政纵向不平衡和地区之间的财政横向不平衡。在发达的市场经济国家，财政转移支付以实现各地政府的公共服务均等化为目标，而在发展中国家，财政转移支付则以支持不发达区域经济发展为直接目标。

2. 优惠与补贴

优惠主要指税收优惠，是指对特定区域内的企业（包括个体业主）或居民进行经济活动的应纳税收的减免、退返等。补贴是对特定区域内企业或居民的特定经济活动给予的资金补助。优惠与补贴是区域经济政策中最普遍采用的通过吸引资本与劳动力流入从而支持区域发展的政策工具，其作用机制一是通过优惠与补贴提高区域企业的平均利润率水平，从而吸引外地企业的投资；二是通过提高企业的利润水平从而提高其积累能力，并激励其将所得利润进行再投资。

3. 课税与收费

课税与收费是同优惠与补贴相对应的一种主要用于对膨胀区域的发展进行抑制的政策工具，是对特定区域企业的经济活动征收额外的税款或费用的行为。与区域经济政策工具相关的课税与收费项目主要有拥挤税、能源税、增容费等。额外的课税与收费能给企业形成成本压力，降低企业的利润率水平，从而对成本较敏感的企业形成向非拥挤的落后区域迁移的推力。

17.3.3.3　**金融支持**

金融支持是指对受援助区域的企业或居民有选择地提供与项目相联系的软贷款，这些贷款一般具有利息低、期限长、额度可达到项目开支较大比例的特征，能有效降低受援助区域企业的融资门槛和融资成本，从而刺激企业在这些区域进行投资。

通常在欠发达区的城镇建设中，由于没有或者缺少足够的熟练劳动力和投资环境，导致该类地区缺少经济开发的吸引力。金融刺激手段就是为了弥补不发达地区的缺陷，为不发达地区的开发人为地创造"吸引力"。其中包括：对加快开发城镇地区实行工业投资补贴、就业或工资补贴、租金补贴、居住区调整补贴、所得税、进出口税(进口设备关税、出口利润税收减免)、区位调整的税收返还和特许权、运费调整和补贴、特别折旧率、优惠贷款、信贷担保、社会保险支付特许权、土地征收和抵偿、低价出租或出售厂房、融资服务等措施。大致可分为3类：

1. 对待开发地区的投资提供投资补助

政府投资补助是政府性资金扶持待开发地区加快发展的重要方式之一。对于现金流量不足或没有现金流量的具有公益性特征的公共基础设施项目，由于不具备完全的财务生存能力，为了保证这类项目能够采取市场化的方式进行运作，采取"用者付费加投资补助"的方式，政府通过投资补助，提高其财务生存能力，以吸引企业参与这类项目的投资建设，拓展资金来源渠道，提升为社会提供公共产品的规模、质量和效率。

适宜于政府投资补助的项目主要包括那些能够推进科技进步和高新技术产业化，及对经济结构调整有重要带动和引导作用的产业化项目；农业综合开发资助农业发展的项目；科技型创业投资项目；政府支持的中小企业创业投资项目；政府鼓励的风险投资项目；具有经营性质的科研开发项目；国家鼓励发展的能源交通、农林水利、市政工程等公益性和公共基础设施投资项目；保护和改善生态环境的投资项目；促进欠发达地区的经济和社会发展的投资项目；符合国家有关规定的其他项目。贴息投资补助资金重点用于市场不能有效配置资源、需要政府支持的经济和社会领域。

2. 对需加快开发地区的人员提供就业补助

就业补贴就是政府对划定的发展区内促进就业的行为和就业人员提供一定额度的补助或工资补贴。促进就业是各级人民政府的重要职责，各级人民政府按照劳动者自主择业、市场调节就业和政府促进就业相结合的方针，对城镇新增就业、控制失业率、失业人员就业、就业困难人员就业、高校毕业生就业、农业富余劳动力转移就业和减少有劳动能力长期失业人员实行补贴或最低保障工资的就业政策，鼓励劳动者在开发区域内自主创业，以创业带动就业。

在西方，英国于 1964 年就规定在划定的发展区内，对每一个就业人员提供 1.5 英镑的补助，这项支出通常占到政府区域经济发展支持开支的 2/5。

中国近年来也开始了类似的实践。例如，2009 年 5 月实行的《河南省就业促进条例》对企业增加用工提供就业补贴。鼓励企业及其他用人单位在法律、法规规定的范围内，通过兴办产业或者拓展经营增加就业岗位。企业在新增加的就业岗位中，当年新招用失业人员并与其签订一年以上期限劳动合同且缴纳社会保险费的，根据实际招用人数，按照有关规定享受税收减免优惠和社会保险补贴。

企业增加就业岗位吸纳残疾人达到规定比例或者集中使用残疾人的，按照有关规定享受税收优惠政策和社会保险补贴。并明确规定就业专项资金用于职业介绍、职业培训、公益性岗位、职业技能鉴定、创业扶持、特定就业政策和社会保险等的补贴，以及小额贷款担保基金和微利项目的小额担保贷款贴息、扶持公共就业服务等。①

3. 对在不发达地区的企业实行税收优惠

几乎所有国家都把这方面的政策作为刺激企业向发展区投资的措施，主要办法是对投资实行免税，在一定时期内对投资收入免税或减税，实行加速自由折旧等。为了不至于增加国家财政的负担，可以把对高度发达地区的投资纳税和工资税与对不发达地区的投资补助和就业补助的总额规定的大体相等。

17.3.3.4 直接控制

直接控制手段目的在与限制向那些经济活动已经过度集中的地区进行投资。在西方，英国于 1948 年开始采用“工业开发证书”的直接控制手段，该项制度是许多企业在经济中心地区投资大受限制。20 世纪 70 年代，英国曾规定，不论新建还是扩建，任何企业如果要在东南经济规划区范围内占用超过 1 100 米^2 的工业用地，或在开发区和特别开发区以外占用超过 1 400 米^2 的工业用地，都要从工业部取得工业开发证书。法国政府于 1955 年启用“建筑许可证”，对巴黎周围地区的建设用地严加控制，目的在于缓解拥挤，把投资由发达地区引向不发达地区。

直接控制手段具有诸多优点：首先，无需政府投资；其次，引导企业家在待开发区域寻找区位；再次，有较大的可选择性，针对哪些企业和行政机构发放许可证书，

---

①河南省就业促进条例(草案)(审议修改稿)(2009 年 3 月 26 日河南省第十一届人民代表大会常务委员会第八次会议审议通过 2009 年 3 月 26 日河南省人民代表大会常务委员会公告第 16 号公布自 2009 年 5 月 1 日起施行)http://www.dahe.cn/xwzx/dysj/dybd/t20090318_1509771.htm

有很大的弹性，而且可根据经济形势的变化及时作出调整。需要注意的是，该手段也可能促使企业把投资由国内转型国外。

17.3.3.5 国家投资的区域分配

在实施城镇发展战略中，投资布局是促进城乡社会经济发展的一种重要手段和主要措施。为了使有限的资金产出最大效益，必须确保投资区域、投资方向的正确，选择顺应协调国名经济经济发展需求并具备发展条件的部分城镇和产业，择优突出重点，重点实施突破，把力用在刀刃上，迅速获得最大的投资效益，再滚动开发相关的城镇产业和城镇关联地区，继而辐射整个区域。

没有投资的实现，就没有城镇生产力的发展，其他变量的增加和改善也就难以实现。不仅如此，区域投资还具有协调区域经济发展目标的作用。投资既然是生产能力的生成活动，就必然包含着各种生产要素的组合。因此，国家投资的区域分配手段的作用对象是多重的，它同时对人、财、物等诸要素及社会各方面产生影响，主要从两方面来改变城乡经济发展格局：一方面对它们提出量的要求，另一方面还对它们提出质的配合。政府通过对落后区域投资，兴建一些重大的投资项目，对落后区域经济发展起到刺激作用来增加一些区域的经济实力和这一区域的社会总产出，提高落后区域固定要素集中程度，增加流动性要素的潜在边际生产力，吸引流动性要素的进入，而且能够改善城镇的产业结构和城乡产业布局。

进入 21 世纪以来，中国无论是开展新农村建设，还是实施城乡一体化发展战略，除土地、税收、人才等措施外，国家均使用了国家投资、项目安排、财政转移支付等投资方式在其中起着重要作用，也有力地促进了这些重点区域的城镇快速发展。

17.3.3.6 技术支持

技术支持是指对受援助区域提供免费或低价的技术信息、技术培训、技术使用授权和技术转让以及政府研究开发基金享受援助区域的倾斜性分配等，他们能有效改善受援助区域企业和居民的技术水平，增强其实施技术创新的动力和能力，增强区域自主发展的基础。

17.3.3.7 价格干预

价格干预是转型国家的重要政策工具之一。在这些国家，政府掌控着土地、矿产等大量的基础性资源，并具有极强的定价能力，而这些资源的价格对企业生产与居民生活的成本具有重大的影响，因此，政府能通过对这些资源价格的干预影响企业的生产成本与居民的生活成本，从而引导资金与劳动力资源在区域间的配置。如我国《关于西部大开发若干政策措施的实施意见》中就涉及了铁路运价、航空支线票价、水价、电价、采(探)矿权使用费、土地出让金等多项价格干预。

17.4 城镇政策评价

城镇政策评价是一个连续的、相互作用的过程，一方面，它是科学地制定城镇发展政策的重要保障之一；另一方面，评价工作本身需要根据新出现的情况进行调整。城镇政策评价是城镇发展政策效率提高的保证，它能对城镇发展政策的制定者、实施者和援助接受者起到监督作用，同时也是改善城镇政策的主要依据。

由于城镇政策是影响城镇经济社会空间格局变化的一个重要因素，无论政策的支持者或反对者都需要用城镇政策评价的结论来支持自己的观点。城镇政策评价是合理、有效地管理城镇经济的必然要求。因此，评价城镇政策与制定城镇政策一样重要，是保证实现政策预期的一个重要环节。

17.4.1 城镇政策评价的特点与作用

城镇政策评价是根据既定程序与方法，在城镇政策制定与实施过程中或政策项目完成后对城镇政策方案、工具或项目的预期或实际效应和效益进行分析研究，以提高城镇政策的合理性与作用。

1. 城镇政策评价的特点

在城镇政策研究中，城镇政策评价具有以下几方面的特点：

(1)分析性　评价必须是分析性的，应该采用公认的研究方法。

(2)系统性　评价应该是系统的，需要认真选择并统一运用评价方法。

(3)可靠性　评价的结果应该是可靠的，即不同的评价者运用同样的数据与分析方法应能得到基本一致的评价结论。

(4)问题指向性　评价应该突出与城镇政策有关的重要问题，包括适用性、效率与效果等。

(5)用户推动性　成功的评价应该是在可获得资料的基础上，向决策者提供有价值的信息。

(6)效益导向　以最小的社会成本实现一定量的或更大的区域产出和区域就业等政策目标，即通过成本和效益比较，考察既定的政策目标是否实现及其实现程度。

城镇政策评价与监督既有联系，也存在一定的区别。城镇政策监督是一个连续的过程，是在城镇政策项目执行过程中进行的监控，目的是一旦项目偏离目标就马上纠正，而评价主要是在城镇政策项目周期的一定时点上进行的全面、深入的研究。评价对改善项目业绩极其重要,而且成功的评价通常取决于监督是否成功,因为监督要提供评价所需要的数据。

2. 城镇政策评价的作用

进行城镇政策评价的总体目标是为了改善城镇政策手段或项目,确认政策手段对社会产生的效应,是决策者对项目的价值进行判断。此外,进行城镇政策评价还具有三个具体作用:

(1)改善管理　进行事后与中期评价通常是出于管理方面的原因,也就是说,主要关心的是评价与改善一个城镇政策项目的管理。特别是,项目管理人员需要了解管理的优点与缺点,如何改善管理,项目的哪些方面进行正常,哪些方面存在不足,项目的委托人、实施人员和其他人员应该采取哪些措施。这些方面的分析结论可能是项目管理人员与决策者调整项目所要解决的主要问题。

(2)提高可说明性　可说明性是指城镇政策的理由在多大程度上成立。任何城镇政策项目必须有充分的理由,特别是在对评价有具体立法要求的国家,城镇政策项目必须具有充足的理由。无论是对项目的支持者还是反对者,都必须以对城镇政策的可说明性分析为依据,因而评价对他们来说都是有价值的,对公众也是如此。

以可说明性为出发点的评价主要着眼于项目的影响(在多大程度上产生了期望的结果)和其成本效益,同时还包括其透明度。

(3)改善资源在各种组织间的分配　任何项目总是有一定限度的,必须将资源从无效或不重要的项目转移到更有效且符合目标的项目上。要实现这种转移,评价必不可少。

3. 政策评价的必要性

城镇政策的制定和实施不可避免地会存在失误,因此,在充分掌握信息的前提下,依据特定的标准,对某项城镇政策实施的影响、效果进行度量、分析和评价相当必要。

开展城镇政策评价,有利于使政策目标的确定更符合实际要求,使政策工具的运用更具可操作性,使政策效果在更大程度上接近确定的目标,从而促进城镇政策不断完善和科学化。城镇政策评价的重要意义具体体现在:

①城镇政策评价是城镇政策走向决策民主化、科学化的必由之路。

②城镇政策评价是及时纠正区域经济政策偏差、合理调整城镇政策目标和工具的前提条件。

③降低城镇政策的成本,提高城镇政策的效益。

4. 城镇政策评价面临的困难

城镇政策评价所面临的诸多困难主要表现在：①城镇政策目标的复杂性；②区域经济效应的多源性；③城镇政策的成本界定问题；④城镇政策的时间效应；⑤城镇政策评价中的信息缺失与失真。

此外，在城镇政策评价中所采用的方法也存在诸多技术缺陷，对城镇政策的评价最终还需要评价者给出主观判断。

因此，不同的评价者，特别是城镇政策的不同利益相关者，运用不同的评价技术，可能对同一政策给出不同的评价结论。在城镇政策评价中存在的广泛争论，也给城镇政策评价带来了一定的困难。

17.4.2 城镇政策评价的内容和程序

城镇政策作为一种具有重大影响的政策行为，只有严格按照一定的程序，才能确保城镇政策的科学化、民主化。城镇政策的制定、实施和评价过程如图 7-1 所示[①]。城镇政策的制定与实施还是一个循环往复的过程，包括多条反馈路径，主要是通过城镇政策事前评价和事后评价实现。

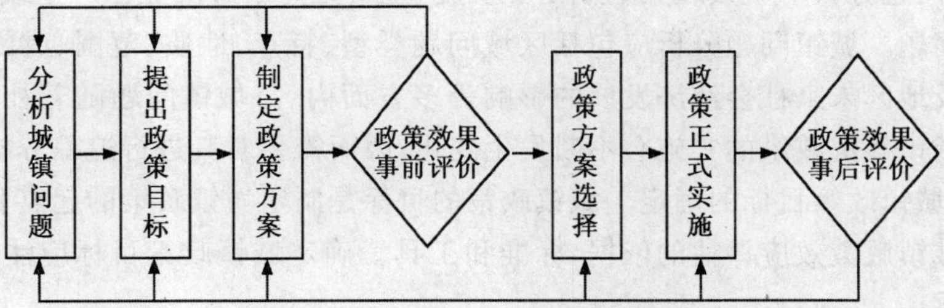

图 17-1 城镇政策制定、实施与评价

城镇政策评价是一项经常性的工作，是连续的、动态的系统反馈，其程序包括提出需要解决的城镇问题（城镇问题分析）、确定一定时期要达到的政策目标、设计政策方案（包括目标、工具、实施细则）、对政策方案进行事前评价、选择政策方案、政策正式实施、政策实施效果事后评价。

1. 城镇政策评价的内容

城镇政策评价涉及的内容广泛，既有综合评价，也有专项评价；既有效应评价，

①本部分内容参考了：百度文库＞高等教育＞经济学第七章《区域经济政策理论》，http：// wenku. baidu. com/view/c84e2b1bff00bed5b9f31d93. html

也有效益评价;既有事前评价,也有事后评价。

城镇政策综合评价是以城镇政策体系目标为标准对政策总体所进行的评价,如城镇政策效应评价、城镇政策成本收益评价。

城镇政策专项评价是对城镇政策中的分项目标或城镇政策中的专项政策所作的分析,如对城镇政策就业目标的评价等。

城镇政策效应评价是通过将城镇政策目标与效应进行求差式对照来检验区域经济政策干预逻辑的合理性。

城镇政策效益评价是将城镇政策效应同投入、目标与需要进行求商式对比,或将需要同目标进行求商式对比,来检验城镇政策干预逻辑的合理性(张可云,2005)。

城镇政策事前评价主要是对政策备选方案进行的评价,为决策者提供城镇政策的辅助决策资料。

城镇政策事后评价则是对政策实施效果、效益的分析,给城镇政策实施中的控制与城镇政策修订提供反馈信息。

2.城镇政策评价程序

(1)问题分析　城镇政策的制定和实施,主要是为了解决业已产生或将要产生的城镇问题。城镇问题分析应包括区域问题类型、特点、性质、范围、成因、程度和对国家及地区未来社会经济发展的影响等多方面内容;城镇问题随着社会经济的发展和城镇经济政策的实施会不断发生变化,因而需要对其进行追踪分析。

(2)城镇政策目标的确定　城镇政策的目标是制定城镇政策的起点和终点,同时也是城镇政策效应评估的依据,标准和工具。确定城镇政策目标应注意以下几个方面:

①针对性。即针对要解决的城镇问题类型,性质和特点;

②可行性。即要考虑解决区域问题的各种客观条件和能力;

③多样性。即要从解决区域问题,促进地区间协调,国家及地区社会经济持续发展等多方面来考虑其目标的设计,建立包括社会,经济,政治,环境,资源等在内的目标体系;

④直观性。即将区域政策目标尽可能地细化和量化,使其直观明了;

⑤阶段性。即要考虑实现区域政策目标的前提条件和所需要的时间,明确短期,中期和长期目标。

(3)城镇政策手段设计　城镇政策手段设计主要是设计实现区域政策目标的具体政策措施,在城镇政策手段设计过程中,应注意以下几个方面:

①要有很强的针对性,即必须根据要解决的城镇问题和所确定的目标提出城

镇政策手段；

②应尽可能多设计几套方案，供评价和择优；

③应注意多种区域政策手段之间的关系；

④要与国家宏观经济政策相衔接，不能成为“政策孤岛”；

⑤应尽可能细化和有数量说明，如财政转移支付，除应对转移支付方向和途径进行设计外，还应包括对转移支付的力度和水平等方面进行“数量方案”设计。

(4)事前评价　事前评价是对已设计的若干区域政策手段在未来实施过程中的可能结果和效益进行系统评价和综合分析，主要内容包括：

①对影响城镇政策手段实施的各种条件和因素进行分析和预测；

②根据城镇政策目标，确定出评价指标(或指标体系)和评价标准；

③对影响城镇政策投入产出的有关信息，资料进行收集和处理，选择和确定有关评价参数值；

④根据评价的对象，条件和要求，选择并确定评价方法；

⑤对城镇政策手段的投入产出的项目构成进行分解和估算，用一定的评价方法对区域政策未来实施过程中的可能结果和效益进行评估和分析；

⑥根据评价分析结果的具体情况，或提出较好的方案供有关部门抉择，或重复上述各项工作，如对问题，目标，手段等再分析，确定和设计，并进行重新评价。

(5)城镇政策方案的选择与实施　政策选择，是政策制定部门与决策者根据存在的区域问题，城镇政策目标，城镇政策方案及其评估报告，综合考虑和全面衡量各方面的情况及条件，如征求各地区和各部门对区域政策方案的意见并将其综合等，对未来推出的区域政策方案作出选择。

城镇政策方案被确定后，应适时地推出，进入实施阶段。在实施过程中，应注意政策手段的稳定性和灵活性相结合。一方面，要认真执行已选择的城镇发展政策方案；另一方面，又要根据实施过程中所遇到的新问题，适当调整城镇政策方案。

(6)事后评价　每一项城镇政策都有一个有效期，当有效期结束时，应对其实施背景，条件，结果和效益等再进行系统评价和综合分析，并将其与预期结果和效益进行比较：如果与预期效果和效益相吻合，说明该城镇政策是成功的；如果不吻合，则要做具体分析，如果是城镇客观条件发生了变化，应根据变化了的情况调整或重新制定和实施城镇政策。

上述城镇政策效应评价程序，事实上可以归纳为两个阶段：第一阶段时在城镇政策实施前进行评价，可称为事前评论，属预测性评价，评价结论具有很大程度的不确定性，评价的目的是为了选择城镇政策方案；第二阶段是在城镇政策实施之后进行评价，评价结论具有很大程度的确定性，评价目的是确定城镇政策的实际效果，即是否达到预期目的。

17.4.3 城镇政策评价方法

17.4.3.1 城镇政策评价方法

在城镇政策效应的评价过程中，可以采用定性与定量分析相结合的方法。常用的评价方法是戴蒙德与斯彭斯(D. K. Diamond，N. A. Spence，1983)从评价所依存逻辑的角度，划分的城镇政策评价方法。具体方法有3类：间接评价法，部分评价法和综合评价法①。

1. 间接评价法

间接评价法是采用简单的统计技术，通过一个或若干个与城镇政策目标的指标在城镇政策实施前后的对比，间接推断城镇政策效应，这种方法在区域政策评价中应用得最为广泛。在欧美发达国家，就业目标是区域经济政策的主导目标，学者们围绕这一评价问题进行了深入的研究，形成了较为成熟的评价方法。常用的方法，是按国家平均就业增长速度来测定城镇的就业水平。在一些发展中国家，促进问题区域的经济增长是城镇政策的主导目标，政策的增长(产出)影响评价相对重要一些。

由于采用的标准不同，间接评价法又可分为劳动力标准评价法，资本标准评价法，环境和社会福利标准评价法。

2. 部分评价法

部分评价法是采用某些数量技术，对城镇经济中某些社会经济的发展演变作出合理的预测，进而对城镇政策的结果和具体影响进行评价，以说明城镇政策的某些具体目标是否实现。部分评价法与间接评价法的区别是将城镇政策对一个或几个指标的影响分离出来。一般选择受援地区的就业增长、工业迁移、工业建筑物的数量与分布以及工业投资水平等指标。

3. 综合评价法

综合方法是对各种政策工具的全部成本与利益进行全面的综合分析并得出结论的方法。常用的综合评价法有两种：一种是评价城镇政策的成本与效益；另一种是估计政策的总资源成本，即通常所说的城镇政策分配效应。这种分析有利于事

---

①本部分内容参考了：百度文库＞高等教育＞经济学第七章《区域经济政策理论》，http：//wenku. baidu. com/view/c84e2b1bff00bed5b9f31d93. html。

前选择最佳的行动与事后对以前的政策手段及其组成部分的效率进行评价，但其操作难度最大。

17.4.3.2 城镇政策评价工具

城镇政策评价通常会应用多种评价工具，主要有：干预逻辑分析、SWOT 分析、问题调查、访谈、座谈会、案例研究、比较组、专家团、特尔斐调查、偏离一份额分析、回归分析、经济计量模型、投入产出模型、成本效果分析、成本利益分析和多标准分析等。

17.4.3.3 城镇政策评价示例

在城镇政策评价中，常常要针对政策的多个目标给出一个综合性的评价结论。这就需要采用多目标综合评价法来进行评价。

在评价中，一般需要将多目标的定性分析转化为定量评价，将不同计量单位或无计量单位转化为统一的计量单位，将离散式的多目标转化为综合的单一目标，再按综合后的单一目标对城镇政策效应进行评价。

多目标综合评价的主要步骤如下：

一是排列城镇政策的目标，并给每一目标赋予权重值。权重的赋值可以采用专家评定法、层次分析法、特尔菲法等。

二是对各政策目标进行专项评价，作出达成各目标的程度评价值。

三是将各目标的评价值与权重值相乘后累加起来，得出城镇政策效应的评价值。

四是对城镇政策的评价值进行修正，给出定性的评价结论（表 17-2）。

表 17-2 城镇政策的多目标综合评价

评价指标	权重	评分标准	评价值	评价值×权重
经济持续增长	1.5	较强的积极影响：10； 较弱的积极影响：7.5； 无影响：5； 较弱的消极影响：2.5； 较强的消极影响：0。	4	6
区域发展差距缩小	1.5		8	12
居民生活水平提高	1.0		6	6
区域居民生活水平差距缩小	1.5		8	12
区域优势发挥	1.5		5	7.5
基础设施改善	1.0		8	8
人口素质提高	1.0		8	8
社会长期稳定	1.5		9	13.5
综合评价计算	10			73

城镇政策成本收益评价

城镇政策的实施是需要成本的，因此，仅对城镇政策的效果进行评价是不够的，还需进行成本收益评价。城镇政策成本收益评价是一种以数量化评价为主的方法，是在对政策成本和政策实施效果进行数量化分析的基础上，借鉴投资项目评价的方法，将政策实施的成本与取得的效果进行比较、分析和评价。其中，城镇政策成本与收益的认定是评价的重点。

（1）实施城镇政策的成本　实施城镇政策的成本主要有：一是对政策资源的直接消耗。主要包括各级政府的援助支出（包括财政转移支付、补贴与优惠、政府直接投资）和政府为推行区域经济政策而在组织、协调和人力方面的各种投入。二是城镇政策的推行所诱发的经济发展资源流动的机会成本。城镇政策不仅直接消耗政策资源，还通过政策资源诱导经济发展资源的流动，这对资源流出地区造成不利影响，这也是推行城镇政策中应考虑的成本。三是社会成本，主要指推行区域经济政策所导致的各种非生产性消耗，如制定的实施城镇政策中的寻租活动、区域经济政策对价格与资源流动的扭曲所产生的费用（如企业与居民的迁移费用、资源的过度使用或闲置）等。

（2）实施城镇政策的收益　城镇政策的收益可以从以下 3 个方面识别：一是城镇政策作用区域的收益。主要表现为政策作用区域经济产出的提高、就业率的提升、居民收入的增长、环境质量的改善、社会福利的增进等。二是城镇政策影响区域的收益。区域经济政策也会给非政策作用区域带来各种收益，如对落后区域的支援政策可以为发达区域闲置的资本、人才和技术提供投资与创业机会，可以转移发达区域相对落后的产业从而促进其产业结构升级，可以为发达区域经济发展提供基础性资源，从而给发达区域的发展拓展空间等。此外，在城镇政策支持下，落后区域的发展还能减缓贫困（群体）向发达区域蔓延，缓解其社会压力。三是国民经济与社会整体的收益。主要表现为城镇政策在推动经济发展，增强国民经济发展的潜力和动力，以及其在社会的稳定、民族的团结、国防的巩固等方面的贡献。

（3）城镇政策的成本收益分析　城镇政策成本收益分析有静态分析和动态分析，其中，动态分析还考虑了成本与收益的时间价值。区域经济政策成本收益分析的一般方法是计算成本收益的净现值（NPV）。成本收益的净现值：

$$\mathrm{NPV} = \sum_{t=0}^{n} \frac{B_t - C_t}{(1+r)^t}$$

式中，B_t 为城镇政策实施第 t 年的全部收益；C_t 为城镇政策实施第 t 年的全部成本或投入；r 为贴现率；n 为城镇政策评价的时间跨度。当 NPV 大于零时，可得出城镇政策收益成本较好的评价结论，当 NPV 小于零时，可得出城镇政策收益成本较差的评价结论。

贴现率 r 的选择相当重要，它在相当程度上决定了城镇政策评价的结论。为了减少贴现率 r 的选择对政策评价的影响，一般要计算多个 r 值下的 NPV，甚至作出 r 值与 NPV 的关系图，以便评价者作出较客观全面的评价。

参考文献

[1] (英)哈维·阿姆斯特朗,吉姆·泰勒.区域经济学与区域政策.3版[M].刘乃全,贾彦利,张学良译.上海:上海人民出版社,2007.

[2] Arthur O'Sullivan.城市经济学[M].苏晓燕,常荆莎,朱雅丽译.上海:中信出版社,2003.

[3] 藏旭恒.产业经济学[M].北京:经济科学出版社,2006.

[4] 陈松群,徐光远.城市经济学 [M].北京:中国经济出版社,2009.

[5] 陈宗胜,等.中国二元经济结构与农村经济增长和发展[M].北京:经济科学出版社,2008.

[6] 崔淑勇.小城镇建设中的公共财政体制改革[J].商业时代,2008(3).

[7] 方远平,阎小培,陈忠暖.服务业区位因素体系的研究[J].经济地理,2008(1).

[8] 费孝通.费孝通文集[M].北京:群言出版社,1999.

[9] 费孝通.论中国小城镇的发展[J].读书,1995(8).

[10] 费孝通.小城镇四记[M].北京:新华出版社,1985.

[11] 弗兰克·艾利思.农民经济学:农民家庭农业和农业发展[M].胡景北译.上海:上海人民出版社,2006.

[12] 高帆.交易效率·分工演进与二元经济结构转化[M].上海:上海三联书店,2007.

[13] 国务院发展研究中心课题组.中国城镇化前景、战略与政策[M].北京:中国发展出版社,2010.

[14] 过杰,阎沁芬.关于城市流通结构的初步研究.社会科学研究[J],1985(5).

[15] 韩景华.国际大都市服务业发展的经验及启示[J].经济纵横,2008(7).

[16] 何爱平,任保平.人口、资源与环境经济学[M].北京:科学出版社,2010.

[17] 何德旭.服务经济学[M].北京:中国社会科学出版社,2009.

[18] 黄贤金,等.土地经济学[M].北京:科学出版社,2008.

[19] 姜彩芬,余国扬 ,李新家,刘正胜.消费经济学[M].北京:中国经济出版社,2009.

[20] 姜彩芬.面子与消费[M].北京:社会科学文献出版社,2009.

[21] 雷海章 现代农业经济学[M]. 北京:中国农业大学出版社,2005.
[22] 李炳炎. 从"大问题"到"大战略"[J]. 改革与开放,2000(05):6-7.
[23] 李崇明,丁烈云. 小城镇资源环境与社会经济协调发展评价模型及应用研究[J]. 系统工程理论与实践,2004(11).
[24] 李悦. 产业经济学[M]. 北京:中国人民大学出版社,2005.
[25] 李仲生. 人口经济学. 2 版[M]. 北京:清华大学出版社,2006.
[26] 林毅夫. 制度:技术与中国农业发展[M]. 上海:上海人民出版社,2004.
[27] 刘婷婷. 关于小城镇建设及公共财政体制改革的思考[J]. 改革探索,2005(9).
[28] 罗震东. 中国都市区发展:从分权化到多中心治理[M]. 北京:中国建筑工业出版社,2007.
[29] 迈克尔·波特. 国家竞争优势[M]. 北京:华夏出版社,2002.
[30] 曲福田. 资源经济学[M]. 北京:中国农业出版社,2001.
[31] 冉光和. 财政金融政策与城乡协调发展[M]. 北京:科学出版社出版,2009.
[32] 芮明杰. 产业经济学[M]. 上海:上海财经大学出版社,2005.
[33] 沈满洪. 资源与环境经济学[M]. 中国环境科学出版社,2007.
[34] 史忠良,肖四如. 资源经济学[M]. 北京:北京出版社,1993.
[35] 孙久文. 走向 2020 年的我国城乡协调发展战略[M]. 北京:中国人民大学出版社,2010.
[36] 王军. 资源与环境经济学[M]. 北京:中国农业大学出版社,2010.
[37] 王宁. 城镇规划与管理[M]. 北京:中国物价出版社,2002.
[38] 王志雄,张小良. 小城镇大战略[M]. 昆明:云南人民出版社,2003.
[39] 王志雄,张小良. 小城镇 大战略:玉溪城镇化发展研究[M]. 昆明:云南人民出版社,2003.
[40] 吴殿廷. 区域经济学[M]. 北京: 科学出版社,2004.
[41] 吴汉明,曲雯燕. 城镇消费需求态势及政策选择[J]. 东岳论丛,2001(7).
[42] 谢文蕙,邓卫. 城市经济学. 2 版[M]. 北京:清华大学出版社,2008.
[43] 杨天兵. 论城镇化进程中的制度创新[J]. 政治学研究,2003(4).
[44] 姚士谋. 我国小城镇发展战略问题初探[J]. 城市研究,1999(3).
[45] 袁中金. 中国小城镇发展战略研究[D]. 华东师范大学博士论文,2006.
[46] 张敦富. 城市经济学原理[M]. 北京:中国轻工业出版社,2005.
[47] 张帆,李东. 环境与自然资源经济学[M]. 上海: 上海人民出版社,2007.
[48] 张娟,张平南,郭全森. 小城镇"大了"洛阳——从洛阳看小城镇发展战略[J].

中国财政,2003(3).
[49] 张可云. 区域经济政策 [M]. 北京:商务印书馆,2005.
[50] 张雷. 现代城镇化的资源环境基础[J]. 自然资源学报,2010(4).
[51] 张丽娥,王青. 山东省各地市小城镇建设经济效益的评价研究. 经济师,2011(2).
[52] 张丽君. 区域经济政策 [M]. 北京:中央民族大学出版社,2006.
[53] 张晓军. 区域资源环境经济系统联合评价的理论与方法研究[M]. 北京:中国地质大学出版社,2006.
[54] 张晓山. 中国农村改革与发展概论[M]. 北京:中国社会科学出版社,2010.
[55] 章铮. 环境与自然资源经济学[M]. 北京:高等教育出版社,2009.
[56] 赵曙明等. 企业国际化的条件、路径、模式及其启示[J]. 科学学与科学技术管理,2011(1).
[57] 赵哲远. 农村城镇化中城镇土地利用规划思考[J]. 中国土地,1997(8).
[58] 郑良芳. 经济金融问题对策研究[M]. 北京:中国人民大学出版社,2008.
[59] 中共中央马克思恩格斯列宁斯大林著作编译局编译. 马克思恩格斯选集[M]. 北京:人民出版社:1995.
[60] 钟甫宁. 农业经济学[M]. 北京:中国农业出版社,2005.
[61] 朱青,庄毓敏. 财政金融学教程[M]. 北京:中国人民大学出版社,2007.
[62] 祝合良. 现代商业经济学[M]. 北京:首都经济贸易大学出版社,2008.